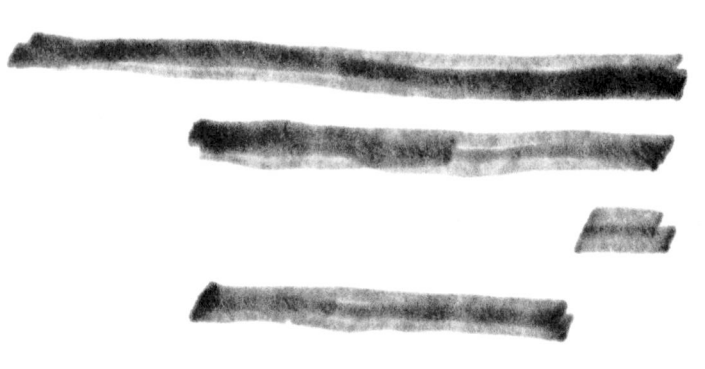

Wilfried Eckey

Die Apostelgeschichte

Der Weg des Evangeliums von
Jerusalem nach Rom

Teilband 1: Apg 1,1 – 15,35

Neukirchener

© 2000 Neukirchener Verlag
Verlagsgesellschaft des Erziehungsvereins mbH, Neukirchen-Vluyn
Alle Rechte vorbehalten
Umschlaggestaltung: Hartmut Namislow
Gesamtherstellung: Breklumer Druckerei Manfred Siegel KG
Printed in Germany
ISBN 3–7887–1780–7

Die Deutsche Bibliothek – CIP-Einheitsaufnahme

Eckey, Wilfried:
Die Apostelgeschichte: der Weg des Evangeliums
von Jerusalem nach Rom / Wilfried Eckey. –
Neukirchen-Vluyn: Neukirchener
Teilbd. 1: Apg 1,1 – 15,35. – 2000
  ISBN 3–7887–1780–7

Für
Christel Eckey

Vorwort

»Lucas, der treue Arzt des Apostels, ... ist unstreitig der geistig hervorragendste und gebildetste unter den selbständigen Begleitern des Paulus gewesen.«[1] So lernte ich ihn als Schüler im kirchlichen und gymnasialen Unterricht kennen und schätzen. Während des Theologiestudiums zwischen 1950 und 1955 wurde ich eher mit abwertenden Äußerungen über den Geschichtsschreiber und Theologen Lukas konfrontiert. Eine Ausnahme bildete die zweistündige Nachmittagsvorlesung, die Otto Michel in Tübingen 1952 auf dringenden Wunsch der studentischen Fachschaft über die Apostelgeschichte hielt. Doch überlagerte damals die Diskussion »Für und Wider die Theologie Bultmanns«[2] alles ...

In der eigenen Lehr- und Unterrichtstätigkeit sowie in Predigten und Bibelstunden habe ich bis heute beide lukanische Schriften stark berücksichtigt. Unterschiedliche Ansätze und Schulrichtungen der Lukas-Forschung, deren Aufschwung und Intensität seit etwa der Mitte der fünfziger Jahre des 20. Jahrhunderts erfreulicherweise so gut wie ungebrochen ist, haben mir wesentlich geholfen, daß die alte Faszination durch den großen biblischen Erzähler und Geschichtsschreiber lebendig blieb und stärker wurde, aber meine Lukas-Verehrung auch kritisch reflektiert werden konnte. So ist dieser Kommentar, der die Apostelgeschichte auf dem Hintergrund des Lukasevangeliums auslegt, in Jahrzehnten gewachsen und mehrmals umgearbeitet worden, zuletzt 1998/99. Mehr denn je bin ich davon überzeugt, daß Adolf von Harnack Recht hatte, als er im Blick auf die Apostelgeschichte schrieb: »Man kann die Größe und Schwierigkeit der Aufgabe, die sich Lucas in diesem Werk gestellt, und die Kraft und Kunst, mit der er sie bewältigt hat, nicht leicht überschätzen.«[3]

Der Kommentar wird aus technischen Gründen in zwei Teilbänden veröffentlicht. Eine Zusammenfassung des Ertrages der Ausle-

---

1 *A. v. Harnack*, Mission, 85.
2 So der Titel der »Denkschrift der Ev. theol. Fakultät der Universität Tübingen, dem württembergischen Landeskirchentag überreicht am 11. 3. 1952« (SGV 198/99), Tübingen 1952.
3 *A. v. Harnack*, Mission, 89.

gung sowie Literaturverzeichnis und Register stehen am Schluß
des zweiten Teilbandes, der im Herbst dieses Jahres erscheinen
soll.

Zu danken habe ich der Universitätsbibliothek Wuppertal und der
Bibliothek der Kirchlichen Hochschule Wuppertal dafür, daß ich
den erforderlichen Arbeitsapparat zur Verfügung hatte. Stellver-
tretend für alle, die mir viel Entgegenkommen erzeigt haben, nen-
ne ich Frau Dipl.-Bibl. Ingrid Leifert, Kirchliche Hochschule, und
meinen langjährigen Fachreferenten, Herrn Dr. phil. Martin Wit-
tenberg, UB-Wuppertal. Herrn Dr. theol. Jürgen Zangenberg dan-
ke für die langfristige Überlassung von Werken aus seiner Privat-
bibliothek und Hinweise auf wichtige Neuerscheinungen. Frau
cand. phil. Birgit Kühn hat die vorletzte Fassung meines Typo-
skripts gegengelesen, Herr Dr. theol. Volker Hampel tatkräftig geholfen, den Kommentar zum Druck zu bringen. Die Endfassung
korrigierte Christel Eckey, meine liebe Frau. Ihr widme ich das
Werk.

Wuppertal, Neujahr 2000   Wilfried Eckey

Inhalt

Einleitung

Der Buchtitel

Der Titel »Apostelgeschichte« deutet das Buch als Werk der Geschichtsschreibung.[1] Er ist eine freie Wiedergabe der seit etwa 180 n.Chr. belegten griechischen Überschrift πράξεις (τῶν) ἀποστόλων und ihrer lateinischen Übersetzung *acta apostolorum*, d.h. »Taten der Apostel«.[2] Ein wohl in Rom um 200 n.Chr entstandenes Verzeichnis der damals als »apostolisch« anerkannten Schriften aus urchristlicher Zeit, der nach seinem Entdecker, dem Bibliothekar Ludovico Antonio Muratori (1672–1750), bezeichnete *Canon Muratori* nennt das Buch »die Taten aller Apostel« (*acta omnium apostolorum*, Zeile 34).[3] Der Name »Taten der Apostel« hat sich gegenüber der Bezeichnung »Zeugnis des Lukas von den Aposteln« (*Lucae de apostolis testificatio*, Irenäus, Haer III,13.3) und dem schlichten Titel »Kommentar des Lukas« (*commentarius Lucae*, Tertullian, De ieiunio 10,3) behauptet.[4]
Der Titel »Taten der Apostel« wird dem Inhalt nur teilweise gerecht. Das Werk enthält nicht nur »Taten«, sondern auch 26 mehr oder minder ausführliche Reden. Der Redestoff beträgt fast ein Drittel des Buches. Reden bewegen den Gang der Geschichte nicht minder als Taten. Dazu kommen zwei Briefe (15,23–29; 23,26–30). Das Buch erzählt von der Ausbreitung des Zeugnisses von Jesus und der Gründung christlicher Gemeinden durch bevollmächtigte Zeugen des auferstandenen Jesus, besonders durch Petrus, aber auch durch Philippus, Barnabas und dann hauptsächlich durch Paulus, dessen Mission und Prozeß ausführlich dargestellt werden. Die Entstehung der Gemeinden wird als Gotteshandeln aufgefaßt. Von den zwölf Aposteln (1,13) zählen vor allem Petrus und Johannes. Letzterer agiert und spricht jedoch nur mit Petrus zusammen und wird 8,14–25 zum letzten Mal erwähnt. Von Jakobus, dem

---

1   E. *Plümacher*, Art. Apostelgeschichte, 483.513f.
2   Irenäus von Lyon, Haer III,13.3 (Epideixis III, 167); Clemens von Alexandrien, Strom V,82.4 (Teppiche IV, 89); Tertullian, Bapt X,4 (Opera I, 285).
3   Vgl. Neutestamentliche Apokryphen I, 28.
4   Irenäus von Lyon, Epideixis III, 167; Tertullian, Opera II, 1267.

Bruder des Johannes, wird nur der Märtyrertod kurz berichtet (12, 2). Petrus, der bis Apg 5 mit Johannes die zwölf Apostel in Jerusalem repräsentiert, ist danach in 9,32 – 11,18 allein als Wanderprediger unterwegs; er verläßt Jerusalem nach der Befreiung aus dem Gefängnis (12,17), tritt dort noch einmal als Redner beim ›Apostelkonzil‹ auf (15,7–11) und verschwindet danach aus dem Buch. Die anderen in der Apostelliste aufgeführten Personen (1,13) spielen keine Rolle. Sie sind bloße Namen. Der Titel »Taten der Apostel« ist also kaum ursprünglich.

Das Buch hatte als zweiter Teil eines Werkes, dessen erster das Lukasevangelium ist, von Hause aus wohl keinen eigenen Titel. Vielleicht hatte das Gesamtwerk, das von Anfang an aus zwei editorisch selbständigen Büchern bestand, von Hause aus *einen* Titel. Belege dafür gibt es allerdings nicht. In der altkirchlichen Tradition werden beide Bücher durchweg getrennt bezeugt. Der Werktitel könnte abhanden gekommen sein, als im 2. Jh. bei der Kanonisierung das Johannesevangelium zwischen beide geschoben wurde und der erste Band des Lukas seinen Platz an dritter Stelle im Herren-Teil des NT, der zweite aber seine Stelle zu Eingang des Apostel-Teils bekam. Ein ursprünglicher Werktitel mit dem Namen des Verfassers ist schon deshalb anzunehmen, weil der Autor in beiden Vorworten zum Widmungsträger Theophilus in der 1. Pers. Sing. spricht (Lk 1,3; Apg 1,1) und zu Beginn des zweiten Bandes auf den ersten Bezug nimmt.

Die im 2. Jh. entstandene Überschrift »Taten der Apostel« stellt das Buch neben Tatenberichte (*res gestae*) berühmter Männer oder ruhmreicher Völker. Der römische Politiker Sallust (86–34 v.Chr.) »beschloß, die Geschichte des römischen Volkes (*res gestas populi Romani*) in ausgewählten Abschnitten, wie sie mir jeweils der Überlieferung wert schienen, genau niederzuschreiben« (Cat 4, 2).[5] Augustus (Regierungszeit 29 v.Chr. – 14 n.Chr.) berichtete selbst von seinen Leistungen für das Volk von Rom, von seinen Bauten, die für die Plebs veranstalteten Spiele und alle dem Volk ausgeteilten Spenden, aber nicht minder über die Ehren, die ihm Senat und Volk angetragen haben (*Res gestae Divi Augusti*).[6]

Der Titel »Taten der Apostel« stellt das Buch auch in einen Zusammenhang mit den Apostelakten, die sich seit dem 2. Jh. n.Chr. entwickelt haben. Diese erzählen romanhaft den Christen zur Erbauung und Wegweisung zum Heil vom Leben und abenteuerlichen Reisen, Offenbarungsempfang und Lehren, Wundertaten und Martyrium jeweils eines Apostels (z.B. Andreas-, Johannes-, Pau-

5   Sallust, Werke, 10f.
6   Augustus, Meine Taten.

lus-, Petrus-, Thomasakten).[7] Mit diesen Apostelromanen hat die
Apostelgeschichte wenig gemein. Sie steht im frühen und altkirchlichen Christentum einzigartig da.

Aufbau und Gliederung

Lukas gibt dem Leser keine Richtschnur zur Einteilung seines
Werkes. Er hat es als fortlaufende Geschichtserzählung derart geschickt gestaltet, daß die Ausleger der Apostelgeschichte bisher
keinen Konsens über den Aufbau erzielen konnten. Eine klare, in
sich folgerichtige und leicht überschaubare Einteilung, wie man
sie z.B. von einem Lehrbuch zu Recht erwartet, widerspricht auch
dem Charakter einer flüssigen Geschichtserzählung, die mit unterschiedlichen thematischen Schwerpunkten und in wechselndem
Erzählrhythmus verschieden lange Zeiträume durchläuft.[8] W.
Schmithals stellt fest: »Der Aufbau der Apostelgeschichte richtet
sich im wesentlichen nach dem Gang der Geschichte, wie sie dem
Verfasser vor Augen steht (vgl. Lk 1, 3). Darum lassen sich wohl
Neuansätze und Übergänge markieren; eine markante Gliederung
findet sich aber nicht.«[9] Gute Erzählwerke widerstreben einer star-
ren Einteilung.

In einer Geschichtserzählung gibt es aber Wendepunkte und Neu-
einsätze, die zur Gliederung einladen. Bei der Einteilung in größere
Zusammenhänge kommt es darauf an, wie stark man unterschiedliche Gliederungshinweise des Erzählers gewichtet. Auf jeden Fall
ist zu beachten, daß Lukas das sog. »Apostelkonzil« (15,1–35) in
die Mitte des Buches gestellt hat. Die in diesem Kommentar vor-
genommene Gliederung berücksichtigt sowohl Gesichtspunkte des
Handlungsortes und der Handlungszeit als auch deutliche literarische Signale und thematische Aspekte; sie behält nicht minder die
Träger des Christuszeugnisses im Blick:

I.   Einführung: Vorbereitung der Jünger Jesu auf Pfingsten (1,
       1–26)
II.   Das Zeugnis der Apostel in Jerusalem (2,1 – 6,7)
III.   Der Zeugentod des Stephanus führt zur Mission des Philip-
       pus in Samarien und der palästinischen Küstenregion (6,8 –
       8,40).

---

7   Vgl. Neutestamentliche Apokryphen II, 71–367 (*W. Schneemelcher u.a.*); *E.
Plümacher*, Art. Apokryphe Apostelakten, 11–70.
8   Vgl. *J. Roloff*, Apostelgeschichte, 11f.
9   *W. Schmithals*, Apostelgeschichte, 17.

Der Text[10]

Die Apostelgeschichte hatte bis in die zweite Hälfte des 2. Jh.s
hinein wahrscheinlich über ihren Entstehungs- oder Veröffentli-
chungsort und die Gemeinden in dessen Umland hinaus nur einen
kleinen Leserkreis. Es ist fraglich, ob die Kirchen vor der Mitte
des 2. Jh.s wußten, was sie mit dem Werk anfangen sollten. Da dem
Buch in den Kirchen längere Zeit keine so hohe Autorität wie den
Evangelien beigemessen wurde, war auch sein Text nicht sakro-
sankt. Er liegt in zwei erheblich unterschiedlichen Ausprägungen
vor: 1. Der sog. ›alexandrinische‹ oder ›ägyptische‹ oder ›östliche‹
Text wird vor allem repräsentiert durch die Papyri P^{45} (Chester
Beatty, 3. Jh.), P^{50} (4./5. Jh.), P^{53} (3. Jh.), P^{74} (Bodmer, 7. Jh.), die
Codices Sinaiticus (4. Jh.), Vaticanus (4. Jh.), Alexandrinus (5.
Jh.), Ephraemi rescriptus (5. Jh.) und Zitate alexandrinischer Kirchenväter. Diese Textfassung liegt den heute gebräuchlichen Ausgaben des griechischen NT und den darauf beruhenden Übersetzungen zugrunde. 2. Der sog. ›westliche‹ Text, der um etwa 8,5 %
länger ist als die ›östliche‹ Version, wird vor allem repräsentiert

---

10 Vgl. *B. Aland*, Entstehung, 5–65; *C.K. Barrett*, Acts I, 2–29; *M. Dibelius*,
Aufsätze, 76–83; *E. Grässer*, Acta-Forschung, 163–186; *E. Haenchen*, Text,
172–205; *ders.*, Apostelgeschichte, 63–73; *P. Head*, Acts, 415–444; *C.J. He-
mer*, Book, 53–57; *J. Jervell*, Apostelgeschichte, 58–61; *C.M. Martini*, Traditi-
on, 21–35; *B.M. Metzger*, Textual Commentary, 259–503, bes. 259–272; *E.
Plümacher*, Art. Apostelgeschichte, 486–489; *G. Schneider*, Apostelgeschichte
I, 154–169; *W.A. Strange*, Problem, 1–189; *M. Wilcox*, Luke, 447–455; *Th.
Zahn*, Urausgabe, 1–10.

durch die Papyri P^{29} (3. Jh.), P^{38} (um 300) und P^{48}, (3. Jh.), den in der Apostelgeschichte z.T. lückenhaften Codex Bezae (Cantabrigiensis, 5./6. Jh.) als Hauptzeugen, den Codex Laudianus (6. Jh.), weiter altlateinische und altsyrische Übersetzungen, eine koptische Handschrift des mittelägyptischen Dialekts (Codex Glazier, 5. Jh.) und frühe lateinische Kirchenväter (z.B. Irenäus von Lyon). Linguistische Untersuchungen haben gezeigt, daß die ›westliche‹ Version nach Stil und Wortschatz nicht minder als lukanisch bezeichnet werden kann als die ›östliche‹.

Die ›westliche‹ Textfassung zeigt an einigen Stellen genaue Orts- und Situationskenntnis, so z.B. in 3,9 über die Lage der Halle Salomos am Jerusalemer Tempelplatz, in 12,10 über die Anzahl der Stufen, die die vom Jerusalemer Gefängnis des Petrus auf die Straße hinunterführten, oder in 19,9 über die Zeit, während der in Ephesus der Hörsaal des Tyrannus für die Lehrtätigkeit des Paulus zur Verfügung stand. Nach dieser Version ist Skevas ein einfacher Priester (19,14); damit wird berücksichtigt, daß kein Hoherpriester dieses Namens bekannt ist. ›Westliche‹ Textzeugen vertreten in 11, 28 die Tradition der Abfassung der Apostelgeschichte durch Lucius von Kyrene alias Lukas (13,1). Der ›westliche‹ Text unterstreicht mehrfach, daß – wie auch in der ›östlichen‹ Fassung in 4, 10.30 ausgeführt – christliches Handeln »im Namen Jesu Christi« bzw. »im Namen des Herrn Jesu Christi« erfolgt (z.B. 6,8; 9,40; 14, 10), ist auch mit der kirchlichen Taufordnung vertraut (8,37). Er verstärkt den Aspekt der Führung eines Sendboten Christi durch den Heiligen Geist (19,1). Außerdem hebt er die Schuld der Jerusalemer Bevölkerung und ihrer Oberen am Tod Jesu noch stärker hervor als der ›östliche‹ (13,28). Gelegentlich gibt es auch erhebliche sachliche Differenzen. Die wichtigste findet sich unter den Klauseln des sog. ›Aposteldekrets‹. Im ›westlichen‹ Text fehlt die Klausel, daß die Heidenchristen Abstinenz vom »Erstickten« üben sollen. Statt dessen ist eine negative Fassung der ›Goldenen Regel‹ (Lk 6,31 / Mt 7,12) angefügt (15,20.129).

Beide Versionen waren vielleicht schon um etwa 180 n.Chr. im Umlauf. Das zeigt der Gebrauch der ›östlichen‹ Version bei frühen alexandrinischen Kirchenlehrern und die Benutzung der ›westlichen‹ Fassung bei altlateinischen Kirchenvätern. Ist dieser ›westliche‹ Text eine sekundäre Erweiterung des ›östlichen‹? Oder ist der ›östliche‹ eine abgekürzte Fassung des als ursprünglich anzusehenden ›westlichen‹?

Der Altphilologe Friedrich Blass (1843–1907)[11] hielt aus sprachlich stilistischen Erwägungen beide Fassungen für verschiedene

---

11 *F. Blass*, Textüberlieferung, 86–119.

Ausgaben des Werkes durch den Autor. Nach Blass schrieb Lukas
eine erste Fassung während seines Rom-Aufenthalts, die ausführlichere, durch den ›westlichen‹ Text repräsentierte Version, später
dann auf der Grundlage jenes Entwurfs als eine überarbeitete, kürzere und prägnantere Fassung, die er an Theophilus sandte. Diese
liege dem ›östlichen‹ Text zugrunde. Der Exeget Theodor Zahn
(1838–1933) modifizierte diese These dahingehend, daß der ›westliche‹ Text die Ausgabe des Theophilus gewidmeten Werkes sei,
dem Lukas dann eine Zweitausgabe in Gestalt der ›östlichen‹ Version folgen ließ.[12] Die These von der Priorität des ›westlichen‹
Textes wurde 1984 von M.E. Boismard und A. Lamouille noch
einmal modifiziert: Auch für sie stammen beide Textfassungen
von Lukas. Der ›westliche‹ Text spiegele seine erste Bearbeitung
des Grundentwurfs wider. Einige Jahre später habe sich der Autor
bei einer Neubearbeitung jedoch zu stilistischen und inhaltlichen
Änderungen entschlossen. Beide Redaktionsstufen seien danach
miteinander zum ›östlichen‹ Text verschmolzen worden, die damit
die dritte Bearbeitung darstellt.[13]
W.A. Strange ist 1992 aufgrund linguistischer Untersuchungen erneut für eine Rückführung beider Fassungen auf den Autor der
Apostelgeschichte eingetreten.[14] Er hält die ›westliche‹ Fassung für
jünger als die kürzere ›östliche‹. Die ausführlichere Version entstand seiner Auffassung nach durch Hinzufügung kommentieren-
der Anmerkungen, die aber nach Vokabular und Stil lukanisch sind.
Lukas hinterließ demnach also zwei Konzepte, eines davon mit er-
gänzenden Notizen. Beide Fassungen wurden nach Strange erst
zwischen 150 und 175 n.Chr. unabhängig voneinander veröffentlicht und gebraucht, als es darum ging, der Inanspruchnahme des
Paulus durch Markion und die Gnosis entgegenzutreten. Es fragt
sich allerdings, wo und durch wen und weshalb die Manuskripte im
Zeitraum zwischen ihrer Abfassung um 80 n.Chr. und ihrer Publi-
kation zwei Generationen später ungenutzt gehütet wurden.[15]
Die überwiegende Mehrheit der Forscher hält die Fassung, die der
›östliche‹ Text repräsentiert, für die wahrscheinlich früheste und
die Versionen des ›westlichen‹ Textes für eine paraphrasierende
Überarbeitung der Apostelgeschichte. Diese ›Verbesserung‹ ist gewissermaßen ihr »ältester Kommentar«.[16] Der ›westliche‹ Text ist

---

12 *Th. Zahn*, Urausgabe, 1–10.
13 *M.-E. Boismard / A. Lamouille*, Le Texte Occidentale, 2 Bde. Vgl. *W.A.
Strange*, Problem, 31; *P. Heads*, Acts, 424ff.
14 *W.A. Strange*, Problem, 1–189.
15 So *P. Head*, Acts, 427f.
16 *J. Roloff*, Apostelgeschichte, 14; *J. Jervell*, Apostelgeschichte, 61.

nicht im Westen des Römischen Reiches entstanden, denn dort gab
es in der 2. Hälfte des 2. Jh.s noch niemanden, der imstande gewesen wäre, eine solche Textform zu entwickeln und ihr Geltung
zu verschaffen.[17] Auch Irenäus von Lyon, der um 180 eine paraphrasierende Fassung der Apostelgeschichte benutzte, stammte aus
Kleinasien. B. Aland[18] hat gezeigt, daß die ›westliche‹ Fassung
wahrscheinlich in Syrien östlich der Provinzhauptstadt Antiochien
im Überschneidungsbereich der griechischen und der altsyrischen
Sprache entstand und zuerst verbreitet wurde, denn dort ist die
Verbreitungsdichte am größten. Nur dort gibt es auch voneinander
unabhängige Versionen dieser Textform. Wurde sie gleich während des 2. Jh.s entwickelt, so fand doch ihre wichtigste Redaktion
erst im 3. Jh. statt, denn erst seit der zweiten Hälfte des 3. Jh.s ist
diese Version in den griechischen Handschriften bezeugt. Als eine
in sich geschlossene Größe ist sie auch dann nicht greifbar. Der
›westliche‹ Text ist ein Phantom.[19] Das Interesse an Textänderun-
gen und vor allem auch an Ergänzungen läßt sich an den meisten
Stellen plausibel erklären. Das wird im Auslegungsteil an charakteristischen Beispielen gezeigt.

Der Verfasser

Lukasevangelium und Apostelgeschichte stammen vom selben
Autor. Darauf verweisen die Prologe der beiden Bücher (Lk 1,1–
4; Apg 1,1–2.3). Zu Beginn des zweiten greift er in der ersten Person Singular auf das erste zurück. Der Verfasser verwendet Lk 1,3
das Personalpronomen der ersten Person im Singular. Im Plural
gebraucht er es in den »Wir«-Berichten der Apostelgeschichte (16,
10–17; 20,5–8.13–15; 21,1–18; 27,1 – 28,16). Diese »Wir«-Be-
richte stehen sämtlich in der zweiten Hälfte der Apostelgeschichte
im Umfeld von Seefahrten. In Lk 1,2 unterscheidet sich der Autor
von denen, »die von Anfang an Augenzeugen und Diener des Wortes gewesen sind.« Sprache und Stil beider Bücher sind unbeschadet solcher Unterschiede, die sich aus dem jeweils eigenen Stoff im
ersten und zweiten ergeben, sehr nahe verwandt. Die theologische
Grundhaltung ist in beiden dieselbe. Auch dem äußeren Umfang
nach sind beide Werke annähernd gleich groß: Das Evangelium enthält im Urtext 19.428, die Apostelgeschichte 18.382 Wörter.[20]

---

17 *K. Aland / B. Aland*, Text, 63f.
18 Entstehung, Charakter und Herkunft des sog. westlichen Textes, 5–65.
19 Vgl. *K. Aland / B. Aland*, Text, 64.
20 *R. Morgenthaler*, Statistik, 164.

Als Autor des Gesamtwerkes gilt in der kirchlichen Überlieferung Lukas, ein zeitweiliger Reisebegleiter des Paulus. Der Name Lukas (Λουκᾶς) ist die Koseform von Lucius (Λούκιος).[21] Ein Lucius aus Kyrene wird Apostelgeschichte 13,1 in der Liste der prophetisch begabten Lehrer im syrischen Antiochien genannt. Einen Judenchristen namens Lucius nennt Paulus Röm 16,21 in Korinth (oder Makedonien?) unter seinen Begleitern, die die Christen in Rom grüßen. Dieser soll nach einer Tradition, die schon Origenes (ca. 185/86 – ca. 253/54 n.Chr.) gekannt hat, mit dem Phlm 24; Kol 4,14 und 2Tim 4,11 erwähnten Lukas identisch sein (In Rom X,39).[22] Er wird Kol 4,14 als »geliebter Arzt« charakterisiert. 2Tim 4,11 bezeichnet ihn als letzten treu gebliebenen Begleiter des Paulus bis zu dessen Martyrium und nennt neben ihm auch Markus, den Timotheus mitbringen soll, weil er Paulus nützlich zum Dienst in der Verkündigung ist. Als der allein bei Paulus ausharrende Getreue wird Lukas zusammen mit dem als nützlich beurteilten Markus in dem aus der Paulus-Schule um 100 n.Chr. stammenden 2. Brief an Timotheus gewiß deshalb hervorgehoben, weil damals die Werke beider bekannt waren.[23] Zu Beginn des 2. Jh.s kannte man Lukas als Autor des Evangeliums, in dem er Markus rezipiert, und der Apostelgeschichte, in der er Paulus ein Denkmal setzt.

Historisch sicher läßt sich die Tradition über Lukas als Verfasser des nach ihm benannten Evangeliums und der Apostelgeschichte um 180 n.Chr. bei Bischof Irenäus von Lyon in dessen Werk »Gegen die Häresien« (*Adversus haereses*) greifen. Irenäus nennt Lukas einen »Begleiter und Schüler der Apostel« (Haer I,23,1; III,10.1); er ist »aber auch ihr Mitarbeiter, vor allem aber der des Paulus« (Haer III,1.1; 14.1).[24] Irenäus bezieht sich vor allem auf die aus der Perspektive eines Augenzeugen in der »Wir«-Form geschriebenen Berichte der Apostelgeschichte. Für die Identifikation dieses Augenzeugen mit dem in Paulusbriefen genannten Lukas beruft Irenäus sich auf 2Tim 4,11 und Kol 4,14. »Dieser Lukas war von Paulus unzertrennlich und sein Mitarbeiter am Evangelium« (Haer III,14,1).[25] Er habe sich Paulus angeschlossen, nachdem Barnabas und Johannes Markus sich von diesem getrennt hatten (ebd.; Apg

21 *W. Bauer*, Wörterbuch, 974; *Blass/Debrunner/Rehkopf*, Grammatik, § 125, 2, Anm. 6; *A. Deissmann*, Licht, 372ff; *C.J. Hemer*, Book, 240f.
22 Vgl. Origenes, Commentarii IX-X, 272f.
23 Vgl. *C.-J. Thornton*, Zeuge, 79ff; *C.K. Barrett*, Acts I, 34; *M. Dibelius*, Pastoralbriefe, 95: Der Verfasser der Pastoralbriefe kennt auch die Apostelgeschichte.
24 Irenäus von Lyon, Epideixis I,288f; III, 80f; III, 24f; III, 170f.
25 Irenäus von Lyon, Epideixis III,166f.

15,36–40).[26] Die Überlieferung über den Paulusbegleiter Lukas als Autor reicht aber wohl bis ins frühe 2. Jh. zurück.[27]
Vor Irenäus machten vielleicht Bischof Polykarp von Smyrna (vermutlich um 135 n.Chr.) und wahrscheinlich der Apologet Justin (um 150/155 n.Chr.) gelegentlich Gebrauch von der Apostelgeschichte.[28] Hinweise auf den Autor gibt es bei beiden nicht. Spätere Tradition nennt vermutlich nach dem ›westlichen‹ Text von Apg 11,28 (»als wir uns versammelt hatten«) Antiochien in Syrien als seinen Herkunftsort (Euseb, HE III,4.6).[29] Nach einem Evangelienprolog, der frühestens aus dem 4. Jh. stammt, war »Lukas ein antiochenischer Syrer, dem Gewerbe nach Arzt, ein Apostelschüler; später aber hat er den Paulus bis zu dessen Martyrium begleitet. Nachdem er dem Herrn makellos gedient hat ohne Frau, ohne Kinder, starb er 84 Jahre alt in Böothien, voll Heiligen Geistes.«[30] Die Tradition, die Lukas als Nachfolger dem ehelosen Paulus annähert, läßt sich nicht nachprüfen.

Ein ständiger Mitarbeiter des Paulus war Lukas nicht, sondern nach den »Wir«-Berichten einer seiner Begleiter auf drei Reisen. Gegen die Verfasserschaft des Lukas wurden Argumente vorgebracht, die Details der Berichterstattung über die missionarische Tätigkeit betreffen.[31] Es handelt sich um lauter Vorgänge außerhalb der »Wir«-Berichte, also um Geschehnisse, über die Lukas nur aus zweiter Hand berichten konnte. Die Bedenken gegen seine Autorschaft seien hier mit einer Stellungnahme wiedergegeben:
1. Die in Apg 11,27–30 berichtete zweite Jerusalemreise des Paulus (mit Barnabas) ist mit dessen eigenen Angaben in Gal 1, 18–19; 2,1 unvereinbar. Paulus betont, daß erst die Reise zum ›Apostelkonzil‹ (15,1–34) seine zweite Reise nach Jerusalem war. – Die Aussage des Paulus ist wahrscheinlich richtig. Man kann annehmen, daß ihm in einer für ihn wichtigen Angelegenheit wie seiner Selbständigkeit gegenüber Jerusalem kein Irrtum unterlaufen ist. Lukas dürfte dem Barnabas in Apg 11,27–30 Paulus als Begleiter zugesellt haben, weil er von der Zusammenarbeit beider in Antiochien (11,26), in der Mission (13,1 – 14,28), ihrer gemeinsa-

---

26 Irenäus von Lyon, Epideixis III,168f.
27 *C.J. Thornton*, Zeuge, 67ff.
28 Vgl. zu Apg 2,24 (Polykarp); 4,13 (Justin) *C.K. Barrett*, Acts I, 36f.41–44; *E. Haenchen*, Apostelgeschichte, 21ff.
29 Eusebius von Cäsarea, Kirchengeschichte, 153.
30 Griechischer und lateinischer Text in: Synopsis Quattuor Evangeliorum, 533. Zum Alter des Lukasprologs vgl. *J. Regul*, Evangelienprologe, 197–265.
31 Vgl. *W.G. Kümmel*, Einleitung, 147f; *G. Schneider*, Apostelgeschichte I, 113–116.

men Reise zum ›Apostelkonzil‹ (15,1–34) und der Kollektenreise
des Paulus nach Jerusalem (24,17) wußte.
2. Nach Apg 10,1 – 11,18 bekehrte Petrus in Cäsarea den Heiden Cornelius und sein »Haus« und erlangte in Jerusalem nach an-
fänglichem Widerspruch derer »aus der Beschneidung« in Jerusalem auch die nachträgliche Zustimmung der »Apostel und Brüder« für seine Tischgemeinschaft mit getauften Heiden; und nach
Apg 15,7–11.14–21 verteidigt neben Petrus auch der Herrenbruder Jakobus die Mission unter den Völkern. Paulus berichtet jedoch Gal 2,1–10 davon, daß die Verhandlungen des ›Apostelkonzils‹ zu einer Abmachung über die Aufteilung der Arbeitsgebiete
führte: Paulus und Barnabas sollten unter den Heidenvölkern das
Evangelium predigen, Jakobus, Kephas/Petrus und Johannes die
Juden evangelisieren (Gal 2,7–9). Die Nichtjuden, denen urchristliche Missionare predigten, fanden sich allerdings meist in den
Synagogen und unter deren Sympathisanten. Insofern war die
Realisierbarkeit dieser Aufteilung von Anfang an problematisch. –
Lukas hat in Apg 10,1 – 11,18 wohl eine Überlieferung von einem
außergewöhnlichen Einzelfall, dessen Tragweite vielleicht anfangs
weder von Petrus noch von den anderen Jerusalemern voll erkannt
wurde (vgl. Gal 2,11–14), zu einer Grundsatzentscheidung in Sachen Völkermission ausgestaltet. Es ist fraglich, ob er mit der Einordnung des Übergangs zur Heidenmission in Antiochien (Apg
11,19–21) nach der von ihm als Ereignis von prinzipieller Bedeutung stilisierten Cornelius-Episode die tatsächliche chronologische
Folge der Begebenheiten gewahrt hat. Im übrigen wußte der Autor, daß diejenigen Auferstehungszeugen, die Jesus auf seinem Erdenweg von Galiläa nach Jerusalem gefolgt waren, seine Zeugen
vor dem jüdischen Volk sind (13,30–31), während Paulus vom erhöhten Herrn selbst als sein Sendbote unter den Heiden berufen
wurde (22,17–21).
3. Von einer Vereinbarung über die Teilung der Arbeitsfelder ist
im Bericht über das ›Apostelkonzil‹ Apg 15,1–34 keine Rede; statt
dessen wird dort von einer durch den Herrenbruder Jakobus vor-
geschlagenen und auch von Barnabas und Paulus akzeptierten Abmachung erzählt, den Heidenchristen im Interesse der Lebensgemeinschaft mit Judenchristen die Abstinenz von Götzenopferfleisch, Blut, Genuß des Fleisches nicht jüdisch-rituell geschächte-
ter Tiere und nach jüdischem Recht verbotenem Geschlechtsverkehr nahezulegen. Paulus aber schließt Gal 2,6 Auflagen ausdrücklich aus. Er läßt auch bei seiner Behandlung von Sexualitäts-
problemen (1Kor 5; 6,12–20) und Opferfleischfragen (Röm 14,1–
23; 1Kor 8–10) keine Kenntnis des sog. ›Aposteldekrets‹ (Apg
15,22–29) erkennen, entscheidet allerdings stets im Sinne dieser

Verabredung zwischen Jerusalem und Antiochien. – Lukas hat in Apg 15,1–34 wahrscheinlich zwei unterschiedliche Vereinbarungen zwischen den Gemeinden Jerusalem und Antiochien und der von dort ausgegangenen Mission zu einer einzigen zusammengezogen, zum einen die Abmachung über die Anerkennung der Völkermission, an der Barnabas und Paulus beteiligt waren, und zum anderen die Übereinkunft zur Tischgemeinschaft zwischen Juden- und Heidenchristen (Apg 15,19–21.29; 21,25), an der von Antiochien aus wohl Petrus und Barnabas beteiligt waren. Letztere läßt sich historisch als Reaktion auf den von Paulus Gal 2,11–14 aus seiner Sicht angesprochenen Konflikt in Antiochien zwecks Aufrechterhaltung oder Wiedergewinnung der Mahlgemeinschaft von Juden- und Heidenchristen in *einer* Gemeinde verstehen. An der Verhandlung dieser Vereinbarung war Paulus, der nach dem Eklat Antiochien verlassen und sein eigenes Missionswerk aufgebaut hatte, nicht mehr beteiligt. Lukas hielt den Zusammenstoß des Paulus mit Petrus und damit auch den Bruch mit Barnabas, der auf die Seite des Petrus trat, nicht für berichtenswert, zumal der faktische Umgang des Paulus mit den im ›Aposteldekret‹ angesprochenen Problemkomplexen durchweg dem Sinn jener Jerusalemer Abmachung entsprach.

Zu den Bedenken gegen einzelne Punkte der Berichterstattung eines zeitweiligen Reisebegleiters über das Wirken des Paulus kommen Einwände, die das Verhältnis zu dessen Verkündigung und Theologie betreffen, wie diese sich in seinen Briefen niedergeschlagen hat.[32] Sie lassen sich freilich zumindest erheblich relativieren und vielleicht sogar weithin entkräften:
1. Paulus verstand sich als »berufener Apostel des Christus Jesus«, der »den Herrn gesehen« hat (1Kor,1,1; 9,1) und verteidigte seine apostolische Vollmacht gegen solche Gegner, die sie ihm absprachen oder nur eingeschränkt und als menschlich vermittelt zugestehen wollten (Gal 1,1). Aber nur in Auseinandersetzungen betonte er sein Apostelamt (1Kor 9; 15,8–10; Gal 1,1 – 2,10; 2Kor 10,1 – 13,13). Es gab auch Briefempfänger, denen gegenüber er auf den Apostelnamen verzichtete (Phil 1,1; 1Thess 1,1; Phlm 1). Im übrigen hat Paulus seine Berufung zum Apostel in 1Kor 15,8–10 deutlich von der aller anderen unterschieden. Lukas bezeichnet Paulus allerdings im Zusammenhang mit dessen Berufung und Sendung nie als Apostel. Er verwendet den Aposteltitel überhaupt

---

32 Vgl. *W.G. Kümmel*, Einleitung, 148ff; *A. Lindemann*, Paulus, 49–68; *E. Plümacher*, Art. Apostelgeschichte, 498ff; *G. Schneider*, Apostelgeschichte I, 114–118.

nur im Plural und in der Regel für »die Zwölf«, die Augenzeugen des Erdenweges Jesu waren; er bezeichnet aber gelegentlich auch die reisenden Missionare Barnabas und Paulus Apg 14,4.14 als »Apostel«. Ihm liegt es jedoch fern, Paulus den »Zwölfen« gegenüber herabzusetzen. Vielmehr stellt er den vom erhöhten Herrn direkt berufenen Zeugen in seiner überragenden Bedeutung als Hauptträger der Heidenmission für die Ausbreitung des Evangeliums eindrucksvoll dar. Daß er Paulus nur während dessen Zusammenarbeit mit Barnabas »Apostel« nennt, ist demgegenüber nebensächlich.

2. Der Autor der Apostelgeschichte weiß zwar, daß Paulus der Überzeugung war, daß alle Menschen sündigten und seit der Sendung Jesu von Gott die einmalige Chance der Umkehr vor dem Endgericht erhalten haben (Apg 17,30–31); ihm ist ebenfalls bekannt, daß Paulus die Rechtfertigung des Sünders aus dem Glauben an Jesus Christus, nicht aber durch das Gesetz, gepredigt hat (Apg 13,38–39); doch in solchen Nachklängen paulinischer Verkündigung vermißt man die spezifische Denkart und zugespitzte Sprachweise des Paulus, wie sie z.B. in Röm 1–3 oder in 2Kor 5,14 – 6,2 ihren Ausdruck gefunden hat. Die Kreuzestheologie (1Kor 1,18–25; 2,1–5) liegt ihm fern. Statt dessen läßt der Autor der Apostelgeschichte seinen Paulus in Athen die schöpfungsmäßige Gottesnähe des Menschen (Gen 1,27–28) an Hand eines griechischen Dichterwortes mit Hilfe des stoischen Gedankens, daß die Menschen göttlichen Geschlechtes sind, vertreten (Apg 17,26–29). – Dazu ist zu sagen: Man muß unterscheiden zwischen der Rede- und Schreibweise, die Paulus für angemessen hielt, wenn er sich an Mitchristen wandte, und der Sprache, die er einem rein paganen Publikum gegenüber gebrauchte. Überdies drückte er sich bei einer Anhörung vor der Athener Stadtregierung gewiß anders aus als in Gesprächen mit Passanten auf der Agora und wieder anders bei der Predigt in der Athener Synagoge (Apg 17,10). Aus den Briefen des Paulus ist nur seine Argumentationsweise gegenüber Christen bekannt. Aus ihr kann man allerdings auch ersehen, wie er seine Sache Juden gegenüber vertrat. Jedoch wird er vor ihm persönlich nicht näher bekannten griechischen Zuhörern außerhalb des Freundeskreises der Synagoge kaum wie in Röm 1,18–32 gesprochen haben. Vermutlich hat er, wie im Judentum der hellenistischen Diaspora üblich, den von ihm in Röm 1,19–20 nur kurz angesprochenen Gedanken der indirekten Offenbarung Gottes, des Schöpfers, in seinen Werken weiter ausgeführt und auf die Schöpferherrlichkeit aufmerksam gemacht, die im Geschaffenen wirksam gegenwärtig ist, so daß die Vernunft sie wahrnehmen und auf den Schöpfer schließen kann (Weish 13,5). Lukas hat das in

Apg 14,15–17; 17,24–28 auf seine Weise ausgeführt. Man muß unterscheiden zwischen einer aktuell situationsbezogen akzentuierten und stark individuell geprägten Argumentation in den Briefen des Paulus und einer später auf Anwendung bedachten historischen Darstellung, die mehr auf das allgemein Beispielhafte und für die Aneignung durch den Leser unter veränderten Umständen Faßbare achtet.

Wenngleich der sachliche Abstand des Autors der Apostelgeschichte von Paulus unübersehbar ist, so gibt es doch Gründe, bei der altkirchlichen Überlieferung von der Autorschaft des Lukas zu bleiben:

1. Der Verfasser war dem Widmungsträger höchstwahrscheinlich persönlich bekannt. Wenn er, nachdem er Apg 1,1 in der ersten Person Singular eingesetzt hat, in der zweiten Hälfte des Buches bei einigen Reisen das »Wir« gebraucht, mußte Theophilus annehmen, daß dann der Mann, der ihm das Werk gewidmet hatte, unter den Begleitern des Paulus war.[33]

2. Wenn der Name des Lukas nicht von Anfang an fest mit dem Werk verbunden gewesen und es im 2. Jh. allein darum gegangen wäre, das Werk einem Apostelschüler zuzuschreiben, um seinen Ort in der apostolischen Tradition zu sichern, so hätte man dafür unter den Mitarbeitern des Paulus wahrlich geeignetere Kandidaten als ihn finden können, z.B. den in der Jerusalemer Urgemeinde verwurzelten Silas/Silvanus (Apg 15,22; vgl. 2Kor 1,19; 1Thess 1,1; 2Thess; 1Petr 5,12).[34]

3. In den »Wir«-Berichten zeigt der Autor an, auf welchen Reisen er Paulus zusammen mit anderen begleitet hat, nämlich zuerst beim Übergang von Troas nach Makedonien (Apg 16,10–17), danach erst wieder auf der letzten Reise nach Jerusalem von Makedonien an (Apg 20,5–8.13–15; 21,1–18) und zuletzt auf der Fahrt von Cäsarea nach Rom (Apg 27,1 – 28,16). Er stellt sich nicht persönlich als Augenzeugen heraus, weil es ihm nicht darauf ankam, zufällig Selbsterlebtes als solches hervorzuheben und seinen Anteil am Geschehen herauszustellen. Vielmehr ging ihm in seiner »bescheidenen Selbsteinschätzung«[35] darum, in Gemeinschaft mit anderen, die auch dabei waren, zu bezeugen, daß die wichtigen Über-

---

33 *A. Harnack*, Lukas, 7f.
34 Vgl. *M. Hengel / A.M. Schwemer*, Paulus, 11f; *C.-J. Thornton*, Zeuge, 69–81.
35 *A. Harnack*, Lukas, 7; *ders.*, Mission 102: Lukas hat »seine eigene Missionstätigkeit nur aufs bescheidendste in seinem Werk angedeutet.« Vgl. auch *M. Hengel*, Zur urchristlichen Geschichtsschreibung, 60f.

gänge, die er in der Gemeinschaft des von ihm verehrten Paulus
miterlebt hat, dem unabweisbaren Gotteswillen entsprachen (Apg
16,10; 21,1–14; 27,24; vgl. 19,21; 23,11).[36] Nur für die durch die
»Wir«-Form gekennzeichneten Wegstrecken und Stationen konnte
er als unmittelbarer Zeuge sprechen; für allen übrigen Stoff war er
auf Überlieferung angewiesen.

4. Der Hinweis aus Kol 4,14, daß der dem Paulusschüler, der den
Kolosserbrief geschrieben hat, offensichtlich bekannte Lukas von
Beruf Arzt war und sich als solcher der besonderen Wertschätzung
des Paulus erfreute, ist ernstzunehmen,[37] wenn wir auch nichts
über den Lehrer oder die Ärzteschule, aus der er kam, wissen, also
die Richtung seiner medizinischen Bildung und die Schwerpunkte
der ärztlichen Praxis nicht kennen. Paulus, der an einer schmerz-
haften chronischen Krankheit litt (2Kor 12,7–9; Gal 4,13–14) und
darüber hinaus infolge mehrmaliger Haft, durch Leibesstrafen,
Mißhandlungen, Anstrengungen und Beschwerlichkeiten seiner
Lebensweise als Sendbote des Christus Jesus unter den Völkern
gesundheitlich erheblich beeinträchtigt war (z.B. 2Kor 11,23–28),
wird für die ärztliche Hilfe, die Lukas ihm während der Zeiten gemeinsamen Reisens geben konnte, dankbar gewesen sein. Man
muß im Blick auf das Altertum die Vorstellung vom niedergelas-
senen Arzt stark relativieren.[38] Zahlreiche Ärzte waren viel unterwegs. Wer nicht in einer größeren Stadt praktizieren konnte, mußte seinem Beruf als wandernder Arzt (Periodeut) nachgehen. Solche Reisen waren darüber hinaus für Ärzte zur Suche nach neuen
Heilpflanzen und im Interesse der Fortbildung unerläßlich. Durch
Reisen gewonnene Erfahrung wurde vom Heilkundigen ebenso
selbstverständlich erwartet wie vom Historiker, daß er die Schauplätze der von ihm beschriebenen Begebenheiten besucht hatte.
Schriftstellerisch über ihr Fachgebiet hinaus tätige Ärzte waren
keine Seltenheit. Es gab auch Mediziner, die sich auf den Gebieten
der zeitgeschichtlichen Monographie und der Biographie versuch-

36   Vgl. *C.-J. Thornton*, Zeuge, 360–367.
37   Vgl. *M. Hengel / A.M. Schwemer*, Paulus, 18–26.
38   Z.B. studierte der berühmte Galen (129 – ca. 216 n.Chr), Sohn eines Archi-
tekten aus Pergamon, zunächst Philosophie und anschließend hippokratische
Medizin in seiner Heimatstadt, ging dann mit seinem Lehrer nach Smyrna, bildete sich später in Korinth und Alexandrien weiter, praktizierte anfangs in Pergamon, darauf in Rom, kehrte bei Ausbruch der Pest von dort in seine Heimatstadt
zurück und kam schließlich als kaiserlicher Leibarzt erneut nach Rom. Sein Oeuv-
re umfaßt nicht nur zahlreiche medizinische und damit thematisch verwandte,
sondern auch grammatisch-rhetorische und philosophische Schriften. Vgl. *H.
Grensemann*, in: *W. Müri* (Hg.), Arzt, 525f; *V. Nutton*, Art. Galenos aus Pergamon, 748–756.

ten.[39] Die Sprache des Lukas läßt in beiden Bänden seines Werkes Spuren ärztlicher Beobachtung und medizinischer Terminologie erkennen.[40] Er steht im Blick auf den Stil der Vorworte zum Evangelium und der Apostelgeschichte in der Tradition technischer Fachprosa und speziell auch medizinischer Handbücher.[41] Er dürfte sich durch die Lektüre historiographischer Arbeiten auf die Abfassung seines Geschichtswerkes vorbereitet haben.[42]

Lukas wird durchaus wichtigen Anforderungen gerecht, die an einen Geschichtsschreiber gestellt wurden. So forderte Polybios von Megalopolis in Arkadien (ca. 200–118 v.Chr), der große ›pragmatische‹ Geschichtsschreiber des 2. Jh.s v.Chr., der in seinen »Historien« beschrieben hat, wie Rom die Oberherrschaft über die westliche und östliche Welt um das Mittelmeer gewann, vom Historiker ein Lebensverhältnis zu seiner Sache: »Wer nicht selbst etwas erlebt hat, der ist unfähig, seine Leser wirklich zu begeistern oder zu ergreifen ... Solche Lebendigkeit ist aber natürlich nur bei Autoren zu finden, die selbst etwas erlebt und auf diesem Wege geschichtliches Verständnis gewonnen haben. Sicher ist es schwierig, auf allen Gebieten tätig zu sein und handelnd einzugreifen, notwendig aber, daß es auf den wichtigsten Gebieten geschieht, auf denen, die alle Menschen gleichermaßen angehen« (XII,25h).[43]
Der reiseerfahrene Autor Lukas fand sich auf den Straßen in Syrien und Kleinasien zurecht; er wußte auch auf der *Via Egnatia* in Makedonien, der *Via Campana* und der *Via Appia* in Italien Bescheid und kannte die Raststationen zwischen Puetoli und Rom. Die Linien der Küstenschiffahrt im östlichen Mittelmeer waren ihm so wenig fremd wie die Route der Getreideschiffahrt zwischen Alexandrien und Italien. Nicht nur im Blick auf viele Reisewege, sondern auch auf Städte wie Jerusalem, Cäsarea, Antiochien am Orontes, Antiochien in Pisidien, Philippi, Thessalonich, Korinth und Ephesus verfügte er über beachtliche Ortskenntnisse. Die jeweils besonderen Rechts- und Verwaltungsverhältnisse in den Städten waren ihm vertraut. Über den Kult des Zeus Bronton im Landstädtchen Lystra und der Artemis von Ephesus wußte er Bescheid.

39 *M. Hengel / A.M. Schwemer*, Paulus, 18 nennen Beispiele aus dem 1. und 2. Jh. n.Chr.
40 Vgl. *A. Harnack*, Lukas, 122–137.
41 Vgl. *L. Alexander*, Preface, 176f; *M. Hengel / A.M. Schwemer*, Paulus, 19.
42 Vgl. *M. Dibelius*, Aufsätze, 157; *E. Plümacher*, TEPATEIA, 88f.
43 Polybios, Geschichte II, 816f. Durch eigene Anschauung und praktische Erfahrung erworbene Sachkenntnis fordert vom Geschichtsschreiber auch Lukian, Historia 37 (How to write History, 50f). Vgl. zu Polybios und Lukian *G. Avenarius*, Lukians Schrift, 35–40.

Die Mentalität der Athener in der frühen Kaiserzeit konnte er treffend ironisieren.
Lukas schrieb sein Geschichtswerk als christlicher Lehrer, der seine Wurzeln entweder im hellenistischen Judentum hatte oder als ›Gottesfürchtiger‹ von Jugend auf zum engsten Freundeskreis einer Diasporasynagoge, vielleicht in Antiochien, gehörte, bevor er zum christlichen Glauben kam, war also entweder ein gebildeter Judenchrist oder ein dem Judenchristentum nahestehender Heidenchrist.[44] Darauf weisen sein gepflegtes, von der Septuaginta (LXX), der Bibel des Diasporajudentums, geprägtes Koine-Griechisch,[45] seine Schriftkenntnis und die Anwendung damals üblicher Auslegungsregeln, die Vertrautheit mit judenchristlichen Traditionen, eine bemerkenswerte Hochschätzung des Gesetzes und sein Verständnis der Kirche als Volk Gottes.

Ort und Zeit der Abfassung

Der Abfassungsort der Apostelgeschichte läßt sich nur vermuten. Da der wahrscheinliche Autor beruflich viel unterwegs war, ist das nicht verwunderlich. Auf jeden Fall kommt nur eine Stadt in Betracht, in der Petrus- und Paulustradition lebendig war. Dort konnten Christen der frühen nachapostolischen Zeit darauf bedacht sein, die im Konflikt von Antiochien (Gal 2,11–14) aufgebrochene Kluft zwischen Paulus und Petrus, die für die nachfolgende Generation kaum noch Bedeutung hatte, zu überwinden und beide Autoritäten einander so weit wie möglich anzunähern. Aufgrund der Ausrichtung des Werkes auf Rom (19,21; 25,9–12), speziell auch des letzten Wir-Berichtes (27,1 – 28,16) und des Buchschlusses (28,17–31), wird seit altkirchlicher Zeit die Hauptstadt des Imperiums genannt (Euseb, HE II,22.6).[46] Diese Annahme liegt auch unter Berücksichtigung des in 1Clem 5,4–7 vermittelten Petrus- und Paulusportraits und der im 1Clem, speziell auch 1Clem 42,1–5 dargelegten Auffassung von der kirchlichen Ämterordnung immer noch am nächsten.[47] Daneben wird ebenfalls seit altkirchlicher Zeit Achaia genannt, so von Hieronymus im Evangelienprolog.[48]

---

44 Vgl. *J. Jervell*, Apostelgeschichte, 84; *P. Stuhlmacher*, Biblische Theologie I, 227f.
45 Vgl. *J. Jervell*, Apostelgeschichte, 72–76.
46 Eusebius von Cäsarea, Kirchengeschichte, 141.
47 Vgl. *F. Bovon*, Lukas I, 23; *M. Korn*, Geschichte, 12, Anm. 25; *U. Schnelle*, Einleitung, 285. – Zu 1Clem 5 und 42 vgl. *A. Lindemann*, Clemensbriefe, 36–40.125–128; *L. Wehr*, Petrus, 294–315.
48 Vgl. Synopsis Quattuor Evangeliorum, 546.

Unter Berücksichtigung der altkirchlichen Tradition über die Herkunft des Lukas aus Antiochien und seine Kenntnis der Gemeinde in der syrischen Provinzhauptstadt hat man auch sie als Entstehungsort in Betracht gezogen.[49] Andere haben an Cäsarea[50], das nordwestliche Kleinasien[51] und besonders auch an Makedonien[52] gedacht.

Die Abfassungszeit des lukanischen Geschichtswerkes läßt sich in etwa eingrenzen. Laut Apg 1,1 schrieb der Autor das Evangelium vor der Apostelgeschichte. Das Evangelium verfaßte er nach 70; denn zum einen verarbeitet er darin das wahrscheinlich 69/70 n. Chr. abgefaßte Markusevangelium, zum anderen nimmt er laut Lk 13,34–35; 19,43–44; 21,20–24 die im Sommer 70 erfolgte Zerstörung Jerusalems als gegeben an. Lukas berichtet in der Apostelgeschichte zwar nicht über den Märtyrertod des Paulus, setzt ihn aber in Apg 20,24 – 25.38 und 21,10–14 voraus. Eine Entstehung der Apostelgeschichte zu Lebzeiten des Paulus ist ausgeschlossen. Der Verfasser ist mit paulinischer Überlieferung vertraut. Ob und gegebenenfalls inwieweit er einzelne Paulusbriefe gekannt hat, ist unsicher.[53] Jedenfalls zitiert er nicht direkt daraus. Eine Sammlung der Paulusbriefe oder gar das Insgesamt der paulinischen Briefe im NT (Corpus Paulinum) ist ihm allem Anschein nach unbekannt. Damit scheidet ein Abfassungsdatum nach der Jahrhundertwende aus. Unterstellt man, daß Lukas das Evangelium in den siebziger Jahren geschrieben hat, so bietet sich für die Apostelgeschichte ein Abfassungsdatum um oder bald nach 80 n.Chr. an. Die kurze Regierungszeit des Titus (79–81 n.Chr.), die durch große Volksnähe und Milde des Herrschers gekennzeichnet war,[54] oder ein Datum kurz danach kommt auch deswegen als vermutliche Entstehungszeit des Buches in Betracht, weil Lukas noch darauf setzt, daß zwischen den sich unpolitisch verhaltenden Christen und den Behörden der hellenistisch-römischen Städte und den In-

---

49   Erwägung von *G. Schneider*, Apostelgeschichte I, 121.

50   *H. Klein*, Abfassungsort, 467–477.

51   *W. Schmithals*, Apostelgeschichte, 17. *P. Borgen*, Philo, 273–285 plädiert für Ephesus.

52   Die Aufmerksamkeit, die Lukas dem Philippi-Abschnitt gewidmet hat, und seine präzise Ortskenntnis veranlassen *F. Bovon*, Lukas I, 22f und *P. Pilhofer*, Philippi I, 153–159.204f zu der Annahme, daß Lukas Makedonier und Glied der Gemeinde Philippis war. Eine besondere Verbindung des Lukas mit Philippi stellt auch *C.J. Hemer*, Book, 346, Anm. 77 heraus.

53   *A. Lindemann*, Paulus, 171 beantwortet die Frage »mit einem vorsichtigen Ja«. Vgl. *ders.*, Christuspredigt, 248f mit Hinweis auf die Aufnahme von 1Thess 1,9–10 in Apg 17,29–30.

54   Vgl. Sueton, Titus 8,1–2 (Kaiserviten, 874ff) und *K. Christ*, Geschichte, 262f.

stanzen der Reichsmacht trotz aller bisherigen Beschwernisse doch leidlich annehmbare Beziehungen realisierbar sind.[55]

Quellenfragen

Zwei wichtige Quellenschriften des Lukasevangeliums sind bekannt, das Markusevangelium und die sog. Spruch- oder Logienquelle (Q). Schriftliche Quellen, die Lukas bei der Abfassung der Apostelgeschichte über die von ihm zitierten Bücher der griechischen Ausgabe der heiligen Schriften des Volkes Israel (Septuaginta, LXX) hinaus zur Verfügung standen, kennen wir nicht. Der Autor selbst nennt keine Quellen. Angesichts seiner Erzählkunst und insbesondere seiner bemerkenswerten Elastizität bei der stilistischen Anpassung an die darzubietende Situation ist es schwer, eventuelle Vorlagen zu eruieren. Relativ leicht wahrscheinlich zu machen ist die Annahme, daß er Listen wie in Apg 2,9–11; 13,1; 20,4 schriftlich vorliegen hatte. Darüber hinaus muß es wohl bei mehr oder minder einleuchtenden Vermutungen über seine verarbeiteten Vorlagen bleiben, Annahmen, deren hypothetische Bedeutung in der Forschung umstritten sind.

Für die Zeiten, während der Lukas Paulus begleitete (16,10–17; 20,5–15; 21,1–18; 27,1 – 28,16), konnte er wohl auf eigene Notizen seines Reisetagebuches zurückgreifen.[56] Die wichtigsten Vorkommnisse der Haftzeit des Paulus in Jerusalem und Cäsarea (21, 27 – 26,32) waren vielleicht in einem hinter 21,27–36; 22,24–29; 23,12–27; 25,1–12 vermuteten durchlaufenden Prozeßbericht festgehalten, der Lukas hauptsächlich Termine und Fakten lieferte.[57]

---

55 Vgl. *M. Hengel / A.M. Schwemer*, Paulus, 11ff.
56 So *C.-J. Thornton*, Zeuge, 275–280; *J. Jervell*, Apostelgeschichte, 63. – Anders z.B. *W. Schmithals*, Apostelgeschichte, 15.188ff, der die enge Beziehungen zwischen den Pastoralbriefen und der Apostelgeschichte herausstellt und für Apg 13–28 mit einer von Lukas unvollständig aufgenommenen und frei bearbeiteten Paulus-Quelle rechnet. – Wieder anders unter Berufung auf die Kommentare von *H. Conzelmann* und *E. Haenchen* z.B. *E. Plümacher*, Art. Apostelgeschichte, 500: Paulus-Erinnerung in Form von »abgeschliffenen und z.T. schon unzuverlässig gewordenen Informationen aus zweiter und dritter Hand«. – *D.-A. Koch*, Kollektenbericht, 367–390 vermutet hinter dem Reisebericht in Apg 20–21 einen Rechenschaftsbericht der Kollektendelegierten.
57 Vgl. z.B. *V. Stolle*, Zeuge, 260–267 und die Kommentare von *J. Jervell*, 63; *R. Pesch*, I, 50; *J. Roloff*, 316; *J. Zmijewski*, 21. – *G. Lüdemann*, Christentum, 28.258–263 rechnet nur mit einem Bericht über den Prozeß vor Festus in Cäsarea. – Andere nehmen eher Einzelnachrichten mit unterschiedlichem historischen Wert an. Vgl. z.B. *M. Dibelius*, Aufsätze, 14 und die Kommentare von *H. Conzelmann*, 132–150; *E. Haenchen*, 588–664; *G. Schneider*, II, 311–379; *A. Weiser*, II, 390.

Im übrigen dürfte er mündliche Nachrichten des Paulus selbst (z.B. auch über seine Herkunft und Erziehung, vgl. 21,39; 22,3), der Mitarbeiter, z.B. des Timotheus, und Überlieferungen aus den von Paulus gegründeten Gemeinden verarbeitet haben. Man kann annehmen, daß er sie besucht und auch sonst auf seinen Reisen, dann, wenn er Christen aus solchen Gemeinden traf, Auskünfte über Paulus erfragt hat.[58]
Als Hintergrund der ›Hellenisten‹-Komplexe in Apg 6–8,3; 8,4–14.26–40; 9,1–30; 11,19–30; 12,25 – 15,35 nehmen einige Forscher eine antiochenische Quelle an.[59] Der Umfang dieser auch als »Annalen oder als die Chronik der antiochenischen Gemeinde« bezeichneten Quelle[60] wird im einzelnen unterschiedlich bestimmt. Da Lukas der aufgenommenen Tradition bei der Darstellung seinen Stil aufgeprägt hat und sich eine Quelle wegen fehlender Vergleichsmöglichkeiten nicht erweisen läßt, rechnen andere Exegeten eher damit, daß Lukas auf unterschiedliche schriftliche oder mündliche Einzelüberlieferungen oder Sammlungen von Einzelüberlieferungen oder zumindest auf diverse Nachrichten zurückgreift.[61] Mit Stephanus-Tradition, die von den Griechisch sprechenden Christen nach ihrer Flucht und Vertreibung aus Jerusalem in den Gemeinden der Städte an der palästinischen und phönizischen Mittelmeerküste sowie in Antiochien weitergegeben wurde (Apg 11,19), ist zu rechnen. Philippus-Traditionen hafteten gewiß in Cäsarea am Meer (Apg 8,40; 21,8–9). Petrus-Überlieferung konnte der Autor in Jerusalem (Apg 12,12), im westlichen Palästina, insbesondere auch in Cäsarea (Apg 9,32.36; 10,1–48) sowie in Antiochien (Gal 4,11–14) aufnehmen, aber auch von Petrus-Anhän-

---

58 Vgl. *E. Haenchen*, Apostelgeschichte, 97.
59 So als erster *A. Harnack*, Apostelgeschichte, 131–158.169–173. Er suchte sie hinter 6,1–8,4; 11,19–30; 12,25–15,35. 9,1–30 schrieb er einer Sonderquelle zu. – Mit einer antiochenischen Quelle rechnen gegenwärtig z.b. *F. Hahn*, Zum Problem der antiochenischen Quelle, 316–331; *M. Hengel*, Zwischen Jesus und Paulus, 156; *ders.*, Zur urchristlichen Geschichtsschreibung, 89f; vorsichtig auch *G. Schneider*, Apostelgeschichte I, 85ff. – *R. Roloff*, Apostelgeschichte, 10 rechnet für Apg 13–14 mit einem »Missionsbericht der antiochenischen Gemeinde«. – *R. Pesch*, Apostelgeschichte I, 48ff vermutet nicht nur für die ›Hellenisten‹-Tradition, sondern auch für Apg 1–5 einen antiochenischen Quellenstrang.
60 *R. Bultmann*, Zur Frage, 423.
61 Vgl. z.B. *M. Dibelius*, Aufsätze, 94; *E. Plümacher*, Art. Apostelgeschichte, 493f.498 sowie die Kommentare von *H. Conzelmann*, 5; *E. Haenchen*, 94ff; *A. Weiser*, I, 36f. – *W. Schmithals*, Apostelgeschichte, 16 findet in Apg 1–12 keine Spuren einer mündlichen Traditionsgeschichte und führt den gesamten Erzählstoff auf den Autor zurück, der »neben der Gemeindetheologie, dem Alten Testament, dem überlieferten Bekenntnis und dem Bildungsgut der Synagoge auch einzelne Nachrichten aus der frühen Gemeinde verwendet.«

gern in Rom bekommen. Ob und eventuell inwieweit diese Traditionen schon in schriftlicher Form vorlagen,[62] sei dahingestellt. Ihr Umfang läßt sich nur von Fall zu Fall vermutungsweise ertasten.

Die Apostelgeschichte als Geschichtswerk

Die Apostelgeschichte ist eine historische Monographie

Die literarische Gattung der Apostelgeschichte muß im Blick auf die Zeit bestimmt werden, in der sie geschrieben wurde. Die Apostelgeschichte ist nicht allein »ein Erbauungsbuch«,[63] sondern auch ein Werk antiker Geschichtsschreibung.[64] Das Buch ist eine antike historische Monographie.[65] Anders als z.b. die Universalgeschichte in vierzig Büchern, wie sie Diodoros von Sizilien, der sich vorgenommen hatte, »möglichst alle überlieferten historischen Ereignisse der ganzen Welt so wie die einer einzelnen Stadt beginnend mit den ältesten Zeiten soweit als möglich bis auf die eigene Gegenwart niederzuschreiben« (DiodSic I,3.6),[66] zwischen 60 und 30 v.Chr. abgefaßt hat, ist die Apostelgeschichte ein Geschichtswerk von begrenzter Länge über ein beschränktes Gebiet und für eine bestimmte Leserschaft. Sie ist für Christen geschrieben, die schon über grundlegende Sachverhalte ihres Glaubens unterrichtet sind (Lk 1,4). Das Werk besteht aus einem Band. Der geographische Horizont ist im wesentlichen beschränkt auf Länder des östlichen Mittelmeerraumes; er wird erst mit der Romfahrt des Paulus überschritten. Der Zeithorizont umfaßt etwas mehr als dreißig Jahre vom ersten öffentlichen Hervortreten der Zeugen Jesu Christi (30 n.Chr.) bis zum Eintreffen des Paulus in Rom und seiner dortigen Lehrtätigkeit (60–62 n.Chr.). Lukas schreibt also über die jüngste Vergangenheit aus eigener Fühlungnahme mit ihr. Er zeichnet solche Stoffe auf, die ihm für Christen seiner Zeit und Umgebung

---

62   A. v. *Harnack*, Apostelgeschichte, 131–158 rechnete mit einer Quelle A, der er den Stoff von Apg 3,1 – 5,16; 8,5–40; 9,31 – 11,18; 12,1–23 zuschrieb, und einer historisch weniger wertvollen Quelle B, die er hinter Apg 2 und 5,17–42 zu finden meinte.
63   So A. *Jülicher*, Einleitung, 435; E. *Haenchen*, Apostelgeschichte, 114; ähnlich H. *Köster*, Einführung, 762: »Lukas hat nicht nur ein apologetisches, sondern gleichzeitig ein erbauliches christliches Buch schaffen wollen.«
64   Vgl. C.J. *Hemer*, Book, 63–100; D.W. *Palmer*, Acts, 1–29; W.C. *van Unnik*, Luke's Second Book, 37–60.
65   Vgl. z.B. H. *Conzelmann*, Apostelgeschichte, 7; M. *Hengel*, Urchristliche Geschichtsschreibung, 19f.37; E. *Plümacher*, Die Apostelgeschichte als historische Monographie, 457–466.
66   Diodoros, Griechische Weltgeschichte, Teil 1, 31.

als behaltenswert erscheinen. Sichtung, Anordnung und Verknüpfung, Verschränkung oder Gegenüberstellung der Inhalte sind seine Aufgabe als Historiker, für deren Lösung er sich anders als bei der Abfassung des Evangeliums noch nicht an einem Vorgänger orientieren und zugleich bei der Anlage und Durchführung seiner Arbeit von ihm unterscheiden kann.[67]

Die Apostelgeschichte schildert – in der Antike einmalig – die Anfangszeit einer jungen religiösen Bewegung

Den Hauptinhalt des Buches bilden Anfang und Fortschritte der Evangeliumsverkündigung und Mission, im Zusammenhang damit Einsatz und Dienst, Gefährdungen und Leiden der Christuszeugen, dargestellt an richtungweisenden Gestalten wie Petrus, Barnabas, Stephanus, Philippus, und besonders Paulus, sowie an charakteristischen Zeugnissen. Eine derartige Darstellung der Anfangszeit einer noch jungen, erst vor einigen Jahrzehnten begonnenen religiösen Bewegung ist in der antiken Geschichtsschreibung einzigartig.[68] Sie wurde dadurch ermöglicht, daß die Christen sich in der ununterbrochenen Fortdauer des biblischen Gottesvolkes sahen. Lukas hat diese Kontinuität kräftig herausgearbeitet. Paulus betont: Nach der christlichen Lehre, dem »Weg«, »diene ich dem Gott meiner Väter, indem ich allem glaube, was im Gesetz und Propheten geschrieben steht« (24,14). Er versichert den Spitzen der Juden Roms, daß er den »väterlichen Sitten« gemäß gelebt und gehandelt hat (28,17).[69]

Lukas teilt mit anderen antiken Historikern bei der Vergegenwärtigung des Gewesenen das Interesse an der eigenen Zeit. Zur Zeit des Verfassers erwachte nach dem Tod derer, »die von Anfang an Augenzeugen und Diener des Wortes gewesen sind« (Lk 1,2), in der zeitlich und räumlich sich immer weiter vom Ursprung entfernenden, dazu in ständig wachsendem Maße aus Angehörigen nichtjüdischer Völker bestehenden Kirche das Interesse an der Anfangszeit der christlichen Botschaft und Lehre. Die Frage nach der Kontinuität der gegenwärtigen Kirche und ihrer Verkündigung mit der Gründungs- und Anfangszeit der Gemeinde Jesu stellte sich. Es ging auch um die Auswahl, Sammlung und Bewahrung der für die

---

67 Vgl. *A. v. Harnack*, Mission, 91ff.
68 Vgl. *A. v. Harnack*, Mission, 89: »Wie alles in der ältesten Missions- und Ausbreitungsgeschichte des Christentums außerordentlich erscheint, so ist auch die Tatsache eine außerordentliche, daß die neue Religion bereits ein Menschenalter nach ihrem Beginn eine geschichtliche Darstellung ihrer Entwicklung und ihres Fortschritts erhalten hat ...«
69 Vgl. *Ph.F. Esler*, Community, 215ff.

Evangeliumspredigt als bleibend maßgeblich angesehenen Überlieferung.

Der Autor teilt die Auffassung der Geschichte als Lehrmeisterin für das Leben[70]

Anders als neuzeitlichen Geschichtsforschern lag antiken Geschichtsschreibern nicht primär an der Erkenntnis der Vergangenheit rein um ihretwillen. Sie wollten nicht nur zeigen, wie es früher
war. Selbstverständlich fragten sie in den Grenzen ihrer Möglich-
keiten auch nach der historischen Wirklichkeit (τὰ γενόμενα) und
also – so weit sie nicht selbst Augenzeugen des berichteten Geschehens gewesen waren – nach der Glaubhaftigkeit der Überlieferung, auf die sie sich bezogen. Denn ihnen galt »die Geschichte ...
die vom Gang der Zeiten Zeugnis gibt (*testis temporum*)«, als »das
Licht der Wahrheit (*lux veritatis*), die lebendige Erinnerung (*vita
memoriae*), Lehrmeisterin des Lebens« (*magistra vitae*), Künderin
von alten Zeiten (*nuntia vetustatis*).« Aber Unsterblichkeit erlangt
sie durch rhetorische Kunst (Cicero, DeOrat 2,36).[71]
Antike Historiker wollten aus dem historischen Stoff Verhaltensre-
geln für ähnliche Situationen gewinnenen, sahen sich also als Di-
daktiker. Diodoros von Sizilien (1. Jh. v.Chr.) war überzeugt, »daß
die Beschäftigung mit der Geschichte für schlechthin alle Situationen des Lebens von Nutzen ist« (DiodSic I,1.4).[72] Historiographie
wurde vor allem als literarische Arbeit angesehen, nicht als wissen-
schaftliche Aufgabe, weil sie sich mit veränderlichen Dingen befaßt. Historiker wollten den Nutzen der Kenntnis der Vergangenheit, die sie bewertend darboten, für die Gegenwart darstellen.[73]
Sie teilten kräftig Lob und Tadel aus. Es gab keine tendenzfreie
Berichterstattung vom Gewesenen. In den »Historien« des Polybios
(2. Jh. v.Chr.), deren Thema die Welteroberung Roms von 264 bis

---

70   Vgl. *C.J. Hemer*, Book, 79–85.
71   Cicero, De oratore, 228. – Die Betonung der Verpflichtung, der Wahrheit zu
dienen, gehörte zu den festen rhetorischen Topoi antiker Geschichtsschreiber und
-theoretiker. Vgl. z.B. auch Josephus, Bell 1,16: Bei der Geschichtsschreibung
»muß man die Wahrheit sagen und mit viel Mühsal die Tatsachen zusammensu-
chen« (De Bello Judaico I, 6f); Josephus, Vita 339: »Der Geschichtsschreiber
soll ... vor allem die Wahrheit sagen« (Kleinere Schriften, 60); Plinius d.J. an
Tacitus (Ep VII,33.10): »Die Geschichte muß sich an die Wahrheit halten, und eh-
renhafter Tat genügt die Wahrheit« (Briefe, 432f); Lukian, Historia 40: »Allein
der Wahrheit muß geopfert werden« (How to write History, 54f). Das gesamte Ma-
terial bei *G. Avenarius*, Lukians Schrift, 40–46.
72   Diodoros, Griechische Weltgeschichte, Teil 1, 28.
73   Vgl. z.B. Polybios, Geschichte, Ausgabe von *H. Drexler*, I,1; I,4; I,13 usw.
Vgl. *O. Lendle*, Einführung, 225ff.

146 v.Chr. ist, wimmelt es von direkten Ratschlägen an die Zeitgenossen. Nach Diodoros hat man die Geschichte »als die Macht anzusehen, welche über die guten Eigenschaften bei den bedeutenden Menschen wacht, Zeugnis gibt vom Unheil, sie, die ihre Wohltaten dem ganzen Menschengeschlecht zukommen läßt« (DiodSic I,2.2).[74] Sallust (86–34 v.Chr.) wollte durch seine historisch-monographische Darstellung des Krieges, den das römische Volk gegen den Nubier-König Jugurtha geführt hatte (111–105 v.Chr.), politisch-ethisch wirken. Er kritisierte das Defizit an Tugenden der Alten in seiner Gegenwart und beabsichtigte, das Feuer der Tatkraft neu zu schüren: »Diese Flamme lodere bei der Erinnerung an geschichtliche Leistungen im Herzen außergewöhnlicher Männer empor und verglimme nicht eher, als bis die eigene Tüchtigkeit (*virtus*) den Ruf und Ruhm der Vorfahren erreicht habe. Welchen Gegensatz bilden hier die jetzigen sittlichen Auffassungen! Sucht da nicht jeder seine Vorfahren zu überbieten im Reichtum und im Aufwand, keiner aber in der Rechtlichkeit und Strebsamkeit?« (Iug 4,6–8).[75] Auch Tacitus, der die frühe Kaiserzeit »ohne Abneigung und Vorliebe (*sine ira et studio*)« darstellen wollte (Ann I,1.3),[76] war als Historiograph ein Moralist und wollte politisch-ethisch wirken. Z.B. hatte er sich für die Regierungszeit des Tiberius (14–37 n.Chr) »eine vollständige Berichterstattung über Anträge im Senat ... nur dann vorgenommen, wenn sie durch ehrenhafte Gesinnung herausragen oder bemerkenswerte Ehrlosigkeit verraten, weil ich es für die vornehmliche Aufgabe der Geschichtsschreibung halte, dafür zu sorgen, daß tüchtige Leistungen nicht verschwiegen werden und andererseits Bosheit in Wort und Tat sich vor der Schande bei der Nachwelt fürchten muß« (Ann III,65.1–2).[77]

Wie andere antike Historiographen will Lukas mit seinem Geschichtswerk Einsichten wecken und belehren. Sein christlicher Leser, für den er nach den Vorworten zu beiden Büchern vor allem schreibt, soll die Zuverlässigkeit der Sachen, d.h. der grundlegenden Inhalte christlicher Predigt und Lehrüberlieferung, erkennen, über die er unterrichtet worden war (Lk 1,4). Nicht anders das Publikum, das dem »hochgeehrten Theophilus« (Lk 1,3) ähnelte! So ist der Leserkreis von vornherein eingegrenzt. Da der Autor beim Leser Aufmerksamkeit und Lernbereitschaft voraussetzen kann, braucht er in der Vorrede nicht um seine Zuneigung zu wer-

---

74 Diodoros, Griechische Weltgeschichte, Teil 1, 29.
75 Sallust, Werke, 102f.
76 Tacitus, Annalen, 16f.
77 Tacitus, Annalen, 274f.

ben und muß ihm nicht einleitend aufweisen, wie wichtig und nützlich die folgenden Darlegungen für ihn sind.[78] Der Verfasser stellt dem Leser tüchtige Leistungen vor, die nicht vergessen werden sollen, weil ihre Erinnerung gegenwärtig und künftig von Nutzen ist. Er belehrt ihn narrativ und auf indirekte Weise, nicht durch moralische Beweisführung und mit erhobenen Zeigefinger, beschreibt Charaktere an ihrem Handeln und Verhalten in Situationen. Das sei an Gestalten verdeutlicht, die beim Autor sozusagen in der zweiten Reihe stehen: Barnabas, der ein Grundstück zugunsten der Jerusalemer Gemeinde verkaufte (4,36–37), als Mittelsmann zwischen den Gemeinden in Antiochien und Jerusalem arbeitete (11,22–23.30; 12,25; 15,1–2.12.25), Paulus aus Tarsus in die Missionsarbeit der Gemeinde von Antiochien einband (11,25–26) und auf Zypern missionierte (13,4–9; 15,39); Barnabas war insgesamt »ein vortrefflicher Mann, voll Heiligen Geistes und Glaubens« (11,24). Oder, um ein zweites Beispiel zu nennen, die Purpurhändlerin Lydia, die in Philippi, der römischen Kolonie mit einer nicht eben judenfreundlichen Atmosphäre, die judenchristlichen Missionare Paulus und Silas als Gäste aufnahm und ihnen ihr Haus als Zentrum der Gemeindebildung in der Stadt anbot (16,14–15). Gut handelte auch der Judenchrist Jason in Thessalonich, der den als angebliche Hochverräter verschrieenen Evangeliumsboten Paulus und Silas Gastfreundschaft gewährte und dafür erhebliche Beschwernis auf sich nehmen mußte (17,5–9). Nicht minder vorbildlich verhielten sich Priscilla und Aquila, die trotz des in Rom wegen ihrer Religion erlittenen Ungemachs das Missionswerk des Paulus in Korinth und Ephesus kräftig unterstützten (18, 1–3.18–19.24–26). Tüchtig waren ebenfalls die nicht namentlich genannten christlichen Brüder, die einen verfolgten und mit dem Tod bedrohten Sendboten des Christus Jesus rechtzeitig aus der Gefahrenzone brachten (9,23–25.29–30; 17,10.14–15). Beispielhaft handelte ebenfalls der alte Jünger Mnason aus Zypern (21,16), der in Jerusalem dem in den Ruf eines Apostaten geratenen Paulus (21,21) und seinen Begleitern Gastfreundschaft gewährte.

Auch einige Nichtchristen werden in ihrem Handeln als nachstrebenswert herausgestellt, so der angesehene Gesetzeslehrer Gamaliel, der dem Hohen Rat klugen Rat zum Umgang mit den Aposteln gab (5,27–40), der Prokonsul Gallio, der eine Klage der Juden Korinths gegen Paulus abwies, weil ein innerjüdischer Religionsstreit, in dem die Angeklagten keine nach römischem Recht unge-

---

78 Vgl. demgegenüber die von Lukian, Historia 53 aufgestellten Regeln für die Abfassung eines Proömiums (How to write History, 64f); dazu *G. Avenarius*, Lukians Schrift, 116.

setzlichen Handlungen begangen haben, die römische Behörde nichts angeht (18,12–17). Mustergültig handelte auch der hohe städtische Beamte in Ephesus, der die Stadtbevölkerung und besonders eine am Vorgehen gegen die christliche Mission geschäftlich interessierte Gruppe eindringlich vor tumultuarischen Aktionen warnte, sie auf den Rechtsweg verwies und den Christen gegenüber einem aufgepeitschen Mob durch schlichte Rechtstatsachenfeststellung zu Hilfe kam (19,35–40). Beispielhaft handelte auch der römische Hauptmann Julius, der Paulus freundlich behandelte und ihm während der Romfahrt bei Zwischenaufenthalten in Sidon (27,3) und Puetoli (28,14) erlaubte, die Christen am Ort zu besuchen.

Lukas bringt auch warnende Exempel: Hananias und Saphira zogen sich den Tod und immerwährende Schande dadurch zu, daß sie dem Satan in ihrem Herzen Raum gaben und den Heiligen Geist zu betrügen trachteten (5,1–11). Schändlich handelte der Magier Simon, der die Qualifikation und Legitimation zur Spendung des Heiligen Geistes käuflich erwerben wollte (8,18–24), nicht minder verdammenswert auch sein jüdischer Kollege, der Mantiker Barjesus Elýmas, der in Paphos auf Zypern zu verhindern versuchte, daß der Prokonsul Sergius Paulus zum Christusglauben kam (13,6–12). Lächerlich machten sich die sieben Skevas-Söhne in Ephesus, die ohne Glauben und Vollmacht mit dem Namen Jesu exorzistisch zu hantieren trachteten (19,13–17).

Lukas gehört zu den ›tragischen‹ oder ›mimetischen‹ Historikern

Lukas berichtet keine dürren Fakten, sondern setzt Ereignisse in Szene. In der hellenistischen Geschichtsschreibung wird er zur Richtung der um die Wende vom 4. zum 3. Jh. v.Chr. durch Duris von Samos begründeten Historiographie gerechnet, die man weithin die tragische oder tragisierende nennt, weil es Indizien für die Annahme gibt, daß sie auf eine Annäherung der Geschichtserzählung an die Literaturgattung der Tragödie aus war.[79] Jetzt bezeichnet man sie treffender als ›mimetische‹ Geschichtsschreibung‹.[80] Dieser Richtung ging es darum, den Leser durch eine möglichst plastische und spannende, realistisch nachahmende Wiedererschaffung (μίμησις) und Darbietung des zu berichtenden Geschehens gleichsam zum Zuschauer und Miterlebenden des in der Erzäh-

79 Vgl. z.B. *K. v. Fritz*, Bedeutung, 83–145; *H. Strasburger*, Wesensbestimmung, 78–82; *C.-J. Thornton*, Zeuge, 355–360.
80 Vgl. *O. Lendle*, Einführung, 181–189, bes. 185–189; *K. Meister*, Geschichtsschreibung, 95–102.

lung des Autors gegenwärtigen Ereignisses zu machen, so daß er
mit Lust (ἡδονή) bei der Sache war. Die ›mimetischen‹ Historiker
wollten dadurch, daß sie dem Leser die Begebenheiten möglichst
anschaulich, bewegt und farbig schilderten, dessen Affekte erregen
und ihn dadurch so faszinieren, als sei er selbst dabei gewesen.
Dem diente speziell auch die literarische Gestaltung dramatischer
Episoden.[81] Dramatische Geschichtserzählungen sind legitim, wenn
Ereignisse, die dargestellt werden, selbst auffallend und ungewöhnlich sind. Dem Aufsehen erregenden Geschehen gebührt eine Darbietung, die ihm entspricht. Während in der antiken Geschichtsschreibung Schlachtschilderungen Höhepunkte darstellen, sind es
bei Lukas Ereignisse der wirksamen Präsenz des Gottesgeistes und
ebenso spektakuläre wie vergebliche Versuche, sein Wirken zu hindern. Szenisch-dramatische Gestaltung des Stoffes und historische
Treue schließen einander nicht aus. Der Autor hat zahlreiche Geschichten von merk- und denkwürdigen Begebenheiten inszeniert,
die den Leser fesseln und sich ihm auch affektiv einprägen, z.B.
das Verhör der Apostel vor den durch ihr Zeugnis bis zum Verlust
der Selbstbeherrschung gereizten Jerusalemer Ratsherren (5,27–
40), das Martyrium des Stephanus (6,8 – 8,1a), die göttlich initiierte
Bekehrung des römischen Hauptmanns Cornelius als Ereignis zur
Rechtfertigung der beschneidungsfreien Heidenmission (10,1 – 11,
18). Die Vorfälle anläßlich der Mission der Apostel Barnabas und
Paulus in Lystra (14,8–18) zeigen anschaulich, mit welchen Ver-
ständigungsschwierigkeiten Missionare bei der Bevölkerung in einem polytheistisch orientierten Landstädtchen zu kämpfen haben:
In ihrer öffentlichen Verkündigung bezeugen sie den einen Schöp-
fergott nach Art der hellenistischen Synagoge, kommen aber nicht
zur Ausrichtung der Christusbotschaft; die Vorkommnisse führen
auch vor, wie leicht sich eine pagane Bevölkerung gegen Sendboten
des Evangeliums einnehmen und zu für sie lebensbedrohlichen Aktionen aufputschen läßt (14,19–20). Weitere exemplarische Stücke
für die Kunst des Lukas, dramatische Episoden zu gestalten, sind
die Erzählungen von der Mission des Paulus in Philippi (16,16–
40), seinem großen Auftritt in Athen (17,16–33), bei dem er als
christlicher Sokrates erscheint, dem Aufruhr, den in Ephesus der
Geschäftsmann Demetrius und die Silberschmiede gegen seine erfolgreiche Mission, die sogar dem berühmten Artemis-Kult gefährlich wurde, anzettelten und sich, ohne ihm und seinen Begleitern
schaden zu können, den Rüffel eines hohen städtischen Beamten
einhandelten (19,23–40), weiter die Szene über die Festnahme des
Paulus in Jerusalem durch römisches Militär, als Juden aus der

---

81 Vgl. *E. Plümacher*, Lukas, 80–136.

Provinz Asien, wohl aus Ephesus, ihn wegen angeblicher Tempel-
schändung zu lynchen versuchen (21,27–36), dann die Verlegung
des Untersuchungshäftlings Paulus unter starker militärischer Bewachung nach Cäsarea wegen einer Verschwörung gegen sein Leben (23,12–35), schließlich die Behandlung des Falles Paulus vor
dem Statthalter Festus und dem von ihm als Berater in jüdischen
Angelegenheiten hinzugezogenen Klientelkönig Agrippa II. (25,
13 – 26,32). Der ›mimetischen‹ Historiographie entspricht auch die
Seefahrtserzählung (27,1 – 28,16), in der Lukas ohne Aufhebens
von sich selbst zu machen unter Beweis stellt, daß er mit den Risi-
ken und Gefahren des Reisens über das Mittelmeer vertraut ist und
aus eigenem Erleben weiß, was eine Odyssee ist.
Die ›mimetische‹ Geschichtsschreibung war schon in der Antike
umstritten. Den Historiographen dieser Strömung und ihren drama-
tisierenden, auf emotionale Anteilnahme des Lesers abzielenden Geschichtserzählungen wurde von Kollegen der ›pragmatischen‹, allein auf die Taten und Tatsachen (πράγματα) und die Gründe und
Erwägungen, die zu ihnen führten, bedachten Richtung Übertrei-
bung und Sensationshasche auf Kosten der Glaubhaftigkeit der
Darstellung vorgeworfen.[82] Auch Lukas hätte wohl keine Gnade vor
ihren Augen gefunden, zunächst, weil er – wie alle antiken Historiker trotz immer wiederholter Forderung nach Unparteilichkeit –
Partei ergreift und deutlich zu erkennen gibt, wem er wohl geson-
nen ist.[83] Allerdings bringt er an keiner Stelle Gefühle der Feindschaft gegen Widersacher der Christen zum Ausdruck, sondern läßt
diese sich in ihrer Gegnerschaft realitätsnah selbst darstellen.
Lukas wäre bei ›pragmatischen‹ Historikern, wenn sie von ihm
Kenntnis genommen hätten, aber auch auf Ablehnung gestoßen
wegen etlicher von ihm überlieferter Epiphanien (5,19–20; 9,4–6.
10–16; 10,1–20; 12,3–11 usw.), anderer Wundererzählungen (z.B.
9,36–42; 20,7–12) und sonstiger spektakulärer Darstellungsweise
(z.B. 14,8–18; 16,23–40; 17,16–34; 19,23–40), obgleich ein so
nüchterner Mann wie Polybios ungewöhnliche Ereignisse eben-

---

82 Vgl. z.B. Polybios (XV,34.1), der kritisiert, sie hätten »ihre Darstellungs-
künste spielen lassen und Bilder in grellsten Farben gemalt, um ihren Lesern gru-
seln zu machen, wobei der Zutaten mehr waren als der Stoff, den sie vorfanden, die
wirklichen Tatsachen, die er enthielt« (Geschichte II, 894). Vgl. *E. Plümacher*,
TEPATEIA, 66–90.
83 Die Forderung, unparteiisch und leidenschaftslos zu schreiben, »gehörte zu
den beliebtesten Gemeinplätzen in der historiographischen Topik« (*G. Avenarius*, Lukians Schrift, 50). Die Forderung spielte speziell in der Polemik gegen
Historikerkollegen eine Rolle. Vgl. z.B. Josephus, Ant XX,154 (Jüdische Altertümer II, 660); Tacitus, Hist I,1 (Historiae, 6f); Lukian, Historia 39 (How to write
History, 54f).

falls dramatisch und affektiv darstellte.[84] Pagane Geschichtsschreiber überlieferten auch Mirakel,[85] der jüdische Historiker Josephus vor allem in den »Jüdischen Altertümern« nicht minder. Man war auch im Blick auf die Erzielung dramatischer Effekte nicht kleinlich: »Steht doch den Rhetoren die Freiheit zu, historische Fakten zurechtzurücken, um pointierter formulieren zu können« (Cicero, Brutus 11,42).[86] Lukian, der vom Historiker eine akkurate, klare Diktion und eine durch Gedankendichte charakterisierte Ausdrucksweise fordert (Historia 43–44), kann doch dann, wenn es um die Schilderung herausragender und erregender Ereignisse geht – er denkt wie viele andere damals an Schlachten zu Lande und auf See –, der Geschichtsschreibung einen Hauch von Poesie in der Darstellungsweise als angemessen zubilligen (Historia 45).[87] Der römische Rhetorik-Lehrer Quintilian (ca. 35–100 n.Chr.) erlaubte dem Geschichtsschreiber, bei der Darstellung eines Sachverhaltes im Interesse der Anschaulichkeit typische Details hinzuzudichten (InstOrat 8,3.67ff).[88]

Die Apostelgeschichte ist eine theologisch-historische Monographie

Während Polybios das Auf und Ab in der Geschichte als zyklischen, quasi naturgesetzlich verlaufenden Prozeß ansah, wie seine Darlegungen über den Kreislauf zeigen, in dem sich die Staatsverfassungen entwickeln (VI,5–10),[89] versteht Lukas Geschichte als zielgerichteten, auf die Parusie Christi (Apg 1,11) und das Endgericht über den gesamten Erdkreis durch ihn ausgerichteten Vorgang (Apg 17,31). Polybios sprach bei seinem Versuch, den Verlauf des historischen Geschehens zu überschauen, immer dann, wenn er im Lauf der Dinge auf ein seiner rationalen Untersuchung gegenüber Unbegreifliches stieß, vom geradezu providentiellen Walten der in der Welt wirkenden Tyche und des Schicksals (z.B. I,4; VI,1; XXXVI,17).[90] Dem gegenüber versteht Lukas den Gott Israels als Akteur der Geschichte insgesamt. Lukas ist alttestamentlicher Pro-

84   Vgl. *K. Meister*, Geschichtsschreibung, 162.
85   Vgl. *E. Plümacher*, ΤΕΡΑΤΕΙΑ, 83.
86   Ausgabe von *B. Kytzler*, 32f. Vgl. auch *H. Strasburger*, Wesensbestimmung, 84, Anm. 2; *C.-J. Thornton*, Zeuge, 358.
87   Lukian, How to write History, 58–61. Vgl. *G. Avenarius*, Lukians Schrift, 63–67.
88   Vgl. *H. Strasburger*, Wesensbestimmung, 84.
89   Polybios, Geschichte I, 526–536. Vgl. *M. Grant*, Klassiker, 131.
90   Polybios, Geschichte I, 4; I, 525f; II, 1301f. Vgl. auch *M. Grant*, Klassiker, 136f; *O. Lendle*, Einführung, 232f; *K. Meister*, Geschichtsschreibung, 158f.

phetie und Geschichtsschreibung verpflichtet. Er sieht die Geschichte als einen vom Gott Israels als Schöpfer, Erhalter und Vollender der Welt nach seinem Rat und Willen durch seinen Heiligen Geist in Gang gesetzten, planvoll und durch zahlreiche prophetische Ansagen auf den Christus Jesus als Gottesereignis in Israel zum Heil für das Gottesvolk und die Völkerwelt zugeleiteten und von ihm her unter seiner Vorsehung als kontinuierliche Bezeugung dieses Heils bis in in die Welthauptstadt Rom als vorläufigem Ziel geführten Prozeß. Die noch offenen Zeiten, deren Dauer bei Gott steht, dienen dazu, die Menschen bis an die Enden der Erde vom Heilsangebot Gottes zu überzeugen und die zum Glauben Gekommenen in der Kirche als dem erneuerten Gottesvolk zu sammeln.

Alttestamentliche Beispiele theologisch-historischer Monographien sind die Bücher Esra und Nehemia sowie am Rand des AT die beiden Makkabäerbücher.

Lukas ist sich wie kaum ein anderer neutestamentlicher Schriftsteller der Bedeutung des AT für die Christen bewußt.[91] Seine Verpflichtung gegenüber dem AT betrifft nicht nur die weithin stark biblisch gefärbte Sprache.[92] Er setzt vielmehr die biblische Geschichtsschreibung fort. Sein Geschichtsverständnis steht der theologischen Ausrichtung der sog. deuteronomistischen Geschichtsschreibung im AT nahe. Danach ist die Geschichte des Gottesvolkes charakterisiert durch Heilszusagen und Heilsgaben seines Gottes, aber auch durch notorischen Ungehorsam des durch Gottes Knechte, die Propheten, immer wieder auf seinen Abwegen mit drohenden Katastrophen konfronierten, eindringlich gewarnten und zur Umkehr gerufenen Israel, das sich mit seiner fortgesetzten Untreue ein Unheil nach dem anderen zuzieht, bis Gott sich seiner erbarmt und rettend eingreift, was das Volk aber bald wieder vergißt und so sein Heil erneut verwirkt (vgl. z.B. Ri 2,10–23; Ps 78; 106). Das Lukasevangelium und die Apostelgeschichte sind durchzogen von der Thematik der Erfüllung längst ergangener und in der als inspiriert angesehenen Heiligen Schrift nachlesbarer prophetischer Ankündigungen und speziell auch der Heilszusagen Gottes, die Israel und darüber hinaus den Völkern der Welt gelten, von Rufen zur Ein- und Umkehr und Warnungen, das Heilsangebot Gottes nicht zu verscherzen.[93] Auch prophetische Schelt- und Unheilsworte fehlen nicht.

---

91   Vgl. *C.K. Barrett*, Luke, 15.19.
92   Vgl. *E. Plümacher*, Lukas, 38–72; *B.S. Rosner*, Acts, 68ff; *M. Wilcox*, Semitisms.
93   Vgl. *G. Delling*, Art. πλήρης κτλ., 285–296, bes. 293ff; *D. Peterson*, Motif, 83–104; *C.H. Talbert*, Promise, 91–103.

Lukas hat auch eine positive Einstellung zum Gesetz des Moses
für die Lebensordnung des jüdischen Volkes und seiner Glieder.[94]
Auf alttestamentlichem Hintergrund muß man wohl die Rolle sehen, die Jerusalem vom Anfang des Evangeliums an (Lk 1,5–23;
2,22–38.41–50), als Ziel des Erdenweges Jesu (Lk 9,51; 19,28 –
24,53) und als in der Apostelgeschichte über Kap. 1–7 hinaus immer relativ naher Ausgangspunkt der urchristlichen Mission und
damit als Bindeglied zwischen Israel und der Kirche, aber auch als
traditioneller Ort des störrischen Widerstandes gegen Gottes Willen
spielt.[95]
Alttestamentlich gedacht ist der Ausweis der Sendboten Jesu als
Gottes Gesandte und die Bestätigung ihrer Botschaft durch »Zeichen und Wunder« (hebr. 'ôtôt ûmôph^etîm; vgl. z.B. Ex 7,3; Dtn 4,
34; 6,22; 7,19 u.ö.; Ps 78,43; 105,27; 135,9; Jer 32,20). Lukas gebraucht sowohl die Reihenfolge »Wunder und Zeichen« (τέρατα καὶ
σημεῖα, 2,19.22.43; 6,8; 7,36) als auch die aus dem AT geläufige-
re Aufeinanderfolge »Zeichen und Wunder« (σημεῖα καὶ τέρατα,
4,30; 5,12; 8,13; 14,3; 15,12). Der Gebrauch der Wendung »Wunder und Zeichen« ist auf die Anfangsgeschichte der Mission in Jerusalem begrenzt. »Wunder und Zeichen« weisen Jesus und seine
Zeugen als Gottesboten aus; »Zeichen und Wunder« bekräftigen
die Wahrheit ihrer Verkündigung.[96] – Bei der Darstellung der Bekehrung und Beauftragung des Saulus/Paulus (Apg 9,3–6; 22,6–
10; 26,12–18) greift Lukas auf Strukturmerkmale und Motive alttestamentlicher Prophetenberufungen zurück.[97]

Literarische Gestaltungselemente

Gestaltungsmittel des Autors sind neben zahlreichen Erzählungen
im dramatischen Episodenstil über merk- und denkwürdige Begebenheiten ein Vorwort mit Erneuerung der Widmung, das dem
Vorwort zum ersten Buch, dem ›Evangelium‹, untergeordnet und
unter Form- und Inhaltsaspekten eher für die wissenschaftlich
technische als für die historiographische Literatur charakteristisch
ist,[98] 26 Reden, darunter zwei mit Geschichtsübersichten (7,2–53;
13,17–25). Die Reden sind für das Werk so charakteristisch und
bedeutsam, daß sie eine eigene Behandlung verdienen. Zu den Ge-

94   Vgl. *J. Jervell*, Law, 21–36; *M. Klinghardt*, Gesetz, 306–320.
95   Vgl. *M. Bachmann*, Jerusalem, 132–375; *H.-J. Klauck*, Die heilige Stadt,
     101–129; *M. Klinghardt*, Gesetz, 267–305; *D.D. Sylva*, Ierousalem, 207–221.
96   Vgl. *F. Stolz*, Zeichen, 125–144; *W. Weiß*, Zeichen, 116–119.
97   Vgl. *G. Lohfink*, Darstellungsform, 246–257; *B.S. Rosner*, Acts, 72–75;
     K. Stendahl, Paul, 7–23.
98   Vgl. *L. Alexander*, Preface, 200–210.

staltungsmitteln des Verfassers gehören auch zwei Briefe (15,23–29; 23,26–30), und zwar ein offizielles kirchliches Schreiben (15, 23–29) und ein amtliches Schriftstück als Begleitbrief des Gefangenen Paulus (23,26–30). Lukas arbeitet mit Sammelberichten (Summarien, 2,42–47; 4,32–35; 5,12–16; 6,7; 9,31; 19,18–20). Er stellt zeitgleiche Begebenheiten zusammen (11,27–12,3; 12,24–25; Synchronisierung) und bringt Listen (2,9–11; 6,5; 13,1; 20,4). Sollen hochbedeutsame Begebenheiten besonders betont werden, arbeitet der Autor mit dem Mittel der Wiederholung. Das betrifft die Bekehrung und Berufung des Paulus (9,1–19a; 22,4–16; 26,9–18) sowie die Eröffnungen, die zur Bekehrung des Cornelius und seines Hauses führten (10,1–20.28–33; 11,5–15; 15,7). Lukas hat Reiseberichte (z.B. 13,4.13–14; 14,24–26; 15,3; 16,6–8.11–12; 17,1; 18,21–23; 20,1–5.13–16; 21,1–17) und eine Seefahrt-Schilderung (27,1–28,14). – Unter den Gestaltungsmitteln des Lukas fehlen die bei hellenistischen Geschichtsschreibern beliebten Orts- und Landschaftsbeschreibungen.

Die Reden[99]

Reden und Redner

Die Apostelgeschichte enthält 26 Reden. Sie sind auf das ganze Werk verteilt, das zu fast einem Drittel aus Redestoff besteht. Neun Reden sind Petrus zugeschrieben, zunächst in der Gemeindeversammlung anläßlich der Nachwahl des Matthias (1,16–22), dann zu Pfingsten an die in Jerusalem anwesenden Juden aus aller Welt (2,14–40), danach im Anschluß an die Heilung eines Gelähmten vor Jerusalemer Juden (3,11–26), sodann anläßlich des darüber entstandenen Konflikts vor dem Jerusalemer Hohen Rat (4,8–12) und nach dem trotz eines Lehrverbotes fortgesetzten Wirken im Namen Jesu noch einmal vor dieser obersten Selbstverwaltungsbehörde der Juden (5,29–33). Die sechste Rede ist eine Schelt- und Bußpredigt an den Magier Simon (8,20–23). Anläßlich der Taufe des römischen Hauptmanns Cornelius hält Petrus die siebte Predigt (10,34–43). Diese verteidigt er anschließend vor Jerusalemer Judenchristen (11,5–17). Seine letzte Rede hält Petrus beim Apostelkonzil (15,6–11). Bei dieser Gelegenheit spricht auch der Herren-

---

99 Vgl. *C.K. Barrett*, Acts I, 130–133.188–191.334–340.622–626; *C. Gempf*, Public Speaking, 259–303; *C.J. Hemer*, Book, 75–79; *W.J. McCoy*, Shadow, 3–32; *E. Plümacher*, Lukas, 153–183; *ders.*, Art. Apostelgeschichte, 502–506; *Ph.E. Satterthwaite*, Acts, 355–360.

bruder Jakobus (15,14–21). – Elf Reden hat Lukas dem Paulus zugeschrieben, und zwar die erste vor Juden und Gottesfürchtigen im pisidischen Antiochien (13,16–41), danach zwei Reden vor Heiden, zuerst eine kurze zur Bestreitung paganer Religiosität im kleinasiatischen Landstädtchen Lystra (14,14–18), dann eine längere zur Auseinandersetzung mit dem hellenistischen Geist im berühmten Bildungszentrum Athen (17,22–31), schließlich am Ende des missionarischen Wirkens als einzige Rede vor Christen eine Abschiedsrede vor den Ältesten aus Ephesus in Milet, (20,18–35). Nach seiner Festnahme in Jerusalem hält Paulus dort eine Verteidigungsrede vor Juden (22,1–21) und eine weitere vor dem Hohen Rat (23,1–6). Zwei Verteidigungsreden hält er in Cäsarea, die eine vor dem römischen Statthalter Felix (24,10–21) und die andere vor dessen Nachfolger Festus und dem jüdischen König Agrippa (26,2–23). Während der Überfahrt nach Rom ermutigt Paulus seine Mitreisenden im Seesturm (27,21–26). In Rom hält er vor Juden zuerst eine Verteidigungsrede (28,17–20), danach spricht er sein letztes Wort an sie (28,25c–28). – Die längste Rede hält der Erzmärtyrer Stephanus vor dem Hohen Rat; sie enthält einen Überblick über die Geschichte Israels (7,2–53). – Weitere Reden hat Lukas Rabbi Gamaliel I. (5,35–39), dem Silberschmied Demetrius in Ephesus (19,25–27), dem dortigen Stadtschreiber (19,35–40), dem Jerusalemer Anwalt Tertullus (24,1–8) und dem römischen Statthalter Festus (25,14b–21) zugeschrieben.

Die Freiheit antiker Historiker bei der Gestaltung von Reden

Reden in antiken Geschichtswerken sind Ereignisse. Sämtliche Reden der Apostelgeschichte sind stark von der Sprache, Gestaltungskraft und Theologie des Lukas geprägt. Für die Reden gilt, was schon im 5. Jh. v.Chr. der griechische Historiker *Thukydides* in einem berühmten und viel erörterten »Methodensatz« seiner großen Monographie über den peloponnesischen Krieg über die dort dem Leser mitgeteilten Reden geschrieben hat: »Nur wie meiner Meinung nach ein jeder in seiner Lage etwa sprechen mußte, so stehen die Reden da, in möglichst engem Anschluß an den Gesamtsinn (ξύμπασα γνώμη) des wirklich Gesagten« (Thuc I 22,1).[100] Nun schrieb Thukydides nahe Zeitgeschichte, konnte also die faktischen Rede-Situationen relativ leicht vergegenwärtigen und wegen der großen Nähe zum berichteten Geschehen auch unschwer erkennen und rekonstruieren, worauf die einzelnen Redner hinaus

---

100 Thukydides, Geschichte, 30ff. Vgl. *O. Lendle*, Einführung, 85ff; *K. Meister*, Geschichtsschreibung, 50f.

wollten. Die Aufgabe, die Gesamtintention zu erfassen, wird diffiziler, wenn der Geschichtsschreiber den Ereignissen zeitlich ferner steht und die Quellenlage dürftig ist. Nichtsdestoweniger bleibt es nach Polybios Aufgabe der Geschichte,»erstens, die gehaltenen Reden, welcher Art immer sie gewesen sein mögen, in Erfahrung zu bringen, zweitens den Grund zu erforschen, weshalb eine Handlung oder Meinungsäußerung Erfolg hatte« (XII,25b).[101] Anstatt vor dem Leser alle Register seiner rhetorischen Kunst ziehen, komme es für den Historiker darauf an,»zu der jeweils vorliegenden Frage das rechte Wort zu suchen« und»das tatsächlich Gesagte durch möglichst sorgfältige Erkundung festzustellen und mitzuteilen, und zwar die entscheidendsten, durchschlagendsten Gesichtspunkte und Argumente« (XXXVI,1).[102]
Nun ist kaum anzunehmen, daß die Predigten des Petrus und des Paulus mitgeschrieben wurden. Daß in den Reden der Apostelgeschichte der historische Schriftsteller Lukas spricht, hat Martin Dibelius erkannt.[103] Wir haben keine Protokolle gehaltener Ansprachen vor uns, sondern literarische Kompositionen des Autors, die über die jeweilige Situation, in der sie stehen, vor allem den Leser ansprechen und ihn belehren wollen. Was bei den Gelegenheiten, zu denen der Autor Reden halten läßt, faktisch gesagt wurde, wissen wir im einzelnen nicht. Insofern trifft Lukas auch der Vorwurf, den Polybios gegen einen Historiographen der ›rhetorischen‹ Richtung erhoben hat:»Er hat nicht aufgeschrieben, was in Wirklichkeit gesagt worden ist, sondern hat sich ausgedacht, wie hätte gesprochen werden müssen« (XII,25a).[104] Dennoch sind die von Lukas gestalteten Reden nicht einfach Erdichtungen. Denn erstens entsprechen sie in ihrer Gesamtintention dem, was der jeweilige Redner seiner Einstellung und Haltung gemäß in der jeweiligen Situation sagen mußte. Zweitens beruhen sie auf dem Predigt- und Lehrstoff, der dem Autor aus der Überlieferung bekannt war, sowie auf der Lehrmethode an Hand der heiligen Schriften, wie sie ähnlich wie in der Synagoge in der christlichen Gemeinde von Anfang an praktiziert wurde. Vermutlich hat er den grundlegenden Lehrstoff zuerst im syrischen Antiochien kennengelernt. Wenn man mit der kirchlichen Tradition annimmt, daß Lukas als Autor erst 16,10 zeitweise (!) in die von ihm erzählte Geschichte eintritt, ist er ohnehin für alles, was er vorher berichtet, auf Zeugnisse aus zweiter oder dritter Hand angewiesen. Man kann davon ausgehen,

---

101   Polybios, Geschichte II, 810f. Vgl. *O. Lendle*, Einführung, 229ff.
102   Polybios, Geschichte II, 1289.
103   *M. Dibelius*, Aufsätze, 120–162.
104   Polybios, Geschichte II, 810.

daß der Autor seinem in Lk 1,3 dargelegten methodischen Ar-
beitsprogramm entsprechend akribisch nach altem Überlieferungs-
stoff gesucht und die ihm zugängliche älteste Tradition jeweils
eingearbeitet hat.[105] Aber wir erkennen in den Reden »die Hand
des gestaltenden Schriftstellers ..., der – trotz mancher Besonder-
heit sachlich doch im Sinne der großen, von Thukydides begründeten Tradition – mit diesen Reden dem Augenblick erhöhte Bedeutung verleihen und die Kräfte sichtbar machen will, die hinter
den Ereignissen wirksam sind«[106]. Der Forderung Lukians, daß
Reden, die in eine Geschichtserzählung eingelegt werden, den Personen, denen der Autor sie zuschreibt, angemessen sind, auch den
Umständen entsprechen und gebührend klar sind, wenn der Autor
darin seine Redekunst zeigt (Historia 58), wird Lukas allemal gerecht.[107]
Wie weit die Freiheit eines antiken Historikers beim Komponieren
von Reden ging, kann man gut am Beispiel des jüdischen Ge-
schichtsschreibers Josephus studieren, der zur gleichen Zeit wie
Lukas schrieb und in seinen »Jüdischen Altertümern« (*Antiquita-
tes Judaicae*) versucht hat, Römern und Griechen die Geschichte,
Gesetze und Bräuche der Juden nahezubringen, um bei ihnen Verständnis für sein weithin verachtetes Volk zu gewinnen. Man
braucht nur in der Bibel die knappe Notiz, daß Mose dem Volk
das sagte, was JHWH ihm unmittelbar vorher mitzuteilen aufgetragen hat (Ex 19,24–25), mit der langen, unter Verwendung biblischen Stoffes geformten Rede zu vergleichen, die er Mose von einem herausragenden Ort aus an das bei seinem Erscheinen von
Furcht vor der Vernichtung durch die Unwetter-Manifestationen
der Nähe Gottes zu neuer Hoffnung befreiten Volk halten läßt, um
es auf den Empfang der Gebote vorzubereiten. Diese Rede umfaßt
im griechischen Text 34 Zeilen (Ant III,84–88). Demgegenüber
umfaßt die anschließende summarische Wiedergabe des Dekalogs
nur 9 Zeilen (Ant III,91–92)[108]. Oder man vergleiche die Ansprache, mit der Josua zweieinhalb Stämme in ihre Heimat entläßt (Jos
22,1–8), mit der im griechischen Text immerhin 37 1/2 Zeilen umfassenden Rede, die Josephus ihn aus diesem Anlaß halten läßt (Ant
V,93–98).[109] Die Reihe der Beispiele läßt sich leicht vermehren.

---

105 Vgl. *C.K. Barrett*, Acts I, 133.
106 *M. Dibelius*, Aufsätze, 141f.
107 Vgl. Lukian, How to write History, 66f; dazu *G. Avenarius*, Lukians
Schrift, 149–157.
108 Josephus in nine Volumes IV, 356–361; Josephus, Jüdische Altertümer I,
151ff.
109 Josephus in nine Volumes V, 44–47; Josephus, Jüdische Altertümer, I,
207f.

Wozu dienen die Reden?

Nach Art antiker Historiker benutzt Lukas das Mittel der Rede, die den Erzählfluß unterbricht, dazu, dem Leser wichtige Ereignisse zu deuten, herausragende Wendepunkte im erzählten Geschehen zu markieren und Personen zu charakterisieren. Daß er dabei aufgrund der ihm zugänglichen Überlieferung den Gehalt des faktisch Gesagten in Grundzügen bewahrt und bestimmte Züge der von ihm gekennzeichneten Persönlichkeiten tatsächlich getroffen haben kann, soll nicht bezweifelt werden. Hier einige Beispiele: Die Pfingstpredigt Petri (2,14–39) deutet ein herausragendes Ereignis, die Herabkunft des Heiligen Geistes (2,1–13), und markiert zugleich einen entscheidenden Wendepunkt in der Geschichte der Gemeinde Jesu, den Anfang der öffentlichen Missionsverkündigung. Seine Predigt in der nach Salomo benannten Säulenhalle (3, 11–26) im Anschluß an die Heilung eines Gelähmten (3,1–10) löst den ersten Konflikt mit der Jerusalemer Tempelbehörde aus (4,1–22). Die lange Rede des Stephanus (7,2–53), die mit ihrer Rekapitulation der Geschichte Israels auf das Martyrium hinführt, das dem Stephanus widerfährt (7,54 – 8,1a), und das Vorgehen derer, die ihn umbringen, vorab als typisches Verhalten mit langer Tradition deutet (7,51–53), steht an der Stelle des Übergangs der Verkündigung der christlichen Botschaft an Samaritaner und Heiden, eines Übergangs, bei dem besonders hellenistische Judenchristen eine vorwärts weisende Rolle spielen (8,4–13.26–40; 11,19–26). Die Stephanusrede charakterisiert den Redner, dessen Gegner hellenistische Juden sind, als einen Mann der hellenistischen Synagoge, der mit der geschichtlichen Lehrtradition Israels vertraut ist. Da Athen traditionelles Zentrum griechischer Religion und Kultur ist, läßt Lukas den Paulus dort eine Rede halten, die sich exemplarisch mit hellenistischer Gottesverehrung auseinandersetzt (17,22–31). Der Redner bedient sich populärer hellenistischer Motive im Dienst christlicher Propädeutik. Die Abschiedsrede des Paulus vor den Presbytern aus Ephesus in Milet (20,18–35) gibt dem Leser zu verstehen, daß mit dem Scheiden des Paulus vom Missionsfeld eine Epoche zu Ende geht und die durch Abwehr von Irrlehren gekennzeichnete Gegenwart des Lukas und seiner kirchlichen Zeitgenossen beginnt (20,29–30). Die Verteidigungsrede des Paulus vor einer aufgebrachten jüdischen Volksmenge (22,1–21) charakterisiert die Person des Redners, seine jüdische Erziehung und Frömmigkeit, über die Lukas dem Leser bis zu diesem Zeitpunkt kaum etwas mitgeteilt hat, seine Bekehrung und seinen Auftrag zur Völkermission, der nach Lukas dem Paulus in einer Christusvision im Tempel zuteil geworden ist, und verteidigt am Ende der Wirk-

samkeit des herausragenden Christuszeugen noch einmal dessen
Werk, die Heidenmission. Sie ist das Werk des Gottes, dem Paulus
von Kindheit an als Jude gedient hat. Der christliche Völkermissionar Paulus ist wahrer Jude. Die Verteidigungsrede des Paulus
vor dem römischen Statthalter Festus und dem jüdischen König
Agrippa II. (26,2–23) dient dazu, das Christentum und den christlichen Missionar vor einem hohen jüdischen Repräsentanten als
wahres Judentum zu erweisen und es zugleich vor dem Vertreter
Roms als politisch unbedenklich zu legitimieren.

In den Reden zeigt der Autor seine Bildung

Bei der Einbettung der Reden in ihren Kontext benutzt der Autor
Techniken, die antiken Historikern geläufig sind. So bemerkt er
einmal, daß der Redner im Vergleich zu der berichteten Rede noch
viel mehr und auch anderes gesagt habe (2,40). Er läßt die Zuhörer dem Redner an geeigneten Stellen ins Wort fallen (2,37; 4,1;
17,32; 22,22; 26,24) und einen Redner historische Beispiele zitieren (5,36–37).
Ähnlich wie hellenistische Schriftsteller und speziell auch Historiker den Stil klassischer Autoren nachahmen, z.B. Cicero attische
Redner und Sallust über Thukydides hinaus auch M. Porcius Cato
und Ennius, Tacitus wiederum den Sallust, imitiert Lukas dann,
wenn der Redner sich im jüdischen Milieu bewegt, in Wortwahl
und Ausdrucksweise Sprache und Stil des griechischen AT, der
Septuaginta (LXX), die für ihn die Heilige Schrift ist. Das gilt über
die an Juden adressierten Reden hinaus auch für die Abschiedsrede des Paulus an christliche Gemeindeälteste (20,18–35). Lukas ist mit der Bibelsprache bestens vertraut und bedient sich ihrer
weit ausgiebiger, als hier durch Stellenverweise angezeigt werden
kann.[110] In dieser Sprache ist er zu Hause. Mit seinem Gebrauch
der Schrift steht er in der Tradition der Synagoge. Die Zeugen
Jesu können die Bibel nicht nur zitieren und auf biblische Texte
anspielen, sondern sie leben auch in ihrer Sprache und Ausdrucksweise. Das signalisiert: Die biblisch bezeugte Geschichte Gottes mit
seinem Volk und den Völkern geht weiter in der Geschichte des
Zeugnisses von der heilsamen Offenbarung Gottes in Jesus, dem
Christus, und der in seinem Namen von Stadt zu Stadt versammelten Gemeinde.
Ein hellenistischer Historiker wie z.B. Polybios schmückt Reden,
die gehalten werden, mit Dichterworten, Sprichwörtern und geflü-

---

110 *E. Haenchen*, Apostelgeschichte, 188; *J. Jervell*, Apostelgeschichte, 74f;
E. Plümacher, Lukas, 38–72; *ders.*, Art. Apostelgeschichte, 506.

gelten Worten aus der Bildungstradition. Er will weniger rhetorisch damit glänzen als vielmehr sie praktisch-ethisch anwenden. Lukas kann auch ein wenig aus griechischer Bildungstradition schöpfen. So vertreten Petrus und seine Apostelkollegen vor dem Jerusalemer Hohen Rat die Handlungsmaxime des Sokrates, Gott mehr als den Menschen zu gehorchen (Platon, Apol 29d; Apg 4,19; 5,29). Paulus versteht sich auf sokratische Ironie und eröffnet seine Rede vor den Männern der Athener Stadtregierung mit einem doppelsinnigen Kompliment (vgl. zu 17,22). Zur Erläuterung der menschlichen Gottesnähe verwendet er eine in der griechischen Tradition beheimatete panentheistische Formel: »In ihm leben wir und bewegen wir uns und sind wir« (Apg 17,28a, vgl. z.B. Platon, Tim 37c; Soph 248e). Er belegt diese Aussage mit einem Zitat aus der Einleitung einer damals weit und breit bekannten Lehrdichtung des Aratos, in der dieser den Zeus als Vater der Menschheit besungen hat: »Wir sind ja auch seines Geschlechts« (Apg 17,28b; Aratos, Phainomena 5). Paulus verwendet das Zitat zur Begründung einer höflichen Ablehung der Götterbilder und ihrer Verehrung. Seine Abschiedsrede vor den Presbytern aus Ephesus beschließt Paulus mit einem griechischen Sprichwort über den Vorrang des Gebens vor dem Nehmen, das Thukydides in der »Geschichte des Peloponnesischen Krieges« (II,97.4) als Grundsatz der Thraker zitiert; jetzt erscheint das Sprichwort als Sentenz Jesu (Apg 20,35c).

Die ›Missionsreden‹[111]

Unter den Reden der Apostelgeschichte gelten die sog. *Missionsreden* (2,14–39; 3,12–26; 4,9–12; 5,29–32; 10,34–43; 13,16–41) als eine besondere Gruppe. Sie lassen unbeschadet ihres je besonderen Situationsbezuges ein gemeinsames Gliederungsschema erkennen, werden in aller Regel vor Juden, z.T. auch vor ihnen nahestehenden ›Gottesfürchtigen‹ (10,34–43; 13,16–41) gehalten und enthalten die Quintessenz dessen, was Lukas als über die Anfangszeit der christlichen Mission hinaus für alle Zeiten als normativ geltende Evangeliumsverkündigung der Apostel angesehen wissen will. Es sind zudem Predigten, die nicht allein Geschichte darstellen und deuten und dabei auf die Kräfte aufmerksam machen, die hinter den Ereignissen wirken, sondern es sind Reden, die selbst Geschichte machen und die christliche Mission voranbringen. Die Pfingstpredigt (2,14–39) eröffnet die öffentliche christliche Verkündigung. Die folgende Predigt Petri (3,12–26) ruft den für die Zukunft entscheidenden Konflikt zwischen der Christus-Verkün-

111 Vgl. *U. Wilckens*, Missionsreden, 32–99.

digung und den Instanzen des Jerusalemer Judentums hervor. Dieser verschärft sich zunehmend nach dem Zeugnis des Petrus für
Jesus, das er zuerst mit Johannes vor dem Hohen Rat ablegt (4,8–
12) und danach noch einmal mit allen Aposteln vor der Jerusalemer Oberbehörde (5,29–32) fortschreitend. – In Apg 10,1 – 11,18
erzählt Lukas von dem Ereignis, das die christliche Kirche grundsätzlich für Nichtjuden öffnet. Bevor den Heiden der Heilige Geist
zuteil wird (10,44), muß die Predigt ihnen die Person und Geschichte Jesu Christi als Gottes Heilsangebot, das auch ihnen gilt,
bezeugt haben (10,34–43). – Die Predigt des Paulus in der Synagoge des pisidischen Antiochien (13,16–41) zeigt nicht allein die
Kontinuität der christlichen Verkündigung in der zweiten, der
nachapostolischen Generation, für die Paulus steht, mit dem Christuszeugnis in den Predigten Petri, sondern läuft auch auf einen
nochmaligen Ruf zur Umkehr an Juden zu (13,40–41). Die Ablehnung des Bußrufes und das Vorgehen der Juden in der Stadt
gegen die Christuszeugen Paulus und Barnabas führt zur Hinwendung der Missionare zu den Heiden (13,44–52).

Das *Gliederungsschema* dieser wohl dem Typus der Umkehrpredigt der hellenistisch-judenchristlichen Gemeindetradition folgenden sog. Missionsreden[112] ist folgendes: Sie beginnen mit einer
Einleitung, die der jeweiligen Redesituation angepaßt ist (2,14–21;
3,12; 4,8–9; 5,29; 10,34–35; 13,16–22). Es folgt der Hauptinhalt
der Verkündigung von Jesu Leben, Tod und Auferstehung (›Kerygma‹, 2,22–24; 3,13–15; 4,10; 5,30–31; 10,36–42; 13,23–25).
Im Zusammenhang mit dem Inhalt der Jesus-Verkündigung wird
zumeist die Zeugenschaft der Apostel herausgestellt (2,32; 3,15;
5,32; 10,39.41; 13,31). Zum Jesus-Kerygma gehört in der Regel
das Argument aus der Schrift (2,25–31.34–35; 3,17–20; 10,43;
13,32–37). Der Schriftgebrauch entspricht methodisch dem in der
hellenistischen Synagoge üblichen. Die Reden laufen auf den Appell zur Umkehr und Annahme des Heilsangebotes Gottes zu, die
Vergebung der Sünden (2,38–39; 3,17–20.26; 4,12; 5,31; 10,42–
43; 13,38–41).

Die Geschichte Jesu in den Reden[113]

Die Geschichte Jesu ist das Gottesereignis, in dem die Kirche gründet und auf das sie sich in ihrer Verkündigung ständig zurückbe-
zieht. Sie hat maßgebliche Bedeutung, weil das Heil, das die Evan-

---

112 *M. Dibelius*, Aufsätze, 142; *U. Wilckens*, Missionsreden, 32–55.
113 Vgl. *U. Wilckens*, Missionsreden, 101–178; *O. Betz*, Kerygma, 258–270;
G. Delling, Jesusgeschichte, 373–389.

geliumspredigt den Hörern zusagt, an der Person des Mannes Jesus von Nazaret hängt. Die Vergegenwärtigung Jesus in den Bekehrungspredigten enthält folgende Elemente: Jesus wird mehrmals »der Nazoräer« genannt (2,22; 4,10; 10,38). Auf seine Taufe durch Johannes, die aus diesem Anlaß erfolgte Salbung »mit Heiligem Geist und Kraft« (10,38) und seine Beglaubigung durch heilsame Machttaten, in denen Gott selbst am Werke war, wird hingewiesen (2,22; 10,38). In allen Bekehrungsreden an Juden wird betont, daß die Jerusalemer die Last der Verantwortung für seine Tötung am Kreuz tragen, die durch Heiden erfolgte (2,23; 3,13–15; 4,10; 5,30; 10,39; 13,28–29). Der Hinweis wird gelegentlich in einem ausführlichen Überblick über die Passionsgeschichte gegeben (so 3,13b–15a: Petrus; 13,27–29: Paulus); er kann aber auch kurz und knapp erfolgen (4,10; 10,39b). Im Gegensatz zum Handeln der Menschen an Jesus steht das Gotteshandeln an ihm: Er hat ihn von den Toten auferweckt. Diese Aussage wird in allen Reden kaum variiert (2,24; 3,14.26; 4,10; 5,30; 10,40–41; 13,30.36).[114] Die Apostel sind die »von Gott im voraus erwählten Zeugen« (10,41) des Auferstandenen (3,15; 5,32; 10,40–41; 13,31). Gott hat Jesus in den Himmel entrückt bzw. zu seiner Rechten erhöht (2,33; 3,21; 5,31) und damit als den »Herrn über alle« (10,36; vgl. 2,36) und so als zukünftigen Richter eingesetzt (10,42; vgl. auch 17,31). Die Erhöhung Jesu ist auf seine Parusie ausgerichtet (3,21; 10,42). Das alles sind Grundelemente urchristlichen Glaubens und der Verkündigung, die als normativ für die christliche Predigt gelten. Lukas hat sie aus der Bekenntnistradition übernommen und für die besonderen Zwecke der einzelnen Reden arrangiert. Er will damit dem Leser mitteilen, was er als zentralen Inhalt einer auf der »Lehre der Apostel« (2,42) gegründeten Predigt erwarten soll.

---

114   Vgl. die tabellarische Übersicht bei *G. Delling*, Jesusgeschichte, 382.

Kommentar

Einführung:
Vorbereitung auf Pfingsten
1,1–26

Kap. 1 führt den Leser in das Buch ein. Die V. 1–14 haben Vorspielcharakter. Der Autor zeigt im Vorwort (1–2.3) den Zusammenhang der Fortsetzung seines Geschichtsberichts zum Lukasevangelium auf. Er spricht vom Geschehen in den sieben Wochen, die zwischen dem Passa-Mazzot-Fest und dem Wochenfest, dem Anfang der Erscheinungen des auferstandenen Jesus und der Geistausgießung auf seine Jünger, lagen. Das waren die vorläufig abschließende Begegnung des Auferstandenen mit seinen Jüngern und seine letzten Weisungen an sie (4–8), seine Entrückung (9–11) und das Beten der um die Apostel gescharten, auf die Erfüllung der Verheißung des Heiligen Geistes wartenden Gemeinde (12–14). In der Überleitung zur Erzählung von der Erfüllung dieses Versprechens (2,1–13) berichtet der Autor, daß für den aus dem Zwölferkreis ausgeschiedenen Judas Iskariot ein Nachfolger gewählt wurde (15–26).

Rückblick des Verfassers, Abschiedsrede und Himmelfahrt Jesu;
die wartende Gemeinde
1,1–14

[1]Das erste Buch, Theophilus, habe ich verfaßt über alles, was Jesus von Anfang an tat und lehrte, [2]bis zu dem Tag, an dem er nach Weisung an die Apostel, die er durch den Heiligen Geist erwählt hatte, entrückt wurde. [3]Ihnen erwies er sich nach seinem Leiden durch viele Beweise als lebendig, während er sich vierzig Tage vor ihnen sehen ließ und vom Reich Gottes sprach.
[4]Und als er mit ihnen beim Mahl zusammen war, gebot er ihnen, nicht aus Jerusalem wegzugehen, sondern die Verheißung des Vaters zu erwarten, »die ihr von mir gehört habt. [5]Johannes taufte mit Wasser; ihr aber werdet mit Heiligem Geist getauft

werden in wenigen Tagen.«[115] [6]Die Versammelten fragten ihn nun: »Herr, stellst du zu dieser Zeit das Reich für Israel wieder her?« [7]Er aber sprach zu ihnen: »Es ist nicht eure Sache, Zeiten oder Termine zu erfahren, die der Vater in seiner Vollmacht festgesetzt hat. [8]Aber ihr werdet Kraft empfangen, wenn der Heilige Geist über euch kommt, und werdet meine Zeugen sein in Jerusalem und in ganz Judäa und Samaria und bis ans Ende der Erde.«

[9]Und als er dies gesagt hatte, wurde er vor ihren Blicken emporgehoben, und eine Wolke nahm ihn auf, weg von ihren Augen. [10]Und während sie gespannt dem zum Himmel Fahrenden nachblickten, siehe, da standen bei ihnen zwei Männer in weißen Gewändern, [11]die sprachen: »Ihr Galiläer, was steht ihr da und blickt zum Himmel auf? Dieser Jesus, der von euch weg in den Himmel entrückt wurde, wird so wiederkommen, wie ihr ihn in den Himmel fahren saht.«

[12]Da kehrten sie nach Jerusalem zurück von dem Berg, der Ölberg heißt und nahe bei Jerusalem liegt, einen Sabbatweg weit. [13]Und als sie hineinkamen, stiegen sie in das Obergemach hinauf, wo sie sich ständig aufhielten: Petrus und Johannes und Jakobus und Andreas, Philippus und Thomas, Bartholomäus und Matthäus, Jakobus, der Sohn des Alphäus, und Simon, der Zelot, und Judas, der Sohn des Jakobus. [14]Diese alle verharrten einmütig im Gebet, zusammen mit Frauen und Maria, der Mutter Jesu, und mit seinen Brüdern.

Feingliederung
1. Vorwort mit a) Rückblick auf das Lukasevangelium (1–2) und b) summarischem Bericht über die Selbstweise des Auferstandenen (3; vgl. Lk 24,36–49). 2. Jüngermahl und Vermächtnis des Auferstandenen (4–8): a) Die Verheißung des Heiligen Geistes (4–5); b) das Programm (6–8): Die Zeugen Jesu als Repräsentanten seiner Botschaft und Geschichte auf dem Weg bis ans Ende der Erde in den Zeiten und Fristen bis zur Parusie. 3. Jesu Himmelfahrt, Erscheinung und Botschaft der Deuteengel (9–11): a) Jesu Himmelfahrt (9); b) α) Erscheinung (10) und β) Botschaft der Deuteengel (11); 4. Die auf Pfingsten wartende Gemeinde (12–14).

1–3: *Vorwort*
Lukas beginnt auch das zweite Buch seines Werkes mit einem kurzen Vorwort. Es besteht aus zwei Sätzen (1–2.3). Der Prolog dient dem Übergang vom ersten zum zweiten Band und ist der programmatischen Vorrede zum Gesamtwerk Lk 1,1–4 untergeordnet. So entspricht es zeitgenössischem Brauch vor allem in der philo-

115 ›Westliche‹ Textzeugen fügen an: »bis zum Pfingsttag«, um eine Brücke von der Verheißung zur 2,1–4 berichteten Erfüllung zu schlagen. Vgl. *B.M. Metzger*, Textual Commentary, 280; *G. Schneider*, Apostelgeschichte I, 196, Anm. d.

sophischen und technischen Literatur.[116] In eine Überleitung gehören die erneute Anrede des Mannes, dem das Gesamtwerk gewidmet ist, ein Rückblick auf den vorangegangenen Teil und ein Vorblick auf den Inhalt des neuen Buches. Z.B. beginnt der jüdische Religionsphilosoph Philo von Alexandrien (geb. 20/13 v.Chr., gest. um 45 n.Chr.) einen Traktat »Über die Freiheit des Tüchtigen« (*Quod omnis probus liber sit*) mit den Worten: »Unsere frühere Untersuchung, Theodotos, befaßte sich mit dem Thema, jeder Schlechte sei ein Sklave ... Die vorliegende Abhandlung ist jener verwandt ... In ihr werden wir zeigen, daß jeder Tüchtige frei ist« (OmnProbLib 1).[117] Der jüdische Historiker Josephus (geb. 37/38 n.Chr., gest. nach 100), ein jüngerer Zeitgenosse des Lukas, beginnt das zweite Buch seiner Abhandlung zur Verteidigung seines Volkes gegen die Angriffe des judenfeindlichen Schriftstellers Apion (*Contra Apionem*): »In dem vorigen Buche, geehrtester Epaphroditos, habe ich das hohe Alter unseres Volkes zu beweisen ... versucht ... Jetzt will ich mir zunächst angelegen sein lassen, die Angriffe der übrigen zurückzuweisen« (Ap 2,1).[118] – Die Vorworte des Lukas zu Evangelium und Apostelgeschichte sind untypisch für die Tradition der griechischen Geschichtsschreibung. Ihrer Sprache, Kürze und Struktur nach sind sie eher für die zeitgenössische wissenschaftlich-technische Prosa charakteristisch.[119]

1–2: Im ersten Satz (1–2) erneuert der Autor zunächst die Widmung an Theophilus (»Amadeus«, »Gottlieb«), seinen ersten Leser (1a). Dieser ist nur aus Lk 1,3 und dieser Prologstelle bekannt. Er war ein Griechisch sprechender Christ und wohl ein gesellschaftlich hochgestellter Mann. Vermutlich gehörte er zu den »Gottesfürchtigen«, die die Botschaft von Jesus Christus im Glauben angenommen hatten (vgl. 10,1 – 11,18). Vielleicht war er Besitzer eines Hauses, in dem sich eine christliche Gemeinde versammelte und mit ihm zusammen als erste aus dem Buch hörte, das als zweiter Band eine Fortsetzung des vorigen Geschichtsberichtes, des »ersten Buches« (πρῶτος λόγος), sein sollte. Vermutlich erwartete der Autor vom Widmungsträger, daß er auch für die Verbreitung des Werkes sorgte. Mit Theophilus kann sich jeder glaubende Leser als Gottesfreund identifizieren. – Nach der Erneuerung der Widmung faßt der Autor den Inhalt des ersten Buches knapp zusammen (1b–2): Es enthält die Grundlagen christlicher Lehrtradition, nämlich alle Taten und die gesamte Lehre Jesu von Anfang an und bis zu seiner Himmelfahrt (Lk 24,50–53). Diese beschreibt Lukas hier und in V. 22 wie schon in Lk 9,51 mit dem Verb »in die Höhe gehoben werden« (ἀναλαμβάνομαι) als Entrückung durch Gott (vgl. 1Tim 3,16).[120] Lukas legt Wert auf Vollständigkeit (Lk

---

116 Vgl. *L. Alexander*, Preface, 142–146.
117 Philo von Alexandria, Werke VII, 4 (*K. Bormann*). Die frühere Abhandlung, auf die Philo anspielt, ist nicht erhalten.
118 Josephus, Kleinere Schriften, 144.
119 Vgl. *L. Alexander*, Preface, 69–146.
120 Vgl. *G. Delling*, Art. λαμβάνω κτλ., 8f; *J. Kremer*, Art. ἀναλαμβάνω κτλ., 199ff.

1,3). Der Generalnenner der Sendung und des Wirkens Jesu bis
zum letzten Atemzug war die Suche und Rettung dessen, was verloren ist (Lk 15,1–32; 19,10). – Der erste Band handelt aber auch
von Jesu Berufung der Apostel und ihrer Auswahl aus einer größeren Zahl von Jüngern, die ebenfalls geeignet waren (z.B. Josef
Barsabbas und Matthias: Apg 1,23), nach einer im Gebet zuge-
brachten Nacht in der Kraft des Heiligen Geistes (Lk 6,12–16).
Dieser ist bei Lukas Gottes Macht, die Geschichte schafft und
gestaltet. Die Erwählung und Beauftragung der Apostel durch Jesus, der selbst seinen Lebensanfang dem Schöpferwirken des Geistes verdankt (Lk 1,35) und als Träger des Gottesgeistes offenbar
geworden ist (Lk 3,22; 4,1.14.18–21), war im Grunde ein Werk
des Heiligen Geistes. – Nach der Erwähnung des ersten Buches (1,
1–2) sollte man jetzt einen Hinweis auf das zweite und seinen Inhalt erwarten. Dieser bleibt hier zunächst aus.

3: Der zweite, im Urtext relativisch angeschlossene Eingangssatz
ist ein Rückblick.[121] Er enthält einen summarischen Bericht über
die Selbsterweise des Auferstandenen (Lk 24,13–49) und führt damit den Leser zur Eingangserzählung des neuen Buches hin. Der
Kurzbericht erfolgt in dreifacher Hinsicht: 1. Jesus hat sich nach
seiner Passion seinen Aposteln durch viele überzeugende Erweise
als lebendig gezeigt. D.h., daß die Lk 24,13–49 erzählten Begegnungen mit dem Auferstandenen beispielhaft zu verstehen sind.
Sie bilden nicht die Summe aller österlicher Widerfahrnisse der
Jünger. Es bedeutet auch, daß die Offenbarungen nicht auf »die
Elf« (1,26) zu beschränken sind. Z.B. gehörten auch die Emmaus-
Jünger (Lk 24,13–35), Josef Barsabbas und Matthias (Apg 1,23)
und Brüder Jesu (1,14; 1Kor 15,5.7) zu den Zeugen des Auferstandenen. 2. Vierzig Tage hindurch hat er sich vor ihnen sehen
lassen. Die Zahl 40 steht im AT und im frühen Judentum für Zeiträume, die Gott setzt und die deshalb heilig sind, z.B. Moses Entgegennahme der Tora (Ex 24,18; 34,28) und Elias Wanderung
zum Gottesberg (1Kön 19,8). Nach dem jüdisch-apokalyptischen
4. Buch Esra (um 100 n.Chr.) zieht sich »Esra« nach dem Vorbild
von Moses Sinai-Aufenthalt 40 Tage lang zurück.[122] Auf einem
einsamen Feld diktiert er unter göttlicher Inspiration fünf Männern
alle bei der Zerstörung Jerusalems verbrannten heiligen Schriften
und das ihm darüber hinaus Geoffenbarte; danach wird er entrückt (4Esra 14). Die Offenbarungszeit von 40 Tagen war lang
genug, daß der auferstandene Jesus den Jüngern seine Eröffnun-

121 Vgl. *C.K. Barrett*, Acts I, 69; *M. Korn*, Geschichte, 147ff.178ff.
122 Vgl. *J. Schreiner*, Das 4. Buch Esra, 400–405; *H. Balz*, Art. τεσσαράκον-
τα, 136ff.

gen vollständig mitteilen konnte. Im Schlußkapitel des ersten Buches hatte Lukas die erzählten Begegnungen mit dem Auferstandenen auf einen Tag konzentriert (Lk 24,1.13.29.33.36). Dort war die Erzählung von Jesu Aufnahme in den Himmel am Ende des Ostertages (Lk 24,50–53) unter dem Aspekt des Buchschlusses zu sehen. Hier aber geht es um eine richtungweisende Bucheröffnung. 3. Jesus hat mit seinen Aposteln vom Reich Gottes (βασιλεία τοῦ θεοῦ) gesprochen. So hat er ihnen seine Sendung (Lk 1,32–33. 50–55.68–73) und Verkündigung (Lk 4,43; 11,20; 16,16; 17,20–21; 22,16.18.29–30) ins Gedächtnis gerufen und erläutert.[123] Der Auferstandene hat den Seinen keine neuen Mysterien erschlossen. Auch in der Apostelgeschichte geht es um die Verkündigung der Botschaft von Gottes Herrschaft und Reich (1,6; 8,12; 14,22; 19,8; 20,25; 28,23.31). Wer sie predigt, verkündet den auferstandenen und erhöhten Jesus Christus. Das Losungswort zu Beginn (1,3) und am Schluß des Buches ist das Reich Gottes (28,31). Von ihm wird alles Erzählte umschlossen (Inklusion).[124] Den Vorblick auf den Inhalt des neuen Bandes läßt der Autor den auferstandenen Jesus selbst während seines letzten Gesprächs mit den Jüngern in den V. 5 und 8 geben. – Erscheinungen des Auferstandenen in Galiläa (Mk 16,7; Mt 28,26–20) erwähnt Lukas nicht. Galiläa, das Land in dem Jesus aufgewachsen ist und zuerst gewirkt hat (Lk 2,39–40.50–52; 4,14 – 9,50), tritt bei ihm auffällig zurück hinter Jerusalem, dem Zentrum des jüdischen Volkes und seiner Religion. In der Apostelgeschichte wird es nur in einem Sammelbericht genannt (9,31).

4–8: *Jüngermahl und Vermächtnis des Auferstandenen*
4–5: *Die Verheißung des Heiligen Geistes:* Der Sammelbericht über Selbstweise des Auferstandenen vor den Seinen leitet über zu seiner nochmaligen Begegnung mit den Aposteln und weiterer Jüngern in einer österlichen Mahlszene (Lk 24,30.41–43; Apg 10, 40–41; 13,30–31). Sie enthält Jüngerfragen sowie letzte Verheißungen und Weisungen Jesu. Das gemeinsame Mahl (συναλίζομαι)[125]

---

123 Vgl. *E. Grässer*, Parusieerwartung, 104ff; *M. Wolter*, Reich Gottes, 551f.
124 Vgl. *A. Weiser*, Reich Gottes, 130–134.
125 Wörtlich »zusammen Salz essen«, »zusammen essen«. In dieser Bedeutung wird es an dieser Stelle auch von den lat., syr., kopt. Übersetzungen und in den Auslegungen der Kirchenväter Ephraim d. Syr. und Chrysostomus gebraucht. Vgl. *W. Bauer*, Wörterbuch, 1564; *C.K. Barrett*, Acts I ,71f; *E. Haenchen*, Apostelgeschichte, 148. Da das Verb in dieser Bedeutung erst seit dem Ende des 2. Jh.s n.Chr. belegt ist, hat man auch an eine Schreibvariante von συναυλίζομαι (»zusammenliegen«, »zusammensein«) gedacht. Vgl. *W. Bauer*, Wörterbuch, 1564; *H. Conzelmann*, Apostelgeschichte, 25; *B.M. Metzger*, Textual Commentary, 279; *G. Schneider*, Apostelgeschichte I, 196, Anm. a.

zeigt die Realität der Begegnung des Auferstandenen mit den Jüngern und ihren engen Kontakt mit ihm. Das Gespräch zeigt, daß
die Jünger noch nicht hinreichend für die Aufgabe vorbereitet
sind, mit der sie betraut werden sollen. Es beginnt mit der vom Erzähler in indirekter Rede mitgeteilten Aufforderung Jesu,»nicht
aus Jerusalem wegzugehen, sondern die Verheißung des Vaters zu
erwarten« (4b.c).[126] Jerusalem war das kultische und religionspolitische Zentrum des jüdischen Volkes. Im Jerusalemer Tempel begann mit der Ankündigung der Geburt des Johannes an seinen
Vater Zacharias der erste Band (Lk 1,5–25). Im Tempel hatten die
hochbetagten prophetischen Zeugen Simeon und Hanna im wenige Wochen alten Jesus-Kind das Heil geschaut, das Gott vor allen
Nationen als Licht zur Erleuchtung der Heidenvölker und als Ehre
für das Volk Israel bereitet hat (Lk 2,22–38). Der erste Ausspruch
Jesu, den Lukas brachte, war das Wort des Zwölfjährigen, der nach
der Jerusalemwallfahrt anläßlich des Passafestes, die er zusammen
mit seinen Eltern unternommen hatte, allein im Tempel zum Gespräch mit den dort das Gotteswort der Schrift erörternden Gelehr-
ten zurückgeblieben war, weil er »in dem sein muß, was meines
Vaters ist« (Lk 2,49). Auf der Zinne des Tempels hatte Jesus vor
Beginn seines öffentlichen Wirkens den Versucher definitiv abgewiesen, der ihn mit einem Schriftwort dazu veranlassen wollte, seine Sohneshaltung durch ein spektakuläres Schauwunder preiszu-
geben (Lk 4,9–13). Die Stadt war auf Jesu Weg von Lk 9,51 an,
»als sich die Tage seiner Aufnahme (in den Himmel) erfüllten«
und »er sein Angesicht fest darauf richtete, nach Jerusalem zu ziehen«, auch auf dem Weg dorthin im Blick (Lk 13,31–33.34–35).
Auf Jerusalem und den Tempel lief der erste Band hinaus (Lk 19,
28 – 24,53). In Jerusalem beginnt das zweite Buch. Dort, wo Jesu
Erdenweg endete, beginnt die Fortsetzung des Weges seiner Gemeinde. Jerusalem und der Tempel sind in der Apostelgeschichte
von 1,4 bis 8,3 Handlungsort. Doch wird auch danach die Stadt
dem Leser als Ausgangspunkt des Christuszeugnisses und Mittelpunkt des jüdischen Volkes bis zum Schluß immer wieder ins Gedächtnis gerufen. Und zwar auch dann noch, wenn es längst nicht
mehr Zentrum der Ausbreitung des Evangeliums ist (8,14.25.26;
9,2.13.26–30; 10,39; 11,2.22.27; 12,1–17.25; 13,13.31; 15,1–29;
16,4; 18,22; 19,21; 20,16.22; 21,4 – 23,22; 24,1–21; 25,1–5.23–
27; 26,9–11.20). In 28,17 wird Jerusalem von Paulus in der Welt-

---

126 Vgl. zum folgenden *M. Bachmann*, Jerusalem, 132–375; *Ph.F. Esler*,
Community, 131ff; *R. Glöckner*, Verkündigung, 79–85; *C.J. Hemer*, Book,
239f; *H.-J. Klauck*, Die heilige Stadt, 101–129; *M. Klinghardt*, Gesetz, 267–
305; *D.D. Sylva*, Ierousalem, 207–221.

metropole Rom zum letzten Mal erwähnt. – Mit der Erinnerung, daß die Jünger diese Verheißung von Jesus schon gehört haben (4d; Lk 24,49), erfolgt der abrupte Übergang in die direkte Rede. Es geht um die Verheißung des Heiligen Geistes. Mit einer Gegenüberstellung von Wasser- und Geisttaufe, die an ein Wort des Täufers in Mk 1,8 // Lk 3,16 (Apg 11,16) erinnert, sagt der Auferstandene die kurz bevorstehende Erfüllung der Verheißung an. Dabei bedient er sich einer Ausdrucksform, die durch die Verwendung des Passivs auf Gottes Handeln aufmerksam macht (*passivum divinum*, 5). Aus Scheu, direkt von Gott zu sprechen, bringen fromme Juden das, was von ihm als Handelnden zu sagen ist, in eine Aussage über die von seinem Handeln betroffenen Menschen. Jesus gibt den Heiligen Geist bald als Gabe des Vaters an seine Gemeinde weiter (2,33). Darin erfüllt sich Jesu Sendung und Werk.[127] War der Heilige Geist im Erdendasein und Wirken Jesu das Zeichen für die Erfüllung gegebener Verheißung (Lk 1,35; 4,18–19), so wird er es von Pfingsten an in der Kirche sein. Sie ist von Anfang an und auf Dauer an Jesu Weg und seine Vollendung gebunden. Er ist Grund und Inhalt ihrer Existenz und ihres Zeugnisses (1,8; 2,4; 4,8; 5,32; 8,17.18.29.39; 9,17–18; 10,44–47; 13,2–4; 15,28; 19,1–7.21).

6–8: *Das Vorhaben*
6: *Die Frage der Jünger*: »Herr, stellst du zu dieser Zeit das Reich für Israel wieder her?« bezieht sich auf den Zeitpunkt der Vollendung des Endgeschehens: Ist die kurze Frist bis zur Ankunft des Heiligen Geistes der Zeitraum, in dem Gottes Herrschaft und Reich auf Erden zur Vollendung gebracht wird, so daß mit der Spendung des Heiligen Geistes die Heilsfülle auf Erden bleibend präsent sein wird? Die Frage bezieht sich zugleich auf die Rolle Israels in der Vollendung des Endgeschehens: Kann mit der definitiven Offenbarung der Weltherrschaft Gottes das Volk Israel den von ihm seit langem erwarteten Rang einnehmen? Wird dieses geschlagene, gelähmte und in alle Welt zerstreute Volk endgültig von der Übermacht der Heidenvölker und aus ihrer Knechtschaft befreit, gesammelt, geeint und geheiligt? (z.B. Jes 49; 52,1–10; Dan 2,44; Mi 4, 6–7; Zeph 3,14–20; Ps 97,1–9; 98). Werden der Zion und Jerusalem, die »Tochter Zion« (Sach 9,9), für immer das glänzende Zentrum der Welt sein, zu dem die Völker (*gojim*) von nah und fern herbeiströmen, um sich dem Gott Israels zu unterwerfen und damit anzuerkennen, daß sein Volk dazu bestimmt ist, über die Völker zu herrschen und zu urteilen? (z.B. Jes 60; 62; Sach 14).[128] Mit der

---

127 Vgl. *M. Korn*, Geschichte, 180ff.
128 Vgl. *M. Wolter*, Reich Gottes, 546–549.

Realisierung des Reiches für Israel wird auch das Vermächtnis Jesu für die Jünger in Kraft gesetzt, »daß ihr eßt und trinkt an meinem Tisch in meinem Reich und auf Thronen sitzt und die zwölf Stämme Israels richtet« (Lk 22,28–30 // Mt 19,29). Da es bei der Realisierung des Reiches für Israel um das Mitherrschen der Jünger als Häupter des erneuerten Gottesvolkes geht, sind sie verständlicherweise daran interessiert, ob sie Herrscher- und Richterfunktionen jetzt bald wahrnehmen können.

7–8: *Die Antwort Jesu* (7–8) enthält eine negative (7) und eine positive Auskunft (8). Im *negativen* Teil (7) greift der Auferstandene auf ein Wort aus der Endzeitrede bei Markus zurück, das sich auf die Frage nach dem Zeitpunkt der Wende zum Heil mit der Parusie, der Wiederkunft in Hoheit, bezieht. In Mk 13,32 heißt es: Über den Zeitpunkt kann niemand etwas aussage, weder die Gott nahen Engel, noch der seinem Vater unmittelbar nahestehende Sohn. Lukas hat diesen Ausspruch über das ureigene Geheimnis des Vaters in seiner Fassung der Endzeitrede Jesu (Lk 21) ausgespart. Er läßt ihn vom Auferstandenen an die Jünger gewandt so neu formulieren, daß dabei Jesus die Kenntnis vom Geheimnis der Zeit nicht abgesprochen wird: »Es ist nicht *eure* Sache, Zeiten oder Termine (χρόνοι ὃ καιροί) zu erfahren, die der Vater in seiner Vollmacht festgesetzt hat« (7). Die Jüngerfrage nach dem Zeitpunkt der Aufrichtung des Reiches für Israel ist also unangemessen. Jetzt geht es nicht allein um die Abwehr vermeintlichen Wissens über Tag und Stunde der Parusie (Lk 17,20–21; 19,11–27), sondern darüber hinaus um eine Abweisung jeglicher Spekulation über die sich dehnenden Zeiträume und Fristen oder Zeitpunkte (χρόνοι ἢ καιροί) der endzeitlichen Geschehnisse. Mehr als die Zurückweisung jeder apokalyptischen Zeitspekulation kann man aus der terminologischen Unterscheidung von »Zeiten« und »Terminen«, die biblischer Redeweise folgt (Pred 3,1; Dan 2,21), nicht herauslesen. – Die *positive* Auskunft Jesu (8) enthält keinen Missionsbefehl (vgl. Mt 28,18–20), sondern einen prophetischen Vorblick auf Kommendes mit einer doppelten Verheißung. 1. »Ihr werdet Kraft empfangen, wenn der Heilige Geist über euch kommt« (λήμψεσθε δύναμιν ἐπελθόντος τοῦ ἁγίου πνεύματος ἐφ᾽ ὑμᾶς) (8a). 2. »Ihr werdet meine Zeugen sein (ἔσεσθέ μου μάρτυρες)« (8b). – Zunächst zur Verheißung des Heiligen Geistes (8a), mit der für den Leser die Brücke zur Pfingstgeschichte (2,1–13) und ihrer Konsequenz, dem Beginn der öffentlichen Verkündigung (2,14–41), geschlagen wird: Er ist die Gabe des Vaters, die Jesus den Seinen vermittelt. Dieser Gottesgeist verbindet die Jünger mit Jesus. Im Heiligen Geist bleibt Jesus den Seinen nahe. Durch die Herabkunft des Geistes werden die Jünger mit der Kraft (δύναμις) ausgestattet, die für die Bezeugung Jesu notwendig ist. Es handelt sich um die Kraft aus der Höhe (Lk 24,49; auch Lk 1,78), um Gottes lebendige und geschichtsmächtige Dynamik.[129] Der Begriff der Kraft war zu hellenistischer Zeit populär; er wurde zum Weltprinzip entwickelt.[130] Im hellenistischen Judentum Philos von Alexandrien wurde die schaffende und lenkende Kraft des welttranszendenten Gottes als eine seiner Erscheinungsweisen aufgefaßt.[131] Der Begriff der Kraft bot sich Lukas an, wenn es darum ging, die absolute Erhabenheit Gottes und die Erhobenheit Jesu über die Welt mit Gottes fortgesetztem Einwirken auf die Welt und dem göttlichen Eingreifen in den Lebensgang der Menschen zu verbinden. In Bewegungen und Veränderungen, die Menschen widerfahren, manifestiert sich Gottes Wirken und zeigt sich die Vollmacht Jesu auch dann, wenn er nicht persönlich hervortritt. Die Kraft als Wirkung des Heiligen Geistes macht aus den Augenzeugen des Weges Jesu »Diener des Wortes« (Lk 1,2), ermächtigt die Jünger zur freimütigen Rede von Jesus und zu Zeichenhandlungen in seinem Namen. Der Wortverkündigung entsprechen als Manifestationen der Kraft, die Gott verleiht, Aufsehen erregende Zeichen (2,32–33; 3, 1–13; 4,7–10.33; 6,8; 10,38; 19,11; vgl. auch Lk 1,17.35; 4,14; 5, 17; 6,19). Mit Kraft von Gott ausgerüstet, durch sie bewegt und von ihr geleitet, werden die Jünger in Zeiträumen und Situationen, die zu den mehr oder minder nahen Endgeschehnissen hin offen sind, Jesu Zeugen sein (8b; Lk 24,48). Der Zeitraum zwischen dem ersten und zweiten Advent Jesu ist die Zeit für Aktivitäten der Jünger (Lk 19,13). Der Heilige Geist übernimmt ihre Führung. Die Jünger, d.h. die elf Apostel und alle, die mit ihnen in der Nachfolge Jesu verbunden sind (Lk 24,33), nehmen mit ihrem Auftreten und Reden in Jesu Auftrag vor ihren jüdischen Landsleuten und in der Völkerwelt die Sendung wahr, zu der nach Jes 43,10. 12; 44,8 das Volk Israel von dem Einen, dem unvergleichlichen und durch sein Wort geschichtsmächtig waltenden Gott den Völkern gegenüber erwählt und berufen worden ist. Der Auferstan-

---

129 Vgl. *W. Grundmann*, Art. δύναμαι κτλ., 306f.311f; *G. Friedrich*, Art. δύναμις, 860–867; *W.H. Shepherd Jr.*, Function, 153–157. – Justin (Apol I,50.12) spielt um 150–155 n.Chr. wahrscheinlich auf Lk 24,25.44–45 und Apg 1,8 an, wenn er schreibt, die Apostel hätten nach Jesu Auferstehung, »als er ihnen erschienen war und er sie in das Verständnis der Prophezeiungen ... eingeführt hatte, und als sie ihn in den Himmel hatten auffahren sehen, Glauben gewonnen, die ihnen von dort von ihm gesandte Kraft empfangen« (Apologien I, 63; vgl. *C.K. Barrett*, Acts I, 42; *E. Haenchen*, Apostelgeschichte, 23).
130 Vgl. *W. Grundmann*, Art. δύναμαι κτλ., 288–292; *M.P. Nilsson*, Geschichte II, 297ff.534ff.
131 Vgl. *W. Grundmann*, Art. δύναμαι κτλ., 299f.

dene nimmt Jes 43,10 und 12 LXX auf:»Werdet meine Zeugen!«
(γένεσθε μοι μάρτυρες) bzw.»Ihr seid meine Zeugen« (ὑμεῖς ἐμοὶ
μάρτυρες). Die Jünger Jesu repräsentieren als Apostel und Zeugen
das Volk Israel, dessen Zeuge vor den Völkern Gott, der Herr, ist,
der alle Völker zusammenruft (Jes 43,9).»Zeuge« (μάρτυς) ist ein
Vorzugswort der Apostelgeschichte und »ein Schlüsselbegriff zum
Verständnis der lukanischen Darstellung der Anfänge des Chri-
tentums« (1,8.21–22; 2,32; 3,15; 5,32; 10,39.41; 13,31; 22,15.20;
26,16).[132] Der Gehalt des Zeugnisses der Jünger wurde Lk 24,44–
49 durch Jesu Passion und Auferstehung unter der Perspektive der
Schrifterfüllung bezeichnet. Der Heilige Geist hält Jesu Person,
Wirken und Geschick gegenwärtig. Das bedeutet nicht allein, daß
die Jünger die Geschichte Jesu, wie Lukas sie im ersten Buch dargestellt hat, als Heilsereignis bezeugen, sondern auch, daß sich der
durch die Auferstehung erhöhte Jesus Christus im Wort-, Tat- und
Leidenszeugnis seiner Jünger, zu dem sie in seiner Nachfolge in
besonderen Situationen angefordert und aufgerufen werden, als
wirksam erzeigt. So sind sie als Zeugen während der Zeit seiner
irdischen Abwesenheit Stützpfeiler des Glaubens an ihn. Für ihr
Zeugnis wird ihnen Zeit eingeräumt, deren Horizont sie selbst
nicht ermessen. Der Umkreis, in dem sie ihren Zeugendienst an Jesu Stelle ausüben, wird sich fortschreitend erweitern. Von Jerusalem aus erfaßt ihr Christuszeugnis ganz Judäa, d.h. hier wie auch
an vielen anderen Stellen des lukanischen Werkes das von Juden
bewohnte Palästina (z.B. Lk 1,5; 4,44; 6,17; 7,17; 23,5; Apg 8,1;
9,31; 11,1.29; 12,19 u.ö.). Es ergreift Samaria (8,4–25). Das Christuszeugnis wendet sich dann an alle Völker »bis ans Ende der Erde«
(ἕως ἐσχάτου τῆς γῆς), wie es in Anspielung auf Jes 49,6 LXX
heißt: Gott hat seinen »Knecht« zum »Licht der Völkerwelt« (φῶς
ἐθνῶν) bèstellt, daß er zum Heil (gr. σωτηρία, hebr. *j*ᵉ*schuah*) bis
ans Ende der Erde (ἕως ἐσχάτου τῆς γῆς) da sei. Das Prophetenwort wurde schon im Lobgesang des greisen Simeon (Lk 2,29–32)
zitiert, um die Bedeutung des mit Jesus auf Erden erschienenen
Gottesheils (τὸ σωτήριον) für alle Stämme Israels (πάντες οἱ λαοί)
und darüber hinaus für die Völkerwelt (τὰ ἔθνη) anzusagen.[133] Es
wird Apg 13,47 und 26,23 zur Legitimierung der Mission unter
den Heidenvölkern zitiert. Die Völkerwelt partizipiert durch die
Evangeliumspredigt der Zeugen an der Zuversicht auf das mit der

---

132 N. *Brox*, Zeuge, 43. Vgl. H. *Strathmann*, Art. μάρτυς κτλ., 495–498; *J.
Beutler*, Art. μάρτυς, 971ff; *Chr. Burchard*, Zeuge, 130–135; *R. Glöckner*, Verkündigung, 42–67; *M. Korn*, Geschichte, 182–185.196–213; *E. Nellessen*,
Zeugnis, 118–128 u.ö.; *G. Schneider*, Apostel, 63–80.
133 Vgl. W. *Stegemann*, Licht, 94f.

Auferstehung des Christus und Retters (σωτήρ) Israels als »Anführer des Lebens« (ἀρχηγὸς τῆς ζωῆς, 3,15) von Gott her garantierte Heilsgut ̇ewigen Lebens. Die Rede von den Enden der Erde bezieht sich im Altertum, speziell auch in der griechischen Ausgabe des AT, der Septuaginta (LXX), auf die äußersten Punkte der Erde, die man sich als eine auf dem Ozean schwimmende Scheibe vorstellte. Die Enden der Erde waren nach dem aus Nordgalatien stammenden Historiker und Geographen *Strabo* (64/63 v.Chr. bis ca. 23 n.Chr.) die Arktis im Norden, Indien im Osten, Äthiopien im Süden sowie Spanien, Marokko und die Kanarischen Inseln im Westen (Geographica, I,1.5.6.8; I,2,31; II,3,5; II,4,2; II,5,4; III,1,8).[134] Im Christuszeugnis der Jünger geht es um die Bekehrung von Menschen aus allen Völkern und Zonen zu dem in Jesus Christus offenbaren Gott mit dem Ziel der Sündenvergebung (Lk 24,47). Das zweite Buch des Lukas dient der Darstellung einer fortschreitenden Ausbreitung des Christuszeugnisses und der Sammlung des zu Jesus gehörenden Gottesvolkes aus Juden und Menschen anderer ethnischer Herkunft (11,18; 15,7–9). So hat 1,8 richtungweisende Funktion. Die Apostelgeschichte handelt von der fortschreitenden Erfüllung der Verheißung Jesu. Zwar endet das Buch mit der Predigt des Paulus in Rom (28,31); aber in der Metropole der damaligen Welt ist der Weg der Zeugen Jesu noch nicht am Ziel. Der Zeugendienst geht danach weiter nicht allein bis ans Ende der Erde, sondern auch bis zum offenen Ende der Tage.

9–11: *Jesu Himmelfahrt und ihre Deutung*
9: *Jesu Himmelfahrt*: Ähnlich wie schon in Lk 24,50–53 beendet auch hier Jesu Himmelfahrt seine österlichen Erscheinungen und die Unterweisung seiner Jünger.[135] Sie trennt den Auferstandenen von den Jüngern und erweist ihn als den zu Gott Erhöhten (2,33–36; 7,56). Lukas hat die Himmelfahrtserzählung mit der für ihn charakteristischen Eingangswendung: »Und als er dies gesagt hat-

---

134 Strabo, Geography I, 6–9.16–17.136–139.384–391.399–405.428–431; II, 14–17. Vgl. *W. C. van Unnik*, Ausdruck, 394–401; *E.E. Ellis*, Ende, 279ff. – *J.M. Scott*, Paul, 162ff sieht unsere Stelle auf dem Hintergrund der Tradition jüdischer Völkerlisten wie z.B. 1Chr 1, wo die Völker vom Zentrum Jerusalem aus in einem Kreis von Norden aus gegen die Uhrzeigerrichtung über den Westen und Süden nach Osten aufgezählt werden.
135 Vgl. *E. Grässer*, Parusieerwartung, 112–117; *M. Korn*, Geschichte, 185–189; *H. Schlier*, Jesu Himmelfahrt, 227–241. – Justin, Dial 108,2 spielt vermutlich auf Lk 24,51 bzw. Apg 1,9 an, wenn er um 155/160 n.Chr. im ›Dialog mit dem Juden Tryphon‹ die Juden sagen läßt, die Jünger versuchten den Leuten weiszumachen, Jesus »sei von den Toten auferstanden und in den Himmel aufgefahren« (Philosophen, 175; vgl. *C.K. Barrett*, Acts I, 43).

te« (9a; z.B. Lk 19,28; 23,46; 24,40; Apg 7,60; 19,40), eng mit der
vorangegangenen Jüngerbelehrung verbunden. Diese bekommt so
für die zurückbleibenden Jünger und über sie auch für den Leser
den Charakter einer feierlichen, ultimativen Verfügung. – Die Himmelfahrt, die nach Lk 24,26 als Eingang in die himmlische Herrlichkeit und damit als Vollendung des auferweckten Gekreuzigten
in Gott aufzufassen ist, wird wie Lk 24,51 in der Passivform (*passivum divinum*) als Entrückung durch Gott berichtet: »Er wurde
emporgehoben« (ἐπήρθη, 9b). Lukas betont die Sichtbarkeit des
Vorgangs: Die Entrückung geschah vor den Blicken der Jünger.
Was sie da zu sehen bekamen, wurde für sie zu dem bis auf weiteres letzten Christusereignis. Vor ihren Augen wurde der auferstandene Jesus ihren Blicken entzogen: »Eine Wolke nahm ihn auf«
(9c). Die Wolke, bei den Griechen Merkmal einer Gottheit, ist im
AT sprechendes Zeichen der Gotteserscheinung (Theophanie).[136]
Eine Wolke zeigt z.b. bei Israels Wüstenzug Gottes effektive Präsenz an (z.B. Ex 13,21; 14,19–20; 16,10; 34,5; 40,36–37; Num
14,14). Diese Funktion erfüllt sie ebenfalls im Tempelgottesdienst
(z.B. 1Kön 8,10–11; 2Chr 5,13–14; Ez 10,3–4). Gott verhüllt seine *majestas* in seiner Offenbarung wie auch in der Erzählung von
Jesu Verklärung (Mk 9,7 // Lk 9,34–35). Bei Griechen und Römern
diente die Wolke als Göttergefährt bei der Apotheose, so z.b. bei
der Himmelfahrt des Herakles und des Romulus. In der Erzählung
des Lukas dient sie als Offenbarungs- und Verhüllungszeichen der
wirksamen Gegenwart Gottes: Die Wolke signalisiert Gottes Herab-
lassung zu Jesu Erhöhung und Verherrlichung; sie verbirgt diese
zugleich vor den Blicken der Jünger. Sein Eingang in die himmlische Herrlichkeit bleibt Gottes Geheimnis und den Jüngern unbe-
greiflich. Deuteengel erscheinen dazu, daß es von Jüngern und Lesern als bleibendes Geheimnis akzeptiert wird (10–11).

10–11: *Die Deuteengel*: Von den Jüngern heißt es nun, daß sie
»gespannt dem zum Himmel Fahrenden nachblickten« (ἀτενίζω,
10a). Sie sind auf das gespannt, was jetzt geschieht. Erwarten sie
trotz seiner Abweisung der Spekulation über Zeiträume und Termine (7) seine alsbaldige Wiederkunft »auf den Wolken des Himmels« (Dan 7,13)? Sind sie verblüfft und ratlos wegen des ihnen
unbegreiflichen Geschehens? Der Erzähler bereitet seinen Leser
auf die Erscheinung der Deuteengel (*Angelophanie*) vor. Er führt
sie wie schon am Ostermorgen in der Grabesszene als »zwei Männer in weißen Gewändern« ein (10b; Lk 24,4). Ihre im himmlischen Weiß leuchtenden Gewänder zeigen an, daß diese Männer
zur Sphäre Gottes gehören. Die Engel reden die Jünger als Gali-

---

136 Vgl. *A. Oepke*, Art. νεφέλη κτλ., 906–912.

läer an (11a). Wie bei den von Engeln am Ostermorgen angesprochenen Frauen (Lk 24,6) handelt es sich hier um Männer, die mit
Jesus von Galiläa nach Jerusalem gezogen waren und als seine
Zeugen vor dem Gottesvolk in Betracht kommen (13,31). Die an
sie gerichtete und wie eine Unwillensäußerung klingende rhetorische Frage:»Was steht ihr da und blickt zum Himmel auf?« (11a)
zielt wie die Engelfrage an die Frauen am Ostermorgen auf eine
Einstellungs- und Verhaltensänderung der angesprochenen Galiläer. Zum geöffneten Himmel aufblicken und Jesus in der göttlichen Herrlichkeit zur Rechten des Vaters sehen darf der mit dem
Heiligen Geist erfüllte Erzmärtyrer Stephanus kurz vor seinem
Tod (7,55–56). Die Situation der Jünger am Himmelfahrtstag ist
nicht vom unmittelbar bevorstehenden Martyrium bestimmt. – Der
Rüge der Engel folgt eine tröstliche Verheißung:»Dieser Jesus, der
von euch weg in den Himmel entrückt wurde, wird so wiederkommen, wie ihr ihn in den Himmel fahren saht« (11b). Die Entrückung bedeutet keinen Abschied für immer. Jesu Erhöhung zu
Gott und seine Parusie von Gott her gehören eng zusammen.
Seine Himmelfahrt ist das Gegenstück zu seiner Parusie.[137] Die in
V. 7 angesprochenen, menschlich unberechenbaren Zwischenzei-
ten und die in V. 8 erschlossenen räumlichen Weiten werden von
Gottes Zeit umfangen. Die Himmelfahrt Jesu entwirft das Bild seiner Parusie; sie ist das Vorzeichen der Wiederkunft. Diese soll
nach Mk 13,26 // Lk 21,27 (ähnlich auch 1Thess 4,17) im Anschluß an Dan 7,13 als Ankunft des Menschensohnes »in Wolken
mit voller Kraft und Herrlichkeit« (Mk 14,62) erfolgen. Dabei
spielen auch die Engel eine Rolle. Ihnen kommt nach Mk 13,27
die Funktion zu,»die Auserwählten aus den vier Winden einzu-
sammeln, vom Rande der Erde bis zum Rande des Himmels.«
Diese Aussage über die Sammlung der Erwählten hat Lukas bei
seiner Redaktion des Markusstoffes übergangen. Er hat der Ankündigung der Parusie einen Aufruf zur Zuversicht angeschlossen: Bei dem durch kosmische Erschütterungen und ausweglose
Angst gekennzeichneten Anfang der Parusie Jesu, des Weltenrich-
ters (»Menschensohn«), sollen die Seinen sich aufrichten und ihre
Häupter erheben, weil ihre Erlösung naht. Bis dahin ist Jesus auf
dem seinen Jüngern gewiesenen Weg zu jeder Zeit und an allen
Orten als der Erhöhte verborgen gegenwärtig. Die Leser des Lukas, die zur Wachsamkeit aufgerufen sind (Lk 12,35–48; 21,34–
36), im Glauben unablässig um das Kommen des Reiches Gottes
beten (Lk 11,2; 18,1–8) und in der Gleichniserzählung von den
anvertrauten Pfunden (Lk 19,11–37 // Mt 25,14–30) gehört haben,

---

137 Vgl. *E. Grässer*, Parusieerwartung, 112.

wie sie die ihnen vorläufig bleibende Zeit zu nutzen haben, wissen
auch, daß sie auf den Advent des erhöhten Jesus in seiner Herrlichkeit allerorts und zu jeder Zeit vorbereitet sein sollen.

12–14: *Die auf Pfingsten wartende Gemeinde*
12: Die Jünger zeigen durch ihr Verhalten an, daß sie die Engelweisung verstanden haben: Sie kehren nach Jerusalem zurück,
wo sie nach der Lk 24,49b mitgeteilten Weisung des Auferstandenen bis zur Ausstattung »mit Kraft aus der Höhe« bleiben sollen. Von dort soll auch ihre Umkehr- und Heilspredigt ausgehen,
die den Weg Jesu als Gottes Heil für Israel und die Völker bezeugt
(Lk 24,48). – Nachtragsweise teilt Lukas dem Leser mit, daß die
Entrückung des auferstandenen Jesus, mit der dessen österliche
Erscheinungszeit beendet wurde, auf dem Ölberg stattfand. Am
Ölberg begann mit Jesu Gebetskampf (Mk 14,32–42 // Lk 22,39–
46) und seiner Festnahme (Mk 14,43–52 // Lk 22,47–53) die Passion. Eben dort ist mit seiner Entrückung der Eingang des auferstandenen Gekreuzigten in die himmlische Herrlichkeit offenbar
geworden. Der Ölberg gilt nach Sach 14,4 auch als Ort der endzeitlichen Epiphanie des Herrn. Die Strecke vom Ölberg, der etwa
1 Kilometer östlich von Jerusalem jenseits des Kidrontales liegt, bis
zur Stadt wird mit einem »Sabbatweg« angegeben. Das ist die
Strecke, die ein Jude gehen darf, ohne das in Ex 16,29 gegebene
Gebot zu übertreten, am Sabbat an seinem Wohnplatz zu bleiben.
Ist der Ölberg nur einen »Sabbatweg« entfernt, so fand die Himmelfahrt Jesu noch in Jerusalem statt. Für die ersten Leser des Lukas waren Begriff und Sache des »Sabbatweges« noch nicht erklä-
rungsbedürftig. Auch die Bedeutung des Ölbergs war ihnen anscheinend geläufig.
13–14: Der Notiz über die Rückkehr (13a) folgen eine Apostelliste (13b) und ein summarischer Bericht über das Gebetsleben der
auf den Heiligen Geist wartenden Gemeinde (14). Alle hier Genannten verbürgen die Kontinuität der werdenden Kirche Jesu
Christi mit dem Gottesvolk Israel. Anders als in der Abschlußer-
zählung des Evangeliums (Lk 24,50–53), die auf den Lobpreis der
Jünger im Tempel zielt, kehren diese in der Eingangsgeschichte
des Buches über den Weg des Christuszeugnisses von Jerusalem zu
den Völkern in das gewohnte Versammlungslokal der Jesusgemeinde zurück (13a), den über eine Außentreppe zugänglichen
oberen Raum (τὸ ὑπερῷον) eines großen Jerusalemer Hauses (9,
37.39; 20,7–8). Oberräume wurden von Rabbinen als Versamm-
lungs- und Gebetsstätten, auch als Studierzimmer benutzt.[138] Lu-

138   Bill. II, 594f.

kas denkt wohl an den Abendmahlssaal (Lk 22,7–13) als Versammlungsraum einer Art Synagoge. Man vermutet ihn auf dem Südwesthügel des Zion.[139] Dort versammelt sich die Gemeinde Jesu, deren Kern die Apostel bilden. Ihre Namen werden mit geringfügigen Änderungen in der Reihenfolge nach der Lk 6,14–16 mitgeteilten Liste wiederholt. Selbstverständlich fehlt der schon Lk 6,16 als Verräter bezeichnete Judas Iskariot. Die Wiederholung der Apostelnamen ist sinnvoll; denn sie bilden die Brücke, die von der Zeit Jesu hinüber zur Zeit des Zeugnisses von Jesus Christus führt. Die Apostel sind Träger und Garanten der grundlegenden Jesustradition der Kirche. In der Apostelgeschichte spielen von den Zwölfen nur drei eine Rolle, allen voran Simon Petrus (1,15 – 5, 42; 9,32 – 11,18; 12,3–19; 15,7–11), neben ihm gelegentlich Johannes (3,1 – 4,22; 8,14), dem Lukas aber nie allein das Wort erteilt, und dessen Bruder, der Zebedaide Jakobus, von dem einzig der Märtyrertod berichtet wird (12,2). Zu den Zwölfen kommen Frauen, unter ihnen Maria, die Mutter Jesu, und seine Brüder (14b). Die Frauen sind gewiß die Lk 8,2–3 genannten galiläischen Jüngerinnen, die Jesus nach Jerusalem gefolgt waren und ihm mit ihrer Habe gedient hatten. Sie waren nach Lk 23,49 am Karfreitag mit allen Bekannten Jesu Augenzeugen seines Todes, sahen nach Lk 23,55 auch das Grab und die Bestattung Jesu; nach Lk 24,1–10 hatten sie am Ostermorgen den Lebendigen vergeblich bei den Toten gesucht und danach den Jüngern alles berichtet, was ihnen dort widerfahren war. Die galiläischen Jüngerinnen gehören nächst den Aposteln zu den Gruppen, die für die Kontinuität der vor- und nachösterlichen Jesusgemeinde stehen. Das gilt erst recht für Maria, die Mutter Jesu. Sie verbürgt die Geschichte Jesu Christi von Anfang an. Ist sie doch Typus der Glaubenden (Lk 1,26–38) und tief Angefochtenen (Lk 2,35), sie, die Jesu Wort und Weg nicht verstand (Lk 2,48–50)! Nach der Geburt des Kindes und dem Bericht der Hirten über die Engelbotschaft behielt sie alles und überdachte es in ihrem Herzen (Lk 2,19). Anläßlich der Darstellung im Tempel vernahm sie staunend Simeons Lobgesang über dem Kind (Lk 2,27–33), hörte aber auch die (von ihr inzwischen mit der Passion Jesu als erfüllt erfahrene) Weissagung Simeons über die tiefe Verletzung durch das Geschick des von ihr zur Welt gebrachten Kindes (Lk 2,34–35). Die Geschichte der Verwundungen, die ihr bei der Begleitung Jesu auf seinem Weg widerfuhren, begann, als der Zwölfjährige im Tempel seine Weisheit und Gottessohnschaft auf eine für sie befremdliche und unverständliche Weise bekundete; doch bewahrte sie auch dergleichen Begebenheiten in ihrem

---

139 Vgl. *E. Otto*, Jerusalem, 160; *R. Riesner*, Essenerviertel, 1854–1859.

Herzen (Lk 2,41–52). Jesus bezeichnete solche Menschen als seine
Mutter und seine Brüder,»die das Wort Gottes hören und tun« (Lk
8,21; vgl. 11,27–28). Nach Lukas ist die Mutter die erste der in
diesem Sinne Vorbildlichen. Wenn er sie Apg 1,14 letztmals nennt,
dann gewiß auch, um zu zeigen, daß sie angesichts des Kreuzesge-
schickes Jesu nicht an ihm irre geworden ist. Über ihren weiteren
Erdenweg und dessen Ende schweigt die urchristliche Überlieferung. – Zu der durch das Hören und Tun des Wortes Gottes verbundenen Gemeinde Jesu zählt Lukas auch die leiblichen Brüder.
Die irdische Familie Jesu ist jetzt in seine geistliche Familie, die
familia Dei, aufgenommen.[140] Lukas nennt keine Namen. Seine
ersten Leser wußten wohl noch, wer gemeint war. Schon Paulus erwähnt leibliche Brüder Jesu, die als Wandermissionare wirkten
(1Kor 9,5), und hatte den Herrenbruder Jakobus, der zu den anerkannten Zeugen des auferstandenen Jesus gehörte (1Kor 15,7); in
Jerusalem als eine der»Säulen« der dortigen Gemeinde erlebt (Gal
1,19; 2,6–10). Jakobus war Leiter der Jerusalemer Gemeinde,
nachdem Petrus die Stadt verlassen hatte (12,17; 15,13–21; 21,18).
Er hatte hohes Ansehen weit über die Muttergemeinde hinaus und
wurde als vorbildlich gesetzesfrommer Mann mit dem Beinamen
»der Gerechte« geehrt. Der Hohepriester Chananja d.J. (Hannas II.)
ließ ihn nach dem Tod des römischen Statthalters Festus (62 n.Chr.,
vgl. zu 24,27) vor dem Eintreffen des Nachfolgers Albinus vom
Hohen Rat als angeblichen Gesetzesbrecher steinigen und rief damit starken Protest sogar der Pharisäer hervor (Josephus, Ant XX,
200f).[141] – Alle 13b und 14b genannten Gruppen der Jesusgemeinde»verharrten einmütig im Gebet« (14a). Das Obergemach
ist Ort zum Beten (Dan 6,10). Das Beten ist ein wesentliches Kennzeichen der Jüngerschaft Jesu (Lk 11,1–18). Beständiges und einmütiges Beten ist ein Hauptmerkmal der Gemeinde Jesu Christi (1,
24–25; 2,42; 4,24–31; 6,6; 12,5.12; 13,3; 14,23; 16,25; 20,36; 21,
5). Hier charakterisiert es die Gemeinde, die zwischen den Zeiten
auf den Empfang des Heiligen Geistes als Kraft zum Zeugnis für
Jesus Christus wartet. Sie ist betende Kirche. Nach Jesu Verheißung»wird der Vater vom Himmel den Heiligen Geist denen geben, die ihn bitten« (Lk 11,13).

Der Traditionshintergrund der Himmelfahrtserzählung ist das Bekenntnis zur Erhebung des bis in den Tod am Kreuz hinein erniedrigten Jesus aus seinem Tod zu
höchster Hoheit durch Gott (Phil 2,9a: ὑπερύψωσεν) als Inthronisierung zum

---

140   Vgl. *C.K. Barrett*, Acts I, 89f.
141   Vgl. Josephus, Jüdische Altertümer II, 667. Die legendarisch gefärbte
christliche Überlieferung zitiert Euseb, HE II,23.4–18 (Kirchengeschichte, 142f)
aus den »Erinnerungen« des Hegesipp (um 180 n.Chr.).

Kosmokrator (Phil 2,9b:»Er hat ihm den Namen übertragen, der über jedem Namen ist«).[142] Auf die urchristliche Erhöhungstradition (vgl. z.B. Röm 1,3–4; 8,34; Eph 1,20–22a; Kol 3,1; 1Petr 3,22) läßt Lukas den Petrus in der Pfingstpredigt Apg 2,33 zurückgreifen. Dort wird mit einer Wendung aus Ps 110,1, die Petrus in Apg 2,34–35 als Schriftzeugnis dafür zitiert, daß Gott den gekreuzigten Jesus »zum Herrn und Christus gemacht hat« (2,36), Jesu Erhöhung »zur Rechten Gottes« als Voraussetzung für die Ausgießung des Geistes bezeichnet. Auch Apg 5,31 läßt Lukas den Petrus vor dem Hohen Rat auf die Erhöhungstradition zurückgreifen, legt sie hier aber unter einem besonderen Aspekt ihrer Heilsbedeutung aus: Gott hat Jesus, an dessen Hinrichtung der Hohe Rat schuld ist, »zum Anführer und Retter zu seiner Rechten erhöht, um Israel Umkehr und Vergebung der Sünden zu schenken.« Ein historisch fixierbares Datum zwischen dem Anfang der Erscheinungen des Auferstandenen und dem Pfingstereignis läßt sich aus der Himmelfahrtsüberlieferung nicht gewinnen. In der Himmelfahrtserzählung entfaltet Lukas die Erhöhungstradition narrativ mit dem ihm aus dem AT, frühjüdischer und paganer Überlieferung vertrauten Entrückungsmotiv.[143] Die Verbindung von Erhöhung und Entrückung ist 1Tim 3,16 vollzogen:»hinaufgenommen in Herrlichkeit«. In Joh 3,13; 20,17 ist vom »Aufstieg in den Himmel« bzw. »zum Vater« die Rede (vgl. 6,62). Vom siegreichen Aufstieg Jesu spricht mit Ps 68,19 Eph 4, 8–10. Auch 1Petr 3,22 bringt das Motiv der Erhöhung, die Inthronisation »zur Rechten Gottes« und so zum Pantokrator mit dem Zurücklegen eines Weges zusammen: Jesus Christus, »der zur Rechten Gottes ist, nachdem er in den Himmel gegangen ist, wobei ihm Engel, Mächte und Kräfte unterworfen worden sind.«

Exkurs: Antike Entrückungserzählungen

Entrückungserzählungen werden über Menschen erzählt, die für ihre Anhängerschaft, für Völker, Städte und Reiche über ihren Tod hinaus grundlegende oder maßgebliche und richtungweisende Bedeutung gewonnen haben, in der Welt lebendig weiterwirken und posthum eher noch an Lebens- und Leuchtkraft gewonnen haben, obwohl sie nicht mehr in der Welt sind. In Himmelfahrtserzählungen kommt zum Ausdruck, daß der Fortgang oder die Hinwegnahme eines solchen nach wie vor lebenskräftig und für viele erhellend wirksamen Menschen die Vorstellungskraft übersteigt.

Im AT wird von Elia berichtet, daß er vor den Augen seines Schülers und Nachfolgers Elisa im Wirbelsturm mit einem von feurigen Rossen gezogenen feurigen Wagen in den Himmel auffährt. Elias Entrückung oder »Hinaufnahme« (LXX) ist die Voraussetzung dafür, daß Elisa zwei Anteile seines Geistes empfängt (2Kön 2,9–11).

Die griechische Mythologie erzählt von *Herakles*, er sei am Ende seines Erdenlebens auf dem Oitaberg in Phrygien vom brennenden Scheiterhaufen unter Donnerschlägen in einer Wolke in den Himmel getragen und so der Unsterblichkeit teilhaftig geworden (Apollodorus Mythographus 2,7.7).[144] *Titus Livius* (59 v.Chr bis 17 n.Chr), der Historiker Roms zur Zeit des Kaisers Augustus, erzählt in seiner Frühgeschichte der Stadt von der Himmelfahrt des Romulus, des sagenum-

---

142 Vgl. *G. Bertram*, Art. ὕψος κτλ., 607f.

143 Vgl. *P.W. van der Horst* / *G. Musies*, Studies, 124ff; *M. Karrer*, Jesus Christus, 309f.

144 Apollodor's Mythologische Bibliothek 127; vgl. *M.P. Nilsson*, Geschichte I, 131.660.

wobenen und beim Volk von Rom mehr als unter den Senatoren beliebten Stadtgründers und ersten Königs, im Unwetter während einer Heeresmusterung:
Als *Romulus* »zur Musterung seines Heeres auf dem Marsfeld beim Ziegensumpf
eine Heeresversammlung durchführte, brach plötzlich mit lautem Tosen und Don-
nern ein Unwetter los und hüllte den König in einen so dichten Sturzregen, daß
die Versammlung ihn nicht mehr sehen konnte; und danach war Romulus nicht
mehr auf Erden. Der Schrecken legte sich schließlich, als nach diesem Gewitter-
sturm das Tageslicht heiter und ruhig zurückkehrte. Da sahen die Männer von
Rom den Platz des Königs leer; sie glaubten zwar den Senatoren, die direkt dabei-
gestanden hatten, voll und ganz, daß der Sturm ihn emporgerissen habe, waren
aber doch eine Zeitlang sprachlos vor Kummer, als hätte die Angst, nunmehr ver-
waist zu sein, sie gelähmt. Als dann einige wenige den Anfang machten, grüß-
ten sie alle Romulus als Gott, von einem Gott gezeugt, als König und Vater der
Stadt Rom (*deum deo natum, regem parentemque urbis Romanae*); und sie flehten
um seinen Beistand, daß er huldvoll und gnädig sein Volk immer behüten möge.
Es gab aber, glaube ich, auch damals schon einige, die im stillen die Senatoren
beschuldigten, den König eigenhändig in Stücke gerissen zu haben. Denn auch
diese Version breitete sich aus, wenn auch nur in ganz dunklen Andeutungen. Jene
andere dagegen setzte sich infolge der Bewunderung, die der Mann genoß, und infolge des Schreckens, der die Menschen befallen hatte, allgemein durch.
Und die Sache soll auch durch den klugen Einfall eines einzelnen Mannes noch
glaubhafter geworden sein. Denn während die Bürgerschaft durch den Schmerz ihres Königs wegen aufgewühlt war und den Senatoren grollte, trat Proculus Julius,
eine, wie es heißt, gewichtige Autorität auch in einer so bedeutenden Sache, vor
die Volksversammlung und sagte: ›Mitbürger! Heute beim ersten Licht des Tages
kam Romulus, der Vater dieser Stadt, plötzlich vom Himmel herab und trat mir
entgegen. Als ich von Schauer durchbebt und in tiefer Ehrfurcht vor ihm stand und
ihn bat, ihm ins Antlitz blicken zu dürfen, sagte er: ‹Geh und verkünde den Römern, es sei der Wille der Himmlischen, daß mein Rom das Haupt des Erdkreises
(*caput orbis terrarum*) sei. Sie sollen also das Kriegswesen pflegen, und sie sollen
es wissen und an ihre Nachkommen weitergeben, daß keine Macht der Welt den
Waffen Roms widerstehen kann.› Nach diesen Worten‹, sagte er, ›entschwand er
in die Höhe.‹ Es ist erstaunlich, wieviel Glaube der Mann mit diesen Worten fand
und wie der Schmerz um Romulus beim Volk und beim Heer gelindert wurde, nachdem seine Unsterblichkeit als erwiesen galt« (I,16).[145]
Ovid (43 v.Chr. bis 18 n.Chr.), der große Elegiker der augustäischen Zeit, hat
von der Entrückung des Romulus in den »Metamorphosen« gesungen. Während
bei dem stark rational orientierten Skeptiker Livius, der sich bewußt ist, daß vie-
les aus der Vor- und Frühgeschichte Roms eher in die Sagen der Dichter als in die
Geschichtsbücher gehört, und der seinerseits erklären möchte, wie die Überlieferung von der Apotheose des Romulus zustande kam, der Zweifel eine starke Rolle spielt, erzählt Ovid die Himmelfahrt des Stadtgründers in mythischer Redeweise und poetischer Gestalt. Diese erlaubt ihm eine durch die Frage nach der historischen Glaubhaftigkeit der Aussage ungetrübte Verherrlichung des Helden: Mars,
der Urahn Roms und Vater des Stadtgründers, erscheint vor Juppiter, »dem Vater
der Götter und Menschen«:
»»Vater, es ist an der Zeit, da die Stärke der römischen Sache,
sicher begründet und fest, von einem Herrscher nicht abhängt,
mir und dem würdigen Enkel verheißenen Lohn zu gewähren,

---

145   T. Livius, Römische Geschichte, 46–49; vgl. die ähnliche Erzählung in
Plutarch's Lifes I, 174–179.

und, der Erde entrafft, in den Himmel ihn zu versetzen.
Vor den versammelten Göttern hast einst zu mir du gesagt:
– ich habe in treuem Gemüt die frommen Worte behalten –:
‹Einer wird sein, den du in des Himmels Blau sollst erheben.›
Dies dein hohes Wort, es gehe nunmehr in Erfüllung.‹
Und der Allmächtige nickte ihm zu, verfinstert' mit schwarzen
Wolken die Lüfte und schreckte mit Donner und Blitzen den Erdkreis.
Mars empfand es als Zeichen, versprochenen Raub zu vollführen,
und auf die Lanze gestemmt, bestieg er kühn das von blutger
Deichsel gedrückte Gespann; er läßt die Schläge der Deichsel
klatschen und jagt in steiler Fahrt herab durch die Lüfte,
macht auf der waldigen Höh des Berges Palatius halt und
raubt der Silvia Sohn, der dort seinen Bürgern Recht, und
kein tyrannisches sprach. Beim Flug durch die schmeichelnden Lüfte
schwand der sterbliche Leib, wie die bleierne Kugel von breiter
Schleuder gesandt, in der Mitte des Himmels schmilzt; und ihm ward
ein schönes Gesicht, wie es würdiger war der erhabenen Sitze ...«
(Met XIV, 808–827).[146]

Anläßlich der prachtvollen Beisetzungsfeierlichkeiten für *Augustus* (14 n.Chr.),
der zu seinen Lebzeiten in seiner Person den Zeitgenossen die Gewähr für Frieden,
staatliche Ordnung und Sicherheit im Römischen Reich geboten hatte und dem
schon lange vor dem Tod göttliche Ehren erwiesen wurden,»gab es auch einen
Mann vom Rang eines Praetors, der schwor, daß er gesehen habe, wie das Abbild
des Verbrannten in den Himmel aufgestiegen sei« (Sueton, Augustus, 101,4).[147]
Nach der von Philostratos um 220 n.Chr. im Auftrag der Kaiserin Julia Domna
verfaßten, stark idealisierenden und weitgehend legendären Lebensbeschreibung
des wandernden neupythagoreischen Heilslehrers und magiekundigen Wundertäters *Apollonius*, eines Griechen aus Tyana in Kappadokien, der um 96–98 n.Chr.
hochbetagt gestorben ist,[148] von seinen zahlreichen Anhängern als »göttlicher
Mann« (θεῖος ἀνήρ) verehrt, dagegen vom Satiriker Lukian aus dem syrischen Sa-
mosata im 2. Jh. n.Chr. für einen trickreichen Schwindler gehalten wurde (Alex
5),[149] gab es nicht nur eine Überlieferung vom Tod, sondern auch unterschiedliche
Berichte über die Apotheose des Apollonius:
»Nach einigen soll Apollonius in Ephesos gestorben sein, von zwei Dienerinnen
gepflegt ... Nach dem Bericht anderer soll Apollonius in Lindos gestorben sein,
wo er den Tempel der Athene betreten habe und plötzlich an Ort und Stelle verschwunden sei. Andere lassen ihn auf Kreta auf eine noch wunderbarere Weise sein
Ende finden. Bei seinem Aufenthalt in Kreta, wo er mehr denn je bewundert worden sei, habe er nachts den Tempel der Diktynna[150] betreten. Dieser Tempel wurde
von Hunden bewacht, die das darin befindliche Gut hüten und nach der Behauptung
der Kreter weder den Bären noch anderen wilden Tieren nachstehen. Diese Tiere
nun hätten ihn nicht angebellt bei seinem Kommen, sondern seien ihm entge-
gengelaufen und hätten ihm geschmeichelt, wie sie dies nicht einmal bei den be-
kanntesten Leuten zu tun pflegten. Da hätten ihn die Tempelvorsteher wie einen
Zauberer und Räuber ergriffen und gefesselt, mit der Behauptung, er habe den Hun-

---

146   Publius Ovidius Naso, Metamorphosen, 553ff.
147   Sueton, Kaiserviten, 314f.
148   Vgl. *A.Y. Collins*, Art. Apollonius von Tyana, 610; *B. Kollmann*, Jesus,
      101–106.
149   Lukian, Alexander the False Prophet, 182f.
150   Kretisch-minoische Höhengöttin.

den etwas zur Besänftigung vorgeworfen. Er aber habe sich um Mitternacht freigemacht, dann habe er diejenigen, die ihn gefesselt hätten, herbeigerufen, um
nicht heimlich zu handeln, sei zu den Türen des Tempels geeilt, die sich vor ihm
geöffnet und wieder geschlossen hätten, als er hineingetreten sei. Von innen jedoch habe man die Stimmen singender Jungfrauen vernommen, deren Gesang etwa so lautete: ›Verlasse die Erde und komme zum Himmel!‹ (στεῖχε γᾶς, στεῖχε ἐς
οὐρανόν, στεῖχε). Es war dies, als ob sie sagen wollten: ›Steige von der Erde in
die Höhe!‹ (ἴθι ἐκ τῆς γῆς ἄνω)« (VitAp VIII,30).[151]
Die kretische Erzählung, in der Apollonius seiner Himmelfahrt entgegen geht,
handelt von der Wiederherstellung des Tierfriedens (vgl. Jes 6,11ff; 65,25; Mk
1,13), enthält eine wunderbare Selbstbefreiung (vgl. dagegen Apg 5,17–21;
12,3–11; 16,23–34), im Zusammenhang damit ein Türöffnungswunder (vgl. Apg
5,19; 12,10; 16,26) und gipfelt in der Apotheose. Der Aufstieg in den Himmel
wird nur indirekt berichtet.
Der kynische Philosoph und Wundertäter *Peregrinos Proteus*, der nach Lukian
eine Zeitlang zu einer christlichen Gemeinde gehörte, hat 165 n.Chr. in Olympia
an heiliger Stätte während der Festversammlung seine Selbstverbrennung auf einem eigenhändig errichteten und entzündeten Scheiterhaufen inszeniert. Lukian
hat das Schauspiel mit angesehen. Nach seiner satirischen Erzählung über »Das
Lebensende des Peregrinos« sprach dieser nach Süden gewandt:»›Mütterliche und
väterliche Götter nehmt mich gnädig auf!‹ Nach diesen Worten sprang er ins Feuer, wurde aber nicht mehr gesehen, sondern von der Flamme umfangen, die reichlich emporschoß« (PeregrMort 36). – Was Lukian weiter erzählt, gehört ganz ins
komische Fach:»Für die Dummköpfe aber und die, die etwas Neues zu hören er-
picht waren, bauschte ich es aus eigenem etwas tragisch auf, daß, nachdem der
Scheiterhaufen entzündet worden war und sich Proteus eilends hineingestürzt hatte, es zuerst ein großes Erdbeben mit einem dumpfen unterirdischen Donner gegeben habe, dann sei mitten aus der Flamme ein Geier im Nu zum Himmel geflogen,
der mit lauter menschlicher Stimme sagte: ›Ich verließ die Erde, ich gehe zum
Olymp.‹ Jene nun waren ganz weg, bezeigten schaudernd ihre Verehrung und fragten mich aus, ob gegen Osten oder gegen Westen der Geier geflogen sei, ich aber
erwiderte, was mir gerade in den Sinn kam. Als ich zur Festversammlung fortgegangen war, kam ich dazu, wie ein grauhaariger und – beim Zeus! nach seinem Äußeren, wegen seines Bartes und seines sonstigen ehrwürdigen Aussehens, vertrau-
enswürdiger Mann unter anderem auch das von Proteus erzählte, daß nach der Ver-
brennung er ihn in weißem Gewande kurz vorher gesehen und jetzt in der Halle
mit dem siebenfachen Echo gelassen habe, wo er heiter und mit einem Kranz aus
den Zweigen des wilden Ölbaumes geschmückt lustwandelte. Zu allem fügte er
noch den Geier hinzu, wobei er schwur, er selbst habe ihn wahrhaftig aus dem
Scheiterhaufen auffliegen gesehen, den Geier, den ich kurz zuvor zur Verspottung
der unvernünftigen und dummen Leute hatte fliegen lassen. Denke dir, was da in
Zukunft wahrscheinlich ihm zu Ehren geschehen wird ...« (PeregrMort 39–41).[152]
– Lukian geißelt in seiner Schrift die Ruhmsucht des Peregrinos, verspottet die
Legendenbildung unter den Verehrern des Philosophen, aus dessen Vorleben er
Schändliches enthüllt, und lacht über die Leichtgläubigkeit der Leute.
Ein wesentlicher *Unterschied der lukanischen Erzählungen* von Jesu Auffahrt am
Ende des Evangeliums und zu Eingang der Apostelgeschichte zu sämtlichen ande-
ren antiken Himmelfahrtsgeschichten besteht darin, daß hier der von Gott aus
seinem Tod und Grab zu unzerstörbarem Leben auferweckte und so der Gewalt des

---

151 Philostratos, Leben, 964–967.
152 Lukian, Peregrinos, 496–501.

Todes entrissene gekreuzigte Jesus am Ende seiner österlichen Erscheinungszeit, die ihn den Seinen als den aus Gottes Lebensmacht in die Welt und ihre Geschichte hinein Auferstandenen erwiesen hat, vor seinen Jüngern entrückt wird und zur Rechten Gottes seiner Parusie entgegensieht, die sich analog der Entrückung vollziehen soll. Er wird sich in der Parusie der Welt und seiner Gemeinde auf Erden als schlechthin zukunftsmächtig erweisen.

Die Nachwahl des Matthias
1,15–26

[15]Und in diesen Tagen stand Petrus inmitten der Brüder auf und sprach – es war eine Schar von ungefähr einhundertzwanzig Personen beisammen –:»[16]Männer, Brüder, das Schriftwort mußte in Erfüllung gehen, das der Heilige Geist durch den Mund Davids vorausgesagt hat über Judas, der zum Anführer der Häscher geworden ist, die Jesus gefangennahmen. [17]Er war uns ja zugezählt und hatte das Los dieses Dienstes empfangen. [18]Dieser nun erwarb ein kleines Landgut von dem Lohn der Ungerechtigkeit, und er stürzte vornüber und barst mitten entzwei, und alle seine Eingeweide quollen heraus. [19]Und es wurde allen Einwohnern von Jerusalem bekannt, so daß jenes Landgut in ihrer Sprache ›Hakeldamach‹ genannt wurde, das heißt Blutacker. [20]Denn im Buch der Psalmen steht: ›Sein Gehöft soll öde werden und keiner soll darin wohnen.‹ Und ›sein Aufsichtsamt soll ein anderer erhalten.‹ [21]Es muß also einer der Männer, die während der ganzen Zeit mit uns zusammen waren, in welcher der Herr Jesus bei uns ein- und ausging, [22]angefangen bei der Taufe des Johannes bis zu dem Tag, da er von uns entrückt wurde, Zeuge seiner Auferstehung mit uns werden, einer von diesen.« [23]Und sie stellten zwei auf, Josef, genannt Barsabbas, mit dem Beinamen Justus, und Matthias. [24]Und sie beteten und sprachen:»Du, Herr, Herzenskenner aller, zeige an, wen von diesen beiden du erwählt hast, [25]die Stelle dieses Dienstes und Apostolats zu empfangen, von der Judas abgetreten ist, um an seinen Platz zu gehen.« [26]Und sie gaben ihnen Lose, und das Los fiel auf Matthias, und er wurde den elf Aposteln zugezählt.

Kontext: Die Nachwahl des Matthias ist die einzige Begebenheit, die Lukas aus der Zeit des Wartens zwischen Himmelfahrt und Pfingsten bringt. Die Geschichte erklärt, wie die durch das Ausscheiden des Judas im Zwölferkreis gerissene Lücke wieder geschlossen wurde, so daß die Gruppe der zwölf Apostel zu Pfingsten wieder vollständig war. Zur Nachwahl des Matthias gibt es im NT keine Parallele.

Feingliederung
Der durch die einleitende Zeitangabe mit der vorangegangenen Zustandsbeschreibung der Gemeinde (14) verknüpfte Abschnitt ist eine in sich geschlossene Er-

zählung. Auf die einleitende Situationsangabe (15) folgt zunächst die Rede des Petrus (16–22). Sie besteht aus zwei Abschnitten (16–20 und 21–22), die jeweils durch die Wendung »es mußte« oder »es muß« eingeleitet werden. Der Rede Petri folgt dann die Wahl (23–26) mit Kandidatenaufstellung (23), situationsbezogenem Gemeindegebet (24–25) und Entscheid durch das Los (26).

Traditionshintergrund[153]: Lukas hat wohl zwei alte Jerusalemer Traditionsstücke miteinander verbunden und ausgestaltet: 1. Das Ende des Judas-Iskariot in Verbindung mit dem Blutgeld- und Blutacker-Thema samt Bezug auf Ps 69,26 (68,26 LXX); 2. Die Nachwahl des Matthias. Daß eine Ergänzung des von Jesus gebildeten Zwölferkreises in einer auf die baldige Parusie und die endzeitliche Wiederherstellung des Reiches für Israel wartenden Gemeinde nach dem Ausscheiden des Iskarioten per Nachwahl stattfand, die vermutlich durch Prophetenmund vom himmlischen Christus gefordert wurde, und Matthias danach mittels Losentscheid auf den frei gewordenen Platz nachgerückt ist, kann als historischer Grundbestand des zweiten Traditionsstückes angesehen werden.

15–22: *Die Initiative des Petrus*
15: *Situationsbeschreibung*: Lukas eröffnet die Erzählung mit einer Eingangswendung im Bibelstil:»Und in diesen Tagen« (15a; Lk 1,39; 6,12; 24,18; Apg 6,1; 11,27). Irgendwann während dieser Tage des Wartens »stand Petrus inmitten der Brüder auf« (15b), um eine Rede zu halten. Er, der auch in der vorösterlichen Jesusgemeinde als Sprecher der Jünger auftrat (z.B. Lk 8,45; 9,20.33; 12,41), erscheint hier zum ersten Mal in der nachösterlichen Zeit als Sprecher der Gemeinde (2,14.38; 4,8; 5,3.29; 15,7). Die »Brüder«, in deren Versammlung Petrus die Initiative ergreift, sind die in Jerusalem zusammengekommenen Anhänger Jesu insgesamt, also nicht nur die Brüder Jesu (14), auch nicht allein die Apostel. Die Christen verstehen sich als Geschwister in der *familia Dei*. Lukas schätzt die Gesamtzahl der versammelten Gemeindeglieder auf etwa 120 (15c). Das ist das Zehnfache der Apostelzahl. Diese symbolisiert das Zwölfstämmevolk in seiner ursprünglichen Gestalt, die nach jüdischer Erwartung von Gott letztendlich wiederhergestellt werden soll. Nach Lk 22,30 // Mt 19,28 sollen die Zwölf am Ende die zwölf Stämme Israels regieren. 120 Personen mußten nach rabbinischer Tradition in einer jüdischen Ortsgemeinde zur Wahl eines eigenen Synedriums vorhanden sein.[154]
16–22: *Die Rede des Petrus*: Der Apostel eröffnet seine Ansprache (16–22) mit der für Reden an Juden in der Apostelgeschichte charakteristischen Anrede: »Männer, Brüder!« (16a; 2,29.37; 7,2; 13,15.26.38; 15,7.13; 22,1; 23,1.6; 28,17). Er spricht zuerst das

---

153 Vgl. die Kommentare von *C.K. Barrett*, I, 94; *J. Jervell*, 129; *J. Roloff*, 30f; *W. Schmithals*, 26f; *G. Schneider*, I, 214f; *G. Stählin*, 29f; *A. Weiser*, I, 64–68; *J. Zmijewski*, 80f.
154 Vgl. Bill. II, 594f.

nach der Schrift unvermeidliche Schicksal des Judas an, »der zum Anführer der Häscher geworden ist, die Jesus gefangennahmen« (16b.c), und dessen Unheil durch diese Tat besiegelt ist. Danach äußert er sich zu der notwendigen Ersatzwahl (20–22).

16b–19: *Vom Schicksal des Judas Iskariot*: Die Schrift gilt als Bekundung des Gotteswillens. In der Schrift weissagt der Heilige Geist (16b; 28,25). Menschliche Sprecher oder Mittler sind die Propheten, im Fall der Psalmen auch David als ihr angeblicher Verfasser (Lk 20,42; Apg 2,25; 4,25). Die Schriftstelle, auf die Petrus sich in V. 20 beruft, ist eine Zitatenkombination aus Ps 69,26 und Ps 109,8.[155] In Ps 69,26 fand man das Schicksal des Judas geweissagt; aus Ps 109,8 erlas man die Weisung für die unumgängliche Nachwahl eines Apostels. Im Rückblick erinnert Petrus daran, daß Judas einer der Zwölf war (17a; Lk 22,3). »Er hatte das Los dieses Dienstes erhalten« (17b), d.h. das Apostelamt, das als Dienstamt verstanden wird. Das im übertragenen Sinn gebrauchte Wort »Los« deutet das empfangene Amt als von Gott gegeben. – Im Kontrast zu dem Judas zuteil gewordenen Dienstamt steht der Bericht über das Ende des Mannes, der einen teuflischen Verrat begangen hat, bei dem Geld eine Rolle spielte (Lk 22,3–6). Es ist das schreckliche Ende eines Frevlers. Im Evangelium hatte Lukas anders als Matthäus noch nicht vom Tod des Verräters berichtet. Der Leser erhält jetzt in der Rede des Petrus eine neue Information. Über den Tod des Judas gab es in der Urchristenheit verschiedene Überlieferungen. Während Judas nach Mt 27,3–10 noch vor Jesu Tod aus verzweifelter Reue über seine unwiderrufliche Tat das für die Preisgabe Jesu erhaltene Blutgeld, von dem die Hohenpriester später den seither »Blutacker« genannten Töpferacker als Begräbnisplatz für Fremde kauften, in den Tempel warf und sich erhängte, holte ihn nach der Tradition, die Lukas verarbeitet hat, das Schicksal ein, das ein ruchloser Mann wie er zu fürchten hat.[156] Angeblich kaufte er sich vom Verräterlohn, hier als »Lohn der Ungerechtigkeit« bezeichnet, ein kleines Landgut und kam dort bei einem Unfall auf gräßliche Weise ums Leben: Er stürzte anscheinend vom Dach des Hauses vorwärts in die Tiefe, so daß sein Leib barst und die Eingeweide herausquollen (18). Er erlitt das Schicksal des ungetreuen Knechtes, über den es in der bei Lukas an die Apostel als Amtsträger gerichteten Gleichniserzählung (Lk 12,41–48) hieß, sein Herr werde »an einem Tage kommen, an dem er es nicht erwartet hat, und zu einer Stunde, die er nicht weiß, und

155 Vgl. *T. Holtz*, Untersuchungen, 43–48; *W.H. Shepherd Jr.*, Function, 157f.
156 Vgl. *M. Wilcox*, Judas-Tradition, 438–452.

er wird ihn in Stücke hauen und ihm seinen Teil bei den Ungläu-
bigen geben« (Lk 12,46).[157] Ein schreckliches Gottesgericht kam
über den Verräter. Für nicht aramäisch sprechende Leser gibt es
eine Erklärung: Jenes Landgut, auf dem das geschah, heißt in der
Sprache der Jerusalemer »Hakeldamach«, d.h. Blutacker (19). Daß
Judas ein Gehöft besaß, könnte aus der in 20a nach dem LXX-
Text zitierten Psalmstelle, Ps 69 bzw. 68,18 erlesen worden sein.
Nach beiden Überlieferungen kam der Verräter auf fürchterliche
Weise zu Tode. Beide Traditionen stimmen auch darin überein,
daß vom Verräterlohn ein Grundstück gekauft wurde, das den Namen »Blutacker« erhielt. Beide Versionen beziehen den Kauf des
wegen des Vorkommnisses »Blutacker« genannten Grundstücks
auf Schriftworte, Mt 27,9 auf Sach 11,13 mit Spuren von Jer 18,2–
3; 32,7–9. Vielleicht entstanden beide Fassungen in Anlehnung an
die Flurbezeichnung »Blutacker«. Wann und wie Judas Iskariot zu
Tode gekommen ist, wissen wir nicht.

Bischof *Papias von Hierapolis* (um 110–130), der die von Lukas überlieferte Er-
zählung wohl so wenig kannte wie die matthäische Version, hat das Ende des
Verräters als abschreckendes Exempel noch deftiger ausgemalt (Fragment 6):[158]
Den Judas habe die Wassersucht befallen (Ps 109,18), und sein Leib sei so
unmäßig aufgedunsen, »daß er dort, wo ein Wagen [spielend] leicht hindurchgeht,
nicht mehr durchkommen konnte, selbst nicht einmal die Masse seines Kopfes.«
Schließlich sei er elend zugrunde gegangen. Dabei hinterließ er einen derartigen
Gestank, daß das Land, auf dem er starb, öde und unbewohnt blieb.

20–22: *Qualifikationskriterien für den Nachfolger*: Nach den
Zitaten der Psalmstellen (20), von denen die zweite aus Ps 109,8 in
20b zu der jetzt zwingend anstehenden Nachwahl des zwölften
Apostels hinüberführt, läßt Lukas den Petrus die Qualifikationskri-
terien für Nachfolgekandidaten benennen (21–22). Es sind die
Merkmale des lukanischen Apostelverständnisses: 1. Ständige
Weggemeinschaft mit Jesus und den übrigen der Zwölf von der
Johannestaufe (Lk 3,1–22) bis zur Himmelfahrt, also Zugehörigkeit zur Gruppe derer, die »von Anfang an« (Lk 1,2; Apg 1,1) sahen und hörten, »was Jesus tat und lehrte« (Apg 1,1), und so die
Glaubhaftigkeit der Jesus-Tradition gewährleisten; 2. Die Bestel-
lung zum Zeugen des auferstandenen Jesus und damit zum Bürgen für die Verläßlichkeit der christlichen Botschaft (Lk 1,4), besonders auch der Identität des auferstandenen Jesus mit dem irdischen, durch den Auferstandenen selbst (Lk24,30–31.39; Apg 2,
32; 4,33; 10,41). Zeugnis für Jesus abzulegen ist die Hauptfunktion

---

157   Vgl. *O. Betz*, Servant, 175ff.
158   Vgl. Schriften des Urchristentums III, 60f (*U.H.J. Körtner*).

eines Apostels. Das Apostelamt als Weggemeinschaft mit Jesus in seinen Erdentagen und der Augenzeugenschaft des Auferstandenen endet mit dem Tod des letzten Apostels.

23–25: *Kandidatenaufstellung und Nachwahl*
23: *Kandidatenaufstellung*: Die Gemeinde folgt dem Rat des Petrus. Eine eventuelle Diskussion darüber hält Lukas nicht für erwähnenswert. Nach der Anwendung des Wortes aus Ps 109,8 (20b) auf die Situation und der Benennung eines einleuchtenden Qualifikationsmaßstabs (21–22) durch den Apostel zieht die Gemeinde die Konsequenz aus seinem Vorschlag. Man stellt zwei Kandidaten auf (23). Ob es noch weitere mögliche Aspiranten gab, z.b. Kleopas (Lk 24,18), bleibt offen. Doch kann man vermuten, daß es ähnlich wie in Qumran eine Prüfung der potentiellen Anwärter gegeben hat (1QS VI,13b–16).[159] Der erste Kandidat, der das Amt danach nicht erhält, wird ausführlich vorgestellt. Seine Qualität tritt dabei deutlich hervor: Der Mann heißt Josef, genannt Barsabbas, d.h. entweder »Sohn des Sabbas« oder »am Sabbat Geborener«. Er trägt den lat. Beinamen Justus, d.h. der Gerechte. Der Jünger wird im NT nur hier erwähnt. Vielleicht war er ein Bruder jenes Judas Barsabbas, den die Gemeinde später mit der Überbringung und Erläuterung des Aposteldekrets betraute (15,22). Der andere Kandidat heißt Matthias. Das ist die Kurzform für Mattathias (hebr. *mattatja*).
24–25: *Gemeindegebet*: Zwischen der Kandidatenaufstellung und dem Wahlakt vereinigt die Gemeinde sich zum Gebet (24–25). Bei Lukas wird bei wichtigen Personalentscheidungen gebetet (Lk 6,12–16; Apg 6,1–6; 13,1–3). Der Leser erhält so ein Beispiel, an dem er sich in und mit der Gemeinde orientieren kann. Wegen der Situationsgebundenheit kann das hier eingefügte Gebet bei einer Personalentscheidung in anderer Lage nicht einfach nachgesprochen werden. Daß ein Gemeindegebet durch einen Vorbeter gesprochen wird, ist selbstverständlich. Für die Leser übernimmt der Erzähler diese Funktion. Lukas hat das hier mitgeteilte Gebet als kunstvolle Periode geformt. Es richtet sich an den Herrn (24). Die Anrede ist so formuliert, daß sowohl Gott Vater als auch – wie in den Sterbegebeten des Stephanus 7,59.60 – Jesus gemeint sein kann. Hier ruft die Gemeinde wohl den erhöhten Herrn Jesus an. Dafür spricht zum einen, daß in V. 21, also im näheren Kontext, der Herrenname auf Jesus bezogen ist, zum andern auch die Bitte selbst, der Herr möge kundtun, welchen der beiden Kandidaten er erwählt hat. Jesus hat die Apostel nach einer im Gebet zu Gott ver-

159   Vgl. Die Texte aus Qumran, 22f.

brachten Nacht erwählt (Lk 6,12–16; Apg 1,2). Auch die zur Ergänzung des Zwölferkreises notwendige Nachwahl eines Apostels
erfolgt durch ihn. Sein Wille entscheidet. Die Gemeinde vollzieht
die Wahl nach, die er getroffen hat. Die Gemeinde bezeichnet den
Herrn Jesus wie Gott Vater (15,8) als »Herzenskenner«. Lukas hat
im Evangelium betont, daß Jesus die Gedanken und das Trachten
der Menschen kennt (Lk 5,22; 6,8; 9,47; vgl. Offb 2,23). Er möge
als Herzenskenner denjenigen benennen, den er schon erwählt hat,
»die Stelle dieses Dienstes und Apostolats zu empfangen, von der
Judas abgetreten ist, um an seinen Platz«, d.h. ins Verderben, »zu
gehen« (25). Daß man Gott um ein Zeichen bittet, wen er ausersehen hat, ins Apostelamt einzutreten, deutet darauf hin, daß der
Geist die Gemeinde noch nicht führt. Man kann die Personalentscheidung noch nicht auf Grund einer Eingebung des Geistes treffen (13,1–3).[160]
26: *Losentscheid*: Das Losorakel gibt das erbetene Zeichen
(26). Losen galt im Judentum , z.B. in Qumran (1QS V,3; VI,14ff;
1QSa I,19f),[161] als sakralrechtliche Handlung (Lev 16,8). Man
schüttelte die mit den Namen der Kandidaten beschriebenen Lose
in einem Gefäß, bis eines herausfiel. Derjenige, dessen Namen dieses Los trug, galt als gewählt. Der durch Losentscheid als vom
Herrn gewählt angesehene Matthias wird dem Apostelkollegium
zugerechnet. Damit ist die Zwölfzahl wieder erreicht, die diesem
Gremium als Repräsentanz des Gottesvolkes angemessen ist. So ist
die Gemeinde für den Empfang des Heiligen Geistes bereit.

Das Zeugnis der Apostel in Jerusalem
2,1 – 6,7

Am Anfang des Erzählkomplexes steht die Erzählung vom Aufsehen erregenden
Pfingstgeschehen als Bevollmächtigung der Gemeinde Jesu und besonders der
Apostel zum Hervortreten in der Jerusalemer Öffentlichkeit (2,1–13). Als Sprecher der Zwölf tritt Petrus auf. In der ersten öffentlichen Predigt (2,14–36) deutet
er das Geschehen an Hand eines prophetischen Schriftzeugnisses (2,14–21); er
bezeugt mit ebenfalls prophetisch aufgefaßten Psalmtexten, die David zugeschrieben werden, die Auferweckung und Erhöhung Jesu zum Herrn und Christus
durch Gott aus dem von den Jerusalemern verursachten Kreuzestod als Voraussetzung der erfolgten Geistausgießung (2,22–36) und die Anrufung Gottes im Namen
des Herrn Jesus als Bedingung der Rettung (2,21). Den Einwurf der Zuhörer, was
sie tun sollen, beantwortet Petrus mit der Aufforderung zur Umkehr und Taufe auf

160   Vgl. *H. v. Baer*, Der Heilige Geist, 83.
161   Die Texte aus Qumran, 16f.22f.48f.

den Namen Jesu, die Sündenvergebung wirkt und mit der die Verheißung des Geistes verbunden ist. Auf die eindringlichen Appelle hin, sich »aus diesem verkehrten Geschlecht retten« zu lassen, lassen sich an Pfingsten etwa 3000 Juden taufen
(2,37–41). In einem ersten Sammelbericht skizziert Lukas, wie das innere Leben
der Jerusalemer Gemeinde und der Eindruck, den sie nach außen macht, kontinuierlich zu ihrem weiteren Wachstum führen (2,42–47).
Die Apostel praktizieren ihre Frömmigkeit im Tempel. Jedoch kommt es dort
schon bald zum ersten Konflikt mit Organen des Kultus (3,1 – 4,22), ausgelöst
durch eine im Anschluß an die Heilung eines Gelähmten (3,1–10) in der »Halle
Salomos« gehaltene Predigt des Petrus (3,11–26), auf die hin der Gemeinde zahlreiche neue Mitglieder zuströmen (4,4). Petrus und Johannes werden festgenommen und vor dem Hohen Rat verhört (4,1–22). Petrus bezeugt vor dem Gremium
freimütig den Namen Jesu als lebendig wirksam in der Heilung des Gelähmten und
als einzige Rettungschance für alle (4,8–12). Die durch das Heilungswunder und
die Reaktion der Bevölkerung in Verlegenheit versetzten Ratsherren versuchen,
die Umkehr- und Glaubensbewegung durch ein Lehrverbot zu stoppen. Doch Petrus und Johannes lassen sich nicht einschüchtern und auch durch Drohungen
nicht den Mund verbieten. Unter Appell an die Einsichts- und Urteilsfähigkeit ihrer Kontrahenten bekennen sie freimütig, daß sie Gott auf keinen Fall ungehorsam sein dürfen und ihrer Verpflichtung zur Bezeugung dessen, was sie gehört und
gesehen haben, auf jeden Fall nachkommen werden (4,13–22).
Nach ihrer Freilassung berichten sie der Gemeinde. Diese betet für die Apostel um
Kraft zur freimütigen Fortsetzung ihres Wirkens durch die Predigt samt bekräftigenden Zeichen. Sie erhält alsbald ein Signal der Gebetserhörung durch das Erbe-
ben des Versammlungsortes und die Erfüllung aller mit Heiligem Geist (4,23–31).
Das geisterfüllte Leben der Gemeinde stellt Lukas in einem zweiten Sammelbericht an der Gütergemeinschaft dar, in der sich zeigt, daß »die Menge der Gläubiggewordenen ein Herz und eine Seele« ist (4,32–35). Am Verhalten des Barnabas,
der den Erlös aus dem Verkauf von Landbesitz den Aposteln zur Verfügung stellt
(4,36–37), konkretisiert der Erzähler die Norm, die für begüterte Gemeindeglieder
beim Umgang mit ihrem Vermögen gilt. Gegen den in der Gemeinde wirksamen
Heiligen Geist verstoßen jedoch Hananias und Saphira, die bei ihrer Spende dem
Petrus vorsätzlich falsche Angaben über den tatsächlich erzielten Erlös eines
Grundstücksverkaufs machen und daraufhin mit Todesfolge exkommuniziert werden (5,1–11). Der dritte Sammelbericht (5,12–16) hebt das heilsame Wirken aller
Apostel und speziell des Petrus hervor, das den Respekt der Bevölkerung vor ihnen steigert, die Aufmerksamkeit und das Heilsverlangen auch vieler Menschen
aus den Nachbarstädten auf sich zieht und der Gemeinde scharenweise Neuzugänge
verschafft.
Dagegen schreitet die Priesteraristokratie mit ihrem sadduzäischen Anhang ein
und läßt alle Apostel festnehmen. Der Konflikt verschärft sich also. Die Maßnahme erweist sich jedoch als vergeblich: Ein Engel öffnet den Gefangenen
nachts die Tore der Haftanstalt, bringt sie ins Freie und weist sie an, weiterhin im
Tempel aufzutreten und das durch Jesus eröffnete Leben zu predigen. Sie kommen
dem Befehl umgehend nach (5,17–21). Ihre Widersacher müssen feststellen, daß
ihr Versuch, das öffentliche Auftreten der Apostel zu beenden, gescheitert ist.
Daraufhin lädt man sie, nicht zuletzt aus Furcht vor dem Volk, in höflicher Form
vor den Hohen Rat (5,22–26). Nachdem der Hohepriester sie an das verhängte Redeverbot erinnert und ihnen vorgeworfen hat, Jerusalem mit ihrer Lehre erfüllt zu
haben und Rache für den Tod Jesu herbeirufen zu wollen, erneuert Petrus sein zuvor abgelegtes Bekenntnis (4,19–20) und Christuszeugnis (4,12–16) im Namen
aller Apostel (5,27–32). Damit ruft er eine bedrohlich aggressive Gegenreaktion
der Ratsherren hervor (5,33). Dank der Intervention des hoch angesehenen Phari-

säers Gamaliel, der an Hand von zeitgeschichtlichen Beispielen dazu rät, die Apostel frei und gewähren zu lassen, weil Sammlungs- und Erneuerungsbestrebungen, die von Menschen ausgelöst werden, ohnehin keine dauerhaften Erfolgschancen haben, eine von Gott begonnene Bewegung in ihrer Dynamik aber nicht gestoppt werden kann, sieht man von der Tötung der Apostel ab, bekräftigt aber vor ihrer Freilassung das Lehrverbot durch Verhängung einer Prügelstrafe. Die Apostel freuen sich, daß sie für den Namen Jesu Schmach erleiden durften und fahren unbeirrt fort, öffentlich und in den Hausgemeinden das Evangelium von Jesus Christus zu predigen (5,34–42).

Die Apostel bekommen auch Probleme mit Gruppierungen in der stark gewachsenen Jesus-Bewegung. Differenzen zwischen »Hellenisten« und »Hebräern« treten offen zutage: Versorgungsbedürftige Witwen der »Hellenisten« werden übersehen. Die durch den Arbeitsanfall überforderten Apostel, die im Dienst am Wort Gottes nicht zurückstecken wollen, schlagen den »Hellenisten« vor, aus den eigenen Reihen sieben Männer mit gutem Ruf und voll Geist und Weisheit zur Wahrnehmung der diakonischen Aufgaben zu wählen. Das geschieht. Die von den »Hellenisten« gewählten und namentlich genannten Sieben – an erster Stelle steht Stephanus – werden den Aposteln präsentiert und von ihnen ordiniert (6,1–6). Trotz der Gemeindeprobleme wächst die Zahl der Jesus-Jünger in Jerusalem weiter. Auch viele Priester finden Zugang zur Gemeinde (6,7). Mit dieser Wachstumsnotiz ist ein gewisser Abschluß der Gemeindeentwicklung in der Stadt erreicht.

Pfingsten: Geistempfang, Predigt des Petrus,
Wachstum und Leben der Gemeinde
2,1–47

Der Pfingstbericht enthält *drei Hauptabschnitte*: Das Pfingstereignis (1–13), die Pfingstpredigt des Petrus und ihre Wirkung (14–41) sowie den Sammelbericht über das innere Leben der Gemeinde und ihre Wirkung nach außen (42–47).

Das Pfingstereignis:
Die Ermächtigung der Jünger zum öffentlichen Loben
und Bezeugen der großen Taten Gottes
2,1–13

¹Und als sich der Pfingsttag erfüllte, waren alle an einem Ort beisammen. ²Und plötzlich kam ein Brausen vom Himmel wie von einem mächtig daherfahrenden Wind und erfüllte das ganze Haus, wo sie saßen. ³Und es erschienen ihnen Zungen wie von Feuer, die sich verteilten, und es setzte sich auf jeden einzelnen von ihnen, ⁴und sie wurden alle vom Heiligen Geist erfüllt und begannen, in anderen Sprachen zu reden, wie der Geist ihnen zu sprechen gab.
⁵Nun wohnten in Jerusalem Juden, fromme Männer aus jedem Volk unter dem Himmel. ⁶Als aber dieses Geräusch entstand, lief

die Menge zusammen und wurde verwirrt, denn ein jeder hörte
sie in seiner eigenen Sprache reden. **⁷Sie gerieten aber außer
sich, staunten und sagten:»Siehe, sind nicht diese alle, die da
reden, Galiläer? ⁸Wieso hören wir sie jeder in der eigenen Sprache, in der wir geboren wurden? ⁹Parther und Meder und Elamiter und die Bewohner von Mesopotamien, Judäa und Kappadokien, Pontus und Asien, Phrygien und Pamphylien, ¹⁰Ägypten
und den Gebieten Libyens nach Kyrene zu, und die hier weilen-
den Römer, ¹¹Juden und Proselyten, Kreter und Araber – wieso
hören wir sie in unseren Sprachen die großen Taten Gottes sagen?« ¹²Sie gerieten aber alle außer sich und waren ratlos, und
einer sprach zum anderen:»Was soll das bedeuten?« ¹³Andere
spotteten allerdings:»Sie sind voll Heurigem.«**

Der an die Sprache des AT anklingende Bericht über das Pfingstereignis besteht
aus zwei Teilen: In den V. 1–4 wird die Herabkunft des Heiligen Geistes erzählt,
in den V. 5–13 vom Eindruck des Geschehens auf in Jerusalem anwesende Juden.

Feingliederung
1. Das Pfingstgeschehen (1–4): a) Einleitende Situationsangabe (1); b) Das
Pfingstwunder (2–4): α) Hörbare Phänomene: Ein Brausen vom Himmel her erfüllt
das Haus (2); β) sichtbare Phänomene: Feuerzungen lassen sich auf jeden einzelnen nieder (3); γ) Erfüllung aller mit Heiligem Geist (4a), die sich durch Reden in
anderen Sprachen äußert (4b).
2. Der Eindruck des Pfingstgeschehens auf in Jerusalem anwesende Juden aus aller Welt (5–13): a) Erzählerischer Neueinsatz durch Einführung neuer Personengruppen (5); b) das Zusammenströmen der Leute und ihr Staunen angesichts des
Sprachenwunders (6); c) Fragen, die das Staunen erklären (7–8.11b): α) eine Völkerliste (9–11a); β) ratloses Staunen löst die Frage nach der Bedeutung des Geschehens aus (12); γ) Mißverständnis des Geschehens (13).

Traditionshintergrund: Lukas kannte vermutlich eine Überlieferung, die von einer
als Wirkung des Geistes gewerteten»Massenekstase« der Jesusjünger in Jerusalem handelte.[162] Sie wurde als Bestätigung der begonnenen endzeitlichen Sammlung Israels im Namen Jesu aufgefaßt und entzündete die öffentliche Christusverkündigung in der Stadt. Das Geschehen spielte am jüdischen Wochenfest. Es erreichte auch in Jerusalem und Umgebung ansässig gewordene Diasporajuden und
Festpilger. Vielleicht war das Ereignis, das für die Bezeugung Jesu durch das auf
ihn hin versammelte Gottesvolk zukunftsweisend war, schon in der von Lukas
aufgenommenen Überlieferung in Beziehung zur frühjüdischen Deutung der Sinai-
Offenbarung (Ex 19,16–25) gesetzt. Jedenfalls lag Lukas daran, auf das Sinai-Ge-
schehen anzuspielen. Über das Ereignis am Gottesberg hatte Philo von Alexandrien geschrieben:»Eine Stimme (φωνή) ertönte ... mitten aus dem vom Himmel
herabkommenden Feuer (πῦρ), alle mit ehrfurchtsvollem Schrecken erfüllend, indem die Flamme (φλόξ) sich zu artikulierten Lauten (εἰς διάλεκτον) wandelte, die
den Hörenden vertraut waren, wobei das Gesprochene so deutlich klang, daß man

---

162 Vgl. *E. Lohse*, Art. πεντεκοστή, 51; *A. Weiser*, Art. Pfingsten I, 380f; *C.
Colpe*, Gemeinde, 64f.

es eher zu sehen als zu hören glaubte« (Dekal 46).[163] Nach rabbinischer Überlieferung zu Ex 20,18 teilte sich die Stimme bei der Sinaioffenbarung in 70 Stimmen
oder Sprachen, d.h. in alle Sprachen der Völker, aber Israel allein vermochte sie
zu hören (ExR 5 [71a]).[164]
Die andere johanneische Tradition: Nach Joh 20,21–22 erscheint der auferstandene Jesus zur Geistspendung: Er haucht die Jünger an; so gibt er sein eigenes Leben aus Gottes Macht und damit auch die Vollmacht, in seinem Namen zu handeln, an sie weiter.

1–4: *Das Pfingstgeschehen*
1: *Die Situation*: Der Erzähler eröffnet den Pfingstbericht mit
Zeit-, Orts- und Personenangaben (1). Wir beginnen mit den letzteren:»Alle waren an einem Ort beisammen.«»Alle,« das sind die
in 1,13–14 genannten Apostel, Frauen und Familienangehörigen
Jesu, nach 1,15 etwa 120 Personen. Pfingsten ereignet sich für die
gesamte Gemeinde Jesu in Jerusalem. Der Ort, an dem alle versammelt sind, wird nicht näher bestimmt. In V. 2 ist von einem
Haus die Rede. Soll man an das in 1,13 genannte Haus denken
oder nach Lk 24,52 und im Hinblick auf die nach den Bekundungen des Geistes herbeiströmende Menge (2,6) eher an eine Tempelhalle, etwa an die »Halle Salomos« an der Ostseite des Tempels
(3,11; 5,12)? Lukas läßt das in der Schwebe. Der Leser muß sich
selbst den für das Ereignis passenden Ort vorstellen. Dem Autor
liegt daran, daß die gesamte Gemeinde beisammen und für den
Empfang des Heiligen Geistes bereit ist. Er hat sie in 1,14 als einmütig betende Gemeinde charakterisiert. Nach Lk 11,13 hat Jesus
denen, die Gott bitten, den Heiligen Geist zugesagt. Dieser ermächtigt zum öffentlichen Lobpreis des Gotteshandelns in und
mit der Geschichte Jesu und zum Zeugnis von der wirksamen Präsenz und Zukunft Gottes im Namen Jesu. Der Geist als Gottes geschichtliche Schubkraft schafft neue Konstellationen. So fungiert
er als Veränderungsenergie. Jedoch bewirkt er auch Zusammenschluß und Verschmelzung des Neuen mit dem Überkommenen.
Damit ist er zugleich Bewahrungsmacht, die für Kontinuität sorgt
und sie verbürgt.[165]
Die Eingangswendung »als sich der Pfingsttag erfüllte« (1a) klingt
alttestamentlich. Sie stellt das im folgenden erzählte spektakuläre
Geschehen in den Umkreis von Verheißung und Erfüllung. In Erfüllung geht die Zusage, die der auferstandene Jesus vor seiner
Entrückung den Jüngern gab (1,5.8; Lk 24,49), doch auch die in
der Pfingstpredigt Petri zitierte prophetische Verheißung aus Joel

---

163   Philo von Alexandria, Werke I, 381 (*W. Treitel*).
164   Vgl. Bill. II, 605.
165   Vgl. *W.H. Shepherd Jr.*, Function, 160–163.

3,1–5a (vgl. V. 17–21). Nachdem seit der Aufnahme Jesu in den
Himmel der mit dem Antritt des Weges nach Jerusalem begonnene
Abschnitt der Geschichte Jesu Christi erfüllt ist (Lk 9,51), beginnt
mit der Herabkunft des Heiligen Geistes auf seine Gemeinde nun
die Zeit des öffentlichen Zeugnisses von Gottes Heil in und mit
Jesus Christus. –»Pfingsten« (ἡ πεντεκοστή), wörtlich»der 50.
[Tag]«, ist die Bezeichnung für das sieben Wochen nach dem
Passa-Mazzotfest, das die Gerstenernte einleitete, gefeierte Fest zur
Ernte des Weizens und der Feldfrüchte (Ex 34,22; Lev 23,15.16;
Num 28,26; Dtn 16,9.10).[166] Das bis zur Tempelzerstörung (70
n.Chr.) als Wallfahrtsfest begangene Wochenfest gilt seit frühjüdischer Zeit dem Gedächtnis des Bundesschlusses Gottes mit seinem
Volk. Nach dem»Buch der Jubiläen« (um 140 v.Chr.) wird es im
Himmel seit der Schöpfung gefeiert. Auf Erden war es angeblich
als Zeichen des Bundes schon Noah zu beachten aufgetragen, wurde auch von ihm und den Erzvätern begangen, geriet aber danach
in Vergessenheit (Jub 6,17–22).[167] Bei den Rabbinen wird»Pfingsten« in Anknüpfung an Ex 19,1 als Fest der Gesetzgebung am Sinai gedeutet.[168]. Ex 19–20 ist seit alters die Festlesung. Durch den
Bericht des Lukas ist der Tag dem Gedächtnis des Geistempfangs
der Gemeinde Jesu und der dadurch initiierten öffentlichen Be-
zeugungen des Heils Gottes in Jesus Christus gewidmet.
2–4: *Das Pfingstgeschehen:* Jesu Versprechen:»Ihr werdet mit
dem Heiligen Geist getauft werden« (1,5), geht in Erfüllung. Lukas erzählt, was von Gott her geschieht. Aber erst in V. 4 eröffnet
er seinen Lesern, daß der Heilige Geist am Werk ist. Vorher stellt
er dessen Herabkunft unter sinnenhaft wahrnehmbaren Zeichen
dar. Das Widerfahrnis der Gemeinde erinnert mit seinen hör- und
sichtbaren Begleiterscheinungen (2a.3a), dem plötzlichen Brausen
vom Himmel her, das einem mächtigen Wind ähnelt, und den sich
zerteilenden Zungen wie von Feuer, an Zeichen von Theophanien
im AT (z.B. 2Sam 5,24; Ps 104,4), an Zeichen, die in der Mose-
und Eliatradition auf Gottes Herannahen hinweisen (z.B. Ex 3,2;

---

166 Vgl. *J. Kremer,* Pfingstbericht, 11–18. – Zu Datierungen nach dem jüdischen Festkalender in der Apostelgeschichte vgl. 12,3; 20,6 (Mazzoth, Ostern);
20,16 (Pfingsten); 27,9 (Versöhnungstag).
167 Vgl. Jub 6,20–21: Die Kinder Israels»sollen beobachten dieses Fest in allen ihren Geschlechtern als Gebot für sich, einen Tag im Jahr! In diesem Monat
sollen sie das Fest halten an ihm. Denn es ist das Fest der Wochen. Und das Fest
der ersten Früchte ist es. Doppelt und von zweierlei Art ist dieses Fest, gleichwie
geschrieben ist und eingeritzt ist seinetwegen seine Agende« (*K. Berger,* Das
Buch der Jubiläen, 358).
168 Vgl. Bill. II, 597–602; *E. Lohse,* Art. πεντεκοστή, 44–53; *A. Weiser,* Art.
πεντεκοστή, 165f.

14,20.24; 19,16–19; 1Kön 19,11–12). Lukas beläßt es aber bei
der Anspielung und arbeitet diesen Motivkomplex nicht nach dem
Schema von schattenhafter Vorprägung und erfüllender Ausprägung (Typologie) aus. Ausgießung und Empfang des Heiligen
Geistes sind ein Gottesereignis. Mit dem Windesbrausen, welches
das ganze Haus erfüllt (2b), zeigt Lukas an, daß der ankommende
Gottesgeist die versammelte Gemeinde insgesamt umfängt. Er wird
gleichsam zu ihrer Atmosphäre. Mit dem sich in Zungen zerteilenden Feuer, das sich auf jeden einzelnen niederläßt (3) und so
alle erfüllt (4a), zeigt Lukas zugleich, daß das Geistereignis jedes
Gemeindeglied in seiner Individualität angeht, berührt und erfüllt.
Der Heilige Geist integriert das personale Selbst. Er hält und gestaltet es in Gemüt und Gewissen. – Der Geistempfang bewirkt, daß
die Gemeindeglieder anfangen, »in anderen Sprachen zu reden, wie
der Geist ihnen zu sprechen gab« (4b). Die Jünger Jesu lallen nicht
unverständlich; sie reden kein Kauderwelsch. Lukas denkt an ein
emphatisch-enthusiastisch lobpreisendes Beten (10,44.46; 19,6; vgl.
Lk 1,67; 10,21) und ein begeistert prophetisch bezeugendes Reden
(4,31; 6,10; vgl. Lk 1,41–42).[169] Er meint ein primär gottesdienst-
liches Reden, das für Beteiligte unmittelbar verständlich ist, auf Außenstehende aber befremdlich wirken kann und zu Mißverständ-
nissen Anlaß gibt, wie aus V. 13 hervorgeht. Es muß allerdings
nicht befremdlich wirken. Das zeigt die Reaktion derer, die diese
Art zu reden verstehen. Lukas gebraucht »Zunge« (γλῶσσα) wie
Paulus Phil 2,11 synonym mit »Sprache«.[170] Das ergibt sich aus den
V. 6, 8 und 11. Mit dem begeistert gottesdienstlichen Reden der
Gemeindeglieder will Lukas ein Sprachen- und Hörwunder darstellen: Diese reden in anderen Sprachen, jene verstehen sie. Die Ver-
stehbarkeit geisterfüllten Redens in den Kultursprachen ist eine
wesentliche Voraussetzung dafür, daß das Christuszeugnis bis an
die Enden der Erde gelangen kann (1,8). Die Hauptverkehrsspra-
che, der sich auch die Diasporajuden bedienten, war seit den Zeiten
griechischer Koloniegründungen und der hellenistischen Diado-
chenreiche in den Ländern um das Mittelmeer das Griechische, die
Koine-Sprache (ἡ κοινὴ διάλεκτος). Sie wurde neben dem Aramäischen im Durchgangsland Palästina, vor allem in den Städten, gesprochen und verstanden.[171] In den auf griechische Kolonien zu-
rückgehenden Handelsstädten im Westen des Römischen Reiches,
z.B. in Syrakus auf Sizilien, in Unteritalien oder in Massilia (Mar-
seille) an der Rhonemündung sprach man ebenfalls Griechisch.

169   Vgl. *J. Kremer*, Art. πνεῦμα, 287f; *W.H. Shepherd, Jr.*, Function, 162f.
170   Vgl. *W. Bauer*, Wörterbuch, 324.
171   *R. Schmitt*, Sprachverhältnisse, 575f.

5–13: *Der Eindruck des Pfingstgeschehens auf Juden aus aller Welt in Jerusalem*

5: Die Perspektive wechselt von drinnen nach draußen. Vom Haus, in dem die Gemeinde sich aufhielt, ist nun nicht mehr die Rede. Der Erzähler setzt neu an. Er führt einen bisher nicht genannten Personenkreis ein, der vom Pfingstgeschehen erfaßt wird: In Jerusalem ansässig gewordene Diasporajuden, »fromme Männer aus jedem Volk unter dem Himmel« (5b). »Im Lande Israel zu wohnen wiegt alle Gebote der Tora auf«, lautete die Losung (tAZ 4,3).[172] In anderen Ländern aufgewachsene fromme Juden, z.b. Nachkommen derer, die aus ökonomischen Gründen ausgewandert waren, aber auch Kinder und Enkel der vielen, die 63 v.Chr. unter Pompeius, 37 v.Chr. bei der Durchsetzung der Herrschaft des Herodes durch römische Truppen in die Gefangenschaft und Sklaverei geschickt, später aber freigelassen worden waren, siedelten nicht selten nach Jerusalem über, wenn es ihre wirtschaftliche Lage erlaubte. Auch von den unter Tiberius 19 n.Chr. aus Rom vertriebenen Juden werden wohl etliche in ihre heilige Stadt und deren Umgebung gezogen sein. Ihre Motive dürften unterschiedlich gewesen sein. Manchen ging es um die Präsenz am Tempel und die regelmäßige Teilnahme am Kult. Die Stadt diente ja als »Tochter Zion« (Jes 1,8; 62,11; Jer 6,2 u.ö) dem Tempelkult. Für andere mag die Hoffnung auf die Ankunft des Messias bestimmend gewesen sein. Wieder andere zogen nach Jerusalem, weil es auch das Zentrum für Torastudien war (Jes 2,3).[173] Die Rückkehrer nahmen die erhoffte endzeitliche Sammlung Israels um den Zion ein Stück weit vorweg. Sie behielten aber in der neuen Umgebung ihr Griechisch als Verkehrssprache und die eine oder andere Sitte aus ihren Herkunftsländern bei. Landsmannschaftlich organisierte Synagogengemeinden in der Stadt beweisen das (6, 9).[174] Eine erhebliche Zahl Jerusalemer Einwohner sprach Griechisch als Muttersprache, noch mehr waren zweisprachig.[175] Aber viele Diasporajuden kamen auch nur als Festpilger in die Stadt. Für die Vielzahl der Juden – schreibt Philo von Alexandrien – »reicht ein einziges Land nicht aus. Deswegen wohnen sie in den meisten und reichsten Ländern Europas und Asiens, auf den Inseln und auf dem Festland, und als Mittelpunkt (μητρόπολις) betrachten sie die Heilige Stadt, wo der heilige Tempel des höchsten

---

172 Vgl. *H. Lichtenberger*, Im Lande Israel, 93.
173 Vgl. *M. Hengel*, Jerusalem, 148.
174 Vgl. *R. Riesner*, Synagogues, 192–206.
175 *M. Hengel*, Jerusalem, 147 schätzt, »daß vor 70 mindestens 10–20% dort Griechisch als Muttersprache sprachen«.

Gottes steht. Was sie aber von ihren Vätern, Groß- und Urgroßvä-
tern und den Voreltern noch weiter hinauf als Wohnsitz übernommen haben, das halten die einzelnen für ihr Vaterland (πατρίς),
wenn sie dort geboren und aufgewachsen sind« (Flacc 45–46).[176]
Wenn Lukas von der Wirkung des Pfingstgeschehens auf diese
Gruppen spricht, zeigt er an, wo sich die erhoffte Sammlung des
unter die Völker der Welt zerstreuten Gottesvolkes ereignet: in der
mit dem Gottesgeist begabten Gemeinde des Christus Jesus.

6: Nach der Einführung der neuen Personengruppen beginnt
der Erzähler mit einer weiteren Szene. Eingangs schafft er eine
Verbindung zur vorangegangenen Darstellung des Pfingstgeschehens: »Als aber dieses Geräusch entstand, lief die Menge zusammen und wurde verwirrt« (6a). Das Pfingstgeschehen spricht sich
in der dicht bevölkerten und zudem mit Pilgerscharen überfüllten
Stadt mit damals höchstens 1,5 km Durchmesser in der Nord-Süd-
Richtung und weniger als 1 km von Osten nach Westen in Win-
deseile herum. Lukas sagt nicht, wo die frommen Diasporajuden
zusammenströmen. Bei einer nach Tausenden zählenden Menge
liegt es nahe, an den äußeren Tempelplatz zu denken. Der Heilige
Geist liebt nicht allein die ecclesiola; nach Lukas provoziert er
auch Massenversammlungen. Die Leute eilen auf »dieses Geräusch«
herbei. Mit dem »Geräusch« (φωνή), das der Menge entgegen-
schlägt, sind wohl die Bekundungen des Gottesgeistes insgesamt
gemeint, angefangen mit dem Brausen vom Himmel bis hin zum
begeistert lobpreisenden Reden der vom Heiligen Geist erfüllten
Jesusjünger. Vor allem dieses überschwengliche Gotteslob wirkt
auf die Menge bestürzend und verwirrend: Jeder hört sie in seiner
Sprache reden (6b). Dem Erzähler liegt daran, daß die Botschaft
von den großen Taten Gottes in die Sprachen der Hörer übertragen wird. Dabei ist an die Kultursprachen gedacht, vor allem an
das Griechische. Wie wichtig ihm das Sprachen- und Hörwunder
ist, erkennt man daran, daß sich das Staunen und ratlose Fragen
der Leute, das er mehrmals betont (7.12a), wiederholt hierauf bezieht (8.11b.12b).

7–8.11b: Lukas läßt die zahlreich versammelten Diasporajuden
im Chor reden. Zunächst staunen sie über die Sprecher: »Sind
nicht diese alle, die da reden, Galiläer?« (7). Hat man sie an ihrer
Kleidung erkannt?[177] Oder an ihrem Dialekt (Mt 26,73)? Jedenfalls gehören die Redner zu Jesus, dem Galiläer (1,11; Lk 22,59;
23,5.49.55; 24,6). Es ist erstaunlich, diese Menschen inspiriert in

---

176   Philo von Alexandrien, Werke VII, 139 (*K.-H. Gerschmann*); vgl. *H. Lichtenberger*, Im Lande Israel, 92f.
177   So *G. Stählin*, Apostelgeschichte, 34.

vielen Sprachen reden zu hören. Von Galiläern erwartete man das
so wenig, wie seinerzeit die Nazarener in Galiläa dem ihnen als
Sohn Josefs bekannten Jesus »die Worte der Gnade, die aus seinem
Munde kamen«, zugetraut hatten (Lk 4,22). Auf das Hörereignis
bezieht sich die Frage der Diasporajuden mit unterschiedlicher
Sprachheimat: »Wieso hören wir sie jeder in der eigenen Sprache,
in der wir geboren wurden?« (8). Das Erstaunliche dieses inspirier-
ten Sprechens ist, daß es Sprachgrenzen durch das Eintreten in den
jeweiligen Sprachhorizont überwindet. Das wird durch eine eingeschobene Völker- und Länderliste unterstrichen (9–11a). Sie muß
gesondert betrachtet werden. Den Inhalt dessen, was die Diasporajuden mit verschiedenen Muttersprachen hören, konstantieren sie
erstaunt in Frageform: »Wieso hören wir sie in unseren Sprachen
die großen Taten Gottes sagen?« (11b).[178] Den im Urtext stehenden Ausdruck »Großtaten Gottes (μεγαλεῖα τοῦ θεοῦ)« hat Lukas
dem griechischen AT, der Septuaginta (LXX), entnommen (z.B.
Ps 71,19 bzw. 70,19 LXX). Er hat ihn schon im »Magnificat« Marias gebraucht (Lk 1,49). Der Ausdruck bezeichnet Gottes souver-
änes und wunderbares Handeln, das Geschichte macht, nach luka-
nischer Auffassung sein Handeln von der Schöpfung bis zum
Christusereignis und der Spendung des Heiligen Geistes, wie das
Gemeindegebet in 4,23–31 zeigt. Das Sagen der großen Taten Gottes erfolgt durch lobpreisendes Beten, Bekennen und Bezeugen.
Diese Sprachweisen des Redens im Glauben vor Gott, zu ihm hin
und von ihm her zu den Menschen müssen unterschieden werden.
Man darf sie aber nicht voneinander trennen.

9–11a: *Die Völkerliste*: Das vom Heiligen Geist gewirkte Rühmen der großen Taten Gottes zielt ins Weite. Die christliche Kirche
hat von Anfang an eine universale Ausrichtung. Dies wird unterstrichen durch die eingeschobene Liste mit Völker- und Ländernamen.[179] In ihr stellen sich die Hörer aus der weltweiten jüdischen Diaspora in der »Wir«-Form vor. Die Liste dient dazu, die
schon in 1,8 eröffnete Aussicht auf den Weg der Bezeugung Jesu
Christi bis an das Ende der Erde offen zu halten. Die Liste, deren
Grundbestand Lukas übernommen hat, nennt Gebiete, in denen es
relativ starke jüdische Gemeinden gab. Sie ist nicht vollständig; so
fehlt z.B. Syrien, ein Land mit einem beträchtlichen jüdischen Be-

---

178 Die Essener feierten Pfingsten als Bundesfest und nahmen dann neue Mitglieder auf (1QS I,18–20): »Und wenn sie in den Bund eintreten, sollen die Priester und Leviten den Gott der Heilstaten preisen und alle Werke seiner Treue; und
alle, die in den Bund eintreten, sollen nach ihnen sprechen: Amen, Amen« (Die
Texte aus Qumran, 4f).
179 Vgl. *C.K. Barrett*, Acts I, 121–124; *M. Görg*, Apg 2,9–11, 15–18; *E. Gü-
ting*, Horizont, 149–169; *J.M. Scott*, Paul, 165ff.

völkerungsanteil. Aber auch Griechenland und Äthiopien werden
nicht genannt. Vielleicht ist das Verzeichnis in Syrien entstanden
und schreitet aus der dortigen Perspektive den weiten Umkreis der
jüdischen Diaspora ab.[180] Die Aufzählung umfaßt in der vorliegenden Form 17 Namen. Sie konzentriert sich im wesentlichen auf
den vorderasiatischen Raum. Im Mittelteil liegt der Schwerpunkt
auf Kleinasien. Die Auflistung erfolgt nach überwiegend geogra-
phischen Gesichtspunkten. Sie geht von Osten nach Westen und
im Mittelteil von Norden nach Süden. – Die drei Namen am Anfang bezeichnen Völker: »Parther und Meder und Elamiter« (9a).
Diese Völker wohnten südlich und südöstlich des Kaspischen
Meeres. Die Parther waren wegen ihrer Angriffe auf Gebiete im
Osten des Römischen Reiches gefürchtet. Meder und Elamiter waren zur Zeit des Lukas ferne historische Größen. – Dann folgen
neun überwiegend paarweise geordnete Ländernamen bzw. Land-
schaftsbezeichnungen, z.T. auch römische Provinznamen: Mesopotamien, Judäa, Kappadokien, Pontus, Asien, Phrygien, Pamphylien, Ägypten und Lybien (9b–10a). – Mesopotamien ist das Land
zwischen Euphrat und Tigris. – Judäa meint hier wohl wie auch in
1,8 und 10,37 die überwiegend von Juden bewohnten Gebiete Palästinas. Merkwürdig ist, daß das jüdische Land, das Land der Väter, hier in einer doch zu Jerusalem spielenden Szene zwischen den
Fremdländern Mesopotamien und Kappadokien genannt wird. Das
dürfte ein Indiz dafür sein, daß die Liste nicht in Jerusalem entstanden ist. – Die nächsten drei Namen bezeichnen römische Provinzen in Kleinasien: Kappadokien liegt in Ostanatolien und wird
nach Süden durch das Taurusgebirge begrenzt. Der Kappadokien
durchfließende Halys verbindet das Land nach Norden mit dem
Schwarzen Meer. – Im Norden Kleinasiens erstreckt sich an der
Schwarzmeerküste Pontus, das zur Zeit der flavischen Kaiser (69–
96 n.Chr.) politisch mit Galatien vereinigt war. – Asien mit der
Hauptstadt Ephesus umfaßte den Westteil Kleinasiens und damit
verbundene Inseln in der Ägäis und war senatorische Provinz. Juden aus der Provinz Asien werden später unter den Gegnern des
Stephanus genannt (6,9). Sie verfolgen Paulus in Ephesus (20,19)
und veranlassen seine Festnahme in Jerusalem (21,27–29; 24,18–
19). – In der Liste folgen zwei kleinasiatische Landschaftsnamen:
Phrygien und Pamphylien. Die weithin aus Steppen und Wüsten
bestehende Landschaft Phrygien umfaßt im wesentlichen das im
Osten an Galatien grenzende westanatolische Zentralplateau mit
zahlreichen Salzseen im Süden und einigen Flußtälern im Norden.
Phrygien gehörte politisch zur Provinz Asien. – Pamphylien ist

---

180   So z.B. *J. Roloff*, Apostelgeschichte, 45.

eine Küstenlandschaft im Süden Kleinasiens und gehörte politisch
zur Provinz Kilikien. Paulus war aus Tarsus, der Hauptstadt Kili-
kiens, gebürtig (21,39). Barnabas und Paulus werden in Phrygien
und Pamphylien missionieren (13,13; 14,20–21). – Ägypten war
zu römischer Zeit kaiserliche Provinz. Die hellenistische Hauptstadt Alexandrien war auch ein Zentrum des Griechisch sprechenden Judentums. – Die westwärts an Ägypten anschließende Küstenlandschaft Libyen gehörte großenteils zur senatorischen Provinz *Creta et Cyrene*. In Kyrene gab es eine beträchtliche Judenschaft. Aus der Passionsgeschichte Jesu ist Simon von Kyrene bekannt, der Mann, der Jesus das Kreuz nachtragen mußte (Mk
15,21 // Lk 23,26). Die aus Kyrene stammenden Juden hatten in
Jerusalem eine eigene Synagoge (6,9). In 13,1 wird unter den Propheten und Lehrern der Gemeinde im syrischen Antiochien ein
Lucius von Kyrene genannt. – Am Ende der Liste stehen wieder
drei Völkernamen: zuerst Römer, zuletzt Kreter und Araber. Da-
zwischen steht das Wortpaar »Juden und Proselyten«, das als religi-
onsgesetzliche Unterscheidung der in V. 5 genannten frommen
jüdischen Männer aus den diversen Ländern und Völkern anzusehen ist. Proselyten (προσήλυτοι) sind zum Judentum konvertierte
und durch Beschneidung (bei Männern), Tauchbad und ein Opfer
im Tempel rechtskräftig in die jüdische Gemeinde aufgenommene
Menschen nichtjüdischer Herkunft. Für geborene Juden sind sie in
der Gemeinde eine besondere Gruppe.[181] Die abschließende Nennung der »Kreter und Araber« fügt wahrscheinlich keine neue
Gruppe an, sondern faßt formelhaft »›Meeresanwohner und Wü-
stenbewohner‹ oder auch ›Westliche und Östliche‹« zusammen.[182]
12–13: *Die Reaktionen der Hörer* des Sprachereignisses verdich-
ten sich zu zwei gegensätzlichen Haltungen. Die einen artikulieren
ihre Verlegenheit in der offenen Frage, die man einander stellt: »Was
soll das bedeuten?« (12b). Dagegen meinen Spötter, vielleicht Mitglieder der Priesteraristokratie, die zu den Sadduzäern gehören (4,1;
5,17–18), das begeisterte Reden wohlfeil als Ausdruck von Trun-
kenheit erklären und bewitzeln zu können: »Sie sind voll Heurigem« (13).[183] Diese Leute sind darauf aus, das Erstaunliche von

181   Vgl. *K.G. Kuhn*, Art. προσήλυτος, 730–740; *H. Kuhli*, Art. προσήλυτος,
410–413. Beispiel eines Proselyten ist in der Juditherzählung am Rand des AT
der Ammoniter Achior, der durch die Rettung Israels und auch des eigenen Lebens
vor den Assyrern zum Glauben an JHWH kommt, sich beschneiden läßt und samt
seinen Nachkommen dem Haus Israel zugerechnet wird (Jud 14,10; nach der Zählung der Apokryphen der Lutherbibel Jud 14,6).
182   Vgl. *O. Eißfeldt*, Kreter, 34. Anders *C.K. Barrett*, Acts I, 124.
183   Steht eine Anspielung auf Jes 28,7 im Hintergrund? Vgl. *O. Betz*, Zungen-
reden, 60f.

sich fernzuhalten. Auch sie sind vom Geschehen berührt. Doch
wehren sie die Möglichkeit, selbst in den Sturm der Begeisterung
zu geraten, dadurch ab, daß sie die Menschen lächerlich machen,
die ihnen als Zeugen überraschender und staunenerregender Geistesgegenwart begegnen. Ihr Spott ist eine Vorsichtsmaßnahme, ist
Selbstschutz. – Lukas läßt oft auf der einen Seite Menschen auftreten, die für Christen und ihr Zeugnis grundsätzlich offen sind und
auf der anderen Seite Leute, die ihnen von Anfang an ablehnend
begegnen (5,33–35; 14,4; 17,18.32; 23,6–9; 28,24). Dabei machen diejenigen, die auf Distanz gehen, gelegentlich spöttische Bemerkungen (17,18.32; 26,24). Schon in der Begegnung mit Jesus
äußerte die Ablehnung sich in Spott (Lk 16,14) und Hohn (22,63–
65; 23,35–37). In der Pfingstgeschichte dient das Witzeln dem Petrus als Anknüpfungspunkt für die Predigt (15). Lukas formuliert
mehrmals ein Mißverständnis, das den Zeugen Christi einen Rede-
anlaß bietet (14,11–14; 17,18; vgl. Mk 3,22–27 // Lk 11,14–23).

Die Pfingstpredigt des Petrus und ihre Wirkung:
2,14–41

[14]**Petrus aber trat auf mit den Elfen, erhob seine Stimme und redete zu ihnen:»Jüdische Männer und ihr Einwohner Jerusalems
insgesamt, dies sei euch kundgetan, und achtet auf meine Worte!
[15]Diese sind nämlich nicht, wie ihr annehmt, betrunken – es ist ja
erst die dritte Tagesstunde –, [16]sondern dies ist das, was durch
den Propheten Joel gesagt worden ist: [17]›Und in den letzten Tagen wird es geschehen‹, spricht Gott, ›da werde ich von meinem
Geist ausgießen auf alles Fleisch, und eure Söhne und Töchter
werden prophetisch reden, und eure Jünglinge werden Gesichte
sehen, und eure Alten werden Traumgesichte haben. [18]Und auf
meine Knechte und auf meine Mägde werde ich in jenen Tagen
von meinem Geist ausgießen, und sie werden prophetisch reden.
[19]Und ich werde Wunder tun droben am Himmel und Zeichen
drunten auf der Erde, Blut und Feuer und Rauchschwaden.
[20]Die Sonne wird sich in Finsternis verwandeln und der Mond in
Blut, bevor der große und glänzende Tag des Herrn kommt.
[21]Und es wird geschehen, daß jeder, der den Namen des Herrn
anruft, gerettet wird.‹
[22]Ihr israelitischen Männer, hört diese Worte: Jesus, den Nazoräer, einen Mann, der von Gott bei euch durch Krafttaten und
Wunder und Zeichen beglaubigt ist, die Gott durch ihn in eurer
Mitte getan hat, wie ihr selbst wißt, [23]diesen, der nach Gottes
bestimmtem Willen und Ratschluß dahingegeben wurde, habt ihr**

durch die Hand Gesetzloser (ans Kreuz) genagelt und umgebracht. [24]Ihn hat Gott auferstehen lassen, indem er die Wehen
des Todes löste, war es doch unmöglich, daß er von ihm festgehalten würde. [25]David nämlich sagt im Blick auf ihn: ›Ich sah
den Herrn allezeit vor mir, denn er ist zu meiner Rechten, damit
ich nicht wanke. [26]Deshalb freute sich mein Herz und jubelte
meine Zunge, und auch mein Fleisch wird auf Hoffnung hin ruhen. [27]Denn du wirst meine Seele nicht dem Hades überlassen
und nicht zugeben, daß dein Heiliger die Verwesung sehe. [28]Du
hast mir die Wege des Lebens kundgetan; du wirst mich erfüllen
mit Freude an deinem Angesicht.‹
[29]Männer, Brüder, ich darf von dem Patriarchen David mit
Freimut zu euch sprechen: Er ist ja gestorben und begraben
worden, und sein Grabmal ist bis zu diesem Tag bei uns. [30]Da er
nun ein Prophet war und wußte, daß ihm Gott mit einem Eid ge-
schworen hatte, einen aus der Frucht seiner Lenden auf seinen
Thron zu setzen, [31]sprach er vorausschauend von der Auferstehung des Christus, daß er nicht dem Hades überlassen wurde
und sein Fleisch die Verwesung nicht sah. [32]Diesen Jesus hat
Gott auferstehen lassen; dafür sind wir alle Zeugen. [33]Nun zur
Rechten Gottes erhöht, hat er die Verheißung des Heiligen Geistes vom Vater empfangen und das ausgegossen, was ihr seht
und hört. [34]Denn nicht David ist in den Himmel aufgestiegen; er
sagt vielmehr selbst: ›Der Herr sprach zu meinem Herrn: Setze
dich zu meiner Rechten, [35]bis ich deine Feinde als Schemel unter
deine Füße lege.‹ [36]So erkenne nun das gesamte Haus Israel mit
Gewißheit, daß Gott ihn zum Herrn und zum Christus gemacht
hat, diesen Jesus, den ihr gekreuzigt habt.«
[37]Als sie das hörten, empfanden sie im Herzen quälenden
Schmerz, und sie sprachen zu Petrus und den übrigen Aposteln:
»Was sollen wir tun, Männer, Brüder?« [38]Petrus aber zu ihnen:
»Kehrt um! Und ein jeder von euch lasse sich taufen auf den
Namen Jesu Christi zur Vergebung eurer Sünden, so werdet ihr
die Gabe des Heiligen Geistes empfangen. [39]Denn euch gilt die
Verheißung und euren Kindern und allen in der Ferne, so viele
der Herr, unser Gott, herbeiruft.« [40]Auch mit vielen anderen
Worten legte er Zeugnis ab und ermahnte sie, sagte: »Laßt euch
aus diesem verkehrten Geschlecht retten!« [41]Diejenigen nun, die
sein Wort annahmen, wurden getauft, und es wurden an jenem
Tag etwa dreitausend Seelen hinzugetan.

Feingliederung
1. Einleitung (14a): Auftritt des Petrus als Sprecher der Apostel.
2. Erster Teil (Einleitung): Anknüpfung an die Situation und Entfaltung von Joel
3,1–5a (14b–21): a) Anrede (14b) und Appell zum Hören (14c); b) Anknüpfung

an die Situation durch Zurückweisung des Trunkenheitsvorwurfs (15); c) Deutung des Geistereignisses mit einem Zitat aus Joel 3,1–5 (16–21).

3. Zweiter Teil: Das Zeugnis von Jesus Christus anhand der Schrift (22–36): a) Jesu Erdenwirken und sein Juden wie Heiden angelasteter Tod und seine Auferweckung durch Gott (22–24); b) Erweis der Auferweckung aus der Schrift mit Ps 15,8–11 (25–28); c) Argumentation aufgrund des Zitats (29–36): α) David hat als Prophet die Auferstehung des Christus vorhergesagt. (29–32); β) David hat aber auch, wie mit Ps 110,1 belegt wird, die Erhöhung Jesu zur Rechten Gottes, die Voraussetzung für Jesu Weitergabe des Heiligen Geistes, vorhergesagt (33–35); γ) Folgerung: Das ganze Haus Israel möge zur Überzeugung kommen, daß Gott Jesus, dessen Kreuzestod Juden zu verantworten haben, als Herrn und Gesalbten eingesetzt hat (36).

4. 37–39: Dritter Teil: Ruf zur Umkehr und Taufe: a) Unterbrechung der Predigt auf ihrem Höhepunkt durch die Frage betroffener Hörer:»Was sollen wir tun?« (37); b) Appell zur Umkehr und Taufe auf den Namen Jesu Christi zur Vergebung der Sünde mit Verheißung des Geistempfangs (38); c) Rückkehr zum Anfang der Predigt durch Anspielung auf Joel 3,5b; zugleich Andeutung künftiger Ausweitung des Heilsangebots (39).

5. Zusammenfassende Schlußbemerkung des Autors (40): Das Zeugnis des Petrus und sein Aufruf, sich retten zu lassen, waren reichhaltiger, als der mitgeteilte Auszug mit Grundelementen erkennen läßt.

6. Summarischer Bericht über den Missionserfolg (41): Ungefähr 3000 Jerusalemer Juden lassen sich taufen.

Traditionshintergrund der vom Autor gestalteten Predigt dürfte die Nachricht sein, daß Simon Petrus und andere Apostel in Jerusalem am jüdischen Wallfahrtsfest Pfingsten des Todesjahres Jesu (wahrscheinlich 30 n.Chr.) erstmals mit der Christusverkündigung öffentlich hervorgetreten sind. Die Aussage, daß Gott den nach seinem Ratschluß ans Holz gehängten Jesus nach dem prophetischen Zeugnis der Schrift auferweckt und so in sein himmlisches Herrscheramt eingesetzt hat (2, 22–24; 3,13–15.26; 4,10; 5,30–31; 10,39–41; 13,28–30.37), ist eine Ur- und Fundamentalaussage christlicher Verkündigung. Sie hat außerhalb der Apostelgeschichte ihren Ausdruck in vielen in ihrem jetzigen Kontext jeweils unterschiedlich akzentuierten Glaubenssätzen gefunden, die zumeist die Heilsamkeit des Geschehens betonen und denen in der Forschung großenteils ein sehr hohes Alter zugesprochen wird (vgl. z.B. Röm 4,24–25; 6,10; 8,11.34; 10,9; 14,9; 1Kor 15,3b–5(6–8); 2Kor 5,15; 13,4; Gal 1,1b; 1Thess 4,14).

14a: *Einleitung*: Die Predigt wird feierlich eingeleitet. Das zeigt ihre Bedeutung an:»Petrus aber trat auf mit den Elfen, erhob seine Stimmme und sprach zu ihnen ...« (14a). »Er erhob seine Stimme« ist Bibelstil (z.B. Ri 2,4; 9,7; Rut 1,9.14). Die Zeugenschar tritt erstmals geschlossen vor die Öffentlichkeit. Petrus fungiert als Sprecher. Was er zu sagen hat, spricht er in der Kraft des Heiligen Geistes und in aller Namen. Seine ersten öffentlichen Ausführungen haben für die Verkündigung grundlegende Bedeutung.

14b–21: *Erster Teil: Anknüpfung an die Situation und Entfaltung von Joel 3,1–5a*

14b.c: Die Predigt wendet sich an die in den V. 5 und 6 bezeichnete Menge. Sie beginnt mit einer doppelten Anrede im *parallelis-mus membrorum*: »Jüdische Männer und ihr Einwohner Jerusalems insgesamt!« (14b). Die voranstehende Anrede der Juden berück-sichtigt, daß sich unter den Zuhörern auch Nicht-Jerusalemer be-finden. Die Anrede der Einwohner Jerusalems insgesamt bezieht anwesende Diasporajuden mit ein. Der doppelten Anrede korre-spondiert ein doppeltes Werben um Aufmerksamkeit (14c). Die Wendung: »Dies sei euch kundgetan« (14cα) ist Bibelstil (z.B. Ez 36,32; Weish 16,28); sie weist auf das Gewicht der folgenden Aus-führungen hin; der Appell: »Achtet auf meine Worte!« (14cβ) ist wörtlich aus Hiob 32,11 LXX gegriffen; er fordert gesammeltes Gehör.

15–16: Die Predigt beginnt wie auch viele weitere Reden der Apostelgeschichte mit einer Anknüpfung an die Situation (3,6.12. 16; 4,9; 10,34–35; 14,15; 17,22–23). Die Anknüpfung erfolgt zu-nächst negativ (15) und dann positiv (16). Im negativen Teil (15) weist Petrus die Unterstellung, die vom Gottesgeist ergriffenen und begeistert redenden Jesusjünger seien betrunken, mit dem Argu-ment zurück, daß es erst die dritte Tagesstunde ist, also gegen 9 Uhr morgens, damit aber noch eine Stunde vor der ersten Mahl-zeit, die man um etwa 10 Uhr einnahm[184]. Der positive Teil der Anknüpfung (16) nimmt Bezug auf die offene Frage: »Was soll das bedeuten?« (12) und deutet das Pfingstereignis als Erfüllung dessen, was Gott durch den Propheten Joel angekündigt hat. Geist-erfülltes Reden zeigt sich vor Hörern, bei denen Kenntnis und Ge-brauch der Bibel vorausgesetzt werden kann, in einer situationsan-gemessenen Anwendung und Auslegung der Schrift, die Lukas wesentlich als Prophetie versteht.[185] Ähnlich wie Jesus seine An-trittspredigt in Nazaret (Lk 4,16–30) mit einem richtungweisen-den Prophetenwort (Jes 61,1–2a) begonnen (Lk 4,18–19) und dann gesagt hatte: »Heute ist diese Schrift vor euren Ohren erfüllt« (Lk 4,21), setzt die erste öffentliche Apostelpredigt mit einem pro-phetischen Zeugnis ein, durch welches das allen gegenwärtige Ge-schehen als Realisation eines von Gott in der Schrift gegebenen Versprechens gedeutet wird.[186] »Was durch den Propheten Joel gesagt ist,« wird in der Auslegung des Petrus zum programmati-schen prophetischen Zeugnis für den weiteren Gang der Apostel geschichte.[187]

---

184 Vgl. Bill. II, 615.
185 Vgl. *J. Jervell*, Mitte, 81.
186 Vgl. *G. Stählin*, Apostelgeschichte, 39.41; *T. Holtz*, Untersuchungen, 5–14; *M. Rese*, Motive, 46–55; *G. Voss*, Christologie, 136f.
187 Vgl. *W.H. Shepherd Jr.*, Function, 163f.

17–21a: *Entfaltung von Joel 3,1–5a*

Mit der Verheißung in Joel 3,1ff. geht ein Mose zugeschriebener Wunsch in Erfüllung:»Bestände doch das ganze Volk des Herrn aus Propheten, weil der Herr
seinen Geist auf sie kommen ließe!« (Num 11,24). Lukas läßt Petrus aus der Septuaginta (LXX) zitieren. Er hat seinen Leser im Blick, dessen Heilige Schrift die
griech. Ausgabe des AT ist. An der Joel-Stelle geht es um Prophetie aus dem 4.
Jh..v.Chr. Ihre Zielrichtung ist Jer 31,34 und Ez 36,26–27 verwandt.[188] Jer 31,34
verheißt den Gliedern des Gottesvolkes eine unmittelbare, nicht auf gegenseitige
Belehrung angewiesene Gotteserkenntnis und damit ein direktes Vertrautsein mit
seiner Offenbarung, das sich in einer Gott wohlgefälligen Lebensführung manifestiert. Ez 36,26–27 verheißt ähnlich wie Jer 31,31–34 die Gabe eines neuen Herzens und Geistes und besonders auch die Eingabe des Gottesgeistes ins Men-
schenherz. Der Gottesspruch in Joel 3,1–5 enthält in den V. 1–2 eine unbedingte
göttliche Heilszusage, in den V. 3–4 eine göttliche Zeichenankündigung und in
V. 5 eine als Prophetenwort formulierte bedingte Heilszusage. Die unbedingte
göttliche Heilszusage in Joel 3,1–2 stellt als Eröffnung der Endzeit eine Geistausgießung über jedermann im Gottesvolk in Aussicht. Hinter der Metapher von
der »Ausgießung« des Geistes steht das Bild vom Herabströmen des belebend
wirkenden Regens (Joel 2,23–24). Die Ausgießung des Geistes macht alle Glieder
des Volkes zu Propheten, die durch Offenbarungen (Träume und Visionen) in Gottes Willen eingeweiht sind. Die Zeichenansage in Joel 3,3–4 kündigt große
Kriege, gewaltige Naturkatastrophen und außerordentliche kosmische Zeichen
an, die dem »Tag des HERRN«, dem göttlichen Gerichtstag über die Welt, gleichsam als Boten seiner Nähe vorausgehen. Joel 3,5 verheißt denen, die den HERRN
in Jerusalem auf dem Zion bekennen und verehren, Rettung vor dem über die Welt
ergehenden Vernichtungsgericht. – Zur Deutung der geisterfüllten Rede an Hand
der Schrift hätte das Zitat von Joel 3,1–2 in den V. 17 und 18 eigentlich genügt.
Das gegenüber dem LXX-Text erheblich modifizierte Zitat von Joel 3,3–4 in den
V. 19 und 20 ist weithin Weissagung noch ausstehender Zeichen.[189]

17a: Petrus verwendet den Joeltext zur Deutung des Pfingstgeschehens als Gottesereignis. Zu Anfang des Zitats von Joel 3,1
LXX hat Lukas »danach« durch »in den letzten Tagen« ersetzt und
die Botenformel »spricht Gott« hinzugefügt. Mit der Geistspendung ist eine Verheißung Gottes für die Endzeit in Erfüllung gegangen. Lukas versteht Pfingsten als herausragenden Augenblick
in der sich über einen längeren Zeitraum ausdehnenden Endzeit,
die dem »großen und glänzenden Tag des Herrn« (20) voraufgeht.
Die letzte Zeitspanne hat mit Gottes Offenbarung in der Person
und Geschichte Jesu begonnen. Ihr faktisches Ende ist unabsehbar
und unberechenbar (1,7; 2Tim 3,1; Jak 5,3; 2Petr 3,3). Die Ausgießung des Gottesgeistes erfolgt über »alles Fleisch« (Lk 3,6). Der
Geist ist nun nicht mehr nur Ausstattung einzelner privilegierter
Gottesmänner und Propheten. »Alles Fleisch« ist im Sinn des lukanischen Universalismus nicht nur wie in Joel 3,1 jedermann in

188   Vgl. *H.W. Wolff*, Dodekapropheton 2, 43–63.
189   Vgl. *K. Berger*, Prodigien, 1436ff.

Israel, »Söhne und Töchter«, Junge und Alte – im AT-Text stehen anders als bei Lukas die Alten vor den Jungen –, Gottes Dienstpersonal männlichen und weiblichen Geschlechts (17b–18), sondern grundsätzlich die gesamte Menschheit, »jeder, der den Namen des Herrn anrufen wird« (21). Allerdings ist Tag und Stunde der Geistspendung an fromme Heiden einstweilen noch nicht gekommen (vgl. 10,1 – 11,18, besonders 10,34–48). Lukas signalisiert aber durch das Joel-Zitat die Richtung zur Völkermission, die in seinem Werk eingeschlagen wird.

17b–18: Die Ausgießung des Gottesgeistes wirkt sich darin aus, daß die Glieder der Gemeinde Jesu, allesamt Söhne und Töchter des Gottesvolkes Israel, prophetisch reden (17b; Joel 3,1b). Petrus deutet das pfingstliche Sprachereignis als Befähigung zu prophetischer Rede. Das betont er in 18b durch den Einschub in das Prophetenzitat: »und sie werden prophetisch reden«. Die bei Joel angesagten »Gesichte« und »Traumgesichte« (17c.d) zählen zur prophetischen Begabung. Daß die Wirkung des Geistempfangs emphatisch prophetisches Reden ist, berichtet Lukas auch 19,6 und 21,9 (vgl. 1Kor 13,3; 14,5). An Stephanus (7,55–56), Hananias (9, 19–16), Cornelius (10,3–6), Petrus (10,10–16; 12,6–10) und am meisten an Paulus (9,3–6; 22,6–8; 26,13–18; 16,8–10; 18,9–10; 23,11; 27,23–24) zeigt er, daß die Geistspendung zu Visionen und Nachtgesichten führt.

19–20: Die in 19 genannten »Wunder am Himmel droben« und »Zeichen drunten auf der Erde« sieht Lukas wohl schon durch das »Brausen vom Himmel« her« (2) und in den »Zungen wie von Feuer« (3) als erfüllt an. Zudem wird er Wundertaten durch Christuszeugen berichten. Auch sie gelten als prophetisch angekündigt, damit von Gott vorgesehen und vom Heiligen Geist bewirkt.[190] Das gilt ebenfalls für den Glauben der Menschen, die sich auf die Verkündigung der Apostel hin bekehren, und für das rasche Wachstum der Gemeinde Jesu. Dieses alles zählt zu den Zeichen auf Erden.[191] Die dem Tag des Herrn unmittelbar vorausgehenden kosmischen Zeichen stehen noch aus (20; Lk 21,25–28).

21: Es gilt, auf das Kommen dieses Tages vorbereitet zu sein, der im hebr. Text »groß und schrecklich,« im griech. LXX-Text aber »groß und glänzend« oder »herrlich« genannt wird. Worauf es ankommt, sagt V. 21 mit Joel 3,5a LXX: »Jeder, der den Namen des Herrn anruft, wird gerettet.« Mit dem »Namen des Herrn« ist hier anders als bei Joel die Offenbarungsgestalt Gottes in der Per-

---

190 Joel 3,3 LXX spricht wie der hebräische Text nur von »Zeichen«. Lukas ergänzt »Wunder«.
191 Vgl. *W. Weiß*, Zeichen, 78.

son und Geschichte Jesu gemeint. Die Wendung »die den Namen
des Herrn anrufen«, ist in der Apostelgeschichte und bei Paulus
Bezeichnung der Jünger Jesu Christi, des Herrn (9,14.21; 22,16;
Röm 10,9–13; 1Kor 1,2). Wenn Petrus hier das lange Joel-Zitat
mit der Zeile:»Jeder, der den Namen des Herrn anruft, wird gerettet«, beendet, so geschieht das nicht von ungefähr. Denn die Grundbedingung für die künftige Rettung ist die jetzt erforderliche Umkehr und Taufe auf den Namen Jesu Christi zur Vergebung der
Sünden (38). Doch bevor der Aufruf zu solcher Umkehr und
Taufe ergehen kann, muß noch dargelegt werden, daß und inwie-
fern Jesus der Herr ist. Dies geschieht im folgenden zweiten Teil
der Predigt.

22–36: *Zweiter Teil: Das Zeugnis von Jesus Christus anhand der
Schrift*
22a: Mit einer erneuten Anrede der Hörer »Israelitische Männer!« (3,12; 5,35; 13,16; 21,28) zeigt der Prediger an, daß das Zitat
zu Ende ist und ein neuer Abschnitt beginnt. Mit der Anrede als
Israeliten spricht Petrus die Zuhörer auf ihre Zugehörigkeit zum
Gottesvolk an und damit auf ihre Berufung als Adressaten der
göttlichen Verheißungen in der Schrift. Der erneute Appell zum
Hören macht auf das Gewicht der folgenden zentralen Ausführungen aufmerksam, an deren Spitze gewiß nicht zufällig der Name
Jesu steht.[192] Geisterfülltes Reden bekundet sich in der Bezeugung
Jesu Christi anhand der Schrift.
22b.c.d: Jesus wird als »der Nazoräer« bezeichnet (22b; 3,6; 4,10;
6,14; 22,8; 26,9) Die Benennung ist für Lukas (wie auch für Matthäus) synonym mit »Nazarener« (Mk 1,24 // Lk 4,34; Lk 24,19;
Mt 2,23; 26,71 // Mk 14,67). Sie spielt auf die Herkunft aus Nazaret
an, das im griechischen Text von Lk 4,16 »Nazara« genannt wird.[193]
Von Jesus heißt es zunächst, daß er bei den Israeliten »durch Krafttaten« (δυνάμεις, Lk 10,13; 19,37) »und Wunder und Zeichen beglaubigt ist« (22b). Die dreifache Benennung der Taten Jesu zeigt
deren göttliche Fülle an. Durch zahlreiche Wundertaten hat Gott
den Mann Jesus öffentlich als endzeitlichen Propheten und Christus ausgewiesen. Jesu Wunder sind Offenbarungen der Kraft Gottes in und durch Jesus unter den Israeliten (22c).[194] Die Zuhörer
wissen das (22d). Jesu Taten sind »ja nicht im Winkel geschehen«

192   »Christian preching begins with the name of Jesus« (*C.K. Barrett*, Acts
I, 140).
193   Vgl. *H. H. Schaeder*, Art. Ναζαρηνός, Ναζωραῖος, 884.
194   Vgl. *C.K. Barrett*, Acts I, 141; *G. Stählin*, Apostelgeschichte, 45; *W.
Weiß*, Zeichen, 79.

(26,26). Die Öffentlichkeit des Wirkens Jesu hat Lukas im Evangelium kräftig herausgearbeitet (vgl. z.B. Lk 4,42; 5,17; 6,17–19; 7, 16–17; 8,37).

23: Von Jesu Taten wird im Zusammenhang mit seiner Passion gesprochen. Obgleich er durch die Fülle seiner Wunder als Träger der Kraft Gottes ausgewiesen war, haben die Jerusalemer ihn umbringen lassen (Lk 22,2). Ihnen soll mit der Erwähnung der »Krafttaten, Wunder und Zeichen« das Ausmaß ihrer Schuld an Jesu Tod zu Bewußtsein gebracht werden. Sie werden angeklagt, sich bei der Tötung Jesu der »Gesetzlosen«, d.h. der heidnischen Römer, als Handlanger bedient zu haben (23b; Lk 23,13–25). Der Römer Pilatus, der in der Lukaspassion dreimal feststellte, keine Schuld an Jesus zu finden (Lk 23,4.14.22), soll damit nicht entlastet werden (Apg 4,27–28). Doch die Jerusalemer waren unbeschadet ihrer Verantwortungslast für die Tötung Jesu, die in den Reden der Apostelgeschichte an Juden (und ihnen verbundene ›Gottesfürchtige‹) stets herausgestellt wird (3,14–15; 4,10; 5,30; 7,52; 10,39; 13,27–29), selbst ausführende Organe einer höheren Absicht: Jesus wurde »nach Gottes bestimmtem Willen und Ratschluß dahingegeben« (23a). Gott hat sich des schuldhaften Tuns und Verhaltens der Jerusalemer in der Sache Jesu bedient, um sein für die Menschheit heilsames Vorhaben zu realisieren, ihre Befreiung aus dem Bann der Sünde. Bei Lukas wird oft betont, daß sich in Jesu Tod der in der Schrift vorab bekundete göttliche Heilsratschluß erfüllte (3,18; 4,28; Lk 24,26–27.44–47).

24: Der Tötungsaussage wird nun die Auferweckungsbotschaft entgegengestellt (24a). Während Gott in der Preisgabe Jesu an sein Kreuzesgeschick indirekt handelte, agiert er in seiner Befreiung aus der Gewalt des Todes direkt. Die Auferweckung Jesu durch Gott wird mit Ps 18,5 (Ps 17,5 LXX) gedeutet: Gott »löste die Wehen des Todes«. Er brachte Jesu unzerstörbares Leben ans Licht. Während der hebr. Text von Ps 18,5 von »Stricken des Todes« sprach, ist im griech. Text (Ps 17,5 LXX) die Rede von »Wehen«, d.h. von Bedrängnis und Schmerzen des Todes.[195] Gott hat Jesus auferweckt,

---

195 Vgl. *M. Rese*, Motive, 105ff; *G. Voss*, Christologie, 137f. – Polykarp von Smyrna schreibt (vermutlich um 135 n.Chr.) an die Christen in Philippi (PolPhil 1,2), daß Gott unseren Herrn Jesus Christus »auferweckte, nachdem er die Wehen des Hades gelöst hatte« (Schriften des Urchristentums I, 248f [*J.A. Fischer*]). Das erinnert stark an Apg 2,24. Sollte Polykarp die Stelle gekannt haben, wäre dies die älteste Bezeugung der Apostelgeschichte. Es ist allerdings auch nicht auszuschließen, daß Lukas und Polykarp unabhängig voneinander die gleiche Sammlung von AT-Texten benutzt haben. Vgl. *C.K. Barrett*, Acts I, 36.144. *E. Haenchen*, Apostelgeschichte, 21 hat vermutet, Apg 2,24 und PolPhil 1,2 seien »Varianten einer alten kerygmatischen Formel, die liturgisch erweitert ist«.

weil es unmöglich war, daß er, der von Gott in seinem Volk als sein Christus Legitimierte, vom Tod »festgehalten würde« (24b). Der Tod erscheint hier in Analogie zum Gefängniswärter als Macht, die Menschen festhält, sich Jesus gegenüber aber als machtlos erweisen mußte und sich faktisch als ohnmächtig erzeigt hat. Mit dieser Aussage nimmt der Prediger insgeheim schon Bezug auf die Verheißung des folgenden Psalmzitats (25–28) in V. 27.

25–28: Die Überwindung der Todesgewalt durch Gott in der Auferweckung Jesu entsprach dem in der Schrift bekundeten Heilsratschluß Gottes. Das weist der Prediger anhand von Ps 16 (Ps 15, 8–11b LXX) auf (25–28).[196] Der als »Lied Davids« überschriebene Psalm ist das Bittgebet und Vertrauensbekenntnis eines Frommen, der unter Todesdrohung in Lebensangst an der Zuversicht auf JHWH als Lebensberater und Lebensschützer festhält; er bleibt auf dem Weg der Lebensgemeinschaft mit ihm, der zur Lebensfülle führt. In der hier zitierten griech. Fassung ist der Psalm ein Zeugnis frühjüdischer Auferstehungshoffnung. Er konnte als Weissagung Davids im Blick auf Jesus und seine Auferweckung gebraucht werden. So zitiert der Prediger ihn hier (25a). Zunächst bezieht er die Psalmaussagen (Ps 15,8–9 LXX) auf Jesu Erdenleben insgesamt, sein Sterben eingeschlossen: »Ich sah den Herrn allezeit vor mir, denn er ist mir zur Rechten, damit ich nicht wanke. Deshalb freute sich mein Herz und jubelte meine Zunge, und auch mein Fleisch wird auf Hoffnung hin ruhen« (25–26). Jesus hat in seinem Erdenleben Gott immer vor sich gesehen und bis in seine Todesstunde hinein in ungebrochener Gottesgemeinschaft gelebt.

Er hat – wie nicht allein die Geschichte von seiner Bewährung in der Versuchung vor Beginn seines öffentlichen Auftretens zeigt (Lk 4,1–13 // Mt 4,1–11), sondern auch die lukanische Fassung der Erzählung von seinem Gebetskampf am Ölberg am Ende seines Erdenweges (Lk 22,39–46 diff. Mk 14,32–42) – nicht einen Augenblick gewankt. Am Kreuz hat Jesus dem reuigen Schächer, der ihn bat, seiner beim Antritt seiner Herrschaft in himmlischer Hoheit zu gedenken, zugesagt: »Amen, ich sage dir: Heute wirst du mit mir im Paradies sein« (Lk 23,43). Dementsprechend geht er in seiner Sterbestunde in die Sphäre unmittelbarer Gottesnähe ein. Den Kreuzesruf der Gottverlassenheit aus Ps 22,2 (Mk 15,34 // Mt 27, 46) hat Lukas durch die Vertrauensaussage aus Ps 31,6 ersetzt und mit einer letzten Vater-Anrede eingeleitet: Jesus, der Gottessohn, übereignete seinen Lebensgeist zuversichtlich den Händen seines Vaters (Lk 23,46).

So ruhte auch sein »Fleisch« »auf Hoffnung hin« im Grabe. Er war gewiß, daß Gott ihn nicht den Exekutionsgewalten der Todesmacht preisgeben werde, dem Hades als Sammelort der Seelen Verstorbener und der Verwesung als Vernichtung seines Erdenleibes: »Du

196   Vgl. *T. Holtz*, Untersuchungen, 48–51; *M. Rese*, Motive, 55–58.

wirst meine Seele nicht dem Hades überlassen und nicht zugeben, daß dein Heiliger die Verwesung sehe« (27; Ps 15,10 LXX). Anders als 1Petr 3,19–20; 4,6 (vgl. Mt 27,52–53) kennt Lukas keine Hadesfahrt Christi. Jesus ging mit seinem gottergebenen Sterben ins Paradies ein und kraft der Lebensgemeinschaft mit ihm der in seiner Reue umkehrwillige Schächer (Lk 23,43.46). Lukas las auch aus Ps 15,11a LXX:»Du hast mir die Wege des Lebens kundgetan« (28a), daß Gott Jesus den Weg eröffnet hat, der nicht nur ihn selbst zur Auferstehung führte, sondern auf dem er auch für andere zum »Anführer des Lebens« (Apg 3,15) wurde. Aus Ps 15,11b LXX las Lukas die Vollendung des Lebens Jesu beim Vater:»Du wirst mich erfüllen mit Freude an deinem Angesicht« (28b).

29–36: *David als prophetischer Zeuge der Auferstehung Jesu Christi*

Das Ende des Zitats und den Übergang zu einem neuen Redeabschnitt markiert wieder eine Anrede der Hörer, diesmal im Unterschied zu den Anreden in den V. 14 und 22 »Brüder« (29a) als Ausdruck der Verbundenheit in der Gemeinschaft Israels als *familia Dei*. Der bis V. 36 reichende Abschnitt enthält die Argumentation, wie man dazu kommt, den »Psalm Davids« für die Auferweckung Jesu Christi in Anspruch zu nehmen. Die erste Phase der exegetischen Beweisführung reicht bis V. 32.

29: Nach der vertraulichen Anrede »Brüder« leitet der Prediger seine Argumentation mit einer *captatio benevolentiae* ein:»Ich darf von dem Patriarchen David mit Freimut zu euch sprechen« (29a). Die Bezeichnung Davids mit Ehrentitel »Patriarch«, der in der Regel Abraham (Hebr 7,4) und den zwölf Söhnen Jakobs vorbehalten ist (7,8–9), erklärt sich daher, daß David Stammvater der Familie des Messias ist. In diesem Sinn wird er auch 4,24 von der Gemeinde Jesu Christi »unser Vater« genannt (Mk 11,10). Das freimütige Wort des Redners über David bezieht sich auf dessen Tod und Begräbnis (29b). Nach rabbinischer Tradition starb David an einem Pfingstfest[197]. Die Jerusalemer kennen Davids Grabmal (29c), das bis zu seinem Einsturz während des Bar-Kochba-Aufstandes (132–135 n.Chr.) auf dem Südosthügel Jerusalems zu sehen war (Neh 3,15–16). Folglich kann David im zitierten Psalm, wenn er auch in der Ich-Form redet, nicht von sich selbst gesprochen haben.

30–32: David gilt als Prophet (30a) und damit als Medium des Gottesgeistes. Demgemäß redete er vorausschauend. Er sprach eingedenk der ihm von Gott eidlich gegebenen Zusage (30b), er, Gott, werde einen von Davids Nachkommen auf seinen Thron setzen

197   Vgl. Bill. II, 619.

(30c). Hier wird auf die Nathan-Weissagung (2Sam 7,12–13; Ps 89,4–5) in der Fassung von Ps 132,11 (Ps 131,11 LXX) Bezug genommen.[198] Die Stelle bot sich an, weil hier die göttliche Zusage in maximal verbindlicher Form als ein David zugeschworener Eid bezeichnet wird und in ihrem unmittelbaren Kontext der Titel des Gesalbten, der Christustitel (Ps 132,10 = 131,11 LXX), vorkommt. Eingedenk der ihm in Eidesform zuteilgewordenen Verheißung sprach David »voraussschauend von der Auferstehung des Christus, daß er nicht dem Hades überlassen wurde und sein Fleisch die Verwesung nicht sah« (31; vgl. V. 27: Ps 15,10 LXX). Die Erfüllung des Versprechens, das Gott David eidlich gab, erfolgte in der Auferweckung Jesu (32a). Alle Apostel können sie bezeugen (32b; 1,22; 3,15; 5,32; 10,39). Ihr Zeugnis besteht in der Bestätigung der Realität der Auferstehung Jesu, ihrer Erläuterung an Hand der Schrift und der Auslegung als Heilstat Gottes. Jesu Ankündigung: »Ihr werdet meine Zeugen sein in Jerusalem ...« (1,8), geht in Erfüllung.

33:   Jetzt beginnt ein neues Stadium der Argumentation. Der Prediger, der entsprechend Lk 24 und Apg 1 die Auferweckung und die als Entrückung in den Himmel gedeutete Erhöhung als zwei Akte des Gotteshandelns an Jesus unterscheidet, deklariert unter Rückbezug auf Lk 24,49 und Apg 1,4, daß der zur Rechten Gottes erhöhte Jesus, der unumschränkt an der Fülle des Gottesgeistes teilhat, die vom Vater verheißene Gabe des Heiligen Geistes an die Seinen weitergegeben hat. Die Wirkungen der Geistausgießung konnten die Zuhörer sehen und hören (33). Damit lenkt der Prediger zum Ausgangspunkt, dem Pfingstgeschehen, zurück. Das lobpreisende Bekennen und Bezeugen der großen Taten Gottes in allerlei Sprachen durch die Glieder der Gemeinde geht also während der Predigt des von allen Aposteln umgebenen Petrus im Hintergrund weiter.

34–35:   Nun gilt es, die Erhöhung Jesu aus der Schrift aufzuweisen.[199] Das geschieht anhand von Ps 110,1 (Ps 109,1 LXX), der im NT am häufigsten zitierten oder als Anspielung präsenten Psalmstelle (Mk 12,35–37 // Mt 22,41–45 // Lk 20,41–44; Apg 5,31; 7,55–56; Röm 8,34; 1Kor 15,25; Eph 1,20; Kol 3,1; Hebr 1,3.13; 8,1; 10,12–13; 12,2; 1Petr 3,22; Offb 5,1.7). Ps 110,1 dient im Urchristentum als *die* Beweisstelle für die Erhöhung Jesu zu Gott und damit der Einsetzung in seine Herrscherposition. Der David zugeschriebene Ps 110 ist ein Königspsalm. Er sagt aus, daß JHWH den

---

198   Vgl. *T. Holtz*, Untersuchungen, 145–148; *M. Rese*, Motive, 107–110.
199   Vgl. *T. Holtz*, Untersuchungen, 51ff; *M. Rese*, Motive, 58–62.135; *G. Voss*, Christologie, 138f.

König in Jerusalem auf dem Zion als seinen Mitregenten inthro-
nisiert, ihm seine Widersacher unterwirft und ihn zur Teilhabe an
seiner Universalherrschaft bevollmächtigt, ihm auch einen göttlichen Ursprung seiner Existenz zuspricht und ihn für immer und
ewig zum Priesterkönig nach der Art des Melchisedek erklärt (Gen
14,18–20). An unserer Stelle wird nur das herrscherliche Sitzen zur
Rechten Gottes und die Unterwerfung der Feinde beachtet. Ähnlich wie bei der Auslegung von Ps 16 (Ps 15,10 LXX) wird auch
jetzt herausgestellt, daß David selbst nicht »in den Himmel aufgestiegen« ist (34a). Er kann nur einen anderen, seinen »Herrn«, den
Christus, gemeint haben. Diese Argumentation ist nur vom griech.
Text der Psalmstelle aus möglich. Gott gab Jesus den Ehrenplatz
zu seiner Rechten (34b). Die Unterwerfung der Feinde (35), die
Gott Davids Herrn zugesagt hat, dürfte sich auf die Überwindung
derer beziehen, die den von Gott umfassend beglaubigten Jesus
durch Tötung vernichten wollten (22–23).
36: Petrus zieht die *Schlußfolgerung* aus der Argumentation ab
V. 24 und besonders auch aus den V. 34–35. Aus dem Schriftbe-
weis möge »das gesamte Haus Israel«, also alle Israeliten und nicht
nur die Einwohner Jerusalems, mit der durch Schriftzeugnisse fun-
dierten und durch Hören und Sehen des Pfingstgeschehens bestä-
tigten »Gewißheit« erkennen, daß Gott Jesus »zum Herrn (κύριος)
und Christus (χριστός) gemacht hat« (36a). Wie Lk 2,11 werden
Christus- und Herrentitel koordiniert. »Machen« bedeutet hier »in-
thronisieren«. Denn nach Lukas ist Jesus als Gottessohn von Anfang
seines Erdenlebens an Christus und »der Herr« (Lk 1,43; 2,11)
und Träger des Gottesgeistes (Lk 1,35; 2,40–52; 3,22; 4,18–21; 9,
35). Im Pfingstereignis hat sich die Einsetzung Jesu in seine Herrscherposition als wirksam erwiesen. Nach der Bezeugung der Erhöhung Christi kommt der Prediger noch einmal auf den Anfang
seines Christuszeugnisses (22–23) zurück; er hält den Jerusalemern
erneut ihre Schuld am Kreuzestod Jesu vor (36b). So bereitet er
den Appell zur Umkehr vor (38).

37–39: *Dritter Teil: Der Ruf zur Umkehr und zur Taufe*[200]
Lukas läßt die Rede auf ihrem Höhepunkt von den Hörern unter-
brechen. Die Unterbrechung einer Rede an einer dem Autor geeignet erscheinenden Stelle ist ein Stilmittel antiker Geschichtsschreiber.[201] Lukas gebraucht es oft (z.B. 4,1; 10,44; 17,32; 22,22;
26,24). Die Anklage des Predigers traf die Hörer wie ein Stich ins

---

200 Vgl. *W. Radl*, Rettung, 49–53.
201 Z.B. Xenophon, Hellenika VI 5,37: Die Worte des Korinthers Kleiteles rufen bei den Athenern Beifall hervor (Hellenika, 530ff).

Herz (37a). Der Schmerz der Reue über das, was sie verschuldet haben, ergreift sie. Damit zugleich entsteht der Wunsch nach einer neuen Ausrichtung ihres Lebens und Handelns. So wenden sie sich an Petrus und die anderen Apostel mit der Frage nach den Konsequenzen, die sie ziehen sollen. Schon die Hörer des Umkehrpredigers und Täufers Johannes stellten diese Frage (Lk 3,10.12.14). Sie kommt in der Apostelgeschichte mehrmals mit gleicher Sinnrichtung vor: »Was sollen wir tun?« (37b; 16,30; 22,10). Die Erwiderung der Bruderanrede (29) zeigt, daß sie den Aposteln Vertrauen entgegenbringen. Petrus hat sie mit der Predigt im Grunde schon gewonnen. Er antwortet zunächst mit der Umkehrforderung (38a). Sodann nennt er ihnen den neuen Weg, der sich ihnen mit der Lebenswende eröffnet: Sie sollen die Taufe »auf den Namen Jesu Christi«, an sich vollziehen lassen (8,16; 10,48; 19,5).[202] Das ist die Taufe, zu der Jesus vom Täufling als Christus bekannt und sein Name über dem Täufling zur Begründung eines Eigentums- und Herrschaftsverhältnisses genannt wird. Mit dem Namen wird Jesu Geschichte als von Gott gestiftetes Heilsereignis wirksam gegenwärtig gehalten. Der Prediger nennt drittens das Ziel der Taufe, die Sündenvergebung (38b; 3,19; 5,31; 10,43; 13,38; 22,16; 26,18; Lk 24,47). Mit der Taufe ist viertens die Verheißung der »Gabe des Heiligen Geistes« verbunden (38c; 10,45). Sündenvergebung und Geistempfang sind Wirkungen der Taufe. Der Gebrauch der Formeln »auf den Namen Jesu Christi« (8,16; 19,5; 1Kor 1,13) und »in dem Namen Jesu Christi« (10,48) unterstellt die Taufhandlung als ganze dem auferweckten und erhöhten Jesus Christus, der allein das Heil ermöglicht (4,12), übereignet ihm den umkehrwilligen, sich zu diesem Herrn bekennenden Täufling und wirkt bei diesem das Heil, d.h. die Vergebung der Sünden und den Empfang des Gottesgeistes, damit aber die Einfügung in die auf den Namen Jesu hin versammelte Gemeinde der Geretteten und so die Heilserkenntnis, die der vom Heiligen Geist erfüllte Zacharias geweissagt hat (Lk 1,67.77).[203] – Mit der Begründung der Zusage von Vergebung und Geistempfang (39) kommt der Prediger auf den eingangs zitierten Joeltext zurück (21). Die Verheißung gilt den Jerusalemer Zuhörern und ihren Nachkommen, also den künftigen Generationen der Juden, sowie »allen in der Ferne« (39a). Damit sind nicht nur weit weg wohnende Diasporajuden gemeint, sondern auch Angehörige anderer Völker (22,21). Das Heilsangebot ist ethnisch nicht begrenzt. Da die Zeit für die Evangeliumspredigt unter den

---

202   Vgl. *H. Bietenhard*, Art. ὄνομα, 270ff; *H. Frhr. v. Campenhausen*, Taufen, 197–206; *G. Delling*, Zueignung, 42–60.
203   Vgl. *G. Delling*, Zueignung, 83–94.

Heiden aber noch nicht gekommen ist, muß es hier bei einer Andeutung bleiben, daß das Heilsangebot an alle Menschen ergeht.
Diese Ausrichtung kam ja schon im ersten Teil der Predigt zum
Ausdruck im Zitat von Joel 3,1 in 17 (»ich werde von meinem Geist
ausgießen auf alles Fleisch«). Die abschließende Wendung »so viele der Herr, unser Gott, herbeiruft« (39b) ist eine deutliche Anspielung auf Joel 3,5c und zugleich Ausdruck urchristlicher Missions-
erfahrung: Gott entscheidet souverän darüber, wen er herbeiruft.

40–41: *Schlußbemerkung des Autors und Bericht über den Missionserfolg*
Mit der Bemerkung, daß Petrus »auch mit vielen anderen Worten
Zeugnis ablegte« (40a), macht Lukas den Leser darauf aufmerksam, daß die berichtete Predigt nur das enthält, was er hier mitteilen wollte. Der abschließende Hinweis, daß der Redner noch mehr
gesagt habe, ist ein Stilmittel antiker Autoren.[204] Die Schlußbemerkung weist aber auch darauf hin, daß die missionarische Rede dem
Bezeugen Jesu Christi dient. Im Zusammenhang damit appelliert
der Redner abschließend an die Hörer: »Laßt euch aus diesem verkehrten Geschlecht retten!« (40b). Petrus bittet die Zuhörer be-
schwörend und mahnt (παρακαλέω), das Heilsangebot Gottes wahr-
und anzunehmen. Wer es akzeptiert und sich bekehrt, findet Rettung aus »diesem verkehrten Geschlecht« (Dtn 32,5; Ps 78, bzw.
77,8 LXX; Phil 2,15), d.h. aus dem großen Haufen derer, die bei
ihrer Verkennung und Ablehnung Jesu bleiben. – Die Pfingstpredigt hat erstaunlichen Erfolg (41). Zahlreiche Hörer nehmen die
Christusbotschaft an, lassen sich taufen und damit in das erneuerte
Gottesvolk einfügen (41a). Da ist das »Heil« (σωτηρία) den auf
den Namen Jesu Getauften so gegenwärtig, wie es dem Zachäus
mit der Einkehr Jesu in sein Haus war (Lk 19,9). Lukas betont die
Heilsgegenwart (vgl. 2,47; 11,14; 13,26.46–47; 16,31; 28,28).[205]
Das Heil schließt aber auch den Ausblick der jetzt Geretteten auf
ihre Erlösung am letzten Ende ein (Lk 21,25–28).[206] Die Gemeinde von ca. 120 Gliedern (1,15) wächst am Pfingsttag um das Fünf-
undzwanzigfache: Ungefähr 3000 Seelen kommen hinzu (41b).
Ob die Zahl im Blick auf eine geschätzte Einwohnerschaft Jerusalems von maximal 60.000 bis 70.000 Personen zuzüglich etwa

---

204 Vgl. z.B. Xenophon, Hellenika II 4,42: »Nach solchen und ähnlichen
Worten und mit der Warnung, es dürfe keinerlei Unruhen geben, sondern jedermann solle nach den altüberlieferten Gesetzen leben, löste er [der Versammlungs-
leiter Thrasybulos; W.E.] die Volksversammlung auf« (Hellenika, 248f).
205 Vgl. *R. Maddox*, Purpose, 116f.
206 Vgl. *C.K. Barrett*, Acts I, 156f; *W. Foerster*, Art. σώζω κτλ., 997f; *W.
Radl*, Rettung, 57f.

125.000 Pilgern an einem Hauptfest realistisch ist, läßt sich schwer sagen. Sie mag dem Lukas überliefert worden sein.[207] Sicher weist sie auf den reichen Segen hin, der auf der Verkündigung der Apostel ruhte. Er drückt sich auch in Massenbekehrungen aus (2,47; 4,4; 5,14; 6,7; 9,35.42; 11,21; 14,1; 17,12; 18,18). Vielleicht hat Lukas daran gedacht, daß sich zahlreiche Wallfahrer während der Tage ihres Jerusalem-Aufenthalts zu den Jesus-Jüngern hielten.[208] Die Umkehrpredigt verlangte von den Hörern ja keinen Religionswechsel. Im übrigen schätzt der Erzähler die Drei als runde, Vollständigkeit symbolisierende Zahl (z.b. Lk 10,30–36; 20,12; 23,22; Apg 10,16; 11,10). Aus den Bekehrten, die zu den Griechisch sprechenden Diasporajuden gehören, entwickelt sich die Gruppe der »Hellenisten«, die der Autor in 6,1–7 erstmals erwähnen wird.

Das innere Leben der Gemeinde und ihre Außenwirkung
2,42–47

[42]Sie hielten aber beharrlich fest an der Lehre der Apostel und an der Gemeinschaft, dem Brotbrechen und den Gebeten. [43]Es überkam aber jedermann Furcht: Viele Wunder und Zeichen geschahen durch die Apostel. [44]Alle Gläubigen aber waren beisammen und hatten alles gemeinsam. [45]Und sie verkauften die Güter und anderen Besitz und verteilten sie an alle, wie jemand es nötig hatte. [46]Täglich verharrten sie einmütig im Tempel, brachen in ihren Häusern das Brot und nahmen Speise zu sich mit Jubel und Herzenslauterkeit, [47]lobten Gott und standen beim ganzen Volk in Gunst. Der Herr aber fügte zu ihrer Gemeinschaft täglich solche hinzu, die gerettet wurden.

Dieses ist der erste summarische Bericht über das Leben der Jerusalemer Urgemeinde. Weitere folgen in 4,32–35 und 5,12–16. Diese Sammelberichte fassen konkrete Aussagen ihres Kontextes zusammen und verallgemeinern sie. Hier geht es um eine Beschreibung der Verfassung, in der sich die durch den berichteten Missionserfolg (2,41) wesentlich vergrößerte Gemeinde befindet: Der Heilige Geist sammelt und gestaltet eine in jeder Hinsicht vorbildliche Gemeinde.
In den Zustandsberichten bedient sich der Autor des Summariums, um durch eine typisierende und auf einen von den Lesern anzustrebenden Idealzustand zielende Darstellung den Zeitraum zwischen den einzelnen erzählten Ereignissen auszufüllen. Vor den Erzählungen vom Wirken der Apostel und der sich daraus entwickelnden Konfliktsituation (3,1 – 4,22) zeigt Lukas durch seine Gestaltung einer Über-

---

207 Vgl. *W. Reinhardt*, Jerusalem Population, 255–263. *M. Hengel*, Jerusalem, 147 schätzt die Einwohnerschaft der Stadt einschließlich der näheren Umgebung (10–15 Kilometer) auf ca. 100000.
208 Vgl. *W. Reinhardt*, Jerusalem Population, 264.

lieferung über das Leben in der Urgemeinde dem Leser, wie eine mustergültige
Gemeinde lebt.

Feingliederung

1. Beschreibung des inneren Gemeindezustandes in vierfacher Hinsicht: Kontinu-
ierliches Beharren bei der Lehre der Apostel und der Gemeinschaft, die näher gekennzeichnet wird als »Brotbrechen« und Gemeindegebet (42). 2. Beschreibung
der Wirkung nach außen: Die sich in den Wunderzeichen der Apostel manifestie-
rende Gottesmacht. 3. Konkretisierende Deutung der in V. 42 angesprochenen
Gemeinschaft: Uneingeschränkte Gütergemeinschaft. 4. Konkretisierende Deutung des in V. 42 angesprochenen gottesdienstlichen Lebens sowie Beschreibung der Wirkung des beispielhaften Gemeindelebens nach außen: Einmütiges
Verharren im Tempel und häusliche Mahlfeiern unter Gotteslob in ihrer werben-
den Kraft. (46–47a). 5. Bericht über das Wachstum der Gemeinde (47b).

42: *Beschreibung des inneren Gemeindezustandes in vierfacher
Hinsicht*[209]

Lukas beschreibt das Leben der Jerusalemer Gemeinde und besonders ihrer durch die Predigt Petri ausgelösten Umkehrbewegung
gewonnenen Glieder zunächst durch zwei mehr allgemeine Verhal-
tensweisen, die er dann durch zwei weitere zum gottesdienstlichen
Leben konkretisiert. Es handelt sich um vier bleibend gültige Merkmale einer christlichen Gemeinde (*notae ecclesiae*), um Eckpfeiler
der kirchlichen Lebensordnung:

1. *Festhalten an der Lehre der Apostel:* Die für die Kirche zu allen Zeiten grundlegende, richtungweisende und maßgebende apostolische Tradition steht an erster Stelle. Die »Lehre der Apostel«
(διδαχὴ τῶν ἀποστόλων) bezieht sich auf die nach außen gerichtete missionarische Verkündigung und auf die vertiefende Gemeindekatechese. Die Apostellehre, die in der Gemeindeunterweisung
den Platz einnimmt, den in der Synagoge die Tora mit den sich an
sie anschließenden Rechtssitten und erbaulichen Erzähltraditionen
(Halacha und Haggada) hat, umfaßt alles, was Lukas in seinem Gesamtwerk und vor allem im ersten Band vom Heil Gottes erzählt,
von dem Heil, das mit dem Manne Jesus in Erfüllung längst ergangener Zusagen in der Heiligen Schrift erschienen ist. Nach Lk 1,
1–4 geht es darum, den Leser des Gesamtwerkes auf die Solidität
der Lehre aufmerksam zu machen, in der er unterrichtet worden
ist. Hält die Kirche an der Lehre der Apostel fest, so bleibt sie mit
Jesus und dem von ihm her als Prophetie gelesenen AT in Verbindung. In den folgenden Kapiteln steht das nach außen gerichtete
missionarische Zeugnis im Vordergrund (3,12–26; 4,8–12.19–20;
5,29–32). Von der innerkirchlichen Lehrtätigkeit der Apostel, d.h.
der kontinuierlich vertiefenden Unterrichtung der Hausgemeinden,

209 Vgl. *J. Roloff*, Kirche, 72ff.

ist nur summarisch die Rede (5,42). Den Gegenstand dieser Unterweisung hat Lukas so, wie er ihm zu seiner Zeit zugänglich war, im Evangelium entfaltet.

2. *Festhalten an der Gemeinschaft* (κοινωνία): Die Christen der Anfangszeit beharren in Beziehungen gegenseitiger Anerkennung durch wechselseitiges Anteilhaben und Anteilgeben zwischen dem Ganzen und jedem seiner Glieder. Sie sind verbunden in der überindividuellen Persönlichkeit und Körperschaft einer Gottesfamilie. Die Gemeinde existiert als personale Liebesgemeinschaft. Das zeigt sich gesinnungsmäßig in ihrer Einmütigkeit und praktisch im gemeinschaftsorientierten Sozialverhalten. Die Gemeinschaft erstreckt sich auch auf das Hab und Gut: Arme partizipieren je nach ihrer Bedürftigkeit am Besitz der Vermögenden (44–45; 4,34–35). Zu den Grundmerkmalen der an der Gemeinschaft festhaltenden Kirche gehört das Teilen und Mitteilen (z.B. 11,27–30; 24,17). Daß es diesbezüglich auch Konfliktstoff gibt, zeigen 5,1–11 und 6,1–7.

3. *Festhalten am »Brotbrechen«*: Die Gemeinschaft manifestiert sich wesentlich im Mahl, das für die Entwicklung des Gemeindebewußtseins hervorragende Bedeutung gewonnen hat. »Brotbrechen« (κλάσις τοῦ ἄρτου) bezeichnet das Mahl des Herrn, das mit einem Sättigungsmahl verbunden ist (46). Hintergrund des Ausdrucks ist ein jüdischer Mahleröffnungsritus: Zu Anfang eines Fest- oder Gastmahls, das man auf Polstern liegend einnahm, richtete der Hausherr sich auf, nahm ein Fladenbrot und sprach darüber einen Lobpreis, z.B.: »Gepriesen seist du, HERR, unser Gott, der Brot aus der Erde hervorgehen läßt!« (Berakh 6,2)[210]. Dazu sprachen die Tischgenossen ihr bekräftigendes »Amen«. Der Hausherr brach dann vom gesegneten Brot für jeden Mahlteilnehmer ein Stück ab und reichte es an seine Gäste weiter. So übermittelte er ihnen den Segen über dem Brot; zum Schluß brach er auch ein Stück für sich, aß es und gab damit das Zeichen zum Beginn des Mahles. – In den Jesus zugeschriebenen Speisungswundern hängt am Ritus des Brotbrechens die Vorstellung unerschöpflicher Brotfülle (z.B. Mk 6,41 // Lk 9,16). In der Urchristenheit wurde die Bezeichnung des Eröffnungsritus zum Terminus für das Mahl des Herrn. Die Kelchhandlung faßte man mit unter die Bezeichnung für die Brothandlung. Der Ausdruck dient in der Apostelgeschichte auch zur Bezeichnung des Sonntagsgottesdienstes insgesamt (20,7–12). Er bezeichnet ihn von seinem Höhepunkt her, dem Mahl des Herrn. Nach der nur bei Lukas überlieferten Ostererzählung von den Emmausjüngern (24,13–35) gilt die beim »Brotbrechen« erkannte Präsenz des Herrn als Zeichen seiner Auferstehung. Die beiden Jünger, die

---

210   Bill. IV/2, 622f.

am Ostertag die Stadt Jerusalem verlassen, in der Jesus am Kreuz
gestorben und mit ihm ihre Hoffnung auf die »Erlösung Israels«
ins Grab gesunken ist, kommen nicht von ihm los. Er geht ihnen
nach, ist zwischen ihnen und erschließt ihnen ihre Bibel für die
Unumgänglichkeit seines Leidens: »Mußte der Christus dies nicht
erleiden und in seine Herrlichkeit eingehen?« (Lk 24,26). Der mit
dem AT vertraute Leser denkt bei diesem Leidensweg und Herrlich-
keitsziel vor allem an die Tradition vom leidenden Gerechten und
vom Gottesknecht[211]. Sie hat den Jüngern geholfen, Jesu Passion
zu fassen und die Nachfolge auf seinem Leidensweg zu akzeptieren. Die Erschließung des aus der Schrift erkennbaren Gotteswillens
läßt »die Herzen brennen«, wie die beiden später gestehen (Lk 24,
32). Die Emmausjünger bitten den Auferstandenen, der nach der
Weise des bei Juden, Griechen und Römern bekannten Motivs vom
wandernden Gott[212] unter der Gestalt eines unbekannten Wanderers
mit ihnen geht, über Nacht bei ihnen zu bleiben: »Bleibe bei uns;
denn es will Abend werden, und der Tag hat sich geneigt« (Lk 24,
29). Er läßt sich erbitten, kehrt bei ihnen ein, nimmt an ihrem Tisch
Platz und amtiert als Hausherr: Er nimmt das Brot, dankt, bricht es
und gibt es ihnen (Lk 24,30). Da gehen den Jüngern die Augen
auf, und sie erkennen ihn (Lk 24,31). Und da sie ihn beim Brotbrechen erkannt haben, brauchen sie den in seine Herrlichkeit ein-
gegangenen Herrn nicht mehr in Wanderergestalt bei sich zu sehen. In dem von Jesus gestifteten Mahl wird die Gemeinschaft mit
ihm realisiert und erkannt. Das ist das Mahl, während dessen Jesus
angesichts seiner Passion Brot nahm, es seinen Jüngern gab und
sprach: »Das ist mein Leib, der für euch gegeben wird. Dies tut zu
meinem Gedächtnis. Ebenso nahm er den Kelch nach dem Mahl
und sprach: ›Dieser Kelch ist der Neue Bund in meinem Blut, das
für euch vergossen wird‹« (Lk 22,19–20). Hält die Kirche am Mahl
des Herrn fest, so bleibt sie beim Opfer Jesu, das den Neuen Bund
konstituiert, und bei der Zuversicht auf die Vollendung des Reiches
Gottes (Lk 22,16.18).

Als Bezeichnung der gesamten frühchristlichen Mahlfeier, die nach einem Sättigungsmahl in der Doppelhandlung über dem Brot und dem Kelch gipfelte, begegnet uns der Ausdruck »Brotbrechen« um 100 n.Chr. noch in der ältesten uns bekannten kirchlichen Lebensordnung, der wohl in Syrien entstandenen sog.
Zwölf-Apostel-Lehre (Did 14,1). Um die gleiche Zeit finden wir den Terminus
auch bei *Ignatius von Antiochien* (IgnEph 20,2). Auf die Dauer hat der Ausdruck
sich aber nicht behaupten können.

211   Vgl. z.B. die Funktion von Jes 53 in Apg 8,26–40, bes. 8,30–35.
212   Vgl. Gen 18,1–16; Homer, Od XVII 485ff (Odyssee, 480ff); Ovid, Metam
VIII 616ff (Metamorphosen, 306f).

4. Festhalten an den Gebeten (προσευχαί):[213] Der einzige Plural
neben den drei zuvor im Singular genannten Konstanten des Christ-
seins weist auf die Regelmäßigkeit in der Gebetspraxis hin (2,46; 3,
1; 12,5.12; 20,36; 21,5 u.ö.). Situationsbezogenes Beten ist dadurch
nicht ausgeschlossen (4,23–31). Das Beten ist als Grundakt der
Gottesverehrung für die Urchristen selbstverständlich. Es gehört
zu den fundamentalen Kennzeichen der Kirche und der Frömmigkeit ihrer Glieder. – a) Jesu Jünger beten zuversichtlich um den
Heiligen Geist (Lk 11,9–13). Sie kommen Gott zu keiner Zeit un-
gelegen. Darauf macht das Gleichnis vom bittenden Freund aufmerksam (Lk 11,5–8): Ein guter Nachbar weist seinen um Mitternacht anklopfenden Freund nicht ab, der ihn zu ungewöhnlicher
Stunde wegen unerwartet eingetroffenen Besuches bittet, ihm mit
einigen Fladenbroten auszuhelfen. – b) Jesu Jünger beten zu jeder
Zeit, und sie beten beharrlich (Lk 6,12; 18,1; 22,44; Apg 12,5).
Darauf weist die Gleichniserzählung von der bittenden Witwe hin
(Lk 18,1–8): Die couragierte Frau läßt sich von einem ungerech-
ten Richter nicht abweisen; sie pocht hartnäckig und endlich mit
Erfolg darauf, daß sie ihr Recht bekommt. – c) Jesu Jünger beten
als Sünder, die auf Gottes Gnade angewiesen sind. Sie identifizieren sich mit dem Zöllner in der Gleichniserzählung vom Pharisäer
und Zöllner (Lk 18,9–14). Der Mann vertraut wie die Beter von
Bußpsalmen darauf, daß der Herr den Menschen mit gebrochenen
Herzen nahe ist; ein zerschlagenes Gemüt heilt er (Ps 34,19; 51,
3.19). – d) Zum regelmäßigen Beten gehören feste Gebetszeiten.
Christliche Tagesgebetszeiten sind bei Lukas die Terz, die Sext
und die Non nach der Bedeutung dieser Stunden für die Tagesein-
teilung. Um die dritte Stunde war die Jesusgemeinde versammelt,
als ihre Glieder mit dem Heiligen Geist erfüllt wurden (15). Zur
sechsten Stunde steigt Petrus in Joppe auf das Dach zum Beten
und hat eine Vision (10,9–16). Um die neunte Stunde begeben
Petrus und Johannes sich in Jerusalem zum Tempel, wo sie an der
»Schönen Pforte« einen lahmen Bettler treffen (3,1–2). Man ordnet den Tag von der Gottesverehrung aus. – Das Gebet dreimal am
Tag kennen wir aus dem AT. Die Trias der Gebetszeiten ist eine
Weise, vor Gott zu bekennen: »Meine Zeit steht in deinen Händen«
(Ps 31,16). Der Psalmbeter spricht: »Abends und morgens und mittags will ich klagen und seufzen, und Er wird meine Stimme hören« (Ps 55,18). Daniel »kniete dreimal täglich nieder, betete und
pries seinen Gott« (Dan 6,11). Die Gebetszeiten der Synagoge folgen den Gottesdienstzeiten des Tempels. Das Morgengebet (*Scha-*

213 *P.Th. O'Brien*, Prayer, 111–127; *W. Ott*, Gebet, 125–131; *G. Schille*,
Grundzüge, 215–228; *S.S. Smalley*, Spirit, Kingdom, 59–71.

charith) findet zwischen Sonnenaufgang und der dritten Stunde statt, das Mincha-Gebet zur Zeit des Speiseopfers (*Mincha*) am frühen Nachmittag, das Abendgebet zur Zeit des Abendopfers (*Arbith*) zwischen der neunten und zwölften Stunde. – e) Auch in der Gebetshaltung folgen die Christen jüdischer Sitte. Bei Lukas finden wir das Gebet im Stehen (Lk 18,11.13), häufiger aber die Demutshaltung des Knieens (Lk 22,41; Apg 7,60; 9,40; 20,36; 21,5). – f) Lukas hat die Kontinuität christlicher Gebetsfrömmigkeit mit der jüdischen schon im Eingangsteil des Evangeliums (Lk 1–2) herausgearbeitet. Die Erzählungen von der Ankündigung und Geburt Jesu und seiner Darstellung im Tempel, die den Geschichten von der Ankündigung, Beschneidung und Namensgebung Johannes des Täufers überbietend zugeordnet sind, gipfeln in Liedern und Lobpreisungen nach Psalmenart: Maria, Jesu Mutter, antwortet mit dem Magnifikat (Lk 1,46–55) auf ihre Segnung durch Elisabeth, die Mutter des Täufers (Lk 1,39–45) und preist Gott, der seine Zusage an Israel einlöst. Der Lobgesang des Zacharias, das Benedictus (Lk 1,67–80), singt vom »herzlichen Erbarmen unseres Gottes, in dem uns der Aufgang aus der Höhe besucht hat, um denen zu erscheinen, die in Finsternis und Todesschatten sitzen, und unsere Füße auf den Weg des Friedens zu richten« (Lk 1, 78–79). Der Lobgesang der Engel in der Geburtsgeschichte Jesu verherrlicht »Gott in der Höhe« und singt den »Frieden auf Erden« den Menschen zu, an denen Gott Wohlgefallen hat (Lk 2,14). Anläßlich der Darstellung Jesu im Tempel nimmt der greise Simeon das Jesuskind auf seine Arme und preist Gott in einem prophetischen Loblied, dem *Nunc dimittis*: »Nun entläßt du, Herr, deinen Knecht / nach deinem Wort in Frieden, / denn meine Augen haben dein Heil geschaut, das du vor allen Völkern bereitet hast / als Licht zur Offenbarung für die Heidenvölker / und als Ruhm für dein Volk Israel« (Lk 2,29–32). Im Loblied des Simeon steckt *in nuce* schon alles, was Lukas im Gesamtwerk an Lehre erzählend entfaltet. Man mag das als Hinweis darauf ansehen, daß die Lehre der Apostel einen liturgischen Kontext hat. Christliche Lehre expliziert, reflektiert und befestigt, was im Gottesdienst bezeugt und gefeiert wird: die Offenbarung des Heiles Gottes in Jesus Christus. – g) Die Urchristenheit orientiert sich am Bild des betenden Jesus. Christliches Beten ist Teilhabe an seinem Leben vor Gott. Lukas schreibt oft vom Beten Jesu (Lk 3,21; 5,16; 6,12; 9,18.28–29; 11, 1; 22,41–46; 23,34.36). Wer Jesus vor Gott ist, zeigt sich an ihm als Beter, dem Gott als Vater ein und alles ist. So wird er für seine Jünger zum Lehrer des Gebets. Mit seiner Weise zu beten spricht er sie an, wenngleich er doch als Beter gerade nicht zu ihnen spricht, sondern da in der ungeteilten Hinwendung zu Gott lebt, wie er denn als Sohn immer nur im Gegenüber zum Vater und mit ihm zusammen existiert. Doch damit, daß er sie als Jünger in seine Nähe rief, zog er sie auch in Gottes väterliche Nähe zu ihm. Ihre Bitte um Gebetsunterricht entzündet sich am Vorbild seines Betens (Lk 11, 1). Er entspricht dieser Bitte so, daß er sie in ein Beten einweist, wie es sich für sie in seiner Gemeinschaft gebührt. Im Gebet des Herrn (Lk 11,2–4) bekommen sie einen normativen Gebetstext. Mit der Vateranrede läßt er die Jünger an seiner Sohnesbeziehung teilhaben. Das im Namen Jesu gemeinsam gesprochene Gebet verbindet die Jünger geschwisterlich vor Gott. Es dient ihnen bei der Entfaltung ihrer Wünsche und Bitten an Gott als Leitfaden. Hält die Kirche am Beten fest, so bleibt sie insbesondere auch bei dem Gebet, das Jesus seine Jünger gelehrt hat.

43: *Beschreibung der Wirkung nach außen*: Der Kennzeichnung des inneren Gemeindezustandes folgt eine Beschreibung der Wirkung nach außen. Furcht ist die numinose Scheu vor der sich im Wirken der Apostel zeigenden Kraft Gottes. Sie bezieht sich auf »viele Wunder und Zeichen« (2,19; 4,30; 5,12), die durch die Apostel geschahen. Auch Jesu Wunder riefen Furcht hervor (z.B. Lk 5, 26). Jesus gab den Zwölfen »Kraft und Vollmacht über alle Dämonen und um Krankheiten zu heilen« (Lk 9,1–2). Er beauftragte die Jünger als seine Boten, Kranke zum Zeichen für das nahe Gottesreich zu heilen (Lk 10,9). Als Boten Jesu bekamen die Jünger Anteil an der sich in Heilungen manifestierenden Gotteskraft. In Apg 3,1–10 wird Lukas mit der Heilung eines lahmen Bettlers am Tempel durch Petrus einen exemplarischen Fall apostolischer Wundertätigkeit erzählen. Der Beschreibung der Wirkung der Apostel auf Außenstehende korrespondiert in V. 47a die Beschreibung der Anziehungskraft der gesamten Gemeinde auf die übrige Jerusalemer Bevölkerung.

44–45: *Konkretisierende Deutung der in V. 42 angesprochenen Gemeinschaft*: Hatte Lukas bei der Beschreibung des inneren Gemeindezustandes vor allem die neu eingetretenen Mitglieder im Blick, so bezieht er sich von nun an auf die ganze Gemeinde. Er kennzeichnet die Einmütigkeit der Gläubigen näher im Blick auf ihre Gütergemeinschaft. Alle Gläubigen betrachten ihren Besitz als Verfügungsmasse für die Wohltätigkeit an bedürftigen Gemeindegliedern. Das führt Lukas in 4,32–35 aus und bringt auch einen exemplarischen Einzelfall (4,36–37).

46–47a: *Konkretisierende Deutung des in V. 42 angesprochenen Lebens und Beschreibung des vorbildlichen Gemeindelebens auf Außenstehende*: Die Gläubigen »verharrten täglich einmütig im Tempel« (46a; vgl. Lk 24,53) zur öffentlichen Lehre der Apostel (42a; 3,12–4,2; 5,12.21.42) und zum Gebet während der üblichen

Gebetszeiten (42d; 3,1; 10,3.9; 16,25). Einmütigkeit gehört zu den
Merkmalen der Freundschaft. Mit ihren öffentlichen Versammlungen im Tempel bekunden die Christen, daß sie sich in der Nachfolge Jesu wissen und sich als das wahre Israel verstehen.
Jesus hat mit seiner Tempelreinigung demonstriert, daß der Tempel ein Bethaus sein soll. Er hat während seines Jerusalemaufenthalts bis zur
Festnahme täglich und mit starkem Anklang bei der Bevölkerung
im Tempel gelehrt (Mk 11,15–18 // Lk 19,45–48). Dort lehrten
auch die Schriftgelehrten (Lk 2,46). Die »Halle Salomos« am Vorhof der Heiden, eine offene Säulenhalle, ist ein passender Ort für
die öffentliche Predigt und Lehre (3,11; 5,12; vgl. Joh 10,23). –
Die Gläubigen kamen aber auch gruppenweise in Privathäusern
zusammen, die für das Gemeindeleben und die Verbreitung der
Christusbotschaft in den ersten Jahrhunderten eine immense Bedeutung hatten. Hausgemeinschaften waren im Altertum in der
Regel auch Kultgemeinschaften. Die Jesusbewegung bestand von
Anfang an nicht nur aus Angehörigen der Unterschicht oder gar
vom Rande der damaligen Gesellschaft. Zur Gemeinde Jesu gehörten auch wohlhabende Hausbesitzer. In Jerusalem versammelte
sich z.b. eine Gruppe, der Simon Petrus nahestand, im Haus der
Maria, der Mutter des Johannes Markus (12,12).»Sie brachen in
ihren Häusern das Brot und nahmen Speise zu sich mit Jubel und
Herzenslauterkeit« (46b; vgl. 42c). Die gemeinsamen Mahlzeiten
sind mit der Feier des Herrenmahls verbunden. Wie häufig diese
Mahlfeiern stattfanden, bleibt offen. Wichtig ist dem Autor, daß
»sie Speise mit Jubel und Herzenslauterkeit zu sich nahmen«. Mit
»Jubel« bedeutet: In der ungeteilten Freude über das von Gott in
und mit Jesus gegebene Heil und damit auch in der Vorfreude auf
die Erfüllung der zugesagten Heilsvollendung im Reich Gottes
(Lk 14,15). Die Mahlfeiern werden in »Herzenslauterkeit« gehalten, d.h. in der Einmütigkeit ihrer Hingabe an Gott, wie sie im gemeinsamen Beten, besonders auch im Lob Gottes (47a), erlangt
und bewährt wird. Das Gotteslob artikuliert sich im Psalmenge-
sang. Lukas hat drei urchristliche Lieder nach Psalmenart in der
Vorgeschichte seines Evangeliums aufbewahrt (Lk 1,46–55.68–
79; 2,29–32; vgl. auch Kol 3,16 // Eph 5,19). – Mit ihrem vorbildlichen Verhalten gewinnen die Gläubigen »Gunst beim ganzen
Volk« (47a).

47b: *Bericht über das weitere Wachstum der Gemeinde*: Das vorbildliche Gemeindeleben der an Jesus Christus Glaubenden entfaltet werbende Kraft. Die beispielhaft lebende Gemeinde braucht
nicht für sich zu werben. Unter dem sich in der Lebensführung ihrer Glieder bekundenden Segen wächst sie unaufhaltsam (47b).
Die Formulierung zeigt, daß der Missionserfolg nicht eigener Lei-

stung zugeschrieben wird: »Der Herr fügte zu ihrer Gemeinschaft täglich solche hinzu, die gerettet wurden.«

Der erste Konflikt in Jerusalem
3,1–4,22

Auftakt des hier berichteten Geschehens ist die ohne Anschluß an das Vorangegangene einsetzende Erzählung von der Heilung eines lahm geborenen Mannes am Tempeltor (3,1–10). Das Heilungswunder bringt die Geschichte voran. Es ist Anlaß zur Predigt des Petrus im Tempel (3,11–26). Durch sie werden die Festnahme der Apostel Petrus und Johannes sowie das Verhör der beiden vor dem Hohen Rat, das auf ein Predigtverbot hinausläuft (4,1–22), in Gang gesetzt. Im Anschluß an die Freilassung der Apostel wird ausdrücklich noch einmal die Größe des Heilungswunders betont (4,22, Inklusion).

Die Heilung eines Gelähmten am Tempeltor
3,1–10

¹Petrus und Johannes gingen zur Gebetsstunde, der neunten, zum Tempel hinauf. ²Und ein Mann, der von Mutterleib an gelähmt war, wurde herbeigetragen. Diesen setzte man täglich an das sogenannte ›Schöne Tor‹ des Tempels, damit er Almosen von den Tempelbesuchern erbitten konnte. ³Als er Petrus und Johannes sah, wie diese eben in den Tempel eintreten wollten, bettelte er um ein Almosen. ⁴Petrus aber blickte ihn mit Johannes fest an und sprach: »Sieh uns an!« ⁵Er aber richtete sein Augenmerk auf sie in der Erwartung, etwas von ihnen zu bekommen. ⁶Petrus aber sprach: »Silber und Gold besitze ich nicht; was ich aber habe, das gebe ich dir: Im Namen Jesu Christi, des Nazoräers, geh umher!« ⁷Und er ergriff ihn bei der rechten Hand und richtete ihn auf. Sogleich wurden seine Füße und die Knöchel fest, ⁸und er sprang auf, stand fest und ging umher und trat mit ihnen in den Tempel ein, ging und sprang und lobte Gott. ⁹Und das ganze Volk sah ihn gehen und Gott loben. ¹⁰Sie erkannten ihn aber als denselben, der wegen Almosen am Schönen Tor des Tempels gesessen hatte, und wurden mit Staunen und Entsetzen erfüllt über das, was ihm widerfahren war.

Feingliederung
Die Erzählung läßt eine für Heilungswundererzählungen charakteristische Struktur und Topik erkennen:
1. Äußere Einleitung, Aufbau der Szenerie (1–2): a) Auftritt des Wundertäters mit seinem Begleiter (1); b) Kommen des Hilfsbedürftigen und seiner Begleiter und c) Beschreibung der Not des Hilfsbedürftigen (2).

2. Innere Exposition (3–5): a) Begegnung des Behinderten mit dem Wundertäter und seinem Begleiter: Bitte um ein Almosen (3); b) Kontakt zwischen dem Wundertäter und dem Behinderten (4); c) aufkommendes Mißverständnis zwischen dem Bittsteller und dem Behinderten (5).

3. Zentrum (6–8): a) Enttäuschung der Erwartung des Bittstellers (6a.b); b) Überbietung seiner Erwartung α) durch das heilende Wort (6c) und β) einen entsprechenden Gestus (7a); c) sofortiges Eintreten der Heilung (7b) und d) Demonstration des Heilerfolges (8).

4. Schluß: Die Wirkung des Heilungswunders auf Außenstehende (9–10): a) Sehen und Hören der erfolgten Heilung durch die Zuschauer (9); b) Identifizierung des Geheilten mit dem lahmen Bettler (10a); c) Staunen und Entsetzen über das Ereignis (10b).

Für Heilungswunder typisch sind folgende Motive: Angaben über die Art und die lange Dauer der Krankheit (2a) sowie über die sich aus der Krankheit ergebende Notlage (2b), die Bitte um Hilfe (3), die szenisch gestaltete Heilungsvorbereitung, nämlich der den Behinderten fixierende Blick des Wundertäters und sein Appell an ihn, aufzuschauen (4), das Mißverständnis des Hilfsbedürftigen (5), ein formelhaftes Heilungswort (6c), die augenblicklich eintretende Heilung (7b), das Staunen und Entsetzen der Zuschauer (10b).

Die wunderbare Heilung eines Lahmen durch die Apostel Petrus und Johannes entspricht der Heilung eines Gelähmten durch Jesus selbst (Mk 2,1–12 // Lk 5,17–26). Eine strukturell und inhaltlich ähnliche Heilungsgeschichte erzählt Lukas auch von Paulus, dem repräsentativen Christuszeugen der nachapostolischen Zeit (14,8–10). Es gibt einige wörtliche Übereinstimmungen. Auf die Stellen wird in der Einzelauslegung hingewiesen. Die Parallelität ist wohl beabsichtigt.[214] Sind Jesu Wundertaten Zeichen der mit ihm präsenten Heilszeit, so sind die von seinen Zeugen gewirkten Wunder Taten »im Namen Jesu« und damit seine Taten, die durch ihre Hände geschehen und das in ihm verkörperte Heil Gottes signalisieren.

Traditionshintergrund: Die Erzählung geht nach vorherrschender Meinung der Exegeten auf mündliche oder schriftliche Petrus-Überlieferung zurück, die wohl auch schon den Ort der Handlung, das »Schöne Tor«, nannte.[215]

1–2: *Äußere Einleitung*: Der Erzähler nennt als Akteure Petrus und Johannes (1). Allerdings bleibt Johannes Statist. Lukas benötigt wegen 3,15 und 4,19 neben Petrus noch einen zweiten Zeugen. Nach einem alten jüdischen Rechtsgrundsatz wird ein Zeugnis durch zwei Zeugen gültig (Mk 6,7; Lk 10,1). Petrus und Johannes treten auch Lk 22,8 und Apg 8,14 gemeinsam auf. Beide stehen in der Apostelliste (1,13) vorn. Sie waren mehr als alle anderen außerhalb Jerusalems bekannt. Lukas wußte, daß sie »Säulen« der Jerusalemer Urgemeinde waren (Gal 2,9). So eignen sie

---

214 Vgl. *G. Schneider*, Apostelgeschichte I, 307ff; *C. Breytenbach*, Paulus, 26ff.
215 Vgl. z.B. die Kommentare von *C.K. Barrett*, I, 175ff; *H. Conzelmann*, 38; *E. Haenchen*, 201f; *J. Jervell*, 161; *G. Lüdemann*, 58f; *J. Roloff*, 68f; *G. Schneider*, I, 297f; *A. Weiser*, I, 107f; *J. Zmijewski*, 167f.

sich als Repräsentanten der zwölf Apostel. Ort der Handlung ist
ein Tempeltor, der Anlaß ein nach 2,46 gewohnheitsmäßiger Gang
zum Tempel um die neunte Stunde, der Zeit des täglichen (*tamid*)
Nachmittagsgebetes und Abendopfers.[216] Die Apostel sind fromme Juden. Sie halten die üblichen Gebetszeiten ein. Lukas versteht
den Tempel wie vor ihm schon Markus wesentlich als Lehr- und
Gebetshaus (Mk 11,15–18 // Lk 19,46–48). – An heiligen Stätten
finden sich Bettler ein, so auch in Jerusalem. Sie können erwarten,
daß Tempelbesucher Geld bei sich haben (Mk 12,41–44 // Lk 21,
1–4) und zu milden Gaben bereit sind. Almosen gelten als Werke der Frömmigkeit (Mt 6,2–4). Der Bettler hier ist »von Mutterleib an gelähmt« (2; 14,8) und darauf angewiesen, daß man ihn
an ein Tempeltor trägt. Es handelt sich um einen nach menschlichem Ermessen aussichtslosen Fall. Der Mann ist heillos. Nach
2Sam 5,8 LXX kommt kein Blinder oder Lahmer ins Haus der
Herrn. Der Lahme kann also nicht am Kult und seinen Segnungen
für die Israeliten teilnehmen. Weiter als bis zum Tempeltor kommt
er nicht. Der Eingang, an dem er bettelt, wird das »Schöne Tor«
genannt. Vermutlich ist an das aus korinthischem Erz gefertigte
Nikanor-Tor gedacht, das Josephus als besonders prächtig geschildert hat.[217] Es ist nicht sicher zu lokalisieren. Die Identifizierung
des Ortes in der christlichen Tradition stammt aus dem 5. Jh. Lukas denkt gewiß an ein Tor, durch das man in die »Halle Salomos«
gelangen konnte. Dieser zweischiffige Säulengang, der nach 5,
12 der regelmäßige Versammlungsort der Gemeinde Jesu war,
lag am Tempelplatz an der Ostseite des äußeren Vorhofs der Heiden. Nach Joh 10,23 lehrte schon Jesus in der »Halle Salomos«.
Säulenhallen waren wichtige Stellen der öffentlichen Kommunikation.

3–5: *Innere Exposition*: Der Gelähmte sieht (3; 14,9), wie die
Apostel gerade den Tempel betreten wollen. Da bettelt er sie an.
Sie reagieren für ihn überraschend. Statt ihm ein Almosen zuzu-
werfen, blicken sie ihn fest an (ἀτενίζω, 4; 14,9). Petrus fordert
ihn auf, sie ihrerseits anzuschauen. Das steigert in ihm die Erwartung, eine große Gabe zu erhalten (5).

6–8: *Zentrum*: Die Antwort des Petrus ist für den Bettler zunächst enttäuschend: Der Apostel verfügt nicht über Gold oder
Silber (6a). So entspricht es der Apostelregel (Mk 6,8 // Lk 9,3).
Der Apostel will geben, was er hat (6b). Der lahme Bettler denkt
jetzt wohl unwillkürlich an einen minderwertigen Ersatz für das

---

216   Vgl. Bill. II, 696–702; vgl. auch *Ph.F. Esler*, Community, 150ff.
217   Vgl. *E. Schürer*, ΘΥΡΑ, 51–68; Bill. II, 622f; *C.J. Hemer*, Book, 223f;
M. Hengel, Der Historiker Lukas, 154–157.

fehlende Geld. Aber was der Apostel zu geben hat, ist mehr als ein Almosen: »Im Namen Jesu Christi, des Nazoräers«, befiehlt Petrus dem Lahmen: »Geh umher!« (6c). Bei oberflächlicher Betrachtung kann man der Meinung sein, der Gebrauch des Namens entspreche magischer Praxis. Lukas korrigiert diesen Eindruck in den V. 12 und 16. Der Heilende ist der erhöhte Christus. Im Namen Jesu ist dessen lebendige Macht präsent und wirksam.[218] Petrus macht hier Gebrauch von der Vollmacht zu heilen, die Jesus den Zwölfen erteilt hat (Lk 9,2). Jesus selbst hat seine Hinwendung zu Hilfsbedürftigen auch nicht durch Geldspenden ausgedrückt, sondern damit, daß er sie leibhaftig aufrichtete (z.B. Lk 7,22; 13,10–17). Dem heilenden Wort korrespondiert eine ihm gemäße Geste: Petrus ergreift den Lahmen bei der rechten Hand (Lk 6,6) und richtet ihn auf (7a). Die Hand dient als Organ der Kraftübertragung. Die Rechte vermittelt Heil (Ps 73,23). Die Aufrichtung befähigt den Mann, aufrecht zu stehen und zu gehen. Der Heilungserfolg tritt augenblicklich ein: Die Festigung der Füße und Knöchel (7b) ist die Voraussetzung dafür, daß der Mann sich auf seine Beine stellen und umhergehen kann. Das zeigt er sofort (8): Er springt auf, steht fest (8a; 14,10), schließt sich den Aposteln an, tritt mit ihnen in den Tempel ein, läuft dort umher (8b; 14,10) und lobt Gott. Im Namen Jesu ist er zum Betreten des Tempels berechtigt und zur Teilnahme am Gottesdienst Israels befähigt worden. Die Weissagung von Jes 35,6a, daß in der Heilszeit »die Lahmen springen werden wie ein Hirsch«, hat sich an ihm erfüllt. So zielt das Wunder auf das Gott lobende Bekenntnis zu dem in Jesus Christus geschenkten Heil. In Kap. 3 und 4 geht es um die Frage der Anerkennung der Lebens- und Heilsmacht des Namens Jesu durch die Repräsentanten Jerusalems. Die Heilungserzählung bildet den Auftakt.

9–10: *Wirkung auf die Zuschauer*: Die im Tempel versammelte Bevölkerung, die den zuvor Lahmen jetzt im Tempel umhergehen sieht und Gott loben hört, repräsentiert »das ganze Volk« (9; 4,10). Die Leute reagieren, wie man es aus Heilungswundergeschichten kennt: Nachdem sie die Identität des Mannes erkannt haben (10a), ergreift sie Staunen und Entsetzen (10b). Die Situation ruft nach einer deutenden und weiterführenden Rede.

---

218 Vgl. *H. Bietenhard*, Art. ὄνομα, 277; *C.K. Barrett*, Acts I, 176f; *A. Weiser*, Apostelgeschichte I, 109f. – Zum Namen Jesu Christi in der Apostelgeschichte vgl. 2,38; 3,16; 4,10.12.17.18.30; 5,40; 8,12.16; 9,27; 10,48; 15,26; 16,18; 19,5.13.17; 21,13; 26,9. Auffällig ist das häufige Vorkommen in Kap. 3 und 4. Eine Distanzierung vom Namenszauber erfolgt explizit in 19,13–20.

Die Predigt des Petrus
3,11–26

[11]Während er aber Petrus und Johannes festhielt, lief das ganze Volk voll Staunen bei ihnen an der Halle Salomos zusammen.[219] [12]Als aber Petrus das sah, ergriff er vor dem Volk das Wort: »Ihr israelitischen Männer, was staunt ihr über diesen da, oder was starrt ihr auf uns, als hätten wir durch eigene Kraft oder Frömmigkeit bewirkt, daß er gehen kann? [13]Der Gott Abrahams und Isaaks und Jakobs, der Gott unserer Väter, hat seinen Knecht Jesus verherrlicht, den ihr ausgeliefert und vor dem Angesicht des Pilatus verleugnet habt, als der beschlossen hatte, ihn freizugeben. [14]Ihr aber habt den Heiligen und Gerechten verleugnet und habt gebeten, daß man euch den Mörder schenke. [15]Den Anführer des Lebens habt ihr getötet; den hat Gott von den Toten auferweckt; dafür sind wir Zeugen. [16]Und aufgrund seines Glaubens hat diesen, den ihr seht und kennt, sein Name kräftig gemacht, und der durch ihn gewirkte Glaube hat ihm diese Gesundheit vor euch allen gegeben. [17]Und nun weiß ich freilich, Brüder, daß ihr aus Unwissenheit gehandelt habt wie auch eure Oberen. [18]Gott aber hat so erfüllt, was er durch den Mund aller seiner Propheten vorher angekündigt hatte, daß sein Christus leiden werde. [19]Tut also Buße und bekehrt euch, daß eure Sünden getilgt werden, [20]damit die Zeiten der Erquickung vom Angesicht des Herrn her kommen und er den euch vorherbestimmten Christus, Jesus, sende. [21]Ihn muß der Himmel aufnehmen, bis zu den Zeiten der Wiederherstellung aller (ursprünglichen Verhältnisse), von denen Gott durch den Mund seiner heiligen Propheten seit jeher gesprochen hat. [22]Moses hat ja gesagt: ›Einen Propheten wie mich wird euch der Herr, euer Gott, aus euern Brüdern erstehen lassen; auf ihn sollt ihr hören in allem, was er euch sagen wird.‹ [23]Es wird aber

---

219   ›Westliche‹ Textzeugen überliefern folgende Version: »Als aber Petrus und Johannes hinausgingen, ging er mit ihnen hinaus und hielt sie fest; sie aber blieben staunend in der Halle Salomos stehen.« Diese Version scheint nähere Kenntnis der Tempel-Topographie zu verraten: Die Halle befand sich am Tempelplatz, nicht innerhalb des Tempels. Vgl. *M. Dibelius*, Aufsätze zur Apostelgeschichte, 77; *E. Haenchen*, Apostelgeschichte, 64f.203; *C.J. Hemer*, Book, 223, Anm. 9; *B.M. Metzger*, Textual Commentary, 308f; *G. Schneider*, Apostelgeschichte I, 297, Anm. s; 303; *W.A. Strange*, Problem, 115–119. Da die Lokalisierung des ›Schönen Tores‹ unsicher ist, läßt sich auch nicht genau sagen, ob die Säulenhalle vom Tempelplatz aus diesseits oder jenseits des Tores lag. Es ist durchaus möglich, daß ihre Lokalisierung nach den ›östlichen‹ Handschriften stimmt. Vgl. *C.K. Barrett*, Acts I, 191f.

geschehen: ›Jede Seele, die nicht auf jenen Propheten hört, wird aus dem Volk ausgerottet werden.‹ [24]Und alle Propheten von Samuel und den folgenden an, die gesprochen haben, die haben auch diese Tage angekündigt. [25]Ihr seid die Söhne der Propheten und des Bundes, den Gott mit euren Vätern geschlossen hat, indem er zu Abraham sprach: ›Und in deiner Nachkommenschaft sollen alle Geschlechter der Erde gesegnet werden.‹ [26]Euch zuerst hat Gott seinen Knecht erstehen lassen und ihn gesandt, euch zu segnen, indem er jeden von seiner Bosheit abbringt.«

Feingliederung
Nach einer überleitenden Situationsangabe (11) und der Redeeinführung (12a) setzt die nach der Pfingstpredigt zweite Evangelisationsrede Petri an das jüdische Volk ein:[220]

1.   Erster Teil: Christusverkündigung (12b–16)
a)   Anrede und einleitende Bezugnahme auf die Situation durch rhetorische Fragen (12b.c).
b)   Christusverkündigung (13–15): Aussagen zur Verherrlichung und Auferweckung Jesu durch Gott (13a.15b) umschließen drei in der Aufeinanderfolge mit den Mitteln der Antithetik und der Steigerung arrangierte Aussagen über Jesu Passion (13b.14.15a): Der Gott der Väter hat (durch die Erhöhung) Jesus verherrlicht (13a), den die Israeliten vor Pilatus preisgegeben haben, obwohl jener ihn freilassen wollte (13b); die Israeliten haben sich anstelle des Heiligen und Gerechten die Herausgabe eines Mörders erbeten (14) und den »Anführer des Lebens« getötet (15a); Gott aber hat ihn auferweckt (15b). Die Apostel sind dafür Zeugen (15c). – Der Kontrast zwischen Gottes Handeln an Jesus und dem Handeln der Jerusalemer an ihm wird chiastisch dargestellt: Zunächst (13) Gottes Handeln (13a) und dann das der Menschen (13b), am Ende aber umgekehrt (15a.b) erst das der Menschen (15a) und dann Gottes Handeln (15b).
c)   Rückkehr zur Situation (16): Die Heilung ist durch den Namen Jesu geschehen aufgrund des durch Jesus geweckten Glaubens des jetzt geheilten Mannes.
2.   Zweiter Teil: Aufruf zur Umkehr (17–26):
a)   Nach erneuter Anrede erfolgt die Vorbereitung des Umkehrappells (17–18) durch eine doppelte Beurteilung der Passion: Die Israeliten haben zwar aus Unwissenheit gehandelt (17); das Leiden des Christus entsprach aber Gottes durch die Propheten bekanntgemachtem Willen (18).
b)   Mahnung und Verheißung im Ruf zur Umkehr als Grundbedingung des Heilsempfangs (19–21): Umkehr ist die Voraussetzung zur Sündenvergebung (19) und der Ermöglichung definitiver Heilsvollendung durch die Parusie Jesu Christi (20), der bis zur vollen Realisierung der gesamten durch die Propheten seit jeher verkündeten Heilsordnung im Himmel aufbewahrt wird (21).
c)   Am Glaubensgehorsam entscheidet es sich, wer zum Gottesvolk zählt (22–25): Der Umkehrruf wird unterstrichen durch ein Schriftzitat. Dieses begründet zunächst die Mahnung mit der Ankündigung der Erweckung eines Propheten nach der Art des Moses, auf den es zu hören gilt, und einer Unheilsdrohung gegen alle Ungehorsamen (22–23; vgl. Dtn 18,15. 18; Lev 23,19), dann (24–25) die von

---

220   Vgl. *Ph.E. Satterthwaite*, Acts, 370ff.

Samuel an durch alle Propheten ausgesprochene Verheißung an Abrahams Nachkommen.

d) Bündelung (26): Für die Israeliten als Nachkommen der Propheten und Erben
des Abrahambundes zuerst hat Gott seinen Knecht erstehen lassen (26a), dessen
Segen sie empfangen werden, wenn sie sich bekehren (26b).

In beiden Teilen der Rede geht es um den Kontrast zwischen Gottes und der Menschen Handeln an Jesus. Dieser wird im Eingang des ersten und am Schluß des
zweiten Teils als »Knecht Gottes« tituliert (13.26). In beiden Redeteilen begegnet jeweils gegen Ende die Auferweckungsaussage (15.26). Schließlich erfolgt in
beiden Teilen ein Hinweis auf die Väter (13.25).

11:   *Überleitung*: Der vordere Rahmensatz der Predigt stellt die
Verbindung zur Heilungserzählung her. Der Geheilte hält sich an
die Apostel und bekundet damit, wem er seine Heilung und damit
seine Befähigung zur Teilnahme am Gottesdienst Israels verdankt.
An der »Halle Salomos« läuft das staunende Volk zusammen. In
der Stunde des Abendopfers (!) wird der Tempel nun eine Stätte
der Predigt des Evangeliums an das Volk Israel, das durch die zu-
sammengeströmten Jerusalemer repräsentiert wird.

12:   *Redeeinführung, Anrede, Bezugnahme auf die Situation*: Wie
bei der Pfingstpredigt (2,13.15) dient auch hier ein Mißverständnis
als Anknüpfungspunkt: Petrus erkennt, daß die Leute den Geheilten anstaunen und die beiden Apostel für die Urheber der wunderbaren Heilung halten. Es kommt darauf an, sie eines Besseren zu
belehren. Nach der Anrede der Männer als »Israeliten« (2,22; 5,35;
13,16; 21,28) und damit als Glieder des erwählten Volkes spricht
er das Mißverständnis mit dem Mittel der Problematisierung und
Zurückweisung eines unangemessenen Verhaltens vor der positiven Auskunft zur Situation und Sache (z.B. Lk 24,5–6.25–26;
Apg 1,11; 14,15–16) durch zwei rhetorische Fragen an: Die Israeliten sollen nicht über den umherspringenden ehemals lahmen
Mann staunen (12b). Sie sollen auch nicht die Apostel anstarren
(ἀτενίζω), als ob sie »durch eigene Kraft oder Frömmigkeit« dem
Mann auf die Beine geholfen hätten (12c). Sie sind keine mit
überirdischen Kräften an die Gottheit heranreichenden Menschen
(θεῖοι ἄνδρες), auch keine Magier, die über wirksame Rituale und
Formeln verfügen. Vom wahren Heilungsgrund spricht Petrus in
der folgenden Verkündigung Christi.

13–16:   *Christusverkündigung*

13.16:   Petrus setzt im Bibelstil mit der Erinnerung an den »Gott
Abrahams und Isaaks und Jakobs, den Gott unserer Väter«, ein.
Die Gottesbezeichnung erinnert an Ex 3,6.15. Im Bekenntnis zum
Gott der Väter schließt der Apostel sich mit seinen Hörern zusam-
men und weist zugleich auf die Kontinuität der Heilsgeschichte
hin. Die Erzväter sind auch die Stammväter der Kirche Jesu Chri-

sti. »Der Gott unserer Väter hat seinen Knecht Jesus verherrlicht« (13a). Damit spielt der Prediger auf Jes 52,13 LXX an: Gottes Knecht »wird erhöht und sehr verherrlicht«. Das Heilungswunder ist insofern Gottes Tat, als die Erhöhung Jesu in die Position göttlicher Majestät die Voraussetzung dafür bildet. Die Verherrlichung Jesu erweist ihre wirksame Kraft in dem gegebenen Zeichen: Der Name des erhöhten Jesus (16a) und der durch ihn gewirkte Glaube haben den zuvor Lahmen kräftig und gesund gemacht (16b). Die Heilung im Namen Jesu beglaubigt das Auferstehungszeugnis der Apostel und weist Jesus als den durch die Auferweckung von den Toten zu Gott Erhöhten aus. Der von Petrus verkündete Name weckte beim Behinderten Vertrauen und Heilungserwartung (14,9). In seiner Heilung fand die Heilsverkündigung der Apostel ihre zeichenhafte Bestätigung von Gott her (4,22).

13–15: Jesus wird in den V. 13 und 26 als Gottes »Knecht« (παῖς) bezeichnet (auch 3,26; 4,27.30; 8,32–33; vgl. Lk 22,37).[221] Lukas ist mit Elementen der Gottesknechtstradition vertraut (vgl. Jes 42,1–9; 49,1–6; 50,4–11; 52,13 – 53,12).[222] Daraus übernimmt er hier – vermutlich vermittelt durch Gemeindeüberlieferung – die Motive der Preisgabe durch das Volk und der Erhöhung durch Gott, in 1,8; 13,47;26,23 darüber hinaus die Bestimmung zum Licht der Völkerwelt (vgl. Lk 2,32). Der Titel »Knecht« kennzeichnet Jesus als den endzeitlichen und mit dem Heiligen Geist gesalbten Propheten, den Gott seinem Volk gesandt hat, um durch ihn die Umkehr Israels herbeizuführen und es mit Heil zu segnen. Mit der Erhöhung oder Verherrlichung Jesu hat Gott sich zu ihm bekannt. Damit hat er die Jerusalemer ins Unrecht gesetzt, die ihn an Pilatus auslieferten und ihn so »verleugneten«, d.h. abwiesen, indem sie mit ihm nichts mehr zu schaffen haben wollten.[223] Während der römische Statthalter Jesus freilassen wollte (13b), weil er ihn als unschuldig ansah (Lk 23,1–16), wollten sie mit dem »Heiligen und Gerechten« (7,52; 22,14), d.h mit dem ganz auf Gottes Seite stehenden Mann, nichts zu tun haben, den der römische Hauptmann am Kreuz und vor Gott als »gerecht« (δίκαιος) erkannte (Lk 23, 47). Die Bezeichnung »der Gerechte« (ὁ δίκαιος) ist im apokalyp-

---

221 Vgl. *R. Glöckner*, Verkündigung, 171–174; *M. Rese*, Motive, 128–131; *G. Voss*, Christologie, 99–130; *U. Wilckens*, Missionsreden, 163–170.

222 Anders z.B. *C.K. Barrett*, Acts I, 189 unter Hinweis auf 4,25.27: Der Knechtstitel wird in einem allgemein alttestamentlichen Sinn verwendet für Menschen, die Gott in Dienst nimmt. Auch *J.-A. Bühner*, Art. παῖς, 13f, hält eine Prägung des Gebrauchs der Knechtsbezeichnung von Deuterojesaja her in 3,13.26 nicht für deutlich.

223 Vgl. *W. Schenk*, Art. ἀρνέομαι, 370.

tischen Judentum als Messiastitel bezeugt (äthHen 53,6).[224] Die
Jerusalemer verlangten statt des »Heiligen und Gerechten« die
Freigabe eines Mörders (14; Lk 23,18–19.25). Sie solidarisierten
sich mit einem Gewaltverbrecher. Folgerichtig betrieben sie den
Tod des »Anführers des Lebens« ([ὁ] ἀρχηγὸς τῆς ζωῆς, 15a). Sie
waren auf die Tötung dessen aus, der sie aus der Sphäre des Todes
in das Leben der Gottesgemeinschaft führen kann. Jesus ist ähnlich wie der Heros einer Stadt, die er gegründet hat und schützt,
der Ahnherr und Anführer des Gottesvolkes, d.h. der auf ihn hin
zusammengerufenen Kirche, zum Leben im ewigen Heil Gottes.[225]
Der Anführer, der das ihm bestimmte Ziel erreicht hat, bringt auch
die Seinen dorthin. Gott hat ihn »von den Toten auferweckt«
(15b) und ihn damit in seinem Amt bestätigt. Im Evangelium hat
Lukas Jesus als »Anführer des Lebens«, das durchs Leiden und
Sterben hindurch in die himmlische Herrlichkeit führt, insbesondere von dem Augenblick an ausführlich gezeigt, »als sich die Tage seiner Hinaufnahme (ἀνάλημψις) erfüllten« und »er das Angesicht fest darauf richtete, nach Jerusalem zu ziehen« (Lk 9,51). Die
Apostel sind Auferstehungszeugen (15c; 1,22; 2,32). Als solche
wollen sie die Zuhörer zum Glauben an die heilswirksame Kraft
des Namens Jesu führen (16). Darum geht es im zweiten Teil der
Predigt.

17–26: *Aufruf zur Umkehr*
17–18:   Mit dem folgernden »und nun« (7,34; 10,5; 13,11; 20,
22.25; 22,16; 23,11) und der familiären Anrede »Brüder« leitet
der Prediger den Teil seiner Rede ein, in dem er seine Hörer zur
Umkehr ruft. Sie, von denen viele sich bekehren lassen (4,4) und
ihre Oberen, die Petrus und Johannes festnehmen lassen werden
(4,1), haben »aus Unwissenheit gehandelt« (17b). Das Unwissenheitsmotiv begegnete schon in der Lukaspassion: Der Gekreuzigte
betete für seine Henker: »Vater, vergib ihnen, denn sie wissen
nicht, was sie tun!« (Lk 23,34). Das Zugeständnis der Unwissenheit
bezieht sich vor jüdischen Hörern darauf, daß sie die Christuswür-
de Jesu verkannten. Sie wollten von der Sendung und Vollmacht
dessen nichts wissen, den sie dem Pilatus zur Exekution ausgeliefert haben. In der Apostelgeschichte wird die Unwissenheit gegenüber jüdischen und heidnischen Zuhörern vor dem Ruf zur Umkehr betont (vgl. über 3,17.19 hinaus 13,27.38–39; 17,30). Das

---

224   »der Gerechte und Erwählte«; äthHen 39,6 u.ö.: »der Erwählte der Gerechtigkeit und Treue«. Vgl. *S. Uhlig,* Das Äthiopische Henochbuch, 579.597 u.ö.
225   Vgl. *G. Delling,* Art. ἀρχηγός, 485f; *P.-G. Müller,* Art. ἀρχηγός, 393; *U.
Wilckens,* Missionsreden, 175ff.

Unwissenheitsmotiv muß zwar an jeder Stelle in seinem spezifischen Zusammenhang ausgelegt werden; doch kann man generell sagen, daß das Zugeständnis der Unwissenheit den Hörern die Chance zur Umkehr eröffnen und ihnen die Buße erleichtern soll. Sie können den Irrtum über Jesus einsehen, in dem sie durch das Verhalten ihrer Oberen bisher befangen waren, und ihre Meinung nach dem besseren Wissen ändern, das sie durch die Predigt der Christuszeugen gewonnen haben. Nach der durch die Apostel gegebenen Belehrung, die sich an die Einsichtsfähigkeit der Hörer wendet, kann sich niemand mehr auf Unkenntnis oder Irrtum berufen. Gegen die Unwissenheit der Menschen stellt der Prediger Gottes Ratschluß, den »er durch den Mund aller seiner Propheten voraus angekündigt hatte, daß sein Christus leiden müsse« (18). Daß Gott »durch den Mund« eines Propheten spricht, ist Bibelstil (z.B. 2Chr 36,22). Gottes Messias leidet am Nichtwissen der Menschen und durch ihr Nichtwissenwollen, das sich in Aktionen des Unglaubens ihm gegenüber bekundet.

19–21: *Mahnung und Verheißung im Ruf zur Umkehr als Grundbedingung des Heilsempfangs:* Nachdem in den V. 17–18 die Notwendigkeit der Umkehr durch das schuldhafte Handeln und Verhalten und die Möglichkeit der Umkehr aus Gottes Heilshandeln begründet worden war, folgt nun der Aufruf zur Hinkehr zu Gott und seinem Christus in der Grundeinstellung und Lebenspraxis mit dem Ziel der Sündenvergebung (19). Die Bedeutung der Umkehr übersteigt das Gottesverhältnis des einzelnen weit: Die jüdischen Brüder sollen umkehren, »damit die Zeiten der Erquickung vom Herrn her kommen« (20a), d.h. damit die Heilsvollendung komme und Gott den für Israel erwählten und bestimmten Christus in der Parusie sende (20b).[226] Mit der Betonung der Bedeutung von Israels Umkehr für die Heilsvollendung wird hier die Unaufschiebbarkeit der Buße hervorgehoben. Bis zur Erfüllung aller prophetischen Verheißungen und also bis zur Erneuerung der gesamten Menschheit durch Wiederherstellung aller genuin schöpfungsgemäßen Verhältnisse (ἀποκατάστασις πάντων) mit der Vollendung des Reiches Gottes, der vollkommenen Realisierung des Heils, wird Jesus nach Gottes Willen und Rat im Himmel, der Sphäre Gottes, aufbewahrt (21).[227]

---

226 Vgl. *E. Grässer*, Parusieerwartung, 117ff; dazu *F. Hahn*, Das Problem alter christologischer Überlieferungen 152ff; außerdem noch *G. Voss*, Christologie, 28–31.

227 Vgl. *A. Oepke*, Art. ἀποκαθίστημι κτλ., 390f; *F. Hahn*, Das Problem alter christologischer Überlieferungen, 146ff. Das Wort ἀποκατάστασις kommt im NT nur hier vor. Der platonisierende Schrifttheologe Origenes hat in der 1. Hälfte des

22–25: *Schriftzeugnis:* Der Aufruf zur Umkehr wird durch Schriftzitate unterstrichen.[228] Zunächst wird Dtn 18,15.18 auf Jesus bezogen (22–23): Mose hat die Erweckung eines Propheten nach seiner Art aus dem Volk Israel angekündigt (22a). Diese Weissagung hat sich in der Sendung Jesu erfüllt, der als endzeitlicher Prophet alle anderen überbietet. Ihm, der den israelitischen Brüdern jetzt in der Verkündigung seiner Apostel begegnet, schulden die Adressaten ungeteilten Gehorsam (22b). Vor Ungehorsam wird unter Beiziehung von Lev 23,29 gewarnt: Wer auf den endzeitlichen Propheten nicht hört, »wird aus dem Volk (λαός) ausgerottet werden« (23).[229] An der Anerkennung Jesu als des endgültigen Gesandten Gottes und am Gehorsam gegenüber seiner Botschaft entscheidet sich die Frage der Zugehörigkeit oder Trennung vom Gottesvolk. Auf diese gegenwärtige Entscheidungszeit haben die Propheten schon seit Samuel aufmerksam gemacht (24). Die Israeliten sind Nachfahren der Propheten und des Abrahambundes, an den mit Wendungen aus Gen 12,3 und Gen 22,18 LXX erinnert wird. Die dem Abraham gegebene Verheißung, die sich nach Gen 22,18 LXX auf die gesamte Völkerwelt (πάντα τὰ ἔθνη) bezieht, wird vielleicht im Blick auf die rein jüdische Zuhörerschaft leicht modifiziert. Der Segen ist für »alle Geschlechter der Erde« (πᾶσαι αἱ πατριαὶ τῆς γῆς) bestimmt. Die universale Ausrichtung der Segensverheißung bleibt auch so erhalten (vgl. z.B. 1Chr 16, 28; Ps 22,28).[230]

26: *Bündelung:* Die Sendung Jesu ist ein Segen für die Nachfahren Abrahams. In erster Linie für die Israeliten hat Gott »seinen Knecht« Jesus erstehen lassen. Ihnen zum Segen hat er ihn gesandt (26a). So wird der heilsgeschichtliche Vorrang Israels vor der Völkerwelt herausgestellt (Röm 1,16). Die Hörer können ihre Chance freilich auch verspielen (13,46). Die Wirksamkeit des Segens hängt daran, daß sie je persönlich dem Aufruf zur Umkehr folgen und sich vom bösen Tun abbringen lassen (26b).

---

3. Jh.s n.Chr. als erster die Wendung ἀποκατάστασις πάντων für die seither und bis heute umstrittene Lehre von der letztendlichen Wiederbringung aller geistigen Wesen in der vollkommenen Gottesgemeinschaft in Anspruch genommen. Vgl. *G. May*, Art. Eschatologie V, 302.

228 Vgl. *T. Holtz*, Untersuchungen, 71–81; *M. Rese*, Motive, 66–77.215f.

229 Ähnlich wie in der Regel das griechische AT (LXX) gebraucht Lukas λαός (Volk) in der Apostelgeschichte zumeist für das Volk Israel. Ausnahmen, in denen die Kirche Jesu Christi als erneuertes Gottesvolk aus Juden und Menschen anderer ethnischer Herkunft gemeint ist, sind 15,14; 18,10; vgl. *N.A. Dahl*, People, 319–327; *H. Frankemölle*, Art. λαός, 843–845.

230 Vgl. *W. Bauer*, Wörterbuch, 1284.

Petrus und Johannes vor dem Hohen Rat
4,1–22

[1]Während sie noch zum Volk redeten, traten ihnen die Priester, der Tempelhauptmann und die Sadduzäer entgegen, [2]aufgebracht, weil sie das Volk lehrten und in Jesus die Auferstehung von den Toten verkündeten. [3]Und sie legten Hand an sie und nahmen sie bis zum nächsten Tag in Gewahrsam; es war nämlich schon Abend. [4]Viele aber von denen, die das Wort gehört hatten, wurden gläubig, und die Zahl der Männer kam auf etwa fünftausend.
[5]Es geschah aber am folgenden Tag, daß sich ihre Oberen und die Ältesten und die Schriftgelehrten in Jerusalem versammelten, [6]sowie Hannas, der Hohepriester, und Kaiphas und Johannes und Alexander und alle, die von hohepriesterlichem Geschlecht waren. [7]Und sie stellten sie in die Mitte und befragten sie: »In welcher Kraft oder in welchem Namen habt ihr das getan?« [8]Da sprach Petrus, erfüllt vom Heiligen Geist, zu ihnen: »Ihr Oberen des Volkes und Ältesten! [9]Wenn wir heute wegen einer Wohltat an einem kranken Menschen verhört werden, durch wen ihm Heil(ung) widerfahren ist, [10]so sei euch allen und dem gesamten Volk Israel kundgetan: Durch den Namen Jesu Christi, des Nazoräers, den ihr gekreuzigt habt, den Gott von den Toten auferweckt hat, steht dieser gesund vor euch. [11]Dieser ist der von euch Bauleuten verworfene Stein, der zum Eckstein geworden ist. [12]Und es gibt in keinem anderen das Heil; es ist ja auch kein anderer Name unter dem Himmel den Menschen gegeben, in dem wir gerettet werden sollen.« [13]Als sie nun den Freimut des Petrus und Johannes sahen und bemerkten, daß sie ungelehrte Leute und Laien waren, wunderten sie sich. Sie wußten auch, daß sie mit Jesus gewesen waren, [14]und da sie den Geheilten bei ihnen stehen sahen, konnten sie nichts entgegnen. [15]Sie befahlen ihnen aber, die Sitzung zu verlassen und berieten untereinander [16]und sprachen: »Was sollen wir mit diesen Leuten anfangen? Es ist ja ein offenkundiges Wunder durch sie geschehen; das ist allen Bewohnern Jerusalems sichtbar, und wir können es nicht bestreiten. [17]Aber damit es sich nicht noch mehr im Volk verbreitet, wollen wir ihnen unter Drohung verbieten, zu keinem Menschen mehr aufgrund dieses Namens zu reden.« [18]Und sie riefen sie herein und geboten ihnen, unter keinen Umständen mehr aufgrund des Namens Jesu zu reden und zu lehren. [19]Petrus und Johannes aber entgegneten ihnen: »Urteilt selbst, ob es vor Gott recht ist, auf euch mehr zu hören als auf Gott! [20]Uns allerdings ist es unmöglich, von dem, was wir gehört und gesehen haben,

nicht zu reden.« [21]**Da drohten sie ihnen noch mehr und ließen sie
frei, weil sie wegen des Volkes keine Möglichkeit sahen, sie zu
bestrafen, denn alle priesen Gott wegen des Geschehenen.**
[22]**Denn über vierzig Jahre alt war der Mann, an dem dieses Zeichen der Heilung geschehen war.**

Kontext: Der Abschnitt ist zum einen eng mit der Geschichte von der Heilung des
Lahmen (3,1–10) verknüpft. Darauf verweisen die Aussagen in den V. 7.9.10.13–
14.16.21b.22. Der Abschnitt ist zum andern aber auch eng mit der vorangegangenen Predigt des Petrus (3,12–36) verknüpft. Darauf machen Bemerkungen aufmerksam, die auf die Petrus-Predigt zurückweisen (1–2.17–18); die Verknüpfung
zeigt sich insbesondere auch im Inhalt der Rede des Petrus vor dem Hohen Rat (4,
8b–12). Diese Rede wirkt wie eine Summe der voraufgegangenen Predigt. Z.B.
wird in V. 10 die Aussage von 3,16 in anderer Formulierung wieder aufgenommen. In 10b finden wir den in der Predigt im Tempel ausführlich entfalteten Gegensatz von schuldhaftem Handeln der angesprochenen Menschen und göttlichem Handeln. Endlich gibt es auch eine Verbindung zum Sammelbericht von 2,
42–47 in V. 4, einer Zwischenbemerkung, die an entsprechende Äußerungen in
2,41 und 2,47 anknüpft.

Feingliederung
Wir haben eine Folge eng miteinander verbundener Szenen vor uns. Die Verhaftung (1–4) und die Freilassung der Apostel (21–22) bilden die Rahmenszenen zum
Verhör vor dem Hohen Rat (5–20). Das Verhör läßt sich wie folgt gliedern:
1. Zusammentreten des Hohen Rates (5–6); 2. Befragung der Apostel (7); 3. Pe-
trus-Rede (8–12), bestehend aus: Einleitung (8a), Anrede (8b), Stellungnahme zur
gestellten Frage (9–10a) und Christus-Kerygma (10b–12) als Höhepunkt; 4. Reaktion der Ratsmitglieder (13–18); 5. Gegenreaktion der Apostel (19–20).

Im *Zentrum* der Darstellung des Verhörs steht die Rede des Petrus. Sie wird vorn
und hinten von jeweils zwei Szenen gerahmt. Die beiden voranstehenden Szenen
bereiten die Rede vor, die beiden auf die Rede folgenden Szenen berichten von
Reaktion und Gegenreaktion. Das *Ziel* der Verhör-Darstellung ist die feierliche
Verwahrung, die die Apostel gegen das über sie verhängte Redeverbot einlegen
(19–20).
Traditionshintergrund der Erzählung dürfte die Kunde von einem frühen Konflikt
der Urgemeinde mit der durch die öffentliche urchristliche Predigt des auferstandenen Jesus auf dem Tempelgelände während des Abendopfers provozierten Jerusalemer Tempelbehörde sein, in der sadduzäische Kreise das Sagen hatten. Mitglieder des Apostelkreises wurden vorübergehend festgenommen, verhört und bedroht
(vgl. Mk 13,9).[231]

1–4: *Vordere Rahmenszene: Verhaftung der Apostel*
1–3:   Die Apostel haben mit ihrer Evangeliums- und Umkehrpredigt nicht nur Erfolg (2,32.37–41). Jetzt werden sie während und
wegen ihrer Verkündigung der Auferstehung der Toten in Jesus zur
Zeit des Abendopfers von den Hohenpriestern, dem Tempelhaupt-

---

231 Vgl. z.B. die Kommentare von *H. Conzelmann*, 137; *E. Haenchen*, 222; *G.
Lüdemann*, 65; *J. Roloff*, 80; *J. Zmijewski*, 208f.

mann und den Sadduzäern festgenommen.[232] Die Stunde des Opfers ist insbesondere im Tempelbereich keine Zeit zum Predigen, sondern zum Beten. Der Tempelhauptmann war nach dem amtierenden Hohenpriester oberster Repräsentant des Tempelstaates.[233] Er führte die Aufsicht über die ordnungsgemäße Durchführung des Kultus und sorgte für Ruhe und Ordnung auf dem Tempelgelände. Im Rahmen seiner Amtsaufgaben befehligte er auch die Tempelwache, die aus 200 Priestern und Leviten bestand. Die Sadduzäer sind kein Organ der Jerusalemer Selbstverwaltung, sondern eine Partei, der vor allem die städtische Oberschicht angehörte.[234] Schon bei der Verhaftung Jesu (Lk 22,52) spielte die Jerusalemer Aristokratie eine ausschlaggebende Rolle. Die Sadduzäer leugneten die Totenauferstehung (z.B. Mk 12,18; Apg 23,8). In der Apostelgeschichte erscheinen gerade sie als Gegner der Gemeinde Jesu, während die Pharisäer, die ähnlich wie die Christen auf eine Totenauferstehung hoffen, dem Christentum zwar zurückhaltend, aber doch nicht immer feindlich gegenüberstehen (5,34–39; 22,30 – 23,11). Die Maßnahme der Jerusalemer Aristokratie gegen die beiden Apostel ist verständlich. Petrus hat sie wegen ihres Vorgehens gegen Jesus öffentlich angegriffen (3,13–15). Die Bemerkung in 3b (»Es war nämlich schon Abend«) soll den Zusammenhang mit der Heilungserzählung herstellen und den Leser darauf verweisen, daß seit der Heilung des Lahmen etwa drei Stunden vergangen sein müssen.

4: *Wachstumsnotiz*: Der Vers soll den Gegensatz zwischen dem Verhalten der Jerusalemer Führer und der Bevölkerung aufzeigen. Während die oberste Jerusalemer Instanz gegen die Verkündigung Jesu Christi vorgeht, werden viele Juden aufgrund der Predigt der Apostel gläubig. Ob die genannte Zahl der 5000 Männer (zuzüglich Frauen und Kinder!) realistisch ist, steht dahin. Woher Lukas diese Zahl hat, ist unbekannt. Mitgliederlisten der Gemeinden gab es in der Anfangszeit der Christenheit wahrscheinlich nicht. Der Erzähler will zeigen, daß die Feindschaft der Jerusalemer Oberen die schnelle Entwicklung der Gemeinde Jesu nicht verhindern kann. Die von Gott gewirkte unaufhaltsame Ausbreitung des Evangeliums und mit ihr das Wachsum der Kirche, die vor Pfingsten etwa 120 Personen umfaßte (1,15), zieht sich wie ein roter Faden durch das Buch (vgl. 2,41.47; 5,14; 6,1.7; 8,6.12; 9,31.35.42; 11,21.24; 12,24; 13,48.49; 14,1.21; 16,5.14–15; 17,4.11–12.34; 18,8.10; 19,10.20; 21,20). Wenn Paulus am Ende seiner Missionstätigkeit mit einer

---

232 Vgl. *M. Bachmann*, Jerusalem, 187–260; *St. Mason*, Chief Priests, 147ff.
233 Vgl. Bill. II, 628–631; *Joachim Jeremias*, Jerusalem, 182–185.
234 Vgl. *R. Meyer*, Art. Σαδδουκαῖος, 52ff; *G. Baumbach*, Art. Σαδδουκαῖος, 530f; *B. Wander*, Trennungsprozesse, 104–117.

Delegation mehrerer von ihm gegründeter überwiegend heiden-
christlicher Gemeinden nach Jerusalem kommt, wo man ihn wenige
Tage später festnimmt, macht ihn der Herrenbruder Jakobus darauf aufmerksam, daß die Zahl der gesetzesstrengen Judenchristen
inzwischen in die »Zehntausende« geht (21,20).[235]

5–20: *Das Verhör der Apostel vor dem Hohen Rat*
5–7: *Exposition: Vorführung und Befragung der Apostel*
5–6: Im ersten Teil der Exposition berichtet Lukas vom Zusammentreten des obersten Jerusalemer Selbstverwaltungsorgans, das
für alle religiösen und weltlichen Angelegenheiten der jüdischen
Bevölkerung im Lande zuständig ist, soweit sie nicht die Kompe-
tenz des römischen Statthalters von Judäa berühren. Vor allem
amtiert der Hohe Rat (das Synedrium, der Sanhedrin) als oberster
Gerichtshof der Juden (5,27.34.41; 6,12.15; 22,30; 23,1.6.15.20.
28; 24,20). Lukas legt Wert darauf, daß der Rat vollzählig versammelt ist. Dem dient auch die besondere Erwähnung einzelner Mitglieder der Priesteraristokratie, der wichtigsten Gruppe in diesem
Senat. Da sind Hannas,[236] das Oberhaupt einer zu römischer Zeit
einflußreichen Priesterfamilie und auch nach Ende seiner offiziellen Amtszeit als Hoherpriester (6–15 n.Chr.) in der Rolle des »Alt-
Hohepriesters« eine gewichtige Autorität, sein Schwiegersohn Kaiphas,[237] der amtierende Hohepriester als Vorsitzender des Hohen
Rates (18–36 n.Chr), sowie zwei weitere, damals anscheinend tonangebende, nun aber längst nicht mehr bekannte Ratsherren Johannes und Alexander. Mit der namentlichen Nennung von so viel
Prominenz hebt der Erzähler die Bedeutung des Verhörs hervor.
7: Der zweite Teil der Exposition enthält den Bericht von der
Vorführung der Zeugen Jesu und ihrem Verhör. Man läßt die
Apostel in die Mitte der im Halbkreis sitzenden Ratsmitglieder treten. Bei der Befragung stoßen die Ratsherren sofort ins Zentrum
der Sache vor: Sie fragen, mit welcher »Kraft« (δύναμις) oder in
wessen »Namen« (ὄνομα) die Apostel »dies« getan haben. Die Frage bezieht sich auf ihr Wirken in Wort und Tat.

8–12: *Die Rede des Petrus*
Petrus antwortet; sein Begleiter Johannes entschwindet dem Leser;
er kommt erst in V. 13 wieder in den Blick. Petrus spricht »erfüllt

---

235   Vgl. *A. Weiser*, Apostelgeschichte I, 125f.
236   Vgl. Bill. II, 568–571; *Joachim Jeremias*, Jerusalem, 167–181; *B. Rei-*
cke, Zeitgeschichte, 106ff; *A. Weiser*, Art. ῍Αννας, 250f.
237   Vgl. *Joachim Jeremias*, Jerusalem, 218–223; *W. Schenk*, Art. Καϊάφας,
561f.

vom Heiligen Geist« (8a). Die Redewendung ist ein Rückverweis auf auf das Pfingstgeschehen (2,4). Jesu Verheißung erfüllt sich, seine Jünger brauchten sich bei der Vorführung vor jüdische oder heidnische Behörden keine Sorge um ihre Verteidigung zu machen:»Der Heilige Geist nämlich wird euch zu eben jener Stunde lehren, was ihr sagen sollt« (Lk 12,11–12 // Mk 13,11). Er gibt ihnen die Kraft, Jesus zu bekennen und zu bezeugen. Durch ihn erweist sich das Zeugnis der Jünger als zuverlässig. Petrus macht nach einer ehrerbietigen Anrede die »Oberen des Volkes und Ältesten« (8b) freimütig auf das Widersinnige der Situation aufmerksam (9): Die Apostel werden wegen einer Wohltat an einem Kranken vernommen. Auf die Frage, wodurch die Heilung geschehen ist, antwortet das Christuszeugnis (10). Der Rahmensatz lautet:»Durch den Namen Jesu Christi, des Nazoräers ... steht dieser gesund vor euch.« In diesen Rahmen sind zwei nebeneinandergestellte Relativsätze mit der Verkündigung von Jesu Tod und Auferstehung eingeschoben. Sie betonen nach dem Kontrastschema, das schon in den Reden in Kap. 2 und 3 anzutreffen war, auf der einen Seite scharf die Schuld der Angeredeten:»Ihr habt ihn gekreuzigt«; auf der anderen Seite stellen sie das Handeln Gottes heraus, durch welches das Tun der Menschen als schuldhaft erwiesen ist:»Gott hat ihn auferweckt von den Toten.« Die Heilung des Lahmen gilt als Zeichen für die Wirklichkeit der Auferweckung Jesu und die Wirkungsmacht des Gottesheils, das die Botschaft der Apostel bezeugt. Eine kurze alttestamentliche Anspielung schließt sich an (11). Im Hintergrund steht Ps 118,22.[238] In der Schrift ist schon angesagt, daß Jesus von den Menschen verworfen wird, von Gott aber in die Funktion eines Ecksteins eingesetzt worden ist. Beim Eckstein ist wohl an den Grundstein der äußersten vorderen Ecke gedacht. Mit ihm beginnt man den Bau, legt ihn in seiner Lage fest und bestimmt seine Ausrichtung. Gott hat Jesus zum Fundament seines Neubaus, zum Felsen des Heils gemacht. So ist er (12) der einzige Heilsmittler. Das wird als Höhepunkt der Rede herausgestellt durch ein im weiterführenden Parallelismus dargebotenes feierliches Bekenntnis zur Heilsbedeutung Jesu:

»Und es gibt in keinem anderen das Heil;
καὶ οὐκ ἔστιν ἐν ἄλλῳ οὐδενὶ ἡ σωτηρία,
es ist ja auch kein anderer Name unter dem Himmel den Menschen gegeben,
οὐδὲ γὰρ ὄνομά ἐστιν ἕτερον ὑπὸ τὸν οὐρανὸν τὸ δεδομένον ἐν ἀνθρώποις
durch den wir gerettet werden sollen.
ἐν ᾧ δεῖ σωθῆναι ἡμᾶς.«

---

238   Vgl. *T. Holtz*, Untersuchungen, 162; *M. Rese*, Motive, 113ff.

Zu V. 12a gibt es bei Josephus eine nahezu wörtliche Parallele:
Mose betete für Israel zu Gott: »In ihm sei ja sein Heil und in keinem anderen« (ἐν αὐτῷ γὰρ εἶναι τὴν σωτηρίαν αὐτοῦ καὶ οὐκ ἐν
ἄλλῳ, Ant III,23).[239] »Heil« oder »Rettung« (σωτηρία) ist ein lu-
kanisches Schlüsselwort (13,26.47; 16,17; vgl. Lk 19,9). Das Heil
ist »in« Jesus, d.h. in der Gemeinschaft mit ihm. Er ist der »Heiland« oder »Retter« (σωτήρ, 5,31; 13,23; vgl. Lk 2,11). »Kein anderer Name unter dem Himmel«, d.h. niemand anders auf Erden
ist als Urheber des Heils für die Menschen in der Gottesgemeinschaft vorgesehen. Jesus ist den Menschen von Gott als einziger
Grund und alleinige Quelle des Heils gegeben (12b.c). Wenn es
sich mit Jesus so verhält, wie Petrus betont, dann müßten die Jerusalemer Oberen daraus die Konsequenz ziehen und das einmalige Heilsangebot Gottes ergreifen. Das Bekenntnis zur Aus-
schließlichkeit und Universalität der Heilsbedeutung Jesu Christi ist
auch ein Protest gegen politisch-religiöse Heilslehren. Machthaber,
die für das Wohl und die Erhaltung eines Gemeinwesens tätig gewesen waren, wurden zu hellenistischer Zeit als »Retter« oder »Heiland« (σωτήρ) geehrt.[240] Die Bewahrung einer Stadt oder eines
Landes vor Feinden wurde als »Rettung« oder »Heil« (σωτηρία)
gefeiert. Mancher römische Kaiser, als erster Julius Caesar, wurde im Osten des Imperiums als »Heiland der Menschheit« (σωτὴρ
τῆς οἰκουμένης) oder als »Heiland des gemeinsamen Menschen-
lebens« (κοινὸς τοῦ ἀνθρωπίνου σωτήρ) verehrt. Jerusalem hat
weder von der römischen Reichsmacht noch von den politisch
messianischen Bewegungen im jüdischen Volk Heil zu erwarten.
Lukas und seine zeitgenössischen Leser, die auf den Jüdischen
Krieg, die Zerstörung der Stadt und des Tempels zurückblicken,
wissen das. Das Heilsangebot, das die Predigt der Apostel den Repräsentanten Jerusalems macht, würde mit dem Zuspruch der Sün-

---

239   Josephus in nine Volumes IV, 330. – Eine freiere Übertragung findet man
in Josephus, Jüdische Altertümer I, 140.
240   Z.B. begrüßten nach Demostenes, Or XVIII, De corona 43 die Thessalier
und Thebaner den 338 v.Chr. über die verbündeten Griechen siegreichen Philipp
II. von Makedonien als Freund (φίλος), Wohltäter (εὐεργέτης) und Retter (σωτήρ)
(Tom II, 46f). Die Athener ernannten 307 v.Chr. Antigonos und Demetrios Po-
liorketes, die sie von der Herrschaft des Makedonen Kassandros befreit hatten, zu
Rettergöttern (θεοὶ σωτῆρες) (Plutarch, Demetr, 10,3f [Plutarch's Lifes IX, 26f).
In Syrien wurde der Seleukidenherrscher Antiochus III. (regierte 223–187 v.Chr.)
wegen seiner erfolgreichen Abwehr einer Kelten-Invasion als Retter (σωτήρ) ge-
feiert, im westlichen Kleinasien der letzte König des kleinen Attalidenreiches,
Attalos III. (regierte 138–133 v.Chr.), als Wohltäter und Sohn des göttlichen
Königs Eumenes Soter – Vgl. *P. Wendland*, ΣΩΤΗΡ, 335–353, bes. 339; *W.
Foerster*, Art. σωτήρ, 1008ff; *H. Lietzmann*, Geschichte I, 168ff; *M.P. Nilsson*,
Geschichte II, 184f.384–391; *G. Voss*, Christologie, 51–55.

denvergebung im Namen Jesu für den Fall einer Schuldanerkennung wirksam.

13–18: *Reaktion der Ratsmitglieder*
13–14: *Die Verlegenheit der Ratsmitglieder*: Die Apostel treten so freimütig vor dem Hohen Rat auf wie Jesus (Lk 22,63–71). Freimut meint hier »die Vollmacht des Redens« in der Bekenntnissituation.[241] Das unerschrocken vorgetragene Bekenntnis versetzt die Ratsmitglieder in Verlegenheit. Haben sie, die im Studium der Heiligen Schrift geschulten und geübten Männer, es hier doch mit »ungelehrten Leuten und Laien« (ἄνθρωποι ἀγράμματοι ... καὶ ἰδιῶται) zu tun! (13).[242] Der Leser erinnert sich an Jesu geisterfüllten Lobpreis des Vaters und Herrn des Himmels und der Erde, daß er die universale Vollmacht des Sohnes den Weisen und Verständigen verborgen und sie den Unmündigen (νήπιοι) geoffenbart hat (Lk 10,21–22 // Mt 11,25–27). Aber auch Jesu Verheißung erfüllt sich, er selbst werde seinen Jüngern durch die Kraft des Heiligen Geistes (1,8) solche Worte und die Weisheit eingeben, so daß alle Widersacher nichts dagegen einwenden können (Lk 21, 15). Die Gegner der Zeugen Jesu bleiben verstockt. Da sie keine Argumente gegen die Vollmacht des Namens Jesu haben, für die der beim Verhör anwesende geheilte Gelähmte spricht (14), bleibt ihnen nur die repressive polizeiliche Verbotsmaßnahme.
15–18: *Beratung des Hohen Rates mit dem Ergebnis der Verhängung eines Redeverbots gegen die Apostel*: Nach Ausschluß der verhörten Apostel (15) findet eine Beratung statt, in der sich das Dilemma der Ratsmitglieder zeigt. Sie würden zwar gern hart gegen diese Männer vorgehen, können es aber nicht, denn das geschehene Zeichen ist offensichtlich und ist ganz Jerusalem bekannt; es läßt sich nicht leugnen (16). Man sorgt sich, daß die Kunde von der Auferweckung Jesu durch Gott und der wirksamen Vollmacht seines Namens im Land verbreitet wird. Um das zu verhindern, beschließt man, ein mit einer Strafandrohung für den Übertretungsfall bewehrtes Redeverbot gegen die Apostel zu verhängen (17). Selbstverständlich nehmen die Ratsherren den Namen Jesu nicht in den Mund. Nachdem man die Apostel wieder hereingerufen hat, teilt man ihnen den Beschluß mit (18). Die

---

241 *H. Schlier*, Art. παρρησία κτλ., 880; vgl. *H. Balz*, Art. παρρησία κτλ., 109.
242 Vgl. *T.J. Kraus*, Uneducated, 446–449. – Justin spielt um 150–155 n.Chr. vielleicht auf diese Stelle an, wenn er schreibt, die von Jerusalem aus in die Welt gegangenen zwölf Apostel seien »nicht studiert und der Rede nicht mächtig« gewesen (Apol I,39.3; vgl. die Kommentare von *C.K. Barrett*, I, 41; *E. Haenchen*, 23).

Zeugen Jesu sollen mundtot gemacht werden. Sie dürfen auf keinen Fall mehr im Namen Jesu reden. Das Redeverbot betrifft die öffentliche Evangelisation und die Gemeindelehre. Man will das urchristliche Bekenntnis zur Auferweckung Jesu durch Totschweigen unterdrücken.

19–20: *Protest der Apostel*: Die Apostel verwahren sich gegen das Redeverbot. Sie können ja ihrem Auftrag nicht untreu werden (1Kor 9,16) und fordern die Ratsmitglieder auf, selbst zu urteilen, ob es »vor Gott« (ἐνώπιον τοῦ θεοῦ, Lk 1,19; 12,6; 16,15; Apg 7,46; 10,31) recht ist, eher auf sie als auf Gott zu hören (19). Mit diesem Appell drängen sie die Ratsherren in die Rolle der Richter gegen sich selbst. Denn es ist ein Allgemeingeltung beanspruchender, in Athen, Rom und Jerusalem belegter Grundsatz, daß man Gott mehr gehorchen müsse als Menschen (5,29; Mt 10,28).

Sokrates (ca. 470 bis 399 v.Chr.) machte nach Platons Apologie diese Maxime seinen Richtern gegenüber geltend:»Ich bin euch, ihr Athener, zwar zugetan und freund, gehorchen aber werde ich dem Gotte mehr als euch« (Apol 29d).[243]
Nach Sophokles (497–406/05 v.Chr.) antwortete *Antigone* dem Tyrannen Kreon, der ihr Übertretung des von ihm erlassenen Gesetzes vorwarf:
»Es war ja Zeus nicht, der es mir verkündet hat,
Noch hat die Gottheit, die den Toten Recht erteilt,
Solch ein Gesetz den Menschen jemals aufgestellt,
je für die Menschen solche Satzungen bestimmt.
Auch glaubte ich, so viel vermöchte kein Befehl
von dir, um ungeschriebene, ewige göttliche
Gesetze zu überrennen als ein Sterblicher.
Denn nicht von heut und gestern, sondern immerdar
bestehn sie: niemand weiß, woher sie kommen sind.
Aus Furcht vor eines Menschen Willen wollt' ich mich
am Recht der Götter nicht vergehn ...« (Ant, 450–460).[244]
Der Stoiker Epiktet (ca. 50–120 n.Chr.) lehrte: »Wenn du zu irgendeinem prominenten Mann kommst, dann denke daran, daß noch ein anderer von oben auf das Geschehen blickt und daß man diesem mehr gefallen muß als jenem« (Diss 1, 30.1).[245]
Nach dem römischen Geschichtsschreiber Livius (ca. 59 v.Chr. – 17 n.Chr.) schloß der aufrechte Stratege Lykortas, der während der Versammlung des Achäischen Bundes von Kleitor 184 v.Chr. sprach, seine Rede, in der er sich darüber beschwerte, daß die Römer die Achäer von oben herab und nicht als gleichberechtigte Bundesgenossen behandelten, mit den Worten: »Wir haben zwar Respekt vor euch, ihr Römer, und, wenn ihr so wollt, auch Furcht; aber mehr Respekt und mehr Furcht haben wir vor den unsterblichen Göttern« (Römische Geschichte XXXIX,37.17).[246]

243   Platon, Werke II, 20f (*F. Schleiermacher*).
244   Sophokles, Tragödien, 222f.
245   Epiktet / Teles / Musionius, Ausgewählte Schriften, 320f.
246   T. Livius, Römische Geschichte, 88f.

Bei Juden, für die Gottesfurcht der Anfang der Erkenntnis ist (Spr 1,7), steht der Gehorsam gegenüber der den Vätern übergebenen Tora Gottes höher als alle Menschensatzungen. Nach 2Makk 7,2 antwortet ein jüdischer Frommer im Namen seiner Brüder und der Mutter der insgesamt sieben Söhne auf die Weisung des Syrerkönigs, Schweinefleisch zu essen:»Wir wollen eher sterben als etwas gegen das Gesetz der Väter tun.« Die Sieben erleiden den Märtyrertod.

Die Apostel halten sich an einen allgemein anerkannten Grundsatz, wenn sie sich nicht behindern lassen, die Lehre Jesu zu vertreten und die Botschaft von seiner Totenerweckung zu bezeugen (20). Dieser Grundsatz bindet auch die oberste Autorität des jüdischen Volkes. Würden die Ratsherren recht urteilen, könnten sie zu dieser Einsicht kommen.

21–22: *Hintere Rahmenszene*: Die Ratsmitglieder lassen sich auf den Appell an ihre Urteilskraft nicht ein. Die Sorge vor der Ausbreitung der Botschaft von der wirksamen Vollmacht des auferweckten und erhöhten Jesus blockiert ihr Einsichtsvermögen. Sie verfügen zwar die Freilassung der Apostel, weil es keinen hinreichenden Grund zur Bestrafung gibt, verwarnen sie aber. Neben dem objektiven Grund der Freilassung der Apostel gibt es noch einen subjektiven, die Furcht vor dem Volk: Alle Leute preisen Gott wegen des Wunders. Dieses wird durch den Hinweis auf das Alter des geheilten Gelähmten und damit die Dauer der Krankheit abschließend noch einmal in seiner Größe angesprochen (22).

Geisterfülltes Leben der Urgemeinde
4,23 – 5,16

Nach der Rückkehr der beiden Apostel in die Gemeindeversammlung und ihrem Bericht über das, was vorgefallen ist, betet die Gemeinde einmütig um den Fortgang der freimütigen, von Zeichen begleiteten Verkündigung und wird erhört (4, 23–31). In der freiwilligen Gütergemeinschaft der Gemeindeglieder bekundet sich die gleiche Einmütigkeit, die sich im Beten gezeigt hatte (4,32–35).
Die in der Gemeinde dominierende Solidarität wird mit der Notiz über das exemplarisch aufgefaßte vorbildliche Verhalten des Josef Barnabas belegt (4,36–37). Dem positiven Beispiel des Besitzverzichtes zugunsten der Gemeinde stellt Lukas die Schilderung eines negativen und abschreckenden Exempels der Eheleute Hananias und Saphira entgegen: Sie versuchten durch die mit halbherzigem partiellen Besitzverzicht verbundene Vorspiegelung falscher Tatsachen den Heiligen Geist zu hintergehen und bezahlten den Täuschungsversuch mit dem Leben (5,1–11). Daß die Apostel sich anfangs auch um finanzielle Angelegenheiten und damit zugleich um die Armenfürsorge kümmern, dient wohl der Vorbereitung auf den in 6, 1 angesprochenen Konflikt zwischen zwei Gemeindegruppen.
Ein Sammelbericht über auffällige Heilungswunder durch die Apostel, die öffentliche Aufmerksamkeit erregen und auch scharenweise Menschen aus der Umgebung Jerusalems anziehen (5,12–16), schließt die Beschreibung der Anfangszeit der

Urgemeinde ab und bereitet den Leser zugleich auf eine Konfliktverschärfung durch den Jerusalemer Hohen Rat vor (5,17–42).

Das Gebet der Gemeinde nach der Rückkehr der Apostel
4,23–31

[23]Nach ihrer Freilassung aber kamen sie zu den Ihren und berichteten alles, was die Hohenpriester und Ältesten zu ihnen gesagt hatten. [24]Als sie aber das hörten, erhoben sie einmütig die Stimme zu Gott und sprachen:»Herr, ›der du Himmel und Erde und Meer und alles, was darin ist, geschaffen hast‹, [25]der du durch den Mund deines Knechtes David, unseres Vaters, durch den Heiligen Geist gesagt hast: ›Warum tobten die Heiden und sannen die Völker Nichtiges? [26]Aufgetreten sind die Könige der Erde, und die Herrscher haben sich zusammengerottet gegen den Herrn und seinen Christus.‹ [27]Sie haben sich ja wirklich in dieser Stadt zusammengerottet gegen deinen Knecht Jesus, den du gesalbt hast, Herodes und Pontius Pilatus samt den Heiden und Stämmen Israels, [28]um zu tun, was deine Hand und dein Wille und dein Ratschluß zu geschehen vorherbestimmt hatte. [29]Und nun, Herr, sieh ihre Drohungen an, und gib deinen Knechten, mit allem Freimut das Wort zu sagen, [30]indem du deine Hand ausstreckst, so daß Heilung und Zeichen und Wunder geschehen durch den Namen deines heiligen Knechtes Jesus.« [31]Und auf ihr Gebet hin erbebte der Ort, an dem sie versammelt waren, und alle wurden mit Heiligem Geist erfüllt und redeten das Wort Gottes mit Freimut.

Kontext und Gliederung: Das Stück weist im Rahmenvers 23 und im Gemeindegebet in den V. 29 und 30 auf 4,1–22 zurück. Unbeschadet der Verflechtung mit dem vorangegangenen Verhör handelt es sich um eine in sich relativ geschlossene Einheit mit eigenem Thema. V. 23 zeigt den Szenenwechsel. Das Bild aus dem Gemeindeleben, in dessen Zentrum das Gebet steht (24–30), wird eröffnet durch einen Bericht über den Gebetsanlaß (23) und geschlossen mit der Mitteilung der Gebetserhörung (31).

Tradition und Form: Das Gebet (24b–30), ist nach Form und Inhalt mit dem Gebet des Hiskia in Jes 37,16–20 // 2Kön 19,15–19[247] verwandt, das Lukas modifiziert übernommen hat: Auf die Botschaft des Assyrerkönigs Sanherib mit der Drohung, JHWH werde so wenig wie andere Götter ihre Völker vor dem assyrischen Ansturm bewahren können, begibt sich der fromme Jerusalemer König Hiskia in den Tempel und breitet die Drohbotschaft vor JHWH aus. Er betet nach Jes 37,16–20:

---

247 Vgl. *O. Kaiser*, Jesaja. Kapitel 13–39, 312f; *H. Wildberger*, Jesaja III, 1425–1428.

[16]»JHWH Zebaoth, du Gott Israels, der du über den Cherubim thronst, du bist allein Gott über alle Königreiche der Erde, du hast den Himmel und die Erde gemacht. [17]Neige, JHWH, dein Ohr und höre! Öffne, JHWH, deine Augen und sieh! Höre alle Worte Sanheribs, die er gesandt hat, um den lebendigen Gott herauszufordern. [18]Wahrlich, JHWH, die Könige von Assur haben alle Völker und Länder verwüstet [19]und ihre Götter ins Feuer geworfen, weil sie keine Götter waren, sondern das Werk von Menschenhänden, Holz und Stein, so daß man sie vernichten konnte. [20]Und nun, JHWH, unser Gott, hilf uns aus seiner Hand, damit alle Königreiche der Erde erkennen, daß du allein JHWH bist.«

Dieses den Klagegebeten im Psalter vergleichbare Gebet wird in V. 16 mit einer erweiterten Anrede Gottes eröffnet. Darauf folgt in V. 17 die Bitte um Gehör. In den V. 18 und 19 geht es um die Motivation JHWHs zum Eingreifen. Dann folgt in V. 20, eingeleitet mit »und nun« (hebr. w^e 'atta$h$, griech. καὶ νῦν) das eigentliche Anliegen, die Bitte um Rettung. Dieses Gebetsschema findet man auch in anderen Gebeten im AT und frühen Judentum.[248] »Auf die Anrede Gottes folgt ein Rekurs auf sein heilsgeschichtliches Handeln, und zwar durch Erwähnung des den ganzen Kosmos umfassenden Schöpfungswerks Gottes oder durch die Darstellung früheren Heilshandelns, wie es sich vornehmlich in der Geschichte Israels gezeigt hat ... Daran schließt sich als zweiter Teil die Schilderung der das Gebet auslösenden Notlage an.«[249]

Feingliederung
Lukas hat sich bei der Abfassung des Gemeindegebetes an dieses ihm wohl aus der gottesdienstlichen Praxis vertraute Formschema gehalten:
1. Anrede Gottes unter Bezugnahme auf sein Handeln als Schöpfer (24b) nach Ps 146,6 (Ps 145,6 LXX).
2. Zitat von Ps 2,1–2 (25–26) und Auslegung auf die Jesusgeschichte, hinter der Gottes Hand, Wille und Ratschluß steht, anstelle des Hinweises auf Gottes früheres Heilshandeln in der Geschichte Israels (27–28).
3. Die Bitte (28–29), jetzt statt auf Rettung vor den Feinden bezogen auf Freimut zur Verkündigung des Wortes Gottes.

23–24a: Die Apostel begeben sich nach ihrer Haftentlassung umgehend »zu den Ihren«, d.h. in die versammelte Gemeinde Jesu, die Lukas sich analog einer Synagogengemeinde vorstellt. Hier berichten sie über das vom Hohen Rat unter Drohungen verhängte Redeverbot. Darauf reagiert die Gemeinde nun nicht etwa verängstigt. Sie tritt auch nicht in eine Diskussion über den neuen Zustand ein, z.B. zwecks Erörterung eines zu entwickelnden Strategieplanes über das in dieser Situation angemessene Verhalten, sondern sie stellt sich der schwierigen Lage, die zu bestehen die menschliche

248   Z.B. 2Chr 20,6–12 (Joschafats Gebet vor dem siegreichen Kampf gegen Ammoniter und Moabiter); Neh 9,6–37 (Bußgebet vor der Verpflichtung des Volkes auf die Tora); Tob 3,2–6 (Tobits Klagegebet); 8,2–7 (nach der Zählung der Lutherbibel: 8,7–9: Gebet des Tobias in der Hochzeitsnacht); 2Makk 15,22–24 (Gebet des Judas Makkabäus vor dem Kampf gegen Nikanor unter Bezugnahme auf 2Kön 19,35).
249   *M. Dömer*, Heil, 65f. – Vgl. zu den atl. Zitaten *T. Holtz*, Untersuchungen, 53ff; *M. Rese*, Motive, 94–97.

Kraft der Jünger übersteigt, im einmütigen Gebet. Die Gemeinde
kennt *einen* mächtigen Verbündeten, den lebendigen und allmächtigen Gott.

24b: Lukas teilt nicht mit, wer das Amt des Vorbeters wahrnimmt.
Für den Leser ist *er* der Liturg. Das Gebet wird eröffnet mit der
Herrenanrede. Der Herr wird durch das ihn preisende Bekenntnis
zu seiner allumfassenden Schöpfermacht mit Ps 146,6 (Ps 145,6
LXX) als Universalherrscher angerufen.[250] Ps 146 ist frommen Juden aus dem täglichen Morgengebet geläufig.[251] Gott wird angerufen als Schöpfer des Alls in seinen drei Bereichen Himmel, Erde,
Meer und aller Lebewesen darin (17,24; Offb 14,7). So ist er auch
der mächtige Helfer der Seinen. Hier betet eine Kirche, die sich
vom Bekenntnis zur Allmacht Gottes aus der weltweiten Bedeutung des göttlichen Heilshandelns in Jesus Christus bewußt ist und
den Auftrag zur Christusverkündigung an alle Völker der Erde
wahrzunehmen hat.

25–26:   Nach der Prädizierung Gottes als Schöpfer wird nun mit
Ps 2,1–2 auf sein Heilshandeln in Christus angespielt.[252] Gott wird
angeredet als der, der durch den Heiligen Geist gesprochen hat.
Sein Sprachrohr war David als Gottes »Knecht«. Als geistliche Geschwister Jesu, der zum Haus und Geschlecht Davids gehört (Lk 1,
31–33; 2,4), nennen die Beter David ihren »Vater« (25a). Der ursprünglich auf die Niederschlagung der Feinde des königlichen
Gesalbten durch JHWH bezogene Ps 2, der schon in vorchristlicher
Zeit messianisch gedeutet wurde, wird im folgenden auf die Verfolgung Jesu Christi angewandt.

27–28:   Die im Psalm genannten Gruppierungen, die sich gegen
Gott, den Herrn, und seinen Christus auflehnen, werden direkt mit
Personen und Gruppen aus der Passionsgeschichte Jesu nach Lk
23 identifiziert. Die »Heiden« werden repräsentiert durch die römischen Soldaten; die »Völker« (λαοί) sind hier die Juden in Jerusalem als Repräsentanten der Volksstämme Israels; die »Könige«
werden repräsentiert durch Herodes Antipas, die »Herrscher« durch
Pontius Pilatus. Lukas hebt dreierlei hervor: 1. Die Widersacher
haben sich »in dieser Stadt zusammengerottet«, also in Jerusalem.
Vgl. Jesu Klage über Jerusalem Lk 13,34–35 // Mt 23,37–39. Jerusalem ist wie schon für die Propheten und für Jesus nun auch für
die Jünger Jesu eine Zentrale der Feindschaft. 2. Als Gegenstand
des Handelns der Feinde bezeichnet wird »dein Knecht Jesus, den
du gesalbt hast«. Jesus wird ähnlich wie schon Apg 3,13.26 als

---

250   Vgl. *T. Holtz*, Untersuchungen, 84.
251   Vgl. Sidur Sefat Emet, 28.
252   Vgl. *T. Holtz*, Untersuchungen, 53–56.

»Knecht« (παῖς) Gottes tituliert. Mit der Salbung durch Gott wird
auf Jes 61,1 angespielt. Er hat sich auch durch sein Leiden als der
Christus, der Gesalbte Gottes, erwiesen (z.B. Lk 24,26.46). 3. Die
Widersacher Jesu und jetzt seiner Apostel sind Instrumente Gottes.
Sie führen nur aus, was Gottes »Hand«, das Organ seiner Macht-
ausübung, der darin zum Ausdruck kommende Wille und der da-
hinter stehende Ratschluß vorher bestimmt haben.

29–30: Mit der Wendung »Und nun, Herr« wird ähnlich wie
2Kön 19,19; Jes 37,20 der Übergang zur Bitte vollzogen. Die Gemeinde betet erstens, Gott möge auf die Drohungen gegen die
Zeugen Jesu Christi achten (29a). Die Bedrohung der Apostel ist
die Fortsetzung der Feindschaft gegen Jesus. Es wird nun zweitens
nicht etwa um Rettung vor den bedrohlichen Widersachern und
um gnädige Bewahrung vor Verfolgung gebetet, auch nicht um
Vernichtung der gegen Gott wütenden und die Erde verderbenden
Feinde (Offb 11,18), sondern um die Gabe des Freimuts zur uner-
schrockenen Verkündigung des Gotteswortes (29b). Freimut ist
eine Bekundung der Kraft des Heiligen Geistes. Der dritte Teil der
Bitte zielt auf Bekräftigung der Predigt durch »Heilung und Zeichen und Wunder durch den Namen deines heiligen Knechtes Jesus« (30).[253] Die Evangeliumspredigt ist nicht nur Menschenwort.
Die Beglaubigung der Verkündigung als Gottes Wort wird der
ausgestreckten Hand Gottes und der kräftigen Wirksamkeit des
Namens Jesu zugeschrieben. Der Leser ist eingeladen, sich im Fall
einer ähnlich bedrohlichen Situation, die zu bestehen menschliche
Kraft übersteigt, in und mit der Gemeinde Jesu zu einem entsprechenden Gebet zusammenzuschließen. Irenäus von Lyon sagt um
180 n.Chr. von der betenden Kirche: »Sie richtet rein, lauter und
offen ihre Gebete an den Herrn, der alles gemacht hat, und ruft
den Namen unseres Herrn Jesus Christus an, und so setzt sie ihre
Wunderkräfte zum Nutzen der Menschen ein« (Haer II,32.5).[254]

31: Der abschließende Rahmensatz berichtet von der erhören-
den Antwort Gottes auf das Gebet der Gemeinde. Der Versammlungsort erbebt (31a). Das ist hier wie später 16,26 ein Zeichen der
wirkungsmächtigen Gottesgegenwart. Es entspricht dem Brausen
vom Himmel her in 2,2. Das Pfingstereignis wird aktualisiert: »Alle
wurden mit Heiligem Geist erfüllt« (31b; 2,4). Der Geist ist nicht
Besitz der Gemeinde, sondern Gottes Gabe, die zu jeder Zeit erbeten werden muß, aber nach Jesu Gebetsunterweisung gewährt wird;
die Gemeinde kann sich auf die Erhörung ihres Betens verlassen
(Lk 11,5–13). Hier wirkt der Geist sich im Sinn der Bitte dadurch

---

253 Vgl. *W. Weiß*, Zeichen, 89ff.
254 Irenäus von Lyon, Epideixis I, 280f.

aus, daß alle, besonders die Apostel, aber nicht nur sie, das Wort
Gottes mit Freimut (παϱϱησία) predigen. Vollmächtig freimütige
und – wenn es nötig ist – auch Höhergestellten gegenüber furcht-
los offene Rede spielt in der Apostelgeschichte eine beachtliche
Rolle (2,29; 4,13.29.31; 9,27.28; 13,46; 14,3; 18,26; 19,8; 26,26;
28,31).[255] Ein unerschrockenes und freudig zuversichtliches öffentliches Christuszeugnis ist Zeichen der Geistesgegenwart. So
kann die Gemeinde auf die bedrohliche Situation angemessen reagieren.

Solidarische Gemeinde – das Beispiel des Barnabas
4,32–37

[32]**Die Menge der Gläubiggewordenen aber war ein Herz und eine Seele; und kein einziger sagte, daß etwas von seinem Besitz
sein Eigentum sei, sondern ihnen gehörte alles gemeinsam.** [33]**Und
mit großer Kraft legten die Apostel Zeugnis von der Auferstehung des Herrn Jesus ab; und große Gnade war auf ihnen allen.**
[34]**Denn es war auch kein Notleidender unter ihnen. Alle nämlich, die Grundstücke oder Häuser besaßen, verkauften sie,
brachten den Erlös der veräußerten Objekte** [35]**und legten ihn den
Aposteln zu Füßen. Es wurde aber jedem zugeteilt, wie er es nötig hatte.**
[36]**Josef aber, der von den Aposteln Barnabas genannt worden
war – das heißt übersetzt »Sohn des Trostes« –, ein Levit, Zyp-
rer der Herkunft nach,** [37]**verkaufte ein Grundstück, das er besaß, brachte das Geld und legte es den Aposteln zu Füßen.**

Feingliederung
Der nach 2,42–47 zweite Zustandsbericht betont vor allem die in 2,44–45 schon
angesprochene freiwillige Gütergemeinschaft als Bekundung eines vom Heiligen
Geist erfüllten Lebens in Einmütigkeit. Der Sammelbericht skizziert zunächst unter diesem Aspekt die Gemeinde insgesamt (32). Er wendet sich danach den Ge-
meindeleitern zu und stellt unter spezifizierender Anknüpfung an die Aussage von
der freimütigen Verkündigung des Gotteswortes durch die Apostel in 4,31 die
Kraft ihres »Zeugnisses von der Auferstehung des Herrn Jesus« heraus (33a). Lukas betont sodann »die große Gnade«, die auf den Aposteln und den Gemeindegliedern ruhte (33b) und führt aus, worin diese Gnade zeigt sich zeigt: Es gibt
kein Not leidendes Gemeindeglied (34a). Der Sammelbericht schließt mit einem
Kurzbericht darüber, wie dieser Idealzustand realisiert wurde: Haus- und Grundbesitzer veräußerten Immobilien und stellten den Erlös der Gemeindeleitung zur Verteilung an Bedürftige zur Verfügung (34.b.c.35).

---

255 Vgl. *H. Schlier*, Art. παϱϱησία κτλ., 880f; *H. Balz*, Art. παϱϱησία κτλ.,
109; *C.K. Barrett*, Acts I, 233.

32: Die Wendung »die Menge der Gläubiggewordenen« (πιστεύσαντες) bezeichnet alle vom Heiligen Geist erfüllten Gemeindeglieder (31). Die gesamte Gemeinde war – wie es in biblischer Sprache und sprichwörtlicher Rede heißt – »ein Herz und eine Seele« (32a; vgl. z.B. Dtn 6,5; 10,12; 11,13.18; Aristoteles, EthNic IX 8,1168b). Freundschaftliche Eintracht im Glauben prägt das Miteinanderleben. Sie zeigt sich in der Gütergemeinschaft. Für den Ungeist rücksichtslosen Besitzstrebens bleibt kein Raum. Lukas spricht von der Gütergemeinschaft zuerst negativ, indem er heraussstellt, daß die Gemeindeglieder ihr Hab und Gut nicht als Privatbesitz ansehen (32b) und danach positiv (32c) im Anklang an einen »alten Spruch«, den Platon (Leg V,739c) und Aristoteles zitieren: »Freundesgut gemeinsam Gut« (κοινὰ τὰ φίλων, EthNic IX 8,1168b).[256] Euripides kennt ihn auch: »Freunde teilen jedes Ding« (κοινὰ ... τὰ τῶν φίλων, Or 735).[257] Cicero zitiert die Parole als griechisches Sprichwort (Off I,16.51).[258] Die Sentenz wird in der griechisch-römischen Antike immer wieder einmal erwähnt.[259] Philo von Alexandrien bringt sie ebenfalls (Abr 235; VitMos I,156f). Die geisterfüllte Urgemeinde realisiert das antike Freundschaftsideal. Für Lukas ist die Gütergemeinschaft idealer Ausdruck der von Jesus gelebten, als Lebensform seiner nach dem Reich Gottes trachtenden Jünger (Lk 6,31 // Mt 6,33) favorisierten und mit radikaler Abwertung des Reichtums einhergehenden Armut (Lk 6, 20–21a.24–25; 12,13–21; 14,12–14.33; 16,19–31; 18,18–30; vgl. auch Lk 1,53; 3,11; 4,18).[260] In der »Apostellehre« (um 100 n.Chr.) wird dem Taufanwärter vorgehalten: »Du sollst ... alles mit deinem Bruder teilen und nicht sagen, daß es dein Eigentum sei« (Did 4, 8).[261] Nach dem Apologeten Justin (um 150/155 n.Chr.) vollzieht sich mit der Bekehrung zum christlichen Glauben die Absage an Reichtum und Besitz und die Hinwendung zur Gütergemeinschaft (Apol I,14,2).[262]

---

256 Aristoteles, Nikomachische Ethik, 206.
257 Euripides, Sämtliche Tragödien V, 54f.
258 Cicero, Vom rechten Handeln, 46f.
259 Vgl. *H.-J. Klauck*, Gütergemeinschaft, 69–74.
260 Vgl. *F.W. Horn*, Glaube, 40; *H.-J. Klauck*, Gütergemeinschaft, 89–100; *ders.*, Armut, 160–181; *W.E. Pilgrim*, Good News, 148–152.
261 Schriften des Urchristentums, II, 72f (*K. Wengst*). Vgl. die Parallele in Barn 19,8 (um 130 n.Chr.): »Du sollst an allem deinem Nächsten Anteil geben und nicht sagen, daß es dein Eigentum sei!« (Schriften des Urchristentums II, 190f [*K. Wengst*]).
262 »Wenn wir Geldmittel und Besitz über alles schätzten, so stellen wir jetzt, was wir haben, in den Dienst der Allgemeinheit und teilen jedem Dürftigen davon mit« (Justin, Apologie I, 24).

Exkurs: Gütergemeinschaft

Gütergemeinschaft,[263] d.h. »der gemeinsame Besitz und die gemeinsame Nutzung der Wirtschaftsgüter«,[264] scheint es unter den Pythagoreern vorübergehend gegeben zu haben. Als sozialpolitische Utopie bestimmt sie den auf der Freundschaft basierenden idealen Staat Platons (Leg V,739c; vgl. Resp III,416c.d; IV,449c; V, 464b), in der die berechtigten Wünsche aller zur Erfüllung kommen sollen (Resp IV,420b.c). Sie soll die Lebensform der beiden obersten Stände, der Regenten und Wächter, sein, die zwecks Überwindung aller Selbstsucht und auseinanderstrebender Interessen zusammenleben, miteinander speisen und allen Standesgenossen zugängliche Wohnungen haben sollen. Die Institution der Familie soll bei ihnen aufgehoben sein. Alles zum Lebensunterhalt Erforderliche wird ihnen vom dritten Stand, den Bauern und Handwerkern, geliefert (Resp III,416a–417b; V,464b–465d). Beim dritten Stand bleiben Familie, Privateigentum und private Haushaltsführung bestehen. Gütergemeinschaft prägte nach Platon schon die Lebensgestaltung der Krieger in der Urzeit: Diese Klasse »hatte alles zum Unterhalt und zur Bildung Erforderliche, irgendwelches Privateigentum aber besaß keiner von ihnen, sondern sie betrachteten alles als ihnen allen gemeinsam (ἅπαντα δὲ πάντων κοινὰ νομίζοντες αὐτῶν, Crit 110c).[265] Platon hat schließlich zwar die geschichtliche Realisierung der Gütergemeinschaft aufgegeben, »da eine solche Forderung etwas Größeres ist, als es dem jetzigen Geschlechte, der jetzigen Erziehung und Ausbildung entspricht« (Leg V,740a),[266] aber am Ur- und Wunschbild der Politeia (Respublica) festgehalten und gefordert, man müsse den ihm am meisten entsprechenden Staat zu verwirklichen anstreben (Leg V,439d.e). Der Kommödiendichter Aristophanes hat in den zuerst 392 v.Chr. aufgeführten »Ekklesiazusen« (»Weibervolksversammlung«) das Utopia eines totalen Kommunismus dem Gelächter preisgegeben.[267] Im phantastischen »Sonnenstaat« auf einer Inselgruppe am Äquator des Romanschriftstellers Jambulos (3. Jh. v.Chr.?) lebt die Vision eines kommunistisch organisierten, aber monarchisch regierten Gemeinwesens fort.

Gütergemeinschaft wurde auch in der Qumran-Gemeinde praktiziert.[268] Nach ihrer »Gemeinderegel« sollen »alle ihren Besitz in die Gemeinschaft Gottes einbringen«(1QS I,12).[269] Hintergrund ist die Forderung von Ez 44,28: Priester sollen weder Besitz noch Eigentum haben; denn *Gott* ist ihr Besitz und Eigentum. – Nach Philo von Alexandrien leben die Essener, deren Zahl er auf »mehr als 4000« bemißt (OmnProbLib 75; ähnlich Josephus Ant XVIII,20: 4000), in Dörfern abseits der Städte ihr einfaches und der Tugendliebe verschriebenes Leben ohne persönliches Hab und Gut: »Einige von ihnen bearbeiten das Land, andere befassen sich mit Künsten, welche den Frieden fördern, und so bringen sie sich selbst und ihrer Umgebung Nutzen. Sie verwahren weder Silber und Gold in der Schatzkammer noch erwerben sie große Ländereien aus Gier nach Einkünften, sondern beschaffen sich lediglich, was zum notwendigen Lebensbedarf gehört. Sie sind fast

---

263   *F. Hauck*, Art. κοινός κτλ., 789–810; *M. Wacht*, Art. Gütergemeinschaft, 1–59; *B. Capper*, Context, 324–350; *M. Hengel*, Eigentum, 39ff; *H.-J. Klauck*, Gütergemeinschaft, 69–99.

264   *M. Wacht*, Art. Gütergemeinschaft, 1.

265   Platon, Werke VII, 222f (*H. Müller*).

266   Platon, Werke VIII, 316f (*K. Schöpsdau*).

267   Vgl. Aristophanes, Antike Komödien, 525–575.

268   Vgl. *H.-J. Klauck*, Gütergemeinschaft, 74–89.

269   Die Texte aus Qumran, 4f.

die einzigen von allen Menschen, die nicht aus Mangel an Glücksgütern, sondern mit Absicht weder Geld noch Land besitzen und dabei doch für sehr reich gehalten werden, weil sie es als ein Übermaß an Reichtum – was es ja auch ist – betrachten, wenig zu bedürfen und genügsam zu sein« (OmnProbLib 76–77).[270] Sie beweisen Menschenliebe »durch ihr Wohlwollen, ihre Achtung der Gleichheit und ihr Gemeinschaftsempfinden ... Zunächst, niemand besitzt ein Haus so zu eigen, daß es nicht auch allen anderen gemeinsam gehörte. Denn abgesehen davon, daß sie in Gemeinschaften zusammen wohnen, steht jedem Gleichgesinnten, der anderswoher zu ihnen kommt, die Tür offen. Sodann haben sie alle nur eine Vorratskammer und allen gemeinsam gehörendes Geld zum Ausgeben; allen gemeinsam gehören auch die Kleider sowie die Speisen, wenn sie gemeinschaftliche Mahlzeiten veranstalten. Die Gemeinsamkeit von Haus, Lebensweise oder Tisch findet man nämlich wohl bei keiner anderen Gemeinschaft in höherem Maße durch die Tat bekräftigt« (OmnProbLib 84–86).[271] – Josephus bestätigt den Essenern: »Sie sind Verächter des Reichtums, und bewundernswert ist bei ihnen der Gemeinschaftssinn; es ist auch unter ihnen niemand zu finden, der an Besitz hervorrage; denn es ist Gesetz, daß die in die Sekte Eintretenden ihr Vermögen dem Orden übereignen, so daß bei ihnen insgesamt weder die Niedrigkeit der Armut noch ein Vorrang des Reichtums in Erscheinung tritt, sondern nach Zusammenlegung des Besitzes der Einzelnen nur *ein* Vermögen für alle als Brüder vorhanden ist ... Gewählt sind die Verwalter des gemeinschaftlichen Vermögens, und unterschiedslos ist jeder einzelne für alle zur Dienstleistung verpflichtet« (Bell II,122–123;[272] vgl. Ant XVIII,20.22).

Anders als in Qumran gab es in der Urgemeinde, deren sozioökonomische Zusammensetzung wohl in etwa der der übrigen Jerusalemer Bevölkerung entsprach, kein Gemeineigentum.[273] Vielleicht galt der Grundsatz der Besitzlosigkeit nur für den inneren Kreis der Gemeinde: Die Apostel verfügten nicht über Silber und Gold (3,6). Hananias und Saphira stand es aber frei, ihren Liegenschaftsbesitz zu behalten (5,4). Maria, die Mutter des Johannes Markus, besaß in Jerusalem ein Haus (12,12). Es gab also unter Gemeindegliedern private Immobilien. In den Privathäusern kamen die Hausgemeinden zusammen (2,46). Sie waren anfangs wohl auch die Grundeinheiten der Diakonie. Eine gemeinsame Güterbewirtschaftung fand nicht statt. Allem Anschein nach hatte man überhaupt kein ökonomisches Konzept. Es gab freiwillige Stiftungen vermögender Gemeindeglieder, über welche die Gemeinde, anfangs repräsentiert durch die Apostel, später durch Älteste, nach Bedarf verfügen durfte. Ernst Troeltsch hat diese Lebensform »religiösen Liebeskommunismus« genannt. »Das ist ein Kommunismus, der die Gemeinsamkeit der Güter als Beweis der Liebe und des religiösen Opfersinnes betrachtet, der lediglich ein Kommunismus der Konsumtion ist und den fortdauernden privaten Erwerb als die Voraussetzung der Möglichkeit von Schenkung und Opfer zur Bedingung hat. Ihm fehlt vor allem jede Gleichheitsidee, sei es die absolute Gleichheit der Anteile, sei es die relative der Verdienst und Leistung entsprechenden Beteiligung; das Entscheidende ist nur, daß alle opfern und daß alle zu leben haben; wie viel das ist beim ersten und beim zweiten, ist Nebensache.«[274]

270 Philo von Alexandria, Werke VII, 24 (*K. Bormann*).
271 Philo von Alexandria, Werke VII, 26 (*K. Bormann*).
272 Josephus, De Bello Judaico I, 204f.
273 Vgl. *D.A. Fiensy*, Composition, 226–230; *R. Riesner*, Essenerviertel, 64–76.
274 *E. Troeltsch*, Soziallehren, 49f.

33: Zusammen mit dem Tatzeugnis der Gemeinde nennt Lukas das von der verheißenen Kraft des Geistes erfüllte Wortzeugnis ihrer Leiter, der Apostel, »von der Auferstehung des Herrn Jesus« (33a; 1,8). Das ist der grundlegende Inhalt jeder christlichen Verkündigung (1,22; 2,24.32; 3,11.15). Das kräftige Zeugnis vom Anfang einer neuen Schöpfung ruft jene Gemeinschaft in der Liebe hervor, die sich im Tatzeugnis der Gemeindeglieder bekundet. So ruht »große Gnade« (χάρις μεγάλη) als Merkmal geisterfüllten Redens und Lebens »auf ihnen allen« (33b), d.h. auf den Aposteln und sämtlichen Gemeindegliedern.

34–35: Der Gnadenstand der Gemeinde zeigt sich darin, daß in ihr niemand Not zu leiden braucht (34a). Damit ist die Verheißung von Dtn 15,4 erfüllt, daß es im erneuerten Gottesvolk keine aus Armut Notleidenden geben wird. Das liegt hier daran, daß Haus- und Grundbesitzer, wenn nötig, freiwillig ihre Immobilien veräußern (34b) und den Erlös den Aposteln »zu Füßen legen«, d.h. ihnen für die Lösung von Gemeinschaftsaufgaben zur Verfügung stellen (35a). Jemandem etwas zu Füßen legen bedeutet, ihm das Verfügungsrecht über die betreffende Sache zu übertragen (z.B. Ps 8,7; 110,1). Die Apostel fungieren hier als Verwalter des Gemeindehaushalts und speziell der Armenkasse. Sie teilen nach dem Spendenaufkommen jedem Bedürftigen das zu, was er benötigt (35b). Bald zeigt sich jedoch, daß eine andere Regelung getroffen werden muß (6,1–7).

36–37: *Das Beispiel des Barnabas:* Lukas nennt als Musterbeispiel für die von ihm unterstellte allgemeine Bereitschaft zum Besitzverzicht Josef Barnabas, einen wohlhabenden Leviten, der aus Zypern stammt und wie viele Diasporajuden seinen Wohnsitz nach Jerusalem verlegt hat. Er besaß durch Erbschaft oder Kauf entweder in seiner zyprischen Heimat, vielleicht aber auch in Jerusalem oder nicht weit von der Stadt entfernt ein Grundstück, das er nun als Gemeindeglied veräußert. Den Erlös stellt er den Aposteln und damit der Gemeindekasse zur Verfügung. Seine Initiative hat sich dem Gedächtnis der Gemeinde eingeprägt. Das spricht dafür, daß seine großherzige Spende für sie ein außergewöhnlicher Akt war. Nach Lukas hat Josef seinen Beinamen Barnabas von den Aposteln erhalten. Die Namensgebung signalisiert das Autoritätsgefälle in der Gemeinde. Die Apostel zeigen sich dadurch als Nachfolger Jesu, der einigen von ihnen sprechende Beinamen verliehen hatte (Mk 3,16f.). Vielleicht trug Josef-Barnabas aber wie andere Diasporajuden auch neben seinem Synagogennamen Josef in der Öffentlichkeit einen Zweitnamen. Lukas übersetzt Barnabas »Sohn des Trostes«. Die Übersetzung ist sprachlich nicht durchführbar. Sie paßt eher auf den 13,1 genannten Manaëm (= Menachem). Ist die Namensdeutung von Manaëm irrtümlich auf Barnabas geraten? Das ist möglich. Barnabas läßt sich zwar von einem in Palmyra inschriftlich bezeugten nichtjüdisch theophoren Namen ableiten: Bar-Nebo, d.h. Sohn des (Gottes) Nebo; doch ist bei einem Leviten ein Name, der den Träger an eine heidnische Gottheit bindet, unwahrscheinlich. Am nächsten liegt die Herleitung von *bar n^ebuah*, abgeschliffen *bar naba*, d.h. »Sohn der Weissagung oder Prophetie«.[275]

Exkurs: Barnabas
Barnabas[276] gehört zu den herausragenden Persönlichkeiten des Urchristentums. Lukas bezeichnet ihn als »trefflichen Mann, voll von Heiligem Geist und Glauben« (11,24). Er hat nicht nur durch Schenkung der Einnahme aus dem Verkauf seiner Liegenschaft maßgeblich an der Finanzierung des Lebens der Jerusalemer Urgemeinde in ihrer Anfangszeit mitgewirkt, sondern auch den Kontakt des bekehrten vormaligen Christenverfolgers Saulus/Paulus mit der Leitung dieser Gemeinde hergestellt (9,27). Als Gesandter der Jerusalemer Gemeinde billigt er in Antiochien die dort von hellenistischen Judenchristen initiierte und erfolgreich betriebene gesetzesfreie Heidenmission (11,20–24). Er findet selbst in der Gemeinde von Antiochien sein weiteres Betätigungsfeld und führt Paulus, den er aus Tarsus holt, dort ein (11,25–26). Beide arbeiten in Antiochien ein Jahr lang erfolgreich als Lehrer zusammen und werden von dort als Missionare ausgesandt (13,1–3). Sie missionieren zusammen mit ihrem Mitarbeiter Johannes Markus, der nach Kol 4,10 ein Vetter des Barnabas war, zuerst auf Zypern, also in der Heimat des Barnabas (13,4–12) und anschließend ohne Markus in Pisidien und Lykaonien (13,13 – 14,28). Beide vertreten auch die Gemeinde von Antiochien auf dem Jerusalemer Apostelkonvent und treten erfolgreich dafür ein, daß die Taufe für Heidenchristen als Zeichen ihrer Christuszugehörigkeit genügt (15,1–33; Gal 2,1–10). Als es in Antiochien infolge des Auftretens von Anhängern des Herrenbruders Jakobus aus Jerusalem zum Konflikt um die zuvor selbstverständlich praktizierte Mahlgemeinschaft zwischen Juden- und Heidenchristen kommt, entscheidet sich nach Petrus auch Barnabas für die von Paulus scharf verurteilte Trennung von Juden- und Heidenchristen beim Mahl (Gal 2,11–14). Barnabas und Paulus geben ihre missionarische Zusammenarbeit auf, weil sie sich über die Mitarbeit des Johannes Markus, den Paulus als erwiesenermaßen unzuverlässig ablehnt, nicht einigen können. Barnabas und sein Vetter missionieren wieder auf Zypern (15,36–39). Die überregionale Bedeutung des Barnabas läßt sich daran erkennen, daß man seinen Namen auch in den paulinischen Gemeinden von Galatien und Korinth kennt. Er verzichtet wie Paulus darauf, seinen Lebensunterhalt von den Missionsgemeinden bestreiten zu lassen (1Kor 9,6). In der Alten Kirche hat man Barnabas zu den nach Lk 10,1.17 von Jesus ausgesandten zweiundsiebzig Jüngern gerechnet und als »apostolischen Mann« angesehen,[277] Man hat ihm den »Barnabasbrief« zugeschrieben, der um 130 n.Chr. entstanden ist und in

---

275   Bill. II 634; *C.K Barrett*, Acts I, 259; *M. Hengel / A.M. Schwemer*, Paulus, 321ff.
276   Vgl. *A. v. Harnack*, Mission, 58, Anm. 1; *W.-H. Ollrog*, Paulus, 14–17. 206–215; *J. Schmid*, Art. Barnabas, 1207–1217.
277   *Clemens von Alexandreia*, Strom II, XX,116.3 (Teppiche III, 233); vgl. *Euseb*, HE II,1.4 (Kirchengeschichte, 118).

manchen Regionen lange als vermeintlich apostolisches Schreiben hoch angesehen war.[278]

Der schreckliche Fall des Hananias und der Saphira
5,1–11

[1]**Ein Mann aber namens Hananias verkaufte mit seiner Frau
Saphira ein Grundstück,** [2]**unterschlug aber mit Wissen seiner
Frau etwas vom Kaufpreis, brachte einen Teil und legte ihn den
Aposteln zu Füßen.** [3]**Petrus aber sprach:** »**Hananias, warum hat
der Satan dein Herz erfüllt, daß du den Heiligen Geist belogst
und vom Kaufpreis des Grundstücks etwas unterschlugst?** [4]**Gehörte es nicht dir, wenn es unverkauft blieb? Und stand es (das
Kapital) nicht nach dem Verkauf zu deiner Verfügung? Warum
hast du dir diese Sache in deinem Herzen vorgenommen? Du
hast nicht Menschen belogen, sondern Gott.«** [5]**Als aber Hananias diese Worte hörte, fiel er um und hauchte sein Leben aus.
Und große Furcht kam über alle, die es hörten.** [6]**Die jungen
Männer aber standen auf, hüllten ihn ein, trugen ihn hinaus und
begruben ihn.** [7]**Es geschah aber nach Verlauf von etwa drei
Stunden, da kam seine Frau herein ohne zu wissen, was vorgefallen war.** [8]**Petrus aber redete sie an:** »**Sag mir, habt ihr das
Grundstück für soviel verkauft?«** **Sie aber sprach:** »**Ja, für soviel.«** [9]**Petrus aber sprach zu ihr:** »**Warum seid ihr übereingekommen, den Geist des Herrn zu versuchen? Siehe, die Füße derer, die deinen Mann begruben, sind vor der Tür; sie werden
auch dich hinaustragen.«** [10]**Sie fiel aber sofort zu seinen Füßen
nieder und hauchte ihr Leben aus. Als aber die jungen Männer
hereinkamen, fanden sie sie tot, trugen sie hinaus und begruben
sie neben ihrem Mann.** [11]**Und große Furcht kam über die ganze
Gemeinde und über alle, die das hörten.**

Kontext und Aufbau: Auf das vorbildliche Beispiel (4,36–37) folgt das warnende
in Gestalt einer zweiteiligen doppelten Wundergeschichte von der Ahndung
normwidrigen Verhaltens an zwei Eheleuten.[279] Die zweiteilige Erzählung handelt
von einem außerordentlichen Fall im Leben der geisterfüllten, doch von der zer-
setzenden Kraft eines gottwidrigen Ungeistes bedrohten Gemeinde. Die Geschichte wirkt ihrer Bauform nach in ihren beiden parallel erzählten Teilen (2b–
6.7–10) in sich geschlossen.

Traditionshintergrund: Die seit alters als anstößig empfundene Erzählung, in der
es rigoros um die Reinheit der endzeitlichen Gemeinde geht, dürfte auf der Über-

---

278   Vgl. Schriften des Urchristentums II, 101–202 (*K. Wengst*).
279   Vgl. *G. Theißen*, Wundergeschichten, 117 und die Kommentare von *R.
Pesch*, I, 195; *A. Weiser*, I, 139ff.

lieferung von einer wahrscheinlich äußerst erregt verlaufenen Gemeindeversammlung beruhen, in der ein Ehepaar von Petrus durch einen prophetisch-sakralen Rechtsakt wegen groben Verstoßes gegen das im Kollektivbewußtsein der Gruppe lebendige heilige Recht mit Todesfolge verflucht wurde.[280] Die für heutige Leser äußerst befremdliche Tatsache eines solchen magischen Exkommunikationsaktes zeigt Paulus in einem anders gelagerten Fall 1Kor 5,1–5. Paulus zitiert auch die Exkommunikationsformel aus Dtn 17,7: »Schafft den Bösen aus eurer Mitte!« (1Kor 5,13).

Feingliederung
1. Äußere und innere Exposition (1–2): a) Vorstellung der Täter (1) und b) ihrer strafbaren Handlung: Unterschlagung (2).
2. Zentrum des ersten Teils: Verurteilung des Täters durch Petrus und Bestätigung durch ein Gottesurteil (3–5a): a) Schuldvorwurf in Form einer rhetorischen Frage (3): α) Nach der Redeeinführung und Anrede (3a) β) die Behauptung, der Satan habe den Täter angestiftet (3b); γ) Vorwurf, die Tat bestehe in einer Lüge gegen den Heiligen Geist und Veruntreuung (3c); b) Argumentation in rhetorischer Frageform zur Stützung des Schuldvorwurfs: Grundstücksverkauf und Verfügung über den Erlös waren Ermessenssache (4a.b); c) Wiederholung des Schuldvorwurfs in Frageform (4c); d) Urteil: Der Täter hat Gott belogen (4d); e) Gottesurteil (5a): Der Verurteilte fällt tot um.
3. Schluß des ersten Teils: a) Reaktion des Publikums: »große Furcht« (5b); b) Demonstration des Strafwunders: Bestattung des Toten (6).

1. Äußere und innere Exposition des zweiten Teils: Auftritt der Mitwisserin (7): a) Zeitpunkt (7a); b) Kennzeichnung der Situation des Auftritts: Die Frau weiß nicht, was geschehen ist (7b).
2. Zentrum: a) Verhör (8): α) Nach der Redeeinführung (8a) Erfragung des Sachverhalts durch Petrus (8b); β) Nach der Redeeinführung (8c) Bestätigung der Frage durch Lüge (8d); b) Nach der Redeeinführung (9a) Schuldvorwurf in rhetorischer Frageform (9b): die Eheleute sind übereingekommen, den Geist des Herrn zu versuchen; c) Strafankündigung (9c); d) Gottesurteil: Die Mittäterin fällt tot um (10a).
3. Schluß: a) Bestattung der Toten (10b); b) Reaktion der Mitanwesenden und aller, die die Kunde vom Geschehenen erreicht: »große Furcht« (11).

1–6: *Erster Teil: Hananias*
1–2: *Exposition*: Ein gewisser Hananias, hebr. Chananja, d.h. Gott ist gnädig, verkauft mit seiner Ehefrau Saphira, d.h. die Schöne, ein Grundstück (1). Das Ehepaar ist nur aus dieser Erzählung bekannt. Wenn die Eheleute zusammen handeln, so legt das die Annahme nahe, daß es um eine Liegenschaft geht, an der die Frau ein durch den Ehevertrag garantiertes Recht auf finanzielle Sicherstel-

---

280 Vgl. *C. Colpe*, Gemeinde, 70; *G. Lüdemann*, Christentum, 70ff. – *A. Weiser*, Apostelgeschichte I, 143f, hat einen »Grundtext« der Erzählung aus den V. 1.2b.8.4a.5a.6.5b zu rekonstruieren versucht, der seiner Meinung nach von der göttlichen Ahndung unaufrichtigen und »gemeinschaftszerstörenden Geltungsdranges« handelte und »als Lehrerzählung für die moralisch-paränetische Unterweisung gebildet« wurde.

lung aus dem Vermögen des Ehemannes für den Fall einer Ehe-
scheidung hatte.[281] Eine solche Immobilie konnte Hananias nur
mit Einwilligung Saphiras veräußern. Gab sie ihr Einverständnis,
so verzichtete sie damit auf finanzielle Sicherheit für den Fall einer
Scheidung. Nach dem Verkauf der Immobilie legt Hananias mit
Billigung seiner Ehefrau einen Teilbetrag der Einnahme beiseite
(2a). Vielleicht erhoffte sich Saphira davon, so den ihr für den Fall
des Scheiterns der Ehe zustehenden Vermögensteil zu bewahren.
Den größeren oder geringeren Rest der Verkaufssumme trägt Hananias in die Gemeindeversammlung und stellt ihn den Aposteln
als angeblichen Gesamtbetrag zur Verfügung (2b). Ob es sich um
die größere oder geringere Teilsumme handelte, wird nicht gesagt
und spielt auch für die Bewertung der Handlung keine Rolle. Die
Tat des Hananias verstößt gegen das Kollektivbewußtsein der Gruppe und wird als Unterschlagung (νοσφίζομαι) verurteilt. Diese Bewertung setzt voraus, daß die Eheleute den voraussichtlichen Ge-
samterlös aus der Veräußerung ihrer Liegenschaft vor dem Verkauf
zum Gemeinbesitz erklärt hatten.

3–5a: *Verurteilung der Tat durch Petrus und Gottesurteil*: Petrus,
der wieder als Sprecher der Apostel auftritt (1,15; 2,14; 3,4.12; 4,
8), sieht nicht auf das zu Füßen der Gemeindeleiter niedergelegte
Geld (3,6), sondern wendet sich an den Spender. Der Apostel besitzt ähnlich wie Jesus (Lk 7,49) die Gabe der Herzenskenntnis. Er
durchschaut den Täter und beurteilt dessen Handlungsweise aus
theologischer Perspektive. In rhetorischer Frageform, also ohne
Erwartung einer Antwort, wirft er dem Hananias, der während seines Auftritts stumm bleibt, vor, daß er sich vom Satan zur Lüge
gegen den Heiligen Geist anstiften ließ, als er einen Teil der Verkaufssumme beiseite legte (3). Der Satan macht als Widersacher
des göttlichen Heilswirkens durch den vom Heiligen Geist erfüllten Mann Jesus (Lk 4,1–13; 22,3) auch die aus dem Gottesgeist lebende Kirche schon in ihrer Anfangszeit zum Kampfplatz. Er ist
darauf aus, ihre Integrität von innen her zu zersetzen. Auf ähnliche Weise, wie er in Judas Iskariot fuhr, der für seinen Verrat mit
Geld belohnt wurde (Lk 22,3.5; Apg 1,18), erfüllt er hier das Herz
des Hananias, der öffentlich den Eindruck nobler Freigebigkeit und
des ungeteilten Gemeinsinns erweckte, während er einen Teilbetrag
des Erlöses beiseite legte. Die Handlungsweise, zu der er sich in
seinem am Geld hängenden Herzen entschlossen hat, entsprach widergöttlichem Vorsatz. Demgemäß schließt sie die Pflicht des Täters
ein, für seine Handlungsweise einzustehen und ihre Folgen zu tragen. Petrus appelliert, weiter rhetorisch fragend, an das Einsichts-

281 Vgl. *I. Richter Reimer*, Frauen, 30–34.

vermögen des Hananias und über ihn an die Vernunft des Lesers
(4): Der Verkauf der Liegenschaft erfolgte aus freiem Entschluß
des Eigentümers (4a). Auch über die Einnahme aus dem Verkauf
hatte der Verkäufer das uneingeschränkte Verfügungsrecht (4b).
Daß er dem Einfluß des Ungeistes nachgab, sich zum Täuschungsversuch entschloß (4c) und vorgab, der zur Verfügung gestellte
Teilbetrag sei die Gesamtsumme, ist eine Handlungsweise gegen
Gott, der sich nicht belügen läßt (4d). Mit dieser Beurteilung der
Schuld ruft der Apostel als Ankläger zugleich Gott als letzte Instanz in diesem Verfahren an. Dieser greift auch augenblicklich
verurteilend und strafend ein: Der Täter, der keine Gelegenheit erhielt, sich zu seiner Tat zu äußern, stürzt tot zu Boden (5a). Die Erklärung dieses Endes als Folge einer Leib und Seele des Hananias
treffenden Erschütterung durch die Worte des Petrus, die seine
Schande enthüllen und ihn gemeindeöffentlich bloßstellen, ist als
moderner Diagnoseversuch zu bewerten. Der Erzähler wollte nicht
darstellen, daß der Mann wegen des entdeckten Betrugs vor lauter
Scham zu Boden gesunken und unter dem Schock gestorben sei,
der die Anpassungsfähigkeit seines Organismus an die plötzliche
Extremsituation überschritt; vielmehr wollte er ein rächendes Gottesurteil berichten, das durch Petrus herbeigerufen wurde. Wer den
Heiligen Geist zu betrügen versucht und der Gemeinde heimlich
einen Teil dessen entzieht, was er ihr versprochen hat, exkommuniziert sich selbst und findet ein Ende mit Schrecken.

5b–6: *Schluß*: Die Gemeindeglieder, die Zeugen der Worte des
Apostels und ihrer Wirkung wurden, sind schockiert. Aber nicht
nur sie! »Große Furcht (φόβος μέγας) kam über alle, die es hörten« (5b). Es handelt sich um Epiphaniefurcht, d.h. um Furcht angesichts der schrecklichen Erscheinung des Göttlichen. Abschließend (6) zeigt der Erzähler, daß Hananias wirklich tot ist: Junge
Männer, die in der Gemeinde offenbar für niedere Dienste zuständig sind, treten wortlos in Aktion: Sie hüllen den Leichnam in Tü-
cher, tragen ihn aus der Gemeindeversammlung hinaus und bestatten ihn. Die Apostel und die anderen Gemeindeglieder bleiben
weiter beisammen.

7–11: *Zweiter Teil: Saphira*
7: *Exposition*: »Es geschah aber« ist ein dem Bibelstil der Erzähl-
weise gemäßes Signal dafür, daß jetzt eine neue Szene beginnt. Sie
spielt »etwa drei Stunden« nach der vorigen. Die Drei zeigt eine runde Zeit an. Lukas verwendet sie oft für ungefähre Zeitangaben (Lk
1,56; 2,46; Apg 7,20; 9,9; 17,2; 19,8; 20,3; 25,1; 28,7.11.12.17).[282]

---

282 Vgl. *G. Delling*, Art. τρεῖς κτλ., 219.

Hier bezeichnen die »etwa drei Stunden« den Zeitraum, den die
jungen Männer für die Bestattung des Hananias brauchen. Saphira
betritt die Gemeindeversammlung ohne Kenntnis vom plötzlichen
Tod ihres Ehemannes. Den Erzähler interessiert nicht, wie es dazu
kam, daß sie so lange ohne Nachricht blieb, auch keine Gelegenheit bekam, den Toten noch einmal zu sehen und ihm das letzte
Geleit zu geben. Er befaßt sich ebensowenig mit Fragen nach dem
Aufenthaltsort und Tun der Saphira während der drei Stunden, also nicht mit ihrer eventuellen Unruhe über das lange Ausbleiben
ihres Mannes, ihrer Suche nach ihm an verschiedenen Orten der
Stadt usw. Lukas lenkt vielmehr die gespannte Aufmerksamkeit
des Lesers sofort auf das, was geschieht, als sie als Mitwisserin der
verwerflichen Handlungsweise des Hananias die Szene betritt.

8–10a: *Verhör, Verurteilung und Gottesurteil*: Kaum ist Saphira
eingetreten, da eröffnet Petrus das Verhör (8a.b). Anders als ihr
Mann erhält sie die Gelegenheit zu einer Stellungnahme. Die Ver-
hörfrage zielt auf den Beweis einer Mitschuld der Ehefrau ab. Saphira soll Auskunft darüber geben, ob Hananias und sie die Liegenschaft tatsächlich für die Summe verkauft haben, die unangetastet
dort liegt, wo ihr Mann sie deponiert hatte (2). Saphira bestätigt,
daß es sich um die Gesamtsumme des Verkaufs handele (8c.d). Sie
hat sich so als Mitwisserin und Mittäterin entlarvt. Petrus beschul-
digt sie daraufhin in rhetorischer Frageform und also auch in ihrem Fall ohne Erwartung einer weiteren Stellungnahme ihrer Beteiligung an der Provokation des Heiligen Geistes (9a.b). Damit hat
auch Saphira sich selbst aus der Gemeinde ausgeschlossen. Prophetisch kündigt Petrus der Frau ihren unmittelbar bevorstehenden Tod an; er verbindet damit die Nachricht über das erfolgte
Begräbnis ihres Ehemannes (9c). Auf diese Schreckensnachricht
hin fällt Saphira tot vor die Füße des Apostels (10a), dorthin, wo
ihr Mann das Geld niedergelegt hatte (2).

10b–11: *Schluß*: Wie von Petrus angekündigt (9b), treten die
vom Begräbnis des Hananias zurückkehrenden jungen Männer
wieder in die Versammlung ein. Wortlos gehen sie erneut an die
Arbeit, tragen die Leiche der Saphira hinaus und bestatten sie an
der Seite ihres Mannes (10b). Über die versammelte »Gemeinde«
(ἐκκλησία),[283] die sich als *familia Dei* ihrer besonderen Rolle im
jüdischen Volk bewußt ist, und weiter über jedermann, der Kunde
von dem schrecklichen Geschehen erhält, kommt »große Furcht«

---

283 Lukas verwendet hier das Wort für »die neue Volksgemeinde Gottes« (*G.
Stählin*, Apostelgeschichte, 85) zum ersten Mal. Vgl. 8,1.3; 9,31; 11,22.26;
12,1.5; 13,1; 14,23.27; 15,3.4.22; 15,3.4.22.41; 16,5; 18,22; 19,32.39.40;
20,17.28.

angesichts dieser erschreckenden Epiphanie des Heiligen Geistes. Furcht vor dem Verfall und der Verderbnis der Heiligkeit in der Gemeinde zu verbreiten, ist das Ziel der Erzählung. Sie ist ohne einen Hauch von Erbarmen mit denjenigen Sündern erzählt, die vorsätzlich grob gegen den vom Heiligen Geist bestimmten christlichen Gemeingeist verstoßen.

Aufsehen erregende Wunder durch die Apostel und weiteres Wachstum der Gemeinde 5,12–16

[12]Durch die Hände der Apostel aber geschahen viele Zeichen und Wunder im Volk. Und sie waren alle einmütig in der Halle Salomos. [13]Von den übrigen aber wagte niemand, engen Kontakt mit ihnen zu suchen; doch rühmte sie das Volk. [14]Aber noch mehr wurden solche hinzugefügt, die an den Herrn glaubten, Scharen von Männern und auch Frauen, [15]so daß man die Kranken auch auf die Straßen hinaustrug und sie auf Betten und Bahren legte, damit, wenn Petrus käme, wenigstens sein Schatten einen von ihnen träfe.[284] [16]Die Menge kam aber auch aus den Städten um Jerusalem zusammen; und sie brachten Kranke und von unreinen Geistern Geplagte, die allesamt geheilt wurden.

Kontext: Hatte der zweite Sammelbericht in 4,32–35 über den Gnadenstand der Gemeinde vor allem die Gütergemeinschaft akzentuiert, so stellt dieser dritte und letzte vor allem das durch ihre Wundertätigkeit (12a; 2,43; 4,33) erworbene hohe Ansehen der Apostel und besonders des Petrus heraus (15–16). Die Aussagen über ihren einmütigen Aufenthalt im Tempel, speziell in der Halle Salomos (12b; 2,44.46), das hohe Ansehen bei der Bevölkerung (13; 2,43.47) und das weitere Wachstum der Gemeinde (14; 2,47) wiederholen großenteils früher Gesagtes. Allerdings scheint dabei auch mancher so noch nicht beleuchtete Aspekt auf, der bei der Einzelauslegung besonders beachtet wird. Insgesamt dient der Sammelbericht der Überleitung vom Bericht und der Erzählung über Interna des Gemeindelebens (4,32–35.36–37; 5,1–11) zur Darstellung einer erneuten Verfolgung der Apostel (5,17–42).

12: Die Gemeinde hat nach 4,30 »Heilung und Zeichen und Wunder durch den Namen ... Jesu« erbeten. Die Bitte ist erhört

---

284   Ein ›westlicher‹ Textzeuge fügt an: »Sie kamen nämlich los von aller Krankheit, wie sie jeder von ihnen hatte.« Andere Zeugen dieser Version ergänzen: »und damit sie errettet würden von aller Krankheit, von aller Krankheit, die sie hatten.« Beide Texterweiterungen erklären, wie wirksam der Schatten des Petrus für die Heilung suchenden Menschen ist, so daß alle ihn suchen. Vgl. *C.K. Barrett*, Acts I, 276; *P. Head*, Acts, 436; *B.M. Metzger*, Textual Commentary, 330; *G. Schneider*, Apostelgeschichte I, 378, Anm. f.

worden. »Viele Zeichen und Wunder« geschehen »durch die Hände der Apostel ... im Volk« (12a). Alle Apostel hielten sich regelmäßig und einmütig in der Halle Salomos auf (12b), wo auch Petrus und Johannes nach der Heilung des Gelähmten gelehrt hatten (3,11–12) und festgenommen worden waren (4,1–3). Die Einmütigkeit bezieht sich gewiß auf die öffentliche Predigt und Lehre, die der Zweck ihres Tempelaufenthaltes ist (3,11–12; 5,18. 20–21. 25.42).

13–14: Die »übrigen«, d.h. die nichtchristlichen Hörer, halten Distanz zu den hoch angesehenen Aposteln (13a). Die Zurückhaltung ist nach der Kunde vom Schicksal des Hananias und der Saphira (1–11) verständlich und Ausdruck der berichteten »großen Furcht« (11). Die Apostel erscheinen in der Bevölkerung als Träger heiliger Macht, denen man nicht zu nahe treten darf. Man begegnet ihnen in einer Haltung ehrfürchtiger Beklommenheit. Dazu paßt, daß die Bevölkerung die Apostel rühmt (13b). Die Gemeinde wächst trotz der Angst der Leute weiter, engen Kontakt mit den Aposteln zu suchen. Die Zunahme der Mitglieder infolge der Predigt und Wundertaten der Apostel, die Gott wirkt, ist auch Gottes Werk, wie Lukas durch die Verwendung des *passivum divinum* zum Ausdruck bringt: »Es wurden hinzugefügt (προσετίθεντο), die an den Herrrn glaubten, Scharen von Männern und auch Frauen« (14).

15–16: Derart hoch ist das Ansehen der Apostel und besonders die auf Petrus gerichtete Erwartung, daß man sogar die Kranken auf die Straßen hinausträgt, die dieser gewöhnlich passiert. Man läßt sie draußen auf ihren Bahren und Matten auf den vorbeigehenden Apostel warten, damit wenigstens sein Schatten auf sie falle und diese minimale Fühlungnahme mit dem Wundertäter ihnen Heilung bringe (15). Ähnlich wurde schon Mk 6,56 von der Wirkung Jesu auf die Menschen in der Landschaft Gennesaret berichtet. Lukas hat im Evangelium jenen Sammelbericht übergangen. Petrus gilt den Leuten als »Gottesmann« (θεῖος ἀνήρ), der heilige Macht und Kraft ausströmt. Die von ihm in 3,12.16 vollzogene Abgrenzung gegen diesen Typ des Wundermannes ist vergessen. Der Schatten gehört zur Persönlichkeit und kann dementspechend etwas von der wirksamen Wunderkraft auf andere übertragen. Der Ruf des Petrus dringt über Jerusalem hinaus. Auch aus den Nachbarstädten strömt die Menge herbei (16a). Man bringt von auswärts Kranke und Besessene herbei (16b). Die in die Apostel gesetzte und besonders auf Petrus gerichtete Erwartung wird nicht enttäuscht. Alle Kranken werden geheilt (16c). Wie früher die Menschen aus Palästina und den angrenzenden Gebieten zu Jesus geströmt waren, um ihn zu hören und von seiner Heilkraft sowie seiner exorzistischen Vollmacht zu profitieren (Lk 5,15; 6,17–19),

so vertrauen sie jetzt Kranke und Besessene den Aposteln an.[285]
Noch bevor Missionare aus Jerusalem aufbrechen, suchen Menschen aus dem Umland Kontakt mit den Aposteln in der Stadt.

**Verschärfter Konflikt:
Die Apostel vor dem Hohen Rat
5,17–42**

[17]**Es erhob sich aber der Hohepriester und sein ganzer Anhang, die Partei der Sadduzäer, voller Eifersucht,** [18]**und legten Hand an die Apostel und warfen sie ins Staatsgefängnis.** [19]**Ein Engel des Herrn aber öffnete nachts die Gefängnistüren, führte sie hinaus und sprach:** [20]**»Geht, tretet im Tempel auf und sagt dem Volk alle Worte dieses Lebens!«** [21]**Als sie das gehört hatten, gingen sie im Morgengrauen in den Tempel und lehrten.
Es fanden sich aber der Hohepriester und sein ganzer Anhang ein, beriefen den ganzen Hohen Rat, das heißt die ganze Ältestenschaft der Söhne Israels, ein und schickten zum Gefängnis, um sie vorführen zu lassen.** [22]**Als aber die Diener hinkamen, fanden sie sie nicht im Gefängnis. Sie kehrten aber zurück und meldeten:** [23]**»Wir fanden das Gefängnis aufs sicherste verschlossen und die Wachen an den Türen stehen. Als wir aber öffneten, fanden wir drinnen niemanden.«** [24]**Als aber der Tempelhauptmann und die Hohenpriester diese Worte hörten, gerieten sie ihretwegen in Verlegenheit, wohin dies führen würde.** [25]**Da kam aber jemand und meldete ihnen: »Siehe, die Männer, die ihr ins Gefängnis geworfen habt, stehen im Tempel und lehren das Volk.«** [26]**Da ging der Tempelhauptmann mit den Dienern hin und führte sie ab, nicht mit Gewalt, denn sie fürchteten sich vor dem Volk, sie könnten gesteinigt werden.**
[27]**Sie führten sie also vor und stellten sie vor den Hohen Rat. Und der Hohepriester befragte sie** [28]**und sprach: »Haben wir euch nicht streng befohlen, nicht unter Berufung auf diesen Namen zu lehren? Und siehe, ihr habt Jerusalem mit eurer Lehre erfüllt und wollt das Blut dieses Menschen über uns bringen.«** [29]**Petrus aber und die Apostel entgegneten: »Man muß Gott mehr gehorchen als den Menschen.** [30]**Der Gott unserer Väter hat Jesus auferweckt, den ihr umgebracht habt, indem ihr ihn ans Holz hängtet.** [31]**Diesen hat Gott zum Anführer und Retter zu seiner Rechten erhöht, um Israel Umkehr und Vergebung der Sünden zu schenken.** [32]**Und wir sind Zeugen dieser Ereignisse und**

---

285   Vgl. *G. Stählin*, Apostelgeschichte, 86f.

der Heilige Geist, den Gott denen gegeben hat, die ihm gehorchen.« [33]Als sie das aber hörten, ergrimmten sie und wollten sie
umbringen.

[34]Da stand aber im Hohen Rat ein Pharisäer namens Gamaliel
auf, ein beim ganzen Volk angesehener Gesetzeslehrer, befahl,
die Leute für kurze Zeit hinauszubringen, [35]und sprach zu ihnen
(= den Mitgliedern des Hohen Rats):»Ihr israelitischen Männer,
seht euch bei diesen Leuten vor, was ihr tun wollt! [36]Denn vor
diesen Tagen stand Theudas auf und behauptete, er sei etwas;
dem schloß sich eine Zahl von etwa vierhundert Männern an. Er
wurde getötet, und alle, die ihm folgten, wurden zerstreut und
vernichtet. [37]Nach ihm stand Judas, der Galiläer, in den Tagen
der Steuerschätzung auf und brachte einen Volkshaufen zum
Aufruhr hinter sich. Auch er kam um, und alle, die ihm folgten,
wurden zerstreut. [38]Und nun sage ich euch: Steht ab von diesen
Leuten und laßt sie! Denn wenn dieses Unterfangen oder dieses
Werk von Menschen sein sollte, so wird es zunichte werden;
[39]wenn es aber von Gott ist, werdet ihr sie nicht vernichten können. Ihr möchtet sonst gar als Kämpfer gegen Gott erkannt werden.« Sie ließen sich aber von ihm überreden [40]und riefen die
Apostel herbei, ließen sie geißeln, befahlen ihnen, nicht unter Berufung auf den Namen Jesu zu lehren und ließen sie frei.

[41]Sie aber gingen vom Hohen Rat weg voll Freude darüber, daß
sie gewürdigt worden waren, für den Namen (Jesu) Schmach zu
leiden. [42]Und sie ließen nicht ab, Tag für Tag im Tempel und in
den Häusern zu lehren und den Christus Jesus als Evangelium
zu verkündigen.

Kontext: In der Erzählung wird 4,1–22 mit der Festnahme des Petrus und Johannes und dem Verhör vor dem Hohen Rat vorausgesetzt, das auf ein Predigtverbot
hinauslief. Die Geschichte, eine Parallelkomposition des Autors, enthält insofern eine Steigerung, als jetzt alle Apostel festgenommen und verhört werden.
Auch das Vorgehen gegen sie ist härter als in Kap. 4: Man ist nahe daran, sie umzubringen (33) und läßt sie am Ende auspeitschen (40). Die Erzählung setzt zugleich den Sammelbericht von 5,12–16 mit seiner Darstellung der Apostel als
von der Bevölkerung mit ehrfurchtsvoller Scheu angesehene, im Tempel lehren-
der und wundertätiger »Gottesmänner« voraus. Sie werden aus Eifersucht durch den
von den Sadduzäern dominierten Hohen Rat verfolgt, der sich ihnen gegenüber
jedoch als eigentümlich machtlos erweist: Ein Engel befreit sie nächtens aus dem
Gefängnis, damit sie ihre Lehrtätigkeit im Tempel fortsetzen können (19–20),
und ein angesehenes Ratsmitglied, der Gesetzeslehrer Gamaliel von der Pharisä-
erpartei, kann durch seine Argumentation das Gremium davon überzeugen, die
Apostel laufen zu lassen. Diese beachten die mit der Freilassung verbundene Auf-
lage nicht (34–40).

Traditionshintergrund: Die wunderbare Gefangenenbefreiung könnte eventuell auf
einer Traditionsvariante der Überlieferung von der Befreiung des Petrus aus dem

Kerker (12,4–10) beruhen;[286] auch der Rat des Gamaliel (38–39) kann in Jerusalem tradiert worden sein.[287] Im übrigen gilt die Perikope ganz überwiegend als Komposition des Lukas.[288] Er führt den Leser durch Steigerung und Variation der schon in 4,1–22 angesprochenen Konfliktthematik dem Gewaltausbruch entgegen, der in 6,8–8,3 zum Märtyertod des Stephanus und anschließender Verfolgung einer Gemeindegruppe führt.

Feingliederung[289]
1. Exposition (17–18): a) Auftritt der Gegner (17); b) Einkerkerung der Apostel (18).
2. Befreiungswunder (19–21a): a) Befreiung durch einen Engel (19); b) Auftrag zur Lehrtätigkeit im Tempel (20); c) Gehorsam der Apostel (21a).
3. Überleitung (21b–26): a) Eingangsteil mit ansteigender Spannung: (21b–24): α) Aussendung von Dienern zwecks Vorführung der Apostel aus dem Gefängnis (21b); β) Die Diener finden das Gefängnis leer und erstatten Meldung (22–23); γ) Verlegenheit der Auftraggeber (24); b) Die Wende: Lösung der Spannung (25–26): α) Meldung über den Aufenthaltsort der Apostel (25); β) Gewaltfreie Vorführung der Apostel (26).
4. Gerichtsverhandlung (27–40): a) Verhör der Apostel (27–33): α) Anklage des Hohenpriesters (27–28); β) Zeugnis des Petrus im Namen der Apostel (29–32); γ) Wütende und für die Apostel lebensbedrohliche Reaktion des Hohen Rates (33); b) Zum Teil erfolgreicher Einspruch Gamaliels (34–40): α) Die Intervention (34); β) die Argumentation (35–39b); γ) die Reaktion des Hohen Rates: Auspeitschung und Freilassung der Apostel unter Erneuerung des Predigtverbots (39c–40).
5. Schluß (41–42): Reaktion der Apostel: a) Freude wegen des Leidens um Jesu willen (41); b) Mißachtung des Predigtverbots durch kontinuierliche Fortsetzung der Evangeliumsverkündigung (42).

17–18: *Exposition*: Wie schon in 4,1–3 geht auch jetzt die Initiative zu einer Gewaltmaßnahme gegen die Apostel vom Hohenpriester und seinem Anhang, der Partei (αἵρεσις) der Sadduzäer, aus. Diese waren nach 4,2 wegen der Auferstehungsbotschaft der Apostel aufgebracht. Jetzt neiden sie ihnen den Erfolg ihrer trotz Verbotes und Drohung (4,17.21) fortgesetzten Evangelisation bei der Bevölkerung (5,12–16). Wieder gehen sie gegen die Apostel vor, jetzt nicht nur gegen zwei von ihnen, sondern gegen alle, und lassen sie »ins Staatsgefängnis« (τήρησις δησμονία, lat. *custodia publica*) werfen. Der Leser soll sich schwere Haft und sichere Verwahrung vorstellen (16,24).

286 Vgl. die Kommentare von *G. Stählin*, 95f; *R. Pesch*, I, 213; *J. Zmijewski*, 258–262.
287 Vgl. *J. Roloff*, Apostelgeschichte, 100f. *R. Pesch*, Apostelgeschichte I, 213 nimmt an, daß der Kernbestand von 5,27–42 auf Überlieferung beruht, deren Umfang nicht mehr zu bestimmen sei.
288 Vgl. z.B. die Kommentare von *C.K. Barrett*, I, 281f; *E. Haenchen*, 249–252; *G. Lüdemann*, 78f; *W. Schmithals*, 59; *G. Schneider*, I, 517f; *A. Weiser*, I, 154–159.
289 Vgl. *R. Kratz*, Rettungswunder, 450ff; *O. Weinreich*, Gebet, 153f; die Kommentare von *R. Pesch*, I, 210ff; *A. Weiser*, I, 153f; *J. Zmijewski*, 257f.

19–21a: *Das Befreiungswunder*: Die Befreiung erfolgt wie üblich bei Nacht durch eine wunderbare Öffnung der Gefängnistüren (12,6–11; 16,26–27). »Ein Engel des Herrn«, die personifizierte Schutzmacht Gottes für sein Volk, führt die Apostel aus dem Kerker ins Freie (19). Selbstverständlich hat der Engel die Tür wieder geschlossen. Aber das interessiert an dieser Stelle noch nicht, sondern erst dann, wenn es um die Bestätigung des Wunders geht (23). Die rettende Engelerscheinung, die hier im Unterschied zu 12,6–11 nur knapp und relativ farblos erzählt wird, zeigt dem Leser, daß Gott Partei für die predigenden Apostel ergreift. Die Verkündigung der Christusbotschaft und ihre Ausbreitung kann nicht dadurch unterbunden werden, daß man die Boten hinter Kerkertüren wegschließt. Der Engel weist die Apostel an, wieder im Tempel aufzutreten und dem Volk zu predigen (20). Als Predigtinhalt nennt er »alle Worte dieses Lebens« (πάντα τὰ ῥήματα τῆς ζωῆς ταύτης). »Das Leben« ist Gottes Auferweckung Jesu Christi, der als »der Anführer des Lebens« verkündigt wird (3,15), und die durch die Annahme der Christusbotschaft eröffnete Chance der Lebenserneuerung aus Gott. Es geht also um die Verkündigung, die der Leser aus den bisherigen Apostelreden kennt. Die Apostel befolgen die Anweisung umgehend (21a). Schon »im Morgengrauen« begeben sie sich wieder zum Lehren in den Tempel (21a). Dort erwarten sie, Hörer anzutreffen. Lukas wird an Salomos Säulengang gedacht haben (3,11; 5,12). Die Apostel mißachten so fortgesetzt das ihnen auferlegte Predigtverbot und zeigen, daß man eher auf Gott als auf Menschen hören muß (4,19; 5,29).

21b–24: *Die Verlegenheit des Hohen Rates*: Am Morgen finden sich auch der Hohepriester und sein sadduzäischer Anhang wieder ein (21b). Als Ort der Handlung muß man sich wohl den hohepriesterlichen Palast vorstellen. Lukas erklärt dem nichtjüdischen Leser mit einem explikativen »und« (καί) im Sinne von »das heißt« den Hohen Rat in Analogie zum römischen Senat als Ältestenrat der Israeliten (Ex 12,21; 1Makk 12,6. 35; 2Makk 1,10).[290] Das, was jetzt folgt, hat für den Leser, der weiß, wo die Apostel sich aufhalten, komische Züge. Man schickt Gerichtsdiener zum Gefängnis, um die Apostel vorzuführen (21c). Die Diener finden die Inhaftierten nicht im Kerker (22a). Nach Rückkehr zu ihren Auftragge-

---

290   Vgl. unter den neueren Kommentatoren nach *G. Stählin*, 89 und *H. Conzelmann*, 41, der die explikative Deutung des καί (und) für möglich gehalten hat, jetzt *C.K. Barret*, 285 und *J. Zmijewski*, 265 gegen die Mehrheitsmeinung, Lukas habe mangels näherer Kenntnis der Jerusalemer Verhältnisse neben dem Richterkollegium des Hohen Rates an einen Ältestenrat gedacht (so z.B. die Kommentare von *O. Bauernfeind*, 91; *E. Haenchen*, 243f; *R. Pesch*, I, 214; *J. Roloff*, 102; *G. Schneider*, I, 390f).

bern melden sie, daß sie das Gefängnis fest verschlossen vorfanden und die Wachen ordnungsgemäß an den versperrten Türen stehen sahen; das Innere des Kerkers war aber leer (23). Die Informationen gehen über das in den V. 18 und 22 Mitgeteilte hinaus. Sie dienen zur Bekräftigung des ereigneten Wunders. Der Bericht der Diener versetzt die Auftraggeber, den Tempelhauptmann als Kommandeur der Tempelwache, und die Mitglieder der Priesteraristokratie, die anders als der Leser nicht eingeweiht sind und im übrigen als Sadduzäer von Engeln nichts halten (23,8), in peinliche Verlegenheit (24).

25–26: *Die Wende*: Zur Überraschung der ratlosen Oberen tritt ein Bote ein und meldet, daß die gesuchten Häftlinge »im Tempel stehen und das Volk lehren« (25). Man muß sie von dort zur Verhandlung holen. Der Tempelhauptmann begibt sich persönlich mit seinen Leuten zwecks Vorführung der Apostel in den Tempel. Bei der Festnahme muß man behutsam vorgehen, um die den Predigern wohlgesonnene Bevölkerung nicht zu provozieren und das Risiko gering zu halten, vom anwesenden Volk gelyncht zu werden (26).

27–40: *Die Verhandlung gegen die Apostel vor dem Hohen Rat*
27–28: *Schuldvorwurf des Hohenpriesters*: Lukas berichtet kurz von der Vorführung der Apostel (27a). Er setzt stillschweigend voraus, daß sie freiwillig mitgegangen sind. Jetzt stehen sie vor dem Hohen Rat, dessen Mitglieder wohl im Halbkreis um sie herum sitzen. Der Hohepriester als Verhandlungsleiter erinnert die Apostel zuerst in rhetorischer Frageform an das ihnen erteilte strenge Verbot, »unter Berufung auf diesen Namen zu lehren« (28a; 4,17–18. 21). Den Namen Jesu nimmt der Vorsitzende wie früher die Ratsherren (4,17) jetzt und auch künftig nicht in den Mund. Er ist für die Repräsentanten Jerusalems ein berüchtigter und verworfener Name. Der Hohepriester hält den Aposteln vor, Jerusalem mit ihrer Lehre »erfüllt« zu haben (28b) und bestätigt so den Erfolg der Christusbotschaft unter der Bevölkerung. Schließlich wirft er ihnen vor, sie hätten die Absicht, »das Blut dieses Menschen über uns (zu) bringen« (28c). Damit reagiert er darauf, daß Petrus dem Hohen Rat die Schuld an der Hinrichtung Jesu angelastet hat (4,10). Er unterstellt, die Apostel seien auf Rache für den Tod Jesu aus.
29–33: *Zeugnis des Petrus und Reaktion des Hohen Rates*: Auf die Anklage antworten »Petrus und die Apostel«, d.h. Petrus als Sprecher der Apostel. Er geht nur kurz auf den Vorwurf der Übertretung des Predigtverbots ein (29b). Dabei wiederholt er den früher (4,19) in Form einer rhetorischen Frage geltend gemachten Grundsatz jetzt apodiktisch: »Man muß (δεῖ) Gott mehr gehorchen

als den Menschen« (vgl. Mt 10,28). So als Handlungsmaxime formuliert, kommt der Satz dem Ausspruch des Sokrates vor seinen Athener Richtern nach Platons »Apologie« sehr nahe: »Gehorchen ... werde ich dem Gotte mehr als euch« (πείσομαι δὲ μᾶλλον τῷ θεῷ ἢ ὑμῖν, Apol 29d).[291] Wenn Gottesgebot und Menschengebot einander widersprechen, hat die göttliche Weisung Vorrang. Lukas wird die Anspielung auf Sokrates, der sich in der Situation des Angeklagten als Bekenner bewährt, mit Bedacht hier plaziert haben. Den Anklagepunkt, auf Vergeltung für den Tod Jesu zu sinnen, übergeht der Apostelsprecher. Der Leser kennt das Schicksal Jerusalems. Es ist nicht nötig, auf diesen absurden Vorwurf einzugehen. Petrus wiederholt vielmehr formelhaft konzentriert den Hauptinhalt des Gottes- und Christuszeugnisses in den an Juden adressierten Predigten (2,22–36; 3,12–26; 4,8–12): Gott, der vor dem Hohen Rat als oberster jüdischer Religionsbehörde bewußt als »der Gott unserer Väter« (3,13; 22,14) bezeichnet wird, »hat Jesus auferweckt« (30a; 3,15; 4,10; 10,40; 13,30.37) und ihn »zum Anführer (ἀρχηγός) und Retter (σωτήρ) zu seiner Rechten erhöht« (31a). So hat Gott an Jesus gehandelt, »den ihr umgebracht habt, indem ihr ihn ans Holz hängtet« (30b; 2,23.36; 3,13–15; 4,10; vgl. Dtn 21,22). Wie schon in 2,36 ist die Aussage über Jesu Tötung durch Menschen der seiner Auferweckung durch Gott nachgestellt. Die Formulierung enthält eine Anspielung auf Dtn 21,22.[292] Die in Dtn 21,22–23 genannte Exekutionsform wurde bei Hoch- und Landesverrat angewandt. Ein so Hingerichteter galt als von Gott verflucht und war aus dem Volk ausgeschlossen. Hier wirkt der Vorwurf an den Hohen Rat, Jesus als Kapitalverbrecher behandelt und verworfen zu haben, in seiner formelhaften Verdichtung extrem zugespitzt. Die Erhöhung Jesu zur Rechten Gottes geschah, »um Israel Umkehr und Vergebung der Sünden zu schenken« (31b). Gottes Angebot einer Gelegenheit zur Umkehr mit dem Ziel der Vergebung gilt unverändert. Dafür stehen die Apostel als »Zeugen dieser Ereignisse« (32a). Zusammen mit ihnen wird (nach Lk 24, 48–49 und wie Apg 8,32–36) als Zeuge genannt »der Heilige Geist, den Gott denen gegeben hat, die ihm gehorchen« (32b). Der Autor erinnert den Leser durch den Redner an das Pfingstgeschehen (2,1–13) und dessen Aktualisierung als Erhörung des Gemeindegebetes nach dem ersten Verhör der Apostel Petrus und Johannes vor dem Hohen Rat (4,31). Beide Male war der Geist direkt in Aktion. Seine Charakterisierung als »Zeuge« bereitet den Leser aber auch auf Geistesbekundungen vor, die sich beim Übergang zur

---

291   Platon, Werke II, 36f (*F. Schleiermacher*).
292   Vgl. *M. Rese*, Motive 115f.

Völkermission und in deren Verlauf ereignen werden (8,29.39; 10,44; 13,2; 15,28; 16,6).[293] Generell und besonders auch in der aktuellen Situation ermöglicht und trägt der Heilige Geist das Zeugnis der Apostel. Er verbürgt dessen Wahrheit; er ermächtigt und ermutigt die Apostel, sie auch in der Rolle von Angeklagten vor dem Hohen Rat couragiert auszusprechen. Damit, daß sie den von Gott auferweckten und erhöhten Jesus als »Anführer und Retter« öffentlich bezeugen, zeigen sie mit ihrer Unerschrockenheit (παρρησία) nicht allein mannhaften Mut (ἀνδρεία, *fortitudo*), sondern sie erweisen sich zugleich als diejenigen, die Gott gehorchen. So kommt das jetzige Zeugnis zum Schluß (32b) wieder auf seinen Anfang (29b) zurück. Es führt in diesem Augenblick zur Selbstentlarvung der Gegner und bringt deren Herzensgedanken an den Tag (Lk 2,34–35): Der Hohepriester und die Ratsherren aus seinem sadduzäischen Anhang verlieren die Selbstbeherrschung. Sie reagieren derart wütend, daß Gefahr für Leib und Leben der Apostel besteht: Man droht, sie zu lynchen (33; vgl. 7,54–60).

34–39: *Der Einspruch Gamaliels*
34: *Die Intervention*: In diesem hochdramatischen, von Erregung und tumultuarischem Lärm erfüllten Augenblick erhebt sich der hochangesehene Gesetzeslehrer Gamaliel zum Reden. Er gehört zur pharisäischen Frömmigkeitsrichtung und steht gemäß der für Pharisäer charakteristischen Hoffnung auf die Totenauferweckung den Aposteln näher als die Sadduzäer (23,6–8). Mit ihm erhebt die Vernunft ihre Stimme. Es handelt sich um Gamaliel I. Er wirkte von etwa 25–50 n.Chr. in Jerusalem und wird zur Unterscheidung von seinem Enkel, Gamaliel II. (etwa 80–120 n. Chr.), auch »der Alte« genannt. Über ihn heißt es in der Mischna: »Mit dem Tode Rabban Gamaliels, des Alten, hörte die Ehrfurcht vor dem Gesetz auf und starben Reinheit und Enthaltsamkeit« (Sota 9,15).[294] Nachdem Lukas den Mann vorgestellt hat (34a), charakterisiert er die ihm zugemessene Autorität dadurch, daß er ihn in der kritischen Situation mit seiner Intervention faktisch die Leitung des durch das Zeugnis des Petrus außer Rand und Band geratenen Kollegiums übernehmen läßt: Gamaliel ordnet an, daß man die Angeklagten vorübergehend aus dem Sitzungssaal führt (34b) und sie damit aus der Zone unmittelbarer Lebensgefahr bringt. So geschieht es.

35–39b: *Gamaliels Plädoyer*
Gliederung: Die Rede beginnt mit einer Mahnung zu besonnenem Umgang mit den Aposteln (35). Diese wird sodann durch zwei

---

293   Vgl. *W.H. Shepherd Jr.*, Function, 174f.
294   Bill. II, 639. Vgl. ebd., 636ff; *W. Radl*, Art. Γαμαλιήλ, 563f.

zeitgeschichtliche Erfahrungsbeispiele unterstützt (35–37). Das
schlußfolgernde Fazit, der ›Rat des Gamaliel‹, die Christen zu tole-
rieren (38a–39b), entspricht dem Plädoyer des Lukas für die Duldung der Christen durch Juden und Römer.

35–37: *Einleitende Mahnung, Erinnerung an Theudas und Judas Galiläas:* In der unter Ausschluß der Angeklagten fortgesetzten Sitzung läßt Lukas den Gamaliel zunächst Vorsicht beim Umgang mit »diesen Leuten« anmahnen (35). Gamaliel rät zur Beson-
nenheit und unterstützt seine Warnung vor unbedachtem Vorgehen
gegen sie durch zwei zeitgeschichtliche Beispiele. Er erinnert zunächst an einen gewissen Theudas, der angeblich »vor diesen Tagen« sich erhob »und behauptete, er sei etwas« (36a). Dieser Theudas brachte einen Anhang »von etwa vierhundert Männern« hinter
sich (36b). Nach der Tötung des Anführers war es auch um seine
Anhängerschaft geschehen (36c). – Hier liegt ein Anachronismus
vor. Der von Josephus (Ant XX 97–99)[295] als Betrüger und Volks-
verführer angesehene Theudas erhob sich erst während der Amtszeit des Statthalters *Cuspius Fadus* (44–46 n.Chr.) und damit um
mehr als ein Jahrzehnt nach der Zeit, zu der Lukas die Gamaliel-
Rede ansetzt. Theudas verstand sich als endzeitlicher Prophet gemäß Dtn 18,15–18. Er erhob vermutlich Anspruch auf das Amt
des Messias oder wurde von seinen Anhängern für den Messias
gehalten und brachte eine Menschenmenge hinter sich, die unter
Mitnahme ihrer beweglichen Habe zum Jordan zogen, den ihr Anführer – wie einst Josua (Jos 3,9–17) nach dem Vorbild der Spaltung des Schilfmeeres durch Mose (Ex 14,21–22) – mit seinem
Machtwort teilen wollte, um seine wahrscheinlich bewaffnete Ge-
folgschaft trockenen Fußes durch den Fluß und gegen die Römer
zu führen. Doch die von Fadus ausgesandte römische Reiterei
überfiel den Volkshaufen auf dem Weg dorthin und zersprengte
ihn. Der gefangengenommene Anführer wurde enthauptet. – Der
an zweiter Stelle genannte Galiläer Judas trat in Wirklichkeit etwa
40 Jahre vor Theudas auf, und zwar »in den Tagen der Steuerschätzung« (6 n.Chr.), wie Lukas historisch richtig feststellt (37a).
Die Lk 2,1–3 erwähnte Volkszählung zur Steuerschätzung fand
unter *P.S. Quirinius,* dem kaiserlichen Legaten der Provinz Syrien,
statt. Sie löste von Galiläa aus eine antirömische Volksbewegung
aus. Damals wurde der rhetorisch begabte und schriftgelehrte Judas Galiläus Begründer der radikal theokratisch gesonnenen zelo-
tischen Bewegung. Die Zeloten kämpften mit ›heiligem Eifer‹ für
die Durchsetzung einer radikalen Theokratie (Josephus: Bell VII,

---

295   Vgl. Josephus, Jüdische Altertümer II, 650f; *M. Hengel,* Zeloten, 235f.

433; Ant XVIII,23; XX,102).[296] Vermutlich erhob Judas Galiläus einen messianischen Anspruch. Zumindest hat Lukas ihn für einen Anwärter auf das Amt des Messias gehalten. Nach Lukas kam er um; seine Anhängerschaft wurde zerstreut (37b). Ob er das gleiche Schicksal erlitt wie später Theudas, ist nicht bekannt. Josephus schweigt über sein Ende. Die von Judas Galiläus begründete national-religiöse Aufstandsbewegung wuchs aber in urchristlicher Zeit mächtig an, löste 66 n.Chr. den Jüdischen Aufstand aus und wurde erst mit dessen Niederschlagung vernichtet. Der Krieg lag zur Zeit der Abfassung der Apostelgeschichte schon länger zurück. Auf die Zeit der Erstleser des Lukas bezogen, stimmt die Angabe, daß die Reste der einst von Judas Galiläas gegründeten Bewegung zerstreut wurden (37b). Das Scheitern des Theudas (36c), des Judas Galiläus und der von ihnen initiierten Bewegungen hat ihren Anspruch als vermessen erwiesen (Dtn 18,20–22; 1Kön 22,18–28; Jer 28,9; 2Petr 1,21; 2,1). Gamaliel zeigt das Ende der beiden in passivischer Formulierung (*passivum divinum*) an. Seine Hörer sollen verstehen, daß Gott als Herr der Geschichte gehandelt hat. Um Gottes Geschichtsmacht geht es auch in der abschließenden Mahnung.

38–39b: *Gamaliels Rat*: Aufgrund der Erfahrung mit den zuvor genannten Aufstandsbewegungen rät Gamaliel auf dem Höhepunkt seiner Rede, von einer Verfolgung der Apostel und ihrer Leute Abstand zu nehmen, vielmehr abzuwarten und sie gewähren zu lassen (38a). Die im *parallelismus membrorum* formulierte Begründung (38b–39a) enthält die aus der Argumentation mit den historischen Beispielen gewonnene Erkenntnis: Wenn die Jesus-Bewegung und besonders die im Zeugnis der Apostel gegenwärtig gehaltene Sache (30–32) Menschenwerk ist, so geht sie zugrunde (38b); ist diese Sache aber von Gott selbst in Gang gebracht und autorisiert, so ist jeder Kampf gegen sie vergeblich (39a). Eine ähnlich formulierte und Rabbi Jochanan, dem Sandalenmacher (um 140 n.Chr.), zugeschriebene Einsicht findet sich in der Mischna: »Jede Versammlung, die um Gottes willen (ohne selbstische Nebenzwecke) stattfindet, wird schließlich (Bestand) Erfolg haben, aber die nicht um Gottes willen stattfindet, wird schließlich nicht Bestand haben« (Aboth 4,11).[297] Abschließend (39b) kommt Gamaliel auf die Eingangsmahnung zurück, beim Umgang mit »diesen Leuten«

---

296   Vgl. Josephus, De Bello Judaico I, 269; Josephus, Jüdische Altertümer II, 505f.651; *M. Hengel*, Zeloten, 93–150.
297   Bill. II, 640. Vgl. ebd. Aboth 5,17: »Jeder Streit, der um Gottes willen geführt wird, wird schließlich Erfolg haben, aber der nicht um Gottes willen geführt wird, wird schließlich keinen Erfolg haben ...«

Vorsicht walten zu lassen (35), und auch auf die Mahnung, von einer Verfolgung abzusehen (38a): Für den Fall, daß diese Bewegung von Gott ist, wären die Mitglieder des Hohen Rats »Kämpfer gegen Gott« (ϑεομάχοι). Das Plädoyer des Gamaliel entspricht der Intention des Lukas, der sich für die Tolerierung der Christen einsetzt: Wollen Juden ihrer Religion treu bleiben, so müssen sie die Bekämpfung der Evangeliumspredigt unterlassen.[298]

39c–40: *Die Reaktion des Hohen Rates:* Gamaliel erzielt mit seinem Plädoyer einen Teilerfolg: Das Richterkollegium kann sich der Schlüssigkeit seiner Argumentation zwar nicht entziehen (39c); aber es folgt dem Rat nur insoweit, als es davon absieht, die Apostel umzubringen. Die wieder in den Sitzungssaal gerufenen Zeugen werden wegen der Übertretung des Predigtverbotes und zur Warnung vor weiterer Mißachtung dieser Anordnung zur Geißelung verurteilt. Man schärft ihnen das Lehrverbot noch einmal ein. Dann läßt man sie laufen (40).

41–42: *Schluß: Reaktion der Apostel:* Die bedrohten und ausgepeitschten Apostel verlassen das Gericht keineswegs verängstigt, sondern vielmehr in der Märtyrerhaltung der Freude im Leid (41).[299] Sie freuen sich darüber, daß sie gewürdigt wurden, für Jesus und in seiner Nachfolge Schmach zu erleiden. Die Bewährung ihrer Leidensfähigkeit verdanken sie dem Heiligen Geist. In seiner Kraft bewähren sie ihre Tapferkeit, die Seneca definiert hat als »seelische Haltung, die beachtliche Gefahren verachtet, oder das Geschick, Gefahren zurückzuschlagen, anzunehmen, herauszufordern« (Ben II,34.3).[300] Beharrlich bleiben sie dabei, Gott mehr zu gehorchen als den Menschen (29); standhaft ignorieren sie weiter das Predigtverbot und fahren ohne Rücksicht auf die ihnen drohende Gefahr fort, kontinuierlich sowohl öffentlich im Tempel als auch in den Hausgemeinden zu lehren und mit ihrer Verkündigung Jesu Christi im Volk zu evangelisieren (42). Das Verbum »evangelisieren« (εὐαγγελίζομαι), das zu den Vorzugsworten des Lukas gehört, während er das Substantiv »Evangelium« (εὐαγγέλιον) insgesamt nur zweimal im Blick auf die Verkündigung der Gnade Gottes in Christus Jesus unter Nichtjuden gebraucht (15,7; 20,24), taucht in der Apostelgeschichte hier erstmals auf (8, 4.12.25.35.40; 10,36; 11,20; 13,32; 14,7.15.21; 16,10; 17,18; vgl. Lk 1,19; 2,10; 3,18; 4,18.43; 7,22; 8,1; 9,6; 16,16; 20,1).[301]

298 Vgl. *G. Schille*, Apostelgeschichte, 164.
299 Vgl. *W. Nauck*, Freude, 68–80.
300 Seneca, Philosophische Schriften V, 208f.
301 Vgl. *G. Friedrich*, Art. εὐαγγελίζομαι κτλ., 714–718.724–733; *G. Strekker*, Art. εὐαγγελίζω, 173–176; *ders.*, Art. εὐαγγέλιον, 185.

Die Hellenisten
6,1–7

¹In diesen Tagen aber, als sich die Jünger mehrten, entstand ein Murren der Hellenisten gegen die Hebräer, weil ihre Witwen bei der täglichen Diakonie übersehen wurden.[302] ²Da beriefen die Zwölf die Versammlung der Jünger ein und sprachen: »Es ist unpassend, daß wir das Wort Gottes vernachlässigen und an den Tischen Dienst tun. ³Seht euch aber, Brüder, nach sieben Männern aus eurer Mitte um, die einen guten Leumund haben und voll Geist und Weisheit sind; die werden wir für diese Aufgabe einsetzen. ⁴Wir aber wollen beim Gebet und Dienst des Wortes bleiben.« ⁵Die Rede gefiel der ganzen Versammlung, und sie wählten Stephanus, einen Mann voll Glaubens und Heiligen Geistes, und Philippus und Prochorus und Nikanor und Timon und Parmenas und Nikolaus, einen Proselyten aus Antiochien. ⁶Diese stellten sie den Aposteln vor, und nachdem sie gebetet hatten, legten sie ihnen die Hände auf. ⁷Und das Wort Gottes wuchs, und die Zahl der Jünger in Jerusalem vermehrte sich sehr, und eine große Menge von Priestern wurde dem Glauben gehorsam.

Kontext und Feingliederung
Die Erzählung hat eine überleitende Funktion. Sie ist durch die einleitende Zeitangabe (6,1a) mit dem Bericht über die anhaltende Verkündigung des Evangeliums im Tempel und in den Hausgemeinden durch die Apostel (5,42) verknüpft. Sie ist wie folgt aufgebaut: 1. Einleitung: Beschreibung einer inneren Krisensituation der Urgemeinde: a) Ein anläßlich zunehmender Mitgliederzahl entstehender Streit zwischen verschiedenen Gruppierungen (1a); b) der Grund für den Zwiespalt (1b). – 2. Lösung des Konflikts (2–6; vgl 1,15–26): a) Einberufung der Gemeindeversammlung durch die Zwölf (2a); b) Lösungsvorschlag der Zwölf durch eine Rede: α) Lagebeurteilung (2b); β) Lösungsvorschlag (3–4); c) Annahme und Durchführung des Lösungsvorschlags durch die Gemeinde (5–6): α) Zustimmung der Gemeindeversammlung (5a); β) Wahl der in einer Liste genannten sieben Männer, unter denen Stephanus besonders hervorgehoben wird (5b.c); γ) Amtseinsetzung der Sieben durch die Apostel (6). – 3. Summarischer Bericht über das weitere Wachstum der Gemeinde (7).

Traditionshintergrund: Historisch verläßlich ist die Liste der »Sieben« mit den griechischen Namen (5). Diese Männer bildeten wahrscheinlich in Analogie zum siebenköpfigen jüdischen Ortsvorstand die Leitung der »Hellenisten«, die unter

302 Nach Zeugen des ›westlichen‹ Textes wurden die Witwen der Hellenisten bei der täglichen Diakonie der Hebräer bzw. von Diakonen der Hebräer übersehen. Der Konflikt scheint demnach dadurch entstanden zu sein, daß die Diakonie in den Händen von Hebräern lag. Vgl. *C.K. Barrett*, Acts I, 310; *B.M. Metzger*, Textual Commentary, 336; *G. Schneider*, Apostelgeschichte I, 419, Anm. a; *W.A. Strange*, Problem, 122–126.

den Jerusalemer Urchristen eine in ihrem gottesdienstlichen Leben und organisatorisch weitgehend eigenständige Gruppe bildeten.[303] Nach Josephus (Ant IV, 214) hat Moses verfügt:»In jeder Stadt sollen sieben an Tugend und Eifer für die Gerechtigkeit hervorragende Männer die Vorsteher sein.«[304] (vgl. Ant IV,287; Bell II,570–571). Die Sieben waren also kaum nur die Armenfürsorger dieser Gruppe; eine Amtsbezeichnung»Diakon« sucht man in diesem Bericht vergebens. Einer von ihnen, Philippus, wird aber später als»Evangelist« bezeichnet (21,8). Neben der Vorbereitung und Durchführung von gemeinsamen Mahlzeiten gehört auch die Lebensmittelversorgung der Bedürftigen mit zu den örtlichen Leitungsaufgaben. Als lokales und dazu auf die Leitung nur einer Gruppe begrenztes Gremium waren die»Sieben« den»Zwölfen« untergeordnet, die ein auf das Volk Israel in seiner Gesamtheit bezogenes Amt hatten. Vermutlich waren sie schon deshalb nicht ständig in Jerusalem präsent.

Auf historisch zuverlässiger Tradition beruhen dürfte auch der Hinweis, daß das Verhältnis zwischen den»Hebräern« und den»Hellenisten« schon in der Frühzeit nicht spannungsfrei war. Ein Konflikt zwischen beiden Gruppen entzündete sich daran, daß die»Hebräer« die Witwen der»Hellenisten« nicht mitversorgten (1), so daß den»Hellenisten« nichts anderes übrig blieb, als eine eigene Diakonie zu organisieren. Ob das spezielle diakonische Problem der einzige Streitpunkt zwischen ihnen war, darf man fragen.[305] Als eventuelle Konfliktfelder bieten sich darüber hinaus unterschiedliche Auffassungen über die gottesdienstliche Sprache, die Gesetzesauslegung, die Einschätzung des Tempelkults, das Verhältnis zu den heterodoxen Samaritanern und zu Nichtjuden an, wenngleich Lukas hier dazu schweigt. Jedenfalls zeigt er keinen der»Sieben« bei diakonischer Tätigkeit, sondern Stephanus als charismatischen Prediger (6,10), der wegen des Gesetzes und des Tempelkults in eine für ihn tödlich endende Auseinandersetzung mit Angehörigen hellenistischer Synagogen gerät (6,8 – 8,1a), und Philippus als Wanderprediger, der Samaritaner bekehrt und einen gottesfürchtigen Äthiopier tauft (8,4–40).

Lukas nutzt die Tradition vom Konflikt in Jerusalem über ein spezielles diakonisches Problem zum Plädoyer für eine Differenzierung der Aufgabenfelder kirchlicher Ämter, indem er den»Dienst am Wort« der Gemeindeleiter vom»Dienst an den Tischen« ihrer Helfer unterscheidet. (6,2.4).

1: *Einleitung*:»In diesen Tagen« (Lk 1,39; 6,12; 23,7; 24,10; Apg 1,15), d.h. hier: Damals, als die Apostel trotz Auspeitschung

---

303   Vgl. *C.K. Barrett*, Acts I, 304ff; *E. Haenchen*, Apostelgeschichte, 253–262; *M. Hengel*, Zwischen Jesus und Paulus, 151–206; *K. Löning*, Stephanuskreis, 80–101; *G. Lüdemann*, Christentum, 84; *H. Räisänen*, Hellenisten, 1468–1514; *B. Wander*, Trennungsprozesse, 123–145.

304   Josephus, Jüdische Altertümer I, 230f. Rabbinische Zeugnisse notiert Bill. II, 641. – Für alles, was mit der Sabbatheiligung und der Gottesverehrung zusammenhängt, hat die Sieben, der im Alten Orient und in der pythagoreischen Zahlensymbolik erhebliche Bedeutung beigemessen wird, eine Ordnungsfunktion. Philo, Op 89–128 (Zitat 89)»weiß nicht, ob einer die Natur der Siebenzahl hinlänglich zu preisen vermag, da sie über jeden Ausdruck erhaben ist«. Deshalb nennt er alle dem menschlichen Geist erreichbaren Vorzüge der Sieben im Verhältnis zu den anderen Zahlen der Dekade (Philo von Alexandria, Werke I, 59–72 [Zitat 59]).

305   Vgl. z.B. die Kommentare von *C.K. Barrett*, I, 305f; *E. Haenchen*, 260f; ferner *K. Löning*, Stephanuskreis, 86; *N. Walter*, Apostelgeschichte 6,1, 195f.

und strikten Predigtverbotes mit großer Stetigkeit alle Tage in der
Öffentlichkeit des Tempels und in den Hausgemeinden das Evangelium wirkungsvoll und erfolgreich predigten, so daß »sich die
Jünger mehrten, entstand ein Murren der Hellenisten gegen die
Hebräer« (1a). Zum ersten Mal lesen wir, daß es in der Jerusalemer
Gemeinde unterschiedliche Gruppen gab. Hier stehen »die Hebräer« den »Hellenisten« gegenüber. »Die Hebräer« waren Aramäisch
sprechende Jesusjünger, die entweder aus Palästina stammten oder
sich dem Land, seiner religiös-kulturellen Tradition und besonders
auch der dort von Juden gesprochenen Sprache in ihrer Frömmig-
keitspraxis eng verbunden wußten (2Kor 11,22; Phil 3,5). Auch
wenn sie wie wahrscheinlich die Mehrheit der Jerusalemer bilingu-
al waren und sich im Lebensalltag auf Griechisch ausdrücken konnten, hielten sie es wohl für selbstverständlich, in ihren Gottesdiensten das Hebräische als Ursprache des Gesetzes und der Propheten
zu gebrauchen. »Die Hellenisten« waren von Hause aus Griechisch
sprechende Judenchristen aus unterschiedlichen Herkunftsländern
der jüdischen Diaspora der hellenistisch-römischen Welt, die in Jerusalem, dem kultischen Zentrum des Judentums, ihren Wohnsitz
genommen hatten (2,5), um dort ihren Lebensabend zu verbrin-
gen und schließlich im Kidrontal nahe beim Tempel, dem Ort der
Erscheinungsgegenwart Gottes und seiner erwarteten endzeitlichen
Ankunft, begraben zu werden. Es handelte sich wohl überwiegend
um relativ wohlhabende Leute. Sie behielten Lebensgewohnheiten
bei, die sie in der Diaspora angenommen hatten. Viele sprachen
nicht mehr die Sprache ihrer Väter. Ihre Wiedereingliederung in
die palästinische Lebenswelt war oft nur partiell möglich. Jerusalem war bikulturell.[306] Es gab Synagogen von Diasporajuden (6,9;
24,12), in denen Griechisch gesprochen wurde. Entsprechend kamen wohl auch die durch zweisprachige Jesus-Jünger gewonnenen
und auf den Namen Jesu getauften Juden griechischer Sprache zu
eigenen Gottesdiensten zusammen, in denen die griechische Bibel
(LXX) gebraucht und auf Griechisch gebetet und gelehrt wurde.
Die regelmäßige Versammlung in Hausgemeinden mit eigenen
Mahlfeiern (2,46) begünstigte eine getrennte Entwicklung. So bildeten sich in der Stadt unterhalb der von allen anerkannten Autorität der »Zwölf« zwei faktisch nebeneinander lebende Gemeinde-
gruppierungen. Zwischen den Glaubensgenossen gab es sprachliche und kulturelle Schranken, die eine ungeteilte gegenseitige Annahme erschwerten. Ein Streit der »Hellenisten« mit den »Hebräern«
entzündete sich an der unzureichenden Berücksichtigung helleni-

306 Vgl. *D.A. Fiensy*, Composition, 230–236.

stischer Witwen »bei der täglichen Diakonie« (1b). Die Jerusalemer Gemeinde war zur Zeit des Paulus nicht wohlhabend (Röm 15,26–28; Gal 2,10). Man kann annehmen, daß sie auch in ihrer Frühzeit nicht vermögend war. Zudem gab es bei den in Naherwartung der hoheitlichen Ankunft (Parusie) Jesu Christi als »Menschensohn« lebenden »Zwölfen« wohl keine durch ökonomische Vernunft und vorausschauende Fürsorge gekennzeichnete Anlage des Kapitals, das finanzkräftige Gemeindeglieder wie Barnabas (4,36–37) nach Bedarf zur Verfügung stellten. Wer im Sinne Jesu um die elementar notwendigen Nahrungsmittel für den jeweiligen Tag betet (Lk 11,3 // Mt 6,11), sich in der Erwartung des nahen Gottesreiches der Vorsehung und Vorsorge Gottes anbefiehlt und ganz im Hier und Heute lebt (Lk 12,22–32 // Mt 6,25–34), als Vorbild die arme Witwe vor Augen hat, die ihren letzten Pfennig spendet (Mk 12,41–44 // Lk 21,1–4) und damit ganz auf milde Gaben angewiesen ist, denkt und handelt nicht wirtschaftlich vorsorgend.[307] Manches Gemeindeglied gerät in Not, wenn die Almosen nur einen Tag ausbleiben. Speziell unter den »Hellenisten« dürfte es relativ viele auf die Gemeindediakonie angewiesene verwitwete Frauen gegeben haben, weil Diasporajuden oft erst in fortgeschrittenem Alter nach Jerusalem umzogen. Wohlhabende »Hellenisten« aus der Diaspora wie Barnabas (4,36–37) trugen durch Schenkungen wesentlich zur Sozialarbeit beider Gruppen bei. Waren »Hellenisten« mit ihrem Vermögen der Gemeinde zugute freigebig umgegangen, so blieb ihren Witwen in der Regel nur übrig, auf die Fürsorge der Gemeinde zu vertrauen.[308] Mit einer Versorgung durch Verwandte konnten sie nicht rechnen, wenn diese weit weg in der Diaspora lebten. Auf die Armenfürsorge einer Jerusalemer Synagoge konnten sie sich nach den Konflikten zwischen Jesus-Jüngern und der Tempelbehörde kaum noch verlassen. Wenn tatsächlich Familienangehörige in der Nähe lebten, aber das Bekenntnis zu Jesus ablehnten, so distanzierten sie sich wahrscheinlich bald auch von dessen Anhängerinnen in ihrer Verwandtschaft und wußten sich für deren Fürsorge nicht mehr verantwortlich. Angesichts des Nebeneinanderlebens beider Gruppen Jerusalemer Christen nimmt es nicht wunder, daß es in einer diakonischen Angelegenheit zum Konflikt kam. Die »Hellenisten« erwarteten mit Recht, daß ihre Witwen bei der Lebensmittelverteilung berücksichtigt wurden und beanstandeten, daß dies nicht geschah. »Hebräer« dürften darin keine Bevorzugung der eigenen Gruppe gesehen, sondern sich auf den Stand-

307 Vgl. *M. Hengel*, Zwischen Jesus und Paulus, 181.
308 Vgl. *M. Hengel*, Zwischen Jesus und Paulus, 181f.

punkt gestellt haben, sie seien für die Witwenverorgung bei den
durchweg relativ wohlhabenden »Hellenisten« nicht zuständig.
Diese sollten den Lebensunterhalt der Bedürftigen aus eigenen
Mitteln sichern. Vielleicht spielten dabei auch überkommene Re-
serven und Vorurteile der im Land geborenen Juden gegen hellenistische Rückwanderer eine Rolle.[309] Der eine oder andere von
ihnen könnte aus der Diaspora eine nichtjüdische Ehefrau mitgebracht und als Witwe in Jerusalem hinterlassen haben.[310] Eventuell
ging es um Differenzen zwischen beiden Gruppen der Jesus-Anhänger in der Einstellung zu kultisch-rituellen Gesetzesbestim-
mungen und zum Opferkult des Tempels (6,11-14).[311] »Hellenisten« werden den »Hebräern« gegenüber auf der Realisierung des
Grundsatzes bestanden haben, daß den Gläubiggewordenen alles
gemeinsam gehört (4,32).[312]

2–4: *Der Lösungsvorschlag der Zwölf in der Gemeindeversammlung:* »Die Zwölf«, d.h. die hier als Leitungskörperschaft zum letzten Mal genannten Autoritäten, die das Gottesvolk insgesamt repräsentierten und so beiden Gruppen übergeordnet sind, erfahren
von dem Streit. Als vom Herrn eingesetzte »treue und kluge Haus-
halter«, die dafür verantwortlich sind, daß die Dienerschaft des
Herrn zur rechten Zeit die angemessene Nahrung erhält (Lk 12,
42), sorgen sie dafür, daß die Auseinandersetzungen nicht eskalie-
ren und berufen eine Gemeindeversammlung ein (2a). Dort stellen
sie zunächst fest, daß sie sich außerstande sehen, neben der Wortverkündigung auch die Diakonie (διακονία) wahrzunehmen (2b).
Der »Dienst an den Tischen« bezeichnet nicht nur das Aufwarten
bei den gemeinsamen Mahlzeiten der Gruppe, sondern auch die
Gemeindediakonie als Unterstützung der Bedürftigen durch Almosen und Hilfsleistungen. Die Verteilung von Lebensmitteln und
die Verwaltung von Geldmitteln für Dienste der Gemeinde gehört
zu den Aufgaben der Jünger Jesu (Lk 9,12–17; 16,10–12). Nach
4,35 verwalteten die Apostel auch die Armenkasse und teilten den
Bedürftigen zu, was sie brauchten. Aber jetzt den »Dienst am Wort«
(4) zugunsten der Armenfürsorge zurückzustellen, wäre dem Amts-
auftrag der Apostel nicht gemäß. Sie sind »Diener des Wortes« (Lk
1,2). Das rasche Wachstum der Gemeinde macht eine Arbeitsteilung erforderlich. Die Zwölf schlagen den »Brüdern« vor, aus ihrer
Mitte »sieben Männer« zu nominieren, die einen guten Leumund
haben (1Tim 3,7; 5,10) und auch »voll Geist und Weisheit sind«

309 Vgl. *B. Wander*, Trennungsprozesse, 128ff.
310 Vgl. *G. Stählin*, Apostelgeschichte, 97.
311 Vgl. *N. Walter*, Apostelgeschichte 6,1, 203f.206.
312 Vgl. *G. Theißen*, Hellenisten, 329f.

(3a; 1Tim 3,1–13). Diese wollen sie für den Aufgabenbereich der Diakonie einsetzen (3b). »Weisheit« (σοφία) ist die Gottesgabe, die ein vom Heiligen Geist verfaßtes Menschenleben prägt. In ihr zeigt sich außergewöhnliche seelische und geistige Reife (Lk 2,40.52; 11,31). »Geist und Weisheit« bürgen für die menschliche Verläßlichkeit und Einsichtigkeit der diakonischen Arbeit. Die Apostel selbst »wollen beim Gebet und Dienst am Wort bleiben« (4; 1,14; 2,42; 4,29.31). Mit dem »Gebet« dürfte das gottesdienstliche Beten des Liturgen als Vorbeter der Gemeinde gemeint sein. »Geist und Weisheit« sind für die Wahrnehmung der diakonischen Aufgaben wichtig. Sie sind nicht minder notwendig für den »Dienst am Wort«. Tatsächlich erweist sich Stephanus, den Lukas ähnlich wie später Philippus (8,4–40) im Dienst der Verkündigung vorstellt und nicht bei der Wahrnehmung einer diakonischen Aufgabe, durch »Wunder und Zeichen« und besonders auch durch die Argumentationskraft seiner Rede als Mann »voll Geist und Weisheit« (8–10).

5–6: *Annahme und Durchführung des Vorschlags der Zwölf:* Der Gemeinde leuchtet der Vorschlag ein (5a). Sie akzeptiert ihn und wählt sieben Männer, die allesamt griechische Namen tragen und also den Diasporajuden der hellenistischen Gruppierung zuzurechnen sind. Die Namensliste (5b.c), die Lukas überkommen sein dürfte, spiegelt eine Rangordnung. An letzter Stelle steht ein Proselyt, der ausdrücklich so bezeichnet wird. Dementsprechend sind die vorher genannten sechs Männer als geborene Juden anzusehen. Sie werden dem Konvertiten vorgeordnet. – An erster Stelle steht Stephanus. Er wird als »Mann voll Glaubens und Heiligen Geistes« bezeichnet (5b). Damit erfüllt er die von den Aposteln aufgestellten Anforderungen (3). – An zweiter Stelle steht Philippus, der 8,4–40 als Missionar Samarias und der Küstenstädte vorgestellt wird. Er wird als »Evangelist« (εὐαγγελιστής) bezeichnet (21,8). Diese kirchliche Amts- und Dienstbezeichnung kommt im NT noch Eph 4,11 und 2Tim 4,5 vor. Eph 4,11 nennt die Evangelisten in einer Liste von Trägern besonderer Gnadengaben nach den Aposteln und Propheten, aber vor den Hirten und Lehrern. Letztere nehmen ortsgebundene Leitungs- und Unterrichtsaufgaben wahr. Die Apostel und Propheten haben für den Bau der Kirche insgesamt fundamentale Bedeutung (1Kor 12,28; Eph 2,20). Sie sind Zeugen des Erdenweges Jesu und der Identität des Auferstandenen mit dem Gekreuzigten. Bei den Evangelisten handelt es sich um Missionare, die zwar keine direkten Zeugen Jesu und seiner Auferstehung sind, aber das von den Aposteln zuerst gepredigte Evangelium aufgreifen und im Einverständnis mit der apostolischen Verkündigung weitertragen, oder wie 2Tim 4,5 Gemeindeleiter in der Nachfolge eines Apostels, die ihren Gemeinden predigen, aber auch in der missionarischen Verkündigung tätig sind.[313] Lukas unterscheidet den Evangelisten Philippus, den er persönlich kennengelernt hat (21,8–10), von dem Träger dieses Namens unter den Zwölfen (1,13). Aber schon die kleinasiatischen Bischöfe Papias von Hierapolis (um 110–130 n.Chr.) und Polykrates von Ephesus (gest. nach 190) halten den Evangelisten für identisch mit dem Apostel (Euseb, HE IX,31,3; 39,9; V,24,2) und wissen, daß er betagt in Hierapolis entschlafen ist.[314] – Alle folgenden Männer kommen in der Apostelgeschichte nur an dieser Stelle vor. Prochoros, ein Mann mit einem ungewöhnlichen Namen, galt zu altkirchlicher Zeit als Schüler des Apostels Johannes und als Autor der zwischen dem Ende des 4. und dem Anfang des 7. Jh.s n.Chr. entstandenen romanhaften Johannesakten (*Acta Iohannis*).[315] Nikanor, Timon und Parmenas sind für uns nur noch Namen.[316] Der Name Nikanor war verbreitet, obgleich es einen Judenfeind gegeben hatte, der ihn trug (1Makk 7,26). Timon war ein gebräuchlicher griechischer Name. Parmenas ist eine Abkürzung des Namens Parmenides. Vermutlich hat schon Lukas nichts mehr über die Männer in Erfahrung gebracht. – An letzter Stelle steht der Proselyt Nikolaus aus Antiochien. Daß ein Proselyt für wert geachtet wird, dem Gemeindevorstand anzugehören, ist bemerkenswert. Der Unterschied zwischen geborenen Juden und Konvertiten wird bei den »Hellenisten« relativiert.[317] Nikolaus war Patron der Offb 2,6.15

---

313 Vgl. *G. Friedrich*, Art. εὐαγγελιστής, 734f. – Als Nachfolger der Apostel in der missionarischen Verkündigung hat auch Euseb die Evangelisten gesehen. Er schreibt anläßlich der Erwähnung eines Leiters der Katechetenschule, der als Missionar unter den Völkern des Orients auftrat und bis nach Indien zog (HE V, 10.2): »Es gab nämlich tatsächlich damals noch Wortverkündiger (εὐαγγελισταὶ τοῦ λόγου) die Menge, die das Verlangen hatten, ihren göttlichen Eifer, die Apostel nachzuahmen, zur Ausbreitung und Vermehrung des göttlichen Wortes einzusetzen« (Kirchengeschichte, 253). – Als Bezeichnung für den Verfasser eines Evangeliums ist das Wort »Evangelist« zuerst um die Wende vom 2. zum 3. Jh. n.Chr. bei Tertullian und Hippolyt bezeugt (vgl. *G. Friedrich*, Art. εὐαγγελιστής, 734f).
314 Eusebius von Cäsarea, Kirchengeschichte, 181.190.267f. – Der Apostel war nach Joh 12,20–22 als ein den ›Griechen‹, d.h. nichtjüdischen ›Gottesfürchtigen‹ gegenüber aufgeschlossener Mann bekannt. Manche Ausleger wollen seine Identität mit dem ›Evangelisten‹ in der Apostelgeschichte nicht ausschließen. Wenn es so wäre, müßte er in Jerusalem zu den ›Hellenisten‹ übergegangen sein. Vgl. z.B. *E. Haenchen*, Apostelgeschichte, 292; *H. Räisänen*, Hellenisten 1468; *G. Theißen*, Hellenisten, 331f.
315 Vgl. *A. de Santos Otero*, Jüngere Apostelakten, in: *W. Schneemelcher*, Neutestamentliche Apokryphen II, 385–391.
316 Vgl. zum Folgenden *W. Bauer*, Wörterbuch, 1090.1631.1269.
317 R. Eliezer b. Hyrkanos (um 90 n.Chr.) begegnete Proselyten mißtrauisch: Sie »seien von Natur schlecht, und ihr Sinn sei immer noch auf Götzendienst ge-

bekämpften Nikolaiten. Das waren Judenchristen, die sich vermutlich über die Wahl ihres Namenspatrons in die urchristliche Frühzeit zurückdatierten. Sie kompromittierten sich im Ansehen anderer Christen durch Anpassung an Lebensweisen ihrer paganen Umwelt, besonders durch Essen von Opferfleisch aus paganen Kulten (εἰδωλόθυμα). Bei ihnen spielte eine prophetisch begabte Frau eine dominierende Rolle (Offb 2,20–23). Die Identifizierung findet sich um 180 n.Chr. bei dem aus Kleinasien stammenden Irenäus (Haer I,26,3).[318] Vielleicht waren die Nikolaiten gnostisch beeinflußt. – Die bewährten und mit dem Heiligen Geist begabten Männer werden nach ihrer Wahl durch die Gemeinde den Aposteln präsentiert (6a). Das Wahlverfahren kennen wir nicht. Die Apostel führen sie vor versammelter Gemeinde in ihr Amt ein (6b). Das geschieht in Anknüpfung an den jüdischen Ordinationsbrauch, dessen Urtypus die Amtseinsetzung Josuas durch Mose ist (Num 27,18.23; Dtn 34,8), unter Gebet (1,23) durch den Übertragungsritus der Handauflegung.[319] Die Hand ist Organ der Kraftübertragung. Durch die Handauflegung sind die Sieben offiziell zu selbständigem Handeln im Amt autorisiert (8–10). Zur Weiterentwicklung der Ordination von Amtsträgern vgl. 1Tim 4,14; 5,22; 2Tim 1,6.

7: *Summarische Wachstumsnotiz:* Lukas unterstreicht, daß der innergemeindliche Konflikt das Wachstum der Gemeinde nicht beeinträchtigte. Im Gegenteil, die Vermehrung und Arbeitsteilung der Amtsträger bewirkte, daß »das Wort Gottes wuchs« (7a) und sich infolgedessen »die Zahl der Jünger in Jerusalem sehr vermehrte« (7b). Durch die Verkündigung des Gotteswortes wächst die Kirche. Neu ist, daß auch »eine große Menge von Priestern dem Glauben gehorsam wurde« (7c). Es dürfte sich um Priester mit der Haltung des Zacharias und seiner Frau Elisabeth gehandelt haben, »gerecht vor Gott, indem sie untadelig in allen Geboten und Satzungen des Herrn wandelten« (Lk 1,6) und auf die Erscheinung des herzlichen Erbarmens Gottes zum Heil für sein Volk warteten (Lk 1,76–80).

---

richtet. Sie könnten darum leicht wieder in ihr heidnisches Wesen zurückfallen« (*K.G. Kuhn*, Art. προσήλυτος, 737).

318   »Die Nikolaiten haben Nikolaus als ihren Lehrer, einen von den Sieben, die von den Aposteln zu Diakonen eingesetzt wurden. Sie kennen keine moralischen Hemmungen ... Nach ihrer Lehre ist es gleichgültig, wenn man die Ehe bricht oder Götzenopferfleisch ißt« (Irenäus von Lyon, Epideixis I, 316f).

319   Vgl. *J. Coppens*, L'imposition, 420–423; *H. v. Lips*, Art. Ordination III, 341f; *E. Lohse*, Art. χείρ κτλ., 422f.

Der Zeugentod des Stephanus führt zur Mission des Philippus in Samaria und der Küstenregion
6,8 – 8,40

Die Steigerung der Feindschaft, die sich in Jerusalem gegen die Gemeinde Jesu aufbaut (4,17.21; 5,40), erreicht ihren ersten Höhepunkt. Der als »Mann voll Glaubens und Heiligen Geistes« (6,5) vorgestellte Hellenist Stephanus, der missionarisch aktiv ist und durch Wunder öffentliches Aufsehen erregt (6,8), gerät durch sein Zeugnis für Jesus in Konflikt mit anderen hellenistischen Juden. Nach Disputationen in ihren Synagogen, bei denen Stephanus sich seinen Gegnern gegenüber als überlegen erweist, bringt man die Jerusalemer Bevölkerung sowie Mitglieder des Hohen Rates aus den Gruppen der Laienaristokratie und der Schriftgelehrten gegen ihn auf. Anders als bisher beim Vorgehen gegen die Apostel geht der Widerstand gegen einen Anhänger Jesu hier nicht von der sadduzäisch orientierten Priesteraristokratie aus, sondern von zurückgekehrten Diasporajuden. Andere Kreise werden hineingezogen. Man bemächtigt sich des Stephanus und bringt ihn wegen angeblich fortgesetzter gotteslästerlicher Polemik gegen den Tempelkult und das Gesetz vor den Hohen Rat. Bei der Anzeige, die ähnlich wie im Prozeß Jesu durch falsche Zeugen geschützt wird, spielen Jesu Weissagung einer Tempelzerstörung (Mk 14,58) und torakritische Worte eine Rolle (6,8–15). Erstmals ist davon die Rede, daß die Jerusalemer Bevölkerung Jesus-Anhängern gegenüber eine feindliche Haltung einnimmt.

Stephanus verteidigt sich in einem bis auf Abraham zurückgreifenden und bis Salomo reichenden Geschichtsrückblick damit, daß er an die fortgesetzte Widersetzlichkeit der Israeliten gegen Gottes verheißene Heilserweise erinnert, die Josef aus Eifersucht nach Ägypten verkauften (7,9), Mose nicht verstanden (7,25) und abwiesen (7,35.39), Götzendienst betrieben (7,40–43) und den Tempel, der anders als das Zeltheiligtum der Wüstenzeit nicht einem himmlischen Urbild entspricht, als Kultstätte für einen dort vermeintlich wohnenden Gott mißbrauchten (7,48–50). Stephanus identifiziert die Ratsmitglieder mit ihren Vätern und greift sie wegen hartnäckigen Widerstandes gegen den Heiligen Geist als Prophetenmörder und Gesetzesübertreter an, die den verheißenen »Gerechten« abgewiesen haben und die Schuld an seinem Tod tragen (7,51–53).

Als der Visionär Stephanus den ihm in himmlischer Hoheit erschienenen »Menschensohn« bekennt, wird er in einem Akt von Lynchjustiz umgebracht; er stirbt wie Jesus (Lk 23,44) mit einem Gebet für seine Todfeinde auf den Lippen (7,54 – 8,1a).

Die nach der Tötung des Stephanus erfolgende Vertreibung hellenistischer Jesus-Anhänger aus Jerusalem führt zur Ausbreitung der Christusbotschaft über Jerusalem und Judäa hinaus (8,4) und dabei Schritt für Schritt zur Anbahnung eines Übergangs der Evangeliumspredigt an Menschen aus nichtjüdischen Völkern. Philippus (6,5) missioniert erfolgreich in Samaria (8,4–13). Petrus und Johannes werden von den Aposteln in Jerusalem delegiert, den Neubekehrten den Heiligen Geist zu übermitteln und sie damit in die Kirchengemeinschaft mit der Muttergemeinde aufzunehmen (8,14–17). Es kommt zur Konfrontation des Petrus mit dem getauften Magier Simon, der die Vollmacht, den Heiligen Geist durch Handauflegung zu übermitteln, kaufen möchte und daraufhin exkommuziert wird; ihm bleibt aber die Chance einer zweiten Bekehrung (8,18–24). Philippus bekehrt auch auf der Straße von Jerusalem nach Gaza einen der jüdischen Religion freundschaftlich verbundenen ranghohen äthiopischen Hofbeamten, der von einer Wallfahrt zurückkehrt und im Reisewagen Jes 53 liest (8,26–40).

Saulus/Paulus, der bei der Tötung des Stephanus anwesend und mit ihr einverstanden war (7,58; 8,1a), sich danach in Jerusalem als Verfolger hervorgetan hatte
(8,3), weitet seine feindlichen Aktivitäten gegen Jesus-Jünger aus. Als er, ausgestattet mit Empfehlungsschreiben an die Synagogen von Damaskus, auch in
dieser syrischen Großstadt nach ihnen fahnden will, wird er kurz vor dem Erreichen seines Zielortes durch eine visionäre Begegnung mit dem erhöhten Jesus
gestoppt und zu Boden geworfen; er verliert vorübergehend sein Augenlicht und
erreicht Damaskus als Büßer (9,1–9). Ein dort ansässiger Jesus-Jünger namens
Hananias erhält in einer Parallelvision die Weisung, dem vom erhöhten Herrn Jesus selbst zu seinem Zeugen vor Heiden, Juden und Herrschern erwählten und bekehrten Saulus/Paulus durch Handauflegung das Augenlicht zurückzugeben (9,10–
19a). Der während der Begegnung mit Hananias mit Heiligem Geist erfüllte und
getaufte ehemalige Verfolger tritt in den Synagogen von Damaskus als Zeuge Jesu Christi auf und zieht damit die Todfeindschaft der Juden in der Stadt auf sich, die
ihm an den Stadttoren auflauern; er wird von Jüngern bei Nacht aus dem Fenster
eines in die Stadtmauer gebauten Hauses nach draußen abgeseilt und kann entkommen (9,19b–25). Er kehrt gewandelt nach Jerusalem zurück, wird von Barnabas
bei den Aposteln eingeführt und tritt in Synagogen hellenistischer Juden als Zeuge Jesu auf. So kann er auch hier nicht bleiben; er wird von Gemeindegliedern
nach Cäsarea gebracht; von dort reist er mit dem Schiff nach Tarsus (9,26–30).
Zum Abschluß seiner Erzählungen über den ersten Wegabschnitt der räumlichen
Ausweitung des missionarischen Jesus-Zeugnisses zieht Lukas eine Zwischenbilanz über den Zustand der »Kirche in ganz Judäa und Galiläa und Samaria« (9,31).

Der Erzmärtyrer Stephanus
6,8 – 8,3

Sieht man Apg 1–12 als eine große kompositionelle Einheit an, so steht die Ste-
phanus-Geschichte, die einen Wendepunkt in der Geschichte der christlichen
Mission markiert, genau in der Mitte.[320] Die Erzählung von der Einsetzung der
»Sieben«, an erster Stelle Stephanus (6,5), aus Anlaß und zur Überwindung einer
Krisen- und Konfliktsituation innerhalb der Jerusalemer Urgemeinde (6,1–7) bildete die Überleitung zum Bericht über die aufsehenerregende öffentliche Tätigkeit, Denunziation, Festnahme und Anklage des Stephanus vor dem Hohen Rat
(6,8–15). Die nach der Aufforderung des Hohenpriesters, zu den Schuldvorwürfen Stellung zu nehmen (7,1), gehaltene Verteidigungsrede des Stephanus (7,2–
53), die längste Rede der Apostelgeschichte, enthält einen Grundriß der Heilsgeschichte und weist auf, daß und wie sich ein Zeuge Jesu Christi der Kontinuität mit
dem Zeugnis der Propheten Israels bewußt ist. Die Rede, deren scharf polemischer
Schlußabschnitt (7,51–53) vom Stil prophetischer Scheltrede bestimmt ist, löst
bei den Ratsmitgliedern vom Zorn überschäumende Wut aus. Diese entlädt sich nach dem expliziten Chri-
stus-Bekenntnis und -Zeugnis durch einen Visionsbericht in einem mörderischen
Akt der Lynchjustiz an Stephanus (7,54 – 8,1a). Das Opfer bewahrt eine dem
Nachfolger Jesu im Leiden und Sterben würdige Haltung (7,59–60). Die Feind-
schaftsäußerungen des Hohen Rates und der durch ihn repräsentierten jüdischen
Richtungen haben damit einen neuen, die Auspeitschung und Bedrohung der Apostel (5,40) überbietenden Grad erreicht.

---

320   Vgl. *R. Pesch*, Apostelgeschichte I, 266.

Das Martyrium des Stephanus, das einzige, das Lukas ausführlich geschildert hat
(vgl. 12,2), löst eine große Verfolgung der Urgemeinde und die Zerstreuung der
allermeisten ihrer Glieder aus (8,1–3). Sie führt zur Ausbreitung des Christuszeugnisses in Judäa und Samaria und in den Städten der palästinischen Mittelmeerküste (8,4–40). Träger der Mission ist der unter den »Sieben« an zweiter Stelle genannte Philippus (6,5). Im Zusammenhang mit dem Martyrium des Stephanus und
der anschließenden Verfolgung führt Lukas nebenher auch den späteren großen
Heidenmissionar Saulus/Paulus ein, zunächst als Statisten, der die Tötung des
Christuszeugen billigt (7,58; 8,1a), dann aber schon bald in der Rolle des aktiven und fanatisierten Christenverfolgers (8,3), in der er ihn noch weiter gestei-
gert auch 9,1 in der Einleitung zur Erzählung über seine Bekehrung (9,1–19a)
wieder vorführen wird.

Festnahme und Anklage des Stephanus
6,8–15

**[8]Stephanus aber, voller Gnade und Kraft, tat große Wunder und
Zeichen im Volk.[321] [9]Es traten aber einige von denen aus der
sogenannten Synagoge der Libertiner und Kyrener und Alexandriner sowie von denen aus Kilikien und (der Provinz) Asia
auf und disputierten mit Stephanus, [10]und sie vermochten der
Weisheit[322] und dem Geist, mit dem er redete, nicht standzuhalten.[323] [11]Da stifteten sie Männer an, die sprachen: »Wir haben
ihn Lästerreden gegen Mose und Gott führen hören.« [12]Und sie
wiegelten das Volk und die Ältesten und die Schriftgelehrten auf,
rissen ihn mit und führten ihn vor den Hohen Rat. [13]Und sie
stellten falsche Zeugen auf, die sprachen: »Dieser Mensch redet
unaufhörlich Worte gegen die heilige Stätte und das Gesetz.
[14]Denn wir haben ihn sagen hören: ›Dieser Jesus, der Nazoräer,
wird diese Stätte zerstören und die Satzungen ändern, die uns
Mose überliefert hat.‹« [15]Und alle, die im Hohen Rat saßen, sahen ihn gespannt an und sahen sein Angesicht wie das Angesicht
eines Engels.**

321 ›Westliche‹ Textzeugen erweitern im Sinn von 4,30, um den Ursprung der
Wunder des Stephanus zu kennzeichnen: »durch den Namen [des] Herrn Jesus
Christus.« Vgl. *C.K. Barrett*, Acts I, 322; *P. Head*, Acts, 431; *B.M. Metzger*,
Textual Commentary, 339; *G. Schneider*, Apostelgeschichte I, 431, Anm. b.
322 »die in ihm war« ergänzen westliche Textzeugen. Vgl. *C.K. Barrett*, Acts I,
325; *B.M Metzger*, Textual Commentary, 339.
323 ›Westliche‹ Textzeugen fügen eine Begründung an, die die Weisheit und
Kühnheit des Stephanus hervorhebt und einen Übergang zu V. 11 schafft: »denn
sie wurden von ihm mit allem Freimut überführt. Da sie nun der Wahrheit nicht
ins Gesicht sehen konnten, stifteten sie ...« Vgl. *C.K. Barrett*, Acts I, 325; *P.
Head*, Acts, 436; *B.M. Metzger*, Textual Commentary, 340f; *G. Schneider*, Apostelgeschichte I, 431, Anm. g–i.

Feingliederung
1. Die Aufsehen erregende Tätigkeit des Stephanus (8–10): a) Einleitender summarischer Bericht über seine Wundertätigkeit (8); b) der Anlaß zur Verhaftung: Überlegenheit in der Disputaton mit hellenistischen Juden (9–10); 2. Das Vorgehen hellenistischer Juden gegen Stephanus (11–14): a) Anstiftung von Denunzianten zu falschen Vorwürfen (11); b) Aufwiegelung des Volkes sowie der Hohenpriester und Schriftgelehrten (12a); c) gewaltsame Festnahme und Verbringung zum Hohen Rat (12b); d) Aufstellung falscher Zeugen (13a) und deren Falschaussage (13b–14); 4. Das Bild des Angeklagten (15).

*Traditionshint*ergrund: Die Stephanus-Erzählung ist »stilisiert wie alle Martyrien, aber sichtlich mit viel historischer Treue.«[324] Auf verläßlicher Überlieferung beruht, daß Stephanus in Jerusalem während der Frühzeit als charismatischer Prediger gewirkt hat, wegen seiner Gesetzesauffassung und Kritik am Tempelkult in Konflikt mit der Leitung oder einflußreichen Mitgliedern einer hellenistischen Synagoge gekommen ist und auf ihre Anzeige hin von der Tempelbehörde festgenommen wurde. Vielleicht hat Stephanus in Erinnerung an Jesu Tempelaktion (Mk 11,15–18 // Lk 19,45–48) die Öffnung des inneren Tempels für Heiden geweissagt, die wegen der Heiligkeit und kultischen Reinheit des Ortes davon ausgeschlossen waren;[325] oder er hat unter Berufung auf Jesus angekündigt, daß im Zusammenhang mit der Aufrichtung des Gottesreiches ein Strafgericht über den Tempel ergehen wird und damit auch über die Priesteraristokratie (Mk 13,2 // Lk 21,6; vgl. auch Lk 13,34–35 // Mt 23,37–39).[326] Im Blick auf das Vorgehen gegen Stephanus und sein Martyrium (7,54 – 8,1a) hat Lukas vermutlich zweierlei Quellenmaterial verarbeitet und kombiniert: Die Tradition, die hinter 6,9–11; 7,54–58a steht, handelte von einem Akt der Lynchjustiz, die andere, die hinter 6,12–14; 7,58b–60 steht, sprach von einem Gerichtsverfahren.[327]

8–10: *Die Aufsehen erregende Tätigkeit des Stephanus*: Lukas beschreibt Stephanus unter Rückverweis auf V. 5 als einen mit einer Fülle von Geistesgaben begnadeten Charismatiker in der Nachfolge Jesu (Lk 4,14.22) und der Apostel (2,43; 4,33). »Gnade« (χάρις) bezeichnet die Gunst Gottes, die in reichen Gaben zum Ausdruck kommt;[328] »Kraft« (δύναμις) ist die Wirkung des Heiligen Geistes (1,8). Die dem Stephanus verliehene Begabung und Geisteskraft manifestiert sich in »großen Wundern«, die er »im Volk« wirkt (8). Sie legitimieren ihn als Prediger des Gotteswortes im Namen Jesu. Als charismatischer Prediger wird er unter den Griechisch sprechenden Juden in der Stadt und insbesondere auch unter den Wallfahrern aus der Disapora evangelisiert haben. Nachdem die Öffentlichkeit auf Stephanus aufmerksam geworden ist, treten Gegner zu Streitgesprächen gegen ihn auf, Juden »aus der sogenannten Synagoge der Libertiner und Kyrener und Alexan-

324 *H. Lietzmann*, Geschichte I, 63.
325 Vgl. *G. Theißen*, Hellenisten, 333–336
326 Vgl. *E. Rau*, Jesus, 24ff; *H. Räisänen*, Hellenisten, 1482–1492.
327 Vgl. *C.K. Barrett*, Acts I, 318–322.
328 Vgl. *C.K. Barrett*, Acts I, 322; *H. Conzelmann*, Art. χάρις κτλ., 382f.

driner sowie von denen aus Kilikien und (der Provinz) Asia« (9),
also in Jerusalem ansässig gewordene, Griechisch sprechende Diasporajuden, die in eigenständigen Synagogengemeinden ihren
Gruppenzusammenhalt pflegten. Die »Libertiner« sind freigelasse-
ne jüdische Sklaven und ihre Nachkommen, besonders auch Nachfahren der Juden, die Pompejus bei seiner Besetzung Palästinas 63
v.Chr. in Massen als Kriegsgefangene nach Rom verbracht hatte.
Sie bildeten einen großen Teil der zahlenmäßig starken stadtrömischen Judenschaft. Etliche sind nach Jerusalem zurückgekehrt,
nicht wenige vermutlich, als es unter Tiberius (Regierungszeit 14–
37 n.Chr.) durch dessen judenfeindlichen Vertrauensmann, den
Prätorianerpräfekten Seianus, Massenausweisungen von Juden aus
Rom gab, die ihren Riten treu bleiben wollten.[329] Die Badeanlage
ihres Synagogengebäudekomplexes ist 1913/14 bei Ausgrabungen
auf dem südlichen Südosthügel des herodianischen Jerusalems
entdeckt worden.[330] Die in einer Zisterne aufgefundene griechische Gründungsinschrift zeigt die Vielfalt der Aufgaben, denen
ein solcher Gebäudekomplex diente: »Theodotus Sohn des Vette-
nus, Priester und / Synagogenvorsteher, Sohn eines Synagogenvorstehers, / Enkel eines Synagogenvorstehers, erbaute / die Synagoge
zur Lesung / des Gesetzes und zum Unterricht in den Geboten,
und / das Fremdenhaus und die Kammern und die / Badeanlage als
Herberge für die / bedürftigen Pilger, wozu seine Väter und die
Ältesten / und Simonides den Grundstein gelegt hatten.«[331] Nicht
allein Pilger aus Rom, sondern auch aus anderen Provinzen be-
nutzten die Herberge dieser Synagoge. Gottesdienst und Unterricht erfolgten hier wie in anderen Synagogen der Rückkehrer in
griechischer Sprache. – Die »Kyrener« sind Juden aus der nord-
afrikanischen Provinz, die einen beträchtlichen jüdischen Bevölkerungsanteil hatte.[332] Simon von Kyrene mußte Jesus das Kreuz
nachtragen (Mk 15,21 // Lk 23,26). Röm 16,21). Ein Judenchrist
Lucius von Kyrene wird dem Leser im syrischen Antiochien begegnen (13,1; vgl. Röm 16,21). – »Alexandriner« sind Juden aus der
Weltstadt Alexandrien, der Hochburg hellenistischer Kultur, Kunst
und Wissenschaft, wo eine zahlreiche und relativ wohlhabende und
stark hellenisierte Judenschaft, die mindestens so groß war wie die
Bevölkerung Jerusalems und seiner Umgebung, ganze Stadtviertel

---

329   Vgl. Sueton, Tiberius 36 (Kaiserviten, 376ff); Tacitus, Ann II,85,4 (Annalen, 200f).
330   Vgl. *E. Otto*, Jerusalem, 159f.
331   Griechische Inschriften, 138 (Nr. 120). Vgl. auch *C.K. Barrett*, Acts I,
324; *M. Hengel*, Zwischen Jesus und Paulus, 184. Zur Diskussion der Inschrift
vgl. *R. Riesner*, Synagogues, 192–200.
332   Vgl. *V. Tcherikover*, Hellenistic Civilization, 290f.

allein bewohnte und auch in anderen Vierteln verbreitet war. Sie
bildete einen eigenen Kommunalverband, lebte in starken Span-
nungen mit den Griechen und hatte 38 n.Chr. unter schwersten
Ausschreitungen zu leiden.[333] Christliche Gruppen dürften sich
dort aufgrund des traditionell engen Kontaktes, den die alexandrinischen Juden mit Jerusalem pflegten, schon sehr früh gebildet haben. Einen judenchristlichen Wandermissionar aus Alexandrien namens Apollos wird Lukas in Ephesus vorstellen (18,24–28). Nach
den Juden aus Rom, Nordafrika und Ägypten werden solche aus
römischen Provinzen in Kleinasien genannt: »Kilikien«, die südli-
che Küstenlandschaft Kleinasiens, ist die Heimat des Paulus (21,
39; 22,3); »Asia« mit seiner Hauptstadt Ephesus umfaßt den Westteil Kleinasiens (2,9; vgl. 16,6; 19,10; 21,27). Wenn es nach Lukas
auch den Anschein hat, als bildeten diese jüdischen Rückwanderer
eine Synagoge, so geht es doch wahrscheinlich um mehrere eigenständige Synagogen (vgl. 24,12). Auch in Großstädten der Diaspora mit einem erheblichen jüdischen Bevölkerungsanteil gab es
mehrere Synagogen. Das Diasporajudentum war zudem kulturell
und religiös vielgestaltig. »Zwischen den Juden aus Alexandrien,
aus Rom, Kleinasien oder aus Phönizien und Syrien gab es beträchtliche Differenzen durch Tradition und Sitten.«[334] Aus welcher Synagoge Stephanus kam, wissen wir nicht.[335] Anläßlich seiner
Evangelisation in Synagogen und unter Pilgergruppen verwickel-
ten ihn hellenistische Juden in Disputationen. Der Konflikt um
Stephanus spielt sich anfangs in den hellenistischen Kreisen ab.
Amtliche Jerusalemer Stellen haben damit anders als im Fall der
Apostel (4,1–3; 5,17–18) zunächst nichts zu tun. Synagogen erweisen sich als »Ausgangspunkte der Verfolgungen« (Tertullian,
Scorpiace 10).[336] Die offiziellen Instanzen werden durch Gegner
des Stephanus, der in seiner Verkündigung Jesu Christi an Hand
der Schrift die Erscheinungsgegenwart Gottes im Tempel und die
Heilsbedeutung des Opferkults bestreitet (7,48), hineingezogen. –
Lukas stellt die Überlegenheit des Stephanus in den Streitgesprächen heraus: Seine Gegner »vermochten der Weisheit und dem

333   Philo, Flacc 20–96 (Werke VII, 133–149 [*K.-H. Gerschmann*]); Philo,
LegGai 120–131 (Werke VII, 206–208 [*F.W. Kohnke*]); vgl. *H.-F. Weiß*, Art.
Alexandrien II, 262ff.
334   *M. Hengel*, Jerusalem, 148.
335   *K. Löning*, Stephanuskreis, 85 nimmt unter Hinweis auf die in Mk 15,21;
Apg 13,1 (vgl. auch 11,20) und 18,24 genannten Männer an, »daß die Mission
unter Diasporajuden nordafrikanischer Herkunft einen Schwerpunkt der Arbeit des
Stephanuskreises dargestellt hat, möglicherweise weil Stephanus selbst Afrika-
ner war.«
336   Vgl. Tertullians Ausgewählte Schriften II, 215.

Geist, mit dem er redete, nicht standzuhalten« (10). Der Erzähler
weist hier nicht nur auf V. 3 zurück, sondern darüber hinaus auf
die Erfüllung von Lk 21,14–15 (diff. Mk 13,11): Die verfolgten
und mit Schuldvorwürfen konfrontierten Jünger Jesu brauchen
sich um ihre Verteidigung nicht zu sorgen; Jesus selbst wird ihnen
»Rede und Weisheit geben, der alle eure Widersacher nicht widerstehen noch widersprechen können« (Lk 21,15). Jesus wirkt unter
den Seinen durch die Kraft des Heiligen Geistes. Diese Kraft zeigt
sich bei Stephanus in der Disputation mit seinen Widersachern und
danach in seiner Rede vor dem Hohen Rat (7,2–53).

11–14: *Das Vorgehen der Gegner:* Da die Gegner Stephanus in
der Disputation nicht überwinden können, intrigieren sie gegen
ihn: Sie stiften Denunzianten dazu an, ihn in der Bevölkerung und
unter den Mitgliedern des Hohen Rates mit der verleumderischen
Behauptung in Verruf zu bringen: »Wir haben ihn Lästerreden gegen Mose und Gott führen hören« (11.12a). Der Blasphemievor-
wurf betrifft ein nach jüdischem Religionsrecht todeswürdiges Verbrechen.[337] »Mose« ist Mittler des von Gott empfangenen Gesetzes; deswegen richten sich Schmähreden gegen Mose gegen die
religiöse und rechtliche Grundlage des Judentums und insofern
gegen Gott. Mose zu schmähen galt auch bei den Essenern als todeswürdiges Verbrechen. Josephus schreibt über sie: »Höchste Verehrung ... zollen sie nächst Gott dem Namen des Gesetzgebers, und
wenn jemand diesen lästert, wird er mit dem Tode bestraft« (Bell
II,145).[338] Mit Lästerreden gegen Gott könnten auch angebliche
Schmähreden gegen den in den täglichen Brandopfern (*tamid*)
zentrierten Opferkult im Tempel als Ort der göttlichen Erscheinungsgegenwart gemeint sein (14). Ein Rätselwort wie der Joh 2,
19 als Antwort Jesu auf die Zeichenforderung seiner Gegner wegen der Tempelaktion überlieferte mehrdeutige Ausspruch kann
genügen: »Reißt diesen Tempel nieder, und in drei Tagen werde
ich ihn wieder aufrichten«, kann als Blasphemie ausgelegt werden
(vgl. Mk 14,58).[339] Das Ränkespiel zeigt Wirkung: Verhielt sich
die Bevölkerung bisher der Christusbotschaft und ihren Trägern
gegenüber aufgeschlossen und freundlich (2,47; 3,11; 4,16–17;
5,13), so gelingt es jetzt mit Hilfe der Denunzianten, sie gegen die
Christuszeugen aufzuwiegeln. Auch unter den Mitgliedern des
Hohen Rates treten nun nicht mehr nur die Sadduzäer als Gegner
auf (5,17), sondern »die Ältesten und die Schriftgelehrten« (12a).
War es den Aposteln gegenüber noch der berühmte Schriftgelehr-

---

337 Vgl. Bill. I, 1009–1019.
338 Josephus, De Bello Judaico I, 210f; vgl. *K. Haacker*, Stephanus, 1522.
339 Vgl. *K. Haacker*, Stephanus, 1526ff.

te Gamaliel, der zur Duldung und zum Abwarten riet (5,34–39), so gehören jetzt Schriftgelehrte zu den Gegnern eines Zeugen Jesu. Wer in den Verdacht gerät, alle Essentials Jerusalems und seiner Einwohner in Frage zu stellen, hat bald die Bevölkerung zum Feind. Widersacher des Stephanus greifen ihn auf und zerren ihn vor den Hohen Rat (12b; Lk 22,66; Apg 4,7.15; 5,27). Es liegt nahe, an eine pharisäisch ausgerichtete Gruppe zu denken, zu der auch der junge Saulus/Paulus zählt (7,58; 8,1a). Er wird ja aktiv gegen Mitglieder des Kreises vorgehen, dem Stephanus angehörte (8,3; 9,1–2). Vor dem Hohen Rat lassen die Gegner falsche Zeugen gegen den Festgenommenen auftreten (13a). Falsches Zeugnis gegen den Nächsten abzulegen ist im Dekalog verboten (Ex 20,16 // Dtn 5,20; Spr 14,5; 24,28; vgl. Mk 10,19 // Mt 19,18 // Lk 18,20). Fromme haben jedoch immer wieder unter falschen Zeugen zu leiden (Ps 27,12; 35,11). Im Fall des Stephanus geht es ähnlich wie in der Passion Jesu von vornherein nicht um ein rechtlich einwandfreies Verfahren. Die Lügenzeugen bezeichnen ihn verächtlich »dieser Mensch« und tragen zwei Anklagepunkte vor: Er soll in blasphemischer Weise fortgesetzt »gegen die heilige Stätte und gegen das Gesetz« polemisiert haben (13b; 18,13; 21,27–30; 24, 6). Als Beleg führen sie einen angeblichen Ausspruch des Stephanus an, »dieser Jesus, der Nazoräer« (2,22; 3,6; 4,10 u.ö.) – der abschätzige Ton ist unüberhörbar –, werde »diese Stätte (τόπος) zerstören« und die von Mose her überkommenen »Satzungen« oder »Sitten« (τὰ ἔθη, 15,1; 16,21; 21,21; 28,17) verändern (14), damit aber das Zentrum und Wesen des Judentums, seinen Kult und seine Gesetzespraxis, der Bedeutungslosigkeit ausliefern. Bei Juden, Griechen und Römern ist die Treue zu den Sitten der Väter ein Grundsatz der Frömmigkeit (vgl. zu 16,21). Stephanus und andere ›Hellenisten‹ dürften von ihrer Auffassung der Lebenshingabe Jesu als des endzeitlich gültigen einmaligen Opfers her (Röm 3,25–26) das Ende des Opferkultes im Tempel vertreten haben.[340] Sie werden ähnlich wie später Paulus das »Gesetz des Christus« (Gal 6, 2; vgl. 1Kor 9,21) und damit ganz im Sinne Jesu das Liebesgebot als Summe und Ziel des Mosegesetzes und seine Erfüllung als Weg zum Leben gepredigt haben (Lk 10,25–28 // Mk 12,28–31 // Mt 22,34–40). Die Relativierung der Gesetzesobservanz vom Liebesgebot her wurde allem Anschein nach als Versuch einer Auflösung der Mose-Tora aufgefaßt. – Lukas hatte bei seiner Gestaltung der Leidensgeschichte Jesu das Motiv der falschen Zeugen ausgespart samt dem von diesen im Prozeßbericht Jesus zugeschriebe-

---

340 Vgl. z.B. *M. Hengel*, Zwischen Jesus und Paulus, 192, Anm. 38; *R. Pesch*, Apostelgeschichte I, 239; *P. Stuhlmacher*, Biblische Theologie I, 193ff.

nen Wort über den Abbruch des Tempels und dem Neubau eines
nicht von Menschen gemachten Heiligtums (Mk 14,56–59 // Mt
26,59–61 diff. Lk 22,67–71). Im Falle Jesu genügte dem Hohen
Rat dessen eigene Aussage, auf der Ausführung der von vornherein feststehenden Tötungsabsicht zu bestehen. Lukas bringt den
Vorwurf der angeblich von Jesus geplanten Tempelzerstörung in
der Anklage gegen Stephanus, läßt aber den zweiten Teil des Tem-
pelwortes, den Ausblick auf einen neuen Tempel, beiseite. Außerdem meidet er das Wort »Tempel« (ἱερόν) und verwendet den Terminus »Ort«, »Stätte« (τόπος), der in der anschließenden Rede des
Stephanus Jerusalem und den Zion als die von Gott verheißene
heilige Stätte für den Gottesdienst bezeichnet (7,7). Nicht der Tempel, sondern die Stadt hat nach Lukas hohe Bedeutung für das Gottesvolk und speziell auch für die Gemeinde Jesu, die sich von hier
ausbreitete.[341] Der Schuldvorwurf der »Lügenzeugen« ist absurd.

15: *Das Bild des Angeklagten*: Die Ratsmitglieder blicken den
mit schweren Schuldvorwürfen konfrontierten Stephanus gespannt
an (15a). Sein Antlitz erscheint vor ihnen engelähnlich (15b). Die
Herrlichkeit Gottes spiegelt sich darin wie auf dem Angesicht des
Mose nach der Gottesbegegnung vor den Augen Aarons und ganz
Israels (Ex 34,29–30). Nach dem hellenistisch-jüdischen Bekeh-
rungsroman »Joseph und Aseneth« erscheint Josefs Angesicht seiner ägyptischen Braut engelähnlich »wie ein Blitz und seine Augen wie (der) Schein (der) Sonne und die Haare seines Hauptes
wie (die) Flamme (des) Feuers einer brennenden Fackel ...« (JosAs
14,9).[342] Stephanus wird durch sein einem Engel ähnlich erschei-
nendes Antlitz vor den Augen seiner Feinde als ein von Gott be-
stätigter Träger des Heiligen Geistes offenbar.

Die Rede des Stephanus[343]
7,1–53

¹Der Hohepriester aber sprach: »**Verhält sich dies so?**« **²Er aber
sprach:** »**Brüder und Väter, hört! Der Gott der Herrlichkeit erschien unserem Vater Abraham, als er in Mesopotamien war,
bevor er sich in Haran niederließ,** ³**und sprach zu ihm:** ›**Zieh
fort aus deinem Land und aus deiner Verwandtschaft, und
komm in das Land, das ich dir zeigen werde!**‹ ⁴**Da zog er aus**

---

341   Vgl. *S. Arai*, Tempelwort, 406–410.
342   *Chr. Burchard*, Joseph und Aseneth, 673.
343   Vgl. *J. Bihler*, Stephanusgeschichte, 33–127; *K. Haacker*, Stephanus,
      1530–1542; *J. Kilgallen*, Stephen Speech, 31–104; *G. Stemberger*, Stephanus-
      rede, 229–250; *U. Wilckens*, Missionsreden, 208–224.

dem Land der Chaldäer fort und ließ sich in Haran nieder. Und von dort ließ ER ihn nach dem Tod seines Vaters in dieses Land übersiedeln, in dem ihr jetzt wohnt. [5]Und ER gab ihm keinen Erbbesitz darin, auch nicht einen Fuß breit, und ER verhieß, es ihm zum Besitz zu geben und seinen Nachkommen nach ihm, obwohl er kein Kind hatte. [6]Gott aber sprach so: ›Seine Nachkommen werden Beisassen sein in einem fremden Land, und man wird sie versklaven und mißhandeln vierhundert Jahre lang; [7]und das Volk, dem sie als Sklaven dienen werden, will ich richten,‹ sprach Gott, ›und danach werden sie ausziehen und mir an dieser Stätte dienen.‹ [8]Und er gab ihm den Bund der Beschneidung. Und so zeugte er den Isaak und beschnitt ihn am achten Tag, und Isaak den Jakob und Jakob die zwölf Patriarchen.

[9]Die Patriarchen aber wurden eifersüchtig auf Josef und verkauften ihn nach Ägypten. Und Gott war mit ihm [10]und rettete ihn aus all seinen Bedrängnissen und gab ihm Gnade und Weisheit vor Pharao, dem König von Ägypten, und er setzte ihn zum Regenten ein über Ägypten und sein ganzes Haus. [11]Es kam aber eine große Hungersnot über ganz Ägypten und Kanaan und große Bedrängnis, und unsere Väter fanden keine Nahrung. [12]Als aber Jakob hörte, daß es Getreide in Ägypten gab, sandte er unsere Väter zum erstenmal aus. [13]Und beim zweitenmal gab sich Josef seinen Brüdern zu erkennen, und dem Pharao wurde die Herkunft Josefs bekannt. [14]Josef aber sandte hin und ließ Jakob, seinen Vater, und die ganze Verwandtschaft holen, fünfundsiebzig Personen. [15]Und Jakob zog hinab nach Ägypten. Und er selbst und unsere Väter starben. [16]Und sie wurden nach Sichem überführt und in der Gruft beigesetzt, die Abraham für Silber von den Söhnen Hemmors in Sichem gekauft hatte.

[17]Als aber die Zeit der Verheißung nahte, die Gott dem Abraham zugesichert hatte, wuchs das Volk und mehrte sich in Ägypten, [18]bis ein anderer König [über Ägypten] kam, der den Josef nicht kannte. [19]Dieser war voll Arglist gegen unser Geschlecht und plagte unsere Väter: Sie sollten ihre Neugeborenen aussetzen, daß sie nicht am Leben blieben. [20]In dieser Zeit wurde Mose geboren, und er war Gott angenehm. Er wurde drei Monate im Haus seines Vaters aufgezogen. [21]Als er aber ausgesetzt wurde, nahm ihn die Tochter des Pharao an und erzog ihn sich zum Sohn. [22]Und Mose wurde in aller Weisheit der Ägypter unterrichtet; er war aber mächtig in seinen Worten und Taten.

[23]Als seine vierzig Jahre voll waren, stieg in seinem Herzen der Gedanke auf, sich nach seinen Brüdern, den Söhnen Israels, umzusehen. [24]Und als er einen Unrecht leiden sah, leistete er Bei-

stand und verschaffte dem Unterdrückten Rache, indem er den Ägypter erschlug. [25]Er dachte aber, seine Brüder würden einsehen, daß Gott ihnen durch seine Hand Rettung schenke; sie aber begriffen nicht. [26]Am nächsten Tag aber erschien er bei ihnen, als sie stritten und versuchte, sie zum Frieden zu versöhnen und sprach: ›Männer, ihr seid doch Brüder! Weshalb tut ihr einander Unrecht?‹ [27]Der aber, der seinem Nächsten Unrecht tat, stieß ihn weg und sprach: ›Wer hat dich zum Herrscher und Richter über uns eingesetzt? [28]Willst du mich etwa auch umbringen, wie du gestern den Ägypter umgebracht hast?‹ [29]Mose aber floh auf dieses Wort hin und wurde Beisasse im Land Midian, wo er zwei Söhne zeugte.

[30]Und als (wieder) vierzig Jahre voll waren, erschien ihm in der Wüste des Berges Sinai ein Engel in der Flamme eines brennenden Dornbusches. [31]Als aber Mose es sah, wunderte er sich über die Erscheinung. Als er aber herantrat, um sie anzusehen, erging die Stimme des Herrn: [32]›Ich bin der Gott deiner Väter, der Gott Abrahams und Isaaks und Jakobs.‹ Mose aber erzitterte und wagte nicht genau hinzusehen. [33]Der Herr aber sprach zu ihm: ›Löse die Sandalen von deinen Füßen! Denn die Stätte, auf der du stehst, ist heiliges Land. [34]Ich habe die Mißhandlung meines Volkes in Ägypten sehr wohl gesehen und ihr Stöhnen gehört und bin herabgestiegen, sie zu befreien. Und jetzt komm, ich will dich nach Ägypten senden!‹ [35]Diesen Mose, den sie verleugnet hatten mit den Worten: ›Wer hat dich zum Herrscher und Richter gesetzt?‹, diesen hat Gott als Herrscher und Befreier gesandt durch die Hand des Engels, der ihm am Dornbusch erschienen war. [36]Dieser führte sie heraus, indem er vierzig Jahre lang Zeichen und Wunder tat im Land Ägypten, im Roten Meer und in der Wüste. [37]Dies ist der Mose, der zu den Söhnen Israels sprach: ›Einen Propheten wie mich wird euch Gott aus euren Brüdern erstehen lassen.‹ [38]Dieser ist es, der in der Volksversammlung in der Wüste mit dem Engel, der auf dem Berg Sinai mit ihm redete, und unseren Vätern war, der lebendige Worte empfing, um sie uns zu geben. [39]Ihm wollten unsere Väter nicht gehorchen, sondern sie stießen ihn zurück und wandten sich in ihrem Herzen nach Ägypten [40]und sprachen zu Aaron: ›Mach uns Götter, die vor uns herziehen. Denn dieser Mose, der uns aus dem Land Ägypten herausgeführt hat, – wir wissen nicht, was ihm widerfahren ist.‹ [41]Und sie machten in jenen Tagen ein Kalb und brachten dem Götzenbild ein Opfer dar und erfreuten sich an den Werken ihrer Hände. [42]Gott aber wandte sich ab und gab sie dahin, daß sie dem Himmelsheer dienten, wie im Buch der Propheten geschrieben steht:

›Habt ihr mir etwa Schlachttiere und Opfer dargebracht
während der vierzig Jahre in der Wüste, Haus Israel?
[43]Und ihr habt das Zelt des Moloch mitgeführt
und das Sternbild des Gottes Raiphan,[344]
die Götzenbilder, die ihr gemacht hattet, um sie anzubeten.
Und ich werde euch wegführen noch über Babylon hinaus.‹
[44]Unsere Väter hatten das Zelt des Zeugnisses in der Wüste, wie
es der, der mit Mose sprach, geboten hatte, daß man es nach
dem (himmlischen) Vorbild mache, das er geschaut hatte.
[45]Dieses übernahmen unsere Väter und brachten es auch mit Josua (ins Land) hinein bei der Besitzergreifung (des Landes) der
Heiden, die Gott vor dem Angesicht unserer Väter vertrieb, bis
zu den Tagen Davids. [46]Der fand Gnade vor Gott und bat, daß
er für das Haus Jakob eine Behausung finden dürfe. [47]Salomo
aber erbaute ihm ein Haus. [48]Doch der Höchste wohnt nicht in
Machwerken von Menschenhand, wie der Prophet sagt:
[49]›Der Himmel ist mein Thron,
die Erde aber Schemel meiner Füße.
Was für ein Haus wollt ihr mir denn bauen, spricht der Herr,
oder welches soll mein Ruheplatz sein?
[50]Hat nicht meine Hand dies alles gemacht?‹
[51]Ihr Halsstarrigen und an Herzen und Ohren Unbeschnittenen!
Ihr habt euch immer dem Heiligen Geist widersetzt. Wie eure
Väter, so auch ihr! [52]Welchen Propheten haben euere Väter
nicht verfolgt? Und sie haben die getötet, die das Kommen des
Gerechten vorherverkündeten, dessen Verräter und Mörder ihr
jetzt geworden seid, [53]ihr, die ihr das Gesetz durch Weisungen
der Engel empfangen und es nicht gehalten habt!«

Kontext und Aufbau: Auf die Aufforderung des Hohenpriesters an Stephanus zur
Stellungnahme zu den Schuldvorwürfen (1) folgt seine »Verteidigungsrede« (2–
53), die keine Apologie in einem Prozeß ist; sondern sie bietet nach der Einfüh-
rung (2a) mit der Anrede des Auditoriums und einem Appell zum Hören (2b) einen
Abriß der Heilsgeschichte (2c–50), mit dem der Redner sich in die Tradition des
Gottesvolkes stellt und das Geschick der von Gott Gesandten gegenwärtig hält.
So geht er nur indirekt auf die gegen ihn vorgebrachten Anklagen ein. Zum
Schluß greift er im Stil prophetischer Scheltrede scharf die Instanz an, die über
ihn zu Gericht sitzt (51–53).

Feingliederung
Die lange Rede setzt beim *Weg Gottes mit Abraham* (2c–8) ein.
Dieser *erste Teil* handelt 1. von der Gotteserscheinung und dem Auszugsbefehl
in Mesopotamien (2c–3), 2. von seinem Zug nach Haran und nach Palästina (4).

344   Oder »Rompha«; die Überlieferung des Namens der Gestirngottheit ist unsicher.

3. In diesem Land bekam er zwar keinen Erbbesitz, aber eine Besitzverheißung für seine Nachkommen (5), die 400 Jahre lang in der Fremde geknechtet, jedoch schließlich von Gott befreit werden, ausziehen und an diesem Ort Gott dienen sollten (6–7). 3. Zur Bestätigung der Verheißung gab Gott dem Abraham den »Bund der Beschneidung« (8a). Demgemäß beschneidet Abraham den Isaak, dieser den Jakob und der wieder die zwölf Stammväter (8b).

Im *zweiten Teil* geht es um *Gottes Weg mit Josef* (9–16): 1. Der aus Eifersucht von seinen Brüdern nach Ägypten verkaufte Josef wurde von Gott gerettet und in Ägypten zu hohem Ansehen gebracht (9–10). 2. Einer Hungersnot wegen verlegten Jakob und seine Familie ihren Wohnsitz nach Ägypten (11–15a). 3. Jakob und seine Söhne starben in Ägyten und wurden zu Sichem beigesetzt (15b–16).

Der *dritte Teil* über den *Weg Gottes mit Mose* (17–43) ist ausführlicher als die vorangegangenen und nachfolgenden. Nach der einleitenden Kennzeichnung der Mosezeit als Zeit nahender Erfüllung der Abraham gegebenen Verheißung (17a) geht es 1. um die ersten 40 Jahre als Vorbereitungszeit für den (nach Dtn 34,5–7) 120 Jahre alt gewordenen Mose (17b–22): a) Auf die einleitende Schilderung der Bedrängnis der Israeliten in Ägypten (17b–19) folgt b) der Bericht über die Geburt, Kindheit und Jugend und insbesondere seiner Bildung »in aller Weisheit der Ägypter« zum Mann »mächtig in seinen Worten und Taten« (20–22, vgl. Lk 24,19 im Blick auf Jesus. – 2. Die zweiten 40 Jahre werden als Anfang der Erfüllungszeit dargestellt (23–29): a) Moses Versuch, das einem israelitischen Fronarbeiter widerfahrene Unrecht zu rächen, wurde von den Brüdern seines Volkes nicht verstanden: sie begriffen nicht, daß Gott ihnen durch Mose Rettung schaffen wollte (23–25); b) beim Versuch, Frieden zwischen streitenden Israeliten zu stiften, stieß ihn gerade der Übeltäter zurück und bezichtigte ihn angemaßten Herrschaftsstrebens, so daß Mose vor den unverständigen Brüdern seines Volkes nach Midian floh und dort als Ausländer lebte (26–29). – 3. Zu Beginn der dritten 40 Jahre (30a) erfolgten a) Berufung und Sendung des Mose (30–34) und damit die Zeit der Erfüllung: α) Engelerscheinung, Staunen Moses und Selbstvorstellung des Gottes der Väter (30–32); β) Gottesrede: Erklärung der Begegnungsstätte zum heiligen Land, Erhörung des Stöhnens der mißhandelten Israeliten, Sendung des Mose (33–34). – 4. a) Überleitung: Mose, den die Israeliten als Anführer und Retter nicht anerkennen wollten, hat Gott ihnen als Herrscher und Befreier gesandt (35). b) Die drei Dimensionen der Sendung Moses (36.37.38) und dagegen (c) der Ungehorsam der Israeliten (36–43): Mose war α) Befreier, der Israel 40 Jahre lang führte und Wunderzeichen wirkte (36); er war β) aber auch Prophet, der den Israeliten einen ihm entsprechenden Propheten ankündigte (37, vgl. Dtn 18,15); er war γ) Mittler der »Lebensworte« der Sinai-Tora (38). c) Der Ungehorsam des Volkes und seine Folgen: α) Sie stießen Mose zurück, sehnten sich nach Ägypten zurück und setzten bei Aaron die Anfertigung von Götzenbildern durch, denen sie dienten (39–41); β) Infolgedessen wandte Gott sich von ihnen ab und lieferte sie dem Gestirnskult aus, belegt mit Am 5,25–27 (42–43).

Der *vierte Teil* handelt *vom heiligen Zelt und Tempel* (44–50) und reicht damit *von der Mosezeit über Josua bis David und Salomo*: 1. Die Anfertigung des Zeltheiligtums erfolgte entsprechend göttlicher Anordnung nach dem von Mose geschauten himmlischen Modell (44). 2. Dieses Zelt haben die Väter unter Josua mit ins Land gebracht und bis David beibehalten (45). 3. a) David, der Gnade vor Gott fand, wünschte zwar eine Behausung für Jakob (46), b) aber erst Salomo baute ihm ein Haus (47). c) Allerdings wohnt »der Höchste ... nicht in Machwerken von Menschenhand« (48). Das wird d) mit Jes 66,1–2 belegt (49–50). Damit bricht der Geschichtsrückblick ab.

Im *fünften und letzten Teil* führt der Redner nach der Art prophetischer Scheltrede eine *scharfe Anklage gegen den Hohen Rat* als Repräsentanz Israels: 1. In polemischer Anrede schilt er die Ratsherren halsssstarrig und verstockt (51a). 2. Er wirft ihnen permanente Widersetzlichkeit gegen den Heiligen Geist vor (51b). 3. Dann identifiziert er sie mit ihren Vätern (51c), deren Verfehlungen sie noch überbieten: a) Haben jene alle Propheten, die den verheißenen »Gerechten« ankündigten, verfolgt (52a.b), so sind die Angeredeten zu ihrer Zeit »Verräter und Mörder« dieses »Gerechten« geworden (52c). b) Sie haben das durch Vermittlung der Engel empfangene Gesetz nicht gehalten, (so daß der nach 6,13–14 gegen Stephanus erhobene Vorwurf der Gesetzesverachtung in Wirklichkeit seine Ankläger trifft).

Traditionshintergrund: Der von Lukas gestalteten Rede, die auf eine harte Anklage zuläuft, liegt vielleicht eine Synagogenpredigt zugrunde,[345] die die Geschichte Israels ähnlich wie z.B. die Psalmen 78 und 106 radikal unter dem (deuteronomistischen) Aspekt der fortgesetzten Untreue des Volkes gegen Gott, der ständig auf das Wohl Israels aus ist, rekapituliert. Die Homilie zeigt Stephanus als frommen, schriftkundigen Juden, der Mose verehrt und sich in seiner Kritik an den Israeliten, speziell auch am Tempelkult, traditionsbewußt verhält. Lukas greift hier wohl auf die Überlieferung der Geschichtsdeutung und Kultkritik zurück, die von den nach Antiochien geflohenen hellenistischen Judenchristen aus der Gruppe um Stephanus vertreten wurde. Diese wußten wohl auch, daß Stephanus im Verhör vor dem Hohen Rat freimütig gesprochen hatte.

1–2a.b: *Einführung und Eröffnung*: Der Hohepriester als Vorsitzender des Hohen Rates fordert Stephanus auf, zu den Vorwürfen Stellung zu nehmen (1). Stephanus redet die Ratsherren als »Brüder und Väter« an (2a, 22,1). Mit der doppelten Anrede bekundet er seine Verbundenheit mit ihnen, die aus der gemeinsamen Geschichte des Volkes herrührt, und die Ehrerbietung, die ihnen in ihrer amtlichen Stellung gebührt. Mit dem Appell zum Hören (2,14; 13,16; 15,13; 22,1) bittet er um Aufmerksamkeit.

2c–8: *Erster Teil: Gottes Weg mit Abraham*
Die Rede setzt mit einer Erinnerung an Abrahams Gottesbegegnung und Führung durch Gott ein, der eingangs als »Gott der Herrlichkeit« (2c, vgl. Ps 28,3 LXX = Ps 29,3 hebr. und deutsche Bibeln; ähnlich Ps 23,7 LXX = Ps 24,7 hebr. u. deutsche Bibeln: »König der Herrlichkeit«) bezeichnet und damit im Blick auf die *majestas* seines Wesens und seiner Erscheinung tituliert wird. Auf »die Herrlichkeit Gottes« wird der Erzähler im Bericht über die Vision des Stephanus in 7,55 zurückkommen. In der ihm eigenen Wucht und Geschichtsmacht begegnete er Abraham. Dessen Weg verläuft in allen Stadien ganz im Umkreis des Gotteswortes. Das Berufungswort ist nach Gen 12,1 formuliert. Doch erfolgte die Er-

---

345 Vgl. z.B. *C.K. Barrett*, Old Testament History, 57–69; *ders.*, Acts I, 334–340; *T. Holtz*, Untersuchungen, 85–127; *M. Rese*, Motive, 78ff; *H. Thyen*, Stil, 20.

scheinung anders als nach Gen 11,31; 12,1.4 nicht in Haran, sondern schon in Ur in Chaldäa (2c–4). Nach Gen 11,31 ist Abrahams Vater Terach von Ur nach Haran übergesiedelt. Von einer
diesbezüglichen Weisung JHWHs ist keine Rede. Für die Änderung in Apg 7,2c–4 dürfte der Einfluß von Gen 15,7 bestimmend
gewesen sein.[346] An dieser Stelle gibt JHWH sich dem Abraham als
der Gott zu erkennen, der ihn aus dem Ur der Chaldäer herausgeführt hat. Für Abrahams Weg ist Gottes Gebot und Führung von
Anfang an bestimmend und immer wieder richtungweisend. Auf
seinen Befehl verließ Abraham zuerst das Land der Chaldäer (4a)
und dann nach dem Tod seines Vaters Terach – die Altersangaben
in Gen 11,26 und 12,4 sind nicht bedacht worden – auch Haran
und kam »in dieses Land, in dem ihr jetzt wohnt«, also nach Palästina (4b). Der Redner, der sich eingangs durch die Bruderanrede
als Angehöriger des gleichen Volkes zu erkennen gab, bringt jetzt
durch seine distanzierende Redeweise zum Ausdruck, daß er kein
Landsmann der Angesprochenen ist. Hier spricht ein Diasporajude. Auch in Palästina gab Gott dem Abraham »kein vererbbares
Eigentum«, nicht einmal den geringsten Landbesitz, »auch nicht
einen Fuß breit« (Dtn 2,5), und damit kein festes Zuhause (5a).
Der Erwerb der Begräbnisstätte (Gen 23) wird in V. 16 nachgetra-
gen. Gott gab dem Abraham aber eine Landverheißung für seine
Nachkommen, wie nach Gen 17,8 LXX gesagt wird (5b), obwohl
Abraham zum Zeitpunkt der Zusage kinderlos war. Die Existenz
Abrahams, des Wanderers, war einzig vom Gotteswort getragen
und von Treu und Glauben gehalten. Die Landzusage sollte sich
nicht kurz- oder mittelfristig erfüllen. In der Form der Gottesrede
wird mit einer Zitatenverbindung aus Gen 15,13–14 und Ex 3,12
LXX (6–7) an das der Nachkommenschaft zunächst in Aussicht
gestellte Leben als ausländische Schutzbürger in der Fremde, in
Ägypten, erinnert (6a), an die Jahrhunderte dauernde Knechtung
und Mißhandlung (6b), an das Gottesgericht über die Bedrücker
(7a), den Auszug der Israeliten mit dem Ziel des Gottesdienstes
»an dieser Stätte«, d.h. in Jerusalem auf dem Zion (7). Die Zusage
dieser Gottesdienststätte ist im Kontext der Rede der zentrale
Punkt des Abraham-Abschnittes:[347] Schon der Vater des Glaubens
empfing das Versprechen, das sich auf diese Kultstätte bezog (vgl.
Gen 22,1–14 in Verbindung mit 2Chr 3,1). Als sichtbares Unter-
pfand für die Rechtskraft und Wirksamkeit der gegebenen Zusage
stiftete Gott den »Bund der Beschneidung« (8a; vgl. Gen 17,10–
11) noch vor der Geburt Isaaks. Auf die Zusage und das gegebene

346 Vgl. *W. Zimmerli*, 1. Mose 12–25, 53.
347 Vgl. *J. Kilgallen*, Stephen Speech, 35–44.

Bundeszeichen der Beschneidung hin zeugte Abraham den Isaak
und beschnitt ihn gehorsam am achten Tag (8b). Isaak und nach
ihm Jakob verhielten sich in gleicher Weise gehorsam (8c). Der
»Bund der Beschneidung« hält die Nachkommen Abrahams, Isaaks und Jakobs zusammen. Die Beschneidung der zwölf Patriarchen durch Jakob bildet den Übergang zur Josefsgeschichte.

9–16: *Zweiter Teil: Gottes Weg mit Josef*[348]
Gottes Weg mit Josef wird summarisch nach Gen 37–50 und vor
allem nach Gen 50,20a beschrieben: Die Brüder waren darauf aus,
Josef Böses anzutun, aber Gott gedachte, es zum Guten zu wenden.
Aus Eifersucht verkauften die Patriarchen, die doch Träger der
Abraham gegebenen Zusage waren, Josef nach Ägypten (9a; Gen
37,28). Aber »Gott war mit ihm« (9b; vgl. Gen 39,21); er stand
ihm bei, rettete ihn aus aller Drangsal, begnadete ihn mit Weisheit
und brachte ihn in der Fremde in eine staatsleitende Position (10;
Gen 41,41; 45,8). Durch die ihm verliehene Weisheit ist Joseph
hier ein Vorläufer Jesu (Lk 2,40.52; 11,31) und seiner Jünger (Lk
21,15). Daß Gott aus allen Bedrängnissen errettet, sollen die Leser
an der Josefsgeschichte erkennen. Die Stammväter dagegen erscheinen als Muster der in der Rede angesprochenen »Brüder und
Väter«, die aus Eifersucht gegen die Zeugen Jesu Christi vorgehen
(5,17; 13,45; 17,5). Josef, der Typ eines trotz ungünstigster Aus-
gangsvoraussetzungen überaus erfolgreichen Diasporajuden, ist
auch ein Stück weit Typus des Stephanus, der 6,8 als Mann »voll
Gnade und Kraft« und 6,3 zusammen mit weiteren hellenistisch
judenchristlichen Persönlichkeiten als Mensch »voll Geist und
Weisheit« bezeichnet wurde. Der von seinen Brüdern, den Stamm-
vätern Israels, aus einem niederen Beweggrund in die Fremde verkaufte Josef wurde dank göttlicher Führung ihr Retter aus Hungersnot (11–12; Gen 42,1–5). Als die Brüder im Auftrag Vater Jakobs zum zweitenmal nach Ägypten kamen, gab Josef sich ihnen
zu erkennen (13a; Gen 45,1–15). So wurde dem Pharao bekannt,
daß Josef seiner Herkunft nach ein Israelit war (13b; Gen 45,16).
Durch die Umsiedlung der 75 Personen umfassenden Sippe Jakobs nach Ägypten (14–15a; Gen 46,26–27 LXX)[349] beginnt sich
die in V. 6a nach Gen 15,13a erinnerte Verheißung zu erfüllen.
Jakob und seine Söhne kehrten erst nach ihrem Tod ins Gelobte
Land zurück. Der am Schluß des Josef-Teiles stehende summarische Hinweis auf Tod und Begräbnis Jakobs und der Patriarchen

---

348   Vgl. *J. Kilgallen*, Stephen Speech, 46–63.
349   Der hebräische Text und die ihm folgenden deutschen Übersetzungen zählen 70 Seelen.

(15b–16) stimmt mit den AT-Berichten nicht überein. In der Notiz, daß sie zu Sichem in der von Abraham den Söhnen Hamors abgekauften Gruft bestattet wurden, sind irrtümlich Angaben aus Gen 23,7–16 mit solchen aus Gen 33,18–20 vertauscht worden. Nach Gen 23,7–16 kaufte Abraham vom Hetiter Efron ein Erbbegräbnis bei Hebron. Dort wurden Sara (Gen 23,19), er selbst (Gen 25,8–10) und auch Jakob begraben (Gen 50,13). Nach Gen 33, 19–20 erwarb Jakob Grundbesitz bei Sichem von den Nachkommen Hemmors (Hamors). Dort wurde später der Leichnam Josefs beigesetzt (Jos 24,32). Von den Gräbern der anderen Stammväter hören wir im AT nichts. Nach altjüdischer Überlieferung wurden sie definitiv in Hebron bestattet.[350]

17–43: *Dritter Teil: Gottes Weg mit Mose*[351]
Die besonders ausführlichen Darlegungen zu Mose demonstrieren, daß der Redner eine uneingeschränkt positive Einstellung zu diesem Mittler zwischen Gott und dem Volk Israel hat; sie zeigen zugleich, wie abwegig der Vorwurf ist, Stephanus führe »Lästerreden gegen Mose und das Gesetz« (6,11). Allerdings deckt die Vergegenwärtigung der Mose-Tradition auch auf, daß es nach dem Zeugnis der Schrift in Israel immer schon Auflehnung und Widerstand gegen den Gesandten Gottes und seinen Auftrag gab.
17–22: *Moses Kindheit und Jugend:* Für die dem Abraham gegebene Verheißung naht jetzt die Zeit der Erfüllung (17a). Dem Hinweis auf den neuen Zeitabschnitt folgt zunächst ein einführender Situationsbericht (17b–19). Im z.T. wörtlichen Anschluß an Ex 1,7–10 LXX wird berichtet, daß aus der Nachkommenschaft Abrahams und Jakobs in der Fremde ein großes Volk geworden (17b) und ein Pharao zur Herrschaft gelangt ist, der von Josef nichts mehr wußte (18), ein dem Gastvolk gegenüber arglistiger Herrscher, der es bedrängt (19a). Er versucht, die Israeliten zu zwingen, durch Ausssetzung ihrer Neugeborenen sich selbst die Zukunft abzuschneiden (19b). Mit dem Situationsbericht ist der Hintergrund skizziert, auf dem die Erzählung der Mose-Geschichte beginnen kann: Zu jener Drangsalszeit wird der ausersehene Retter geboren. Im Anschluß an Ex 2,1–10 LXX wird unter den Stichworten, die für biographische Schemata charakteristisch sind (22,3), »er wurde geboren« (ἐγενήθη), »er wurde aufgezogen« (ἀνετράφη), »er wurde unterwiesen« oder »gebildet« (ἐπαιδεύτη), summarisch von der Geburt, Kindheit und Jugend des Mose berichtet (20–22): Das zur rechten Zeit geborene Kind (20a) »war Gott angenehm« (20b;

---

350   Vgl. Bill. II, 672ff.
351   Vgl. *J. Kilgallen*, Stephen Speech, 63–87.

ἀπεῖτος). Leibliche Wohlgestalt und Anmut gilt als Zeichen göttlichen Wohlgefallens. Der Knabe, der zunächst drei Monate lang im Elternhaus heimlich aufgezogen werden konnte (20c), wurde in dem für ihn lebensbedrohlichen Augenblick dadurch gerettet, daß die Prinzessin ihn an Kindes Statt annahm und erzog (21). So wurde Mose »in aller Weisheit der Ägypter unterwiesen« (22a). Dementsprechend war Mose »mächtig in seinen Worten und Taten« (22b). Das widerspricht zwar Ex 4,10, entspricht aber durchaus Sir 45,3 und dem Mosebild des Josephus (Ant III,13–38).[352] Entsprechend war Jesus nach Lk 24,19 »ein Prophet, mächtig in Tat und Wort vor Gott und allem Volk«. Mose erscheint als sein Vorläufer. Er ist zugleich dem Stephanus ähnlich, von dem Lukas 6,8 sagte, daß er »voller Gnade und Kraft große Wunder und Zeichen im Volk tat«.

23–29: *Anfang der Zeit der Erfüllung*: Als Mose 40 Jahre alt war (23a) und damit die im Altertum oft für eine Übernahme wichtiger Aufgaben vorausgesetzte Lebensreife erreicht hatte,[353] begann der zweite große Abschnitt auf seinem Lebensweg, der wieder 40 Jahre währte. Damals wandte Mose sich seinen bedrückten Brüdern zu und begann, sich für sein Volk zu engagieren und ihm Beistand zu leisten (23b). Der Redner referiert die Erzählung Ex 2,11–15 LXX (23b–28). Mose erschlug einen Ägypter, der einem Israeliten Unrecht tat (24). Im Unterschied zur AT-Erzählung, in der Mose die Bluttat zu verbergen versucht, wird er hier ähnlich wie in der jüdischen Überlieferung entlastet. Seine Handlungsweise wird zu seinen Gunsten als ein Akt gerechter Rache dargestellt und als zeichenhafte Rettungstat bewertet, aus der die Israeliten Mose als ihren von Gott gesandten Befreier hätten erkennen können. Mose nahm an, seine Brüder würden einsehen (συνίημι), daß Gott ihnen durch seine Tat »Rettung« (σωτηρία) verschaffen wollte; er stieß aber wider Erwarten auf Unverständnis (25; vgl. Lk 2,47). Das zeigte sich, als Mose anderntags in eine tätliche Auseinandersetzung (μάχομαι) zwischen Israeliten einzugreifen versuchte, um in der Rolle eines Friedensstifters die Streitenden miteinander zu versöhnen (26a.b). Er machte sie auf ihre gemeinsame Herkunft aufmerksam, die es ihnen nicht erlaubt, einander Unrecht zuzufügen (26c.d). Doch ausgerechnet derjenige, der seinem Nächsten Unrecht tat, wies Mose ab, ja »er stieß ihn weg« (ἀπώσατο αὐτόν, 27a). In rhetorischer Frageform warf er ihm Amtsanmaßung vor: »Wer hat dich zum Herrscher (ἄρχων) und Richter (δικαστής) über uns eingesetzt?« (27b). Dieser Mann »führte Lästerreden gegen

---

352 Vgl. Josephus, Jüdische Altertümer I, 138–142.
353 Vgl. *H. Balz*, Art. τεσσεράκοντα κτλ., 135f.

Mose« (6,11)! Er verkannte nicht nur seine maßgebende Bedeutung, sondern unterstellte ihm auch, an ihm eine Bluttat begehen zu wollen, wie tags zuvor am Ägypter (28). Während Mose nach Ex 2,15 aus Furcht vor der Ahndung seiner Bluttat durch den Pharao, der davon irgendwie Kenntnis erhalten hat, nach Midian flieht, ist die Flucht hier direkte Folge der Zurückstoßung durch einen Volksgenossen (29a). Mose lebte als Ausländer in Midian und zeugte dort zwei Söhne (29b; Ex 2,22). Ähnlich wie Mose ins Exil mußte, werden hellenistische Judenchristen nach der Tötung des Stephanus und der dann ausbrechenden Verfolgung gezwungen, aus Jerusalem zu fliehen (8,1) und ins Ausland zu gehen (11,19).

30–34: *Berufung und Sendung Moses:* Den von einem israelitischen Mitbruder verstoßenen Mose beruft Gott, um Israel zu retten. Der Bericht erfolgt nach Ex 3,1–10a LXX. Gegenüber Ex 3,1 ist eine Ortsveränderung festzustellen: An die Stelle des Horeb ist der Sinai getreten (30), der Berg der Gesetzgebung. Die Erscheinung im brennenden Dornbusch widerfährt Mose im Alter von 80 Jahren (Ex 7,7). Er mußte alt werden, um seine Bestimmung zu finden und noch älter, um seinen Lebensauftrag ausführen zu können. Das Widerfahrnis wird in der Rede als Engelbegegnung gedeutet. Doch ergeht aus dem Dornbusch, dem Mose sich staunend nähert, »die Stimme des Herrn« (31). Die Selbstbekundung des Herrn als Gott der Väter (32a) entspricht Ex 3,6a. Der Hinweis, daß Mose auf die Offenbarung mit Zittern reagiert und nicht genau hinzusehen wagt (32b), modifiziert Ex 3,6b. Anders als in Ex 3,5 erfolgt die Weisung des Herrn, wegen der Heiligkeit der Stätte die Sandalen abzustreifen (33), erst nach der Selbstidentifikation Gottes. Die Bekanntgabe des göttlichen Heilsratschlusses (34a) folgt im wesentlichen Ex 3,7.8a. Auszugsankündigung und Erneuerung der Landverheißung aus Ex 3,8 wurden nicht aufgegriffen. Ziel der Mitteilung des Heilsratschlusses ist das Sendungswort (34b). Im Unterschied zu Ex 3,10a wird Mose nach Äypten gesandt, aber nicht zu Pharao geschickt. Vom Widerstand Moses gegen seine Berufung und Sendung (Ex 3,11) ist keine Rede.

35–38: *Die Dimensionen der Sendung Moses:* Gott hat den Mose nach Ägypten gesandt, den seine Volksgenossen für anmaßend hielten und von dem sie nichts wissen wollten (35a unter wörtlicher Wiederaufnahme von 27b). Ihn, den Israeliten als Herrscher und Richter ablehnten, hat Gott als »Herrscher« (ἄρχων) und »Befreier« (λυτρωτής) gesandt (35b). Im folgenden wird Mose im Stil einer Lobrede (Enkomion) unter drei Aspekten gewürdigt (36–38): Zunächst wird er als ein durch Manifestationen der Kraft Gottes in »Wundern und Zeichen« ausgewiesener Befreier im Blick auf die Ausführung der Rettung aus Ägypten, den Zug durchs

Meer und die Wüstenwanderung gefeiert (36). Das Geschehen dauerte vierzig Jahre, so daß Mose bei seinem Tod ein Alter von 120 Jahren erreicht hatte. Dann wird der Befreier Mose als Prophet charakterisiert, der (Dtn 18,15) den endzeitlichen Propheten angekündigt hat (37). Dieser aber ist nach 3,22 Jesus, der Israel unter Anknüpfung an die Mose-Tora mit dem definitiv geltenden Willen Gottes konfroniert hat (Lk 24,19). Schließlich wird Mose als Mittler gewürdigt, der zwischen dem Engel Gottes und den Vätern stand (38). In der »Volksversammlung« (ἐκκλησία) Israels gab er das vom Engel als dem Beauftragten Gottes auf dem Sinai empfangene Gesetz dem Volk weiter. Die Tradition von der Beteiligung eines oder mehrerer Engel bei der Gesetzgebung begegnet im Judentum schon zu vorchristlicher Zeit. Nach Dtn 33,2 LXX begleiteten Engel Gott bei der Gesetzgebung.[354] Nach dem vermutlich um 140 v.Chr. entstandenen jüdischen »Buch der Jubiläen« fungiert der Gott besonders nahestehende »Engel des Angesichts« auf dem Sinai als Offenbarungsmittler (Jub 2,1).[355] Nach Josephus haben die Juden ihre »wichtigsten Satzungen und den heiligsten Teil unserer Gesetze durch Engel erhalten, die von Gott gesandt waren« (Ant XV,136).[356] Auch nach rabbinischer Überlieferung waren Engel bei der Gesetzgebung anwesend. Über ihre Aufgabe gab es unterschiedliche Meinungen.[357] Im NT begegnet die Tradition von der Engelbeteiligung bei der Gesetzesübermittlung außer an unserer Stelle und 7,53 noch Gal 3,19 und Hebr 2,2. Nur für Paulus mindert die Engelbeteiligung die Bedeutung des Gesetzes (Gal 3,19). Mose empfing »lebendige Worte (λόγια ζῶντα), um sie uns zu geben.« Stephanus identifiziert sich mit den Empfängern des Gesetzes, das für ihn kein toter Buchstabe ist, sondern Lebensworte enthält und damit anders als bei Paulus (2Kor 3,6–7; Gal 3, 21) als Grundmuster des Evangeliums gewertet wird (5,20; Phil 2, 16; Joh 6,63.68). Als wundertätiger Befreier, Prophet und Mittler zwischen Gott und den Menschen ist Mose hier Prototyp Jesu Christi.

39–43: *Der Ungehorsam der Israeliten*: Im scharfen Kontrast zu Moses Ausführung seiner Sendung steht das Verhalten der Israeliten zu ihm. Was schon beim ersten Auftreten Moses sichtbar geworden war (27–28.35), trat auch jetzt wieder in Erscheinung (39): »Unsere Väter« hörten nicht auf ihn, wollten nichts von ihm

---

354 Im hebräischen Text und den auf ihm beruhenden deutschen Übersetzungen von Dtn 33,2 ist von einer Engelbegleitung keine Rede.
355 Vgl. *K. Berger*, Das Buch der Jubiläen, 321f.
356 Josephus, Jüdische Altertümer II, 313f.
357 Vgl. Bill. III, 554–559.

wissen; sie »stießen ihn zurück« und entschieden sich damit gegen
Gott, in dessen Namen Mose sie aus Ägypten befreit hatte. Ja, sie
wandten sich in ihren Herzen nach Ägypten« (Num 14,3). Die
Abkehr von Gott und der ihm gemäßen Verehrung zeigte sich
darin, daß sie von Aaron die Anfertigung von Göttern verlangten,
die das Volk auf seinem Weg führen sollten (40a). Zur Begründung machten sie geltend, sie wüßten nicht, was »diesem Mose«,
der sie aus Ägypten geführt hat, widerfahren sei (40b; Ex 32,
1.23). Der von Gott bestellte Anführer des Volks sollte durch
selbst gefertigte »Götter« ersetzt werden. Sie stellten das Goldene
Kalb her (Ex 32,4.8) und brachten ihm voll Freude über ihr ge-
lungenes Werk Opfer dar (41; Ex 32,6). Das war der Anfang des
verkehrten Gottesdienstes in Israel. Daraufhin wandte Gott sich
vom Volk ab (42a). Nach dem Grundsatz: »Womit jemand sün-
digt, damit wird er auch bestraft« (Weish 11,16), ließ er die Israeliten sich dem Gestirnskult hingeben (Jer 7,8; 8,2; 19,13). Ein Zitat
aus Am 5,25–27 soll die Auslieferung des Volkes an einen grundverkehrten Kult beweisen (42b–43). Der Text, ein Zeugnis weis-
heitlicher Kultkritik mit einer komplizierten Geschichte,[358] ver-
gleicht in seiner hebräischen Fassung (und den darauf beruhenden
deutschen Übersetzungen) zunächst (Am 5,25) den faktischen Op-
fergottesdienst mit der vorbildlichen Gottesgemeinschaft während
der Wüstenzeit, um dann (Am 5,26) Israel wegen seiner Faszination vom Kult fremder Gottheiten, speziell assyrisch-babylonischer
Gestirnsgötter (2Kön 17,29–31), anzuklagen und dem Volk als
Konsequenz seiner Verfehlung des rechten Gottesdienstes die Ver-
bannung anzusagen (Am 5,27). Nach der LXX-Fassung von Am 5,
25–27, der das Zitat an dieser Stelle der Rede weitgehend folgt,[359]
hat Israel schon während des Wüstenzuges Gestirnkult betrieben.
Dort sind auch schon die assyrisch-babylonischen Gestirnsgötter,
Erscheinungsformen des Saturn, ersetzt durch »das Zelt des Moloch«, des phönizischen Sonnen- und Wettergottes, und »das Sternbild des Gottes Raiphan« (oder Rompha). Der Redner hat das Zitat aus Am 5,26 LXX erweitert um die aus Dtn 4,19 gegriffene
Wendung: »um sie anzubeten«. Er hat auch in die Verbannungs-
drohung aus Am 5,27, die nach dem hebr. Text und der LXX-Fassung »über Damaskus hinaus« weist, anstelle der syrischen Hauptstadt »Babylon« eingetragen. Das Schicksal der Deportation der
Jerusalemer und Judäer war die Folge eines schon seit der Wüstenzeit verkehrten Gottesdienstes.

---

358 Vgl. z.B. *Jörg Jeremias*, Amos, 80ff.
359 Vgl. zu Übereinstimmungern und Differenzen *T. Holtz*, Untersuchungen,
     14–19.

44–50: *Vierter Teil: Vom heiligen Zelt zum salomonischen Tempel*[360]

Die Ausführungen zum Thema des verfehlten Kultus werden in diesem Abschnitt ihrem Höhepunkt entgegengeführt. Während des Wüstenzuges war den Vätern, die »das Zelt des Moloch« mitführten (43), die Stiftshütte, die schon Ex 28,43 LXX »Zelt des Zeugnisses« (σκηνὴ τοῦ μαρτυρίου) heißt, als Stätte der Gottesbegegnung gegeben (44). Sie war gemäß Moses Anweisung nach dem von ihm geschauten himmlischen Vorbild (τύπος) angefertigt worden und stellte das Heiligtum dar, das der Erwartung Gottes an den Kult entsprach. Die Väter haben dieses von Gott legitimierte Zeltheiligtum auch unter Josua in das ihnen verheißene Land mitgebracht und es »bis zu den Tagen Davids« bewahrt (45). David »fand Gnade vor Gott« (46a; vgl. 2Sam 15,25; Lk 1,30; Hebr 4,16). Er erbat sich die Gunst, »dem Haus Jakob« (τῷ οἴκῳ Ἰακώβ)[361] eine Behausung (σκήνωμα) finden zu dürfen (46b). Ein bibelkundiger Leser versteht die Anspielung auf 2Sam 7,1–16 und damit auch die Erinnerung daran, daß der Gott Israels seinem Volk stets im Zelt begegnet ist. Dem David ging es um ein Nachfolgeheiligtum für das nach dem himmlischen Urbild gebaute »Zelt des Zeugnisses«. Ein Heiligtum, das den Erwartungen der Gottheit entspricht, kann man nicht planen und machen, sondern nur erbitten und finden. Der bibelkundige Leser erinnert sich auch, daß Gott von David nicht verlangt hat, ihm ein Zedernhaus als Wohnung zu bauen (2Sam 7,6ff.); erst Davids Sohn soll dem Namen Gottes ein Haus bauen (2Sam 7,12–13). Der wahre Sohn Davids ist Jesus (Lk 1,32–33). Der geistliche Tempel Gottes ist die Gemeinde Jesu Christi, »erbaut auf dem Fundament der Apostel und Propheten, wobei der Eckstein Christus Jesus ist« (Eph 2,20–22). »Salomo aber erbaute ihm«, d.h. »dem Haus Jakob« (46), »ein Haus« (47). Und zwar an »dieser Stätte«, auf dem Zion (6,13–14; 7,7). Diese Tat wird hier konstatiert, aber nicht als frevelhaft verurteilt.[362] Der Redner wendet sich gegen eine mythisierende Jerusalemer Kult-Theologie, die das Heiligtum als den Ort der Realpräsenz und des lebendigen Offenbarungswirkens Gottes ansieht (z.B. Ps 46; 48; 76). Der Tempel war für Jesus und die Urgemeinde nicht

---

360   Vgl. *J. Kilgallen*, Stephen Speech, 87–95.
361   So die schwierigere Lesart mit P[74] (7. Jh.), dem Sinaiticus (4. Jh.), dem Vaticanus (4. Jh.), dem Codex Bezae (5./6. Jh) und einer koptischen Übersetzung gegen die Mehrheit der Textzeugen, die »dem Gott Jakobs« (τῷ θεῷ Ἰακώβ) notieren. Vgl. *B.M. Metzger*, Textual Commentary, 351f.
362   Mit den Kommentaren von *J. Jervell*, 244; *G. Schneider*, I, 467; *J. Zmijewski*, 326f; gegen die Kommentatoren *F.F. Bruce*, 158f; *E. Haenchen*, 276f; *G. Stählin*, 110; *J. Roloff*, 125; *E. Rau*, Jesus, 42ff.63ff u.a.

wie für das rabbinische Judentum Zentrum der Wirksamkeit des Heiligen Geistes,[363] sondern gemäß Jes 56,7 (Mk 11,17) vorrangig »Bethaus« (Lk 19,46; 24,53; Apg 2,46–47; 3,1) und Lehrhaus (Lk 19,47; Apg 3,11–26; 5,20–21.25), also eine große Synagoge. Das schließt Epiphanien nicht aus (vgl. Lk 1,5–25; Apg 22,17–21).Wie schon im Weihegebet Salomos ist der Tempel eine Stelle, an der Gott Gebete erhört, aber kein irdisches Wohnhaus dessen, den nicht einmal »die Himmel der Himmel fassen« (1Kön 8,27–28). Verwandt damit ist ein Euripides-Fragment, das Clemens von Alexandrien (Strom V,75,1) überliefert hat:

»Denn welches Haus, von Handwerksmeistern aufgebaut, umschlösse wohl in engen Mauern Gottes Macht?«[364]

Die Ablehnung der Auffassung, »der Höchste« (ὁ ὕψιστος) wohne »in Machwerken von Menschenhand« (48), wird mit Jes 66,1–2 LXX belegt (49–50). Dort bezeichnet Gott den Himmel als seinen Thron (Ps 11,4; 103,19; Jes 40,22) und die Erde nur als Fußschemel seiner *majestas*. Der Schöpfer des Himmels und der Erde läßt sich auf Erden nicht seßhaft machen; die Begegnung mit ihm läßt sich nicht an ein menschliches Bauwerk binden. Dem Höchsten gehört ohnehin alles Geschaffene.[365]

51–53: *Fünfter Teil: Anklage des Hohen Rates*[366]
Im Stil scharfer prophetischer Scheltrede zieht der Redner das Fazit seiner Erinnerung an die Geschichte Israels im Blick auf die Repräsentanten des Volkes, denen er gegenübersteht. Er aktualisiert die zuerst in V. 9 angeklungenen, dann wieder in den V. 25–28. 39–43.48–50 deutlich angesprochenen Verfehlungen. Mit dem verbindlichen, ja ehrerbietigen Ton, den die Anrede zu Eingang anschlug (2a), ist es nun vorbei. In biblischer Ausdrucksweise schilt der Redner die Ratsherren zunächst (51a) als »Halsstarrige« (z.B Ex 33,3. 5; 34,5; Dtn 9,6) und »an Herzen und Ohren Unbeschnittene« (z.B. Lev 26,41; Dtn 10,16; Jer 9,25). Dann wirft er ihnen permanente Widersetzlichkeit gegen den Geist Gottes vor (51b; Neh 9,30; Jes 63,10) und identifiziert sie mit ihren Vätern (51c), distanziert sich also ausdrücklich von ihnen. Ihre Verstocktheit und ständige Widerspenstigkeit gegen den Heiligen Geist sieht er

363 Vgl. *P. Schäfer*, Art. Geist / Hl. Geist / Geistesgaben II, 175.
364 *Clemens von Alexandreia*, Fragment 1130 (Teppiche IV, 184 [*O. Stählin*].
365 Die Kritik am Tempelkult von einer kosmisch orientierten Frömmigkeit her war in hellenistisch-römischer Zeit unter Gebildeten verbreitet. Vgl. *E. Rau*, Jesus, 46–52.
366 Vgl. *J. Kilgallen*, Stephen Speech, 95–104.

als erwiesen an durch ihre mit der Ablehnung Moses begonnene
Verfolgung und Tötung der ihnen gesandten Propheten (52a.b;
z.b. 1Kön 18,4. 13; 19,10.14; 2Chr 36,16; Neh 9,26; Lk 13,34–35
// Mt 23,37–39; Lk 20,10–12). Das, was sie Jesus, dem »Gerechten«
(3,14; 22,14), angetan haben (52c), ist nur der Gipfel dessen, was
ihre Väter den Gottesboten antaten, die, wie schon Mose (37; Dtn
18,15), Jesu Ankunft ankündigten (52b.c). Während Mose, die Propheten und Jesus das Volk mit den von ihnen empfangenen Le-
bensworten (38) dem Willen Gottes unterordnete, hat dieses Volk
durch seine Repräsentanten mit ihrer Ablehnung, Verfolgung und
Tötung das Gesetz mißachtet, obwohl man es durch Engelweisung
erhalten hat (53). Während für Paulus nach Gal 3,19 die Annahme
einer Engel-Beteiligung bei der Sinai-Gesetzgebung, die frühjüdischer Tradition entspricht (z.b. Dtn 33,2 LXX; Jub 2,1), das Gesetz herabsetzt, wird sie hier (und Hebr 2,2) positiv bewertet.[367] Die
gegen Stephanus gerichteten Schuldvorwürfe (6,13–14) treffen
diesen nicht, sondern in Wirklichkeit die Jerusalemer und ihre Ob-
rigkeit. Stephanus aber erleidet das Schicksal der von ihrem Volk
abgelehnten und getöteten Propheten und tritt damit auch in die
Leidensgemeinschaft mit Jesus Christus ein.

Der Märtyrertod des Stephanus
und die Verfolgung der Gemeinde in Jerusalem
7,54 – 8,3

**[54]Als sie aber dies hörten, ergrimmten sie in ihren Herzen und
knirschten mit den Zähnen über ihn. [55]Er aber, voll Heiligen
Geistes, blickte gespannt zum Himmel auf und sah die Herrlichkeit Gottes und Jesus zur Rechten Gottes stehen [56]und sprach:
»Siehe, ich sehe die Himmel offen und den Menschensohn zur
Rechten Gottes stehen!« [57]Sie aber schrien mit lauter Stimme
und hielten sich die Ohren zu und stürmten einmütig auf ihn los**

---

367 Über die Aufgabe der Engel bei der Gesetzgebung gingen die Meinungen
auseinander. Nach Josephus, Ant XV,136 hatten sie eine positiv eingeschätzte
Mittler-Funktion: »Wir ... haben unsere wichtigsten Satzungen und den heiligsten Teil unserer Gesetze durch Engel erhalten, die von Gott gesandt waren«
(Jüdische Altertümer II, 313f). – Das um 140 v.Chr. in restaurativ reformerisch
eingestellten Priesterkreisen entstandene antihellenistische Buch der Jubiläen
will als ein durch den »Engel des Angesichts« übermittelter Schlüssel zum Verständnis der Sinai-Offenbarung anerkannt werden (vgl. K. *Berger*, Das Buch der
Jubiläen, 279ff). – Für manche Rabbinen erklärten die Engel den Israeliten die
Tragweite der Gesetzesübernahme, für andere waren sie nur als Gefolge Gottes anwesend. Vgl. Bill. III, 554ff.

[58]und stießen ihn zur Stadt hinaus und steinigten ihn. Und die Zeugen legten ihre Kleider zu Füßen eines jungen Mannes namens Saulus nieder. [59]Und sie steinigten den Stephanus, der (den Herrn) anrief und sprach: »Herr Jesus, nimm meinen Geist auf!« [60]Er kniete nieder und rief mit lauter Stimme: »Herr, rechne ihnen diese Sünde nicht an!« Und nach diesen Worten entschlief er. [8,1]Saulus aber war mit seiner Ermordung einverstanden. An jenem Tage aber kam eine große Verfolgung über die Gemeinde in Jerusalem. Alle aber wurden zerstreut über die Gebiete von Judäa und Samaria, die Apostel ausgenommen. [2]Den Stephanus aber bestatteten fromme Männer und hielten eine große Totenklage über ihn. [3]Saulus aber suchte die Gemeinde zu vernichten, indem er in die Häuser eindrang, Männer und Frauen fortschleppte und sie ins Gefängnis überstellte.

Aufbau: Zunächst wird der Märtyrertod des Stephanus erzählt (7,54 – 8,1a) und dann von der dadurch ausgelösten großen Verfolgung der Gemeinde in Jerusalem berichtet, bei der sich Saulus hervortat (8,1b–3).

Feingliederung
1. Die Erzählung vom Stephanus-Martyrium setzt den durch die Rede unterbrochenen Bericht von 6,8–15 fort. a) Die 7,54 berichtete verhaltene Wutreaktion der Ratsherren auf die Rede leitet dahin über. b) Der Visionsbericht (55–56) legt die Bedeutung des in 6,15 erwähnten engelgleichen Angesichts des Stephanus aus; das Zeugnis des Jüngers (56) entspricht dem Bekenntnis seines Herrn vor dem Hohen Rat (Lk 22,69). c) Die gesteigerte Wutreaktion der Ratsmitglieder (Geschrei, Vertreibung aus der Stadt, Steinwürfe) führt zur Tötung des Stephanus in einem Akt der Lynchjustiz (57–58a). d) Bericht vom Verhalten der Zeugen als Einführung des als Statist anwesenden Saulus (58b). e) Darstellung der Haltung des sterbenden Märtyrers (59–60), der seinen Geist dem Herrn Jesus anbefiehlt (59; vgl. Lk 23,46) und um Vergebung für seine Todfeinde betet (60; vgl. Lk 23, 34a). f) Im Kontrast dazu die Einstellung des Saulus, der mit der Tötung des Stephanus einverstanden ist (8,1a).
2. a) Ausbruch einer großen Verfolgung (1b); b) Zerstreuung der Gemeindeglieder (1c); c) Bestattung des Stephanus und Totenklage durch fromme Männer (2); d) Aktionen des Saulus zwecks Vernichtung der Gemeinde: Eindringen in die Häuser, Verschleppen und Einkerkern von Gemeindegliedern (3).

Zum *Traditionshintergrund* des Berichts vom Stephanus-Martyrium vgl. die einschlägigen Ausführungen zu 6,8–15. Historisch wahrscheinlich ist erstens, daß Stephanus in einem Akt von Lynchjustiz getötet wurde, weil er die Heiligkeit des Tempelkults in Frage gestellt hatte, und zweitens, daß nach seinem Martyrium eine Verfolgung von exponierten hellenistischen Judenchristen in Jerusalem stattfand, die zu ihrer Flucht und Vertreibung aus der Stadt führte. Bei der Tötung des Stephanus dürfte der Hohe Rat, der kein Recht hatte, Todesurteile auszusprechen und zu vollstrecken, selbst aber wahrscheinlich nicht aktiv geworden sein, sondern das Gesetz des Handelns einem fanatisierten Haufen überlassen haben. Historisch ist zum andern, daß Saulus/Paulus vor seiner Bekehrung als Christenfeind aktiv war.

7,54 – 8,1a: *Der Märtyrertod des Stephanus*
54: *Überleitung*: Die Anklagerede des Stephanus geht den Ratsmitgliedern durch und durch (54). Sie ruft bei ihnen innerlichen
Grimm hervor. Ihre einstweilen noch verhaltene Wut und mühsam
beherrschte destruktive Energie kommt durch Zähnefletschen zum
Ausdruck (54b). Nach Ps 37,12 drückt sich der aggressive Haß des
Frevlers gegen den Gerechten durch Zähneknirschen aus. Die
Darstellung des Stephanus-Martyriums trägt Züge der Tradition
vom leidenden Gerechten.

55–56: *Die Vision des Stephanus*: Der Erzähler kehrt von den
Feinden des Frommen und ihrer drohenden Haltung zu Stephanus
zurück. Er charakterisiert ihn zunächst in Berichtsform (55) und
danach in Gestalt eines eigenen Zeugnisses (56) als Visionär, der
vom Himmel her die Beglaubigung der Wahrheit seiner Rede erhält. Stephanus erlebt vor seinem Märtyrertod einen ihm persönlich
zugedachten Anbruch der äußersten und letztgültigen Wirklichkeit
(Eschaton). Zu Eingang des Visionsberichts (55a) wird der Mann,
dem schon 6,15 ein engelgleiches Antlitz zugeschrieben wurde,
ähnlich wie schon 6,3.5 als Geistträger beschrieben: »Voll Heiligen
Geistes« (Lk 4,1; Apg 4,8.31; 11,24) schaut er zum Himmel auf.
Die Szene spielt also im Freien. Stephanus schaut (ἀτενίζω) durch
den ihm geöffneten Himmel zum einen »die Herrlichkeit Gottes«,
die göttliche *majestas* oder den »Gott der Herrlichkeit«, wie er zu
Beginn seiner Rede sagte (2). Der Durchblick bis in die Sphäre
Gottes wird ihm gewährt (vgl. 2Kor 12,2–4). »Die Herrlichkeit
Gottes« erscheint nicht im Tempel; ihr Ort ist jenseits des Himmels.
Von dort her erschließt sie sich dem als Ankläger aufgetretenen
Angeklagten. Bei dem ihm gewährten Blick in Gottes Sphäre sieht
Stephanus den erhöhten »Jesus zur Rechten Gottes stehen« (55b),
also an Gottes Ehrenseite und damit in uneingeschränkter Hoheit
und Herrlichkeit. Stephanus erlebt eine ihm persönlich bestimmte
Parusie Christi. In der Martyriumssituation wird er zum Zeugen
des erhöhten Jesus.[368] Durch sein Zeugnis macht er die ihm gewährte Offenbarung bekannt (56). Dabei nennt er den zur Rechten Gottes stehenden Jesus »den Menschensohn« (56b), d.h. den,
der über Heil oder Verderben der Menschen in letzter Instanz entscheidet. Nur an dieser *einen* Stelle im NT kommt der Menschen-
sohn-Titel in einem anderen Munde als dem Jesu vor. Das Wort
des Christuszeugen entspricht dem Bekenntnis Jesu vor dem Hohen Rat nach Lk 22,69: »Von jetzt an wird der Menschensohn zur
Rechten der Kraft Gottes sitzen.« Mit der Passion Jesu beginnt seine Erhöhung. Nach dem auf Ps 110,1 fußenden Bekenntnis zur

---

368   Vgl. *C.K. Barrett*, Stephen, 32–36.

Erhöhung Jesu Christi und Lk 22,69 *sitzt* er zur Rechten Gottes.[369]
Der Herrscher übt sein Regiment normalerweise im Sitzen aus. Erhebt er sich von seinem Thron, dann gewöhnlich zum Einschreiten. Darum flehen die angefochtenen Beter Gott, den Herrn, an,
wenn sie ihn zum Aufstehen auffordern (Ps 7,7; 9,20; 10,12; 68,2).
Steht Jesus als »Menschensohn zur Rechten Gottes«, so bedeutet
das: Er hat sich von seinem Sitz erhoben, um sich gemäß Lk 12,8–
9 vor Gottes Forum als Anwalt seines Zeugen Stephanus zu ihm zu
bekennen und sich von der Repräsentanz Jerusalems wegen ihres
Verhaltens zu distanzieren oder um sie im Sinne von Jes 3,13 zur
Rechenschaft zu ziehen.[370] Er steht auch bereit, den Geist seines
Zeugen zu empfangen (59) und ihn in seine Herrlichkeit aufzunehmen.[371] Der Leidensgemeinschaft mit Jesus Christus entspricht
die Gemeinschaft mit dem erhöhten Herrn.

57–58a: *Lynchjustiz:* Nach dem Bekenntnis des Stephanus ist
es mit der auf seine Anklagerede hin noch mühsam gewahrten
Selbstbeherrschung der Gegner vorbei. Ihre Herzensgedanken
werden offenbar (Lk 2,34–35) und bekunden sich in offener Em-
pörung. Diese zeigt ihre Überzeugung, eine Gotteslästerung gehört zu haben: Sie schreien laut (57a), um die vermeintliche Blasphemie zu übertönen, und halten sich die Ohren zu (57b), um die
für sie unerträglich lästerliche Rede nicht anhören zu müssen.[372]
Für den Erzähler und seinen Leser demonstrieren sie definitiv ihre
Verschlossenheit für das Zeugnis des Stephanus und bestätigen
seine als Geschichtsbericht vorgetragene prophetische Rede. Wieder einmal erfüllt sich Jesu Anklage der Stadt Jerusalem, die »die
Propheten tötet und steinigt, die zu ihr gesandt sind« (Lk 13,
34–35 // Mt 23,37–39). In ihrem zum leidenschaftlichen Ver-
nichtungswillen gesteigerten Haß stürzen die Gegner sich wie ein
Mann auf den Zeugen Jesu (57c). Ein Urteil wird nicht gesprochen. Lukas hatte die Ratsherren schon in 5,33 als Männer gekennzeichnet, die fähig sind, sich zu Gewalttaten hinreißen zu lassen (vgl. 23,10). Daß man Stephanus aus der Stadt stößt, zeigt den
Vollzug der Exkommunikation an und entspricht den Steini-
gungsvorschriften der Tora (Lev 24,14; Num 15,35; Dtn 17,2–7).
Man bewirft den hinausgetriebenen Zeugen Jesu mit Steinen, bis
er zusammenbricht und stirbt. Die Steinigung eines Gotteslästerers

---

369   Vgl. *M. Sabbe*, Son of Man, 260–263.
370   Vgl. *O. Cullmann*, Christologie, 188f sowie die Kommentare von *F.F.
Bruce*, 168; *R. Pesch*, I, 263f; *J. Roloff*, 127; *G. Schneider*, I, 474f; *A. Weiser*, I,
194.
371   Vgl. *C.K. Barrett*, Stephen, 36; *ders.*, Acts I, 385; *G. Stählin*, Apostelgeschichte, 113f.
372   Vgl. Bill. II, 684.

wird vor allem durch die Zeugen seiner blasphemischen Rede vollzogen.

Zur Rechtfertigung dieses Vorgehens konnte man sich auf die Tat des Pinhas
(Num 25,6–15) berufen. Sie wird Ps 106,30–31 und Sir 45,23–24 (Apokryphen
der Lutherbibel 45,28–29) gerühmt. Von der Tat des Pinhas her sah sich schon
Mattathja (Mattatias) ermächtigt, als er zur Zeit des Seleukidenherrschers Antiochus IV. Epiphanes, der mit Unterstützung Jerusalemer hellenistischer Juden eine
gewaltsame Hellenisierung des Jerusalemer Kultus und der jüdischen Religion insgesamt durchzusetzen versuchte, in leidenschaftlichem Eifer für die Tora einen se-
leukidischen Beamten und einen Juden tötete, als dieser auf dem Altar von Modeïn
dem Zeus opfern wollte (1Makk 2,23–28). Mattathja und die mit ihm verbündeten
Hasidäer (von hebr. *chasidim,* Fromme) überfielen und töteten kollaborationsbe-
reite Landleute: Sie »erschlugen die Sünder in ihrem Zorn / und die gottlosen
Männer in ihrem Grimm« (1Makk 2,44). – Auch Philo von Alexandrien hat unter
Berufung auf die Tat des Pinhas im Fall der Apostasie das Recht zur Lynchjustiz
verteidigt:»Mit Recht ist allen, die tugendhafter Eifer erfüllt, gestattet, unver-
züglich ohne weiteres die Strafe zu vollziehen, ohne jene vor ein Gericht, einen
Rat oder sonst eine Behörde zu führen: vielmehr dürfen sie sich durch die augen-
blickliche Aufwallung ihres Hasses gegen das Böse und ihrer Liebe zu Gott zu un-
erbittlicher Bestrafung der Frevler treiben lassen, in der Überzeugung, daß sie in
diesem Augenblick alles sind, Ratsherren, Richter, Feldherren, Teilnehmer an der
Volksversammlung, Ankläger, Zeugen, Gesetze, ja die Bürgerschaft, so daß sie
unbehindert und unbesorgt in voller Sicherheit den Kampf für die Frömmigkeit
führen können« (SpecLeg I,55).[373]
Daß die Versicherung des Stephanus, die Herrlichkeit Gottes und den Menschensohn zur Rechten Gottes geschaut zu haben (7,56), als Tötungsgrund genügt,
zeigt die vermutlich im letzten Drittel des 1. Jh.s n.Chr. niedergeschriebene jüdische Legende vom Martyrium Jesajas. Nach dieser Erzählung muß der Prophet
sterben, weil er nicht allein gegen Jerusalem und die Städte Judas geweissagt und
ihnen die Zerstörung angesagt hat, sondern darüber hinaus auch über Mose erhob,
indem er bezeugte:»›Ich sehe mehr als der Prophet Mose.‹ Mose sagte: ›Es gibt
keinen Menschen der Gott sehen kann und leben‹ [Ex 33,20]. Aber Jesaja hat gesagt: ›Ich habe Gott gesehen [Jes 6,1], und siehe: ich bin am Leben‹« (MartJes
3,8). Jesaja wird nach der Legende mit einer Baumsäge zersägt (MartJes 5,11).[374]

7,58b; 8,1a: *Saulus/Paulus als Statist am Szenenrand:* Lukas
nennt Zeugen. Es handelt sich wohl um die 6,13 erwähnten Lügenzeugen. Die Zeugen müssen nach Dtn 17,7 als erste mit der
Vollstreckung eines auf ihre Aussagen hin gefällten Todesurteils
beginnen und so die Konsequenzen ihres Zeugnisses mit eigener
Hand übernehmen. Hier heißt es, daß diese Exekutoren Kleidungs-
stücke ablegen. Vermutlich erleichtern sie sich, um schneller Steine
aufheben und werfen zu können. Sie deponieren die Kleidungs-
stücke »zu Füßen eines jungen Mannes namens Saulus«. Als Stati-

373   Philo, Werke II, 26 (*I. Heinemann*).
374   *E. Hammershaimb*, Das Martyrium Jesajas, 30ff; vgl. auch *B. Wander*,
Trennungsprozesse, 138f.

sten am Rand des Geschehens führt Lukas den Mann ein, der schon
bald eine Hauptrolle in seinem Geschichtswerk spielen wird. Ein
»junger Mann« (νεανίας) ist zwischen zwischen 24 und 40 Jahren
alt.[375] Der »junge Mann« bewacht nicht nur Kleider der Steinewerfer (22,20), sondern billigt auch die Tötung des Stephanus (8,1a).
Er sympathisiert mit den Verfolgern. Das Sterben des Märtyrers
(7,59–60), das er miterlebt, bringt ihn nicht zur Einsicht und Umkehr, sondern stachelt ihn zu feindlichen Aktionen gegen Jünger
Jesu an (8,3).

7,59–60: *Der Tod des Stephanus*: Von den Steinewerfern und
dem Statisten am Szenenrand wendet der Erzähler sich wieder dem
Opfer zu. Stephanus ruft während der Steinigung den Herrn an
(59a). Sein Sterbegebet artikuliert den Sinn und die Zielrichtung
seines Lebens. Es entspricht der letzten Kreuzesbitte Jesu, der nach
Lk 23,34 mit den Worten des Abendgebetes aus Ps 31,6 seinen
Geist in die Hände seines Vaters legte. Die Gottesgemeinschaft der
Jünger Jesu ist durch Jesus vermittelt. Dementsprechend befiehlt
der sterbende Märtyrer seinen Geist dem Herrn Jesus an (59b).
Wie Jesus nach Lk 23,34a in seiner ersten Kreuzesbitte den Vater
um Vergebung für seine Feinde bat, so bewährt auch sein auf die
Knie gesunkener Jünger (60a) sterbend Feindesliebe (Lk 6,35 //
Mt 5,44) und ruft wie sein Herr »mit lauter Stimme« (Lk 23,46a)
als letztes Wort eine Fürbitte für die Mörder: »Herr, rechne ihnen
diese Sünde nicht an!« (60b). Der Hinweis auf die Unwissenheit,
mit der Jesus seine Vergebungsbitte begründete, fehlt hier. Nachdem die Jerusalemer Repräsentanten sich der ihnen nach Jesu Tod
und Auferweckung durch die Apostel noch einmal angebotenen
Heilsbotschaft bewußt versagt haben, ist dieser Milderungsgrund
entfallen.[376] Der Leser kennt die Drohung, die Jesus gegen die
Stadt der Prophetenmörder gerichtet hat: Gott verläßt ihr Haus,
den Tempel (Lk 13,35a // Mt 23,38; *passivum divinum*). Nach der
Fürbitte »entschläft« Stephanus. »Der Glaube sieht auch in diesem
gewaltsamen Getötetwerden ein Entschlafen.«[377] Und ein glaubender Leser prägt sich Wort und Verhalten des Stephanus in der
Nachfolge Jesu ein, damit auch er im Fall eines Martyriums sein

---

375 *W. Bauer*, Wörterbuch, 1081.
376 Im Unterschied dazu entspricht das Sterbegebet des Herrenbruders Jakobus
während des Martyriums in Jerusalem (62 n.Chr) nach der von Euseb in seiner
Kirchengeschichte zitierten Erzählung des jüdischen Christen Hegesipp (ca.
110–180 n.Chr.) uneingeschränkt dem Sterbegebet Jesu gemäß Lk 23,34a (HE
II,23.16): Jakobus betete während der Steinigung auf den Knien: »Ich bitte dich,
Herr, Gott und Vater, verzeihe ihnen, denn sie wissen nicht, was sie tun!« (Kirchengeschichte, 144).
377 *E. Haenchen*, Apostelgeschichte, 284.

Leben dem Herrn anbefiehlt und denen vergibt, die ihm Gewalt
antun und ihn töten.

8,1b–3: *Ausbruch der großen Verfolgung – Saulus/Paulus als*
Verfolger
Die Tötung des Stephanus, die wohl wenige Jahre nach der Kreu-
zigung Jesu erfolgte, löste eine »große Verfolgung« der Jerusalemer Gemeinde aus (1b). Man kann an Aktionen einer aufgebrachten Volksmenge denken. Lukas sah diese Gemeinde als Einheit.
Also war für ihn die Gemeinde insgesamt von der Verfolgung betroffen. Nur die Apostel konnten ihren Dienstsitz noch beibehalten. Faktisch dürfte sich die Aktion allein gegen Hellenisten und
speziell gegen die Mitglieder ihres Leiterkreises gerichtet haben,
die auch unter den Verdacht geraten waren, im Namen Jesu den
Tempelkult abzulehnen, das Ende des Tempels zu verkünden und
die Mose-Tora verändern zu wollen (6,11). Ein Massenexodus der
Jesus-Jünger hat damals jedenfalls nicht stattgefunden. Sie sind
weiterhin in größerer Zahl in Jerusalem präsent (vgl. 11,1–3.27–
30; 12,1–2.12–17; 15,4.22; 21,17–18). Von den vertriebenen Griechisch sprechenden Zeugen Jesu Christi ist im Kontext die Rede
(6,1–7; 8,4–40; 11,19–20). Ihre Flucht und Zerstreuung über die
jüdisch bewohnten Gebiete und Samaria (1c) und – wie man 11,
19–20 lesen kann – bis Phönizien, Zypern und ins syrische Antiochien führte zur Ausbreitung des Christuszeugnisses über die den
Juden religionsverwandten Samaritaner hinaus zur Völkermission.
Mit den Aposteln blieb zumindest die Aramäisch sprechende Gruppe der Urgemeinde in Jerusalem (9,26–30). Aus ihr dürften wohl
auch die »frommen Männer« gekommen sein, die den der Lynchjustiz zum Opfer gefallenen Stephanus in Ehren bestatteten und einen Trauergottesdienst für ihn hielten (2). Hätte man ihn in einem
ordentlichen Gerichtsverfahren zum Tod verurteilt und durch Steinigung hingerichtet, so wären ihm ein eigenes Grab und eine »große Totenklage« versagt geblieben (Sanh VI,5–6).[378] Den »frommen Männern«, die nicht allein Pietät, sondern auch Mut beweisen,
indem sie öffentlich ihre Trauer über den Tod des Stephanus bekunden, stellt Lukas den Saulus/Paulus entgegen, der – eben noch
Zuschauer der Gewalttat (7,58b) und Sympathisant der Gewalttäter
(8,1a) – jetzt als Hauptakteur einer systematischen Verfolgung hervortritt, die darauf abzielt, durch Gewaltaktionen »die Gemeinde
zu vernichten« (3a): Er verschafft sich in Jerusalem Zugang zu
den Häusern der Anhänger Jesu – die christlichen Mahlfeiern fanden in den Hausgemeinden statt (2,46) – und sorgt eigenhändig

---

378   Vgl. Bill. II, 685ff.

dafür, daß die aufgespürten Christen, »Männer und Frauen«, inhaftiert werden (3b). Wie stark er fanatisiert ist, zeigt sich daran, daß er Frauen nicht schont. Durch seine Aktionen, die auf die Vernichtung der hellenistischen Gruppe unter den Jerusalemer Jesus-Anhängern ausgerichtet sind, wirkt er unwissend an der Erfüllung der Weissagung Jesu mit: »Sie werden Hand an euch legen und euch verfolgen, indem sie euch an die Synagogen und Gefängnisse überstellen ... um meines Namens willen« (Lk 21,12 diff. Mk 13,9). Paulus hat selbst vom Eifer geschrieben, mit dem er die Gemeinde Jesu verfolgte (Phil 3,6). Er wollte sie zerstören (Gal 1,13). Sein Zorn auf diese Gruppe und seine gegen sie gerichteten Aktivitäten waren für ihn die unausweichliche Folge seiner kompromißlosen Bejahung des Gesetzes. Sie waren Ausdruck seines glühenden Eifers für die Überlieferungen seiner Väter (Gal 1,14). Man kann sich denken, daß ihn die Tat des Pinhas begeisterte (Num 25,6–15; Ps 106,30).[379]

Der Evangelist Philippus
8,4–40

Die Philippus-Erzählungen sind durch einen summarischen Bericht über das Verhalten der aus Jerusalem Vertriebenen und Zerstreuten (4) mit der Erzählung vom Stephanus-Martyrium und der sich daran anschließenden »großen Verfolgung« (7,54 – 8,3) verbunden. Sie handeln von dem Mann, der in 6,5 an zweiter Stelle der Liste mit den sieben Namen des Leitungsgremiums der Griechisch sprechenden Gruppe der Jerusalemer Urgemeinde genannt wurde und 21,8 den Beinamen »der Evangelist« (ὁ εὐαγγελιστής) erhält. Der Kontext reicht aber weiter. In 11, 19–21 ist von anderen wegen der Stephanus-Verfolgung Zerstreuten die Rede, die bis Phönizien, Zypern und Antiochien Juden das Wort Gottes predigen, und von einigen Männern, die aus Zypern und Kyrene stammen und in Antiochien den Herrn Jesus auch Griechen predigen und damit Erfolg haben. Das Stephanus-Martyrium trägt also entscheidend mit zum Beginn der Heidenmission bei.
Hier berichtet Lukas zunächst von der Evangelisationsarbeit unter ›heterodoxen‹, von Jerusalem abgespaltenen Juden: Philippus missioniert wirkungsvoll in Samaria. Das wird speziell durch eine Gegenüberstellung des erfolgreichen Missionars mit dem unter der dortigen Bevölkerung einflußreichen Magier Simon gezeigt (8,5–13). – Philippus tauft danach auch einen hochrangigen äthiopischen Hofbeamten, der zuvor durch seine Pilgerreise nach Jerusalem und seine Lesung des Propheten Jesaja seine enge Verbundenheit mit der jüdischen Religion bezeugt hatte, als Eunuch aber kein Jude werden konnte (8,26–40). Zwischen den beiden Philippus-Geschichten steht ein Bericht über das Wirken der Apostel Petrus und Johannes in Samaria (8,14–17.25). Erzählungen über den Magier Simon (8,9–13.18–24) verbinden die Berichte vom Wirken des Philippus und der beiden Apostel.

---

379 Vgl. *K. Haacker*, Werdegang, 882–888.

Die Samaria-Mission des Philippus
und ihre Anerkennung durch die Apostel
8,4–25

[4]Die Zerstreuten nun zogen umher und predigten das Wort. [5]Philippus aber kam in die Stadt Samarias hinab und predigte ihnen den Christus. [6]Die Volksmassen aber folgten einmütig dem von Philippus Gesagten, indem sie hörten und die Zeichen sahen, die er tat. [7]Denn aus vielen von denen, die unreine Geister hatten, fuhren diese mit lauter Stimme schreiend aus. Auch viele Gelähmte und Krüppel wurden geheilt. [8]So gab es große Freude in jener Stadt.

[9]Ein Mann aber namens Simon hatte vorher in der Stadt Zauberei getrieben und das Volk von Samaria aus der Fassung gebracht, indem er von sich selbst sagte, er sei ein Großer. [10]Und alle, Klein und Groß, folgten ihm und sprachen: »Dieser ist die Kraft Gottes, die man ›Große‹ nennt.« [11]Sie folgten ihm aber, weil er sie lange mit seinen Zauberkünsten aus der Fassung gebracht hatte. [12]Als sie aber dem Philippus glaubten, der das Evangelium vom Reich Gottes und dem Namen Jesu Christi predigte, ließen sie sich taufen, Männer und Frauen. [13]Sogar Simon selbst wurde gläubig und blieb nach seiner Taufe ständig bei Philippus, und als er die großen Zeichen und Machttaten sah, die geschahen, wurde er hingerissen.

[14]Als aber die Apostel in Jerusalem hörten, daß Samaria das Wort Gottes angenommen habe, sandten sie Petrus und Johannes zu ihnen. [15]Die zogen hinab und beteten für sie, daß sie den Heiligen Geist empfangen möchten. [16]Denn er war noch auf keinen von ihnen gefallen, sondern sie waren nur auf den Namen des Herrn Jesus getauft. [17]Dann legten sie ihnen die Hände auf, und sie empfingen den Heiligen Geist.

[18]Als aber Simon sah, daß durch die Handauflegung der Apostel der Geist gegeben wurde, brachte er ihnen Geld [19]und sprach: »Gebt auch mir diese Macht, damit jeder, dem ich die Hände auflege, den Heiligen Geist empfängt!« [20]Petrus aber sprach zu ihm: »Dein Silber fahre mit dir ins Verderben, weil du gemeint hast, die Gabe Gottes mit Geld erwerben zu können! [21]Du hast weder Anteil noch Anrecht an dieser Sache, denn dein Herz ist nicht aufrichtig vor Gott. [22]Kehre nun um von dieser deiner Schlechtigkeit und bete zum Herrn, ob dir vielleicht der Einfall deines Herzens vergeben werde! [23]Denn ich sehe, daß du zu bitterer Galle und einer Fessel der Ungerechtigkeit geworden bist.« [24]Simon aber antwortete und sprach: »Betet ihr für mich zu dem Herrn, daß nichts von dem über mich komme, was ihr gesagt habt!«

25Nachdem sie nun das Wort des Herrn bezeugt und gesagt hatten, kehrten sie nach Jerusalem zurück und predigten das Evangelium in vielen Dörfern der Samariter.

Gliederung
Auf den einleitenden Sammelbericht über das Verhalten der Flüchtlinge (4) folgt 1. ein summarischer Bericht vom erfolgreichen Wirken des Philippus in Samaria durch Wort und Tat und die dadurch bei den Adressaten der Heilsbotschaft ausgelöste Freude (5–8). 2. Die Erzählung von der Bekehrung des Simon (9–13) zeigt die Überlegenheit der Taten des christlichen Missionars über die Wunderkraft eines vielbeachteten Magiers. 3. Der Bericht über die Geistverleihung an die Neubekehrten durch die Apostel Petrus und Johannes (14–17) bringt die Anerkennung der Philippus-Mission durch die Jerusalemer Urgemeinde zum Ausdruck. 4. In der Konfrontation des Petrus mit Simon Magus geht es nicht nur um die Stellungnahme gegenüber einem Neubekehrten, der trotz der Taufe seine frühere Gesinnung und Haltung faktisch nicht aufgegeben hat (18–24), sondern darüber hinaus um die Distanzierung vom Bestreben eines Charismatikers, die dem Apostelamt entsprechende geistliche Vollmacht und damit die Anerkennung gleichen Ranges mit den Aposteln käuflich zu erwerben. 5. Ein summarischer Bericht über die Rückkehr der Apostel nach Jerusalem und ihrer Evangeliumspredigt unterwegs in den Ortschaften der Samariter (25) beschließt den Erzählabschnitt.

Traditionshintergrund[380] ist wohl erstens die Nachricht über das Faktum einer erfolgreichen Mission des aus Jerusalem vertriebenen Philippus unter heterodoxen, von Jerusalem abgespaltenen Juden, den Samaritanern. Er missionierte wohl ebenfalls bei den Samariern, den Bewohnern Samarias anderer ethnischer Herkunft, speziell auch unter den Anhängern des Simon Magus, die ihren Meister als »die große Kraft« und damit als Erscheinung Gottes verehrten. Lukas weiß davon entweder aus erster Hand (21,8) oder aus der Tradition einer von Philippus gegründeten Gemeinde. Zweitens dürfte Lukas auf eine Überlieferung von der Mission des Petrus in Samaria zurückgegriffen haben, in der auch vom Zusammenstoß mit dem Wundertäter Simon die Rede war. Vermutlich hat Lukas beide Traditionen miteinander verbunden. Sein leitendes Interesse war dabei wohl die Einordnung der Philippus-Mission in die Mission des Petrus durch die Geistverleihung und damit die Rückbindung der Gemeinden in Samaria an die Jerusalemer Muttergemeinde: Philippus war ein Verbündeter der Apostel und nicht ihr Konkurrent.

4: *Die Vertriebenen wirken als Wandermissionare*: Die Vertreibung der Hellenisten aus Jerusalem nach dem Märtyrertod des Stephanus führt zur Ausweitung der Evangeliumspredigt. Jerusalem hat sich dem wiederholten Werben verschlossen, sich im Namen Jesu in die Gemeinschaft mit Gott zurückbringen zu lassen (Lk 13, 34–35 // Mt 23,37–39). Geflohene hellenistische Judenchristen wirken in der Diaspora als Wandermissionare (4). Beispielhaft ist von Philippus die Rede, durch den das Evangelium nach Samaria

---

380 Vgl. *D.-A. Koch*, Geistbesitz, 81f, sowie die Kommentare von *C.K. Barrett*, I, 398f; *J. Jervell*, 266ff; *G. Lüdemann*, 103–107; *R. Pesch*, I, 269–272; *J. Roloff*, 132f; *A. Weiser*, I, 199ff.

gelangt ist. Daß es dorthin kommt, wurde schon 1,8 angekündigt. Damit setzt ein neuer Abschnitt in der christlichen Mission ein. Sie bleibt aber weiter an die Muttergemeinde Jerusalem gebunden.

5–8: *Philippus wirkt erfolgreich in Samaria*
5a: *Wo evangelisierte Philippus?* Als Schauplatz der Tätigkeit des Philippus wird »›die‹ Stadt Samarias« genannt.[381] Er betrieb also Stadtmission. Aber welche Stadt ist gemeint? Evangelisierte er in der Hauptstadt, dem alten Samaria, das seit Alexander d.Gr. zunehmend hellenisiert, unter Herodes d.Gr. hellenistisch ausgebaut und zu Ehren des Kaisers Augustus in Sebaste (*augustus* = σεβαστός) umbenannt worden war? (Josephus, Ant. XV,292–293; Strabo, Geogr. XVI,2.34).[382] Es gibt aber keinen Grund zur Annahme, daß der alte Name der Stadt außer Gebrauch gekommen war.[383] Samaria/Sebaste war damals allerdings überwiegend von Nichtjuden bewohnt. Predigte Philippus der heidnischen Bevölkerung, den Samariern, so kommt Sebaste als Wirkungsort in Betracht. Lukas zeigte sich im Evangelium jedoch lebhaft an den Samaritanern interessiert, die kultisch zwar von den Juden getrennt, davon abgesehen aber mit ihnen engstens religionsverwandt waren. Drei Stücke des lukanischen Sondergutes befassen sich mit ihnen (Lk 9,51–56; 10,25–37; 17,11–19). Evangelisierte Philippus vor allem unter den Samaritanern, so scheidet Sebaste als »›die‹ Stadt Samarias« aus. Vielleicht haben Schreiber, die über die Gegend und ihre Bewohner informiert waren, das Problem bemerkt und deswegen bei der Abschrift den bestimmten Artikel ausgelassen, so daß es nun eine andere Stadt mit samaritanischer Bevölkerung in Betracht gezogen werden kann.[384] Z.B. könnte Sychar in Frage kommen (vgl. Joh 4,5), das heutige el-ʿAskar am südöstlichen Fuß des Ebal. Es liegt nur etwa 1 km nordöstlich des alten Sichem, der Stadt am Fuß des Garizim, des heiligen Berges der Samaritaner, nahe beim heutigen Nablus.[385] Ist als »Stadt Samarias« das zwischen Samaria/Sebaste

---

381   »die Stadt Samarias« mit P[74] (7. Jh.) sowie den Codices Sinaiticus (4.Jh.), Alexandrinus (5. Jh.) und Vaticanus (4. Jh.). In den Codices Ephraemi (5. Jh.), Bezae (5./6. Jh.), Basiliensis (8. Jh.), Athous Laurensis (8./9. Jh.) und anderen Handschriften fehlt der Artikel. Zum Dilemma, eine textkritische Entscheidung zu treffen, ob »die« oder »eine« Stadt zu lesen ist, vgl. *B.M. Metzger*, Textual Commentary 355f.
382   Vgl. Josephus in nine Volumes VIII, 138f; Josephus, Jüdische Altertümer II, 341; Strabo, Geography VII, 280f.
383   Vgl. *C.J. Hemer*, Book, 225f.
384   Vgl. *C.K. Barrett*, Acts I, 402.
385   Vgl. *M. Hengel*, Der Historiker Lukas, 180f; *ders.*, Johannesevangelium, 297–305; Vgl. auch *J. Zangenberg*, Frühes Christentum, 27.100–103.

und Cäsarea gelegene Gitta (Kuryet Jit) gemeint, das nach Justin (Apol I,26.2) Heimat des Simon Magus war (vgl. zu V. 9)? Hatte Lukas überhaupt eine klare geographische Vorstellung von »›der‹ Stadt Samarias«? Es bleibt offen, wo Philippus missionierte, zumal Lukas mit dem Wort πόλις, »Stadt«, großzügig umgeht und im Evangelium auch Ortschaften wie Bethlehem, Nazaret (2,4) und Nain (7,11) als Städte bezeichnet. Philippus wurde jedenfalls in einem Übergangsgebiet von den Juden zu den Heidenvölkern tätig. Hier ließen sich die Grenzen zwischen beiden nicht eindeutig fixieren. Vielleicht ist die Ungenauigkeit der Angabe über den Wirkungsort des Evangelisten vom Autor gewollt.[386] Er kann Philippus nicht unter der heidnisch-samarischen Bevölkerung missionieren lassen, weil ja der Weg zu den Heiden erst mit der Bekehrung des Cornelius und seines Hauses in Cäsarea durch Petrus und der Anerkennung dieser Hausgemeinde durch die Jerusalemer Muttergemeinde freigegeben wird (10,1 – 11,18). Die Mission unter Samaritanern, den heidnischen Samariern und anderen Völkern war in der frühen Christenheit heftig umstritten. Man kann annehmen, daß die in Mt 10,5b–6 als Wort Jesu überlieferte Weisung an die Jünger, nicht auf den Weg zu den Heiden zu gehen und keine Stadt der Samaritaner zu betreten, sondern sich ausschließlich an die »verlorenen Schafe des Hauses Israel« zu wenden, Ausdruck einer Ablehnung der Missionsarbeit der Hellenisten und speziell des Philippus durch eine strikt judenchristliche Gruppe ist.[387]

5b–8: *Der Missionserfolg:* Über die Verkündigung des Philippus heißt es zunächst summarisch: »Er predigte ihnen den Christus« (5b; 5,42). In V. 12 wird der Predigtinhalt näher bestimmt: das Reich Gottes und der Name Jesu. Samaritaner erwarteten den Dtn 18,15.18 angekündigten Propheten, der Mose entsprechen soll (Apg 7,37). An diese Erwartung konnte Philippus anknüpfen. Seine Missionspredigt war erfolgreich. In Massen ließen sich die Menschen auf die Christusverkündigung ein (6a): Aufmerksam und einmütig hörten sie das Evangelium und folgten ihm; sie sahen auch die Zeichen, die auf die Botschaft hinwiesen und sie beglaubigten (6b; 2,43; 4,33; 5,12–16). Die Zeichen zeigen an, daß der Heilige Geist bei der Missionsarbeit des Philippus am Werk ist. Lukas erwähnt zwei für die Verkündigung Jesu und der Apostel typische Wunderarten, die unterschiedlich die Sinne beeindrucken (7); die erste ist mehr für die Ohren, die zweite für die Augen bestimmt. Exorzismen, bei denen die Dämonen mit lautem Geschrei ihre

---

386 Zurückhaltend gegenüber Identifizierungsversuchen auch *J. Zangenberg*, Frühes Christentum, 186.
387 Vgl. *H. Räisänen*, Hellenisten, 1496f.

Opfer verlassen (z.B. Lk 4,31–37; 5,17–26; 9,1), hört man; Heilungen von Gelähmten und Krüppeln (z.B. Lk 5,17–26; 6,6–11;
13,10–13; Apg 3,1–11; 14,8–11) sieht man. Ein Indiz für die erfolgreiche Mission ist die Reaktion der Bevölkerung: »Große Freude« herrschte »in jener Stadt« (8; z.B. Lk 13,17; 19,6.37). Freude
ist die Stimmung, die durch eine heilsame Epiphanie geweckt wird
(Lk 2,10; 24,52). Sie ist Zeichen der Wirksamkeit des Heiligen
Geistes (Apg 13,52; 15,3).[388]

9–13: *Die Bekehrung des Simon Magus*
Dem summarischen Bericht folgt in der Rückblende eine Einzelerzählung, die den Missionserfolg mit einem Aufsehen erregenden
Fall unterstreicht. Der Erzähler stellt 1. den Simon Magus als mächtigen Gegenspieler des Philippus vor (9–11) und berichtet dann 2.
seine Wandlung zum Anhänger des christlichen Missionars, der
dessen Überlegenheit bewundert und sich taufen läßt (12–13).
9–11: *Simon Magus:* Jetzt rückt Lukas einen Antipoden des
Evangelisten ins Blickfeld des Lesers. In der Stadt hielt sich schon
vor Philippus ein gewisser Simon auf, der Magie trieb (9a) und mit
seinen Praktiken lange hinreißend auf die Bevölkerung wirkte (9b.
11b).[389] Der Name Simon war unter Griechen und Juden verbreitet und sagt zur Herkunft des Mannes wenig aus.[390] Nähere Angaben zur Magie, mit der Simon die Menschen faszinierte, fehlen.
Lukas brauchte seinem Leser so etwas nicht zu erläutern.

Exkurs: Magier
Magier,[391] die unzählige Menschen für Träger und Medien übernatürlicher Kräfte
hielten, verfügten über ein geheimes höheres Wissen und Können in den Bereichen der Wahrsagung und Traumdeutung. Sie kannten wirksame Riten und Mittel,
mit Göttern und Geistern zu kommunizieren und die im Kosmos wirksamen Kräfte
zu beschwören. So besaßen sie eine Weisheit und übten eine Kunst aus, die sie
entweder zum Nutzen oder zum Schaden anderer einsetzen konnten. Dementspre-

388   Vgl. *H. Conzelmann*, Art. χαίρω κτλ., 358.
389   Aus der reichen Literatur *K. Beyschlag*, Zur Simon-Magus-Frage, 395–
426; *ders.*, Simon Magus und die christliche Gnosis; *E. Haenchen*, Simon Magus,
273–279; *K. Rudolph*, Simon Magus, 279–359; *R. McL. Wilson*, Simon, 485–
491; *R. Bergmeier*, Simon Magus, 267–275; *J.D.M. Derret*, Simon Magus, 52–
68; *J. Fossum*, Sects, 357–389; *K. Berger*, Theologiegeschichte, § 89; *B. Kollmann*, Jesus, 98–101.
390   Der Name war unter Juden zu hellenistisch-römischer Zeit bis etwa 200
n.Chr. in Palästina mehr als andere beliebt; vgl. *M. Hengel*, Judentum, 120. Im
NT kommen neun Träger dieses Namens vor; vgl. *W. Bauer*, Wörterbuch, 1501f.
Bei acht dieser Namensträger ist unstrittig, daß es sich um Juden handelt. Die Annahme liegt nahe, daß Simon Magus aus der samaritanischen Diaspora in Palästina stammte. Vgl. Justin, Apol I,26.2 (Apologien I, 37f).
391   Vgl. *G. Delling*, Art. μάγος κτλ., 360–363; *F. Graf*, Gottesnähe, 24–57.

chend ehrte und fürchtete man sie. Magische Riten und Praktiken spielten in und neben antiken Kulten eine nicht zu unterschätzende Rolle. Magie, die als orientalische Weisheit galt, konnte im Blick auf ihre Repräsentanten positiv und negativ bewertet werden. Z.B. wurde der wandernde neupythagoreische Heilslehrer Apollonius von Tyana, dem im 1. Jh. n.Chr. zahlreiche Menschen im Orient und Okzident wegen seiner überragenden magischen Fähigkeiten zuliefen, von seinen Bewunderern als Mittler wahrer Gottesverehrung und einer zur Unsterblichkeit führenden Lebensweise verehrt, von anderen aber für einen Zauberer und Betrüger gehalten (Lukian, Alex 5–6).[392] Philo von Alexandrien kannte sowohl den respektablen als auch den verrufenen Typ des Magiers:
»Die echte Magie nun, eine Wissenschaft des Schauens, welche die Werke der Natur durch deutlichere Vorstellungen erhellt und der Verehrung und Wertschätzung würdig ist, betreiben nicht nur Privatleute, sondern auch Könige, auch die größten unter ihnen, und insbesondere die Perserkönige derart, daß, wie man erzählt, keiner bei ihnen zur Königswürde gelangen kann, der nicht zuvor mit den Magiern vertrauten Verkehr gepflogen. Eine Entstellung dieser Kunst aber, eine Afterkunst, richtig ausgedrückt, ist die Magie, wie sie Bettelpfaffen, Possenreißer und die schlechtesten Weibsbilder und Sklaven betreiben, die sich anheischig machen, durch Zaubermittel eine Reinigung oder Sühne zu bewerkstelligen, die durch Liebestränke und gewisse Besprechungen Liebhaber zu tödlichem Haß und Hasser zu heißester Liebe zu bringen versprechen, die auch die einfältigen und ganz harmlosen Gemüter so lange irreführen und anködern, bis diese sich die schlimmsten Leiden zuziehen, durch die schon große und vielköpfige Gemeinschaften von Freunden und Verwandten nach und nach zerfallen und bald geräuschlos untergegangen sind« (SpecLeg III,100–101).[393]
Der Römer Plinius d.Ä. (gest. 79 n.Chr.) erklärte in seiner Naturkunde die Entstehung der Magie aus einer Mischung von Medizin, Religion und Astrologie: »Niemand wird zweifeln, daß sie [die Magie] zuerst aus der Arzneikunde entstand und sich unter wohltätigem Schein gleichsam als eine höhere und heiligere Arzneikunde eingeschlichen hat, indem sie den lockendsten und am meisten erwünschten Verheißungen die Kräfte einer Religion beifügte, die auch jetzt noch das Menschengeschlecht am meisten im Dunkel gefangenhält; dann ... verband sie damit die Künste der Astrologie, da doch jeder begierig ist, sein zukünftiges Schicksal in Erfahrung zu bringen und glaubt, er könne es am zuverlässigsten vom Himmel erlangen. Nachdem sie auf diese Weise eine dreifache Fessel um die menschlichen Sinne geschlagen hatte, wuchs sie zu einer solchen Höhe empor, daß sie auch heute noch bei einem großen Teil der Völker übermächtig ist und im Orient sogar über die Könige der Könige herrscht« (NatHist XXX,I.2). Plinius stellte ihre Ausbreitung von den Persern über Griechen, Juden, Zyprioten hin zu den Völkern Italiens, Galliens und Britanniens dar. Für ihn war sie »die betrügerischste aller Künste (*fraudulentissima artium*)« (NatHist XXX,I.1).[394]

---

392 Origenes, Gegen Celsus VI,41: »Wer untersuchen will, ob wohl auch einmal Philosophen durch sie [die Magie; W.E.] beeinflußt werden können oder nicht, mag die [nicht mehr erhaltene; W.E.] Schrift des Moiragenes über die denkwürdigen Vorkommnisse im Leben des Zauberers und Philosophen Apollonius von Tyana nachlesen. Moiragenes, der kein Christ, sondern ein Philosoph war, berichtet, die Zauberkunst des Apollonius habe auf einige nicht unbedeutende Philosophen, die ihn als einen bloßen Gaukler aufgesucht hätten, großen Eindruck gemacht« (Des Origenes acht Bücher gegen Celsus III, 148).
393 Philo, Werke, II, 214f (*I. Heinemann*).
394 Plinius d.Ä., Naturkunde XXIX/XXX, 116f.

Während nach Matthäus fromme und weise Magier vom Osten her im aufgehenden Wunderstern den Stern des neugeborenen Königs der Juden erkennen und sich von ihm den Weg weisen lassen, der sie unter Mitwirkung des Königs Herodes, der Jerusalemer Hohenpriester und Schriftgelehrten gemäß Mi 5,1 nach Bethlehem zur Huldigung vor dem Jesuskind führt (Mt 2,1–12), ist die Beurteilung der Magie und Mantik in der Apostelgeschichte negativ (vgl. 13,6–11; 16,16–18; 19,18–19).

Simon Magus ist in der Christenheit seit frühkatholischer Zeit als »Vater aller Häretiker« verrufen (Irenäus, Haer III, Vorrede; vgl. Haer I,23.2).[395] Nach dem Apologeten Justin (als Märtyrer gest. 167 n.Chr.) stammte Simon aus der Ortschaft Gitta südöstlich von Cäsarea. Der Mann, der als wandernder Goët wirkte, war kein trickreicher Zauberkünstler, sondern Charismatiker mit sicherem Gefühl vom hohen Wert und der Bedeutung der Macht, die ihn leitete; er hatte demgemäß auch ein gesteigertes Geltungsbewußtsein: »Er sagte von sich, er sei ein Großer« (9b). Durch Aufsehen erregende Wundertaten, die den Menschen den Eindruck effektiver Gottesnähe vermittelten, brachte er seine Anhänger dazu, daß sie ihn für »die Große Kraft Gottes« (ἡ δύναμις τοῦ θεοῦ ... ἡ μεγάλη) hielten und entsprechend feierten (9c.10).[396] Alle Einwohner jener Stadt hingen ihm an. Die Wendung »Klein und Groß« (10) bringt das zum Ausdruck (Gen 19,11; 2Kön 23,2; 2Chr 34,30; Offb 11, 18; 13,16; 19,5. 18; 20,12). Simon sah sich wohl als Organ und Medium, vieleicht als persönlichen Repräsentanten der in Wunderzeichen wirksamen göttlichen *majestas*. Staunen erregende Machterweise bekunden die wirksame Präsenz gottheitlicher Kraft. Nach Strabo verfügt der König der Elymäer über »große Kraft« (Geogr XVI,1.18).[397] Im AT kommt die Wendung »die große Kraft« als Gottesattribut vor (Dtn 9,26.29). Im hellenistischen Judentum dient die Wendung zur Umschreibung des Gottesnamens (Philo: VitMos I,111).[398] In den Responsorien der samaritanischen Liturgie gab es eine Formel, die Gott als »die große Kraft« identifizierte.[399] Im NT wird gefeiert, daß der Allmächtige letztendlich von seiner großen Kraft Gebrauch macht (Offb 11,17). Paulus predigt den Christus

---

395   Irenäus von Lyon, Epideixis III, 18f; I, 290f. Vgl. Neutestamentliche Apokryphen II, 261ff.266ff.278ff (Petrusakten [2./3. Jh.]); 463ff (Klemensroman [3. Jh.]).
396   Vgl. *W. Grundmann*, Art. μέγας κτλ., 546f; *O. Betz*, Art. μέγας κτλ., 985.
397   Strabo, Geography VII, 220f.
398   Vgl. Philo, Werke I, 247 (*B. Badt*); *W. Grundmann*, Art. δύναμαι / δύναμις κτλ., 299f. – Im judenchristlichen Petrusevangelium (ca. 100–130 n.Chr.) ersetzt »Kraft« im Sterbegebet Jesu aus Ps 22,2 (Mk 15,34 // Mt 27,46) die Gottesbezeichnung: »Meine Kraft, o Kraft, du hast mich verlassen« (EvPetr 19 (Neutestamentliche Apokryphen I, 186 [*Chr. Maurer*]).
399   Vgl. *H.G. Kippenberg / G.A. Wewers*, Textbuch, 104.

Jesus als Gottes Kraft (1Kor 1,24). Als »die große Kraft« steht Simon in Konkurrenz zu Christus. Simons Gemeinde war für die christliche Mission in Syrien noch während des 2. Jh.s eine heftig bekämpfte Konkurrenz.

Exkurs: Menschen, die in enger Beziehung zur Sphäre der Gottheit leben
Im antiken griechischen Kulturraum war es nicht ungewöhnlich, daß außerordentliche Menschen göttlich verehrt wurden. Z.B. erklärte der Heiler und Magier *Empedokles* aus Agrigent (um 492–432 v.Chr.),[400] der – von der Bevölkerung hoch geehrt – die Griechenstädte Siziliens und Unteritaliens durchzog und über Jahrhunderte hinweg als Typos eines Wundertäters galt, seinen Anhängern: »Ich sage euch: Als ein unsterblicher Gott reise ich umher, nicht mehr sterblich (ἐγὼ δ᾽ ὑμῖν θεὸς ἄμβροτος οὐκέτι θνητός πωλεῦμαι), bei allen, wie es sich in meinem Fall gehört, mit Ehren ausgezeichnet, mit Binden umflochten und blühenden Kränzen. Von allen, deren blühende Städte ich besuche, von Männern wie von Frauen, werde ich verehrt. Und sie folgen mir zu Zehntausenden und fragen, wohin zum Gewinn der Pfad führe. Weissagungen verlangen die einen von mir, die anderen erbitten Auskunft bei Krankheiten aller Art, um ein heilbringendes Wort zu erfahren; werden sie doch schon lange von bohrenden Schmerzen gequält.«[401] Empedokles war überzeugt, daß die Weisen über die Seelenwanderung zu Göttern werden: »Am Ende aber werden sie Seher und Dichter und Ärzte und Fürsten für die auf Erden lebenden Menschen. Daraus erwachsen Götter, in höchsten Ehren stehend, den anderen Unsterblichen Herdgenossen, Tischgefährten, menschlicher Schmerzen nicht teilhaftig, unverwüstlich.«[402]

Exkurs: Wer war Simon Magus?
Über die Person und die Lehre Simons haben wir nur geringe Kenntnis. Lukas schweigt über Lehren des Mannes. *Justin,* der aus der 72 n.Chr. vom Kaiser Vespasian gegründeten Stadt Flavia Neapolis bei Sichem (heute Nablus) stammte und also ein Mann aus Samaria (Samarier), war, hielt den Römern um 150/155 n.Chr. vor, sie hätten Menschen, die sich für Götter ausgaben, geehrt: »So einen gewissen Samaritaner Simon aus dem Flecken Gitta, der unter Kaiser Claudius [Reg. 41–54 n.Chr.] durch die Macht der in ihm tätigen Dämonen in eurer Kaiserstadt Rom Zauberkünste ausgeübt hat, für einen Gott gehalten und wie ein Gott von euch durch eine Bildsäule geehrt wurde. Diese Bildsäule steht im Tiberflusse mitten zwischen den zwei Brücken [d.h. auf der Tiberinsel] und trägt diese lateinische Aufschrift: Simoni Deo Sancto [Simon, dem heiligen Gott]. Und fast alle Samariter, auch einzelne unter anderen Völkern, erkennen und verehren ihn als den höchsten Gott, und eine gewisse Helena, die in jener Zeit mit ihm herumzog, nachdem sie früher in einem Hurenhause sich preisgegeben hatte, nennen sie seinen ersten Gedanken [Ennoia].« (Apol. I 26,2–3).[403]
Simon hielt sich somit für den Erlöser derer, die an ihn glaubten. Als vermeintliche Erscheinung der höchsten Gottheit war er von seiner Fähigkeit überzeugt, die erleuchtende Erkenntniskraft, die rein überweltliche Mutter aller göttlichen

400   Vgl. *B. Kollmann*, Jesus, 91–95.
401   Die Vorsokratiker, 466f, Fragm. Nr. 150.
402   Die Vorsokratiker, 474f, Fragm. Nr. 170.
403   Justin, Apologie I, 37f. Vgl. auch *H.G. Kippenberg* / *G.A. Wewers*, Textbuch, 102f. Zum Zeugnis des Irenäus über Simon und die Simonianer in Haer I, XXIII,1–4 vgl. Epideixis I, 288–295. Vgl. auch *W. Foerster*, Gnosis, 38–44.

Gedanken, aus ihrer schmachvollen Gefangenschaft in Menschenleibern im Hu-
renhaus der Welt , z.b. dem Leib der erwähnten Helena, zu befreien. Hinsichtlich
der göttlichen Verehrung des Simon in Rom irrt Justin und mit ihm Irenäus (Haer
XXXIII,1) und Tertullian (Apol 13), die ihm gefolgt sind. Der Gott hieß Semo
Sancus und war ein altsabinischer Schwurgott.[404] Darüber hinaus gibt Justin die
Lehre der Simonianer wieder. Inwieweit diese auf Simon selbst zurückgeht, ist die
Frage.

Faszinierte Simon einst Samaritaner und Samarier mit seinem magischen Tun und
Treiben, so schreckte er die frühkatholische Christenheit ab als angeblicher Erz-
gnostiker, Handlanger des Teufels und als vermeintlicher Stammvater sämtlicher
Häresien, Feind der wahren Kirche. Im Mittelalter wurde er zum Erzvater und Namenspatron des Sakrilegs der »Simonie«, d.h. des Ankaufs oder Verkaufs von
geistlichen Ämtern und Pfründen oder des Handels mit Sakramenten und Sakra-
mentalien, der diese herabwürdigt. In unseren Tagen fesselt die immense Wirkungsgeschichte dieses Mannes am Anfang der christlichen Ketzergeschichte bei
offensichtlicher Dürftigkeit der über ihn erhaltenen verläßlichen Nachrichten
Exegeten, kirchen- und religionsgeschichtliche Forscher. Zahlreich sind die
Versuche, seinen langen, dunklen Schatten durch immer neue Hypothesenbildung
zu beschwören. Er ist auch gegenwärtig noch »so etwas wie ein polymorphes
Überwesen«.[405] Relative Einigkeit herrscht darüber, daß der Mann in den Umkreis
hellenistisch-orientalischer Religiosität gehört, von der Magie untrennbar ist.
Diese hat unter Juden in Gestalten wie Barjesus alias Elymas (13,8–12) oder den
Skevassöhnen (19,13–17) und anderen,[406] in der Gestalt des Simon unter ihren
nächsten Religionsverwandten, den Samaritanern, ihre spezifische Ausprägung
gefunden.

Wenn man Simon heute auch nicht mehr für den Ahnherrn aller gnostischen Häresien hält und gelernt hat, zwischen ihm und den im 2. Jh. n.Chr. unter seinem
Namen tradierten Lehren zu unterscheiden,[407] so haben etliche Forscher ihn im
20. Jh. weiterhin im Kontext der gnostischen Bewegung[408] und als Gründer einer
gnostischen Gemeinde in Samaria gesehen.[409] Dagegen steht die Auffassung, daß
der von seinen Anhängern als »die Große Kraft« Verehrte ein typisch hellenistischer, durch Kraftmanifestationen wirkender Wundermann war, ein großer Magier, der durch seine Wirkungsgeschichte zur Erscheinung der höchsten Gottheit
der Gnostiker und daraufhin in der frühkatholischen Kirche zum Vater aller Häresien wurde.[410]

---

404   Vgl. die bei *K. Rudolph*, Gnosis, 317 abgebildete Weihinschrift, die 1574
auf der Tiberinsel gefunden wurde, wo sie Justin gesehen hatte.
405   *K. Beyschlag*, Zur Simon-Magus-Frage, 396.
406   Z.B. mit dem von Josephus, Ant VIII,2.5 (Jüdische Altertümer I, 474f) in
Aktion geschilderten Eleazar.
407   Vgl. *R.Mc.L. Wilson*, Simon, 485–491.
408   Vgl. z.B. *H. Jonas*, Gnosis I, 353–358; *W. Grundmann*, Geschichte,
383ff; *E. Haenchen*, Vorchristliche Gnosis, 293–298; *ders.*, Apostelgeschichte
297ff; *E. Lohse*, Umwelt, 198f. Anders *H. Conzelmann*, Apostelgeschichte, 61:
Simon hat »Epiphaniegedanken in statu nascendi der Gnosis« vorgetragen; so
auch *G. Schneider*, Apostelgeschichte I, 486.
409   Vgl. z.B. *K. Rudolf*, Gnosis, 318f. Vorsichtiger *G. Lüdemann*, Christentum, 106f.
410   Vgl. z.B. *K. Beyschlag*, Zur Simon-Magus-Frage, 415; *W.C. v. Unnik*,
Apostelgeschichte, 404; *G. Stählin*, Apostelgeschichte, 120f; *J. Roloff*, Apostelgeschichte, 137.

Andere versuchen, sich dadurch Simon anzunähern, daß sie ihn in den Zusammenhang der Religion der Samaritaner stellen und ihn mit seinen Anhängern als ein
dissidierendes samaritanisches Konventikel zu verstehen.[411] Dieser Versuch ist
deshalb schwierig, weil es für die Geschichte und Religion der Samaritaner im
1. Jh. n.Chr., besonders auch für ihr Verhältnis zum Hellenismus, nur Zeugnisse des Josephus und des NT gibt, aber keine samaritanischen Quellen. So ist man
auf Rückschlüsse aus späteren Quellen angewiesen. – Ein weiterer Versuch der
historischen Annäherung an Simon besteht darin, ihn mit seinen Anhängern als
Gruppierung einer eigenständigen Ausprägung des jungen Christentums in Samarien zu sehen, deren Versuch, mit den Jerusalemer Autoritäten zu kommunizieren, aber zugleich durch das Geldangebot an die Apostel Selbständigkeit ihnen
gegenüber zu behaupten, scheiterte, so daß es in diesem Fall durch ein Schisma
innerhalb des frühen Christentums unter veränderten Umständen eine neue Vri-
ante in der alten Konfrontation von Jerusalem und Samaria gab.[412] Es geht hier
wohl darum, Simon in das seit frühester Zeit vielgestaltige Christentum heim-
zuholen und so die apostolische Exkommunikation zu revidieren. – Neuerdings
sucht J. Zangenberg mit starken Argumenten den vorchristlichen Simon als einen in Sebaste tätig gewordenen paganen samarisch-hellenistischen Wundertäter
zu fassen, bei dem kein Einwirken samaritanischer Tradition, aber auch keine
Gnosis zu erkennen ist.[413] Ob der Schatten des Simon Magus nun Ruhe finden
wird?

12–13: *Simon wird getauft und Anhänger des Philippus*: Lukas
wendet sich wieder der Mission des Philippus zu. Inhalt der Verkündigung war »das Reich Gottes« (1,3; 14,22; 19,8; 20,25; 28,23.
31). Gottes Herrschaft und Reich war der zentrale Gehalt der Botschaft Jesu in den Synagogen der jüdisch bewohnten Gegenden
Palästinas (Lk 4,43–44; 8,1; 9,11; 16,16). Wenngleich mit dem
Wirken des Philippus die christliche Verkündigung über diesen
Umkreis hinausgreift, so ändert sich doch ihr grundlegender Inhalt nicht. Mit dem Reich Gottes steht im Zentrum der Verkündigung »der Name Jesu«, d.h. das in und mit Jesus eröffnete Heil
(4,12; vgl. Lk 4,14–44).[414] Die Anhänger des Simon kamen durch
seine Evangeliumspredigt zum Glauben (12). Auch Simon kam
zum Glauben, ließ sich taufen und wurde Anhänger des Philippus
(13a). Er, der die Leute mit seiner Wunderkraft fasziniert hatte,
wurde selbst überwältigt von der Vollmacht des Zeugen Jesu, die
sich in überragenden Zeichen (13b) kundtat. Daß er als Magier
vor allem an diesen Machterweisen interessiert war, ist verständlich.
Inwieweit ihn die Botschaft des Evangelisten darüber hinaus be-
schäftigt hat, steht dahin.

411   Vgl. z.B. *H.G. Kippenberg*, Garizim; *ders.* / *G.A. Wewers*, Textbuch,
102ff; *J. Fossum*, Sects, 358–389.
412   Vgl. *K. Berger*, Theologiegeschichte, § 89.
413   *J. Zangenberg*, Δύναμις τοῦ θεοῦ (im Druck).
414   Vgl. *E. Grässer*, Parusieerwartung, 108ff.

14–17: *Anerkennung der Mission in Samaria durch die Apostel*
14: In die Erzählung kommt jetzt ein neuer Zug. Die erste nach
Lukas außerhalb Jerusalems gegründete Gemeinde war angewiesen
auf eine Verbindung mit der Jerusalemer Urgemeinde, dem Ausgangspunkt der Evangeliumspredigt und Sitz der Repräsentanten
des erneuerten Gottesvolkes. Die Evangelisierung wurde vollendet
durch die Anerkennung der Kirchengemeinschaft seitens der Apostel. Diesen wurde bekannt, »daß Samaria das Wort Gottes angenommen habe« (14a). »Das Wort Gottes annehmen« ist eine Wendung urchristlicher Missionssprache (Lk 8,13 diff. Mk 4,16; Apg
11,1; 17,11; 1Thess 1,6). Sie bezeichnet das durch die Taufe be-
siegelte Bekenntnis zum Heil in Christus. Auf die Kunde von der
erfolgreichen Evangelisation in Samaria delegierten die Apostel
Petrus und Johannes dorthin (14b). Die beiden waren schon von
Jesus miteinander ausgesandt worden (Lk 22,8) und hernach in Jerusalem gemeinsam aufgetreten (3,1–11; 4,1–19). Wegen des Zeu-
gengrundsatzes werden *zwei* Apostel gesandt (Mk 6,7 // Lk 10,1).
Der Evangelist Philippus aber ist nach V. 13 aus der Erzählung
verschwunden. Die Apostel ernten die Frucht seiner Arbeit: »Andere haben gearbeitet, und ihr seid in ihre Arbeit eingetreten« (Joh
4,38).
15–17: *Spendung des Geistes*: Die Apostel haben die spezielle
Aufgabe, den Getauften den Heiligen Geist zu übermitteln. Taufe
und Geistspendung sind zwar grundsätzlich verbunden, finden aber
nicht immer zum selben Zeitpunkt statt. In der Cornelius-Erzäh-
lung (10,1 – 11,18) kommt der Geist schon auf die Hörer, während
Petrus an Hand der Propheten Christus predigt, und die nachfolgende Taufe besiegelt den voraufgegangenen Geistempfang (10,
44–46). Doch im Fall der ca. zwölf Jünger in Ephesus, die nur die
Johannestaufe kennen (19,1–6), wird der Heilige Geist ähnlich wie
in Samaria erst nach der Taufe auf den Namen Jesu durch Handauflegung des Paulus verliehen (19,5–6).[415] Sowohl bei den von
Philippus nach Lukas missionierten Samaritanern als auch bei den
von Paulus in Ephesus zur Taufe auf den Namen Jesu geführten
Jüngern geht es um die Integration verschiedener selbständiger jüdischer Gruppen, die zu der von Jesus und seinen Jüngern ausgegangenen Bewegung gehörten, nach Überwindung eines jeweils
gruppenspezifischen Defizits in die Kirche. Die Geistmitteilung
erfolgt nach einem fürbittenden Gebet (15) durch Handauflegung
der Apostel als Geistträger und Repräsentanten Jesu Christi (17).
Geistträger kraft seiner Ordination ist auch Philippus (6,5–6). Je-

---

415   Vgl. *J. Coppens*, L'imposition, 423–427; *A.T. Hanson*, Art. Handauflegung I, 419; *E. Lohse*, Art. χεὶϱ κτλ., 421f.

doch wird hier davon die Vollmacht zur Geistübermittlung unterschieden. Zur Spendung des Heiligen Geistes sind nur die Apostel
ermächtigt, sofern nicht wie im Fall des Paulus eine außerordentliche Bevollmächtigung durch den erhöhten Herrn erfolgt.

Aus der Unterscheidung von Taufe und Handauflegung in Apg 8,14–17 (sowie
Apg 19,6; Hebr 6,2) leitet die römisch-katholische Kirche wichtige Motive ihres
seit dem frühen Mittelalter rituell ausgebildeten und von der Hochscholastik an
auch theologisch reflektierten Firmungssakramentes (*sacramentum confirmatio-
nis*) ab: 1. Spendung in der Regel durch den Bischof als Apostelnachfolger; 2. In-
tensivierung des Verhältnisses zur Kirche durch Vollendung der Taufe; 3. Stärkung des Gläubigen durch die Herabrufung des Heiligen Geistes auf ihn unter
bischöflicher Handauflegung. – Die Stirnsalbung des Gläubigen mit geweihtem
Chrysam (Olivenöl, mit duftendem Balsam vermischt) wird von 2Kor 1,21–22
her motiviert.[416]

18–24: *Petrus exkommuniziert Simon Magus*
18–19: *Simon versucht, die apostolische Vollmacht zur Geistspendung mit einem Geldangebot zu erlangen*: Simon sah, daß der
Heilige Geist durch Handauflegung der Apostel gespendet wurde
(18a). Woran er das erkannte, sagt Lukas nicht. Im Blick auf 10,46
und 19,6 liegt es nahe, an Phänomene wie Zungenrede und Prophetie zu denken. Lukas äußert sich auch nicht darüber, ob Simon
selbst den Geist durch Handauflegung der Apostel empfangen
hatte. Das ist jedoch anzunehmen, denn ihm wurde der Mangel
bewußt, den Geist nicht selbst spenden zu können. Er brachte den
Aposteln Geld (18b). Mit dem Geldangebot versuchte er, seine Eigenständigkeit den Jerusalemern gegenüber zu wahren und seine
Eigenmacht zu praktizieren. Als Gegengabe erwartete er die Übertragung der Vollmacht zur Geistspendung (19) und damit Anerkennung seiner Ebenbürtigkeit. Er wünschte, den Geist selbst nach
freiem Ermessen spenden können (19b). Der Mann, der von sich
sagte, »er sei ein Großer« (9b), wollte seine autoritative Stellung,
die er vor dem Auftreten des Philippus in der Stadt hatte, in über-
steigerter Weise zurückgewinnen. Daß man für Erfolg und Anerkennung zahlen muß, hielt er für selbstverständlich.[417]
20–23: *Petrus exkommuniziert Simon und fordert ihn zur Buße
auf*: Doch geistliche Vollmacht ist eine freie Gottesgabe, folglich

---

416 Näheres bei *G. Kretschmar*, Art. Firmung, 192–204; vgl. auch *R. Pesch*,
Apostelgeschichte I, 280f.
417 Nach 2Makk 4,7–10 hatte sich bei der Machtübernahme des Seleukidenherrschers Antiochus Epiphanes (175 v.Chr.) in Jerusalem Jason das Hohepries-
teramt dadurch erschlichen, daß er sich zur Zahlung von 360 Talenten Silber ver-
pflichtete und aus anderen Einkünften noch 80 Talente zuzulegen versprach. Für
die Lizenz zur Gründung eines Sportzentrums (Gymnasiums) wollte er weitere 150
Talente überweisen.

nicht nach menschlichem Gutdünken handhabbar und speziell auch nicht käuflich zu erwerben.[418] Vgl. Mt 10,8b: »Umsonst habt ihr empfangen, umsonst gebt!« Das Wort »Simonie« als *terminus technicus* für das Sakrileg der Erschleichung eines geistlichen Amtes durch Kauf erinnert an den als schändlich verurteilten Versuch des Simon. Dieser hat »das Evangelium vom Reich Gottes und dem Namen Jesu Christi« (12) nicht wirklich in sich aufgenommen, hat sich nicht dadurch wandeln lassen. Petrus läßt sich durch das finanzielle Angebot nicht in Versuchung führen. Er wehrt Simons Ansinnen mit einer Verwünschung ab: »Dein Silber fahre mit dir ins Verderben!« (20a). Die Begründung belehrt den Leser über den Vorwurf an Simon, daß der Versuch, die Gottesgabe wie eine Handelsware zu kaufen, eine grundverkehrte Einstellung an den Tag bringt (20b). Nun folgt eine Exkommunikationsformel, die eine biblische Redewendung aufnimmt: »Du hast weder Anteil noch Anrecht an dieser Sache« (21a; vgl. z.B. Dtn 14,27). Bei der »Sache« (λόγος), von der Simon ausgeschlossen ist, handelt es sich nicht nur um die Vollmacht der Apostel zur Übermittlung des Geistes, sondern um die christliche Botschaft und das durch sie durch die Taufe in der Gemeinschaft der Glaubenden eröffnete Heil Gottes. Die Exkommunikation wird unter Anspielung auf Ps 78,37 damit begründet, daß Simons »Herz«, d.h. das Zentrum seiner selbst, seiner Absichten und Entschlüsse, vor Gott nicht aufrichtig ist (21b). Dementsprechend ist ihm nicht zu trauen. Der Apostel kann den Sünder, der vor der Taufe offenbar nur flüchtig Buße getan hat, kraft der ihm verliehenen geistlichen Vollmacht durchschauen. Eine Rettung des Exkommunizierten wird nicht rundherum ausgeschlossen. Es gibt noch eine allerletzte Chance. Petrus fordert Simon dazu auf, für seine Sünde Buße zu tun (22a). Er soll Gott darum bitten, ihm sein verkehrtes Ansinnen zu vergeben (22b). Das Bußgebet ist notwendig, weil sein Inneres durch und durch sündig ist. Das wird mit biblischen Anspielungen ausgedrückt. »Bittere Galle« spielt auf Dtn 29,17 an, »Fessel der Ungerechtigkeit« hingegen auf Jes 58, 6. Im Fall einer auch nach der Sündenvergebung mit dem Empfang der Taufe und der zuvor festgestellten Abkehr von der Sünde erwiesenermaßen grundverkehrten Einstellung kann nur noch Gottes Barmherzigkeit mit dem reuigen Sünder helfen. – Hier zeigt sich erstmals im frühen Christentum das Problem einer zweiten Umkehrmöglichkeit nach dem Taufempfang. Ignatius von Antiochien hielt um 110 n.Chr. eine Bekehrung von Irrlehrern für

---

418   Vgl. *C.K. Barrett*, Light, 292f; *ders.*, Acts I, 413f; *W. Dietrich*, Petrusbild, 254f.

möglich (IgnSm 5,3).[419] In der stadtrömischen Christenheit eröffnete »Der Hirt des Hermas« um 140–155 n.Chr. bei grundsätzlichem Festhalten an der einmaligen Taufvergebung allen Getauften von Gott her eine zweite, befristete Umkehrmöglichkeit (Vis II 2, 1–8).[420]

24: *Simons Reaktion*: Simon erkennt die ihm überlegene Vollmacht der Apostel an. Ihr Gebet ist kräftiger als seines. So bittet er sie als armer Büßer um ihre Fürbitte beim Herrn, damit die Wirkung der Verwünschung und der Exkommunikation, das Verderben, nicht über ihn komme. Das Verderben kann abgewendet werden, wenn Gott ihm ein Herz gibt, das fest bei ihm bleibt. Ob er sich in der Praxis als bußfertiger Sünder bewährt, bleibt offen. Die Erzählung über ihn bricht ab.

25: *Mission der Apostel in Samaria*: Die Apostel haben gemäß der Ankündigung Jesu von 1,8 in Samaria »das Wort des Herrn bezeugt und gesagt«. Während Philippus Stadtmission betrieb (8,5), nutzen sie den Rückweg nach dem Vorbild Jesu zur Evangelisation in den umliegenden Dörfern (Lk 8,1; 9,6; 13,22). Ob man sie dort aufnahm oder wie zuvor Jesus auf seinem Weg nach Jerusalem ablehnte (Lk 9,51–56), läßt Lukas offen.[421]

Philippus tauft einen hohen äthiopischen Hofbeamten
8,26–40

[26]**Ein Engel des Herrn aber redete zu Philippus und sprach: »Mache dich auf und geh um die Mittagszeit auf die Straße, die von Jerusalem nach Gaza hinabführt! Sie ist öde.«** [27]**Und er machte sich auf und ging hin. Und siehe, ein Äthiopier, ein Eunuch, ein Hofbeamter der Kandake, der Königin der Äthiopier, der ihren ganzen Schatz verwaltete, war zur Anbetung nach Jerusalem gekommen.** [28]**Jetzt war er auf dem Rückweg und saß auf seinem Wagen und las den Propheten Jesaja.** [29]**Der Geist aber sprach zu Philippus: »Geh hin und schließ dich diesem Wagen an!«** [30]**Als aber Philippus hinlief, hörte er ihn den Propheten Jesaja lesen und sprach: »Verstehst du auch, was du liest?«** [31]**Er aber sprach: »Wie könnte ich denn, wenn mich niemand anleitet?«** Und er bat Philippus, aufzusteigen und sich zu ihm zu setzen.** [32]**Der Schriftabschnitt aber, den er las, war dieser:**

419   Schriften des Urchristentums I, 208f (*J.A. Fischer*).
420   Schriften des Urchristentums III, 154–157 (*M. Leutzsch*).
421   Vgl. *J. Zangenberg*, Frühes Christentum, 231f.

»Wie ein Schaf wurde er zur Schlachtung geführt,
und wie ein Lamm vor seinem Scherer verstummt,
so tut er seinen Mund nicht auf.
[33]In der Erniedrigung wurde sein Strafgericht aufgehoben.
Sein Geschlecht – wer wird es beschreiben?
Denn hinweggenommen von der Erde wird sein Leben.«
[34]Der Eunuch aber antwortete dem Philippus und sprach: »Ich
bitte dich, von wem sagt der Prophet dies? Von sich selbst oder
von jemand anderem?« [35]Da tat Philippus seinen Mund auf, und
von dieser Schriftstelle ausgehend predigte er ihm das Evangelium von Jesus. [36]Als sie aber auf der Straße weiterfuhren, kamen
sie an ein Wasser. Und der Eunuch sagte: »Sieh, da ist Wasser!
Was hindert, daß ich getauft werde?«[422] [38]Und er ließ den
Wagen anhalten, und beide stiegen in das Wasser hinab, Philippus und der Eunuch, und er taufte ihn. [39]Als sie aber aus dem
Wasser heraufstiegen,[423] entrückte der Geist des Herrn den Philippus, und der Eunuch sah ihn nicht mehr; (denn er) zog fröhlich
seine Straße. [40]Philippus aber fand man in Aschdod. Und auf der
Durchreise predigte er das Evangelium in allen Städten, bis er
nach Cäsarea kam.

Kontext: Lukas hat bisher über die Bekehrung größerer Menschenmengen berichtet, so in Jerusalem (2,41.47; 6,1.7), aber auch in Samaria (8,4–13). Nun bringt
er die erste ausführliche Geschichte von einer ihm besonders beachtenswert erscheinenden Einzelbekehrung. Wenn auch die Zahl der Jünger Jesu durch viele in-
dividuelle Bekehrungen wuchs, so war doch die Taufe eines jüdisch fromm lebenden äthiopischen Hofmannes (8,26–40) kein alltägliches Ereignis. Der Erzählung über das erstaunliche Geschehen auf der Straße nach Gaza folgen zwei weitere
große Geschichten von Einzelbekehrungen, die Überwindung und Wandlung des

422   Einige ›westliche‹ Textzeugen bieten ein Taufgespräch: »[37]Philippus aber
sprach zu ihm: »Wenn du von ganzem Herzen glaubst, ist es möglich«. Er antwortete und sprach: »Ich glaube, daß Jesus Christus der Sohn Gottes ist« (oder:
»Ich glaube an den Christus, den Sohn Gottes«). Irenäus, Haer III, 12.8 (Epideixis III,140ff) zeigt, daß diese Version schon im 2. Jh. geläufig war. Sie wird überwiegend als sekundär beurteilt. Vgl. z.B. *H. Conzelmann*, Apostelgeschichte,
64; *E. Haenchen*, Apostelgeschichte, 302; *B.M. Metzger*, Textual Commentary,
359f; *J. Roloff*, Apostelgeschichte, 142; *G. Schneider*, Apostelgeschichte I,
497, Anm. p; 507. *W.A. Strange*, Problem, 65–77 versucht, diese Fassung als
wahrscheinlich ursprünglichen Text zu erweisen. Es ist aber schwer einzusehen,
weshalb ausgerechnet das Taufgespräch, das in vielen alten und wertvollen Handschriften fehlt, gestrichen worden sein sollte. Vgl. *C.K. Barrett*, Acts I, 433.
423   Einige Leser haben die Geistverleihung an den Getauften vermißt. Sie ergänzen und ändern: »fiel der Heilige Geist auf den Eunuchen, ein Engel des Herrn
aber entrückte den Philippus.« Die Entrückung durch den Engel ist eine Anglei-
chung an V. 26. Vgl. *C.K. Barrett*, Acts I, 434; *H. Conzelmann*, Apostelgeschichte, 64; *B.M. Metzger*, Textual Commentary, 360f; *J. Roloff*, Apostelgeschichte, 142; *G. Schneider*, Apostelgeschichte I, 497, Anm. q.

Verfolgers Saulus/Paulus zum Christuszeugen durch den erhöhten Herrn vor Damaskus (9,1–31) sowie die Taufe des römischen Hauptmanns Cornelius und seines Hauses in Cäsarea durch Petrus (10,1 – 11,18).

Gliederung: Die Missionserzählung ist in sich geschlossen und klar strukturiert. 1. In der Exposition (26–28) werden a) Philippus (26–27a) und b) der Äthiopier (27b–28) eingeführt. 2. Der Hauptteil (29–38) läßt sich in drei Abschnitte gliedern: a) Die unter Leitung des Geistes zustande gekommene Begegnung und Fühlungnahme des Philippus mit dem Äthiopier (29–31). b) Im Zentrum der Erzählung steht der Abschnitt Jes 53,7–8, den der Äthiopier eben liest (32–33). c) Die durch eine Frage des Lesers initiierte Evangeliumspredigt des Philippus führt zum Taufbegehren und zur Taufe des Äthiopiers (34–36.38). 3. Der Schluß (39) berichtet von der Trennung der beiden Personen: a) Entrückung des Philippus (39a); b) Fröhliche Weiterreise des Äthiopiers (39b). – Anhangsweise angeschlossenen ist noch ein summarischer Bericht über den weiteren Weg des Philippus (40).

Traditionshintergrund: Lukas verdankt den im einzelnen nicht sicher mehr rekonstruierbaren Grundbestand der Erzählung entweder Philippus selbst (21,8) oder der Philippus-Tradition, die in den durch die »Sieben« gegründeten Gemeinden umlief und das Faktum der Bekehrung des hochgestellten Äthiopiers durch Philippus entfaltet hat.[424] Es lag nahe, darin eine Erfüllung von Ps 67,32 LXX zu sehen: »Äthiopia wird seine Hände nach Gott ausstrecken« (Ps 68,32b). Lukas wird die Geschichte gern aufgegriffen haben. Mit ihr konnte er die Ausweitung der Verkündigung des Evangeliums aufzeigen und nebenher auch dem Interesse seines gebildeten Lesers an dem fernen Land im Süden entgegenkommen. Äthiopien war in den Interessenshorizont der Römer getreten, seit unter Augustus der Präfekt von Ägypten Publius Pertronius dort mit einem Heer als Eroberer aufgetreten war und danach unter Nero eine Expedition auf der Suche nach den Nilquellen das Land erforscht hatte (Plinius d.Ä., NatHist VI,180–188).[425]

26–27a: *Einführung des Philippus*: Schon die Einführung des Philippus, den der Leser sich nach dem plötzlichen Verschwinden aus der Simon-Magus-Erzählung am besten in Samaria und Umgegend als Wandermissionar wirkend vorstellt (8,5), macht auf die hohe Bedeutung der jetzt beginnenden Episode aufmerksam. Was sich da zuträgt, ist nicht von Menschen geplant, sondern von Gott gefügt. Unvermittelt erhält der Evangelist eine Weisung von oben (26a): »Der Engel des Herrn« (Lk 1,11; 2,9; Apg 5,19; 10,3; 12, 7.23; 27,23), die personifizierte Führungsmacht Gottes für die Seinen, weist ihn an, sich »um die Mittagszeit« (κατὰ μεσημβρίαν) auf die Straße zu begeben, die von Jerusalem nach Gaza am Mittelmeer hinabführt (26b).[426] Wo Philippus sich gerade aufhält, ist

424   Vgl. z.B. *F.F. Bruce*, Philip, 337–386; *R.F. O'Toole*, Philip, 25–34 sowie die Kommentare von *C.K. Barrett*, I, 420ff; *H. Conzelmann*, 63; *E. Haenchen*, 305; *J. Jervell*, 275; *G. Lüdemann*, 111; *J. Roloff*, 138f; *G. Schneider*, I, 498; *A. Weiser*, I, 208–211; *J. Zmijewski*, 360.
425   Plinius d.Ä., Naturkunde VI, 124–131; *E. Plümacher*, Lukas, 12f.
426   Zur Übersetzung »um die Mittagszeit« vgl. *W. Bauer*, Wörterbuch, 1026 sowie die Kommentare von *C.K. Barrett*, I, 423; *R. Pesch*, I, 290; *G. Stählin*,

nicht klar, dementsprechend auch nicht, um welche Straße von Jerusalem aus zur Küste es geht. Gaza liegt an der altberühmten *Via
maris,* den »Weg am Meer«, der an der Küste entlang durch die
Wüste nach Ägypten verläuft. Der Hinweis, daß die Straße öde und
also menschenleer ist (26c), erinnert den Leser daran, daß die Mit-
tagsstunden in einer Wüstenregion normalerweise keine Reisezeit
sind. Der Evangelist muß einem Befehl folgen, der ihm im Augenblick nicht einsichtig ist. Der Stadtmissionar wird zu einer ungewöhnlichen Stunde auf die Wüstenpiste geschickt. Philippus gehorcht (27a).

27b–28: *Vorstellung des Äthiopiers:* Der Erzähler stellt dem Leser die zweite Hauptperson der Geschichte in vierfacher Hinsicht vor
(27b): Es handelt sich erstens um einen Äthiopier. Mit ihm taucht
Schwarz-Afrika erstmals in der christlichen Missionsgeschichte
auf. Das antike Aethiopia lag in Nubien am oberen Nil, die Hauptstadt Meroe am vierten Katarakt. Der Mann stammt also aus dem
heutigen Sudan. Das heutige Äthiopien liegt im Bergland östlich
des Sudan. Im AT heißt Aethiopia das Land Kusch (z.B. Gen 10,
6–7). Dort gab es seit langem eine jüdische Diaspora (Jes 1,11).
Der Äthiopier kommt wie vormals die Königin von Saba »vom
Ende der Erde« (Lk 11,31). Zweitens wird der Mann als Eunuch
(εὐνοῦχος) vorgestellt, als Kastrat.[427] Im Zusammenhang damit
präsentiert der Erzähler ihn drittens als »Hofbeamten« (δυνάστης)
und Schatzkanzler der Königin von Äthiopien, deren Titel »Kandake« war (Plinius d.Ä., NatHist I,6.186).[428] Schon Strabo hat den
Titel für einen Eigennamen gehalten (Geographica XVII,1.54).[429]
Hofbeamte hochgestellter Frauen waren im Alten Orient meist Ka-

127f: Zwar kann »Mittag« wie im Deutschen auch die Himmelsgegend bezeichnen, wo die Sonne um die Mittagszeit steht, und dementsprechend mit »Süden«
übersetzt werden (so z.B. die Lutherbibel und die katholische Einheitsüberset-
zung; vgl. auch *Blaß/Debrunner/Rehkopf,* Grammatik, § 253, Nr. 5 mit Anm. 7:
»Die Himmelsgegenden, die nur mit Präp. verbunden vorkommen, haben nir-
gends den Artikel«; vgl. darüber hinaus die Kommentare von *O. Bauernfeind, E.
Haenchen, J. Roloff, G. Schille, W. Schmithals, G. Schneider, Th. Zahn* und *J.
Zmijewski,* jeweils z.St.); aber im Zusammenhang mit den beiden Ortsnamen legt
sich das Verständnis als Zeitangabe nahe. Sie erklärt, weshalb die Straße öde ist.
Auch in der Septuaginta (LXX) meint ἡ μεσημβρία in der Regel die Mittagszeit
(Ausnahmen: Dan 8,4.9 LXX) wie in Apg 22,6.
427 Vgl. *W. Bauer,* Wörterbuch, 654; *J. Schneider,* Art. εὐνοῦχος κτλ., 766f;
G. Petzke, Art. εὐνοῦχος, 202ff. Wenn auch εὐνοῦχος in der Septuaginta einen
hohen Beamten bezeichnen kann, so herrscht doch in der Exegese die Meinung
vor, daß das Wort hier einen Entmannten meint. Abweichend z.B. die Kommentare von *J. Jervell,* 270f; *R. Pesch,* I, 291.
428   Plinius d.Ä., Naturkunde VI, 128f.
429   Strabo, Geography VIII,138f.

straten. Entmannte Männer, in der Regel verstümmelte Sklaven, zählten zwar durchweg zu den rechtlosen und von jedermann verspotteten Menschen; sie konnten aber an den Höfen orientalischer Potentaten in hohe Positionen aufsteigen. Selbstverständlich eigneten sie sich für eine Vertrauensstellung wie die Aufsicht über einen Harem (Est 2,3.13–14; 4,4–5). Bei einschlägiger fachlicher Qualifikation kamen auch andere herausgehobene Ämter in Betracht, z.B. die königliche Vermögensverwaltung. Betraute man einen in Finanzsachen versierten Eunuchen damit, so konnte man sicher sein, daß der Bedienstete sein Amt nicht unter der Hand zur Versorgung von Kindern und Kindeskindern nutzte. Schließlich stellt Lukas den Äthiopier als Jerusalemwallfahrer vor. Seine Wallfahrt kann als Hinweis auf die Erfüllung der Huldigungsaufforderung aufgefaßt werden: »Äthiopien [Kusch, ›Mohrenland‹] soll seine Hände ausstrecken zu Gott« (Ps 68,32; Zeph 3,10). Der von weither gekommene Mann, der die Mühen einer Wallfahrt nach Jerusalem auf sich nahm, obwohl er im Tempelbereich nur bis zum Vorhof der Heiden kam und keinen Anteil an den täglich (*tamid*) zweimal dargebrachten Brandopfern und ihren Segnungen hatte, erweist seine intensive Beziehung zur jüdischen Religion. Diese zeigt er auch damit, daß er bei der Rückreise in seinem in Richtung Gaza rumpelnden Reisewagen die Jesaja-Rolle liest (28). Dafür hat er auf dem Tempelmarkt gewiß einen hohen Preis entrichten müssen. Als Kastrat kann der Äthiopier kein Jude werden (Dtn 23,2). Zur Gemeinde JHWHs läßt man nur ›fehlerlose‹ Männer zu. Doch gibt es bei ›Tritojesaja‹ auch eine Verheißung, die Ausländern und Eunuchen unter bestimmten Bedingungen die Zugehörigkeit zur jüdischen Gemeinde in Aussicht stellt (Jes 56,3–5): Sie müssen durch regelmäßige Teilnahme am Synagogengottesdienst ihre innere Zuwendung zum Gott Israels zu erkennen geben, in ihrer religiös und kulturell anders geprägten Umwelt die Sabbatvorschriften einhalten und sich alles in allem durch toratreue Lebensführung in die jüdische Gemeinde einfügen. Wenn Fremde und Kastraten diesen Bedingungen genügen, soll ihnen ein unvergängliches Andenken sicher sein. Die vorliegende Missionserzählung handelt von der Eingliederung eines fremdländischen Eunuchen, Monotheisten und Freundes der jüdischen Religion in das unter dem Namen Jesu Christi gesammelte Gottesvolk. Ein durch den operativen Eingriff seiner vitalen Zukunftshoffnung beraubter Mann, jemand, der keine Aussicht hat, in Kindern und Enkeln weiterzuleben, findet im Namen Jesu eine von seiner körperlichen Beschaffenheit unabhängige Zuversicht über den Tod hinaus. Eine lebendige und für immer zukunftsträchtige Gottesgemeinschaft hat ihre eigene Qualität. Sie ist ewig heilvoll (z.B. Joh 1,12–14.16–18).

29–31: *Begegnung des Äthiopiers mit Philippus:* Wurde Philippus schon durch einen Wink von oben auf die Straße nach Gaza gebracht, so wird auch das weitere Geschehen vom Himmel gesteuert. Die Begegnung ist nicht menschlich geplant. Sprach in V. 26 ein Engel zu Philippus, so weist jetzt der Geist den Missionar an, sich dem Reisewagen des Äthiopiers anzuschließen (29). Die Ausweitung der Mission geht auf einen Impuls des Heiligen Geistes zurück.[430] Der ist auch schon beim Äthiopier am Werk, denn beim Herankommen hört Philippus ihn aus dem Jesaja-Buch lesen (30a). Durch den Propheten spricht der Geist zum Äthiopier. Dieser versteht ihn nur noch nicht. Nach antiker Gewohnheit liest der Mann laut. Man »hört aus einem Buch«, heißt es bei Platon (Phaidon 97b). Philippus nimmt die Gelegenheit wahr, ein Gespräch zu beginnen. Seine Eingangsfrage (30b), mit der er sich dem Fremden als Begleiter und Helfer bei der Verständigung mit dem Text und seiner Sache andient, zeigt Sprachgewandtheit. Sie ist ein Spiel mit dem Gleichklang von Wörtern unterschiedlicher Bedeutung (Paronomasie): ἆρά γε γινώσκεις ἃ ἀναγινώσκεις; Der Erzähler zeigt den Evangelisten als gebildeten Mann, der sich in der Weltsprache kultiviert ausdrücken kann. Das Gefällige der Frage geht bei der Übersetzung leider verloren. Man kann das Wortspiel nachzuahmen versuchen: »Erkennst du auch, was du zur Kenntnis nimmst?« Die übliche, auch in diesem Kommentar übernommene Übersetzung: »Verstehst du auch, was du liest?« wirkt etwas schulmeisterlich. Auch die rhetorische Gegenfrage des Äthiopiers (31a) zeigt im Urtext sprachliche Kultur. Er verwendet den in der Alltagssprache ungebräuchlichen *Optativus potentialis* (Opt. mit ἄν).[431] Der Reisende gibt zu erkennen, daß er die Sache der Schrift ohne Anleitung eines Kundigen nicht verstehen kann. Mit dieser Einsicht und dem Geständnis seines Verstehensdefizits ist er für eine Erschließung der prophetischen Botschaft im Sinne der Verkündigung Jesu Christi offen. Aus der Frage des Philippus hat er herausgehört, daß der Mann ihn in die Sache der Schrift einführen könnte. So lädt er ihn ein, neben ihm im Reisewagen Platz zu nehmen (31b).

32–33: *Vom leidenden Gottesknecht:* Der Äthiopier liest gerade einen Ausschnitt aus dem Stück über Leiden, Sterben und Verherrlichung des Gottesknechtes in Jes 52,13 – 53,12.[432] Daraus hat Lukas schon in der Passionsgeschichte Jesu nach dem Abendmahl auf dem Weg zum Ölberg, dem Ort des Gebetes und der Verhaf-

---

430 Vgl. *W.H. Shepherd, Jr.,* Function, 186.
431 Vgl. *Blaß/Debrunner/Rehkopf,* Grammatik § 385,2.
432 Vgl. *T. Holtz,* Untersuchungen, 31f; *M. Rese,* Motive, 94–100.135; *M. Korn,* Geschichte, 254–257; *G. Voss,* Christologie, 99–130.

tung Jesu, zitiert. Damals war es Jes 53,12: »Er wurde zu den Gesetzlosen gerechnet.« Jetzt zitiert er Jes 53,7b–8c. Die der Stelle unmittelbar benachbarten Aussagen vom Sühneopfer des Gottesknechtes (Jes 53,4–6.8d) und der Stellvertretung (Jes 53,11) fehlen. Auch in Lk 22,37 brachte Lukas nicht die Aussagen aus benachbarten Versen über das Sündopfer, das die Lebenshingabe des Gottesknechtes bedeutet (Jes 53,10), und über sein Tragen der Schuld der Vielen (Jes 53,11). Damals ging es um den Hinweis auf den in der Schrift angekündigten schandbaren Tod als Gotteswille, dem Jesus sich fügt. Auch in dem jetzt zitierten Ausschnitt aus Jes 53 geht es vor allem um die Person des Knechtes. Der Text wird nach der LXX-Fassung zitiert, die in Jes 53,8 erheblich vom hebr. Text abweicht und einer Deutung auf die Erniedrigung und Erhöhung Jesu Christi durch Gott entgegenkommt. Heißt es nach dem hebr. Text in Jes 53,8a: »Aus Haft und Gericht wurde er weggenommen«, so demgegenüber nach LXX: »In der Erniedrigung wurde sein Strafgericht aufgehoben« (33a). Heißt es nach dem hebr. Text in Jes 53,8c: »denn er war abgeschnitten vom Land der Lebendigen«, so demgegenüber nach LXX: »Denn hinweggenommen von der Erde wird sein Leben« (33c). Sinn des LXX-Zitates ist: Demütig ergeben in Gottes Willen nahm der Knecht den ihm bestimmten Opfergang auf sich (32). Gott aber entrückte und erhöhte den ihm bis in ein würdeloses Sterben hinein gehorsamen Knecht und annullierte das an ihm vollstreckte Todesurteil (33). So schuf er die Voraussetzung dafür, daß der Knecht nicht vergessen wurde, sondern sich zahlreiche geistige Nachfahren sammeln konnten (33b). Diese Nachkommen des Gottesknechtes sind nach Lukas Jesu Jünger und ihre Nachfolger. Sie erzählen, was ihm widerfahren ist. Der Leser kennt die Deutung des Geschicks Jesu mit der Gottesknechtstradition schon aus 3,13–15.

34–35: *Unterweisung des Äthiopiers*: Der Textsinn ist dem Reisenden klar. Er bittet nicht um eine in das Verständnis der Stelle einführende Erläuterung. Vielmehr will er von Philippus hören, über wen der Prophet das Gelesene aussagt (34). Es geht ihm um die Anwendung, um eine überzeugende Identifikation des Gottesknechtes, von dem in Jes 53 so offenbarend wie verhüllend geredet wird. Er fragt zielgerichtet und nicht ins Blaue hinein. Für Christen erzählt der Text wie die Schrift in allen ihren Teilen die Geschichte Jesu (Lk 24,27.44; Apg 26,22–23). Folglich bildet der zitierte Abschnitt, der in hervorragender Weise zeigt, wie weit Einzelheiten im Bericht von Jesu Passion mit Details eines prophetischen Zeugnisses übereinstimmen können, den Ausgangspunkt der Unterweisung im Evangelium von Jesus Christus während der Fahrt auf dem Reisewagen (35).

36–38: *Taufbegehren und Taufe*: Als der Wagen eine Wasserstelle passiert, antwortet der Äthiopier dort auf die Mitteilung des Evangeliums mit dem Taufbegehren (36). Die Identifikation des Gottesknechtes mit Jesus von Nazaret hat ihn überzeugt. Der Erzähler setzt beim Leser die Kenntnis voraus, daß die Evangelisation den Hörer vor die Notwendigkeit der Taufe auf den Namen Jesu führt (2,38; 8,12–13 u.ö.). Wer sich auf die Verkündigung Jesu Christi einläßt und sie im Glauben annimmt, läßt sich taufen (2, 41). Der Mann fragt nach einem eventuellen Taufhindernis (36c). Die Frage könnte aus einem urchristlichen Taufritual stammen (10,47; Mk 10,14). Hier aber ist sie rhetorisch: Da der Heilige Geist selbst Philippus und den Äthiopier zusammengeführt hat (29), gibt es kein Taufhindernis. Dtn 23,2 gilt in der Kirche nicht. Der Äthiopier läßt seinen Reisewagen bei der Wasserstelle anhalten (38a). Philippus ist offenbar mit seinem Taufbegehren einverstanden. Täufer und Täufling steigen miteinander ins Wasser (38b). Philippus tauft den Eunuchen (38c). In der Anfangszeit der Christenheit gab es anscheinend nicht nur die Taufe vor einer Gemeinde.

39: *Schluß*: Der Geist, der den Evangelisten mit dem Eunuchen zusammengeführt hat, trennt beide auch wieder: Nach der Taufe entrückt er den Philippus und versetzt ihn an einen anderen Ort (39a). Der Eunuch sieht ihn nicht mehr (39b; 2Kön 2,12). Das Entrückungswunder entspricht den im AT erzählten Entrückungen von Propheten durch den Geist JHWHs (1Kön 18,12; 2Kön 2, 16–18; Ez 3,14; 8,3; 11,1.24). Lukas sieht den wandernden Evangelisten in Analogie zu den Propheten des AT. An unserer Stelle dient das Entrückungswunder zur Legitimierung der Taufe des Eunuchen, der ein gottesfürchtiger Heide war, durch Philippus, bevor mit der Bekehrung und Taufe des Cornelius durch den Apostel Petrus (10,1 – 11,18) der Weg zur Heidenmission freigemacht wird. Anders als die Schüler Elias 2Kön 2,16–18, die sich auf eine vergebliche Suche nach dem entrückten Propheten begeben, zieht der Eunuch seine Straße fröhlich weiter (39b). Seine Freude ist Ausdruck dafür, daß er im Namen Jesu Gottes Heil gefunden hat (z.B. Lk 15,5–7.9–10.24.32; 19,6.9–10). Mit Freude kehrten die Jünger nach der Entrückung Jesu, der sie zum Abschied gesegnet hatte, nach Jerusalem zurück (Lk 24,53). Freude herrschte auch bei den Mahlfeiern der Urgemeinde (2,46). – Für Irenäus war der bekehrte Eunuch »ein zukünftiger Herold der Ankunft Christi in Äthiopien« (Haer IV 23,2).[433] Auch nach Euseb kehrte er »in sein Vaterland zurück, um (dort) zuerst die Erkennt-

---

433 Irenäus von Lyon, Epideixis IV, 79.

nis des Gottes des Alls und das erlösende Erscheinen unseres Heilandes unter den Menschen zu verkünden« (HE II I,13).[434] Darin erblickt Euseb eine Erfüllung der Weissagung von Ps 67,32b LXX: »Äthiopia wird seine Hände nach Gott ausstrecken« (Ps 68, 32b). Für die Kirchenväter war es selbstverständlich, daß der Erstbekehrte eines Landes oder einer Stadt für die Ausbreitung des Evangeliums in seiner Region sorgte. Doch in der Apostelgeschichte bleibt diese Bekehrung folgenlos. Lukas geht dem Weg der Mission von Jerusalem aus nur in nördlicher und westlicher Richtung nach.

40: *Anhang*: Lukas berichtet noch vom weiteren Weg des Philippus. Den fand man in Aschdod etwa 40 km nordöstlich von Gaza (40a). Von da aus setzte er seinen Weg als Wandermissionar fort und predigte in allen Städten der Küstenebene bis nach Cäsarea, dem ständigen Amtssitz der römischen Statthalter (40b).[435] Die Städte der Küstenregion hatten eine mehrheitlich nichtjüdische Bevölkerung. Philippus wird auch unter synagogennahen Angehörigen anderer ethnischer Gruppen missioniert haben, ohne ihnen bei der Bekehrung zum Christusglauben die Observanz des jüdischen Ritualgesetzes und den Übertritt zum Judentum nahezulegen.[436] In der Verwaltungshauptstadt nimmt er seinen Wohnsitz und gründet eine Familie. Cäsarea war infolge ständigen Zuzugs um die Mitte des 1. Jh.s etwa zur Hälfte von Juden bewohnt. In der Stadt werden später Paulus und seine Begleiter, darunter Lukas, Gäste des Evangelisten sein (21,8–9).

Die Wandlung des Saulus/Paulus vom Verfolger zum verfolgten Zeugen Jesu Christi
9,1–31

Lukas greift jetzt den Erzählfaden wieder auf, den er in 8,3 hatte fallen lassen. Die erste große Paulus-Erzählung (1–30) handelt von seiner Bekehrung und Berufung (1–19a) und seinem anfänglichen Auftreten als Zeuge Jesu Christi (19b–30) in Damaskus (19b–25) und Jerusalem (26–30). Eine summarische Schlußbemerkung (31) handelt von der durch die Bekehrung des Paulus erreichten Friedenszeit der »Kirche in ganz Judäa und Galiläa und Samaria« (31).

---

434 Eusebius von Cäsarea, Kirchengeschichte, 119.
435 Vgl. *R. Haensch*, Capita provinciarum, 227–237; *E.M. Meyers*, Art. Caesarea, 5f.
436 Vgl. *M. Hengel*, Der Historiker Lukas, 164–169.

Die Bekehrung des Paulus[437]
9,1–19a

[1]Saulus aber schnaubte noch immer mit Drohung und Mord gegen die Jünger des Herrn. Er ging zum Hohenpriester und erbat sich von ihm Briefe nach Damaskus an die Synagogen, [2]damit er, wenn er irgendwelche Anhänger des ›Weges‹ fände, Männer und Frauen, sie gefesselt nach Jerusalem bringe.
[3]Während er aber dahinzog und sich Damaskus näherte, umblitzte ihn plötzlich ein Licht vom Himmel. [4]Und zu Boden gestürzt, hörte er eine Stimme, die zu ihm sprach: »Saul, Saul, warum verfolgst du mich?« [5]Er sprach aber: »Wer bist du, Herr?« Der aber antwortete: »Ich bin Jesus, den du verfolgst. [6]Doch steh auf und geh in die Stadt hinein, und es wird dir gesagt werden, was du tun mußt.« [7]Die Männer aber, die mit ihm reisten, standen sprachlos da; sie hörten zwar die Stimme, aber sie sahen niemand. [8]Saulus aber erhob sich vom Boden; als er aber seine Augen aufschlug, sah er nichts. Sie nahmen ihn aber bei der Hand und führten ihn nach Damaskus hinein. [9]Und er konnte drei Tage nicht sehen; und er aß und trank nicht.
[10]Es war aber in Damaskus ein Jünger mit Namen Hananias. Und zu ihm sprach der Herr in einem Gesicht: »Hananias!« Er aber antwortete: »Hier bin ich, Herr!« [11]Der Herr aber sprach zu ihm: »Steh auf und geh in die Straße, welche die ›Gerade‹ heißt, und frage im Haus des Judas nach einem Saulus aus Tarsus. Denn siehe, er betet. [12]Und er hat in einem Gesicht einen Mann namens Hananias hereinkommen und ihm die Hände auflegen gesehen, damit er wieder sehend würde.« [13]Hananias aber antwortete: »Herr, ich habe von vielen über diesen Mann gehört, wieviel er deinen Heiligen in Jerusalem angetan hat. [14]Auch hier hat er Vollmacht von den Hohenpriestern, alle zu fesseln, die deinen Namen anrufen.« [15]Der Herr aber sprach zu ihm: »Geh nur, denn dieser ist für mich ein auserwähltes Werkzeug, meinen Namen vor die Völker und Könige und Söhne Israels zu tragen. [16]Ich werde ihm zeigen, wieviel er für meinen Namen leiden muß.« [17]Da ging Hananias hin und trat in das Haus ein und legte ihm die Hände auf und sprach: »Saul, Bruder, der Herr hat mich gesandt, Jesus, der dir erschienen ist auf dem Weg, auf dem du kamst, damit du wieder sehen kannst und erfüllt wirst mit dem Heiligen Geist.« [18]Und sogleich fiel es wie

---

437 Vgl. *Chr. Burchard*, Zeuge, 88–136; *K. Haacker*, Werdegang, 895–916; *M. Hengel / A.M. Schwemer*, Paulus, 63–80; *K. Löning*, Saulustradition, 14–99; *G. Lohfink*, Paulus, 53–60; *U. Wilckens*, Bekehrung, 273–293.

Schuppen von seinen Augen, und er konnte wieder sehen. Und er stand auf und ließ sich taufen. ¹⁹ᵃUnd er nahm Nahrung zu sich und kam wieder zu Kräften.

Lukas hat berichtet, wie Paulus vom Zuschauer beim Stephanus-Martyrium (7, 58b) zum Sympathisanten der Gewalttäter (8,1a) und schließlich zum aktiven Verfolger, ja zum Hauptakteur beim Aufspüren und der Einkerkerung von Gliedern der (Griechisch sprechenden) Gemeinde Jesu Christi in Jerusalem wurde (8,3). Jetzt erzählt er zunächst von einer Initiative des Christenfeindes zur Ausweitung der Verfolgung auf Damaskus (1–2). Damit leitet er die Erzählung von der Bekehrung des Christenfeindes ein. Die *Einleitung* beginnt a) mit einer Charakterisierung des Verfolgers (1a); sie berichtet dann b) von seinem Vorgehen (1b) und c) seiner Absicht (2).
Die Bekehrungsgeschichte beginnt mit einer Epiphanie-Erzählung (3–9), die auf dem Weg nach Damaskus spielt. Die Erzählung, in deren Zentrum ein Dialog steht (4b–6), handelt davon, wie der erhöhte Jesus Christus durch sein Erscheinen im himmlischen Lichtglanz den Verfolger stoppt, zu Boden wirft und sich ihm zu erkennen gibt (3–6). Anschließend ist von den Wirkungen der Erscheinung auf die Begleiter des Betroffenen und auf diesen selbst die Rede (7–9).

Feingliederung der Epiphanie-Erzählung (3–9)
1. Die Epiphanie (Christophanie, 3–6): a) Situationsangabe (3a); b) Lichterscheinung (3b); c) Niederstürzen des Betroffenen (4a); d) Anrede und Vorwurf des Erscheinenden (4b); e) Rückfrage des Betroffenen (5a); f) Selbstpräsentation des Erscheinenden (5b); g) Weisung des Erscheinenden an den Betroffenen. – Das Erscheinungsgespräch in den V. 4–6 folgt der Form nach einem Muster, das durch atl. Tradition (z.B. Gen 31,11–13; Ex 3,4–10; 1Sam 3,4–11) und ihre frühjüdischen Rezeption (z.B. JosAs 14,4–7) vorgegeben ist. – 2. Wirkungen der Epiphanie auf die Begleiter des Betroffenen und auf diesen selbst (7–9): a) Sprachlose Reisebegleiter: Ihre partielle Wahrnehmung der Epiphanie (7); b) Wirkung auf den Betroffenen: α) Er erhebt sich weisungsgemäß vom Boden (8a) und β) erkennt, daß er blind ist (8b). γ) Er wird von seinen Begleitern in die Stadt geführt (8c). δ) Während seiner dreitägigen Blindheit fastet er.

Dann tritt ein Szenenwechsel ein. Der zweite Teil der Bekehrungsgeschichte (10–19a) spielt in Damaskus. Er enthält eine lebhaft dialogisch gestaltete Visionserzählung (10–16) samt einem Bericht über die Ausführung des erteilten Auftrags und den daraus folgenden Wirkungen (17–19a).

Feingliederung
1. Visionserzählung (10–16): a) Vorstellung des Sehers (10a). b) Anrede des in der Vision Erscheinenden (10b). c) Rückmeldung des Sehers (10c). d) Auftrag des Erscheinenden (11–12): α) Auftrag (11a); β) Begründung (11b) samt γ) Bericht über eine Vision des ehemaligen Verfolgers (12). e) Einwand des Beauftragten (13–14). g) Wiederholung des Auftrags (15a) und Entkräftung des Einwandes durch den Erscheinenden (15b–16). 2. Bericht über die Auftragsausführung: a) Gang in das angegebene Haus (17a). b) Handauflegung (17b). c) Der Sinn des Kommens (17c): α) Anrede, β) Botenformel, γ) Ziel des Kommens: Rückgabe des Augenlichtes und zugleich Erfüllung mit dem Heiligen Geist. c) Wirkungen (18–19a): α) Augenblickliches Weichen der »Schuppen von seinen Augen« (18a) und Rückkehr der Sehkraft (18b); β) Taufe (18c); γ) Kräftigung des Bekehrten durch Nahrungsaufnahme (19a).

Lukas erzählt die Geschichte von der Wandlung des Paulus vom aktiven Verfolger zum Zeugen des erhöhten Jesus Christus insgesamt dreimal (vgl. 22,6–16; 26, 12–18). Das zeigt die Bedeutung an, die der Erzähler diesem Ereignis beimißt. Beide Wiederholungen erfolgen in der Form des Selbstberichtes, den Paulus innerhalb von Verteidigungsreden gibt. Keine Wiederholung eines Themas ohne Variation! Die Modifikationen hängen vor allem mit den unterschiedlichen Situationen zusammen, in die der Erzähler den Bericht von der Wende im Leben des Paulus gestellt hat. Die erste Wiederholung (22,6–16) steht in der Verteidigungsrede, die der von römischem Militär inhaftierte und damit vor dem Lynchen durch jüdische Landsleute bewahrte Paulus von der Treppe am Tempelplatz an die Jerusalemer und Festpilger hält. Die zweite Wiederholung ist eine Kurzfassung und findet sich in der Apologie, mit der Paulus seine Sache vor der Überstellung nach Rom gegenüber dem jüdischen König Agrippa II. und dessen Frau Berenike in Anwesenheit des römischen Statthalters Festus vertritt (26,12–18). Beachtenswert ist vor allem, daß von einem Mal zum andern mehr als die Bekehrung die Erwählung und Berufung des Paulus zum Völkermissionar durch den erhöhten Christus akzentuiert wird. In der dritten Fassung entspricht das Geschehen weitestgehend der Beauftragungsvision eines alttestamentlichen Propheten (vgl. z.B. Jes 6,1–13; Jer 1,4–10; Gal 1,15–16). Die nachfolgende synoptisch-tabellarische Übersicht zeigt hauptsächlich Übereinstimmungen und Unterschiede der drei Fassungen:[438]

Apg 9: Er-Form	*Apg 22: Ich-Form*	*Apg 26: Ich-Form*
1. Paulus zieht nach Damaskus (3)	Paulus zieht nach Damaskus (6)	Paulus zieht nach Damaskus (12)
2. Ein Licht umblitzt ihn plötzlich (3)	Ein Licht umblitzt ihn plötzlich um die Mittagszeit (6)	Ein Licht, heller als die Sonne, umblitzt ihn und seine Begleiter mitten am Tag (13)
3. Er stürzt zu Boden (4)	Er stürzt zu Boden (7)	Alle stürzen zu Boden (14)
4. Eine Stimme spricht zu ihm	Eine Stimme spricht zu ihm (7)	Eine Stimme spricht zu ihm auf Hebräisch (14)
5. Saul, Saul, warum verfolgst du mich? (4)	Saul, Saul, warum verfolgst du mich? (7)	Saul, Saul, warum verfolgst du mich? (14)
6.		Es ist hart für dich, gegen den Stachel auszuschlagen (14)
7. Wer bist du, Herr? (5)	Wer bist du, Herr? (8)	Wer bist du, Herr? (15)
8. Ich bin Jesus, den du verfolgst (5)	Ich bin Jesus, der Nazoräer, den du verfolgst (7)	Ich bin Jesus, den du verfolgst (15)
9.	Paulus: Was soll ich tun?	
10. (Vgl. V. 7, Nr. 13.)	Die Reisegefährten sehen zwar das Licht, aber hören die Stimme nicht (9)	
11.	Rückfrage des Paulus: Was soll ich tun, Herr? (10)	

---

438 Vgl. *C.K. Barrett*, Acts I, 439f; *K. Löning*, Saulustradition, Beilage I; *G. Lüdemann*, Christentum, 112–115.

12. Paulus soll aufstehen; er wird nach Damaskus geschickt; dort wird er Instruktionen über das erhalten, was zu tun ist (6)
13. Die Reisegefährten hören die Stimme, sehen aber niemand (7)
14. Paulus erhebt sich vom Boden; er ist blind (8)
15. Paulus wird nach Damaskus geführt (8)
16. Der blinde Paulus ißt und trinkt drei Tage lang nichts (9)
17. Hananias wird (für den Leser) als Jünger eingeführt (10)

18. Hananias wird in einer Christusvision über Aufenthaltsort und Befinden des Paulus, seine Erwählung und Berufung unterichtet und nach anfänglichen Bedenken überwunden, ihn aufzusuchen und zu heilen (10–16)
19. Hananias teilt Paulus den vom Herrn empfangenen Auftrag mit und heilt ihn durch Handauflegung (17–18)

Paulus soll aufstehen; er wird nach Damaskus geschickt; dort wird er Instruktionen über das erhalten, was zu tun ist (10) (Vgl. V. 9, Nr. 10)

Paulus ist blind (11)

Paulus wird nach Damaskus geführt (11)

Hananias wird (vor Juden) als frommer Mann nach dem Gesetz mit gutem Ruf bei allen Juden eingeführt (12)

Hananias heilt Paulus durch Zuspruch. Er informiert ihn über seine göttliche Erwählung und Berufung zum Zeugen vor allen Menschen über das, was er gesehen und gehört hat und fordert ihn auf, sich umgehend taufen zu lassen (14–16)

Paulus soll aufstehen und sich auf seine Füße stellen

Christus selbst bestellt Paulus in der Erscheinung zu seinem Zeugen dessen, »was du gesehen hast und was ich dich sehen lassen werde«; er verspricht ihm seinen Beistand vor Juden und den Völkern, zu denen er ihn sendet, um ihnen die Augen zu öffnen, damit sie sich zum Christusglauben bekehren und mit der Sündenvergebung am Gottesvolk Anteil bekommen (16–18)

20. Paulus wird getauft (18)
21. Paulus nimmt Nahrung zu sich und kommt zu Kräften (19)

Paulus wird getauft (16)

22.   Beauftragung des Paulus
durch eine Vision im
Tempel: Paulus soll Jeru-
salem verlassen, in der
man sein Zeugnis nicht
annimmt. Der Herr sendet
ihn weit hinaus zu den
Heiden (17–21)

Traditionshintergrund: Paulus schreibt, er habe den Herrn gesehen (1Kor 9,1). Er verstand sich als letzten Empfänger einer Erscheinung des durch die Auferweck-ung vom Tod erhöhten Christus Jesus (1Kor 15,8). Die Christuserscheinung hatte für ihn als Ereignis seiner Berufung zum Apostel höchste Bedeutung. Sie war sein Legitimationsausweis gegenüber den vor ihm berufenen Aposteln. Seit Paulus vor Damaskus besiegt wurde, führt Gott als Triumphator den Völkerapostel »allezeit im Triumphzug herum in Christus« (2Kor 2,14). Von der Bekehrung des Verfolgers Paulus durch ein wunderbares Eingreifen Gottes erzählte man schon früh in den Gemeinden. Paulus selbst hat Gal 1,22–24 an eine über ihn umlaufen-de Tradition erinnert: Die Gemeinden Christi in Judäa, d.h. im jüdisch bewohnten Palästina, denen er persönlich unbekannt war, »hatten nur gehört: ›Der uns einst verfolgte, verkündet jetzt den Glauben, den er einst zu zerstören trachtete‹, und sie priesen Gott meinetwegen« (Gal 1,23–24). Die Erzählung des Lukas dürfte auf einer Überlieferung über die Wende im Leben des Paulus fußen, die wohl auf den Apostel selbst zurückgeht und schon bald weit über Judäa hinaus in den Gemein-den Verbreitung fand. Zu ihr kann man die plötzliche und Paulus blendende Licht-erscheinung vor Damaskus, seinen Sturz, die vorwurfsvolle Anrede durch den Er-scheinenden und dessen Selbstidentifikation mit dem erhöhten Jesus, die Heilung des Geblendeten und seine Taufe durch Hananias in Damaskus rechnen. Wenn Pau-lus Gal 1,16 schreibt, er hätte sich nach seiner Berufung »nicht sogleich mit Fleisch und Blut« beraten, dann schließt das einen Kontakt zu Jesus-Jüngern in Damaskus und auch eine bedeutende Rolle des Hananias während seiner Lebens-wende nicht aus.[439]
Diese Bekehrung und Berufung, die zu Anfang der dreißiger Jahre stattfand (31/32 oder 33/34 n.Chr),[440] bedeutete keinen Religionswechsel; sie erfolgte innerhalb des Judentums und führte dazu, daß Paulus aktives Mitglied einer zuvor entschie-den abgelehnten und bekämpften Richtung und Gruppierung wurde, die er nun of-fensiv in der jüdischen Öffentlichkeit und bald auch darüber hinaus vertrat.

1–2: *Einleitung: Der hochgefährliche Verfolger*
Im scharfen Kontrast zu dem gottesfürchtigen Eunuchen aus Äthiopien, der das Buch Jesaja mit der Frage las, wen die Prophetie dort meine und der sich aufgeschlossen für den Unterricht im Evangelium von Jesus erwies (8,26–39), steht der dem Leser jetzt wieder ins Gedächtnis gerufene Mann, den er schon als gefährli-chen Verfolger kennt (8,3). Seine Aktionen richteten sich gegen die Jesus-Anhänger aus der hellenistischen Gruppe. Der Erzähler

---

439   Vgl. *D. Wenham*, Acts, 220.
440   Vgl. *R. Riesner*, Frühzeit, 56–65 plädiert mit gewichtigen Argumenten für das Jahr 31/32 n.Chr.

verstärkt jetzt die Ausdrucksweise, um eine Steigerung der von
Paulus ausgehenden schlimmen Plagen zu signalisieren. Der Mann
»schnaubte noch immer mit Drohung und Mord gegen die Jünger
des Herrn« (1). D.h. er bedrohte sie mit dem Tod, wenn sie sich
von Jesus nicht lossagten (22,4; 26,11). Er ließ sie fesseln, einkerkern (22,4–5; 26,10), in den Synagogen verprügeln (22,19), wie er
selbst dort später ausgepeitscht wurde (2Kor 11,24), und stimmte
für ihre Exekution (26,10). Aus der Perspektive des Verfolgers
gesehen eiferte er für Gottes Herrschaft und Ehre, wie er sie als
streng theokratisch orientierter Pharisäer verstand. Sein fanatisches
Handeln entsprach einer Einstellung, wie sie die als Abschiedswort
Jesu überlieferte Weissagung ausspricht: »Es kommt die Stunde,
daß jeder, der euch tötet, wähnt, Gott einen Dienst (λατρεία) zu
leisten« (Joh 16,2b). »Die Jünger des Herrn« werden im folgenden
»Anhänger des ›Weges‹« (τῆς ὁδοῦ ὄντες) genannt (2; 19,9.23;
22,4; 24,14.22). »Der Weg« (ἡ ὁδός) bezeichnet ihre Glaubens-,
Lehr- und Lebensrichtung insgesamt.[441] Hier (und 24,14) dient
der Ausdruck als Gruppenbezeichnung der Jünger Jesu. Der Gebrauch des Wortes erinnert an Joh 14,6. Paulus sucht nach einem
Weg, »Anhänger des ›Weges‹« in der syrischen Diaspora zu verfolgen. Damaskus ist aus Jerusalemer Perspektive die nächstgele-
gene syrische Großstadt.[442] Sie liegt in nordnordöstlicher Richtung
knapp 220 km entfernt. In Damaskus gab es eine alte und zahlenmäßig in die Tausende gehende jüdische Diasporasiedlung (Josephus: Bell II,560–561; VII,368).[443] Lukas weiß von mehreren
Synagogengemeinden in der Stadt (2). Über das Zustandekom-
men einer christlichen Gruppe unter den Juden dort wissen wir
nichts. Jedenfalls ist sie zu Anfang der dreißiger Jahre vor der Bekehrung des Paulus entstanden. Etliche der aus Jerusalem vertriebenen Hellenisten mögen sich dorthin geflüchtet haben. Dafür
spricht, daß Paulus in Jerusalem Kenntnis von Anhängern Jesu in
Damaskus hat. Vielleicht gab es unter den zahlreichen Juden in
der hellenistisch geprägten Handelsmetropole des westlich des Eu-
phrats gelegenen Teils Syriens (Koile Syria), in der damals ein na-
batäischer Ethnarch einflußreich war, auch Jesus-Jünger unabhängig von den Jerusalemer Geschehnissen. Die syrische Großstadt, ein
wichtiger Reiseknotenpunkt, liegt ja den Gebieten des Wirkens Jesu relativ nahe. Von Cäsarea-Philippi sind es nur ca. 60 km dort-

---

441   Vgl. W. *Michaelis*, Art. ὁδός κτλ., 93f; M. *Völkel*, Art. ὁδός, 1203f.
442   Vgl. *Th. Leisten*, Art. Damaskos C, 295ff; *Th. Weber*, Art. Damaskus I,
526f; *St. Heid*, Art. Damaskus II, 527f.
443   Josephus, De Bello Judaico I, 292ff; II/2, 140f. Vgl. *S. Safrai / M. Stern*,
Jewish People I, 142.

hin. Jünger Jesu aus Galiläa oder der Dekapolis könnten unter den
Juden der Stadt für ihn als Christus Gottes geworben haben. Zur
Fahndung nach Jüngern Jesu in Damaskus erbittet Paulus sich
Vollmachtsschreiben vom Hohenpriester (1b). Wenn dieser auch
keine Rechtsgewalt über Synagogen in der jüdischen Diaspora
hatte, so war der Repräsentant des Jerusalemer Tempelstaates doch
eine religionspolitisch und moralisch beachtliche Instanz. Kann jemand mit seiner Vollmacht oder auch nur mit einem hohenprie-
sterlichen Empfehlungsschreiben auftreten, öffnen sich ihm etliche
Türen. Zweck der Fahndung nach »Anhängern des ›Weges‹« in
Damaskus soll sein, sie gewaltsam nach Jerusalem zur Aburteilung
zu bringen (2), und zwar »Männer und Frauen«. Frauen spielen
unter den als Hausgemeinden organisierten Christen gemäß ihrer
Bedeutung für das Hauswesen eine wesentliche Rolle. Die Frage
nach der Legalität eventueller Festnahmen und gewaltsamer Verbringung nach Jerusalem sollte man im Blick auf Praktiken des
Menschenraubes, die leider auch heute noch üblich sind, nicht zu
wichtig nehmen.

3–6: *Der Verfolger wird durch eine Erscheinung Jesu Christi
(Christophanie) niedergeworfen (vgl. 22,6–10; 26,12–18)*
3–4a: *Die Lichterscheinung*: Der Mann, der einen Weg gefunden
zu haben meint, in Damaskus gegen »Anhänger des ›Weges‹« vor-
zugehen, macht sich auf den Weg dorthin (3a). Daß er in einer Ka-
rawane reist, erfahren wir erst später (7). Jetzt richtet sich alle Aufmerksamkeit des Erzählers auf das, was Paulus unterwegs kurz vor
Erreichen der Stadt plötzlich widerfährt: »Ein Licht vom Himmel
umblitzte ihn« (3b). In der Lichterscheinung, die er allein wahrnimmt (so auch 22,7, anders 26,13), manifestiert sich die *majestas*
des in Gottes Herrlichkeit aufgenommenen Jesus. Davon, daß Paulus im himmlischen Licht die Gestalt Jesu sieht, ist nicht die Rede.
Die Wucht des Geschehens stoppt den Verfolger und wirft ihn zu
Boden.
4b–6: *Das Erscheinungsgespräch*: Die plötzliche Lichterscheinung ist erst der Anfang der Offenbarung. Der zu Boden Gestürzte vernimmt eine Stimme, die ihn ähnlich wie bei Gotteserschei-
nungen im AT beim Namen ruft. Das geschieht gleich zweimal, so
daß kein Zweifel aufkommen kann, wer gemeint ist (Gen 22,1;
46,2; Ex 3,4). Der Herr spricht den zu Boden geworfenen Mann
mit seinem hebräischen Synagogennamen an: »Saul, Saul, warum
verfolgst du mich?« (4b). Die Frage ist rhetorisch. Ein Schuldvorwurf trifft Paulus. Wer Jesu Jünger jagt, verfolgt ihren Herrn, der
sich mit ihnen identifiziert (Lk 10,16). Der Angesprochene erkennt den nicht, der zu ihm spricht. Ihm ist bewußt, daß er es mit

einer himmlischen Gestalt zu tun hat. Jedoch kann er sie nicht identifizieren. So fragt er mit dem Ausdruck der Hochachtung zurück: »Wer bist du, Herr?« (5a). Die Rückfrage führt zur Selbstdarstellung des Erscheinenden: »Ich bin Jesus, den du verfolgst« (5b). Ein Hoheitsname fehlt. Doch läßt die Offenbarungsformel *Egó eimi* (ἐγώ εἰμι) keinen Zweifel daran, daß der hier Erscheinende in göttlicher Hoheit spricht. Er ist der auf Erden dagewesene Jesus. Eine Verwechslung ist ausgeschlossen. Das Erscheinungsgespräch endet, wie auch atl. Epiphanien (z.B. Gen 31,13; 46,3), mit einem Auftrag (6). Der betrifft nur die nächste Zukunft: Der Gestürzte soll aufstehen und in die Stadt gehen (6a). Dort wird ihm Gottes Willen eröffnet (*passivum divinum*), den er ausführen muß (δεῖ, 6b). Paulus erhält also – anders als nach der Darstellung von 26,13. – nur einen Zwischenbescheid. Ein Ende der Christophanie wird nicht berichtet. Daß sie vorüber ist, zeigt sich daran, daß der Erzähler zu den Zeugen des Geschehens übergeht.

7–9: *Wirkungen der Epiphanie*: Der Erzähler berichtet zunächst von der Wahrnehmung der Reisebegleiter des Saulus, die er erst jetzt nennt: Sie hören die Stimme (7a), können also eine Offenbarung bezeugen, sehen aber niemand (7b) und erkennen dementsprechend das Ereignis nicht. Nach der Darstellung von 22,9 können sie zwar die Lichterscheinung bezeugen, aber nicht die Stimme vom Himmel. Adressat und Empfänger der Offenbarung ist hier wie dort Paulus allein. Er verhält sich weisungsgemäß (6) und erhebt sich vom Boden (8a). Beim Öffnen der Augen merkt er, daß ihm das Himmelslicht, das ihn umblitzte (3b), die Sehkraft genommen hat (8b; 22,11). Solange er das selbst gesetzte Ziel seines Weges vor sich zu sehen meinte, sperrte er sich gegen die Einsicht, auf welchem Weg sich die ins Leben aus und in Gott führende Wahrheit offenbart (Joh 14,6). Das Ende seines Weges in der Verblendung ist einstweilige Blindheit. Paulus tappt am hellichten Tag im Dunkeln. Der Mann, der in Damaskus nach »Anhängern des ›Weges‹« fahnden wollte, kann den Weg in die Stadt aus eigener Kraft nicht mehr finden. Die Reisegefährten, vielleicht Mitglieder der Tempelpolizei, die bei der Festnahme und Verbringung von Jesus-Jüngern nach Jerusalem helfen sollten,[444] nehmen den Hilfsbedürftigen bei der Hand und führen ihn nach Damaskus hinein (8c). Der Erzähler berichtet, daß die Blindheit drei Tage dauert (9a) und Paulus die Zeit mit Bußfasten zubringt (9b). Die Dreitagefrist bezeichnet hier wie auch sonst in der Bibel eine Not- und Wartezeit, die Gott allein beenden kann und tatsächlich zum Heil

---

444 Vgl. *G. Stählin*, Apostelgeschichte, 134; *B. Rapske*, Paul, 102.

wendet. Das Totalfasten dient der Vorbereitung auf die heilsame
Stunde.

10–19a: *Hananias, der Herr Jesus und Paulus (vgl. 22,12–16)*
10–16: *Der Herr und Hananias*
10–12: *Die Beauftragungsvision des Hananias*: Zu Eingang der
neuen Szene macht der Erzähler den Leser mit einem in Damaskus lebenden Jünger Jesu bekannt (10a): Er heißt Hananias. Das
ist die griechische Form des hebräischen Namens Chananja, d.h.
JHWH ist gnädig. Nach 22,12 ist Hananias ein gesetzesfrommer
und unter den Juden von Damaskus angesehener Mann. Die Jesus-
Jünger sind noch in die jüdische Gemeinde integriert. Es gibt hier
zu diesem Zeitpunkt keine organisatorisch selbständige Gemeinde
des Christus Jesus. Vermutlich trifft sich die Gruppe der Jesus-
Jünger in einem Privathaus; sie nimmt im übrigen aber uneingeschränkt am Leben der Synagogengemeinde teil.[445] Der Herr ruft
den Jünger in einer Vision (ὅραμα, 10b; 10,3; 18,9). Auf die Na-
mensanrede (10c) meldet sich der Angesprochene, der weiß, wer
mit ihm redet, nach dem Vorbild von Offenbarungsempfängern
im AT zur Stelle (z.B. Gen 22,1; 1Sam 3,4.6.8). So bekundet er
seine Bereitschaft, eine Weisung entgegenzunehmen. Er erhält vom
Herrn den Auftrag, sich in die »Gerade Straße« zu begeben (11a),
die Prachtstraße, die Damaskus in west-östlicher Richtung durch-
querte und zu beiden Seiten Säulenhallen hatte. Im Haus eines gewissen Judas soll Hananias sich nach dessen Gast »Saulus aus Tarsus« erkundigen (11b). Zum erstenmal ist davon die Rede, daß Paulus aus Tarsus, der Hauptstadt der römischen Provinz Kilikien,
stammt (vgl. 9,30; 21,39). Zur Begründung des Auftrags wird dem
Visionär und über ihn dem Leser eröffnet, daß Saulus betet (11c).
Fasten und Beten gehören zusammen. Darin zeigt sich die unter
dem Eindruck der einmaligen Begegnung vor Damaskus sich voll-
ziehende innere Wandlung. In der Hananias-Erscheinung ist nun
von einer Vision (ὅραμα) des Saulus die Rede (12): Der Herr teilt
seinem Jünger mit, daß Paulus schon den Besuch des Hananias
und die Rückgabe seines Augenlichtes durch Handauflegung gezeigt bekommen hat. Alles Geschehen steht unter göttlicher Vorsehung und Leitung.
13–16: *Der Herr läßt Bedenken des Hananias nicht gelten*: Wie
bei Beauftragungsvisionen dann üblich, wenn gezeigt werden soll,
daß Gott sein Vorhaben trotz menschlicher Einwände durchsetzt,
erhebt Hananias Bedenken (z.B. Ex 3,11; Jer 1,6; Lk 1,18–20;
Apg 10,9–16). Zwar kennt er Paulus nicht persönlich, doch hat er

---

445 Vgl. *M. Hengel / A.M. Schwemer*, Paulus, 139ff.

gehört, was der Mann den »Heiligen« des Herrn in Jerusalem angetan hat (13). Hananias hat auch Kenntnis von seinem Plan mit den Jüngern Jesu in Damaskus und der Vollmacht, die ihm die Jerusalemer Tempelbehörde erteilt hat (14). So wird dem Leser noch einmal bewußt, welch einen gefährlichen Christenfeind der Herr überwunden hat. Nach V. 17 hat Hananias darüber hinaus auch Kenntnis von der Erscheinung Jesu vor Paulus auf dem Weg nach Damaskus. Es ist aber noch offen, wozu das Ereignis führen soll. So soll der Leser über Hananias auch vom Vorhaben des Herrn mit Paulus erfahren. Der Herr läßt die verständlichen Bedenken des Hananias nicht gelten (15–16). Er entkräftet sie. Zunächst wiederholt er seinen Auftrag, Paulus aufzusuchen (15a). Dann eröffnet er ihm die Wende, die er an dem Mann bewirkt. Ihr dient auch die Beauftragung des Hananias (15b–16). Sie enthält eine für den weiteren Gang der Apostelgeschichte ähnlich richtungweisende Aussage wie eingangs das Wort des Auferstandenen an die Apostel vor seiner Himmelfahrt (1,8).[446] Der ehemalige Verfolger ist »ein auserwähltes Werkzeug« (15b; Gal 1,15). Als »Werkzeug« ist er dazu ausersehen, dem Herrn ganz und gar zur Verfügung zu stehen. Er wird vom erhöhten Herrn selbst damit beauftragt, den Namen Jesu vor den Heidenvölkern, vor Königen und Juden zu bezeugen, also weltweit (15c; 22,15.21; 26,16–18). Wer zum Zeugen des erhöhten Jesus Christus bestellt wird, muß nicht Begleiter Jesu auf seinem Erdenweg gewesen sein. Wichtig ist allerdings, daß das Zeugnis der Zwölf, »die von Anfang an Augenzeugen und Diener des Wortes gewesen sind« (Lk 1,2) in seinem Zeugnis weitergegeben wird. Paulus wird zum Heiden- *und* Judenmissionar bestellt (13,1–19,20; 28,17–28). Er wird als Christuszeuge vor den Statthaltern des Kaisers (Kap. 24–26), vor dem jüdischen König Agrippa II. (26,1–29) und schließlich vor dem Gericht des Kaisers auftreten und vor allen Instanzen für Jesus eintreten (25,9–12; 26,30–32). Der Mann, der Jüngern Jesu schweres Leid zufügte, wird als Zeuge des erhöhten Jesus viel leiden müssen (16; vgl. z.B. 13,50; 14,19–20; 16,19–24; 21,27–36; 22,22; 23, 12–15). Sein Leiden ist Bestandteil seiner Berufung.[447] Es ist die unausweichliche Konsequenz seines Zeugnisses ($\delta\epsilon\tilde{\iota}$). Als Zeuge Jesu wird Paulus allein in der Kraft des Heiligen Geistes bestehen können (17c). Im Blick auf die Unumgänglichkeit seines Leidens tritt Paulus in die Nachfolge Jesu ein (vgl. z.B. Mk 8,30–31.34– 9,1 // Lk 9,21–27 // Mt 16,20–21.24–28). Paulus hat in seinen Briefen wiederholt die Leiden, die er im Missionarsberuf durchste-

---

446 Vgl. *G. Stählin*, Apostelgeschichte, 137; *M. Korn*, Geschichte, 199.
447 Vgl. *J. Roloff*, Paulusdarstellung, 276.

hen mußte, als Teilhabe an den Leiden Christi gedeutet (Röm 8,17; 2Kor 1,5; 4,10; Gal 6,17).

17–19a: *Hananias und Paulus:* Nach der Eröffnung des Herrn zögert Hananias nicht länger, den Auftrag auszuführen. Er macht sich auf den Weg in die »Gerade Straße« zu dem Haus, in dem Paulus zu Gast ist (17a), legt ihm weisungsgemäß die Hände auf und spricht ihn mit Namen und als christlichen »Bruder« an (17b.cα). Dann stellt er sich ihm als Bote des Herrn vor, der Paulus auf seinem Weg zur Stadt begegnet ist und legitimiert sich so vor ihm (17cβ). Daraufhin teilt er ihm Zweck seines Kommens und der Handauflegung mit (17cγ): Paulus soll sein Augenlicht zurückerhalten und den Heiligen Geist empfangen.[448] Nachdem ihm Christus im Licht aus Himmelshöhen erschienen ist (Lk 1,78), wird er nun nicht allein von leiblicher Blindheit geheilt. Die Gabe des Geistes an den durch Jesus sehend gewordenen ehemals Verblendeten (Lk 4,18) geht weit über das hinaus, was Paulus in der Vision angekündigt wurde (12). Der Heilige Geist befähigt und ermächtigt ihn zum Bekenntnis Jesu und Zeugnis für ihn, auch zum Leidenszeugnis (15–16; Mk 13,9–13 // Lk 21,12–19). Daß Paulus die Gabe des Geistes vor der Taufe empfängt, ist wohl ein Zeichen seiner Ausnahmestellung in der Kirche. Allerdings wird die Gabe des Geistes auch in der Cornelius-Geschichte der Taufe vorgeordnet (10,44). Die Bekehrung des Cornelius ist freilich als Legitimation der Heidenmission von Gott her ebenfalls ein Sonderfall (10,1 – 11,18). Die Geistmitteilung durch Handauflegung des Hananias bewirkt, daß es Paulus »wie Schuppen von seinen Augen« fällt (18a; Tob 11,7.12). Nach dem Ende seiner geistlichen Blindheit kehrt die leibliche Sehkraft zurück (18b). Das ist im Sinn des Erzählers wohl ein Zeichen dafür, daß Paulus nun mit Heiligem Geist erfüllt ist.[449] Er gibt daraufhin die Büßerhaltung auf: Er erhebt sich vom Boden und empfängt (durch Hananias) die Taufe (18c). Vom Taufunterricht ist keine Rede. Der Herr selbst hat diesen Mann bekehrt und leitet ihn durch den Heiligen Geist auf seinem Weg. Paulus wird sich vor seiner Taufe ausdrücklich zu Jesus, dem Herrn, bekannt haben (22,16; Röm 10,9–10). Lukas will wohl durch den Verzicht auf eine Erwähnung jeden Taufunterrichts bei dieser Bekehrung entsprechend dem Selbstverständnis des Apostels

---

448 Die Geste der Handauflegung gehört hier gemäß V. 12 primär zur Krankenheilung; vgl. z.B. *J. Coppens*, L'imposition, 413; *E. Haenchen*, Apostelgeschichte, 313; *A.T. Hanson*, Art. Handauflegung I, 423; *E. Lohse*, Art. χείρ κτλ., 420f; darüber hinaus gehört der Segensgestus zur Taufe; vgl. *C.H. Barrett*, Acts I, 457; *G. Schneider*, Apostelgeschichte II, 30f.
449 Vgl. *W.H. Shepherd, Jr.*, Function, 192f.

Paulus darauf aufmerksam machen, daß er das ihm zur Predigt an-
befohlene Evangelium »nicht von einem Menschen empfangen
oder gelernt« hat, »sondern durch Offenbarung Jesu Christi« (Gal
1,12). Der Getaufte beendet sein Fasten und kommt nach der Nahrungsaufnahme wieder zu Kräften (19a). Fasten und Beten vor der
Taufe entspricht urchristlichem Brauch (Did 7,4). Die Kraft des
Paulus zeigt sich schon bald bei seinem Auftreten in den Synagogen von Damaskus (19b–22).

Saulus als Zeuge Jesu in Damaskus und Jerusalem
9,19b–31

[19b]**Er blieb aber einige Tage bei den Jüngern in Damaskus.**
[20]**Und er predigte alsbald in den Synagogen Jesus:»Dieser ist
der Sohn Gottes.«** [21]**Alle aber, die das hörten, gerieten außer
sich und sprachen:»Ist dieser nicht der, welcher in Jerusalem
diejenigen ausrotten wollte, die diesen Namen anrufen? Und ist
er nicht dazu hierhergekommen, um sie gefesselt zu den Hohenpriestern zu führen?** [22]**Saulus aber erstarkte noch mehr und
brachte die Juden, die in Damaskus wohnten, in Verwirrung, indem er bewies:»Dieser ist der Christus.«**
[23]**Nach Verlauf einer Reihe von Tagen aber beschlossen die Juden, ihn umzubringen.** [24]**Dem Saulus aber wurde ihr Anschlag
bekannt. Sie bewachten aber sogar die Stadttore Tag und Nacht,
um ihn umbringen zu können.** [25]**Seine Jünger aber nahmen ihn
und ließen ihn bei Nacht durch die Mauer hinab, indem sie ihn in
einem Korb abseilten.**
[26]**Als er aber nach Jerusalem gekommen war, versuchte er, sich
den Jüngern anzuschließen; und alle fürchteten ihn, weil sie nicht
glaubten, daß er ein Jünger sei.** [27]**Barnabas aber nahm sich seiner an und führte ihn zu den Aposteln und erzählte ihnen, wie er
auf dem Weg den Herrn gesehen und daß er zu ihm gesprochen
habe und wie er in Damaskus freimütig im Namen Jesu gesprochen habe.** [28]**Und er ging in Jerusalem bei ihnen aus und ein;
freimütig sprach er im Namen des Herrn.** [29]**Er redete und dispu-
tierte mit den Hellenisten; die aber versuchten ihn umzubringen.**
[30]**Als es aber die Brüder erfuhren, brachten sie ihn nach Cäsarea und schickten ihn nach Tarsus.**

Feingliederung
Der Bericht besteht aus drei Teilabschnitten (19b–22.23–25.26–30) und einer
Schlußnotiz (31):
Zuerst wird vom bald nach der Taufe einsetzenden Auftreten des Paulus in den Syn-
agogen von Damaskus berichtet (19b–22): 1. Mehrtägiger Aufenthalt bei den

Jüngern (19b). 2. Predigttätigkeit in den Synagogen (20a). 3. Zusammenfassung des Predigtinhalts (20b). 4. Reaktion der Zuhörer: a) Sie geraten außer sich (21a); b) Rhetorische Doppelfrage (21b.c), mit der die Zuhörer die eingetretene Wandlung des Saulus bezeugen. 5. Zunehmendes Erstarken des Paulus (22a). 6. Gesteigerte Verwirrung in der städtischen Judenschaft infolge des Nachweises, daß Jesus der Christus ist (22b).

Das Wirken des Paulus wird durch seine Flucht aus der Stadt infolge eines bekannt gewordenen Mordanschlags der Juden beendet (23–25): 1. Bericht über das Tötungsvorhaben (23). 2. Bekanntwerden des Komplotts (24a). 3. Bewachung der Stadttore bei Tag und Nacht durch Paulus-Feinde zwecks Realisierung des Anschlags (24b). 4. Paulus kann dank Fluchthilfe seiner Anhänger entkommen (25).

Bericht über den Aufenthalt des Paulus in Jerusalem (26–30): 1. Nachricht von seiner Ankunft (26a). 2. Sein Versuch, mit den Jüngern dort in Verbindung zu treten (26b). 3. Furcht der Jünger, die nicht glauben, daß der ehemalige Verfolger jetzt einer der Ihren ist (26c). 4. Erfolgreiche Vermittlung durch Barnabas (27): a) Er führt Paulus bei den Aposteln ein (27a). b) Er berichtet ihnen α) von dessen Widerfahrnis (27b.c) und β) von seinem mutigen Auftreten im Namen Jesu in Damaskus (27d). 5. Gemeinschaft des Saulus mit den Aposteln (28a). 6. Mutiges Reden im Namen des Herrn (28b). 6. Disputieren mit den hellenistischen Juden (29a). 7. Reaktion: Mordkomplott gegen Paulus (29b). 8. Das Vorhaben wird den »Brüdern« bekannt (30a). 9. Sie bringen den Gefährdeten nach Cäsarea und von dort weiter nach Tarsus (30b).

Summarium (31): Zustandsbericht zur äußeren und inneren Lage der Kirche: 1. Infolge der Bekehrung des schlimmen Verfolgers hat die Kirche in den palästinischen Regionen Frieden (31a). 2. Sie wird erbaut in der Furcht des Herrn, die auch die Lebensführung ihrer Glieder betrifft (31b). 3. Die Kirche wächst durch den Beistand des Heiligen Geistes (31c).

19b–22: *Paulus als Zeuge Jesu in den Synagogen von Damaskus*

19b–20: *Paulus bezeugt Jesus als den Sohn Gottes*: Die Wirkung des Heiligen Geistes bei Paulus und seine nach der Taufe neu gewonnene Kraft zeigt sich darin, daß er während der relativ kurzen Zeit seines Aufenthaltes bei den Jesus-Jüngern zu Damaskus (19b) schon in den Synagogen Jesus predigt (20a). Er verkündigt ihn dort, wo er nach Jüngern Jesu fahnden wollte. Paulus braucht für seine Predigttätigkeit keine Ausbildung durch Lehrer aus dem Kreis der Jesus-Jünger; er benötigt auch keine kirchenamtliche Erlaubnis. Darin zeigt sich das Außerordentliche und Einmalige seiner Berufung (Gal 1,1). Den Inhalt seiner Verkündigung faßt Lukas formelhaft kurz zusammen: Jesus »ist der Sohn Gottes« (20b). Inhalt des Evangeliums war auch für Paulus selbst Jesus als der Sohn Gottes (Röm 1,3–4.9; 8,3–4; Gal 4,4–5). Inhalt des Damaskus-Widerfahrnisses war für ihn, daß Gott ihm seinen Sohn offenbarte (Gal 1,15–16). Der Würdename des Sohnes Gottes kommt in der Apostelgeschichte außer an unserer Stelle nur noch 13,33 (Zitat von Ps 2,7 LXX) vor. Für das Verständnis des Titels an unserer Stelle im Sinne des Lukas ist der Gebrauch im Evangelium maßge-

bend (Lk 1,32.35; 3,22; 8,28; 9,35; 10,22; 22,70).[450] Das Bekenntnis zu Jesus als dem Sohn Gottes vor Juden bedeutet: Jesus ist gegenüber dem Volk Israel der kraft seiner Herkunft aus dem Wirken des Heiligen Geistes und seiner Geburt im Haus und Geschlecht Davids auf einzigartige Weise gesandte und unüberbietba-
re Träger göttlich väterlicher Vollmacht, die er durch sein Leben,
Wirken und Sterben in der Kraft des Geistes Gottes bewährt hat.
Der Sohn ist sich seines einmaligen Gottesverhältnisses bewußt, wie
Jesu erstes und letztes Wort im Lukasevangelium zeigen (Lk 2,49;
23,46).

21–22: *Wirkung der Predigt auf die Teilnehmer am Synagogengottesdienst:* Paulus bringt mit seiner Predigt die Juden von Damaskus durcheinander (21a). Sie drücken ihre Bestürzung durch
eine doppelte rhetorische Frage aus. Sie erinnern erstens daran, daß
er in Jerusalem diejenigen vernichten wollte, »die diesen Namen
anrufen« (21b). Sie vermeiden es, den Namen Jesu auszusprechen.
So geben sie ihrer Distanz ihm gegenüber Ausdruck. Der Name
Jesu war zur Zeit des Lukas für Juden gewiß längst tabu. Zweitens
erinnern sie an das ursprüngliche Vorhaben des Paulus, in Damaskus nach solchen Leuten zu fahnden (21b). Mit ihren Fragen bezeugen die Juden der Stadt die für sie unerklärliche Wandlung des
Paulus. Dieser wird im Verlauf seiner Predigttätigkeit immer stärker und führt vor seinen Hörern den Nachweis, daß Jesus der Christus, der Gesalbte Gottes, ist (22), der Israel verheißen wurde und
auf den es wartet (2,36). Über den an Hand der Schrift erfolgen-
den Beweis wird nur berichtet; denn es geht hier um die Rückwir-
kung des Christuszeugnisses auf Paulus.[451]

23–25: *Abenteuerliche Flucht:* Jesus hatte angekündigt, Paulus
werde seines Namens wegen leiden müssen (16). Die Situation tritt
nach Lukas schon relativ bald nach seiner Bekehrung und Berufung in Damaskus ein. Die ungenaue Zeitangabe läßt keine Datie-
rung zu. Juden, die durch die Argumentation des Predigers bis zum
äußersten gereizt wurden, schmieden ein Komplott gegen Paulus
und beschließen, ihn umzubringen (23). Angriffe aus jüdischen
Kreisen, denen Botschaft und Person dieses Christuszeugen ein
Ärgernis sind (1Kor 1,23), gehören von nun an zum Schicksal des
Mannes. Dem ersten Anschlag auf sein Leben werden zahlreiche
weitere folgen (9,29; 13,50; 14,2–6; 17,5.13; 18,12; 20,3; 21,27–
34; 23,12–35; 25,3). Paulus wird von Sympathisanten rechtzeitig
gewarnt (24a). Doch kann er Damaskus nicht auf einer der Aus-

---

450 Vgl. *J. Kremer*, Sohn Gottes, 141–154; *D. Wenham*, Acts, 219f.
451 Zur Ausführung des Schriftbeweises vgl. Apg 13,16–41.

fallstraßen verlassen, weil Juden Tag und Nacht die Tore bewachen (24b), um ihm aufzulauern und sich seiner zu bemächtigen. Er hat jedoch während seines Aufenthalts in der Stadt Schüler und Freunde gewonnen (25a). Sie seilen ihn nächtens in einem Korb durch das Fenster eines an die Stadtmauer gebauten Hauses nach draußen ab (25b). Der Mann, der sich verblendet auf den Weg nach Damaskus gemacht hatte und nach der Erscheinung Christi im Himmelslicht im Dunkeln tappte, als er bei Tageslicht an der Hand von Reisegefährten in die Stadt geführt wurde, verläßt den Ort sehend unter dem Schutz der Nacht auf ungewöhnlichem Fluchtweg und kann nur fliehen dank tätiger Hilfe solcher Menschen, die er vor gar nicht langer Zeit in Fesseln nach Jerusalem verschleppen wollte (2). Der frühere Verfolger und nun erstmals selbst Verfolgte entkommt den Häschern. Die Widersacher können die Ausbreitung des Evangeliums durch diesen Mann nicht verhindern.

Exkurs: Die Flucht des Paulus aus Damaskus
Der eigene Bericht des Paulus über die Flucht aus Damaskus in 2Kor 11,32–33 weicht von der lukanischen Darstellung ab.[452] Nach Paulus ließ der »Statthalter« (ἐθνάρχης) des Nabatäerkönig Aretas IV. (Regierungszeit 9 v.Chr. bis 40 n.Chr.) die Tore von Damaskus von außen bewachen, um ihn beim Verlassen der Stadt in seine Gewalt zu bringen. Bei diesem »Statthalter« dürfte es sich um den »Vorsteher der nabatäischen Handelskolonie in Damaskus« gehandelt haben, einen Scheich, der damals ähnlich wie heute ein Generalkonsul eines anderen Landes in unserer Landeshauptstadt die Interessen des Nabatäerkönigs in Damaskus vertrat.[453] Der Vorfall muß sich beim zweiten Damaskus-Aufenthalt nach seinem Leben in der Arabia (Gal 1,17), d.h. im südöstlich und südlich von Palästina gelegenen Nabatäer-Gebiet (Josephus, Ant XIV,14–16),[454] zugetragen haben. Über die Zeit in der Arabia schweigt Lukas. Entweder wußte er darüber nichts, oder er hielt es nicht für erwähnenswert.[455] Er bietet dem Leser keine umfassende und detaillierte Lebensbeschreibung des Paulus. Vermutlich fanden die Apg 9,19b–22 berichtete Predigttätigkeit und der Konflikt mit Juden in Damaskus erst nach dem Aufenthalt in der Arabia statt. Vielleicht waren der Nabatäerhäuptling und seine Beduinen mit Juden im Bunde, deren Feindschaft Paulus sich durch seine Christus-Verkündigung zugezogen hatte. Nach dem Bericht des Paulus Gal 1,17–19 lagen drei Jahre zwischen seiner Bekehrung und dem Jerusalembesuch, »um Kephas kennenzulernen«. Paulus machte nicht nur einen Höflichkeitsbesuch. Er war zwei Wochen lang Gast des Kephas (Petrus) und traf von der Prominenz der Gemeinde nur den Herrenbruder Jakobus, aber keinen anderen Apostel (Gal 1,18–19). Einen Grund für diese Zurückhaltung nennt er nicht.

452 Vgl. *M. Hengel / A.M. Schwemer*, Paulus, 208–213; *D. Wenham*, Acts 221–226.
453 Vgl. *E.A. Knauf*, Ethnarch, 145ff; *H. Lietzmann*, Geschichte I, 104; *R. Riesner*, Frühzeit, 74ff.
454 Josephus, Jüdische Altertümer II, 208f.
455 Vgl. zum Arabia-Aufenthalt des Paulus *M. Hengel / A.M. Schwemer*, Paulus, 174–194; *R. Riesner*, Frühzeit, 227–233.

26–30: *Paulus in Jerusalem:*[456] Paulus kehrt nach Jerusalem zurück (26a). Das ist verwunderlich; denn dort, wo er sich als fanatischer Christenverfolger hervorgetan und von der obersten Tempelbehörde zur Fahndung nach Jesus-Jüngern in Damaskus hatte bevollmächtigen lassen, muß er nach seiner Lebenswende von vornherein mit Ablehnung und Verfolgung rechnen. Der Erzähler will zeigen, daß Paulus wegen seines ungewöhnlichen Weges zum Prediger Jesu Christi die Gemeinschaft mit der Urgemeinde und ihren Leitern, den Aposteln, sucht. Er hält auch künftig engen Kontakt mit der Jerusalemer Muttergemeinde (11,27–30; 15,1–35; 28,22; 21,15–18). Verständlicherweise gelingt es ihm beim ersten Besuch als Christ nicht sofort, Verbindung mit den Jesus-Jüngern aufzunehmen (26b). Ähnlich wie zuvor Hananias in Damaskus (13–14) fürchtet man ihn und traut ihm nicht (26c). Seine radikale Wende erscheint unglaublich. Die Zurückhaltung ist verständlich. Wer gewährleistet, daß er nicht Agent der Gegenseite ist, der sich mit der Behauptung der Bekehrung tarnt, um die internen Gemeindeverhältnisse auszukundschaften und dann umso wirkungsvoller gegen die Jesusjünger vorgehen zu können? Vielleicht hat man aber auch aus Damaskus Kunde von seiner konfliktträchtigen Vertretung des Evangeliums. Zurückhaltung empfiehlt sich im Fall des Paulus so oder so. Schließlich nimmt sich der hoch angesehene Barnabas (4,36–37) seiner an (27a) und bürgt für ihn. Nähere Kenntnis von der Bekehrung des Paulus wird bei Barnabas vorausgesetzt. Woher er sie erhielt, bleibt offen. Barnabas führt ihn bei den Aposteln ein (27b). Paulus schreibt, er habe nur Petrus besucht und den Herrenbruder Jakobus getroffen (Gal 1,18–19). Dieser nimmt in der Gemeinde schon früh eine einflußreiche Ehrenstellung ein. Daß man Paulus nicht in der Gemeindeversammlung auftreten läßt, ist leicht verständlich. Schon daß Petrus den Mann fünfzehn Tage beherbergt (Gal 1,18), ist bemerkenswert.[457] Es zeugt von einem starken Interesse an ihm, seiner Christusbegegnung vor Damaskus und an der Botschaft, mit der er dort hervorgetreten war. Umgekehrt dürfte Paulus viel an der Jesus-Überlieferung des Petrus gelegen haben. Wer Petrus besucht, trifft den Repräsentanten der Apostel. Lukas läßt Paulus vor dem gesamten Leitungsgremium auftreten. Die Erzählung des Paulus von der ihm zuteilgewordenen Christuserscheinung (27c) und dem anschließenden mutigen öffentlichen Eintreten des Bekehrten für den »Namen des Herrn« überzeugt die Apostel. Er kommuniziert

---

456 Vgl. *N. Taylor*, Paul, 75–83; *M. Hengel / A.M. Schwemer*, Paulus, 214–236.
457 Vgl. *M. Hengel / A.M. Schwemer*, Paulus, 229–236.

aufs engste mit ihnen, geht bei ihnen ein und aus (28a). Lukas liegt daran, die Gemeinschaft und Übereinstimmung des späteren Völkermissionars mit den Jerusalemer Autoritäten von Anfang an zu betonen und zugleich den Anschein seiner Abhängigkeit von ihnen und der Unterordnung unter sie zu vermeiden (Gal 1,11–12). Wie zuvor in Damaskus betätigt Paulus sich auch in Jerusalem alsbald als mutiger Prediger des Herrn Jesus (28b). Und wie vor ihm Stephanus (6,9–10) tritt er als Redner und Disputant in den Synagogen griechisch sprechender Juden aus der Diaspora auf (29a). Er ist ja einer von ihnen, stößt aber auf entschiedene Ablehnung: Wie die »Hellenisten« unter den Jerusalemer Juden gegen Stephanus vorgegangen waren (6,8–15), so trachten sie jetzt diesem Zeugen Jesu nach dem Leben (29b). Doch wie die Damaszener Juden verhindern auch die Jerusalemer nicht, daß die Ausbreitung des Evangeliums durch Paulus weitergeht. Christlichen Mitbrüdern wird das Vorhaben der Gegner bekannt (30a). Die Anwesenheit des bekehrten und streitbar auftretenden Paulus ist nach dem Martyrium des Stephanus und der Vertreibung hellenistischer Judenchristen auch für die in der Stadt verbliebene Aramäisch sprechende Gemeinde gefährlich. Sie bemüht sich, ihre Stellung in der Stadt zu behaupten und Konflikten möglichst aus dem Wege zu gehen. Die Verabschiedung des Paulus ähnelt fast einer Abschiebung:[458] Die Brüder geleiten ihn nach Cäsarea und sorgen dafür, daß er sich nach dem ca. 500 km entfernten Tarsus einschifft (30b). Vielleicht haben sie ihrem als Flüchtling nach Jerusalem gekommenen Gast die Schiffsreise bezahlt.[459] In Tarsus ist Paulus geboren (21,39). Dorthin hat er wahrscheinlich verwandtschaftliche Beziehungen.[460] Nach Gal 1,21 hat er in Kilikien, d.h. in Tarsus und Umgebung, missioniert. Lukas geht hier darauf nicht ein. In 15,23.41 setzt er aber Gemeinden dort voraus. Vermutlich war es für ihn selbstverständlich, daß Paulus in der Region für den Christusglauben warb. In 22,17–21 wird der Autor den Paulus nämlich von einer Christus-Vision während des in 9,28–30 berichteten Jerusalem-Aufenthaltes erzählen lassen, nach welcher der Herr selbst den zunächst Widerstrebenden weit hinaus zu den Völkern gesandt hat. Jetzt aber läßt Lukas den Paulus vorübergehend in den Hintergrund treten. In 11,25–26 kommt er wieder auf ihn zurück. Denn bevor Paulus als Völkermissionar die Bühne betreten darf, muß zunächst noch eine Grundsatzentscheidung fallen,

458   So *K. Haacker*, Werdegang, 919.
459   Vgl. *M. Hengel / A.M. Schwemer*, Paulus, 243, Anm. 979.
460   *K. Haacker*, Werdegang, 919ff nimmt an, Paulus habe während des Tarsus-Aufenthaltes das Zeltmacherhandwerk erlernt.

daß »Gott auch den Heiden die Umkehr zum Leben geschenkt
hat« (11,18).

Exkurs: Tarsus

Tarsus,[461] seit Pompeius (64 v.Chr.) die Hauptstadt der römischen Provinz Kilikien und Amtssitz des Statthalters, liegt am Unterlauf des im Altertum bis dorhin
schiffbaren Kydnos etwa 13 km von der Küste entfernt. Schon der Athener Historiker und Sokratiker Xenophon (ca. 430/425 bis nach 355 v.Chr.) hat Tarsus als
»große und reiche Stadt« in einer »schönen und reich bewässerten Ebene, die voll
von Reben und mannigfachen Bäumen war« und »auch reichlich Sesam, zweierlei
Hirse, Weizen und Gerste« hervorbringt, bezeichnet (An I,2.22–23).[462] Der zu
seiner Zeit hochberühmte Rhetor Dion von Prusa in Bithynien (ca. 40 bis nach
110/11 n.Chr.), auch Dio Chrysostomus genannt, schrieb im ersten Tarsus-Dis-
kurs: »Männer, ihr könnt euch glücklich und selig schätzen, da ihr ja in einer
Großstadt wohnt und gutes Land besitzt und das, was ihr zum Leben braucht, in
Hülle und Fülle bei euch findet und diesen Fluß habt, der mitten durch eure Stadt
fließt und weil überdies Tarsus die Metropole für alle Kilikier ist« (Disc XXXIII,
17).[463] Die prosperierende Handelsstadt war ein wichtiger Verkehrsknotenpunkt
an der Straße vom syrischen Antiochien zu den griechischen Städten an der ägäi-
schen Küste Kleinasiens. Eine andere Straße führte in nördlicher Richtung durch
das Taurus-Gebirge und weiter durch Kappadokien zum Schwarzen Meer. Die Bevölkerung der Großstadt bestand überwiegend aus Kleinasiaten und Griechen. Es
gab dort aber auch eine größere jüdische Diasporagemeinde. Juden aus Kilikien
wurden Apg 6,9 erwähnt. Tarsus, von Cäsar gefördert und von Augustus wegen
seiner Treue zu Cäsar mit der Zuerkennung des Status einer freien Stadt (*civitas li-
bera*) und der Erhebung zur Metropolis von Kilikien geehrt, war in der frühen
Kaiserzeit ein Zentrum hellenistischer Kultur und Bildung. Sie hatte eine reiche
philosophische Tradition (Strabo, Geographica, XIV,5.14–15).[464] Nach Strabo
widmeten sich die Tarser so eifrig der Philosophie und der gesamten übrigen All-
gemeinbildung (ἐγκύκλια παιδεία), daß ihre Stadt angeblich Athen und Alexandrien übertraf. Auch alle Arten von Rhetorikschulen gab es dort (Geographica
XIV,5.13).[465] Der nach Apg 21,39; 22,3 in Tarsus geborene Diasporajude Paulus
hat aber, nach seinen Briefen zu urteilen, kaum etwas von dem in seiner Geburtsstadt lebendigen griechischen Bildungsgut in sich aufgenommen. Seine Erziehung und Bildung vollzog sich im Umkreis der jüdischen Religion und ihrer Tradition. In seinen Briefen erwähnt er seine Geburtsstadt nicht einmal. Paulus hat
aber nach Gal 1,21 im Anschluß an seinen ersten Jerusalem-Besuch in Syrien und
Kilikien missioniert. Mit Syrien ist wahrscheinlich die Hauptstadt Antiochien
und ihr Umfeld gemeint. Dorthin hat Barnabas ihn geholt (Apg 11,25–26). Mit
Kilikien meint er wohl Tarsus und Umgebung. Tarsus wurde im 1. Jh. n.Chr. von
Josephus und kaum von ihm allein mit dem in Gen 10,4; Ps 72,10; Jon 1,3; 4,2;
Jes 66,19 und Ez 27,12 genannten Tarsis identifiziert (Ant I,127; IX,208), das

461 Vgl. *R. Haensch*, Capita provinciarum, 267–272.582ff; *M. Hengel*, Der
vorchristliche Paulus, 180ff; *ders. / A.M. Schwemer*, Paulus, 246–267; *A.H.M.
Jones*, Cities, 192–214; *A.D. Macro*, Cities, 664f.676; *E. Olshausen*, Art. Tarsus, 529f.
462 Xenophon, Anabasis, 20f.
463 Dio Chrysostom III, 288.
464 Strabo, Geography VI, 346–353.
465 Strabo, Geography VI, 346f.

man heute eher mit dem bei Herodot als Ziel weiter Seefahrten der Jonier erwähnten Tartessos im Südwesten Spaniens nahe der Mündung des Guadalquivir gleichsetzt (Hdt I,163).[466] Nach Jes 66,18–19, dem wohl bedeutendsten Missionstext im AT, will Gott, der Herr, am Ende alle Völker und Zungen sammeln, daß sie seine Herrlichkeit sehen. Er sendet Gerettete als Boten aus, damit sie seine Herrlichkeit unter den Völkern verkündigen, die seinen Namen noch nicht gehört haben. Die Weissagung beginnt sich damit zu erfüllen, daß Paulus als Zeuge des erhöhten Herrn Jesus nach Tarsis/Tarsus kommt.[467]

31: *Zwischenbilanz über den Zustand der Kirche*: Bevor Lukas von einem neuen Aufbruch auf dem Weg der Predigt des Evangeliums berichtet, bilanziert er, was infolge der Abwendung der Gefahr von der Kirche durch die vom Herrn bewirkte Bekehrung des Saulus erreicht ist. Nach außen hin hat »die Kirche in ganz Judäa und Galiläa und Samaria«, also in allen Bereichen Palästinas, Frieden (31a). Von einer Mission in Galiläa schreibt Lukas in der Apostelgeschichte nichts. Dort haben ja Jesus selbst (Lk 4,14–15), die Apostel (Lk 9,1–6) und darüber hinaus zweiundsiebzig von ihm autorisierte Sendboten (Lk 10,1–20) das Reich Gottes verkündet. Die Kirche wird von Gott erbaut (31b). Das zeigt sich darin, daß ihre Glieder ihr Leben »in der Furcht des Herrn« führen. Die Kirche Jesu Christi wächst weiter unter Juden und Samaritanern. Die Zunahme der Mitgliederzahl verdankt sie dem »Zuspruch des Heiligen Geistes« (31c), der sich in der Predigt und Lehre der »Diener des Wortes« (Lk 1,2) zur Geltung bringt.

Petrus wirkt in der palästinischen Küstenregion; er tauft den römischen Hauptmann und sein Haus
9,32 – 11,18

Bevor Lukas erneut von Paulus berichtet (11,25–26), erzählt er vom Wirken des Petrus. Waren die Schauplätze der ersten großen Paulus-Erzählung Jerusalem und Damaskus, so spielen die drei hier miteinander verbundenen Petrus-Geschichten in Lydda auf dem Weg von Jerusalem zur Mittelmeerküste und in den beiden Küstenstädten Joppe und Cäsarea. Hier sind die Grenzen zwischen jüdischer und nichtjüdischer Bevölkerung fließend. In diesem Gebiet war auch Philippus tätig (8,40), dessen missionarischem Wirken Petrus wie schon zuvor in Samarien folgt (8,14–25). Zwei Wundererzählungen (9,32–35.36–43) bereiten das nächste wichtige Ereignis im Prozeß weiterer Entgrenzung der Evangelisation vor, die

---

466 Vgl. z.B. *H.W. Wolff*, Dodekapropheton 3, 78.
467 Von der Wichtigkeit von Jes 66,18–21 im Zusammenhang mit der Frage nach der Bedeutung des Damaskus-Widerfahrnisses für das Selbstverständnis des Paulus als Völkermissionar handeln *R. Riesner*, Frühzeit, 216–227; *M. Hengel / A.M. Schwemer*, Paulus, 158f. Vgl. auch *J.M. Scott*, Paul, 46f.145ff.

Bekehrung und Taufe des gottesfürchtigen römischen Hauptmanns Cornelius und seiner Familie in Cäsarea durch Petrus dank göttlicher Führung (10,1 – 11,18). Eine erste heidenchristliche Hausgemeinde entsteht. Die Ausführlichkeit und Komplexität der Erzähleinheit zeigt das Gewicht, das Lukas diesem Ereignis beimißt. Nachdem Philippus unter göttlicher Leitung einen dem Judentum nahestehenden Äthiopier getauft hat (8,26–40) und die Kirche in Judäa, Samaria und Galiläa aufgrund der vom Herrn selbst bewirkten Bekehrung des Saulus vom Verfolger zum Zeugen Jesu (9,1–30) in Frieden lebt – nach innen erstarkt und nach außen wächst (9,31) –, ist der Zeitpunkt da, von der gottgewollten Bekehrung eines nichtjüdischen Hauses, eines Römers und seiner Familie, in der Hafenstadt zu erzählen, die nach Cäsar benannt ist, ehe wieder von Paulus die Rede sein wird, der als Zeuge Jesu das Evangelium den gottesfürchtigen Heiden im östlichen Mittelmeerraum predigen, sich als Gefangener in Cäsarea vor römischen Statthaltern zu Jesus bekennen und nach der in Cäsarea begonnenen Überfahrt schließlich auch in Rom selbst bezeugen wird. Petrus aber kehrt von Cäsarea vorläufig nach Jerusalem zurück (11,2).

Petrus in Lydda und Joppe
9,32–43

³²Es geschah aber, als Petrus überall herumzog, kam er auch hinab zu den Heiligen, die in Lydda wohnten. ³³Er fand dort aber einen Mann mit Namen Äneas, der seit acht Jahren krank zu Bett lag; er war nämlich gelähmt. ³⁴Und Petrus sprach zu ihm: »Äneas, Jesus Christus heilt dich. Steh auf und mach dir selbst dein Bett!« Und sogleich stand er auf. ³⁵Und es sahen ihn alle Bewohner von Lydda und der Scharon-Ebene, und sie bekehrten sich zum Herrn.
³⁶In Joppe aber war eine Jüngerin mit Namen Tabita, das heißt übersezt ›Gazelle‹. Diese war reich an guten Werken und an Almosen, die sie gab. ³⁷Es geschah aber in jenen Tagen, daß sie krank wurde und starb. Man wusch sie und legte sie in das Obergemach. ³⁸Da aber Lydda nahe bei Joppe liegt und die Jünger hörten, Petrus sei dort, sandten sie zwei Männer zu ihm mit der Bitte: »Zögere nicht, zu uns herüberzukommen!« ³⁹Petrus aber machte sich auf und ging mit ihnen. Als er ankam, führte man ihn in das Obergemach, und alle Witwen traten weinend zu ihm und zeigten Unter- und Oberkleider, die ›Gazelle‹ gemacht hatte, als sie noch bei ihnen war. ⁴⁰Petrus aber schickte alle hinaus, kniete nieder und betete. Und zu der Leiche gewandt, sprach er: »Tabita, steh auf!«⁴⁶⁸ Sie aber schlug ihre Au-

---

468 Westliche Textzeugen ergänzen: »... steh auf im Namen unseres Herrn Jesu Christi«. Die fromme Erweiterung entfaltet den Befehl gemäß 4,10.30, um den Ursprung des Wunders hervorzuheben. Vgl. *C.K. Barrett*, Acts I, 485; *P. Head*, Acts, 431; *B.M. Metzger*, Textual Commentary, 369; *G. Schneider*, Apostelgeschichte II, 47, Anm. i.

**gen auf, sah Petrus und setzte sich auf. ⁴¹Er aber gab ihr die
Hand und ließ sie aufstehen. Dann rief er die Heiligen und die
Witwen und stellte sie lebend vor. ⁴²Das wurde in ganz Joppe
bekannt, und viele kamen zum Glauben an den Herrn. ⁴³Es geschah aber, daß er noch geraume Zeit in Joppe bei einem gewissen Simon, einem Gerber, blieb.**

Kontext: Die beiden Erzählungen spielen während einer Pastoralreise des Apostels Petrus (32a). Sie handeln von einem Heilungswunder an einem Mann und
dann auf einer Steigerungsstufe von der Erweckung einer Frau vom Tode. Die kli-
maktisch angeordneten Geschichten zeigen Petri Wirken in einer Kirche, die
nach 9,31 im Frieden und in der Furcht des Herrn lebt, von Gott erbaut wird und
durch den kräftigen Zuspruch des Heiligen Geistes wächst.
Im Unterschied zu den bisher erzählten Wundergeschichten zeigen diese beiden
ein deutliches Interesse an den Namen der Betroffenen. In beiden Erzählungen findet man das Befehlswort »Steh auf!« (ἀνάστηνι) an zentraler Stelle (9,34.40). Die
Tabita-Erzählung verbindet mit der nachfolgenden Cornelius-Geschichte das Interesse an der Würdigkeit der Personen. Die jüdische Frau in Joppe ist »reich an
guten Werken und an Almosen« (9,36), entsprechend der römische Offizier in Cäsarea (10,2).

Gattung und Feingliederung
Die erste Geschichte (32–35) zeigt charakteristische Strukturmerkmale einer *Hei-
lungswundererzählung*: 1. Äußere Einleitung: Reisenotiz (32): Besuch des Petrus
(von Jerusalem aus) bei den »Heiligen« in Lydda. 2. Innere Exposition (33):
a) Begegnung mit dem kranken Äneas (33a); b) Beschreibung der Art und Schwere
des Falles (33b.c). 3. Zentrum (34): a) Redeeinführung (34a); b) Vollmachtswort
(34b); c) Befehl, die Heilung zu zeigen (34c); d) Demonstration der erfolgten Heilung (34 d). 4. Schluß (35): a) Bestätigung der Heilung durch Außenstehende
(35a); b) missionarischer Effekt (35b).
Die zweite Geschichte (36–43) ist eine *Totenerweckungserzählung*, die im Blick
auf ihre Formmerkmale den zu Ehren Elias und Elisas erzählten Erweckungserzäh-
lungen (1Kön 17,17–24; 2Kön 4,32–37) nahesteht.[469] Die Geschichte ist wie
folgt aufgebaut: 1. Äußere Einleitung (36): a) Angabe des Wohnortes und namentliche Vorstellung der später Hilfsbedürftigen (36a); b) Idealtypische Charakterisierung der Frau als fromme Wohltäterin (36b). 2. Innere Exposition (37–39):
a) Notschilderung (37a): Die Frau erkrankt und stirbt. b) Betonung des Totseins
(37b): Waschung und Aufbahrung der Leiche im Obergeschoß. c) Kontaktnahme
und Begegnung mit dem Wundertäter (38–39): α) Nachricht über seinen Aufenthalt in der Nähe (38a); β) Entsendung von Boten mit der Bitte um eiliges Kommen
(38b); γ) Aufbruch des Wundertäters (39a); δ) Eintreffen bei der Verstorbenen
(39b); ε) Erneute Charakterisierung der Frau durch Trauernde als indirekte Bitte
um Hilfe (39c.d); 3. Zentrum (40–41a): a) Vorbereitung des Wunders durch Entfernung der Zuschauer (40a). b) Kniefall und Gebet des Wundertäters (40b). c) Hinwendung zur Toten (40c). d) Namentliche Anrede und Vollmachtswort (40d).
e) Feststellung des Erfolgs (40e.f.41a): α) Die Frau schlägt die Augen auf (40e);
β) Sie richtet sich auf (40f); γ) Der Wundertäter reicht ihr die Hand und läßt sie aufstehen (41a). 4. Schluß (41b–42): a) Demonstration des Erfolgs (41b.c): α) Her-

469 Vgl. den tabellarischen Strukturvergleich bei *A. Weiser*, Apostelgeschichte I, 238.

beirufen von Zeugen (41b); β) Vorstellung der Auferweckten vor den Zeugen (41c). b) Außenwirkung (42): α) Bekanntwerden des Falles (42a); β) Missionserfolg: Bekehrung vieler (42b). 4. Rahmennotiz und Überleitung zur folgenden Erzählung (43): Weiterer Aufenthalt des Wundertäters in der Stadt und Angabe der Herberge.

Traditionshintergrund: Lukas hat beide Wundergeschichten gewiß aus der Petrus-Überlieferung empfangen, die in Jerusalem und den Gemeinden im westlichen Palästina, wo der Apostel gewirkt hatte, umlief. Vielleicht waren die Erzählungen schon in der Tradition miteinander verbunden.[470] Über die Entstehung der Gruppen von Jesus-Jüngern in Lydda und Joppe hatte Lukas anscheinend keine Informationen. Vielleicht waren die Gemeinden durch die Evangelisation des Philippus entstanden. Es ist aber auch nicht auszuschließen, daß sie auf andere Kontakte mit Christen in Jerusalem zurückgehen.

32–35: *Petrus heilt in Lydda den gelähmten Äneas*
32: *Einleitung*: Petrus nimmt als Repräsentant der Apostel und der Jerusalemer Urgemeinde seine pastorale Verantwortung für die »Heiligen«, d.h. die an Jesus Christus Glaubenden (9,13.41; 26, 10), in Palästina wahr: Er zieht durch die in V. 31 genannten Regionen und besucht die dort wohnenden Jünger Jesu. Einen solchen Pastoralbesuch stattet er auch »den Heiligen« in Lydda (Lod) ab. Die Stadt am Rande der Scharon-Ebene liegt an der Straße von Jerusalem nach Joppe, etwa 40 km nordwestlich von Jerusalem und etwa 13 km südöstlich von Joppe. Vom Besuch des Apostels wird nur ein Heilungswunder und seine Wirkung erzählt. Die Geschichte könnte zwar auch an jedem anderen Ort spielen; doch geht es Lukas darum, den durch den Besuch des Apostels bewirkten Fortschritt der Mission und damit das weitere Wachstum der Kirche gemäß V. 31 aufzuzeigen.
33–35: *Die Heilungserzählung*: Unter den Gläubigen in der Stadt findet Petrus einen Judenchristen mit dem griechischen Namen Äneas (33a). Der Mann liegt seit acht Jahren gelähmt auf seiner Matte (κράβαττος, 33b.c). Petrus wird alsbald initiativ: Er redet Äneas mit seinem Namen an und spricht ihm die Heilung durch Jesus Christus zu (34a.b). Die Heilung erfolgt unter dem Zuspruch des Apostels durch den heilsam gegenwärtigen Herrn. Eine helfende Geste, etwa eine Handergreifung, fehlt. Es ist ja nicht Petrus, sondern Jesus Christus, der dem langjährig Gelähmten wieder auf die Beine hilft. Die Weisung an Äneas: »Steh auf (ἀνάστηνι) und mach dir selbst dein Bett!« (34c), dient der Feststellung des Heilerfolgs. Der Mann kann ohne fremde Hilfe aufstehen (35a) und demonstriert so die wiedergewonnene Kraft, sich selbst zu bewegen.

---

470   Vgl. die Kommentare von *C.K Barrett*, I, 477f; *E. Haenchen*, 329f; *J. Jervell*, 298f; *G. Lüdemann*, 129; *R. Pesch*, I, 317f; *J. Roloff*, 159f; *G. Schneider*, II, 48f; *G. Stählin*, 144; *A. Weiser*, I, 239–242; *J. Zmijewski*, 397f.401f.

Der zuvor Kranke ist in der Stadt und der angrenzenden Scharon-Ebene bekannt. Die Bevölkerung sieht ihn wunderbar geheilt (35b). Daraufhin bekehren sich die Juden der Gegend zum Herrn Jesus (35c). So hat der Pastoralbesuch des Petrus eine missionarische Wirkung.

36–43: *Petrus erweckt in Joppe Tabita vom Tod*
36: *Tabita, eine tätig-fromme Jüngerin*: Nach der Heilung eines gelähmten Mannes folgt die Totenerweckung einer Frau. Die Geschichte spielt in der Hafenstadt Joppe (Japho, heute Jaffa). Der Erzähler stellt eingangs die Frau vor, um die es geht (36a). Sie ist eine Jüngerin Jesu und trägt den aramäischen Namen Tabita. Lukas übersetzt ihn für seine Griechisch sprechenden Leser: Δορκάς, d.h. Gazelle. Ob es sich um eine unverheiratete Frau oder um eine wohlhabende Witwe handelt, bleibt außer Betracht. Von der Jüngerin heißt es, daß sie viele Liebeswerke getan und dazu auch reichlich Almosen gegeben hat (36b). Ihre Liebeswerke werden in V. 39 spezifiziert. Die Frau ist eine auf vorbildliche Weise tätig-fromme Jüdin und Jüngerin Jesu. Sie ist es wert, daß an ihr ein Wunder geschieht.

37–39: *Krankheit und Tod der Tabita – Der zu Hilfe gerufene Petrus eilt herbei*:»In jenen Tagen«, nämlich als Petrus sich im nur zweieinhalb Wegstunden entfernten Lydda aufhielt, erkrankte Tabita und starb (37a). Wie es die Sitte will, wäscht man ihren Leichnam zum Begräbnis (37b). Man trägt die Verstorbene danach aber nicht zu Grabe, sondern bahrt sie im Obergeschoß auf (37c; 1Kön 17,19). Die Jünger haben nämlich gehört, daß Petrus in der Nähe weilt (38a). Sie lassen ihn durch zwei Boten herbeirufen und bitten ihn, sich zu beeilen (38b; 2Kön 4,30), denn nach antikem Volksglauben befindet sich der Lebensgeist nach dem Eintritt des Todes noch in der Nähe des entseelten Leibes. Petrus entspricht der Bitte und macht sich mit den Boten sofort auf den Weg nach Joppe (39a; 2Kön 4,30). Nach seinem Eintreffen führt man ihn sofort in das Obergeschoß (39b). Dort trifft er als Trauernde die durch den Tod der Tabita hart getroffenen Witwen an (39c). Unter Tränen zeigen sie ihm die Unter- und Oberkleider, die ihnen Tabita geschneidert hat (39d). Damit bekräftigen sie, daß die Verstorbene eine beispielhaft tätig-fromme Frau war und bitten ihn indirekt, der Tabita und damit auch ihnen zu helfen.

40–41: *Auferweckung der Tabita*: Petrus schickt die den Tod ihrer Gönnerin und Helferin beklagenden Frauen aus dem Raum (40a), wie Jesus im Fall der Jaïrus-Tochter (Mk 5,40a; 2Kön 4,33). Er kniet nieder und betet (40b; 1Kön 17,20; 2Kön 4,33). Der Apostel verfügt so wenig wie die Propheten über die Kraft, Leben aus dem

Tod zu erwecken. Er erbittet sie von Gott.[471] Anders als bei den To-
tenerweckungen Elias und Elisas fehlt der Körperkontakt des Hel-
fers mit der Hilfsbedürftigen (1Kön 17,21; 2Kön 4,34). Die vorläufig einzige Geste der Petrus ist seine Hinwendung zur Verstorbenen
(40c) beim Sprechen des Wortes, mit dem er sie als Zeichen der
ihm zuteilgewordenen Gebetserhörung ins Erdenleben zurückruft
(40d). Anrede und Weckruf erinnern an Jesu aramäische Anrede
der Tochter des Jaïrus und an die griechische Fassung seines Weck-
rufs (Mk 5,41): Statt »Ta*l*ita, steh auf!« heißt es jetzt: »Ta*b*ita, steh
auf!« (Ταβιθά, ἀνάστηνι, 40d). In der namentlichen Anrede ist nur
ein Konsonant anders. Sogleich schlägt Tabita die Augen auf (40e).
Sie sieht Petrus und richtet sich auf (40f). Erst in dem Augenblick,
in dem kein Zweifel mehr aufkommen kann, daß die Frau lebt, läßt
der Erzähler Petrus helfend zugreifen: Nachdem Tabita sich auf-
gesetzt hat, bietet er ihr die Hand, um ihr das Aufstehen zu erleichtern (41a). Die Geste gehört zu den Zeichen der Erfolgsfeststel-
lung. Diese erfolgt in mehreren Schritten (40e.f.41a).

41b–42: *Demonstration und Außenwirkung des Wunders*: Petrus
ruft »die Heiligen«, d.h. die Christen (9,13. 32; 26,10), speziell
auch die Witwen, herein und zeigt ihnen die dem Leben und damit
auch der Gemeinde und speziell den bedürftigen Witwen zurück-
gegebene Tabita (41b). Die Kunde von dem Ereignis verbreitet
sich in Joppe (42a) und wirkt wie zuvor in Lydda die Heilung des
Äneas (35) als Werbung: »Viele kamen zum Glauben an den Herrn«
(42; 2,41.47; 4,4; 5,14; 6,7; 9,31, 35; 11,21; 14,1; 17,12; 18,8).

43: *Überleitung: Die Adresse des Petrus in Joppe*: Petrus hält
sich »noch geraume Zeit« in der Hafenstadt Joppe auf. Wie er die

---

471   Die frühchristliche und altkirchliche Tradition kennt Gebete zur Wiederer-
weckung Verstorbener. Irenäus, Haer 8,55 schreibt um 180 n.Chr. von Totener-
weckungen, »wie es der Herr getan hat und die Apostel durch ihr Gebet und wie es
unter den Brüdern bei Notfällen oft vorgekommen ist, daß die ganze Kirche am
Ort unter viel Fasten und Flehen betete und ›der Geist‹ des Verstorbenen ›zurück-
kam‹ (Lk 8,55) und der betroffene Mensch den Gebeten der Heiligen sein Leben
verdankte« (Epideixis II, 270f). Apokryphe Apostelgeschichten überliefern solche Gebete, die vor der Erweckungsformel gesprochen wurden. Z.B. schreiben die
»Petrusakten« (um 180–190 n.Chr.) in ActPetr 27 Petrus in Analogie zu der Lk 7,
11–17 erzählten Erweckung des Jünglings zu Nain durch Jesus die Auferweckung
des einzigen Sohnes einer Witwe zu. Das in diesem Fall gesprochene Gebet lautet: »Heiliger Vater deines Sohnes Jesu Christi, der du uns deine Kraft verliehen
hast, daß wir durch dich bitten und erlangen und alles, was in dieser Welt ist, ver-
achten, und dir allein folgen, der du von wenigen gesehen wirst und von vielen erkannt werden willst: umstrahle, Herr, erleuchte, erscheine, erwecke den Sohn der
greisen Witwe, die sich ohne Sohn nicht helfen kann« (Neutestamentliche Apokryphen II, 280). Ähnliche Gebete findet man in ActJoh 75 (ebd., 182f) und Act
Thom 53 (ebd., 325). Vgl. *B. Kollmann*, Jesus, 354f.

Zeit zum Aufbruch aus Lydda nicht selbst bestimmte, sondern einem Ruf folgte, den er nicht ablehnen konnte, so hält er es auch
jetzt. In Joppe ist er Gast bei einem Namensvetter. Dieser Simon
wird als Gerber vorgestellt, um ihn von anderen Männern namens
Simon zu unterscheiden. Das Handwerk der Gerber zählte nach
rabbinischer Lehre zu den verächtlichen Berufen.[472] Hier geht es
aber vor allem darum, eine feste Anschrift zu nennen, unter der
Petrus später in Joppe von den Boten des Cornelius, die ihn nach
Cäsarea rufen, erreicht werden kann (10,6.32). Die Sendboten Jesu
Christi sind unterwegs auf gastfreundliche Häuser angewiesen (16,
15.34.40; 17,5; 18,2–3.7; 21,8.16; 28,7).

Petrus tauft in Cäsarea den römischen Hauptmann Cornelius, seine Verwandten und Freunde
10,1 – 11,18

Diese Missionsgeschichte ist die ausführlichste Einzelerzählung der Apostelgeschichte. Es geht um die Taufe von Nichtjuden und die Anerkennung der Gemeinschaft mit ihnen, speziell um die Taufe eines römischen Offiziers und seines Hauses, durch göttliches Eingreifen, das damit eine epochale Richtungsentscheidung
in der Geschichte der Predigt des Evangeliums und der Kirche herbeiführt. Der große Raum, den Lukas dieser Entscheidung gibt, zeigt, wie wichtig ihm und seiner
Gemeinde die Lebensgemeinschaft von Juden- und Heidenchristen ist. Mit den
beiden vorangegangenen Wundererzählungen (9,32–43) hat der Erzähler darauf
aufmerksam gemacht, daß Gottes Macht und die Kraft des Namens Jesu durch Petrus wirken. Jetzt zeigt er, wie der Apostel selbst durch den Geist Gottes überwunden und geführt wird, sich in den Dienst einer Ausweitung des Missionswerkes
von großer Tragweite zu stellen.

Traditionshintergrund dieser von Lukas mit Bedacht so ausführlich erzählten Geschichte dürfte die Gründungstradition der Gemeinde von Cäsarea sein, nach der
ein gottesfürchtiger Hauptmann Cornelius und sein Haus auf Weisung des Geistes,
die zu verstehen und anzunehmen zunächst schwer fiel, von Simon Petrus und den
Judenchristen in der Stadt trotz anfänglicher Einwände aus Jerusalem, die aber
entkräftet werden konnten, als Gemeindeglieder anerkannt wurden. Ob das Geschehen der vorlukanischen Tradition vor oder nach dem ›Apostelkonzil‹ (15,1–
35) spielte, läßt sich schwer entscheiden. Lukas hat die wohl auch in der Jerusalemer Petrus-Tradition enthaltene Lokalüberlieferung von einem außergewöhnlichen Einzelfall, dessen Tragweite wahrscheinlich einstweilen weder von Petrus
noch von den anderen Jerusalemern voll erkannt wurde (vgl. Gal 2,11–14), zu einer dramatischen Erzählung über die von Gott selbst gegen menschliches Unverständnis in Gang gebrachte und durchgesetzte Grundsatzentscheidung zugunsten
der Heidenmission gestaltet.[473]

---

472   Vgl. Bill. II, 695.
473   Vgl. *M. Dibelius*, Bekehrung, 96–107; dazu *K. Haacker*, Dibelius, 234–
      251; *Ph.F. Esler*, Community, 71–97 sowie die Kommentare von *C.K. Barrett*, I,

Wie es dazu kam, daß der römische Hauptmann Cornelius den Apostel Petrus nach Cäsarea rufen ließ
10,1–23a

[1]Ein Mann aber in Cäsarea mit Namen Cornelius, ein Hauptmann der sogenannten Italischen Kohorte, [2]fromm und gottesfürchtig mit seinem ganzen Haus, der dem (jüdischen) Volk viele Almosen gab und beständig zu Gott betete, [3]sah in einer Vision deutlich um die neunte Tagesstunde einen Engel Gottes zu ihm hereinkommen und ihm sagen: »Cornelius!« [4]Er aber sah ihn gespannt an, geriet in Furcht und sprach: »Was ist, Herr?« Er sprach aber zu ihm: »Deine Gebete und Almosen sind emporgestiegen zum Gedenken vor Gott. [5]Und nun sende Männer nach Joppe und laß einen gewissen Simon holen, der den Beinamen Petrus trägt. [6]Dieser wohnt als Gast bei einem gewissen Gerber Simon, dem ein Haus am Meer gehört.« [7]Als aber der Engel, der mit ihm gesprochen hatte, fortgegangen war, rief er zwei seiner Haussklaven und einen frommen Soldaten von seinen Ordonnanzen, [8]und nachdem er ihnen alles erzählt hatte, schickte er sie nach Joppe.
[9]Am nächsten Tag aber, als jene unterwegs waren und sich der Stadt näherten, stieg Petrus um die sechste Stunde auf das Dach, um zu beten. [10]Er wurde jedoch hungrig und wollte essen. Während man ihm aber etwas zubereitete, kam eine Ekstase über ihn, [11]und er sieht den Himmel geöffnet und herabkommen ein Gefäß wie ein großes Tuch, das an den vier Ecken zur Erde herabgelassen wurde. [12]Darin waren alle Vierfüßler und Kriechtiere der Erde und Vögel des Himmels. [13]Und eine Stimme erging an ihn: »Steh auf, Petrus, schlachte und iß!« [14]Petrus aber sprach: »Auf keinen Fall, Herr! Denn ich habe noch nie etwas Gemeines und Unreines gegessen. [15]Und die Stimme erging erneut, zum zweitenmal, an ihn: »Was Gott rein gemacht hat, das halte du nicht für gemein!« [16]Dieses geschah aber dreimal, und dann wurde das Gefäß sogleich wieder in den Himmel hinaufgenommen.
[17]Als aber Petrus bei sich selbst noch in großer Verlegenheit war, was wohl die Vision bedeute, die er gesehen hatte, siehe, da standen die von Cornelius geschickten Männer, die sich nach dem Haus des Simon durchgefragt hatten, am Tor [18]und erkundigten sich rufend: »Ist Simon mit Beinamen Petrus hier zu Gast?« [19]Während Petrus noch über die Vision nachsann,

491–498; *J. Jervell*, 319; *G. Lüdemann*, 136–139; *R. Pesch*, I, 333ff; *J. Roloff*, 165ff; *G. Schneider*, II, 61–64; *A. Weiser*, I, 262; *J. Zmijewski*, 413ff.

sprach der Geist: »Siehe, drei Männer suchen dich! [20]Steh auf,
steig hinunter und geh ohne Bedenken mit ihnen, denn ich habe
sie gesandt.« [21]Petrus aber stieg hinab und sprach zu den Männern: »Siehe, ich bin es, den ihr sucht. Was ist der Grund eurer
Anwesenheit?« [22]Sie aber sprachen: »Hauptmann Cornelius, ein
gerechter und gottesfürchtiger Mann, der beim ganzen jüdischen
Volk in gutem Ruf steht, erhielt von einem heiligen Engel die
Weisung, dich in sein Haus kommen zu lassen und zu hören, was
du zu sagen hast.« [23a]Da lud er sie ein und beherbergte sie.

Feingliederung
I. *Erste Erzählhandlung: Die Vision des Cornelius in Cäsarea (10,1–8): 1.* Einleitung (1–2): Vorstellung und nähere Charakterisierung des Cornelius als erster
Hauptperson: a) Hauptmann der in Cäsarea stationierten ›Italischen Kohorte‹ (1);
b) ein vorbildlich frommer und sich durch viel Almosen als Freund des jüdischen
Volkes erweisender Mann (2) 2. Hauptteil: Visionsbericht (3–7a): a) Exposition
(3a): Engelerscheinung zur neunten Stunde. b) Zentrum: Erscheinungsgespräch
(3b–6): α) Namentliche Anrede durch den Engel (3b); β) Reaktion des Cornelius:
Erschrecken, konzentriertes Sehen zum Engel (4a), ehrerbietige Rückfrage (4b);
γ) Engelrede (4c–6): Ansage der Gebetserhörung (4c), Auftrag, Petrus holen zu
lassen (5–6). 3. Schluß: Ausführung der Engelweisung durch Entsendung einer
Delegation (7b–8): a) Herbeirufen zweier Haussklaven und einer Ordonnanz (7b).
b) Unterrichtung der drei über seine Vision (8b). c) Entsendung nach Joppe.
II. *Zweite Erzählhandlung: Die Korrespondenzvision des Petrus in Joppe (10,9–
16): 1.* Überleitende Situationsangabe (9–10): a) Die äußere Situation (9): Petrus
steigt um die sechste Stunde zum Beten auf das Flachdach (9); b) Die innere Situation (10): Petrus, den beim Beten ein Hungergefühl überkommt, wird, während
man ihm das Essen zubereitet, von einer Ekstase überrascht. 2. Hauptteil: Visionsbericht (11–16): a) Vision (11–12): α) Schau des geöffneten Himmels (11a);
β) Herabkommen eines an seinen vier Ecken auf die Erde herabgelassenen Tuchs
(11b), das γ) mit allen Tieren auf Erden und in der Luft gefüllt ist (12). b) Erscheinungsgespräch (13–15): α) Eine Himmelsstimme weist Petrus an, zu schlachten
und zu essen (13); β) Petrus lehnt ab (14); γ) die Himmelsstimme belehrt Petrus,
daß er nichts für unrein achten darf, das Gott rein gemacht hat (15); c) Bericht
vom Ende der Vision: α) Hinweis auf die dreimal gesprochene himmlische Anweisung (16a) und β) Zurücknahme des Tuches mit den Tieren in den Himmel (16b).
III. *Verknüpfung beider Erzählhandlungen: Ankunft und gastliche Aufnahme der
Boten des Cornelius bei Petrus (10,17–23a): 1.* Überleitung (17–20): a) Ratlo-
sigkeit des Petrus wegen der Vision (17a). b) Ankunft der Boten und Erkundigung
nach Petrus (17b–18). c) Anweisung des Geistes an Petrus, zu den Boten hinabzu-
steigen und mit ihnen zu gehen (19–20). 2. Begegnung mit den Boten: a) Petrus
folgt der Weisung, stellt sich den Boten und erkundigt sich nach dem Anlaß ihres
Kommens (21); b) Die Boten berichten ihm α) von der Person (22a.b) und β) der
Vision des Cornelius (22c.d). 3. Gastliche Aufnahme der Boten (23a).

1–8: *Erste Erzählhandlung: Die Vision des Cornelius in Cäsarea*

Das Gewicht, das der Erzähler dieser Vision beimißt, läßt sich daran ablesen, daß
er sie später noch dreimal berichten läßt, von den Boten des Cornelius an Petrus

(10,22), von Cornelius selbst bei der Begegnung mit Petrus (10,30–32) und schließlich von Petrus in seiner Jerusalemer Rechtfertigungsrede (11,13–14).

1–2: *Einleitung*: Der Erzähler führt seinen Leser nach Cäsarea am Meer (*Caesarea Maritima*), dem ständigen Amtssitz der römischen Statthalter.[474] Die von Herodes d.Gr. zwischen 22 und 10/9 v.Chr. beim phönizischen Kastell »Stratons Turm« gegründete und großzügig aufgebaute Hafenstadt war nicht nur mit Foren, Theater und Amphittheater, sondern auch mit einem dem Namenspatron, Caesar Augustus, geweihten schönen und großen Tempel ausgestattet. Dieser stand auf einem Hügel gegenüber der Hafeneinfahrt. »Darin befand sich eine gewaltige Bildsäule des Caesar, die ihrem Vorbild, dem Zeus in Olympia, nichts nachgab, und eine zweite der Roma, der Hera von Argos gleich« (Josephus, Bell I,414).[475] Cäsarea hatte eine ethnisch gemischte Bevölkerung. Man sprach vor allem Griechisch. Münzfunde verweisen auf pagane Kulte.[476] Verehrt wurden allem Anschein nach die Tyche der Stadt, die griechische Schicksals- oder Glücksgöttin, die weithin der römischen Fortuna entspricht, weiter Dionysos, der Sohn des Zeus mit der Semele, dann noch die für die Fruchtbarkeit der Äcker und Ehen zuständige Demeter, vielleicht auch der ägyptische Helfer- und Rettergott Serapis. Der jüdische Bevölkerungsanteil war hoch und wuchs durch Zuzug ständig. Zwischen Juden und anderen ethnischen Gruppen bestanden Animositäten. Es kam häufig zu Konflikten. – Lukas macht den Leser mit einem in Cäsarea stationierten römischen Offizier bekannt (1). Dieser trägt einen weit verbreiteten altrömischen Namen. Cornelius ist der Name des größten und am weitesten verzweigten römischen Patriziergeschlechtes.[477] Der römische Diktator Lucius Cornelius *Sulla* (Lebenszeit 138–78 v.Chr.) soll mehr als zehntausend Sklaven freigelassen und ihnen das römische Bürgerrecht verliehen haben. Die Zahl der *Cornelii* war unüberschaubar. Dieser Cornelius dient als Hauptmann (*centurio,* d.h. Hundertschaftsführer) in einer »Italischen Kohorte«, d.h. in einer Truppeneinheit, die aus in Italien angeworbenen Soldaten bestand. Solche Bürgerkohorten bildeten Hilfstruppen einer höheren Ordnung und galten dort als prominent, wo keine römischen Legionen stationiert waren.[478] Eine »Italische Kohorte« ist in Cäsarea zwar erst nach 69 n.Chr. nachgewiesen; doch vermutlich war

---

474 Vgl. *R. Haensch*, Capita provinciarum, 227–237.548–556; *L.M. Hopfe*, Caesarea, 2381–2388.2391f.2399ff; *E.M. Meyers*, Art. Caesarea, 5f.
475 Josephus, De Bello Judaico I, 110f.
476 Vgl. *L.M. Hopfe*, Caesarea, 2386ff.
477 Vgl. *R. Hanslik*, Art. Cornelius, 1307–1320.
478 Vgl. *D.B. Saddington*, Military, 2415f.

sie schon früher dort stationiert. Römische Offiziere nahmen oft am bürgerlichen Leben in ihrem Dienstort teil. Der Kompaniechef Cornelius hier steht der jüdischen Religion nahe (2). Er ist ein vorbildlicher Hausvorstand,»fromm und gottesfürchtig (εὐσεβὴς καὶ φοβούμενος τὸν θεόν) mit seinem ganzen Haus« (2a). Frömmigkeit und Gottesfurcht gehören zusammen und gelten bei Philo als Haupttugend (SpecLeg IV,135).[479] Der römische Offizier kommt dem greisen Propheten Simeon relativ nah, den Lukas als »gerecht und fromm« (δίκαιος καὶ εὐλαβής) charakterisiert hat (Lk 2,25). Als ›Gottesfürchtiger‹ ist Cornelius ein Nichtisraelit, der sich der jüdischen Religion weitgehend angenähert hat (z.B. Ps 115,11; 118, 4; 135,20; Apg 13,16.26.43.50; 16,14; 17,4.17; 18,7).[480] Seine am Bekenntnis zum einen Gott und an Kardinalforderungen der Tora orientierte Frömmigkeit drückt sich darin aus, daß er wohltätig ist, reichlich für die jüdische Bevölkerung spendet (2b) und kontinuierlich im Sinne jüdischer Gottesverehrung betet (2c). Kein Wunder, daß er »beim ganzen jüdischen Volk in gutem Ruf steht« (22). Almosengeben und Beten sind wesentliche Erweise jüdischer und christlicher Frömmigkeit (z.B. Tob 12,8 [Apokryphen der Lutherbibel Tob 12,9]; Mt 6,1–4.5–8; Did 15,4). Nach Tob 12,9 retten Almosen vor dem Tod, reinigen von jeder Sünde und helfen zu einem langen Leben. Hauptmann Cornelius ist ein Geistesverwandter des Hauptmanns von Kafarnaum (Kapernaum), der Jesus begegnet ist (Lk 7,1–10 // Mt 8,5–13). Er steht repräsentativ für Nichtjuden, die durch ihre intensive Beziehung zur jüdischen Religion auf die christliche Botschaft vorbereitet und für den Christusglauben empfänglich sind. Selbstverständlich findet man am und im Haus eines Gottesfürchtigen keinen paganen Hausgott und keinen ihm geweihten Altar, auch keine unter seiner Anrufung vollzogenen magischen Riten. Das Bekenntnis zum Einen Gott schloß dergleichen aus. Dementsprechend fallen das Haus eines ›Gottesfürchtigen‹ und die Lebensweise des Hausherrn und seiner Familie in einer paganen Umgebung auf. Wie der römische Offizier seine Le-

---

479   Philo von Alexandria, Werke II, 285 (*I. Heinemann*).
480   In der LXX ist φοβούμενος τὸν κύριον Übersetzung des hebr. *jᵉre᾿ JHWH* (der JHWH [den HERRN] fürchtet); z.B. Ps 112,1 = 111,1 LXX. Der Ausdruck φοβούμενος τὸν θεόν zur Bezeichnung von Sympathisanten der jüdischen Religion entspricht dieser Wendung. Die in Apg 13,43.50; 16,14; 17,4.17 begegnende Bezeichnung σεβόμενοι τὸν θεόν (16,14; 18,7; vgl. 18,13) oder bloß σεβόμενοι (13,50; 17,4.17) ist eine stärker hellenistische Ausdrucksvariante mit gleicher Bedeutung. Vgl. *C.K. Barrett*, Acts I, 499–501. *G. Bertram*, Art. θεοσεβής, 124–128; *J. Jervell*, Church, 11–14; *M. Simon*, Art. Gottesfürchtiger, 1062f; *B. Wander*, Gottesfürchtige, 65–86.180–195; *M. Hengel / A. Schwemer*, Paulus, 101–132.

bensweise mit rituellen Pflichten vereinbart, die zum Militärdienst gehören, bleibt sein Geheimnis.[481]

3–7a: *Visionsbericht*: Cornelius hält sich an die jüdischen Gebetszeiten.»Die neunte Tagesstunde« ist die Zeit des Mincha- oder Nachmittagsgebetes gegen 15 Uhr unserer Stundenzählung. Im Tempel wurde dann das Abendopfer dargebracht (vgl. zu 3,1).[482] Gottesdienstzeiten sind auch Offenbarungszeiten (Dan 9,21; Lk 1,10–20). Inständiges und beharrliches Beten wird erhört (Lk 11, 5–13; 18,1–8). Wie konstant und intensiv Cornelius betet, zeigt sich darin, daß er einer Vision gewürdigt wird (3a): Ein Engel tritt in sein Beten ein (30) und ruft ihn beim Namen (3b; 9,4.10). Cornelius konzentriert seine Aufmerksamkeit (ἀτενίζω) auf den Engel. Er reagiert, wie bei Epiphanien üblich, mit Furcht auf die Anwesenheit des Himmlischen (4a; z.B. Lk 1,12.28–29; 2,9; 24,5) und mit einer durch den Gebrauch des Herrennamens Ehrerbietung bekundenden Rückfrage (4b; z.B. 9,4–5; 26,14–15). Die Botschaft des Engels eröffnet Cornelius den Sinn der Erscheinung. Das Engelwort beginnt mit einem anerkennenden Zuspruch:»Deine Gebete und Almosen sind emporgestiegen zum Gedenken vor Gott« (4c). Gebete und Almosen sind der Gottesdienst, der Gott willkommen ist. Der Engel bedient sich biblischer Sprachwendungen (z.B. Tob 12,12). Er vergewissert den Römer, daß Gott jetzt, da die Zeit des Heils für ihn durch Aufnahme in das Volk Gottes da ist, seiner Gebete und reichlichen Spenden gedenkt. Vorausgesetzt ist, daß Cornelius darum gebetet hat. Was das konkret für ihn bedeutet, wird ihm noch nicht eröffnet. Er erhält nur eine Anweisung für das, was er jetzt zu tun hat (5–6): Der Engel nennt ihm Namen und Anschrift eines Mannes, den er bisher nicht kennt und jetzt herbeibitten lassen soll. Wozu das dienen wird, erfährt er nicht. So wird sein Gehorsam erprobt. Der Leser aber erhält vom Erzähler durch den Engel mit der Adresse des Gerbers Simon noch eine Information, die über das in 9,43 Mitgeteilte hinausgeht. – Der Engel hat seinen Auftrag erfüllt; er entfernt sich (7a).

7b–8: *Ausführung der Engelweisung*: Cornelius erweist sich auch jetzt als gottesfürchtig. Er entspricht in seinem Verhalten dem Hauptmann von Kafarnaum (Lk 7,9 // Mt 8,9) und gehorcht. Sofort ruft er zwei Hausklaven herbei, die man auch zu den Gottesfürchtigen rechnen muß, dazu einen ihm ebenfalls in seiner Frömmigkeit verbundenen Soldaten, der ihm zu persönlicher Dienstlei-

---

481 Zur Verbreitung der christlichen Religion im Militär zu frühchristlicher Zeit und den Problemen eines Christen im Soldatenstand vgl. *A. v. Harnack*, Mission, 577–588.
482 Vgl. *M. Bachmann*, Jerusalem, 346–354.

stung zugeordnet ist (7b). Zum »Haus« und damit zur häuslichen Religionsgemeinschaft gehören auch die Menschen, die darin in abhängiger Stellung arbeiten. Der Hausherr informiert die drei Männer umfassend (8a), damit sie Petrus über die Vision und die Engelweisung berichten können. Dann schickt er sie nach Joppe (8b).

9–16: *Zweite Erzählhandlung: Die Korrespondenzvision des Petrus in Joppe*

Auch der Vision des Petrus kommt erhebliches Gewicht zu. Das zeigt sich daran, daß der Apostel darüber später in seiner Rechtfertigungsrede vor den Jerusalemern eingehend berichtet (11,5–10).

9–10: *Die Situation*: Der Erzähler führt den Leser von Cäsarea nach Joppe zurück (9,43; 10,5). Dort steigt am folgenden Tag Petrus zur sechsten Stunde, nach unserer Stundenzählung mittags um 12 Uhr, im Haus des Gerbers Simon zum Beten auf das Flachdach (9b). Fromme Juden und Christen beten dreimal täglich (Ps 55, 17–18; Dan 6,11. 14; Did 8,3). Die Tageshöhe ist im AT Offenbarungszeit (Gen 18,1–8). Nach Apg 22,6–11 erfolgt die Lichterscheinung des erhöhten Jesus vor Paulus um die Mittagsstunde. Auch in griechisch-römischer Tradition gilt der Mittag als heilige Zeit und als Stunde göttlicher Epiphanie.[483] Die Gesandten des Hauptmanns nähern sich inzwischen der Stadt (9a). Sie haben seit dem Nachmittag des Vortags eine beachtliche Marschleistung vollbracht, denn die Entfernung zwischen beiden Städten beträgt etwa 50 km. Bevor sie am Haus des Gerbers Simon eintreffen, hat Petrus seine Vision. Auch sie steht im Zusammenhang mit dem Gebet des Visionärs: Beim Beten verspürt der Apostel, der wohl an diesem Tag noch nichts zu sich genommen hat, Hunger (10a). Er ist auf den Offenbarungsempfang vorbereitet. Während man ihm im Haus eine Mahlzeit zubereitet, gerät er in Ekstase (10b).

11–16: *Visionsbericht*: Petrus sieht den Himmel geöffnet (11a). Also kommt die Offenbarung von Gott (Mk 1,10 // Lk 4,21). Er

---

483   Vgl. *W. Speyer*, Mittag, 344f. Z.B. berichtet Tacitus in den Annalen über den jungen Curtius Rufus, einen Mann von niedriger Herkunft (sein Vater war Gladiator), der aber im 1. Jh. von der Zeit des Kaisers Tiberius an, vor allem aber unter Claudius und Nero zu hohen Ämtern und Ehren aufstieg, die Konsulwürde, die Triumphinsignien und schließlich die Provinz Africa erhielt (Ann XI,21): »Während er sich in der Stadt Adrumentum in den um die Mittagszeit leeren Säulenhallen allein herumtrieb, erschien ihm eine weibliche Gestalt von übermenschlicher Größe, und man hörte eine Stimme: ›Du bist es, Rufus, der in diese Provinz als Prokonsul kommen wird‹« (Annalen, 472f). Lukian, Philopseudes 22 läßt in einer Erzählung die kleinasiatische Himmelsgöttin Hekate am Mittag unter Erdbeben und Donner in riesenhafter Gestalt erscheinen (Lügenfreund, 448f).

sieht einen Behälter von riesigen Ausmaßen, einem gewaltig großen Tuch ähnlich, das an seinen vier Zipfeln von oben auf die Erde herabgelassen wird (11b). In dem Behälter befindet sich alles geschaffene Getier auf Erden und alle Vögel unter dem Himmel (12; Gen 1,24.28.30; 6,20; Röm 1,23), darunter auch solche Tiere, die für Juden unrein sind (Lev 11; Dtn 14,3–21). Eine Himmelsstimme überbringt einen Befehl Gottes. Später erklärt der Erzähler dem Leser, daß der Heilige Geist zu Petrus spricht (19). Die Stimme fordert Petrus auf, zu schlachten und zu essen (13). Petrus sieht darin eine Versuchung und weist das Ansinnen höflich, aber bestimmt zurück (14a). Er hat »noch nie etwas Gemeines und Unreines gegessen« (14b). Dabei will er bleiben. Petrus erscheint hier als streng an den Speisevorschriften seiner Religion orientierter Frommer. Doch die Himmelsstimme tadelt ihn: »Was Gott rein gemacht hat, das halte du nicht für gemein!« (15). Im Himmel gibt es nichts Unreines. Gott hat das Unreine gereinigt. Nach rabbinischer Lehre kommt nichts Unreines vom Himmel herab (Sanh 59[b]; Midr Ps 146 § 4).[484] Petrus hat keinen Grund, sich dem Befehl zu widersetzen. Entweder ergeht nur die himmlische Aufforderung noch ein drittes Mal, oder aber das ganze, in den V. 11b–15 erzählte Geschehen vollzieht sich als von Gott her kommend dreimal (16a). Mit dem dritten Mal ist es definitiv. Das Gefäß mit allem geschaffenen Getier wird wieder in den Himmel emporgehoben (16b). Also ist alles rein.[485]

17–23a: *Verknüpfung beider Erzählhandlungen: Ankunft und gastliche Aufnahme der Boten des Cornelius*
17–20: *Überleitung*: Petrus kann die Vision nicht deuten: Er ist ratlos (17a). Da treffen die Boten des Cornelius, die sich in Joppe nach dem Haus, das sie anstreben sollen, durchgefragt haben, am Tor ein; auftragsgemäß erkundigen sie sich nach Petrus (18). Der Heilige Geist unterbricht dessen einsames Grübeln über seine Vision, gibt ihm aber keine Verstehenshilfe, sondern den schlichten Hinweis auf die Männer, die ihn suchen (19). Sie sind vom Geist gesandt (20b), der Gott in seinem Wirken repräsentiert. Der in den V. 3–7a genannte Engel ist folglich als personifizierter Wink des

---

484   Bill. II, 702f.
485   Lukas übergeht in seinem Evangelium den Lehrspruch Jesu aus Mk 7,15, der nicht nur gegen die pharisäischen Reinheitsvorschriften, sondern gegen die kultisch-rituellen Reinheitsbestimmungen insgesamt (Lev 11–15; Dtn 14,3–21) und damit gegen die Autorität der Mose-Tora gerichtet ist:»Nichts gibt es außerhalb des Menschen, was, wenn es in ihn hineinkommt, ihn verunreinigen kann; sondern was aus dem Menschen herauskommt, das ist es, was den Menschen verunreinigt.«

Geistes Gottes anzusehen. Petrus erhält die Anweisung, sich den unbekannten Besuchern zu erkennen zu geben und ihnen auf jeden Fall zu folgen (20a). Er wird in mehreren Stadien dem Verstehen entgegengeführt.

21–23a: *Begegnung mit den Boten und gastliche Aufnahme*: Gemäß der Weisung des Geistes steigt Petrus nach unten (21a). Er gibt sich den Boten zu erkennen (21b) und erkundigt sich nach dem Anlaß ihres Kommens (21c). Die Männer berichten ihm von ihrem Chef, den sie als »gerechten und gottesfürchtigen Mann« charakterisieren (22a; vgl. V. 2; Lk 2,25). »Gerecht« (δίκαιος) bedeutet hier: Er lebt nach den Hauptgeboten der Tora. Dementsprechend steht er bei der jüdischen Bevölkerung in gutem Ruf (22b). »Ein heiliger Engel« hat Cornelius angewiesen, Petrus in sein (nichtjüdisches) Haus einzuladen (22c) und um einen Vortrag zu bitten (22d). Der Apostel lädt die Boten in das jüdische Haus seines Gastgebers ein. Er beherbergt und bewirtet sie bis zum nächsten Morgen (23a) und sorgt sich nicht darum, ob sie als Nichtjuden (*goijim*) verunreinigend wirken.[486] Sein Gastgeber hat wohl auch keine Probleme mit der gastlichen Aufnahme von Heiden. Er übt ja das Gerberhandwerk aus, das für Juden, die akribisch auf kultische Reinheit achten, problematisch ist.[487]

Petrus im Haus des Cornelius
10,23b–48

[23b]**Am nächsten Tag aber machte er sich auf und ging mit ihnen hinaus, und einige Brüder aus Joppe gingen mit ihm.** [24]**Am folgenden Tag aber kam er nach Cäsarea. Cornelius aber erwartete sie bereits; er hatte seine Verwandten und nächsten Freunde zusammengerufen.** [25]**Als aber Petrus gerade hineingehen wollte, kam ihm Cornelius entgegen, fiel ihm zu Füßen und huldigte ihm.**[488] [26]**Petrus aber richtete ihn auf und sprach: »Steh auf!**

---

486   Vgl. Bill. IV/1, 374–378.
487   Vgl. Bill. II, 695.
488   ›Westliche‹ Textzeugen bieten eine längere, narrativ kommentierende Version von V. 25a.b: »Als sich aber Petrus Cäsarea näherte, lief einer von den Sklaven (des Cornelius) voraus und meldete, daß er (Petrus) angekommen sei. Und Cornelius sprang auf, und als er ihm entgegen ging ...« Es folgt der Kniefall, der nach dieser Fassung vor dem Torgebäude, vielleicht sogar vor der Stadt, stattfindet. – Diese Textzeugen bezogen »hineingehen« (V. 25) auf die Stadt. Vgl. *C.K. Barrett*, Acts I, 514; *M. Dibelius*, Aufsätze, 99f; *B.M. Metzger*, Textual Commentary, 374f; *G. Schneider*, Apostelgeschichte II, 56, Anm. o; *W.A. Strange*, Problem, 41.

Auch ich bin nur ein Mensch.« ²⁷Und im Gespräch mit ihnen ging er hinein, und er fand viele versammelt. ²⁸Er sprach aber zu ihnen:»Ihr wißt, daß es für einen Juden unschicklich ist, mit einem Fremdstämmigen zu verkehren oder ihn zu besuchen. Mir aber hat Gott gezeigt, daß man keinen Menschen gemein oder unrein nennen soll. ²⁹Deshalb bin ich auch widerspruchslos gekommen, als ich geholt wurde. Und ich frage nun: Aus welchem Grund habt ihr mich holen lassen?« ³⁰Und Cornelius sagte: »Vor vier Tagen um diese Stunde betete ich zur neunten Stunde in meinem Haus. Und siehe, ein Mann in leuchtendem Gewand stand vor mir ³¹und sprach: ›Cornelius, dein Gebet ist erhört worden und deine Almosen sind emporgestiegen zum Gedenken vor Gott. ³²Schick nun nach Joppe und laß Simon holen, der den Beinamen Petrus trägt. Dieser wohnt als Gast im Haus eines Gerbers Simon am Meer.‹ ³³Umgehend schickte ich nun zu dir, und du hast recht getan zu kommen. Nun also sind wir alle vor Gott zugegen, um alles zu hören, was dir vom Herrn aufgetragen ist.«

³⁴Petrus aber tat den Mund auf und sprach:»In Wahrheit, ich begreife (nun), daß Gott nicht auf die Person sieht, ³⁵sondern in jedem Volk ist ihm der angenehm, der ihn fürchtet und Gerechtigkeit übt. ³⁶(Dies ist) das Wort, das er den Söhnen Israels gesandt hat, um Frieden als Evangelium zu predigen durch Jesus Christus: Dieser ist der Herr über alle. ³⁷Ihr kennt ja die Sache, die sich, angefangen in Galiläa, im ganzen Judenland zugetragen hat, angefangen von der Taufe, die Johannes predigte: ³⁸Wie Gott Jesus von Nazaret mit Heiligem Geist und Kraft gesalbt hat, ihn, der umherzog und Gutes tat und alle, die vom Teufel bezwungen waren, heilte, denn Gott war mit ihm. ³⁹Und wir sind Zeugen alles dessen, was er im Judenland und in Jerusalem getan hat. Ihn haben sie getötet, indem sie ihn ans Holz hängten. ⁴⁰Diesen hat Gott am dritten Tag auferweckt und hat gegeben, daß er sichtbar erschien, ⁴¹nicht vor dem ganzen Volk, aber vor uns, den von Gott im voraus erwählten Zeugen, die wir mit ihm nach seiner Auferstehung gegessen und getrunken haben. ⁴²Und er hat uns geboten, dem Volk zu verkünden und zu bezeugen: Dieser ist der von Gott eingesetzte Richter über Lebende und Tote. ⁴³Für diesen legen alle Propheten Zeugnis ab, daß durch seinen Namen jeder, der an ihn glaubt, Vergebung der Sünden empfangen soll.«

⁴⁴Noch während Petrus diese Worte sprach, fiel der Heilige Geist auf alle, die das Wort hörten. ⁴⁵Und die Gläubigen aus der Beschneidung, die mit Petrus gekommen waren, gerieten außer sich darüber, daß die Gabe des Heiligen Geistes auch über die

Heiden ausgegossen war. ⁴⁶Denn sie hörten sie in Zungen reden und Gott preisen. Da ergriff Petrus wieder das Wort: ⁴⁷»Kann etwa jemand das Wasser verweigern, daß diese nicht getauft werden, die den Heiligen Geist empfangen haben so gut wie wir?« ⁴⁸Er ordnete aber an, daß sie im Namen Jesu Christi getauft würden. Dann baten sie ihn, einige Tage dazubleiben.

Feingliederung

I. *Petrus trifft in Cäsarea ein und begegnet Cornelius (10,23b–33)*: 1. Überleitung (23b–24): a) Abreise von Joppe mit den Boten (23b) unter Geleit von Gemeindegliedern (23c); b) Eintreffen in Cäsarea (24a); c) Bericht über die von Cornelius zum Empfang getroffenen Vorbereitungen (24b): Einladung von Verwandten und Freunden. 2. Begegnung des Petrus mit Cornelius (25–33): a) Begrüßung (25–26): α) Cornelius geht Petrus entgegen und begrüßt ihn wie ein übermenschliches Wesen durch Fußfall (25); β) Petrus richtet ihn auf und betont, daß er nur ein Mensch ist (26). b) Eingangserklärungen (27–33): α) Gast und Gastgeber betreten im Gespräch miteinander den Raum mit den Versammelten (27); β) Petrus erklärt, wie er als Jude dazu kam, das Haus eines Nichtjuden zu betreten (28–29a); γ) Er erkundigt sich noch einmal, weshalb man ihn hat rufen lassen (29b); δ) Cornelius erzählt die Engelerscheinung und die Ausführung des da erhaltenen Auftrags (30–33a); ε) Cornelius erklärt die Bereitschaft der versammelten Hausgemeinde, nun Gottes Weisung aus dem Munde des Petrus zu hören (33b).
II. *Die Predigt des Petrus (10,34–43)*: Nach einer feierlichen Einführung (34a) bringt Petrus 1. situationsbezogen seine inzwischen gewonnene Erkenntnis zum Ausdruck (34b–35): a) Gott ist nicht national parteiisch (34b). b) Ihm ist in allen Völkern jeder recht, der Gerechtigkeit übt (35). 2. Christusverkündigung (36–42): a) Das Evangelium, das Gott den Israeliten damit sandte, daß er Frieden ausrufen ließ zwischen ihm und den Menschen durch Jesus Christus, den Herrn aller (36). b) Erinnerung an den Weg Jesu (37–42): α) Jesu Auftreten in Galiläa nach der Taufe durch Johannes (37), β) Betonung der Wirksamkeit Jesu als mit dem Heiligen Geist gesalbter Wohltäter der Menschen und Arzt der Kranken (37–38); γ) Hinweis auf die Zeugenschaft der Apostel als Zeugen der Geschichte Jesu (39a); δ) Entfaltung der Passions- und Auferstehungsverkündigung (39b–41): Menschenschuld am Tod Jesu (39b), Gottes Auferweckungstat (40a), Erscheinung des Auferstandenen vor den Aposteln (40b–41a) und Hinweis auf ihre Mahlgemeinschaft mit ihm (41b); ε) Weisung des Auferstandenen an die Apostel, ihn als den von Gott eingesetzten Richter über Lebende und Tote zu bezeugen (42). 3. Hinweis auf das Christuszeugnis und die Heilsverheißung der Propheten (43).
III. *Geistempfang der gottesfürchtigen Heiden und Taufe (10,44–48)*: 1. Geisttaufe der gläubigen Heiden (44). 2. Höchste Verwunderung der judenchristlichen Begleiter des Apostels über das sich im glossolalischen Lobpreis Gottes bekundende Ereignis und Deutung seiner Tragweite (45–46a). 3. Rhetorische Frage des Petrus an die Judenchristen nach einem etwaigen Taufhindernis (46b–47). 4. Petrus ordnet die Taufe der versammelten Heiden an (48a). 5. Petrus verweilt noch einige Tage als Gast in der Hausgemeinde des Cornelius (48b).

23b–33: *Petrus trifft in Cäsarea ein und begegnet Cornelius*
23b–24: *Abreise und Ankunft*: Am Tag nach der Ankunft der Boten macht sich Petrus mit ihnen zusammen auf den Weg nach Cäsarea (23b). Der Apostel wird von »Brüdern« aus Joppe beglei-

tet (23c), die Zeugen des Geschehens im Haus des Cornelius werden (45). Nach 11,12 handelt es sich um sechs Judenchristen. Die
insgesamt sieben (!) Männer repräsentieren die Gemeinde, von der
aus eine Filialgründung erfolgt. Den langen Fußmarsch übergeht
der Erzähler. Die Gruppe um Petrus trifft am Tag nach ihrer Abreise aus Joppe am Zielort ein (24a). Dort erwartet Cornelius sie
schon. Er hat den Besuch des ihm vom Engel bezeichneten Mannes vorbereitet und seine Verwandten und Freunde zu dieser Begegnung eingeladen (24b). Sie zählen wohl auch zu den
›Gottesfürchtigen‹. Petrus wird vor einer größeren Hausgemeinde
sprechen.

25–33: *Die Begegnung des Petrus mit Cornelius*: Die Begegnung findet am Nachmittag zu eben der Gebetsstunde statt, während der Cornelius vor vier Tagen seiner Vision gewürdigt wurde
(30). Am Hauseingang begrüßt der Gastgeber den hohen Gast mit
einer Demutsgeste wie Heiden ein himmlisches Wesen (14,11–15)
und Israeliten einen mit göttlicher Kraft erfüllten Mann Gottes
(1Sam 24,9; 28,14; 1Kön 1,16.23.31; 2Kön 2,15; 4,27): Er fällt
ihm zu Füßen und huldigt ihm. Petrus wehrt die Huldigung seines
Gastgebers ab und richtet ihn auf mit den Worten: »Auch ich bin
nur ein Mensch« (26; 14,15). Der Apostel achtet darauf, daß der
qualitative Unterschied zwischen Gott und Mensch gewahrt bleibt.
Im Gespräch mit seinem Gastgeber betritt er dessen Haus (27a).
Die Geste zeigt, daß der Abstand zwischen dem Apostel jüdischer
Herkunft und dem römischen Offizier aufgehoben ist. Im Haus
findet Petrus eine zahlreiche Gemeinde (24) versammelt, die ihn
erwartet (27b). Er ergreift gleich das Wort (28–29). In seiner Ansprache erinnert er seine Zuhörer zuerst an ihre Erfahrung mit Juden: Für diese schickt es sich nicht, mit einem Fremdstämmigen zu
verkehren (28a). Das verletzende Wort ›Heide‹ wird vermieden.
Verboten war der Verkehr mit Leuten anderer Herkunft nicht. Er
ließ sich in Städten mit gemischter Bevölkerung wie Cäsarea und
in der Diaspora kaum ausschließen. Torafromme Juden suchten
ihn wegen der verunreinigenden Wirkung des Kontaktes mit
Nichtjuden jedoch möglichst zu vermeiden oder auf das unumgängliche Minimum zu begrenzen. Gott hat aber Petrus gezeigt,
»daß man keinen Menschen gemein oder unrein nennen soll«
(28b). Dem Apostel hat sich jetzt der Sinn seiner Vision (11–16,
speziell 15) erschlossen. Da Gott entschieden hat, ist Petrus auch
ohne Bedenken der Einladung des gottesfürchtigen Cornelius gefolgt (29a). Nun erkundigt er sich noch einmal ausdrücklich nach
dem Anlaß, aus dem man ihn rufen ließ (29b). So erhält Cornelius
Gelegenheit, seine Vision zu erzählen (30–33). Der Leser kennt
sie aus der Visionserzählung (3–5) und dem Botenbericht (22).

Jetzt wird sie in der Form des Eigenberichts des Visionärs zum
dritten Mal gegenwärtig gehalten. Es liegt nahe, auf Varianten zu
achten. Cornelius bezeichnet sein Widerfahrnis nicht als Vision,
sondern berichtet, was er zu sehen und zu hören bekam. Der
»Engel Gottes« (3) wird so, wie er ihn sah, »ein Mann in leuchtendem Gewand« genannt (30b). Dessen Rede (4–6) referiert er nur
unwesentlich variiert (31–32). Cornelius betont, daß er der Weisung ohne Zögern nachgekommen ist (33a). Dankbar stellt er fest,
daß Petrus dem Ruf gefolgt ist: »Du hast recht getan zu kommen«
(33b). Zum Abschluß seiner Begrüßungsrede weist er auf die got-
tesdienstlich versammelte Hausgemeinde hin: Alle sind »vor Gott«
(ἐνώπιον τοῦ θεοῦ, Lk 1,19; 12,6; 16,15; Apg 4,19; 7,46; 10,31)
zugegen. Das Haus (ὁ οἶκος) ist die Grundgestalt der Religionsgemeinschaft. Alle sind bereit, alles zu hören, was Gott der Herr
dem Petrus aufgetragen hat (33b).

34–43: *Die Predigt des Petrus*
34–35: *Situationsbezogene Einleitung*: Angestoßen durch seine
Vision, deren Bedeutung ihm anfangs verborgen war (17), ist der
Apostel inzwischen zu der Erkenntnis gekommen, daß Gott nicht
parteiisch ist (προσωπολήμπτης, 34b). Er ist in seinem Urteil nicht
national fixiert. Ihm, der den Gegensatz von rein und unrein aufgehoben hat (15), gefällt jeder Mensch, »der ihn fürchtet und Gerechtigkeit übt«, also ein jeder, der seinen Willen ehrt und nach seinem Gebot lebt, damit jeder gottesfürchtige Heide, welchem Volk
auch immer er angehört (35). Als Lukas die werdende Mutter Maria
im Magnificat singen ließ, daß Gottes »Erbarmen von Geschlecht zu
Geschlecht mit denen, die ihn fürchten (τοῖς φοβουμένοις αὐτόν)«
ist (Lk 1,50), dürfte er auch schon an Menschen wie Cornelius, die
Gemeinde in seinem Hause und andere ›Gottesfürchtige‹ gedacht
haben.[489] Das »Licht zur Offenbarung für die Völker« (Lk 2,32)
geht ihnen jetzt mit der Evangeliumspredigt auf.
36: *Jesus Christus als Gottes- und Heilsereignis für alle*: Da Gott
nicht im nationalen Sinn parteiisch ist, gilt das Wort, d.h. das
Evangelium vom Frieden Gottes mit den Menschen (Lk 2,10.14),
das Gott an die Söhne Israels adressiert hat, jedermann, denn Jesus
Christus »ist der Herr über alle«, Juden und Heiden (vgl. Röm
10,12–13; 14,9). Nach dieser grundsätzlichen Aussage zur Heilsbotschaft folgt deren Entfaltung mit einer Skizze vom Weg Jesu.
37–39a: *Jesu Wirken*: Lukas setzt voraus, daß die Geschichte
Jesu in ganz Palästina bekannt ist und auch ›Gottesfürchtige‹ in
Cäsarea davon gehört haben (37a). Schon Lk 7,17 hieß es, daß die

---

489   Vgl. *H.-J. Klauck*, Gottesfürchtige, 134–139.

Kunde von Jesus über die von Juden bewohnten Bereiche Palästinas hinaus in das gesamte Umland gedrungen ist. Auch in der Pfingstpredigt des Petrus Apg 2,22 wurde unterstellt, daß die Geschichte Jesu bei Juden allgemein bekannt ist. In 26,26 betont Paulus, daß die Verkündigung Jesu Christi in aller Öffentlichkeit geschehen ist. Da eine Kenntnis der Geschichte Jesu bei den ›Gottesfürchtigen‹ in Palästina vorausgesetzt wird, hat der Abriß, den Petrus im Haus des Cornelius bietet, eine erinnernde und deutende Funktion. Jesu Weg in der Öffentlichkeit begann in Galiläa (Lk 4,14.37.44) nach der von Johannes ausgerufenen Taufe (37b; 1,22; 13,24). Daß Jesus der Christus, der Gesalbte Gottes, ist (Lk 9,20; Apg 3,18; 4,26), wird mit einem Hinweis auf das Geschehen anläßlich seiner Taufe durch Johannes (Lk 3,21–22 parr.) ausgesagt: Gott »hat ihn mit Heiligem Geist und mit Kraft gesalbt« (38a; Lk 4,14.18; Apg 4,27; vgl. Jes 61,1).[490] Jesus wirkte als »Wohltäter« (εὐεργέτης) und Arzt der Menschen (38b; 4,9–10). Mit dem Titel »Euergetes« wurden bei den Griechen und in hellenistisch-römischer Zeit »Götter und Heroen, Könige und Staatsmänner, Philosophen, Erfinder und Ärzte ... wegen ihrer Verdienste um die Höherentwicklung des Menschengeschlechts gefeiert«.[491] Jesu Wohltun wird hier an seinen Heilungen Besessener exemplifiziert (38c). In seiner Befreiung der von der Gewalt des Teufels bezwungenen Menschen zeigte sich, daß »Gott mit ihm« war (38d; Gen 39,21; Apg 7,9). Der Sieg über des Teufels Gewalt signalisierte die effektive Gegenwart der Herrschaft und des Reiches Gottes. Petrus und seine Apostelkollegen sind Zeugen aller Taten während seines öffentlichen Wirkens in den von Juden bewohnten Gebieten Palästinas bis hin nach Jerusalem (39a; Lk 23,5). Sie bezeugen sie auch gottesfürchtigen Menschen anderer Nationen.

39b–41: *Jesu Tod und Auferstehung*: Von Jesu Geschick wird wie in den vorhergegangenen Apostelpredigten durch die Gegenüberstellung von menschlichem und göttlichem Handeln gesprochen: Den Wohltäter der Menschen »haben sie getötet« (39b), sie, d.h. die Jerusalemer (2,23; 3,15; 4,10; 5,30; 13,28). Man muß zwischen den Jerusalemer Juden und den Diasporajuden unterscheiden. Von einer jüdischen Kollektivschuld ist bei Lukas nirgendwo

---

490 Vgl. *M. Rese*, Motive, 117f.
491 *G. Bertram*, Art. εὐργετέω κτλ., 651. Z.B. wird Herakles bei Euripides als »Wohltäter der Sterblichen und ihr großer Freund« (εὐεργέτης βροτοῖσι καὶ μέγας φίλος) (HercFur 1252) angeredet (Sämtliche Tragödien III, 178f. Dort findet man auch eine andere Übertragung von *E. Buschor*). Nach Platon darf Sokrates sich als »Wohltäter« der Athener (Ap 36d) bezeichnen (Werke II, 54f [*F. Schleiermacher*]). Der Seleukidenherrscher Antiochos VII. (138–129 v.Chr.) trug den Titel »Euergetes«.

die Rede.[492] Sie töteten Jesus, »indem sie ihn ans Holz hängten«
(39c) und damit dem Fluchtod preisgaben (Dtn 21,22; Gal 3,13).
Den so Getöteten »hat Gott am dritten Tag auferweckt« (40a; 2,24;
3,15; 4,10; 5,30; 13,30.37). Gott hat den Auferstandenen auch dadurch offenbar gemacht, daß er ihn sichtbar werden ließ (41a). Die
Erscheinungsgegenwart des auferstandenen Jesus gewährte Gott allerdings nicht dem ganzen jüdischen Volk, sondern »uns«, d.h. den
Aposteln, als den von ihm »im voraus erwählten Zeugen« (41b; Lk
6,12–16; Apg 1,2.24; 13,31). Sie waren (wie auch andere Jünger
aus Jesu Erdentagen) mit ihm nach seiner Auferstehung zusammen und haben mit ihm gegessen und getrunken (41c; Lk 24,30.
35.43; Apg 1,4).

42–43: *Der Verkündigungsauftrag der Apostel:* Die Erscheinungen des Auferstandenen vor den Aposteln erfolgten auf den Pre-
digtauftrag hin. Sie sollen dem jüdischen Volk »verkünden und
bezeugen« (42a): Jesus Christus, der eingangs »der Herr aller« genannt wurde (36), »ist der von Gott eingesetzte Richter über Lebende und Tote« (42b; 17,31; 2Tim 4,1). »Der Herr über alle« (10,
36) ist auch der Richter aller Menschen. Für ihn »legen alle Propheten Zeugnis ab« (43a; Lk 24,27.44; Apg 3,21.24). Es wird vorausgesetzt, daß ›Gottesfürchtige‹ Schriftkenntnis haben. Das prophetische Zeugnis der Schrift wird hier nicht entfaltet, sondern sogleich auf die Verkündigung des Heils bezogen: Vergebung der
Sünden im Namen Jesu für jeden, der an ihn glaubt (43b; Lk 24,
47). Damit ist die Predigt am Ziel.

44–48: *Geistempfang und Taufe der Gottesfürchtigen*
44: In die Heilsverkündigung des Petrus greift Gott damit ein,
daß er seinen Geist auf *alle* versammelten gottesfürchtigen Hörer
herabkommen läßt und so ihren Heilsglauben bestätigt. Nach Jesu
Verheißung gibt der Vater »vom Himmel den Geist denen, die ihn
bitten« (Lk 11,13). Nach dem Pfingstereignis für Juden (2,1–4)
und dem für Samaritaner (8,14–17) folgt ein ›Pfingsten‹ der gottesfürchtigen Heiden.[493] Der Leser ist seit dem Joel-Zitat in der
Pfingstpredigt des Petrus darauf vorbereitet: Gott will seinen Geist
»ausgießen auf alles Fleisch« (2,17).
45–48: »Die Gläubigen aus der Beschneidung«, nämlich die judenchristlichen Begleiter des Petrus aus Joppe (23), stellen den
Geistempfang der Nichtjuden fest. Sie geraten darüber außer sich
vor Staunen. Die Ergriffenheit der versammelten ›Gottesfürchtigen‹
von der »Gabe des Heiligen Geistes« wird von den judenchristlichen

---

492   Vgl. *H. Merkel*, Israel, 395.
493   Vgl. *R.C. Tannehill*, Narative Unity 2, 142.

Zeugen am begeisterten Lobpreis Gottes festgestellt (46a; 2,11; 19, 6). Daraufhin wendet sich Petrus, der die Tragweite des Geschehens erkennt, an seine Begleiter und über sie an den Leser und konstatiert in Form einer rhetorischen Frage, daß es im Blick auf die hier versammelten Menschen kein Taufhindernis geben kann, nachdem sie von Gott den Heiligen Geist empfangen haben »so gut wie wir«, die Gläubigen jüdischer Herkunft (47). Es erhebt sich kein Widerspruch. So ordnet er ihre Taufe »im Namen Jesu Christi« an (48a). Allem Anschein nach tauft der Apostel in der Regel nicht selbst (1Kor 1,14–17). Als Täufer kommen die judenchristlichen Begleiter in Betracht. Petrus bleibt auf Einladung der Neugetauften noch einige Tage bei ihnen (48b). Es ist anzunehmen, daß auch seine Begleiter als Gäste des Cornelius dableiben. Daß der Apostel Haus- und Tischgemeinschaft mit Cornelius und den Seinen hält, also auch das Mahl des Herrn mit ihnen feiert, zeigt zwar die Gleichstellung der ersten heidenchristlichen Hausgemeinde mit judenchristlichen Gemeinden an; aber vorläufig geht es um einen Einzelfall, der erst später weitreichende Bedeutung gewinnt (15,7–11). Das Problem dauerhaften Zusammenlebens von Juden- und Heidenchristen am selben Ort stellt sich hier noch nicht. Petrus und seine Begleiter reisen nach einigen Tagen wieder ab. Doch mit dem mehrtägigen Aufenthalt des Petrus in Cäsarea kann der Erzähler der Verbreitung und Diskussion der Nachricht von dem, was sich dort zugetragen hat, bis nach Jerusalem und in der Muttergemeinde eine gewisse Zeit einräumen.

Das Recht zur Völkermission wird anerkannt
11,1–18

¹Die Apostel und die Brüder, die in Judäa wohnten, hörten aber, daß auch die Heiden das Wort Gottes angenommen hatten. ²Als aber Petrus nach Jerusalem hinaufkam, stritten die aus der Beschneidung mit ihm und sprachen:[494] **³»Du bist bei unbeschnitte-**

---

494 ›Westliche‹ Textzeugen bieten eine längere und vom ›östlichen‹ Text erheblich abweichende Version von V. 2: »Petrus nun wollte nach geraumer Zeit nach Jerusalem reisen. Nachdem er die Brüder zu sich gerufen und gestärkt hatte, predigte er viel durch das Land hin und lehrte sie. Er traf auch mit ihnen zusammen und berichtete ihnen über die Gnade Gottes, (d.h., die Gnade die Gott gegeben hatte, E.). Doch die Brüder aus der Beschneidung stritten mit ihm ...« Vgl. *B.M. Metzger*, Textual Commentary, 382ff; *W.A. Strange*, Problem, 87–87 sowie die Kommentare von *C.K. Barrett*, I, 537; *H. Conzelmann*, 73; *G. Schneider*, II, 59, Anm. π. – Petrus wird demnach seiner Aufgabe, die Brüder zu stärken (Lk 22,32), auch dann gerecht, wenn er sich auf einer Missionsreise befindet, die hier erheb-

nen Männern eingekehrt und hast mit ihnen gegessen!« [4]Petrus
aber hob an und setzte es ihnen der Reihe nach auseinander und
sprach: [5]»Ich befand mich in der Stadt Joppe im Gebet, da hatte
ich in Ekstase eine Vision: Ich sah ein großes Tuch herabkommen, das an den vier Ecken vom Himmel herabgelassen wurde,
und es kam bis zu mir. [6]Als ich gespannt hinschaute, bemerkte
und sah ich die Vierfüßler der Erde und die wilden Tiere und die
Kriechtiere und die Vögel des Himmels. [7]Ich hörte aber auch
eine Stimme, die sprach zu mir: ›Steh auf, Petrus, schlachte und
iß!‹ Ich aber sprach: [8]›Auf keinen Fall, Herr! Denn noch nie ist
etwas Gemeines oder Unreines in meinen Mund gekommen.‹
[9]Doch die Stimme vom Himmel her sprach zum zweitenmal:
›Was Gott rein gemacht hat, das halte du nicht für gemein!‹
[10]Das geschah aber dreimal, und dann wurde alles wieder in den
Himmel hinaufgezogen. [11]Und siehe, alsbald standen drei Männer vor dem Haus, in dem wir uns befanden, die waren aus Cäsarea zu mir geschickt. [12]Der Geist aber sagte mir, ich solle ohne
Bedenken mit ihnen gehen. Es kamen aber auch diese sechs Brüder mit mir, und wir traten in das Haus des Mannes ein. [13]Er
berichtete uns aber, wie er gesehen habe, daß der Engel in seinem Haus stand und sprach: ›Schick nach Joppe und laß Simon
holen, der den Beinamen Petrus trägt! [14]Der wird Worte zu dir
reden, durch die du gerettet werden wirst, du und dein ganzes
Haus.‹ [15]Als ich anfing zu reden, fiel der Heilige Geist auf sie, so
gut wie auf uns zu Anfang. [16]Da dachte ich an das Wort des
Herrn, wie er sagte: ›Johannes hat mit Wasser getauft; ihr aber
werdet mit dem Heiligen Geist getauft werden.‹ [17]Wenn nun Gott
ihnen, nachdem sie zum Glauben an den Herrn Jesus Christus
gekommen sind, dieselbe Gabe geschenkt hat wie auch uns, wie
hätte ich es dann vermocht, Gott zu hindern?« [18]Als sie das hörten, beruhigten sie sich und priesen Gott und sprachen: »Also
hat Gott auch den Heiden die Umkehr zum Leben geschenkt.«

Feingliederung
1. Einleitung (1–3): a) Die Apostel und die Judenchristen hören von dem Geschehen (1). b) Die Jerusalemer Judenchristen halten Petrus bei seiner Rückkehr
seinen Besuch bei Heiden und seine Mahlgemeinschaft mit ihnen vor (2–3).
2. Hauptteil: Rechtfertigungsrede des Petrus (4–17): Wiederholendes Kurzreferat
des 10,1–48 Erzählten mit Akzentuierung besonders wichtiger Momente: a) Redeeinführung (4). b) Bericht von seiner Vision (5–10). c) Bericht vom Eintreffen

lich umfangreicher ist. Der Streit mit den Brüdern aus der Beschneidung findet
jetzt außerhalb Jerusalems statt; über eine Rückkehr dorthin wird nämlich nicht
berichtet. Den ›westlichen‹ Zeugen liegt anscheinend daran, das Bild des Petrus in
jeder Hinsicht fleckenrein zu halten.

der Boten des Cornelius (11). d) Bericht über die Weisung des Geistes und die Reise mit Begleitern zu ihm (12). e) Referat über den Bericht des Cornelius von seiner Engelbegegnung (13–14). f) Bericht über den Geistempfang der Heiden analog zur Geistsendung am Pfingstfest (15). g) Erinnerung an ein Wort des Herrn von der Geisttaufe (16). h) Abschließende rhetorische Frage, ob man sich dem Gotteshandeln hätte widersetzen dürfen (17).
3. Schluß (18): Reaktion der Kritiker: a) Sie beruhigen sich und preisen Gott (18a). b) Sie stellen die Bedeutung des Geschehenen heraus:»Gott hat auch den Völkern die Umkehr zum Leben geschenkt« (18b).

1–3: *Einleitung: Die Situation in Jerusalem nach Bekanntwerden der Geschichte*
1: Die in Jerusalem gebliebenen Apostel und die Judenchristen in Judäa hören bald vom Geschehen im Haus des Cornelius. Das war keine bloß lokale Angelegenheit von vorübergehender Bedeutung. Für die Mission war es ein Ereignis mit unabsehbarer Reichweite. Lukas faßt die Kunde aus Cäsarea mit einer Wendung der urchristlichen Missionssprache in eine grundsätzliche Feststellung zusammen: Die Heiden haben»das Wort Gottes angenommen« (1; Lk 8,13; Apg 8,14; 17,11). Was gesamtkirchliche Bedeutung haben soll, bedarf entsprechender Anerkennung. In Cäsarea hat Petrus allein gehandelt. Soll die Mission unter Unbeschnittenen und die Integration gläubiger Nichtjuden in die Kirche als Volk Gottes Geltung erlangen, müssen ihr die anderen Apostel zustimmen.
2–3: Petrus kehrt nach einiger Zeit nach Jerusalem zurück. Da sieht er sich mit Vorwürfen der gesetzesstrengen Judenchristen aus Jerusalem und Judäa konfrontiert (15,5; 21,20). Man hält ihm nicht die Taufe von Heiden vor, sondern ihre durch ihn vollzogene volle Integration in die kirchliche Gemeinschaft und damit die Aufhebung der Distanz zu ihnen, die durch die Beschneidung sowie durch die jüdischen Reinheits- und Speisevorschriften gesetzt war:»Du bist bei unbeschnittenen Männern eingekehrt und hast mit ihnen gegessen« (3; vgl. Lk 5,30). Es geht um die – wenn auch nur vorübergehende – Praktizierung der Wohngemeinschaft und damit auch um die Tischgemeinschaft bei den täglichen Mahlzeiten und beim Mahl des Herrn. Nach dem»Buch der Jubiläen« (2. Jh. v.Chr.), das die biblische Geschichte nacherzählt, fordert Isaak von Jakob:»Trenne dich von den Völkern und iß nicht mit ihnen und handle nicht nach ihrem Werk und sei nicht ihr Gefährte! Denn ihr Werk ist Unreinheit, und alle ihre Wege sind befleckt und Nichtigkeit und Abscheulichkeit« (Jub XX,16).[495] In

---

495 *K. Berger*, Das Buch der Jubiläen, 437. Zur differenzierteren Haltung der Rabbinen in der Frage der Tischgemeinschaft mit Nichtjuden vgl. Bill. IV/1, 374–378. Vgl. zur jüdischen Abneigung, mit Heiden zu speisen, auch *Ph.F. Esler*, Community, 73–86.

der Stadt des Tempelkultes spielt rituelle Reinheit verständlicherweise eine dominierende Rolle. Dementsprechend meidet man
dort Kontakte mit Menschen anderer Religionszugehörigkeit. Das
ist wegen des minimalen nichtjüdischen Bevölkerungsanteils in
Jerusalem und Umgebung leicht möglich. Vor allem für Judenchristen der pharisäischen Frömmigkeitsrichtung, zu deren Essentials es gehört, daß gemeinsame Mahlzeiten von allen Teilnehmern
im Zustand kultischer Reinheit eingenommen werden, ist das Verhalten des Petrus völlig inakzeptabel. Kultische Reinheit kann ein
Nichtjude per se nicht erlangen, wie fromm und befreundet mit
der Religion des biblischen Israel er auch immer sein mag. Auch
der an Christus glaubende Nichtjude ist ein *goj*; er bleibt Heide.
›Gottesfürchtige‹ müssen nach dieser Anschauung förmlich Juden
werden und auch im Alltag jüdisch leben, um als Vollmitglieder
des von Jesus her erneuerten Gottesvolkes anerkannt zu werden,
mit denen man Haus- und Tischgemeinschaft halten kann (vgl. 15,
1–35).[496]

4–17: *Die Rechtfertigungsrede des Petrus*: Petrus verteidigt sich
nicht. Er gibt einen Rechenschaftsbericht, aus dem deutlich wird,
daß er keinen einzigen Schritt eigenmächtig getan hat. Die Hand-
lungsinitiative lag allein bei Gott. Zunächst berichtet er von seiner
Vision in Joppe (5–10; 10,9–16). Damit entkräftet er den Vorwurf
der Mahlgemeinschaft mit Nichtjuden. Nach dem Votum der Himmelsstimme gibt es keine verunreinigenden Speisen und auch keine unreinen Menschen mehr. Die Gemeinschaft mit Gottesfürchtigen anderer Nationalität verunreinigt nicht. Nach dem relativ ausführlichen Referat seiner Vision berichtet Petrus vom Zustande-
kommen der Begegnung mit den Boten aus Cäsarea (11–12): Der
Geist hat ihn angewiesen, ohne Bedenken mit ihnen zu gehen. Also läßt sich auch die Einkehr im Haus eines Heiden gar nicht vermeiden. Der Leser erfährt nun, daß Petrus sechs Brüder aus Joppe
mitnahm und diese Männer jetzt als Zeugen für das in Cäsarea Geschehene anwesend sind (12). Der Name des Cornelius fällt nicht.
Es geht ja um die grundsätzliche Bedeutung der Angelegenheit.
Dementsprechend wird auch seine Vision nur kurz berichtet (13–
14). Doch geht das Referat in einem wichtigen Punkt über die Er-

---

496   Nach Gal 2,12–13 verhielt sich Petrus in der Frage der Mahlgemeinschaft
mit Heidenchristen schwankend. In Antiochien praktizierte er zeitweise die
Mahlgemeinschaft mit Heidenchristen, zog sich aber daraus wohl aus rituellen
Gründen wieder zurück, als »einige von Jakobus« nach Antiochien kamen. Andere Judenchristen, auch Barnabas, folgten seinem Beispiel. Paulus beurteilte diese Verhaltensänderung, die zur Spaltung der Gemeinde führte, als Heuchelei. Seiner Überzeugung nach fürchtete Petrus »die aus der Beschneidung«.

zählung aus 10,1–8 und die Berichte in 10,22 und 10,30–33 hinaus: Der Engel hat Cornelius nicht nur angewiesen, Petrus holen zu lassen, der ihm etwas zu sagen habe, sondern ihm auch mitgeteilt, daß er und sein Haus durch die Worte des Petrus gerettet werden sollen (14). Der Bericht über die Geistausgießung (15–16) unterscheidet sich von der Darstellung in 10,44: Schon als Petrus zu reden begann, kam der Geist auf seine Hörer »so gut wie auf uns zu Anfang« (15). Der Geist ist der Ausführung der Predigt zuvorgekommen. Mit dieser Variation soll betont werden, daß die Ergriffenheit der Versammlung durch den Geist nicht aus einer zündenden Rede des Petrus zu erklären ist, sondern allein aus der göttlichen Initiative, die gottesfürchtige Nichtjuden den Jüngern jüdischer Nationalität gleichgestellt hat. Dies wird unterstrichen durch die Erinnerung an die Geistverheißung des Auferstandenen an seine Jünger (16; 1,5). Auf dem Hintergrund seines Referates konstatiert Petrus abschließend und ähnlich wie 10,47: Nachdem Gott den zum Glauben an den Herrn Jesus Christus gekommenen gottesfürchtigen Nichtjuden den Geist wie anfangs den Jerusalemer Gläubigen ohne vorangegangene Wassertaufe geschenkt hatte, war es unmöglich, ihnen die Taufe und die Mahlgemeinschaft zu verweigern (17). Man kann hier keine Barriere mehr rechtfertigen.

18: *Abschließende Feststellung der Bedeutung des Geschehens*: Nach der Rede des Apostels beruhigen sich seine Kritiker und erkennen lobpreisend Gottes Initiative an (18a). Ihre jetzt gewonnene Einsicht fassen sie in den Bekenntnissatz: »Gott hat auch den Heiden die Umkehr zum Leben geschenkt« (18b). »Umkehr« (μετάνοια) ist nach Weish 11,23; 12,10.19 ein Geschenk göttlichen Erbarmens. »Umkehr zum Leben« ist die Hinwendung zu Jesus Christus als »Anführer des Lebens« (3,15) in der durch ihn begründeten ewig heilsamen Gottesgemeinschaft. Die Bekehrung des frommen und spendenfreudigen Cornelius und seines Hauses wird als Musterfall erkannt und akzeptiert. Mit der Anerkennung der Aufnahme von gottesfürchtigen Nichtjuden ohne Beschneidung in das im Namen Jesu erneuerte Gottesvolk ist der Weg zur Evangeliumspredigt unter den Menschen anderer ethnischer Herkunft grundsätzlich frei. Allerdings ist damit noch keine planmäßige Heidenmission im großen Stil legitimiert, wie sie Barnabas und Paulus bald von Antiochien aus betreiben (13,1 – 14,28). Außerdem werden Folgerungen für das Zusammenleben von Juden- und Heidenchristen erst später gezogen (15,1–35). Petrus wird dann von der Erfahrung, die er in Cäsarea gemacht hat, noch einmal erzählen müssen (15,7–11).

Exkurs: Ein Beispiel korrespondierender Visionen
Zu den bei Lukas erzählten korrespondierenden Visionen von Petrus und Cornelius gibt es in der zeitgenössischen Literatur eine Parallele. Josephus erzählt in den »Jüdischen Altertümern« von parallelen und aufeinander bezogenen Nachtgesichten: Als Alexander d.Gr. 333 v.Chr. mit seinem Heer gen Jerusalem zog, überkam den Hohenpriester Jaddus schreckliche Angst, weil er Alexander zuvor eine Absage erteilt hatte und dieser zornig auf ihn war. Jaddus »schrieb daher dem Volk Gebete vor, brachte Opfer und flehte zu Gott, daß er sein Volk beschützen und aus der drohenden Gefahr erretten möge. Als er nun nach dem Opfer sich zur Nachtruhe begeben hatte, ermutigte ihn Gott im Traume, er solle nur getrost sein, die Stadt bekränzen und die Tore öffnen lassen. Die Einwohner sollten alsdann in weißen Gewändern, er selbst aber mit den Priestern in feierlichem Ornat dem Könige entgegenziehen und nichts Schlimmes befürchten, da er für sie sorgen werde.« Jaddus verhält sich weisungsgemäß.

Antiochien wird Zentrum der Mission
11,19 – 12,25

Da die Freigabe des Weges zu den Menschen nichtjüdischer Herkunft festgestellt ist (11,18), kann nun die Darstellung eines neuen Wegstückes der Mission beginnen. Diese geht jetzt endgültig über die Grenzen Palästinas und in der jüdischen Diaspora auch über die Beschränkung auf Glieder des Volkes Israel hinaus. Jerusalem hat seine zentrale Stellung für die Ausbreitung des Evangeliums verloren, bleibt nichtsdestoweniger ein bedeutender Bezugspunkt des Geschehens und wird als solcher respektiert.
Hellenistische Judenchristen beginnen in Antiochien am Orontes mit der Mission unter »Griechen« im Umkreis der jüdischen Volks- und Religionsgemeinschaft und sind dabei erfolgreich (11,19–21). Unter ihnen spielt Barnabas eine herausragende Rolle. Er repräsentiert zugleich die Verbindung zwischen der Jerusalemer Muttergemeinde und ihrer sich jetzt rasch zur neuen Missionszentrale entwickelnden Tochtergemeinde in der Hauptstadt der Provinz Syrien (22–24), die hier auch erstmals als eine eigene Gruppierung öffentlich bemerkt und bezeichnet wird (12,26), und holt Paulus aus Tarsus dorthin (25–26), den Mann, der mit ihm zusammen bald in der von Antiochien ausgehenden Mission die Hauptrolle spielen wird (13,1 – 15,35).
Doch vor seiner Darstellung des Aufbruchs ins Weite zeigt Lukas die Solidarität der antiochenischen Christen mit ihren von einer schweren Versorgungskrise betroffenen Geschwistern in Judäa (11,27–30; 12,24–25). Denen macht nicht nur der Mangel an Nahrungsmitteln zu schaffen; sie leiden auch darunter, daß König Herodes Agrippa I., der neue Herr in Palästina, dabei ist, die Jerusalemer Gemeindeleitung zu zerstören, den Zebedaiden Jakobus hinrichtet und auch Petrus einkerkert, um ihm den Prozeß zu machen. Petrus wird aber wunderbar errettet und entkommt (12,1–19a). Damit, daß der Sprecher der »Zwölf«, der zuvor schon nicht ständig in Jerusalem residierte, sondern auch Mission betrieb, »an einen anderen Ort« geht (12,17), zeigt sich eine zwischenzeitlich eingetretene Veränderung in der Leitung der dortigen Gemeinde, an deren Spitze nun der Herrenbruder Jakobus steht (12,17). Der Christenverfolger aber findet ein schlimmes Ende (12,19b–23).

Antiochien, Zentrum der Heidenmission
11,19–26

[19]**Die nun, die infolge der wegen Stephanus entstandenen Bedrängnis zerstreut worden waren, zogen bis nach Phönizien, Zypern und Antiochien. Sie predigten das Wort niemandem außer Juden.** [20]**Einige von ihnen aber, Männer aus Zypern und Kyrene, sprachen, als sie nach Antiochien kamen, auch zu den Griechen und predigten ihnen das Evangelium vom Herrn Jesus.** [21]**Und die Hand des Herrn war mit ihnen, und eine große Zahl kaum zum Glauben und bekehrte sich zum Herrn.** [22]**Die Kunde von ihnen kam aber der Gemeinde in Jerusalem zu Ohren, und sie sandten Barnabas nach Antiochien.** [23]**Als dieser eintraf und die Gnade Gottes sah, freute er sich und ermahnte alle, dem Vorsatz ihres Herzens getreu beim Herrn auszuharren.** [24]**Er war ja ein vortrefflicher Mann, voll Heiligen Geistes und Glaubens. Und viel Volk wurde dem Herrn hinzugegeben.** [25]**Er zog aber nach Tarsus, um Saulus aufzusuchen.** [26]**Und als er ihn gefunden hatte, brachte er ihn nach Antiochien. Es fügte sich aber für sie, daß sie sich ein ganzes Jahr in der Gemeinde zusammentaten und viel Volk lehrten, sowie daß man die Jünger zuerst in Antiochien ›Christen‹ nannte.**

Kontext: Nachdem Gott am Fall des Cornelius entschieden hat, daß auch fromme und wohltätige Gottesfürchtige als Vollmitglieder der christlichen Gemeinde anzuerkennen sind, kann nun von der Gemeindegründung durch hellenistische Judenchristen aus dem Kreis um Stephanus im syrischen Antiochien die Rede sein. In dieser Gemeinde wird die durch die Reinheits- und Speisevorschriften der Tora errichtete Schranke zwischen Juden und gottesfürchtigen Menschen anderer ethnischer Herkunft schon bei der Gründung nicht mehr respektiert. Hier findet neben Barnabas nun auch Paulus den ihm angemessenen vorläufigen Wirkungskreis. Von der Gemeinde in Antiochien wird noch oft die Rede sein (13,1–3; 14, 26 – 15,2; 15,35–40; 18,22).

Gliederung und Traditionshintergrund: Der summarisch gehaltene und wohl auf zuverlässigen Nachrichten aus Antiochien beruhende dreiteilige Missionsbericht handelt zunächst von der Gründung der Gemeinde in der syrischen Provinzhauptstadt (19–21), dann von der Bestätigung, Festigung und Erweiterung dieser Gemeinde durch die Delegierung des Barnabas aus Jerusalem dorthin (22–24), schließlich vom Eintritt des durch Barnabas dafür gewonnenen Paulus in die Gemeinde und dem einjährigen Zusammenwirken der beiden in Antiochien, wo zuerst die Bezeichnung ›Christen‹ aufkam (25–26).

19–21: *Die Entstehung der Gemeinde von Antiochien*
19a: Lukas erinnert mit seiner Anknüpfung an das in 8,1.4 Berichtete an die schwere Drangsal (θλῖψις) der Griechisch sprechenden und dem Tempelkult gegenüber kritischen Judenchristen nach

dem Märtyrertod des Stephanus und die Auswirkung der erlittenen Verfolgung auf die Missionsarbeit. Die damals aus Jerusalem vertriebenen oder geflüchteten hellenistischen Judenchristen evangelisierten nicht nur wie Philippus in Samarien (8,4–13) und der palästinischen Küstenregion (8,40; 21,8), sondern zogen auch nach Phönizien, d.h. in die zur römischen Provinz Syrien gehörende Küstenregion nördlich des Karmel mit den Städten Ptolemaïs (Akko), Tyrus, Sarepta (Zarpat), Sidon, Berytus (Beirut), Tripolis und Aradus (Arwad). Die Bedeutung Phöniziens für den Übergang der Evangeliumspredigt zu den Heiden spiegelt sich in der Erzählung von der Begegnung Jesu mit einer Syrophönizierin in der Gegend von Tyrus (Mk 7,24–30), die im Lukasevangelium fehlt. Einige der Hellenisten erreichten die Insel Zypern, andere kamen nach Antiochien am Orontes (19a). Die wirtschaftlich und kulturell blühende Weltstadt bot den Flüchtlingen günstige Lebensmöglichkeiten.

Exkurs: Antiochien am Orontes
Antiochien am Orontes[497] war 300 v.Chr. von dem ebenso energischen wie umsichtigen Diadochen Seleukos I. Nikator (geb. 358, gest. 281 v.Chr.), dem Haupt der nach der Neuordnung des von Alexander d.Gr. hinterlassenen Weltreiches in Syrien, Mesopotamien, Medien, Persien und bald auch in Anatolien regierenden Seleukiden-Dynastie, begründet und nach seinem Vater, dem Makedonen Antiochus, benannt worden. Die Haupt- und Residenzstadt des Seleukidenreiches, in der Griechen und Makedonen die Oberschicht bildeten, war rasch zu einer Weltstadt herangewachsen, die sich mit Seleukia am Tigris und Alexandrien vergleichen konnte. Die orientalische Untertanenbevölkerung hellenisierte sich im Laufe der Zeit großenteils. Die Metropole mit dem etwa 25 km entfernten Mittelmeerhafen Seleukia lag an großen Fernhandelssstraßen, die in östlicher Richtung nach Persien und Indien, nordwärts nach Kleinasien und südwärts nach Ägypten führten. Sie war das wirtschaftliche und kulturelle Oberzentrum im westlichen Syrien. Nachdem Antiochien mit dem Niedergang des Seleukidenreiches an Bedeutung eingebüßt hatte, stieg die Großstadt nach der Eroberung durch Pompeius (64 v.Chr.) und der nun einsetzenden römischen Unterstützung dank der hohen Fruchtbarkeit ihres Umlandes und der für den Handel günstigen Lage wieder zu Wohlstand und neuer Größe auf. Die Stadt führte weiterhin den Titel ›Metropolis‹. Antiochien wurde Hauptstadt der (ab 27 v.Chr. kaiserlichen) Provinz Syrien und Sitz des Statthalters. Es erhielt den Status einer freien Stadt mit eigener Verfassung. Caesar, Augustus und Tiberius sorgten für den architektonischen Ausbau. Im Jahre 37 n.Chr. wurde die in ihrer Geschichte oft von schweren Erdbeben heimgesuchte Stadt durch ein Beben erschüttert und mit finanzieller Unterstützung der Kaiser Caligula und Claudius rasch und prunkvoll wiederaufgebaut. Die

497 Vgl. *R. Haensch*, Capita provinciarum, 244–258; *M. Hengel / A.M. Schwemer*, Paulus, 281–299; *F. Kolb*, Antiochien, 97–121 (mit Stadtplan: 107); *J. Kollwitz*, Art. Antiochia am Orontes, 461–469; *F.W. Norris*, Art. Antiochien I, 99–103; *R. Riesner*, Frühzeit, 97–101; *R. Tracey*, Syria, 236–239; *A.-M. Wittke*, Art. Antiocheia I, 762f.

Baumaßnahmen waren wahrscheinlich voll im Gange, als Paulus nach Antiochien kam. Die Bevölkerung im 1. Jh. n.Chr. wird von Plinius d.Ä. mit 600.000 angegeben (NatHist VI,122). Vermutlich ist diese Zahl zu hoch gegriffen. Nach einer neueren Schätzung betrug die Einwohnerzahl in der frühen Kaiserzeit bei einer für Wohnhäuser bebaubaren Fläche von maximal 750 ha und einer angenommenen Bevölkerungsdichte von höchstens 300 Bewohnern pro ha kaum mehr als 250.000.[498] Die Bevölkerung bestand aus Griechen, Syrern, Phöniziern, Juden, Arabern, Persern, Ägyptern und sogar Indern. Man sprach überwiegend Griechisch oder Aramäisch. Neben den Kulten der griechischen Götter wie z.B. Zeus, Apollon, Poseidon und der Stadtgöttin, der Tyche von Antiochien, deren Bildsäule berühmt war, gab es phönizische wie z.B. den Fruchtbarkeitskult des Adonis und syrische wie den Kult des Zeus Kasios. Aber auch der römische Juppiter Capitolinus war vertreten. Monumente des Herrscherkults sind bezeugt.

Die jüdische Gemeinde Antiochiens war seit langem eine der größten in der Diaspora.[499] Ihre Zahl ging in die Zehntausende. Sie war wohlhabend und gesellschaftlich einflußreich, auch rechtlich privilegiert. Josephus weist darauf hin, »daß die jüdischen Bewohner von Antiochien Antiochener genannt werden, weil der Gründer der Stadt, Seleukos, ihnen das Bürgerrecht (πολιτεία) verliehen hat« (Ap II,39).[500] Es gibt allerdings sonst keinen klaren Hinweis darauf, daß die Juden in der Stadt im 1. Jh. n.Chr. dieselben Rechte wie die Griechen gehabt hätten. Josephus meint mit der *politeía* vermutlich Privilegien und Protektion, die einst der Einwanderergemeinde gewährt wurden.[501] Die antiochenischen Juden brauchten ebenso wie in anderen hellenistischen Großstädten, z.B. Alexandrien, nicht an den offiziellen Kulten der Stadt teilzunehmen; sie konnten ihre Religion nach den ihnen überkommenen Bräuchen praktizieren. Ihr Recht auf eigene Religionsausübung war geschützt. Sie waren nach Josephus auch missionarisch aktiv und »veranlaßten ständig eine Menge Griechen, zu ihren Gottesdiensten zu kommen und machten diese gewissermaßen zu einem Teil der ihren« (Bell VII, 45).[502] Damit ist nicht gesagt, daß diese ›Griechen‹ scharenweise konvertierten, sondern daß sie mit der jüdischen Religion sympathisierten.

Unter diesen dem Judentum mehr oder weniger eng verbundenen Hospitanten der Synagogen gab es bald eine ständig wachsende Zahl derer, die zum Glauben an den Christus Jesus fanden. An Jesus glaubende Juden überzeugten sie davon, daß das Evangelium auch ihnen galt. In Antiochien wurden die Gemeinden des jungen Christentums großstädtisch und bildeten eigene Strukturen aus. Hier kam es auch früh zur Ausformung grundlegender Bekenntnis- und Lehrtraditionen, mit denen Paulus gelebt hat (z.B. Röm 1,3–4; 3,25–26; 4,25; 8,32–34; 10,9; 1Kor 11, 23b–25; 15,3–5; 2Kor 5,21; – 1Kor 12,3; 2Kor 5,17; Gal 3,26–28). Die Missionsarbeit, die von der syrischen Metropole ausging und ins Weite zielte, behandelt Lukas ab Apg 13. – Um die Wende vom 1. zum 2. Jh. n.Chr. ist Ignatius von Antiochien, der um 110 während seiner Romfahrt ins Martyrium sieben kirchen- und theologiegeschichtlich außerordentlich wichtige Briefe an kleinasiatische Gemeinden und an Polykarp von Smyrna geschrieben hat, Bischof der Kirche in der Stadt. Nach ihm machen christliche Theologen aus Antiochien erst wieder im 3. und 4. Jh. von sich reden. – An der Stelle Antiochiens steht heute das türkische Antakija, eine mittelgroße Provinzstadt.

498 Vgl. *F. Kolb*, Antiochien, 101.
499 *S. Safrai / M. Stern*, Jewish People I, 138ff.
500 Josephus, Kleinere Schriften, 150.
501 *V. Tcherikover*, Hellenistic Civilisation, 328f.
502 Josephus, De Bello Judaico II/2, 85.

19b–21: Der in 6,5 unter den »Hellenisten« in Jerusalem genannte Proselyt Nikolaus stammte aus Antiochien. Er wird zu denen
gehört haben, die während der Verfolgung nach dem Martyrium
des Stephanus nach Antiochien flohen und dort eine Gemeinde
bildeten. Die in die aufblühende syrische Provinzhauptstadt gelang-
ten Griechisch sprechenden Judenchristen der gesetzes- und tem-
pelkritischen Richtung konzentrieren mehrheitlich ihre Evangeliumsverkündigung auf die Juden (19b). Doch einige Männer aus
Zypern und Kyrene evangelisierten auch unter den »Griechen«,
d.h. der nichtjüdischen, hellenisierten Bevölkerung in der Großstadt (20; vgl. 6,9; 13,1). Sie predigten wahrscheinlich nicht allein
den ›gottesfürchtigen‹ Griechen im Umkreis der Synagoge »den
Herrn Jesus«, sondern suchten wohl mit deren Hilfe auch weitere
Gemeindeglieder aus der Einwohnerschaft zu gewinnen, die keine
Verbindung zur jüdischen Gemeinde hatten, ohne ihnen den regelmäßigen Besuch der Synagoge oder gar einen Übertritt zum
Judentum nahezulegen. Von ihrem Bekenntnis zu dem von Gott
als Weltenherrn inthronisierten Christus Jesus aus unternahmen sie
es, nachdem schon Philippus in den überwiegend von Nichtjuden
bewohnten Städten der palästinischen Küstenebene wahrscheinlich
auch Heiden das Evangelium gepredigt hatte (8,40), auch in Antiochien, das in Jes 56,3–8; 60,1–22; 66,18.19.21 in Aussicht gestellte Sammeln der Völker damit zu realisieren, daß sie durch Werbung von Mund zu Mund Angehörige anderer ethnischer Gruppen dem im Namen Jesu gesammelten Gottesvolk zuführten. Damit vollzogen sie einen Schritt mit Folgen von gewaltiger Tragweite. Ihrer Evangeliumsverkündigung war dank göttlichen Beistan-
des großer Erfolg beschieden: »Die Hand des Herrn war mit ihnen« (21a). Das zeigte sich in Massenbekehrungen (21b; vgl. 13,
43; 14,1; 17,4; 18,10). Wir können annehmen, daß es in der Weltstadt und wohl auch in ihren Vorstädten bald mehrere Hausgemeinden gab. Inwieweit die zum Christusglauben bekehrten Gottesfürchtigen samt den von ihnen angeworbenen und getauften
anderen Unbeschnittenen, die sich auch dafür entschieden hatten,
»dem lebendigen und wahren Gott zu dienen und seinen Sohn
vom Himmel her zu erwarten, den er von den Toten auferweckt
hat, Jesus, der uns vor dem kommenden Zorngericht rettet« (1 Thess
1,9–10), noch wie ihre Glaubensgenossen jüdischer Volks- und
Religionszugehörigkeit Verbindung zu einer Synagoge hatten, war
wohl von Fall zu Fall unterschiedlich. Das gesellschaftliche und religiöse Zuhause der bekehrten ›Griechen‹ dürfte in der Regel die
christliche Gemeinde und ihr Gottesdienst gewesen sein.[503] Hier

---

503 Vgl. *M. Hengel / A.M. Schwemer*, Paulus, 300–312.

gab es schon früh (ca. 35–39 n.Chr.) eine Gemeinde, in der die
ethnische Herkunft keine entscheidende Rolle mehr spielte für die
Vollmitgliedschaft kraft der gemeinsamen Verbundenheit in Christus Jesus durch die Taufe auf seinen Namen (Gal 3,28). Damit,
daß für diese Gruppe die christliche Taufe mit der Begründung
der Gotteskindschaft, der Erfahrung des Geistempfangs und der
Wirkung der Sündenvergebung (2,38) unvergleichlich höherwer-
tig war als die Proselytentaufe und Beschneidung, konnte sie nicht
mehr in das überkommene Gefüge des hellenistischen Diasporajudentums integriert werden, das bei aller inneren Vielfalt und unbeschadet der bei nicht wenigen anzutreffenden kulturellen Of-
fenheit doch auf eine deutliche religiöse Trennlinie zu Nichtjuden
achtete.

22–24: *Bestätigung, Festigung und Ausweitung der Missionar-
beit in Antiochien*: Die Nachricht von der Bekehrung zahlreicher
›Griechen‹ in Antiochien kommt der Jerusalemer Gemeinde zu
Ohren (22a). Wie unter den Synagogengemeinden ein reger In-
formationsaustausch stattfindet, so auch unter den jungen, vom Judentum noch ungeschiedenen christlichen Gemeinden im syrisch-
palästinischen Raum. Vielleicht erfolgte die Benachrichtigung der
Jerusalemer durch solche Judenchristen, die mit der Entwicklung
in Antiochien nicht einverstanden waren. Die Muttergemeinde erkennt aber die Missionsarbeit in der syrischen Weltstadt durch die
Entsendung des Barnabas an, der wie andere dort tätige Missionare
aus Zypern stammte (4,36). Die Jerusalemer *Gemeinde* entsendet
ihn. Das ist ein Novum. Barnabas reist nicht als apostolischer Visi-
tator nach Antiochien, sondern als Bindeglied zwischen Mutter- und
Tochtergemeinde (11,30; 12,25; 15,2.12.22.25). Er kehrt ja nicht
zur Berichterstattung nach Jerusalem zurück; vielmehr bleibt er in
der syrischen Metropole und wird ein herausragender Lehrer der
jungen Gemeinde (26; 13,1). Der erfreuliche Eindruck, den Barnabas bei seiner Ankunft von der Missionsgemeinde gewinnt, überzeugt ihn davon, daß die dort begonnene Evangeliumsverkündigung unter gottesfürchtigen ›Griechen‹ und die so erfolgte Ausbreitung der Kirche Jesu Christi ein Beweis der Gnade Gottes ist
(23a), ein Erweis göttlichen Wohlwollens, das auf dieser Arbeit ruht
(Lk 2,40). Er ermahnt die Neubekehrten, dem Herrn die Treue zu
halten, wie sie sich das im Herzen vorgenommen haben (23b). Lukas trägt eine Erklärung dafür nach, daß Barnabas die Verhältnisse
in Antiochien richtig einschätzen und angemessen beurteilen kann
und mit seiner Mahnrede die Hörer erreicht (24): Er ist »ein vortrefflicher Mann« (ἀνὴρ ἀγαθός, nach Lk 23,50 auch Josef von
Arimathäa), nämlich wie Stephanus (6,5) »voll Heiligen Geistes

und Glaubens« (πλήρης πνεύματος ἁγίου καὶ πίστεως). So trägt
er zum weiteren Wachstum der jungen Gemeinde bei (24b).

25–26: *Einjährige Zusammenarbeit von Barnabas und Paulus*
als Lehrer in Antiochia: Während seiner Arbeit in Antiochien erinnert sich Barnabas an Paulus, den er in Jerusalem bei den Aposteln
eingeführt hatte (9,27). Man hatte ihn seinerzeit nach Tarsus geschickt, als sich zeigte, daß sein Aufenthalt in Jerusalem nach Auseinandersetzungen mit hellenistischen Juden dort für ihn lebens-
gefährlich war und auch die Gemeinde in eine bedrohliche Situation brachte (9,29–30). Barnabas reist (ca. 39/40 n.Chr.) nach Tarsus, um Paulus für die Mitarbeit in Antiochien zu gewinnen (25).
Man ist also in Kontakt mit ihm geblieben. Der Mann, für den die
Schrift vor allem Verheißungscharakter hat und für den mit seinem
Leben in Christus das mosaische Gesetz keine Basis mehr für das
Bestehenkönnen vor Gott bietet, eignet sich bestens für die Mitarbeit in dieser Gemeinde. Barnabas kann ihn der wachsenden Kirche von Antiochien zuführen (26a). Damit beginnt eine langjährige Arbeitsgemeinschaft der beiden (ca. 39/40–48/49).[504] Antiochi-
en und die Zusammenarbeit mit Barnabas haben für Paulus eine
viel größere Bedeutung gewonnen, als er selbst in seinen Briefen
erkennen läßt. Paulus trifft in dieser Stadt eine Gemeinde an, die von
der Taufe aller ihrer Glieder auf den Christus Jesus her praktiziert,
was er später als Parole formuliert hat: »Hier ist (man) nicht Jude
oder Grieche« (Gal 3,28a). Diese Gemeinde wächst aus der Synagogengemeinde heraus; sie ist aber noch nicht vom Judentum getrennt. Barnabas und Paulus arbeiten zunächst ein Jahr lang als
Lehrer in der mitgliederstarken Gemeinde zusammen (26b): Sie
»lehrten viel Volk« (26c). Das Lehramt mit der Aufgabe der Schrift-
auslegung ist eine Einrichtung der Synagoge. In der Gemeinde
des Christus Jesus hat es eine prophetisch charismatische Dimension (13,1). »Lehren« (διδάσκω, 4,2.18; 5,21.25.28) bezeichnet an
unserer Stelle nicht nur die Gemeindekatechese, sondern auch die
missionarische Verkündigung Jesu Christi (5,42; 15,35; 18,11.25;
28,31). Diese verläuft hier bemerkenswert erfolgreich. Evangelisation und vertiefende Gemeindekatechese finden wohl vornehmlich
in den Hausgemeinden statt. Gemeindeglieder laden Freunde und
Bekannte zu ihren gottesdienstlichen Versammlungen ein. So ver-
mehrt sich der Teilnehmerkreis. Der Leser ist auf eine weitere Ex-
pansion der Wirksamkeit des Heiligen Geistes vorbereitet.[505] –
Während der Zeit der Zusammenarbeit von Paulus und Barnabas

---

504   Vgl. *M. Hengel / A.M. Schwemer*, Paulus, 314; *N. Taylor*, Paul, 88ff.
505   Vgl. *W.H. Shepherd, Jr.*, Function, 207.

kommmt in Antiochien die Bezeichnung »Christen« (Χριστιανοί), »Christianer«, für die an den Christus Jesus glaubenden Menschen auf.[506] Man nennt sie »Christusleute«. Die im Griechischen latinisierende Namensform (-ιανός/-ιανοί = -ianus/-iani) kann bei Beinamen eine Klientel bezeichnen, d.h. die Schutzgenossen eines Patrons wie etwa »Herodianer« (Mk 3,6; 12,13) die Mitglieder, Klienten und Anhänger des Herodes-Hauses. Ähnlich, wenngleich mit einem herabsetzenden Klang, ist die Bezeichnung »Nazoräer« (nosrim) in Jerusalem für die Anhänger des Jesus mit dem Beinamen »Nazoräer« d.h. Nazarener, zu verstehen (24,5; vgl. 2,22; 3,6; 4,10; 6,14; 22,8; 26,9).[507] Während jedoch dieser Gruppenname den Herkunftsort des Stifters mit einem damals noch häufigen Namen aufgreift, schwingt in der Bezeichnung »Christianer« ein politischer Unterton mit. Als die aus Juden und gottesfürchtigen, unbeschnittenen ›Griechen‹ bestehende Gemeinschaft in Antiochien auch gegenüber den Synagogengemeinden als eine durch ihr Christusbekenntnis charakterisierte besondere Gruppe erkennbar wurde, dürften Außenstehende sie zuerst so benannt haben (26,28). Das geschah vermutlich zur Zeit der Caligula-Unruhen zwischen 39 und 41, als der Kaiser im Jerusalemer Tempel sein Standbild aufstellen lassen wollte, und hellenistisch-jüdische Bekenner des Christus Jesus sich von den öffentlichen Auseinandersetzungen zwischen ›Griechen‹ und Juden in dieser Sache fernhielten.[508] Tempel und Opferkult hatten für sie ohnehin keine Bedeutung mehr (7,48–50). Viele waren zudem ihrer Herkunft nach Griechen oder Griechisch sprechende Menschen anderer ethnischer Herkunft. Wahrscheinlich war der Name »Christen« schon in Antiochien eine Bezeichnung durch römische Behörden, die diese Gruppe als politischmessianisch orientiert brandmarken wollten.[509] Erst im Ausgang des 1. Jh.s n.Chr. übernahmen Anhänger des Christus Jesus selbst diese Bezeichnung, mit der man sie inzwischen öffentlich in Verruf gebracht und als Kriminelle behandelt hatte (1Petr 4,16).[510]

---

506   Vgl. *C.K. Barrett*, Acts I, 556f; *G. Schneider*, Art. Χριστιανός, 1145ff; *M. Hengel* / *A.M Schwemer*, Paulus, 340–351.

507   Vgl. *H.H. Schaeder*, Art. Ναζαρηνός, Ναζωραῖος, 879.

508   Vgl. *M. Hengel*, Das früheste Christentum, 207; *ders.* / *A.M. Schwemer*, Paulus, 305.

509   So z.B. *E. Peterson*, Christianus, 64–87.

510   Vgl. Sueton, Nero 16,2: »Ganz schwer setzte man den Christen mit Martern zu; dieser Menschenschlag hing einem neuartigen und schädlichen Aberglauben an« (Kaiserviten, 651). Sueton, Claudius 25,3 dokumentiert die Verwechslung der für Nichtjuden nicht leicht verständlichen »Christus«-Bezeichnung mit dem geläufigen Sklavennamen »Chrestus« (ebd., 590f). »chrestus« (χρηστός) bedeutet »brauchbar«. Tacitus, Ann XV,44.2 erwähnt, daß die Christen vom Volk »Chrestianer« genannt wurden (Annalen, 748f).

Die Bezeichnung »Christentum« (Χριστιανισμός), die in Analogie
zu »Judentum« ('Ιουδαϊσμός) gebildet wurde, findet sich zur Benennung dessen, was für die Gruppenidentität charakteristisch ist,
zuerst um 110 beim Märtyrerbischof Ignatius von Antiochien (Ign
Mag 10,1.3; IgnRöm 3,3; IgnPhld 6,1). Ignatius gab die Verhal-
tensmaxime aus: »Es ziemt sich, nicht nur ›Christen‹ (Χριστιανοί)
genannt zu werden, sondern es auch zu sein« (IgnMagn 4,1) und
Früchte des Glaubens zu bringen« (IgnEph 14,2). Die ›Apostellehre‹ warnt etwa zur gleichen Zeit mit dem neuen Wort »Christus-
schacherer« (χριστέμπορος) vor Leuten, die von einer Gemeinde
zur anderen reisen, sich als Christen ausgeben und so ihren Lebensunterhalt verdienen (Did 12,5).[511]

Die Kollekte Antiochiens für Jerusalem
11,27–30

**[27]In diesen Tagen kamen Propheten von Jerusalem nach Antio-
chien herab. [28]Einer[512] von ihnen aber mit Namen Agabus trat
auf und kündigte durch den Geist an, daß eine große Hungersnot
über den ganzen Erdkreis kommen werde. Diese brach unter
Claudius aus. [29]Die Jünger aber beschlossen, daß jeder von ihnen je nach seinem Vermögen den in Judäa wohnenden Brüdern
etwas zur Unterstützung schicken sollte. [30]Das taten sie auch und
sandten es an die Ältesten durch die Hand von Barnabas und
Saulus.**

Kontext und Gliederung: Der Kurzbericht ist durch die einleitende Zeitangabe (27)
und durch die zum Schluß genannten Namen Barnabas und Saulus (30) mit dem vorangegangenen verknüpft. In der Einleitung (27–28) ist zunächst allgemein von
Propheten aus Jerusalem, die nach Antiochien kommen, die Rede (27), danach
spezifizierend von einem dieser Propheten namens Agabus, der eine Hungersnot

---

511   Vgl. Schriften des Urchristentums,II, 86f (*K. Wengst*).
512   Der Codex Bezae und einige ›westliche‹ Textzeugen haben eine erweiterte
und erheblich modifizierte Fassung des Versanfangs von 28: »Es herrschte aber
viel Jubel. Doch als wir uns versammelt hatten (!), sprach einer von ihnen ...« –
Der ›westliche‹ Text hat hier schon den ersten »Wir«-Bericht, der nach dem ›östlichen‹ Text erst mit 16,10 einsetzt (siehe dort!). *R. Bultmann*, Zur Frage, 421f
hat die ›westliche‹ Version mit Kritik an E. Haenchens Nichtbehandlung (*ders.*,
Text, 172–205; *ders.*, Apostelgeschichte, 63–73) als vermutlich ursprünglich
verteidigt, weil sie ihm aus späterer redaktioneller Arbeit als nicht verständlich
erschien. *H. Conzelmann*, Apostelgeschichte, 76; *E. Haenchen*, Apostelgeschichte, 359f haben darauf aufmerksam gemacht, daß im Hintergrund der ›westlichen‹ Version die Identifizierung des Autors der Apostelgeschichte mit dem in
13,1 als Lehrer in Antiochien erwähnten Lucius von Cyrene steht. Vgl. auch *C.K.
Barrett*, Acts I, 564; *B.M. Metzger*, Textual Commentary, 391.

voraussagt (28a); abschließend wird die Zeit ihres Eintretens genannt (28b). Der Hauptteil (29–30) berichtet dann von der Reaktion der Christen in Antiochien auf die Ankündigung: Sie beschließen eine Kollekte für ihre Glaubensbrüder in Judäa (29), führen ihren Beschluß aus (30a) und lassen die Kollekte durch Barnabas und Saulus überbringen (30b).

Traditionshintergrund[513]: Die Reise einer Gesandtschaft aus Antiochien unter Leitung des Barnabas nach Jerusalem zwecks Überbringung einer Kollekte zur Unterstützung der Muttergemeinde in einer Versorgungskrise während der Regierungszeit des Claudius ist historisch wahrscheinlich. Vielleicht wurde diese Sammlung »zum Modell für die Kollekten der heidenchristlichen Gemeinden für die Judenchristen in Judäa (Gal 2,10; 1Kor 16,1–14; 2Kor 8–9; Röm 15,25–27).«[514] Zweifelhaft ist aber, ob Paulus dieser Delegation angehörte. Nach Gal 1–2 besuchte er Jerusalem nach seiner Bekehrung bis zum Zeitpunkt der Abfassung des Briefes nur zweimal, das erste Mal, um Petrus kennenzulernen und den Herrenbruder Jakobus zu sehen (Gal 1,18–19), das zweite Mal zusammen mit Barnabas anläßlich des sog »Apostelkonzils« (Gal 2,1–10). Lukas wird dem Barnabas Paulus als Begleiter beigegeben haben, weil er von der Zusammenarbeit der beiden in Antiochien (11,26), in der Mission (13,1 – 14,28), ihrer gemeinsamen Reise zum Jerusalemer ›Apostelkonzil‹ (15,1–34) und der Kollektenreise des Paulus nach Jerusalem (24,17) wußte. Jedoch ist die Möglichkeit nicht ganz auszuschließen, daß Paulus mit der Offenbarung, aufgrund der er nach Gal 2,2 zusammen mit Barnabas nach Jerusalem zog, die Prophetie des Agabus (Apg 11,28) meint. Dann hätte sich der Zusammenstoß des Paulus mit Petrus in Antiochien (Gal 2,11–14) vor der Vereinbarung von Apg 15 zugetragen.[515] Jedoch ist eher wahrscheinlich, daß der Eklat später stattfand (vgl. den Exkurs unten S. 338ff:»Die Ergebnisse des ›Apostelkonzils‹ nach Gal 2,1–10 und die historische Situation des ›Aposteldekrets‹«).

27–28: *Propheten aus Jerusalem*:»In diesen Tagen«, d.h. während des Jahres, als Barnabas und Paulus als Lehrer in Antiochien zusammenarbeiten (26), kommen urchristliche Propheten aus Jerusalem nach Antiochien (27). Vermutlich sind wandernde judenchristliche Charismatiker gemeint, die mit Empfehlungsschreiben der Urgemeinde in Palästina und Syrien von Stadt zu Stadt zogen und in Jesu Namen Offenbarungen über die Gegenwart und die nähere Zukunft aussprachen. Wanderpropheten werden in Lk 11,49 und Did 11,7–12 vorausgesetzt. Es gab auch ortsansässige Propheten (1Kor 12,28–29; Eph 2,20; 4,11). Ihre Aufgabe bestand in der Erbauung, Ermahnung und Tröstung der Gemeinde (1Kor 14,3), darüber hinaus auch darin, in der Versammlung gastweise anwesenden Außenstehenden mit Vollmacht und Kraft ins Gewissen zu reden, und sie zur Buße zu führen (1Kor 14,24–25). Apg 13,1 nennt in Antiochien lebende prophetisch charismatische Lehrer (vgl. auch 15,22.32). Für den Unterhalt der Gemeindepropheten kamen die

---

513 Vgl. *G. Strecker*, Jerusalemreise, 67–77.
514 *R. Pesch*, Apostelgeschichte I, 358.
515 Vgl. *D. Wenham*, Acts, 234–243.

Gemeinden auf (Did 13,1). Einer der aus Jerusalem gekommenen reisenden Propheten heißt Agabus (28a). Er hat einen von Hause aus hebräischen Namen. In Esra 2,45–46 werden die Nachfahren Hagabas und Hagabs (d.h. Heuschrecke) genannt. Agabus tritt später auch in Cäsarea auf (21,10–11). Jetzt weissagt er in Antiochien »durch den Geist« eine weltweite Hungersnot (28b).[516] Hungersnöte entstehen nach Mißernten durch die Verknappung und Verteuerung der Lebensmittel. Die ärmere Bevölkerung kann das knapp gewordene Getreide nicht mehr bezahlen. Für manche Propheten gehören Hungersnöte zu den Vorzeichen des vermeintlich nahen Endes (Mk 13,8 // Lk 21,11; Offb 6,8; 18,8). Lukas, der gern Ereignisse aus der Vor- und Frühgeschichte des Christentums mit dem Weltgeschehen verknüpft (vgl. Lk 2,1–2; 3,1–2), bestätigt die Prophetie des Agabus durch die Mitteilung, die von ihm angesagte Not sei unter Kaiser Claudius eingetreten. Nach Sueton war die Regierungszeit dieses Kaisers (41–54 n.Chr.) eine Zeit »anhaltend schlechter Ernten« (Claud 18,2). Schwere regionale Versorgungskrisen während der Regierungszeit des Claudius sind bezeugt für Rom (41–43 n.Chr.; Dio LX 11,1), Ägypten (45–46 n.Chr.; Papyri von Teptunis) und Palästina.[517]

Exkurs: Eine Versorgungskrise in Jerusalem unter Claudius
Josephus berichtet über die Pilgerfahrt der Königinmutter Helena von Adiabene (Assyrien), die mit ihrem Sohn, dem König Izates (Regierungszeit 30–54 n. Chr.), zur jüdischen Religion übergetreten war, nach Jerusalem: »Den Bewohnern von Jerusalem aber konnte nichts erwünschter sein als Helenas Ankunft. Denn Hungersnot bedrückte ihre Stadt, und da viele Bürger aus Mangel an Lebensmitteln umkamen, schickte die Königin einige aus ihrem Gefolge nach Alexandrien, um große Mengen Getreide dort zu kaufen, und andere nach Zypern, um ganze Schiffsladungen Feigen herbeizuschaffen. Als die Abgesandten, welche die Reise mit größter Schnelligkeit zurückgelegt hatten, wieder da waren, ließ sie den Notleidenden Lebensmittel austeilen, so daß sie sich durch ihre Wohltätigkeit bei unserem ganzen Volke ein gesegnetes Andenken sicherte. Auch ihr Sohn Izates säumte nicht, als er von der Hungersnot Kunde erhielt, an die Vornehmsten in Jerusalem große Geldsummen zu senden, welche unter die Darbenden verteilt wurden und viele vom Hungertod retteten« (Ant XX,50–53).[518]

29–30: *Eine Kollekte für Jerusalem*: Auf die Ankündigung der Hungersnot reagieren die Christen der anscheinend wohlhabenden Tochtergemeinde in der reichen syrischen Metropole mit einer Solidaritätsaktion zur Unterstützung (διακονία) der Muttergemeinden in Judäa (29). Sie beschließen die Durchführung einer Kol-

---

516   Vgl. *M. Hengel / A.M. Schwemer*, Paulus, 364ff; *R. Riesner*, Frühzeit, 111–121; *B.W. Winter*, Acts, 59–78.
517   Sueton, Kaiserviten, 576f.
518   Josephus, Jüdische Altertümer II, 643.

lekte. Jeder soll sich nach Vermögen freigebig erzeigen (1Kor 16, 1–4; 2Kor 8,1–24; 9,1–15). So geschieht es (30a). Barnabas und Paulus (26) bekommen den Auftrag, den »Ältesten« das Zeichen der Verbundenheit zu überbringen (30b). Erstmals werden »Älteste« (πρεσβύτεροι) als Leitungsorgan genannt (14,23; 15,2.4.6.22. 23; 16,4; 20,17; 21,18). Der Zwölferkreis ist nicht mehr das maßgebliche Gremium. Der Zeugendienst dieser Gruppe in Jerusalem ist beendet. Die Gemeindeleitung liegt nun beim Herrenbruder Jakobus und einem analog zum Vorstand der Synagogengemeinden (Lk 7,3) gebildeten Ältestenkollegium.[519] Von der Rückkehr der beiden Abgesandten aus Antiochien nach Erledigung ihres Auftrags in ihre Gemeinde berichtet Lukas in 12,25 (Inklusion). Vorher zeigt er, daß in Jerusalem eine neue Situation eintritt.

Die Verfolgung in Jerusalem unter Herodes Agrippa I.
12,1–25

Zwischen den Bericht von der Kollekte aus Antiochien für Jerusalem (11,27–30) und der Rückkehr ihrer Überbringer nach Ausführung ihrer Aufgabe (12,25) hat Lukas eine Erzählung von einer Verfolgung von Christen in Jerusalem, besonders auch von Aposteln, durch Herodes Agrippa I. sowie vom Tod des Verfolgers, eingeschaltet (12,1–23). Nach der Einleitung (1–2), bestehend aus dem Bericht über die Festnahme von Gemeindegliedern (1) und die Hinrichtung des Apostels Jakobus (2), steht im Zentrum die letzte Petrus-Erzählung der Apostelgeschichte: die Geschichte von der Gefangennahme und scheinbar sicheren Bewachung, der wunderbaren Befreiung und dem Weggang des Petrus (3–17). Als Nachspiel und Überleitung erzählt Lukas vom Schicksal der Wachsoldaten, denen Petrus ohne ihr Verschulden entführt wurde (18–19). Es folgt die Erzählung vom Ende des Königs (20–23). Das hintere Rahmenstück des gesamten Gefüges von 11,27 bis 12,25 bilden eine Wachstumsnotiz (24) und die Mitteilung über die Rückkehr von Barnabas und Paulus nach Antiochien (25).

Die Hinrichtung des Apostels Jakobus
und die wunderbare Befreiung des Petrus aus dem Gefängnis
12,1–19

¹Zu jener Zeit aber legte der König Herodes Hand an einige aus der Gemeinde[520], um ihnen Böses anzutun. ²Er tötete aber Jakobus, den Bruder des Johannes, mit dem Schwert. ³Als er aber

---

519 Vgl. *G. Bornkamm*, Art. πρέσβυς κτλ., 662ff; *J. Rohde*, Art. πρεσβύτερος, 358.
520 ›Westliche‹ Textzeugen präzisieren: »in Judäa«. Vgl. *C.K. Barrett*, Acts I, 574; *B.M. Metzger*, Textual Commentary, 391; *G. Schneider*, Apostelgeschichte II, 98, Anm. a.

sah, daß es[521] den Juden gefiel, ließ er auch Petrus festnehmen.
Es waren aber die Tage der ungesäuerten Brote. [4]Nach seiner
Festnahme warf er ihn ins Gefängnis und übergab ihn an vier
Abteilungen zu je vier Soldaten zur Bewachung in der Absicht,
ihn nach dem Passafest dem Volk vorzuführen. [5]Petrus nun
wurde im Gefängnis verwahrt; die Gemeinde aber betete beharrlich für ihn zu Gott. [6]Als aber Herodes ihn vorführen wollte, schlief Petrus in jener Nacht zwischen zwei Soldaten, mit zwei
Ketten gefesselt; Wachen vor der Tür aber verwahrten das Gefängnis. [7]Und siehe, ein Engel des Herrn trat herzu, und Licht
leuchtete in dem Gefängnis auf. Der Engel aber stieß Petrus in
die Seite, weckte ihn und sprach:»Steh schnell auf!« Und die
Ketten fielen ihm von den Händen. [8]Der Engel aber sprach zu
ihm:»Gürte dich und binde deine Sandalen unter!« Er tat aber
so. Und er sprach zu ihm:»Wirf deinen Mantel um und folge
mir!« [9]Und er folgte ihm nach draußen und wußte nicht, daß
Wirklichkeit war, was durch den Engel geschah, sondern meinte, ein Traumgesicht zu sehen. [10]Als sie die erste und die zweite
Wache passiert hatten, kamen sie an das eiserne Tor, das in die
Stadt führte. Dieses öffnete sich ihnen von selbst, und sie traten
hinaus[522] und gingen eine Straße weiter, und alsbald schied der
Engel von ihm. [11]Und als Petrus zu sich kam, sprach er:»Nun
weiß ich wirklich, daß der Herr seinen Engel gesandt hat, um
mich aus der Hand des Herodes und aller Erwartung des Volkes
der Juden zu erretten.« [12]Und als er sich das klargemacht hatte,
kam er an das Haus der Maria, der Mutter des Johannes mit
Beinamen Markus, wo viele versammelt waren und beteten.
[13]Als er aber an das Hoftor klopfte, kam eine Magd mit Namen
Rhode herbei, um zu öffnen. [14]Und als sie die Stimme des Petrus
erkannte, öffnete sie vor Freude das Hoftor nicht, sondern lief
hinein und meldete, Petrus stehe vor dem Tor. [15]Sie aber sprachen zu ihr:»Du bist verrückt!« Sie aber beteuerte, es sei so. Sie
aber sprachen:»Es ist sein Engel.« [16]Petrus aber fuhr fort zu
klopfen. Als sie aber öffneten, sahen sie ihn und waren außer
sich. [17]Er aber winkte ihnen mit der Hand, sie sollten schweigen,
und erzählte ihnen, wie der Herr ihn aus dem Gefängnis herausgeführt hatte, und sprach:»Berichtet das dem Jakobus und den

521 ›Westliche‹ Textzeugen präzisieren:»sein Anschlag gegen die Gläubigen«. Vgl. C.K. Barrett, Acts I, 576; B.M. Metzger, Textual Commentary,
392; G. Schneider, Apostelgeschichte II, 98, Anm. b.
522 ›Westliche‹ Textzeugen fügen wohl aufgrund ihrer Ortskenntnis hinzu:
»und sie stiegen die sieben Stufen hinab«. Vgl. B.M. Metzger, Textual Commentary, 394 und die Kommentare von C.K. Barrett, I, 581; O. Bauernfeind, 161; E.
Haenchen, 369; G. Schneider, II, 99, Anm. i.

Brüdern!« Und er ging hinaus und zog an einen anderen Ort. [18]Als es aber Tag wurde, herrschte unter den Soldaten eine nicht geringe Aufregung, was mit Petrus geschehen sei. [19]Als aber Herodes ihn suchte und nicht fand, verhörte er die Wachen und ließ sie abführen. Dann begab er sich von Judäa hinab nach Cäsarea und blieb dort.

Feingliederung

I. *Einleitung* (1–2): Der Verfolger und die Verfolgten: 1. König Herodes-Agrippa geht gegen Gemeindeglieder vor (1); 2. Spezifizierung und Präzisierung: Eine maßgebende Persönlichkeit der Gemeinde, der Zebedaide Jakobus, ist der Aktion schon zum Opfer gefallen (2).

II. *Äußere Exposition* (3–5): Verhaftung und sichere Verwahrung des Petrus: 1. Der Grund: Das bisherige Vorgehen gefällt der Bevölkerung (3a). 2. Die Verhaftung (3b). 3. Der Zeitpunkt: Die Tage der ungesäuerten Brote (3c). 4. Sichere Verwahrung (4–5a): a) Einsperrung im Kerker (4a). b) Übergabe an starke Wachen (4b). c) Der weitere Plan: Öffentliche Vorführung nach dem Fest (4c). d) Fazit: Petrus im Kerker verwahrt (5a). 5. Gegenaktion der Gemeinde: Beharrliches Gebet (5b).

III. *Zentrum* (6–10): Das Befreiungswunder: 1. Innere Exposition zur szenischen Vorbereitung (6): In der Nacht vor der öffentlichen Vorführung schläft der Gefangene sicher bewacht im Kerker. 2. Die Befreiungsaktion (7–10): a) Im Kerker (7–8): α) Auftreten eines Engels (7a). β) Erhellung der Kerkernacht (7b). γ) Der Engel weckt Petrus durch einen Stoß (7c); δ) Befehl, aufzustehen (7d); ε) Wunderbare Lösung der Ketten (7e); ζ) Befehle des Engels, sich zum Aufbruch zu rüsten und ihm zu folgen (8). b) Der Weg ins Freie (9–10): α) Petrus folgt dem Engel wie im Traum (9); β) Sie passieren unbemerkt die Wachen (10a); γ) Wunderbare Öffnung des in die Stadt führenden Eisentores (10b); δ) Abschluß der Engelerscheinung (10c.d): Eine Straße weiter (10c) scheidet der Engel von Petrus (10d).

IV. *Wirkungen des Befreiungswunders*: 1. Wirkung auf Petrus (11): a) Ihm wird klar, was geschehen ist (11a). b) Er deutet das Ereignis (11b). 2. Wirkung auf die Gemeinde (12–17): Wiederbegegnung mit Petrus und Abschied: a) Überleitung: α) Nach der Besinnung auf das ihm Widerfahrene kommt Petrus zum Haus der Markus-Mutter Maria (12a); β) Die versammelte Hausgemeinde betet (12b). b) Zentrum (13–16): Die Größe des Ereignisses im Spiegel der Wiedererkennungsszene: α) Petrus klopft an das Hoftor (13a); β) die Magd Rhode kommt ans Tor (13b); γ) die Magd erkennt die Stimme des Petrus (14a), vergißt aber vor freudiger Erregung, das Tor zu öffnen (14b), sondern läuft ins Haus zurück und meldet, Petrus stehe draußen (14c); δ) Erste ungläubige Reaktion: »Du bist verrückt!« (15a); ε) Die Magd beteuert die Wahrheit ihrer Behauptung (15b); ζ) Zweite ungläubige Reaktion: »Es ist sein Engel« (15c); η) Petrus klopft weiter ans Tor (16a); ϑ) Endlich öffnet man ihm und ist außer sich, als man ihn sieht (16b.c). c) Schluß: α) Petrus dämpft die freudige Erregung mit einer Handbewegung (17a); β) Er erzählt seine wunderbare Befreiung (17b); γ) Er ordnet an, den Herrenbruder Jakobus zu benachrichtigen (17c); δ) Er geht fort »an einen anderen Ort« (17d). 3. Wirkung auf den Verfolger und seine Helfer: a) Die Aufregung der Wachsoldaten, die nicht wissen, was mit Petrus geschehen ist (18); b) Herodes-Agrippa läßt nach Petrus fahnden (19a). c) Nach vergeblicher Suche läßt er die Wachen nach einem Verhör zur Exekution abführen (19b). d) Überleitung: Herodes-Agrippa zieht (nach Ablauf der Festwoche) nach Cäsarea.

Traditionshintergrund: Lukas hatte eine Nachricht von der Enthauptung des Zebedaiden Jakobus (2). Ihm lag offensichtlich nicht daran, ein zweites Martyrium ausführlich zu berichten, sondern eine Geschichte von der wunderbaren Bewahrung des Petrus zu erzählen. Die Rettungs- oder Befreiungswundergeschichte (3–19)[523] dürfte auf eine Petrus-Tradition zurückgehen, nach der er für ihn selbst und die Jerusalemer Gemeinde völlig überraschend kurz vor dem Prozeß mit absehbarem tödlichem Ausgang nachts heimlich aus dem Kerker herausgeholt wurde und sich nach einem Kurzbesuch im Haus der Mutter des Johannes Markus auswärts in Sicherheit bringen konnte. Vermutlich kannten Simon Petrus und seine Jerusalemer Freunde den Fluchthelfer nicht. Das Geschehen wurde zu Recht wohl von Anfang an als Wunder aufgefaßt und entsprechend erzählt.

1–2: *Der Verfolger und die Verfolgten*
1: »Zu jener Zeit«, d.h. während des Aufenthalts von Barnabas und Paulus in Jerusalem (11,30), geht »König Herodes« dort gegen Christen vor. Ähnlich wie im Fall des Stephanus ist aber nicht die gesamte Gemeinde von der Verfolgung betroffen. Agrippa »legte Hand an einige aus der Gemeinde«.

Exkurs: Markus Julius Agrippa I.
Gemeint ist Markus Julius Agrippa I. (geb. um 9 v.Chr., gest. 44 n.Chr.), ein Enkel Herodes d.Gr.[524] Lukas erwähnt ihn als Gewaltmenschen und nennt ihn nach seinem berühmt-berüchtigten Großvater »Herodes«. Agrippa selbst führte diesen Namen nicht. Der in Rom aufgewachsene und mit Gaius, genannt Caligula (Regierungszeit 37–41 n.Chr.), befreundete Prinz bekam nach einer bewegten Jugend durch die Gunst seines kaiserlichen Freundes 37 n.Chr. die Tetrarchie des Philippus und das Gebiet des Lysanias im Norden und Nordosten Palästinas zugewiesen und erhielt das Recht, den Königstitel zu tragen. Nach dem Sturz des Herodes-Antipas (39 n.Chr.), den er betrieben hatte, bekam er von Caligula im Jahre 40 auch Galiläa und Peräa. Nach der Ermordnung Caligulas erhielt er von dessen Nachfolger Claudius (Regierungszeit 41–54 n.Chr.), seinem früheren Schulkameraden, im Jahre 41 außerdem die Herrschaft über Judäa und Samaria und Idumäa, die Trachonitis und Auranitis. Damit regierte er bis zu seinem plötzlichen Tod im Jahr 44 über das ganze Reich seines Großvaters und dazu noch über das Gebiet des Lysanias (Josephus, Bell II,215–216).[525] So ist es verständlich, wenn Lukas ihn nach seinem Großvater als »Herodes« bezeichnet. Agrippa I., der sich beim anfangs judenfreundlich regierenden Claudius erfolgreich für die Juden in der Diaspora einsetzte (Josephus, Ant XIX, 286–291),[526] gab sich in Palästina als gesetzestreu im Sinne der Pharisäer und war bei der jüdischen Bevölkerung beliebt, obgleich er sich vor allem außerhalb Palästinas auch als Förderer hellenistischer Kultur und Baukunst hervortat. Josephus rühmt ihn: »Der König war von Natur höchst freigebig und wohltätig und suchte sich die Liebe seiner Untertanen durch

---

523 Vgl. *R. Eulenstein*, Befreiung, 43–69; *R. Kratz*, Rettungswunder, 351–445; *O. Weinreich*, Gebet, 154–158.
524 Vgl. *B. Reicke*, Zeitgeschichte, 144ff.148ff; *D.B. Saddington*, Military, 2423; *D.R. Schwartz*, Agrippa I.; *S. Safrai / M. Stern*, Jewish People I, 288–300; *R.D. Sullivan*, Dynasty, 321–329.
525 Josephus, De Bello Judaico I, 224f.
526 Josephus, Jüdische Altertümer II, 618ff.

reiche Geschenke zu erwerben ... Agrippa ... war leutselig und gegen alle gleich wohltätig. Freundlich gegen Ausländer, die über seine Freigebigkeit nicht zu klagen hatten, vergaß er doch auch nicht, seine Untertanen durch um so größere Teilnahme zu entschädigen. Desgleichen wohnte er gern und andauernd in Jerusalem, beobachtete die Satzungen seiner vaterländischen Religion gewissenhaft und war von höchster Sittenreinheit, wie er auch keinen Tag ohne Darbringung der gesetzlichen Opfer vorübergehen ließ« (Ant XIX, 328–331).[527] Agrippas Vorgehen gegen prominente Glieder der christlichen Gemeinde wahrscheinlich bald nach dem Antritt der Herrschaft über Judäa im Jahr 41 n.Chr. war Teil seiner entschieden nationaljüdischen und auch auf die Interessen der Pharisäer eingehenden Politik. Nach Agrippas Tod machte Claudius Judäa wieder zur römischen Provinz.

2: *Das Martyrium des Zebedaiden Jakobus*: In der Verfolgung geht es für einige tonangebende Persönlichkeiten der Gemeinde um Kopf und Kragen. Als römischer Vasallenkönig übt Agrippa auch das *jus gladii* aus, das Recht, über Leben und Tod zu entscheiden. Nach römischem Brauch läßt er den Apostel Jakobus, »den Bruder des Johannes« (Lk 5,10; 6,14; 8,51; 9,28.54; Apg 1, 13), mit dem Schwert hinrichten.[528] Jüdischem Rechtsbrauch hätte die Steinigung entsprochen. Die Exekution war allem Anschein nach eine religionspolitische Maßnahme. Der Märtyrertod des Jakobus ist Mk 10,39 vorausgesetzt. Von einem Martyrium des Johannes ist nichts bekannt. Der Märtyrertod des Jakobus ist der einzige eines der zwölf Apostel, von dem die Apostelgeschichte berichtet. Lukas bringt nur die Nachricht. Er nennt keinen Grund für die Hinrichtung. Die Notiz dient als Hintergrund und Auftakt für die Erzählung von der Verhaftung und wunderbaren Rettung des Petrus. Der Zebedaide Jakobus steht in der ältesten Zwölferliste an zweiter Stelle direkt hinter Petrus (Mk 3,17 diff Lk 6,14 diff Apg 1,13). Eine Nachwahl findet nicht mehr statt. Die Funktion der »Zwölf«, das erneuerte Israel zu repräsentieren, geht zu Ende. Die Leitung der Jerusalemer Gemeinde geht in andere Hände über (12,17). Nachdem die Tempelbehörde erste Maßnahmen gegen den Zwölferkreis ergriffen hatte (4,1–3.16–18; 5,17–42), schickt sich nun der jüdische König an, die anfängliche Repräsentanten-Gruppe der Gemeinde Jesu zu zerschlagen. Die Frage, weshalb Jakobus nicht bewahrt wurde, hat Lukas ausgeklammert. Im Evangelium hat er Jesu Weissagung des Martyriums für beide Zebedäus-Söhne ausgelassen (vgl. Mk 10,35–45 // Mt 20,20–23).

---

527   Josephus, Jüdische Altertümer II, 626.
528   Nach der erst seit karolingischer Zeit (9. Jh.) greifbaren Legende soll der Zebedaide Jakobus zuvor in Spanien gewirkt haben. Sein angebliches Grab wird im galicischen Compostela verehrt. Der Heilige von Santiago di Compostela, der schon im Mittelalter riesige Pilgerscharen angezogen hat, wird heute von zahlreichen Religions- und Kulturtouristen aufgesucht.

3–5:   *Festnahme und sichere Verwahrung des Petrus*: Der König
sieht, daß seine Maßnahme bei der jüdischen Bevölkerung populär ist (3a). Deren Stimmung gegenüber den Christen in der Stadt
hat sich im Vergleich mit den Aussagen von 2,47 und 5,14 auffällig verändert. Lukas nennt keinen Grund dafür. Nachdem der König die Gefühlslage des Volkes erkannt hat, will er auch gegen den
vor allem in der Öffentlichkeit aufgetretenen Repräsentanten der
christlichen Gemeinde vorgehen. Er läßt Petrus um die Zeit des
Passa-Mazzot-Festes verhaften (3b). Dieser Zug erinnert an die Zeit
der Passion Jesu (Lk 22,1.7). Der Zeitpunkt ist günstig gewählt.
Jerusalem quillt während der Festwoche über vor Pilgern von nah
und fern. Der König, der anders als der Hohe Rat im Falle Jesu das
Hochfest respektiert, plant, Petrus im Anschluß daran »dem Volk
vorzuführen« (4c), d.h. ihn öffentlich abzuurteilen. Seine Hinrichtung muß die Gemeinde als ganze treffen. Bis zum geplanten Schauprozeß läßt er ihn ins Gefängnis werfen (4a) und unter schärfste
Bewachung stellen (4b): Vier Abteilungen zu je vier Mann werden
dazu abgeordnet.[529] Sie lösen sich, wie im römischen Heeresdienst
üblich, alle drei Stunden ab. So ist alles Menschenmögliche getan,
daß der auf Massenwirkung zielende Prozeß stattfinden kann: Petrus liegt im Kerker sicher verwahrt (5a). Er ist zwar schon einmal
daraus befreit worden (5,19–26); diesmal aber kann er unmöglich
entkommen. – Im deutlichen Kontrast zu den Maßnahmen des den
Christen feindlichen Herrschers steht das Verhalten derer, die wissen, daß es in dieser Not keine Menschenhilfe, sondern nur *einen*
Beistand gibt: Die Jerusalemer Gemeinde, repräsentiert durch die
Hausgemeinde bei Maria, der Mutter des Johannes Markus (12),
ist zum ständigen Gottesdienst versammelt und betet inbrünstig
und beharrlich (ἐκτενῶς) für Petrus (5b). Unablässiges Wachen
und Beten wird bei Lukas mehrfach betont (Lk 2,37; 18,1; 21,36).

6–10:   *Das Befreiungswunder*
6:   *Die Situation unmittelbar vor der wunderbaren Rettung*: Das
inständige und anhaltende Fürbittengebet wird in der letzten Nacht
der Festwoche vor dem Tag des vorgesehenen Schauprozesses und
damit zu einem höchst kritischen Zeitpunkt auf eine für die Gemeinde selbst überraschende Weise erhört (14–16). Die Wachsoldaten erfüllen in dieser Nacht wie zuvor ihre Dienstpflicht: Der
prominente Gefangene schläft zwischen zwei Soldaten, an die er
mit zwei Ketten gefesselt ist (6a). Zwei weitere Wachsoldaten sind
vor der Gefängnistür postiert (6b). Petrus ist in so sicherem Gewahrsam, daß seine Rettung ausgeschlossen erscheint.

529   Zu Vierergruppen in der Apostelgeschichte vgl. 21,9.23; 27,29.

7–10: *Die Befreiungsaktion*: Mit »und siehe« beginnt die Wunderhandlung, die wohl während der letzten Nachtwache (zwischen 3 und 6 Uhr früh) spielt (18). Die Morgenfrühe gilt als Zeit der Hilfe Gottes (Ps 46,6; 143,8). Plötzlich erscheint im Gefängnis »ein Engel des Herrn« (7a), die personifizierte Schutz-, Führungs- und Rettungsmacht Gottes für die Seinen. Ihn hindern keine Kerkermauern. Auch Wächter können ihn nicht zurückhalten; sie bemerken ihn nicht einmal. Mit dem Auftreten des Engels erleuchtet himmlischer Lichtglanz die Kerkernacht (7b; vgl. Lk 2,9), ein Zeichen der Rettung von Gott her. Petrus trägt nichts zur Befreiung bei: Er schläft gottergeben tief und fest und denkt an keinen Ausbruchsversuch. Der Engel muß ihn in die Seite stoßen, damit er aufwacht (7c). Die Befreiungsaktion geht sehr schnell vor sich. Der Leser merkt das an den kurzen und rasch aufeinander folgenden Befehlsworten. Der Gottesbote befiehlt Petrus, eilends aufzustehen (7d). Als der unsanft geweckte Petrus aus dem Schlaf auffährt, fallen die Ketten von ihm ab (7e). Was der Engel tut, damit die beiden Wachsoldaten, an die Petrus gefesselt war, nichts bemerken, wird nicht berichtet. Vermutlich hat er sie in Tiefschlaf fallen lassen. Der Erzähler hat aber nur die Haupthandlung im Sinn, die Befreiung des Petrus. Sie verfolgt er geraden Weges. Mit knappen Worten befiehlt der Engel dem noch Schlaftrunkenen Zug um Zug die einzelnen Handlungen des Ankleidens (8a). Petrus befolgt die Anweisungen (8b). Schließlich befiehlt ihm der Engel, sich den Mantel umzuwerfen und ihm nach draußen zu folgen (8c). Der Engel führt ihn aus der Zelle an den beiden vor der Tür postierten Wachsoldaten vorbei (10a), die für den Erzähler der Befreiungsaktion ebenfalls uninteressant sind. Petrus folgt dem Engel wie im Traum (9). Er weiß nicht recht, wie ihm geschieht. Die Größe der wunderbaren Befreiungsaktion zeigt sich zuletzt noch darin, daß das schwerste Hindernis, das große Eisentor, das vom Gefängnis in die Stadt führt, sich selbsttätig öffnet (10b). Der auch draußen am Schutz des Petrus interessierte Engel führt ihn noch aus der unmittelbaren Umgebung des Gefängnisses heraus eine Straße weiter (10c), damit er sich in der nächtlichen Stadt möglichst unbemerkt entfernen kann; dann verschwindet der Befreier (10d).

11: *Petrus deutet seine Befreiung*: Petrus kommt erst wieder zu vollem Bewußtsein, als er sich für den Augenblick in relativer Sicherheit befindet. Jetzt erfaßt er die Realität des erlebten Geschehens, und er äußert sich in einem kleinen Monolog zu dessen Bedeutung: Gott hat ihn wirklich durch einen Engel befreit. Er wollte ihn aus der Hand des feindlichen Königs und damit vor der von der jüdischen Bevölkerung erwarteten Hinrichtung retten. Die

wunderbare Befreiung zeigt ihm, wo und wie Gott Partei ergriffen
hat.

Exkurs: Antike Motivparallelen zur wunderbaren Befreiung aus der Haft
Die Erzählung von der Befreiung des Petrus greift ein herkömmliches Motiv auf.
Antike Motivparallelen finden sich z.b. in der Dionysos-(Bacchus)-Tradition, so
in den 408/07 v.Chr entstandenen »Bacchen« [»Mänaden«] des Euripides. Dort
berichtet ein Sklave dem König Pentheus von Theben, der sich dem Dionysoskult
widersetzt, von einem Wunder dieses Gottes:
»... die Mänaden [Bacchen], die du hergebracht
Und festgekettet im Verlies der Stadt,
Sind fort und frei und schwärmen wie vorher,
Umhüpfen Bacchos, rufen ihren Gott.
Von selber fielen ihre Ketten ab
Und keine Hand stieß ihre Riegel auf.« (443–448).[530]
Ovid hat in seinen zuerst 8 n.Chr. veröffentlichten »Metamorphosen« das Motiv
ebenfalls aufgegriffen und gestaltet. Er erzählt, wie der lydische Schiffer Acœtes,
in den sich Bacchus verkörpert hat, aus dem Gefängnis des Königs Pentheus ent-
weicht:
»Und sie schleppten sogleich hinweg den Tyrrhener Acœtes,
sperrten ihn ein in festem Gelaß, doch dieweil des befohlnen
Todes grausames Rüstzeug, das Eisen, im Feuer man rüstet,
öffneten sich von selbst, so erzählt man, die Türen; die Ketten
glitten, von keinem gelockert, von selbst ihm herab von den Armen.«
(III, 696–700).[531]

12–17: *Die Begegnung des Petrus mit der Gemeinde*
12: *Petrus sucht die Gemeinde im Haus der Mutter des Johannes Markus auf*: Nach der Besinnung auf die Bedeutung des Ereignisses flieht Petrus nicht eilends aus Jerusalem, um sich so schnell
wie möglich in Sicherheit zu bringen. Als Gemeindeleiter denkt er
zuerst an die Gemeinde. Er begibt er sich zu dem Haus der hier
nicht nach ihrem Mann benannten, sondern durch ihren Sohn Johannes Markus bezeichneten Maria (12a). Markus war zur Zeit
des Lukas ein in der Kirche offensichtlich weit und breit bekannter Mann (Phlm 24; Kol 4,10; 2Tim 4,11; 1Petr 5,13). Maria ist eine vermögende Frau. Sie besitzt in Jerusalem ein größeres Anwesen
mit einem Torhaus zur Straße hin. Durch das Torgebäude gelangt
man über den Hof in das Wohnhaus. Marias Haus dient einer Hausgemeinde als Versammlungsort. Die Hausgemeinde, in der seit der
Festnahme des Petrus unablässig für ihn gebetet wird (5b), hält
auch jetzt betend Nachtwache (12b).
13–17: *Begegnung mit der Gemeinde und Abschied aus Jerusalem*: Die Größe und Unbegreiflichkeit des Wunders wird kräftig
unterstrichen durch die ausführlich erzählte Szene von der Schwie-

---

530 Euripides, Sämtliche Tragödien V, 284ff.
531 Publius Ovidius Naso, Metamorphosen, 123.

rigkeit des Petrus, Einlaß zu finden. Der, dem sich in Engelbegleitung Kerkertüren öffneten, muß nun in der Nacht eine Weile vor
dem verschlossenen Tor seiner Freunde warten. Während drinnen
für ihn gebetet wird, steht Petrus draußen am Torhaus und klopft
an (13a). Eine Magd mit dem verbreiteten Namen Rhode, d.h. Ro-
se, versieht den Pförtnerdienst (13b). Sie erkennt Petrus sofort an
seiner Stimme (14a), vergißt aber vor freudiger Erregung, ihm das
Tor zu öffnen (14b), eilt stattdessen über den Hof ins Wohnhaus
zurück und platzt in die betende Versammlung mit der Nachricht,
Petrus stehe leibhaftig am Tor (14c). Das erscheint den Versammelten ganz unwahrscheinlich. Sie erklären die Magd für verrückt
(15a). Als diese auf der Richtigkeit ihrer Behauptung besteht (15b),
glaubt man ihr immer noch nicht, sondern meint, es handele sich
um den Engel des Petrus (15c). Nach jüdisch-apokalyptischer (gr
ApkBar 12,3; 13,1–2; slavHen 19,4) und rabbinischer Vorstellung,
die auch im jungen Christentum Einlaß fand (z.B. Mt 18,10), ist
jedem Menschen ein persönlicher Schutzengel zugeordnet, der ihn
vor Gott repräsentiert, auf seinen Wegen geleitet und ihm als himmlisches Ebenbild auch ähnlich sieht.[532] Wenn die Gemeinde an den
himmlischen Doppelgänger des Apostels denkt, zeigt das, daß sie
seine Befreiung nicht erwartet und wohl auch eher darum gebetet
hat, daß er das nach menschlichem Ermessen unabwendbare Martyrium als Zeuge Jesu in Treue zu seinem Herrn bestehen möge.
Dem draußen stehenden Petrus bleibt nichts übrig, als weiter ans
Tor zu klopfen (16a). Er ist kein Engel, dem sich sogar ein schweres Eisentor selbsttätig öffnet (10). Der Leser fragt sich besorgt,
was geschieht, wenn Petrus mit seinen Klopfgeräuschen die Nach-
barschaft aufweckt. Schließlich öffnet man ihm (16b). Die Gemeinde ist bei seinem Anblick vor Freude außer sich (16c). Er muß die
laute freudige Erregung, die ihn und die ganze Versammlung gefährden kann, durch eine Handbewegung eindämmen (17a). Dann
berichtet er über das, was sich ereignet hat (17b). Er schließt mit
dem Auftrag, das Geschehene dem Jakobus und den anderen Mitbrüdern zu berichten (17c). So führt der Erzähler den Herrenbruder Jakobus als Repräsentanten der Jerusalemer Gemeinde nach
Petrus ein, ohne ihn als einen der in V. 14 pauschal genannten
Brüder Jesu zu charakterisieren. Mit den anderen Brüdern dürfte
an unserer Stelle kaum nur das Ältestenkollegium gemeint sein,
das mit Jakobus zusammen die Gemeinde leitet (21,18), sondern
eher die Gesamtheit der ortsansässigen Mitchristen. Denn Petrus
verabschiedet sich ja nur von *einer* Hausgemeinde. Noch in dersel-
ben Nacht verläßt er Jerusalem, um sich in Sicherheit zu bringen.

532   Vgl. Bill. I, 781ff; II, 707f.

Er begibt sich »an einen anderen Ort« (17d). Den Fluchtort hält
der Erzähler auch vor dem Leser geheim. Man muß an eine Stadt
außerhalb des Königreiches Agrippas I. denken. Die vage Angabe
zeigt dem Leser an, daß die Geschichte des Petrus noch nicht zu
Ende ist. Beim »Apostelkonzil« wird er noch einmal in Jerusalem
sein (15,6–11) und dann aus der Apostelgeschichte verschwinden.

Exkurs: Wo blieb Petrus?
Nach altkirchlicher Tradition begab er sich nach Rom und bekämpfte dort angeblich den Magier Simon (8,18–24) weiter. Vgl. Euseb, HE II,14.6: »Noch unter
der Regierung des Claudius führte die allgütige und so barmherzige, alles beherr-
schende Vorsehung sofort Petrus, den gewaltigen und großen unter den Aposteln,
der infolge seiner Tüchtigkeit der Wortführer aller anderen war, nach Rom, um gegen diese gefährliche Pest des Lebens aufzutreten. Wie ein tapferer Feldherr Gottes, mit göttlichen Waffen gewappnet, brachte er den kostbaren Schatz des geistigen Lichtes aus dem Osten nach dem Westen, indem er das Licht selbst und das
die Seelen rettende Wort, die Lehre vom Himmelreich, verkündete.«[533] Für die historische Richtigkeit dieser Überlieferung gibt es so wenig einen überzeugenden
Hinweis wie für das römische Wirken des Simon Magus (vgl. zu 8,9–11). Die
vom Ende des 1. Jh.s n.Chr. stammenden ältesten Indizien für einen römischen
Aufenthalt des Petrus und seinen dortigen Märtyrertod, der pseudonyme 1. Petrusbrief, der im unter der Chiffre »Babylon« versteckten Rom geschrieben wurde
(1Petr 5,13), und die Anspielung auf das Martyrium des Petrus 1Clem 5,3–4, geben keinen Anlaß zur Annahme, daß der Apostel schon zur Zeit des Claudius dort
wirkte.
Den Gedanken an eine eventuelle Romreise des Petrus hatte Lukas wohl kaum.
Aus den Paulusbriefen wissen wir, daß Petrus (Kephas) als reisender Apostel Ju-
denmission betrieb (1Kor 9,5; Gal 2,7–8). Eine Zeitlang hielt er sich in Antiochien auf (Gal 2,11). Vermutlich reiste er nach seinem Weggang aus Jerusalem
(41/42 n.Chr.) nach Syrien. Dort nämlich hat ihn später das Matthäusevangelium
als den »Fels« und so als *die* Grundgestalt der Kirche herausgestellt (Mt 16,18).[534]
In Jerusalem wurde das nach dem Martyrium des Zebedaiden Jakobus und dem
Weggang des Petrus nicht mehr vollzählige Gremium der Zwölf nicht wieder ver-
vollständigt. Die Festigung der nach der Verfolgung ihrer Leitung vermutlich ver-
störten Jerusalemer Gemeinde übernahm der torafromme Herrenbruder Jakobus,
der zwar einer der anerkannten Auferstehungszeugen (1Kor 15,7), aber keiner von
den Zwölfen war, zusammen mit einem Ältestenkollegium.[535] Der exklusive
Zwölferkreis, der das Zwölfstämmevolk der Endzeit repräsentiert, ist nun eine
Größe der Vergangenheit geworden, die als solche freilich wegen der Teilnahme
am Weg Jesu von der Johannestaufe bis zur Himmelfahrt (1,21–22) für das Christuszeugnis konstitutive Funktion hat und auch ohne Nachfolger in der Kirche
immer bedeutsam bleibt.

18–19: *Das Schicksal der Wachsoldaten*: Das Wunder muß auch
vom Christenverfolger und seinen Helfern anerkannt werden. Der
Schauplatz wechselt. Der Erzähler führt den Leser noch einmal

533   Eusebius von Cäsarea, Kirchengeschichte, 131.
534   Vgl. *U. Luz*, Matthäus II, 467–471.
535   Vgl. *R. Bauckham*, James, 427–441.

zum Gefängnis: Bei Tagesanbruch bemerken die Wachsoldaten, daß Petrus verschwunden ist und geraten verständlicherweise in große Aufregung (18; 5,21–24). Daß sie nicht wissen, was geschehen ist, bestätigt das Wunder ein weiteres Mal. Den verwirrten und hilflosen Wachsoldaten wird der entschlossen und zielbewußt handelnde König gegenübergestellt. Er will nicht um den Schauprozeß gebracht werden, mit dem er seine Gunst beim Volk zu erhöhen trachtet (3). So läßt er nach Petrus fahnden (19a). Die Suche ist vergeblich, Petrus ist entkommen. Der um die Realisierung seines Vorhabens gebrachte König läßt die Wachsoldaten, die mit ihrem Leben für einen ihnen anbefohlenen Gefangenen haften (16, 27; 27,42), im Schnellgerichtsverfahren nach einem Verhör zur Hinrichtung abführen (19b). Nach dem Ende der Festwoche (3) begibt er sich nach Cäsarea (19d). Dort hat er zwar seine Hauptresidenz; aber im Zusammenhang der Erzählung von der wunderbaren Befreiung des Petrus erscheint der Abgang des Königs wie der Abzug nach einer erlittenen Niederlage.

Das Ende des Verfolgers
12,20–23

[20]Er war aber sehr aufgebracht gegen die Tyrer und Sidonier. Die aber kamen gemeinsam zu ihm, und nachdem sie Blastus, den Kammerherrn des Königs, gewonnen hatten, baten sie um Frieden, weil ihr Land seine Lebensmittel aus dem des Königs bezog. [21]Am festgesetzten Tag aber legte Herodes sein Königsgewand an, nahm auf der Tribüne Platz und hielt eine Ansprache an sie. [22]Das Volk[536] aber rief ihm zu: »Gottes Stimme und nicht die eines Menschen!« [23]Sofort aber schlug ihn der Engel des Herrn dafür, daß er Gott nicht die Ehre gegeben hatte, und er wurde von Würmern gefressen und starb.[537]

Gliederung der kurzen Strafwundererzählung: 1. Einleitung (20): Die Vorgeschichte: Beendigung eines Streites mit Hafenstädten an der phönizischen Küste (20). 2. Der Anlaß (21–22): Entgegennahme göttlicher Verehrung anläßlich eines Festaktes. 3. Das Strafgericht (23): Ein schreckliches Ende.

536 Der Vers beginnt bei ›westlichen‹ Textzeugen präzisierend: »Bei Gelegenheit seiner Versöhnung mit den Tyrern«. Vgl. die Kommentare von *C.K. Barrett*, I, 590; *G. Schneider*, II, 100, Anm. t.
537 Statt »er wurde von Würmern gefressen« heißt es bei ›westlichen‹ Textzeugen: »er stieg von der Tribüne herab, wurde noch lebend von Würmern gefressen, und so starb er«. Die Änderung soll ausdrücken, daß der Tod erst nach einer gewissen Zeit eintrat. Vgl. *B.M Metzger*, Textual Commentary, 396f; *G. Schneider*, Apostelgeschichte II, 100, Anm. w.

20–23: Cäsarea am Meer war die Verwaltungshauptstadt Judäas. Agrippa I. hat daran nichts geändert. In seiner Kapitale plagen den König andere Sorgen als in Jerusalem. Er gerät in Streit mit den uralten Hafen- und Handelsstädten Tyros und Sidon (20). Das ist verständlich. Die Häfen konkurrieren mit dem jungen und aufblühenden Cäsarea. Die phönizischen Küstenstädte beziehen seit alters Getreide, Feigen, Honig und Öl aus Palästina (1Kön 5, 25; Ez 27,17). Agrippa I. hat anscheinend ein Ausfuhrverbot gegen beide Städte verhängt. Eine Delegation der phönizischen Hafenstädte gewinnt Blastus, den einflußreichen Vermögensverwalter des Königs, als Vermittler. Das dürfte sie Schmiergeld gekostet haben. Blastus gelingt es, den König zur Beendigung des Streits zu bewegen. Ein öffentlicher Festakt soll den wiedergewonnenen Frieden besiegeln. Aus diesem Anlaß erscheint Agrippa I. im königlichen Prachtgewand auf der Rednertribüne (21a). Nach Josephus (Ant XIX,344) war das königliche Gewand »ganz aus Silber gewirkt«. Der König richtet eine Ansprache an die Delegierten (21b) und wohl auch an die zahlreich versammelte Bevölkerung. Die von der Rede begeisterte Menge akklamiert: »Eines Gottes Stimme und nicht die eines Menschen!« (22). Der König läßt sich die Schmeichelei gefallen und wehrt ihr nicht. So tangiert er die Ehre Gottes. Deswegen schlägt ihn ein Strafengel mit einer todbringenden Krankheit (23a; 2Sam 24,16; 2Kön 19,35). Der Überhöhung des Menschen folgt unmittelbar sein abgrundtiefer Fall. Als Gottesfeind findet der eben noch als Epiphanie einer Gottheit gefeierte König ein schreckliches Ende. Nach Lukas stirbt er ähnlich wie vormals der Seleukidenherrscher Antiochus IV. Epiphanes (gest. 164 v.Chr.), der hellenistische Feind jüdischer Religion und Sitte, an einer ekelerregenden Krankheit, am Würmerfraß (23b; 2Makk 9,5–9).

Exkurs: Josephus über das Ende Agrippas I.[538]
Der König erkrankte während des Festaktes am zweiten Tag der in Cäsarea zu Ehren des kaiserlichen Namenspatrons der Stadt veranstalteten Festspiele (Ant XIX, 343). Das aus Silber gewirkte Gewand des Königs leuchtete bei seinem Auftritt vor der Festversammlung im Theater, von den ersten Strahlen der aufgehenden Sonne getroffen, in schimmerndem Glanz auf und blendete die Augen (Ant XIX, 344). Das ließ etliche Leute an eine Epiphanie denken und veranlaßte Schmeichler um Agrippa, ihn einen Gott zu nennen und das überirdische Wesen in ihm zu verehren: »Sei uns gnädig! Haben wir dich bisher nur als Mensch geachtet, so wollen wir in Zukunft ein überirdisches Wesen in dir verehren« (Ant XIX,345). Der König ließ sich das gefallen. Er erblickte aber alsbald einen über seinem Haupt erscheinenden Uhu, der als Unglücksbote fungierte und vom Betroffenen auch als solcher erkannt wurde (Ant XIX,346). Noch während des Festaktes setz-

---

538   Vgl. Josephus, Jüdische Altertümer II, 628ff.

ten heftige Koliken ein, so daß Agrippa in seinen Palast zurückgebracht werden mußte. Trotz inbrünstiger und anhaltender Fürbitte der Juden von Cäsarea, die ihn zu Tränen rührte, starb er unter Qualen in seinen Eingeweiden nach fünf Tagen (Ant XIX,347–350). Nach seinem Tod kam es bei den in Cäsarea und Sebaste (Samaria) stationierten römischen Truppen zu Ausschreitungen, die zeigen, wie stark die Animositäten im Militär und wohl auch in der übrigen nichtjüdischen Bevölkerung der beiden Städte gegen den betont jüdischen König waren: »Die gerade unter den Waffen stehenden Bürger drangen in sein Haus, raubten die Bilder seiner Töchter, brachten sie in geschlossenem Zug in Bordelle und stellten sie dort auf den Dächern auf, wo sie dieselben in unsäglicher Weise verspotteten. Ja, auf den öffentlichen Plätzen hielten sie mit bekränztem Haupt und voll Salben duftend große Gelage, wobei sie dem Charon [dem Fährmann der Unterwelt] opferten und sich einander vor Freude über des Königs Tod zutranken« (Ant XIX,356–358).[539]

Die Bedeutung der Ereignisse für den Weg der Verkündigung
12,24–25

[24]Das Wort des Herrn aber wuchs und mehrte sich. [25]Barnabas und Saulus kehrten aus Jerusalem zurück, nachdem sie den Dienst erfüllt hatten; sie nahmen Johannes mit dem Beinamen Markus mit.

Gliederung: Der kurze Abschnitt umfaßt 1. eine Wachstumsnotiz (24) und 2. die Nachricht über die Rückkehr von Barnabas und Saulus zusammen mit Johannes Markus nach Antiochien (25).

24: Der Erzähler stellt ähnlich wie in 5,41–42; 6,7; 9,31; 13,49; 15,35 und 19,20 summarisch die Bedeutung der zuvor berichteten Geschehnisse heraus: Der durch die angekündigte Hungersnot hervorgerufene Solidaritätserweis der mündigen Tochtergemeinde in Antiochien mit ihrer Muttergemeinde in Jerusalem (11,27–30), das Martyrium des Zebedaiden Jakobus (12,2), die überraschende Rettung des Petrus vor dem Verfolger (12,3–19), sein Weggang »an einen anderen Ort« (12,17) und der plötzliche Tod des Christenfeindes (12,20–23) haben Wachstum und Ausbreitung des Wortes Gottes zur Folge. Die Verbreitung des Wortes Gottes, d.h. die missionarische Verkündigung, erfolgt von nun an vor allem durch die drei Männer, die in V. 25 genannt werden.

25: Der Erzähler läßt die Delegierten aus Antiochien während der für die Jerusalemer Christen höchst bedrohlichen Situation in der Stadt anwesend sein. Sie erleben mit, was dort geschieht und teilen die Nöte und Freuden ihrer Geschwister im Glauben. Nach Ausführung ihres Kollektendienstes kehren Barnabas und Paulus

---

539 Josephus, Jüdische Altertümer II, 631.

nach Antiochia zurück. Sie nehmen den Johannes Markus (12,12) mit. Er ist nach Kol 4,10 ein Vetter des Barnabas und tritt nach 13,5 vorübergehend (13,13) als Mitarbeiter in die von Antiochien ausgehende Mission ein.

Die antiochenische Mission durch Barnabas und Paulus
13,1 – 15,35

Von nun an ist die Weltstadt Antiochien in Syrien das Zentrum der Ausbreitung der christlichen Botschaft. Lukas hat schon von der Bekehrung eines einzelnen Nichtjuden, des Äthiopiers, durch Philippus (8,26–40) und der Gründung einer christlichen Gemeinde zu Cäsarea im Haus des römischen Offiziers Cornelius durch Petrus (10,1 – 11,18) erzählt. Er hat von der erfolgreichen Predigt unter Griechen in Antiochien durch hellenistische Judenchristen (11,20–21) berichtet. Jetzt stellt er wahrscheinlich an Hand antiochenischer Tradition die Ausweitung der Mission unter Juden und Heiden und die Gründung christlicher Gemeinden aus gottesfürchtigen Heiden und Juden in Städten auf der Insel Zypern und im südlichen Kleinasien dar.[540] Zum ersten Mal berichtet er die Aussendung von Missionaren: Die Gemeinde in Antiochien am Orontes sendet Barnabas und Paulus auf Weisung des Heiligen Geistes aus (13,1–3, sog. erste Missionsreise zwischen 44 und 47 n.Chr.). Sie tragen das Evangelium über die Antiochien und Syrien benachbarten Regionen in westlicher und nordwestlicher Richtung hinaus. Die Jerusalemer Apostel treten jetzt ganz in den Hintergrund. Nur Petrus wird in 15,7 noch einmal erwähnt. Aber auch das missionarische Wirken von Männern aus der Gruppe der »Sieben« zieht Lukas nicht mehr in Betracht. Als einziger aus diesem Kreis wird Philippus später in 21,8 noch einmal genannt. Jetzt tritt Paulus in den Vordergrund, während der sog. »ersten Missionsreise« (13,1 – 14,28) noch zusammen mit Barnabas und anfangs auch dessen Vetter Johannes Markus (12,25; 13,5.13), der als Gehilfe der beiden Missionare aber nur eine Nebenrolle spielt und zudem nicht durchhält, sondern in die Muttergemeinde Jerusalem heimreist (13,13). Auch der gegenüber Paulus dienstältere Barnabas tritt auf der gemeinsamen Missionsreise bald in den Schatten seines Juniorpartners, des Mannes aus Tarsus, dessen Licht immer heller leuchtet. Er tritt schon im ersten Zielgebiet der Mission, der Insel Zypern (13,4–12), der Heimat des Barnabas, aus dem Schatten seines Mentors hervor. Paulus zeigt sich als Wortführer. Er behält diese Rolle an allen weiteren Stationen der Reise, die Lukas näher in Betracht zieht, im pisidischen Antiochien (13,13–52) und in Lystra in Lykaonien (14,8–20). Zu Paphos im Südwesten Zyperns kommt ein römischer Spitzenbeamter, der Prokonsul Sergius Paulus, zum Glauben, nachdem »Saulus, der auch Paulus heißt« (13,9), in der Vollmacht des Heiligen Geistes einen wirkungsmächtigen Fluch gegen den jüdischen Magier Barjesus Elýmas geschleudert hatte (13,6b–12). Der Magier war ein einflußreicher Mann in der Umgebung des Statthalters. Er hatte seinen Dienstherrn gegen die christliche Verkündigung zu immunisieren versucht. – In der Synagoge der jüdischen Gemeinde im pisidischen Antiochien (13,13–43) hat Lukas die einzige ausgeführte Predigt des Paulus vor Juden und ih-

---

540   Vgl. *J. Taylor*, St. Paul, 1189–1231.

ren gottesfürchtigen Freunden anderer Herkunft plaziert (13,16–41). Sie zeigt, daß der Missionar uneingeschränkt in der Tradition der Zwölf Apostel steht. Anläßlich der Gemeindegründung im pisidischen Antiochien aus bekehrten Juden und gottesfürchtigen Nichtjuden kommt es auch vor allem angesichts des Missionserfolgs der Botschafter des Evangeliums bei den Heiden im Umfeld der Synagoge zur entschiedenen Ablehnung der Christusverkündigung seitens der um ihre religiöse und national-kulturelle Eigenständigkeit in der Diaspora besorgten Juden und daraufhin zu einer programmatischen Deklaration der christlichen Missionare: »Euch mußte das Wort Gottes zuerst gesagt werden. Da ihr es jedoch von euch stoßt und euch des ewigen Lebens nicht würdig erachtet, so wenden wir uns an die Heiden« (13,46).

Der dunkle Schatten, der die Missionare von Antiochien in Pisidien an verfolgt und von Stadt zu Stadt größer und bedrohlicher wird, ist die Feindschaft jüdischer Gemeinden. Aus ihnen wird auch die einheimische Bevölkerung beeinflußt. Man versucht, die städtische Oberschicht gegen die Prediger des Evangeliums einzunehmen. Aus dem pisidischen Antiochien müssen die Missionare weichen, weil sie ausgewiesen werden (13,50–52). In Ikonion müssen sie ihre erfolgreiche Tätigkeit abbrechen und aus der Stadt fliehen, weil man sie zu lynchen droht (14,1–7). In Lystra (14,8–20) zeigt sich im Anschluß an die Heilung eines Gelähmten durch Paulus, daß eine Zeichenhandlung nicht eo ipso für das Evangelium spricht, sondern von einer polytheistisch gebundenen einheimischen Bevölkerung mißverstanden wird und fast zu einer Apotheose der Missionare führt, deren Zurückweisung mit einer auf den jenseitigen Weltenschöpfer und Segensspender verweisenden Kurzpredigt beantwortet wird (14,15–17). Sie muß die Einwohner der Stadt enttäuschen, die ein großes Opferfest für die in Menschengestalt erschienen vermeintlichen Götter vorbereiten. Auswärtige Juden, die den Boten des Evangeliums nachreisen, sorgen für einen offenen Ausbruch der von ihnen angeheizten Feindschaft gegen Paulus. Wie durch ein Wunder überlebt er, von Steinwürfen getroffen, das gewaltsame Vorgehen gegen ihn (14,19–20). Die Ausbreitung des Evangeliums ist durch feindliche Gewaltaktionen nicht zu verhindern.

Die Missionare besuchen während der Rückreise (14,21–28) die auf dem Hinweg gegründeten Gemeinden ungeachtet der ihnen in einigen Städten drohenden Gefahr, bestärken die Gemeindeglieder im Glauben, der auch in Bedrängnis und Verfolgung standhält, und ordnen die Gemeindeleitung durch die Einsetzung von Ältesten aus dem Kreis der Christen am Ort. Nach ihrer Rückkehr berichten sie der Gemeinde im syrischen Antiochien, »was Gott mit ihnen getan und daß er den Heiden die Tür zum Glauben aufgetan habe« (14,27). Antiochien am Orontes wird auch Ausgangs- und Zielpunkt der zweiten großen Missionsreise des Paulus sein, die er ohne Barnabas antritt (15,35–36; 18,18–22).

Vorher wird gewiß nicht zufällig in der Mitte der Apostelgeschichte berichtet, wie eine wichtige Vereinbarung zwischen der Muttergemeinde in Jerusalem und der zum Missionszentrum herangewachsenen griechischsprachigen Tochtergemeinde Antiochien über das Zusammenleben zwischen Juden- und Heidenchristen und die Wahrung des Ansehens der christlichen Gemeinde gegenüber der Synagoge zustande kam (15,1–35, um 48 n.Chr.). Die Abmachung, mit der Jerusalem seinen letzten Dienst für die Ausbreitung des Evangeliums unter den Völkern leistet, gilt auch für die von Antiochien aus gegündeten Missionsgemeinden.

Den Anlaß zu den Verhandlungen geben Judenchristen aus Judäa, die in Antiochien die Heilsnotwendigkeit der Beschneidung betonen und so von den Heidenchristen den förmlichen Übertritt zur jüdischen Religion fordern (15,1–2). Nach einer leidenschaftlich geführten Debatte zwischen ihnen und den Missionaren Paulus und Barnabas beschließt die Gemeinde die Entsendung einer von beiden Missionaren angeführten Delegation nach Jerusalem, die unterwegs von Gemein-

den in Phönizien und Samarien mit ihren Erfahrungsberichten aus der Mission
viel Zustimmung findet. Doch in Jerusalem erheben einige zum Christusglauben
gekommene Pharisäer Einspruch gegen die antiochenische Praxis der Heidenmission und betonen, daß die Beschneidung und damit die Verpflichtung auf das jüdische Ritualgesetz unumgänglich ist (15,3–5).
Auch dieser Einspruch vermag nichts gegen die Verbreitung des Evangeliums unter den Völkern, denn während eines heftigen Disputes in der Leitung der Muttergemeinde ergreift der noch einmal in Jerusalem anwesende und zum letzten Mal in
der Apostelgeschichte auftretende Apostel Petrus das Wort (15,7–11). Er erinnert
an die bei der Cornelius-Bekehrung offenbar gewordene Entscheidung Gottes zugunsten der Heiden. Gott hat die Herzen der Heiden durch den Glauben an den Christus Jesus gereinigt und ihnen ohne Beschneidung den Heiligen Geist wie zuvor
den Judenchristen gegeben. Es hieße Gott zu provozieren, wollte man Heidenchristen die Tora aufhalsen, deren Anforderungen auch Christen jüdischer Herkunft so wenig wie ihre Väter genügen konnten. Sie gründen ihre Heilszuversicht
ebenfalls auf die Gnade des Herrn Jesus.
Petrus hat die Gemüter so weit beschwichtigt, daß Barnabas und Paulus der Gemeindeleitung aus ihrer Missionspraxis berichten und so die Position des Petrus
unterstützen können (15,12). Den zur Konfliktlösung wegweisenden Beitrag leistet der Herrenbruder Jakobus (15,13–21), der aus der Schrift begründet, daß Gott
sich im Christus Jesus und seiner Gemeinde ein Volk aus den Heidenvölkern gewinnen will. Jakobus will den Heidenchristen keine Lasten aufbürden, aber er-
möglichen, daß die Judenchristen Juden bleiben. Er will ihr Zusammenleben mit
Heidenchristen an vier Klauseln knüpfen, deren Einhaltung den Heidenchristen
empfohlen wird: Enthaltung von heidnischen Kulten, dem nach jüdischem Recht
verbotenen Geschlechtsverkehr mit nahen Verwandten, vom Fleisch nicht jüdisch-rituell geschlachteter Tiere sowie vom Blutgenuß und Blutvergießen (21).
Daraufhin beschließen die Leitung und die Versammlung der Jerusalemer Gemeinde die Entsendung zweier Delegaten nach Antiochien, die ein im Sinn des Jako-
bus-Votums abgefaßtes und an die Heidenchristen in Antiochien, Syrien und Kilikien gerichtetes offizielles Schreiben (Aposteldekret) überbringen und erläutern
sollen (15,22–29). Es enthält eine ausdrückliche Distanzierung von denen, die
durch ihre Beschneidungsforderung Unruhe und Verwirrung gestiftet haben, ein
anerkennendes Wort für Barnabas und Paulus und die vier Maßgaben. Das Dekret
findet in Antiochien Zustimmung, so daß Paulus und Barnabas mit anderen dort
weiter als Lehrer wirken können (15,30–35).

Aussendung von Barnabas und Paulus
13,1–3

**[1]Zu Antiochien gab es in der dortigen Gemeinde Propheten und
Lehrer: Barnabas und Simeon, genannt Niger, Lukios von Kyrene, Manaën, ein Jugendgefährte des Tetrarchen Herodes, und
Saulus. [2]Als sie nun dem Herrn dienten und fasteten, sprach der
Heilige Geist: »Sondert mir Barnabas und Paulus für das Werk
aus, zu dem ich sie berufen habe. [3]Da fasteten und beteten sie,
legten ihnen die Hände auf und verabschiedeten sie.**

Kontext: Nachdem Lukas den Leser in 12,25 mit Barnabas und Paulus wieder nach
Antiochien zurückgeführt hat, berichtet er erstmals von einer Aussendung von

Missionaren. Aussendungs- und Rückkehrbericht (14,26–27) bilden eine Inklusion. Kap. 13 und 14 bilden dementsprechend eine in sich relativ geschlossene Erzähleinheit.[541]

Gliederung: Der einleitende kurze Aussendungsbericht enthält 1. eine Namensliste mit fünf antiochenischen Propheten und Lehrern (1), 2. eine während des Gottesdienstes ergehende Weisung des Geistes, Barnabas und Paulus für das Werk ihrer Berufung auszusondern (2), 3. den Bericht über die Ausführung des Auftrags durch Aussendung der bezeichneten Missionare (3).

Traditionshintergrund: Die Liste der prophetischen Lehrer (1) verdankt Lukas antiochenischer Tradition. Der Bericht über die Aussendung und die gemeinsame Missionsreise von Barnabas und Paulus geht ebenfalls auf Überlieferung aus Antiochien zurück.

1: *Prophetische Lehrer in Antiochien*: In der Gemeinde von Antiochien (11,19–26) gibt es »Propheten und Lehrer«. Gemeint sind in der Großstadtgemeinde ansässig gewordene und mit prophetischem Charisma begabte Lehrer (1a). Lukas listet nach der ihm überkommenen Nachricht fünf Namen auf (1b). Am Anfang und Ende stehen wohl nicht von ungefähr Barnabas (11,22) und Paulus (11,26). Um diese beiden geht es anschließend. Barnabas war wohl wegen seines Charismas und nicht zuletzt aufgrund seines Ansehens in der Jerusalemer Gemeinde die maßgebende Persönlichkeit unter den Christen in Antiochien.[542] Daß Paulus am Schluß steht, läßt sich daraus erklären, daß er später als die anderen in die Gemeinde eingetreten ist, entspricht aber auch seiner Selbsteinschätzung gemäß 1Kor 15,9–10. Drei weitere Personen werden genannt, »Simeon, genannt Niger, Lucius von Kyrene, Manaën, ein Jugendgefährte des Tetrarchen Herodes«. Vielleicht waren diese drei Männer »die Gründer der Gemeinde und also auch die ersten Heidenmissionare«.[543] Simeons lateinischer Beiname »Niger«, der Schwarze, weist auf einen dunkelhäutigen Mann afrikanischer Herkunft hin. Der Mann kommt im NT nur an dieser Stelle vor. Aus Nordafrika, nämlich aus Kyrene, stammt auch Lukios. So lautet die griechische Fassung des lateinischen Namens Lucius.[544] Der Mann mit dem römischen Namen könnte zu den aus der Synagoge der

541 Vgl. *R.C. Tannehill*, Narrative Unity 2, 129f.
542 Vgl. *M. Hengel / A.M. Schwemer*, Paulus, 334.
543 *A. v. Harnack*, Mission, 58.
544 Vgl. *W. Bauer*, Wörterbuch, 974; *Blass/Debrunner/Rehkopf*, Grammatik, § 125, Abs. 2, Anm. 6; *A. Deissmann*, Licht, 372–377. – Lucius, d.h. der bei Tagesanbruch (*luci*) Geborene oder der von Lucumonen Abstammende, ist als Eigenname inschriftlich in der republikanischen und der kaiserlichen Zeit der römischen Geschichte belegt, als Beiname in der Kaiserzeit. Vgl. *H.G. Gundel*, Art. Lucius, 756; *C.J. Hemer*, Book, 240f.

Kyrener in Jerusalem (6,9) hervorgegangen und nach dem Märtyrertod des Stephanus aus der Stadt vertriebenen Griechisch sprechenden Judenchristen gehören, die in Antiochien mit der Mission
unter Griechen begannen (11,22).[545] Wird hier sein Herkunftsort
genannt, um ihn von dem Judenchristen Lukios zu unterscheiden,
der sich später in Korinth oder Makedonien in der Umgebung des
Paulus befindet (Röm 16,21)? Oder handelt es sich an beiden Stellen um denselben Mann? Ist er der Autor des nach ihm benannten
Evangeliums und der Apostelgeschichte? Der Schrifttheologe Origenes (ca. 185/86 – ca. 253/54 n.Chr.) berichtet: »Von Lucius nehmen einige an, er sei Lukas, der das Evangelium geschrieben hat.
Das kann deshalb sein, weil man den Namen manchmal nach der
landessprachlichen Abwandlung, manchmal auch nach dem griechisch-römischen Brauch ausspricht« (in Rom 10,39).[546] Lukas ist
die Koseform von Lukios. Der Name ist im Altertum oft bezeugt.[547]
– Manaën ist der gräzisierte hebr. Name Menachem. Der Mann ist
mit dem Tetrarchen Herodes Antipas (Regierungszeit 4 v.Chr – 39
n.Chr.), dem Landesherrn Jesu, zusammen erzogen worden und
hat vielleicht bei Hofe eine angesehene Position bekleidet. Auch er
wird im NT nur hier erwähnt.

2: *Die Erwählung der Missionare:* Der Bericht über die Ausson-
derung der Missionare beginnt in feierlicher Bibelsprache: »Als sie
aber dem Herrn dienten ...« »Dem Herrn dienen« (λειτουργέω τῷ
κυρίῳ) bezeichnet den kultischen Dienst (z.B. 2Chr 13,10; Ez
40,46). An unserer Stelle geht es um einen mit Fasten verbundenen
Gebetsgottesdienst (2a). Fasten dient der Vorbereitung auf den
Offenbarungsempfang.[548] Während des Gottesdienstes, an dem zumindest die in V. 1 genannten prophetischen Lehrer teilnehmen,
wahrscheinlich aber auch andere Gemeindeglieder, erfolgt die Weisung durch den Heiligen Geist, Barnabas und Paulus von den anderen prophetischen Lehrern »abzusondern« und für das Wirken
zu wählen, das Gott für sie vorgesehen hat (2b; vgl. 22,21). Was
das für eine Arbeit ist, wird nicht ausdrücklich gesagt. Es wird sich
zeigen. Der Erzähler läßt den Heiligen Geist direkt agieren (4,31;
8,29.39; 10,44; 16,6). Faktisch dürfte der Auftrag des Geistes
durch einen Propheten übermittelt worden sein. Aber das läßt Lu-

---

545   Vgl. *M. Hengel / A.M. Schwemer*, Paulus, 334ff; *R. Riesner*, Frühzeit,
97f.
546   Origenes, Commentarii IX–X, 272f. Der Codex Bezae und einige weitere
›westliche‹ Textzeugen, die den Bericht in der ›Wir‹-Form in 11,28 einsetzen lassen, kannten offenbar diese Tradition. Vgl. die Kommentare von *C.K. Barrett*, I,
564; *H. Conzelmann*, 76; *E. Haenchen*, 359f; *G. Schneider*, II, 96.
547   Vgl. *W. Bauer*, Wörterbuch, 974.
548   Bill. II, 241–244.

kas wohl bewußt offen. Er will betonen, daß die Entscheidung für
die Mission unter Nichtjuden und die Auswahl der Missionare nicht
auf ein von Menschen ausgearbeitetes und in der Gemeinde be-
schlossenes Projekt zurückgeht, das man gegebenenfalls wieder
ändern oder auch zurückstellen kann, sondern von höchster Instanz
getroffen worden ist. Damit, daß Lukas in biblischer Redeweise
vom »Aussondern« (ἀφορίζω) des Barnabas und Paulus spricht,
will er die Wahl und Berufung der beiden in Analogie zu den atl.
Prophetenbeauftragungen gestellt wissen (Jes 49, 1; Jer 1,5). In
diesem Zusammenhang möchte er mit seiner Ausdrucksweise gewiß auch dem Selbstverständnis des Paulus entsprechen, der sich in
seinem Dienst als von Gott berufener Apostel »ausgesondert für
das Evangelium Gottes« sah (Röm 1,1; vgl. Gal 1,15).[549] Die Erwählung von zwei Sendboten entspricht der auf Jesus zurückge-
henden Praxis (Mk 6,7; Lk 10,1). Lukas läßt dem Geistesspruch
eine gewisse Unbestimmtheit. Der Inhalt der Offenbarung, für die
Barnabas und Paulus vorgesehen sind, die missionarische Predigt
des Evangeliums Gottes, wird von V. 4 an in dramatischen Episoden dargestellt. Die benannten Männer sind für den Reisedienst
besonders geeignet. Beide sorgen selbst für ihren Lebensunterhalt
und sind unverheiratet (1Kor 9,4–6).

3: *Die Aussendung der Missionare*: Die Gemeinde kommt dem
vom Geist erteilten Auftrag nach.[550] In einem durch Fasten und
Beten vorbereiteten Sendungsgottesdienst unterstellen die drei zurückbleibenden Lehrer die beiden Missionare dem Wirken der
Gnade Gottes (14,26). Sie übermitteln ihnen durch Handauflegung
Gottes Segen für ihr Werk. Der Ritus der Amtseinsetzung (1Tim 4,
14) ist zugleich die Verabschiedung der beiden zu ihrer Reise.

Missionserfolg in Paphos auf Zypern
13,4–12

**[4]Sie nun, vom Heiligen Geist ausgesandt, zogen nach Seleukia
hinab und segelten von dort aus nach Zypern. [5]Und als sie in
Salamis angekommen waren, predigten sie das Wort Gottes in
den Synagogen der Juden. Sie hatten auch Johannes (Markus)
als Gehilfen. [6]Sie durchzogen die ganze Insel bis nach Paphos.[551]**

---

549 Vgl. *K.L. Schmidt*, Art. ὁρίζω κτλ., 454f; *U. Kellermann*, Art. ἀφορίζω
443; *C.K. Barrett*, Acts I, 605.
550 Vgl. *J. Coppens*, L'imposition, 415–420; *H. v. Lips*, Art. Ordination III,
341f; *E. Lohse*, Art. χείρ κτλ., 422f.
551 Der Codex Bezae, der Hauptzeuge des ›westlichen‹ Textes, hat folgende
Version: »Sie fuhren um die ganze Insel herum bis nach Paphos«. Er »scheint er-

Dort trafen sie einen gewissen Mann an, einen Magier, einen jüdischen Lügenpropheten mit Namen Barjesus; [7]der befand sich
beim Prokonsul Sergius Paulus, einem verständigen Mann. Dieser rief Barnabas und Paulus herbei und wünschte das Wort
Gottes zu hören. [8]Aber Elymas, der Magier – so wird nämlich
sein Name übersetzt – trat ihnen entgegen und suchte den Prokonsul vom Glauben abzuhalten.[552] [9]Saulus aber, der auch
Paulus heißt, erfüllt vom Heiligen Geist, blickte ihn scharf an
[10]und sprach:»O du, der du voll jeglicher Tücke und Gaunerei
bist, du Teufelssohn, Feind jeglicher Gerechtigkeit, willst du nicht
aufhören, die geraden Wege des Herrn krumm zu machen?
[11]Und nun siehe: die Hand des Herrn kommt über dich, und du
wirst blind werden und die Sonne eine Zeitlang nicht sehen.«
[12]Da fiel sogleich Dunkel und Finsternis auf ihn, und er tappte
umher und suchte Leute, die ihn an der Hand führten. Als der
Prokonsul das Geschehen sah, kam er zum Glauben, überwältigt von der Lehre des Herrn.

Aufbau und Gattung: Das Stück besteht aus einem summarischen Bericht über den
Weg und das Wirken der Missionare von Antiochien bis Paphos (4–6a) und einer
in Paphos spielenden Missionserzählung (6b–12), in der eine Bekehrungs- und
eine bestrafende Normenwundergeschichte miteinander verbunden sind.

Feingliederung
1. Von Antiochien nach Paphos (4–6a): a) Reise von Antiochien nach Seleukia
(4a). b) Schiffsreise von Seleukia nach Zypern (4b). c) Ankunft in Salamis (5a).
d) Predigttätigkeit in Salamis (5b). e) Eingeschobene Notiz über den Gehilfen
Johannes (5c). f) Ankunft in Paphos.
2. Bekehrung des Prokonsuls Sergius Paulus durch den siegreichen Kampf des
Paulus gegen den Magier Barjesus alias Elýmas (6b–12): a) Einleitung: Begegnung mit Barjesus und Sergius Paulus (6b–7a). b) Exposition: α) Der Wunsch des
Sergius Paulus, Gottes Wort zu hören (7b). β) Dagegen der Versuch des Magiers
Elýmas, den Prokonsul vom Glauben abzuhalten (8). c) Zentrum: Auftritt des Paulus gegen den Magier: (9–11b): α) Scheltwort (9–10) und β) Strafwort (11a.b);
γ) Die Wirkung des Strafwortes auf Elýmas (11c.d). d) Schluß: Die Wirkung des
Wunders auf den Prokonsul (12).

Traditionshintergrund ist das Faktum einer erfolgreichen Zypern-Mission der
Missionare Barnabas und Paulus vom syrischen Antiochien aus, über die beide
nach ihrer Rückkehr berichtet haben (14,27). Der Statthalter Sergius Paulus ist

klären zu wollen, warum keine weiteren Orte auf Zypern genannt werden« (*E.
Haenchen*, Apostelgeschichte, 381). Vgl. auch *C.K. Barrett*, Acts I, 612; *B.M.
Metzger*, Textual Commentary, 401f.
552 ›Westliche‹ Textzeugen begründen:»... weil der Statthalter sehr gern zuhörte«. So wird das positive Echo des Statthalters auf die Predigt des Paulus noch
stärker hervorgehoben. Vgl. *C.K. Barrett*, Acts I, 616; *P. Head*, Acts, 436f; *B.M.
Metzger*, Textual Commentary, 404; *G. Schneider*, Apostelgeschichte II, 117,
Anm. i.

wahrscheinlich eine historische Gestalt. Der Magier Barjesus in der Nähe des Statthalters dürfte ebenfalls historisch sein. Astrologisch arbeitende Wahrsager und Zeichendeuter im Umkreis hochgestellter Persönlichkeiten waren üblich, jüdische Abwehrversuche der Evangelisation verbreitet. Die Wundertradition dürfte zuerst in einer Gemeinde auf Zypern oder in Antiochien erzählt und von Lukas stilistisch gestaltet worden sein.[553]

4–6a: *Von Antiochien nach Paphos*
4–5: *Von Antiochien über Seleukia nach Salamis auf Zypern*: Als Gesandte des Heiligen Geistes machen die Missionare sich auf den Weg zu dem von Antiochien etwa 25 km entfernten Hafen Seleukia (4a). Die Hafenstadt trägt den Namen ihres Gründers (um 310 v.Chr.), des Diadochen Seleukos I. Nikator. In Seleukia schiffen sie sich nach Zypern ein (4b). Die Insel liegt knapp 100 km von der syrischen Küste entfernt. Die nach Sizilien und Sardinien drittgrößte Insel im Mittelmeer verdankt ihren wirtschaftlichen Wohlstand vor allem dem Kupfer (lat. *aes cyprium*). Auf Zypern durchdringen sich seit langem griechische und syrisch-phönizische Kultur. Dort gibt es auch seit geraumer Zeit eine beträchtliche Judenschaft (1Makk 15,23). Die Insel, nach Philo von Alexandrien wie das Festland »voll von jüdischen Siedlungen« (LegGai 282),[554] ist die Heimat des Barnabas (4,36). Die Missionare haben dieses Reiseziel gewiß bewußt angestrebt. Ihr Schiff segelt nach Salamis an der Ostküste der Insel, 6 km nördlich vom heutigen Famagusta. Dort gehen sie an Land (5a).[555] In der überwiegend von Griechen bevölkerten Metropole, die während der Zeit der ptolemäischen Herrschaft Residenz des Statthalters gewesen und in römischer Zeit eine der größten und wichtigsten Städte der Insel geblieben ist, gibt es neben einer phönizischen Minderheit auch eine relativ starke jüdische Bevölkerungsgruppe. Barnabas und Paulus predigen »das Wort Gottes«, d.h. das Evangelium von Jesus Christus, in den Synagogen der Stadt (5b). In einer größeren Stadt mit einer zahlreichen Judenschaft gab es wohl mehrere Synagogen. Genaueres erfährt der Leser allerdings nicht. Auch über ein Echo ihrer Predigt liest man nichts. In der Apostelgeschichte ist fast in jeder Stadt die Synagoge der Ansatzpunkt der Missionspredigt (vgl. 13,14; 14,1; 17,2.10.17; 18,4.19). Das ist für die Judenchristen Barnabas und Paulus selbstverständlich. Dieses Vorgehen entspricht der Überzeugung des Paulus, daß das Evangelium als Inhalt seiner Predigt »eine Kraft Gottes für jeden Glau-

---

553   *G. Klein*, Synkretismus, 62 fällt es schwer, Vorlukanisches in der Erzählung zu finden.
554   Philo von Alexandria, Werke VII, 245 (*F.W. Kohnke*).
555   Vgl. *A.H.M. Jones*, Cities, 363–373; *A. Nobbs*, Cyprus, 279–289.

benden ist, für den Juden zuerst, aber auch für den Griechen«
(Röm 1,16). Die Evangeliumspredigt richtet sich in erster Linie an
Juden, um ihnen das ihnen verheißene Heil in Jesus Christus zu
verkünden, schließt aber die Griechen, d.h. aus jüdischer Perspektive alle Nichtjuden, mit ein. Die von der Mission des Barnabas
und Paulus erreichten Nichtjuden finden sich hauptsächlich unter
den »Gottesfürchtigen« im Umfeld der Synagogen, Menschen, die
sich aus den Kulten und Riten ihrer ethnischen Herkunft gelöst
hatten. Auf die 11,19 erwähnte Evangelisation aus Jerusalem ver-
triebener Judenchristen auf der Insel kommt Lukas zwar nicht zurück; man kann aber annehmen, daß Barnabas und Paulus in Salamis eine judenchristliche Gruppe antrafen. Nachtragsweise notiert
er noch, daß die beiden Missionare von Johannes Markus, dem
Vetter des Barnabas, als ihrem »Gehilfen« (ὑπερέτης) begleitet
wurden. Er gehört nicht zu den vom Heiligen Geist ausgesandten
Boten, sondern ist ihr Helfer in untergeordneter Stellung. Paulus
selbst hat ihn Phlm 24 als selbständigen Mitarbeiter (συνεργός) in
der Mission höher eingestuft.

6a: *Von Salamis nach Paphos*: Die Missionare durchqueren zü-
gig Zypern. Daß sie auch unterwegs in den Synagogen gepredigt
haben, darf man unterstellen. Lukas ist daran interessiert, daß sie
bald Paphos im Südwesten der Insel erreichen. In dieser hellenistisch geprägten Polis residiert während der frühen römischen Kaiserzeit zumindest zeitweise der Prokonsul der senatorischen Provinz Zypern. Ob die Stadt damals schon Salamis als Hauptstadt ab-
gelöst hatte, ist historisch unsicher. Ein regionales Oberzentrum war
Paphos sicher.[556] Evangeliumspredigt und Gemeindegründungen
in den Zentren der Provinzen und anderen großen Städten der jeweiligen Region sind ein Hauptmerkmal der paulinischen Mission.
Nachdem Lukas über die Verkündigung in Salamis nur summarisch
berichtet hatte, erzählt er aus Paphos eine dramatische Episode von
der Tätigkeit des Barnabas und Paulus in (6b–12).

6b–12: *Die Bekehrung des Prokonsuls Sergius Paulus durch
den siegreichen Kampf des Paulus gegen den Magier Barjesus
Elymas*[557]
6b–8: *Der Magier versucht das Gläubigwerden des Statthalters
zu verhindern*: In Paphos treffen die Missionare auf einen jüdischen Gegenspieler (6b), der zum Gefolge des römischen Prokonsuls gehört (7a). Die Kulisse der Begegnung schildert der Erzähler nicht. Der Mann, auf den sie stoßen, heißt Barjesus, d.h. »Sohn

---

556 Vgl. *R. Haensch*, Capita provinciarum, 263–267.577–582.
557 Vgl. *S.-Ch. Lin*, Wundertaten, 81–145.

(aram. *bar*) des Jesus«. Der Name Jesus ist bei Juden im 1. Jh. n. Chr. noch gebäuchlich. Danach ist er tabu. Der Mann wird auch Elýmas genannt (8). »Elýmas« ist wohl Beinname und allem Anschein nach als gräzisierte Form des aramäischen *haloma* eine mit »der Magier« gleichbedeutende Berufsbezeichnung.[558] Der Doppelname Barjesus Elýmas entspricht also Simon Magus (8,9–13. 18–23). Lukas stellt den Mann auch als »Magier« (μάγος) vor (6b) und damit als Menschen mit geheimem übermenschlichen Wissen und Können.[559] Er ist ein Geistesverwandter des Simon Magus. Man stellt sich den Mann am besten als Wundertäter und astrologisch arbeitenden Wahrsager vor. Lukas kennzeichnet ihn näher als »jüdischen Lügenpropheten«. Ein »Lügenprophet« (ψευδοπροφήτης) ist ein Prophet, der sich in betrügerischer Absicht für einen Propheten Gottes ausgibt oder die Unwahrheit verkündet (z.B. Dtn 13, 2–6; Jer 23,9–32; Sach 13,2–6).[560] »Für wenig Geld verkaufen die Juden jede gewünschte Traumdeutung,« heißt es um 100 n.Chr. beim römischen Satiriker Juvenal (Sat VI,546–547).[561] Magier und Mantiker behaupten ihre Gottesnähe. Ihr geheimes Wissen und Können gilt ihnen als Gabe der Gottheit. Die Gottesnähe wird dem Magier hier aber abgesprochen. Als Pseudoprophet ist er Gegner der christlichen Botschaft.

Exkurs: Magier und Mantiker als Berater der Herrschenden
Traum- und Zeichendeuter, auch Astrologen meist orientalischer Herkunft als Spezialisten für den Umgang mit der Welt des Göttlichen, aber auch Magier, waren in der Nähe der Großen dieser Welt im Altertum eher die Regel als eine Seltenheit. Das Beachten bestimmter Tage und Stunden für den erwünschten günstigen Ausgang eines Vorhabens war aber bei kleinen Leuten und ihren alltäglichen Problemen nicht minder verbreitet als bei den Großen. Nach der »Römischen Geschichte« des Cassius Dio (2./3. Jh. n.Chr.) warnte Maecenas seinen Freund Octavian/Augustus bei dessen Regierungsantritt: »Wahrsagekunst (μαντική) ist zwar notwendig, und deshalb solltest du auf jeden Fall einige Männer zu Wahrsagern und Auguren bestellen, an die jene sich wenden werden, die in irgendeiner Sache Rat einholen wollen. Doch Magier sollte es auf keinen Fall geben. Denn oft ermutigen Leute dieser Art, indem sie manchmal Wahres, meist aber Erlogenes vorbringen, eine große Menge zu Umsturzversuchen« (Dio Cass LII, 36.3).[562] Der Astrologe Thrasyllos aus Alexandrien war Begleiter, Berater und Freund des Kaisers Tiberius (Sueton, Aug 98,4–5; Tib 14,4; Cal 19,3).[563] Tiberius vertrieb aber

---

558 L. *Yaure*, Elymas, 297–314.
559 Vgl. *G. Delling*, Art. μάγος κτλ., 362.
560 Vgl. *W. Bauer*, Wörterbuch, 1779; *G. Friedrich*, Art. προφήτης, 857f; *H. Balz*, Art. ψευδοπροφήτης, 1190f.
561 Juvenal, Satiren, 134f.
562 Dio's Roman History VI, 174f.
563 Sueton, Kaiserviten, 310f.346f.470f. – Zur Beliebtheit der Astrologie und magischer Praktiken während der frühen Kaiserzeit vgl. *M.P. Nilsson*, Geschichte II, 486–507.

auch Astrologen (*mathematici*) aus Rom (Tib 36),[564] vermutlich, weil sie mit ihren Vorhersagen die Bevölkerung beunruhigten. Schon 33 v.Chr. hatte Agrippa, der Vertraute des Augustus, die Ausweisung der Astrologen (*mathematici*) und Magier (*magi*) aus der Hauptstadt angeordnet (DioCass 49,43.5).[565] Tacitus nennt die sog. *mathematici* »eine im Verkehr mit Mächtigen unzuverlässige, gegenüber Hoffnungsfreudigen auf Lug und Trug sinnende Menschensorte, die man in unserem Staate immer wieder ausweisen und doch dalassen wird.« Er spricht von ihnen als dem »schlimmsten Zubehör in der Ehe eines Fürsten« (Hist I 21,1–2).[566] Nicht minder heftig hat um 100 n.Chr. der Arzt Leonidas von Alexandrien gegen die Astrologen polemisiert: »All ihr Propheten, die ihr den Sternenhimmel durchstöbert, / Schwindler! Zum Henker mit euch scheinwissenschaftlichem Volk! / Tollheit hat euch geboren, der Aberwitz hat euch gewindelt, / Narren, ihr kennt ja sogar eure Verächtlichkeit nicht.« (Anthologia Graeca IX,80).[567] Josephus berichtet (Ant 20,172) von einem aus Zypern stammenden jüdischen Magier Simon, der mit Felix, dem römischen Statthalter von Judäa (Amtszeit 52–60 n.Chr.; vgl. Apg 24), befreundet war und ihm zu der von ihm begehrten, aber mit einem anderen Mann verheirateten schönen Drusilla verhalf.[568]

Barnabas und Paulus begegnen dem Prokonsul Sergius Paulus (7a). Es geht um die erste Bekanntschaft, die Paulus mit einem römischen Statthalter macht (vgl. 18,12–17). Ein Verzeichnis der Statthalter Zyperns in der frühen Kaiserzeit gibt es nicht.[569] Der Name Sergius Paul[l]us ist jedoch inschriftlich bezeugt. Sergius ist der *Sippenname* (*nomen gentile*), Paul[l]us der Beiname (*cognomen*). Ein Vorname (*praenomen*) ist nicht genannt, so daß eine sichere Identifizierung des Mannes schwer fällt. Die Familie Sergius Paul[l]us gehörte im pisidischen Antiochien zur Oberschicht der römischen Kolonie.[570] Sie zählte zum Stamm der römischen Kolonisten in Zentralanatolien und verfügte über Großgrundbesitz bei Vetissus etwa 120 km nordöstlich Antiochiens.[571] Ein durch

564   Sueton, Kaiserviten, 378f.
565   Römische Geschichte III, 307.
566   Tacitus, Historiae, 37.
567   Anthologia Graeca III, 54f.
568   Vgl. Josephus, Jüdische Altertümer II, 657f.
569   *T.B. Mitford*, Roman Cyprus, 1301 hat versucht, eine solche Liste nachzubilden.
570   Lucius Sergius Paullus der Jüngere wird in einer Inschrift aus der 2. Hälfte des 1. Jh.s n.Chr. als Mitglied im Viermännerkollegium für Straßenbau genannt. Seine Schwester, Sergia Paulla, wird in einer Ehreninschrift aus der Zeit nach 74 n.Chr. erwähnt. Ihr Mann bekleidete unter Titus (79–81 n.Chr) und Domitian (81–96 n.Chr.) hohe Staatsämter. Vgl. Abbildungen und Texte der Inschriften mit Übersetzung bei *C. Breytenbach*, Paulus, 185.187, Anlagen Nr. 9 und 11.
571   Vgl. *St. Mitchell*, Anatolia I, 151f und 164: Map 10: Central Anatolia: Imperial and private estates; *ders.*, Population, 1072ff, Fig. 2. Bei Vetissos hat Sergia Paullina 112 n.Chr. einem Freigelassenen ihres Mannes einen Grabstein gesetzt. Ein Grabstein aus Sinanli, wenige Kilometer nordwestlich von Vetissos, ist der Frau des Sergius Karpus, der Verwalter des Paullus und wohl ein Freigelas-

eine Inschrift aus Chytroi auf Zypern bekannter Quintus Sergius Paul[l]us war während der Regierungszeit Caligulas zwischen 37 und 41 n.Chr. Prokonsul auf Zypern.[572] Eine stadtrömische Inschrift bezeugt den Senator Lucius Sergius Paul[l]us im wichtigen Amt eines Tiberkurators (*curator riparum et alvei Tiberis*) irgendwann zur Zeit des Claudius (41–54 n.Chr.).[573] Er war danach auch Konsul. Vermutlich handelte es sich um einen Bruder des Quintus Sergius Paul[l]us.[574] Dieser Lucius Sergius Paul[l]us, der Vater eines im pisidischen Antiochien in der 2. Hälfte des 1. Jh.s n.Chr. inschriftlich bezeugten gleichnamigen Sohnes und dessen ebenfalls durch eine Inschrift bekannter Schwester, war wohl ebenfalls Prokonsul auf Zypern und vermutlichlich der Statthalter, dem Barnabas und Paulus in Paphos begegnet sind. Es ist aber nicht auszuschließen, daß ein weiteres Familienmitglied dieses Amt innehatte, als die beiden Missionare Zypern bereisten.[575] Der Prokonsul war jedenfalls Freund der jüdischen Religion. Als »Gottesfürchtigen« im unmittelbaren Umfeld der Synagoge von Paphos darf man ihn sich wegen seines hohen Staatsamtes und der damit verbundenen gesellschaftlichen Stellung mit ihren pagan religiösen Verpflichtungen kaum vorstellen. Er wird von Lukas als »verständiger Mann« (ἀνὴρ συνετός) bezeichnet (7b). »Verständig« bedeutet hier interessiert an der christliche Botschaft, die »wahre und vernünftige Worte« enthält (26,25). Die Bezeichnung ›Gottesfürchtiger‹ wird vermieden. Ein Statthalter, der von Amts wegen heidnisch kultisch rituellen Verpflichtungen nachkommen muß, ist als regelmäßiger Teilnehmer am Synagogengottesdienst nicht vorstellbar. Sergius Paul[l]us zeigt seine Aufgeschlossenheit für die christliche Verkündigung damit, daß er Barnabas und Paulus rufen läßt und von ihnen »das Wort Gottes«, d.h. Jesus Christus, zu hören wünscht (7c).

sener der Sergier war, gewidmet. Nach einer weiter östlich von Sinanli gefundenen Inschrift hat ein Freigelassener der Familie Sergius Paullus, Lucius Sergius Corinthus, um 89 n.Chr. dem auch in Antiochien verehrten Gott Màn einen Tempel gestiftet. Abbildungen und Texte der Inschriften mit Übersetzung bei *C. Breytenbach*, Paulus, 183f.186, Anlagen Nr. 7, 8 und 10.
572   Abbildung, Text (nach SEG XX, Nr. 302) und Übersetzung der Inschrift aus dem 1. Jh. n.Chr. bei *C. Breytenbach*, Paulus, 181, Anlage Nr. 6; vgl. auch *T.B. Mitford*, Roman Cyprus, 1300, Anm. 54; 1330; *R. Riesner*, Frühzeit, 122f.
573   Text (nach CIL VI, Nr. 31545) und Übersetzung bei *C. Breytenbach*, Paulus, 180, Anlage Nr. 5.
574   So *H. Halfmann*, Senatoren, 101f.105f; vgl. auch *C. Breytenbach*, Paulus, 45; *R. Riesner*, Frühzeit, 373.
575   Vgl. *T.B. Mitford*, Roman Cyprus, 1301; *C. Breytenbach*, Paulus, 42f; *R. Riesner*, Frühzeit, 124. Vgl. auch die Erörterung der Inschriften bei *A. Nobbs*, Cyprus, 283–287; *J. Taylor*, St. Paul, 1192ff.1205ff; *S.-Ch. Lin*, Wundertaten, 96–100.

Barjesus Elýmas versucht zu verhindern, daß der Statthalter von
den Missionaren das Evangelium hört und zum Glauben findet (8).
Er befürchtet, seine Stellung zu verlieren und sorgt sich wohl auch,
ein in seiner hohen Position wichtiger Freund und Gönner der Juden auf Zypern könnte an die Konkurrenz verloren gehen. Daß
Juden die Bekehrung interessierter Gottesfürchtiger zum Christusglauben zu verhindern versuchen, wird auf dieser Missionsreise
mehrmals vorkommen (13,45.50; 14,2.4–5). Auch später sind Juden darauf aus, Missionserfolge des Paulus abzuwehren (17,5.8.
13). Vermutlich intrigiert Barjesus Elýmas beim Prokonsul gegen
Barnabas und Paulus. Daß er beim Versuch, seinen Einfluß auf Sergius Paulus weiterhin zu sichern, auch magische Abwehrriten wie
Beschwörungen oder Schadenszauber gegen seine Kontrahenten
anwendet, ist zwar nicht gesagt, aber doch als wahrscheinlich anzunehmen. Er wäre kein Magier, wenn er nicht solche Machtmittel
gegen seine Widersacher einsetzte, über die er zu verfügen meint.

9–12: *Der Fluch gegen den Magier und seine Wirkung:* Da von
einem Römer namens Sergius Paulus die Rede ist, nutzt Lukas die
Gelegenheit, den anderen, römischen Namen »Paulus« des bisher
bei seinem Synagogennamen Saulus genannten Missionars einzu-
führen (9a). Die Einführung erfolgt dort, wo Paulus mit der Evangeliumspredigt an Nichtjuden beginnt. Den Namen Paulus gebraucht Lukas von nun an konsequent für den Missionar unter den
Heidenvölkern. »Paulus« bedeutet »gering«, »klein«, »winzig«. Paulus bezeichnet sich 1 Kor 15,9 selbst als den Geringsten (ἐλάχιστος)
der Apostel. Doppelnamen sind in der Antike üblich bei Juden,
die zugleich in ihrer jüdischen und der griechisch-römischen Kultur leben. Juden, die wie Paulus das römische Bürgerrecht besitzen
(16,37; 22,25–29), tragen einen römischen Namen. Paulus ist der
in der nichtjüdischen Öffentlichkeit gebrauchte Beiname (*cognomen*) des Saulus, den er als Sohn eines Juden mit römischem Bürgerrecht (22,28) wahrscheinlich von klein auf und nicht erst seit
seiner Lebenswende getragen hat. Als Völkerapostel hat er ihn in
seinen Briefen ausschließlich gebraucht. Er wird auch dem Statthalter Sergius Paulus als Paulus begegnet sein.[576] – Hier stellt er
sich nun der Herausforderung durch Barjesus Elýmas. Es geht um
einen Kampf zwischen dem Geist Gottes und widergöttlichem Ungeist, repräsentiert durch den Sendboten des Evangeliums auf der
einen und den Magier Barjesus auf der anderen Seite (vgl. 8,18–
24). »Erfüllt vom Heiligen Geist« (9,17) fixiert und durchschaut
(ἀτενίζω) Paulus den Magier und schilt ihn mit prophetischer

---

576 War der Vater des Paulus ein Freigelassener der Familie des Sergius
Paul[l]us? Vgl. A. *Nobbs*, Cyprus, 289.

Vollmacht. Daß Paulus als Charismatiker zeichenhafte Wunder gewirkt hat, ist durch ihn selbst 2Kor 12,12 (widerwillig) bezeugt. In
seiner Anrede (10a) beschimpft er den Magier als in seinem Wesen »voll jeglicher Tücke und Gaunerei« und dementsprechend im
Blick auf seine Herkunft als »Teufelssohn« (Joh 8,44) und damit
in seinem Handeln als »Feind jeglicher Gerechtigkeit«. So entlarvt
er den Elýmas als Gottesfeind. Der Kampf gilt einer Ausgeburt
des Teufels. Paulus hält dem Magier in rhetorischer Frageform an-
klagend vor, daß er mit seiner Intervention gegen das Hören des
von Barnabas und Paulus gepredigten Gotteswortes »die geraden
Wege des Herrn« (Jes 40,3; Lk 3,4 parr.), die Verkündigung des in
Jesus Christus eröffneten Heilsweges, die zur Bekehrung des Sergius Paulus zum christlichen Glauben führt, »krumm zu machen«,
also in eine falsche Richtung zu biegen versucht (10b). Mit »und
nun siehe« leitet Paulus zum Strafwort über. »Die Hand des Herrn«,
ein Organ seiner Kraft, schlägt Elýmas mit Blindheit (11a.b). Er
wird »die Sonne eine Zeitlang nicht sehen« und so bis auf weiteres
orientierungslos sein. Der Zeitpunkt, zu dem die Strafaktion gegen
ihn endet, bleibt offen. Das bedeutet wohl, daß Barjesus ähnlich
wie früher der in der Begegnung mit dem Herrn Jesus erblindete
Paulus in sich gehen, zur Einsicht in seine bisherige Verblendung
kommen und zum geraden Weg des Herrn umkehren soll. Der
Fluch des Paulus wirkt augenblicklich (12a): Der Magier erblindet
(12a). Er, der als Magier wahrgesagt hat, tappt jetzt im Dunkeln
und muß nach Leuten suchen, die ihn bei der Hand nehmen und
führen (12b; 9,8).

12: *Die Wirkung des Wunders auf den römischen Prokonsul:* Der
jüdische Magier konnte die wirksame Verkündigung des Evangeliums nicht verhindern. Die Missionare haben die Überlegenheit
des ihnen anbefohlenen Wortes über seine Künste erwiesen. Sergius Paulus ist »überwältigt von der Lehre des Herrn«, zu der auch
Vollmachtszeichen gehören (Mk 1,22 // Lk 4,32), und kommt zum
Glauben. Mit dem Scheitern des Elýmas und der Bekehrung des
Sergius Paulus ist den Synagogengemeinden auf Zypern ein mäch-
tiger Freund und Gönner abhanden gekommen. Von einer Gemeindegründung in Paphos berichtet Lukas nicht. Das mag daran
liegen, daß ihn hier der sensationelle Einzelfall interessiert hat. Zudem ist der Prokonsul wegen seiner politischen und gesellschaftlichen Stellung mit paganen rituellen Pflichten als Glied einer christlichen Gemeinde ebenso schwer vorstellbar wie als regelmäßiger
Teilnehmer am Synagogengottesdienst. Lukas hat ihn wohl mit
Bedacht nicht als ›Gottesfürchtigen‹ eingeführt. Er berichtet auch
nicht von der Taufe des Statthalters. Der bekehrte Sergius Paulus
wird die Missionare dazu angeregt haben, ins pisidische Antiochien

zu reisen und dort zu evangelisieren. Die Berufung auf ihn konnte
Barnabas und Paulus in der Stadt und speziell in der römischen
Kolonie manche Tür öffnen.[577]

Mission im pisidischen Antiochien
13,13–52

[13]Paulus und seine Begleiter aber fuhren von Paphos ab und
kamen nach Perge in Pamphylien. Johannes (Markus) aber
trennte sich von ihnen und kehrte nach Jerusalem zurück. [14]Sie
aber zogen von Perge weiter und kamen nach Antiochien in Pisidien. Und sie gingen am Sabbat in die Synagoge und setzten
sich. [15]Nach der Verlesung des Gesetzes und der Propheten aber
sandten die Synagogenvorsteher zu ihnen und ließen ihnen sagen: »Männer, Brüder, wenn ihr ein Wort des Zuspruchs für
das Volk habt, so sprecht!« [16]Paulus aber stand auf, winkte mit der Hand und sprach: »Ihr
Israeliten und ihr Gottesfürchtigen hört! [17]Der Gott dieses Vol-
kes Israel hat unsere Väter erwählt und das Volk in der Fremde
im Land Ägypten groß gemacht und mit erhobenem Arm von
dort herausgeführt [18]und etwa vierzig Jahre lang in der Wüste
ertragen. [19]Und er hat sieben Völker im Lande Kanaan vernichtet und ihnen deren Land zum Erbteil gegeben [20]für etwa vier-
hundertundfünfzig Jahre. Und danach gab er ihnen Richter bis
zu dem Propheten Samuel. [21]Und von da an verlangten sie einen
König, und Gott gab ihnen den Saul, den Sohn des Kisch, einen
Mann aus dem Stamm Benjamin, für vierzig Jahre. [22]Und nachdem er ihn entfernt hatte, erweckte er ihnen den David zum König, dem er auch Zeugnis gab und sprach: ›Ich habe David gefunden, den Sohn des Isai, einen Mann nach meinem Herzen,
der alle meine Willensbekundungen ausführen wird.‹ [23]Aus dessen Nachkommenschaft hat Gott gemäß der Verheißung Israel
Jesus als Retter zugeführt, [24]nachdem Johannes vor seinem Auftreten dem ganzen Volk Israel eine Umkehrtaufe verkündet hatte. [25]Als aber Johannes seinen Lauf vollendete, sprach er: ›Das,
wofür ihr mich haltet, bin ich nicht. Aber siehe, nach mir kommt
einer, dem die Sandalen von den Füßen zu lösen ich nicht würdig bin.‹ [26]Männer, Brüder, Söhne des Geschlechtes Abrahams
und die Gottesfürchtigen unter euch: Uns wurde das Wort von
dieser Rettung gesandt. [27]Denn die Bewohner Jerusalems und ihre Oberen haben diesen nicht erkannt, auch nicht die Aussprü-

577 Vgl. *St. Mitchell*, Population, 1074; *C. Breytenbach*, Paulus, 42f.

che der Propheten, die doch jeden Sabbat verlesen werden, und haben sie so mit ihrem Urteil erfüllt. [28]Und obgleich sie keine Todesschuld fanden, haben sie von Pilatus seine Hinrichtung verlangt.[578] [29]Als sie aber alles, was über ihn geschrieben steht, erfüllt hatten, nahmen sie ihn vom Holz herab und legt ihn in ein Grab. [30]Gott aber hat ihn von den Toten auferweckt, [31]und er ist während mehrerer Tage denen erschienen, die ihm von Galiläa nach Jerusalem gefolgt waren. Diese sind jetzt seine Zeugen vor dem Volk. [32]Und wir predigen euch das Evangelium, daß Gott die Verheißung an die Väter [33]an uns, ihren Kindern, damit erfüllt hat, daß er Jesus auferstehen ließ, wie es auch im zweiten Psalm geschrieben steht: ›Du bist mein Sohn, ich habe dich heute gezeugt.‹[579] [34]Daß er ihn aber von den Toten auferstehen ließ, so daß er nicht mehr zur Verwesung zurückkehren sollte, hat er so ausgesprochen: ›Euch werde ich die verläßlichen Heilszusagen für David geben.‹ [35]Deshalb sagt er auch an einer anderen Stelle: ›Du wirst deinen Heiligen nicht die Verwesung sehen lassen.‹ [36]Denn David ist, nachdem er seiner Generation gedient hatte, nach Gottes Ratschluß entschlafen, und er wurde zu seinen Vätern versammelt und sah die Verwesung. [37]Der aber, den Gott auferweckt hat, sah die Verwesung nicht. [38]So sei euch nun kundgetan, Männer, Brüder, daß euch durch diesen Vergebung der Sünden verkündet wird.[580] Und von allem, wovon ihr im Gesetz des Mose nicht gerechtfertigt werden konntet, [39]wird in diesem jeder, der glaubt, gerechtfertigt. [40]Seht nun zu, daß nicht über euch komme, was in den Prophetenbüchern gesagt ist: [41]›Seht, ihr Verächter, staunt und werdet zunichte! Denn ein Werk wirke ich in euren Tagen, ein Werk, das ihr nicht glauben werdet, wenn einer es euch erzählte.‹« [42]Als sie aber hinausgingen, bat man sie, am nächsten Sabbat noch einmal von diesen Dingen zu ihnen zu sprechen. [43]Als sich

---

578   Im Codex Bezae, dem Hauptzeugen des ›westlichen‹ Textes, lautet V. 28b: »... verurteilten sie ihn und lieferten ihn Pilatus aus, damit er ihn hinrichte«. So wird das Todesurteil und damit die Schuld an der Hinrichtung Jesu fast ganz den Jerusalemern und ihren Oberen zugeschrieben; Pilatus war nur für die Vollstreckung zuständig. Vgl. *B.M. Metzger*, Textual Commentary, 409f und die Kommentare von *C.K. Barrett*, I, 640; *E. Haenchen*, 394; *G. Schneider*, II, 126, Anm. o.
579   ›Westliche‹ Textzeugen setzen das Zitat im Vorblick auf die Wendung der Missionare zu den Heiden in den V. 46f noch fort: »Fordere von mir, und ich werde dir Völker zu deinem Erbe geben und die Enden der Erde zu deinem Eigentum« (Ps 2,8 LXX). Vgl. *B.M. Metzger*, Textual Commentary, 414 und die Kommentare von *C.K. Barrett*, I, 646f; *G. Schneider*, II, 127, Anm. u.
580   ›Westliche‹ Textzeugen ergänzen wohl im Blick auf 2,38; 5,31; 26,18 »und Buße«. Vgl *B.M. Metzger*, Textual Commentary, 415 sowie die Kommentare von *C.K. Barrett*, I, 650; *G. Schneider*, II, 127, Anm. x.

aber die Versammlung aufgelöst hatte, folgten viele Juden und
gottesfürchtige Proselyten dem Paulus und dem Barnabas. Diese
redeten mit ihnen und ermahnten sie, bei der Gnade Gottes zu
bleiben.[581]
[44]Am folgenden Sabbat aber versammelte sich fast die ganze
Stadt, um das Wort des Herrn zu hören. [45]Als aber die Juden
die Massen sahen, wurden sie voll Eifersucht und widersprachen
dem, was Paulus sagte, und lästerten. [46]Paulus und Barnabas
aber erklärten freimütig:»Euch mußte das Wort Gottes notwendig zuerst gesagt werden. Da ihr es jedoch von euch stoßt und
euch des ewigen Lebens nicht würdig erachtet, siehe, so wenden
wir uns an die Heiden. [47]Denn so hat uns der Herr geboten: ›Ich
habe dich zum Licht der Heidenvölker gesetzt, daß du zum Heil
sein sollst bis an das Ende der Erde.‹« [48]Als aber die Heiden das
hörten, freuten sie sich und priesen das Wort des Herrn. Und
alle die, die zum ewigen Leben bestimmt waren, kamen zum
Glauben. [49]Das Wort des Herrn aber verbreitete sich über das
ganze Land. [50]Die Juden aber hetzten die gottesfürchtigen vor-
nehmen Frauen und die Angesehensten der Stadt auf und
erregten eine Verfolgung gegen Paulus und Barnabas und ver-
trieben sie aus ihrer Gegend. [51]Sie aber schüttelten den Staub
von ihren Füßen gegen sie und kamen nach Ikonium. [52]Die Jünger aber wurden mit Freude und Heiligem Geist erfüllt.

Kontext und Aufbau: Das mit einem Reisebericht (13–14a) an die vorige Perikope
angeschlossene Erzählstück über die Mission im pisidischen Antiochien besteht
aus zwei Teilen, die durch eine Woche voneinander getrennt sind. Nach der Ankunft in der Stadt predigt Paulus in der dortigen Synagoge (13–43). Am folgenden
Sabbat kommt es nach dem Missionserfolg unter den Gottesfürchtigen zur Vertreibung der Missionare, zu der die Judenschaft am Ort angestift hat (44–52).
Im Zentrum des ersten Teilstückes steht die einzige an Juden und Gottesfürchtige
adressierte Missionspredigt des Paulus in der Apostelgeschichte (16–41), im
Mittelpunkt des zweiten Teilstückes die programmatische Erklärung der Missionare, sich nach Ablehnung ihrer Botschaft seitens der jüdischen Hörer an die Heiden zu wenden (46).

Feingliederung
1. Einleitender Reisebericht: a) »Paulus und seine Begleiter« reisen von Paphos
nach Perge in Pamphylien (13a). b) Johannes Markus trennt sich von der Gruppe
und kehrt nach Jerusalem zurück (13b). c) Paulus und Barnabas ziehen von Perge
nach Antiochia in Pisidien (14a).

581   ›Westliche‹ Textzeugen fügen an: »Es geschah aber, daß sich in der ganzen
Stadt das Wort ausbreitete«. So wird die gewaltige Wirkung der Verkündigung der
Missionare hervorgehoben und der massenhafte Zulauf am nächsten Sabbat vor-
bereitet. Vgl. *P. Head*, Acts, 437; *B.M. Metzger*, Textual Commentary, 418 so-
wie die Kommentare von *C.K. Barrett*, I, 655; *E. Haenchen*, 397; *G. Schneider*,
II, 128, Anm. η.

2. Überleitung zur Predigt des Paulus: a) Die Missionare nehmen am Sabbat am Synagogengottesdienst teil (14b). b) Sie werden nach den Lesungen eingeladen, »ein Wort des Zuspruchs an das Volk« zu richten (15).
3. Die Predigt des Paulus und ihre Wirkung: Nach der Redeeinleitung (16a) sowie der Anrede der Hörer und Bitte um Gehör (16b) bietet die Predigt a) einen heilsgeschichtlichen Rückblick als Hinführung zur Verkündigung des Heils in Jesus Christus: α) Von der Erwählung der Väter über den Exodus und Wüstenzug, die Landgabe, Richterzeit und den Anfang der Königszeit mit Saul zu David (17–22), der nach Gottes Verheißung Ahnherr Jesu, des Retters, werden sollte (23); β) der Täufer als letzter Träger der Verheißung (24–25). b) die Verkündigung der Passion und Auferweckung Jesu Christi (26–31) mit Erweisen anhand der Schrift: α) Erneute Anrede der Abrahamsnachfahren und Gottesfürchtigen auf das ihnen geltende »Wort der Rettung« (26), das anschließend entfaltet wird; β) Die durch die Jerusalemer und ihre Oberen verursachte Geschichte des Leidens und Sterbens Jesu (27–29); γ) Jesu Auferweckung durch Gott (30) und die Erscheinung des Auferstandenen vor Zeugen (31); δ) Verkündigung der Auferweckung Jesu als Erfüllung der an die Väter ergangenen Verheißungen gemäß der Schrift (32–37). c) Folgerung und Anwendung: α) Zusage der Sündenvergebung und Rechtfertigung (38–39); β) Warnung mit Schriftzitat, nicht zu Verächtern des staunenerregenden Werkes Gottes zu werden (40–41). c) Wirkungen der Predigt: α) Einladung zur weiteren Verkündigung »von diesen Dingen« am nächsten Sabbat (42); β) Viele schließen sich sofort den Missionaren an, die ihnen zureden, »bei der Gnade Gottes zu bleiben« (43).
4. Das Geschehen am folgenden Sabbat (44–52): a) Massenzulauf (44). b) Eifersucht und Widerspruch seitens der Juden (45). c) Programmatische Deklaration: Nach der Ablehnung des Gotteswortes durch Juden Hinwendung zu den Heiden (46). d) Begründung dieser Hinwendung aus der Schrift (47). e) Freude, Lobpreis und Glaube bei den Heiden (48). e) Summarischer Bericht über die Ausweitung des Missionserfolgs auf das Umland der Stadt (49). f) Die Vertreibung der Missionare: α) Die Judenschaft erreicht über ihr nahestehende vornehme Frauen bei den Spitzen der Stadt die Ausweisung der Missionare (51); β) Diese ziehen ab und schütteln den Staub von ihren Füßen gegen sie (51). g) Bericht über die Gemeindesituation am Ort: Zurück bleiben »mit Freude und Heiligem Geist erfüllte« Christen (52).

Traditionshintergrund: Die Berichte über die Reise von Barnabas und Paulus, die Abreise des Johannes Markus, die Gemeindegründung im pisidischen Antiochien und die durch einflußreiche Juden über die Ehefrauen der städtischen Prominenz initiierte Vertreibung der beiden Sendboten werden auf Überlieferung aus dem syrischen Antiochien beruhen, die auf den Rechenschaftsbericht der beiden Missionare und Nachrichten aus dem pisidischen Antiochien zurückgehen dürften (14, 27). Die Predigt des Paulus (13,16–41) hat Lukas wohl in Anlehnung an Umkehrpredigten der hellenistisch-judendenchristlichen Gemeinde unter Aufnahme paulinischer Tradition (13,38–39) gestaltet.

13–14a: *Von Paphos über Perge nach Antiochien in Pisidien*
13: *Von Paphos nach Perge in Pamphylien*: In den V. 2 und 7 wurde Barnabas noch wegen seines höheren Dienstalters und seiner Verdienste um die Eingliederung des Paulus in die christliche Gemeinde vor diesem genannt. Nach dem spektakulären Auftritt und Erfolg, der Paulus in Paphos beschieden war, ist er nun die

führende Figur in dem Missionsteam (43.46.50), wenn auch künftig gelegentlich der ursprüngliche Vorrang des Barnabas noch durchscheint (14,14; 15,12.25). Paulus und seine Begleiter – wörtlich: »die um Paulus« (οἱ περὶ Παῦλον) – schiffen sich in Paphos ein und segeln nach Pamphylien. Ein Schiff bringt sie von der Küste auf dem bis Perge schiffbaren Kestros (heute *Aksu Çayi*) zur Hauptstadt Pamphyliens.[582] Perge, dessen eindrucksvolle Ruinen nahe bei der heutigen Ortschaft noch zu sehen sind, war wegen eines Artemis-Heiligtums überregional berühmt. Zur missionarischen Tätigkeit in Perge kommt es vorläufig noch nicht. Erst auf der Rückreise predigen sie dort (14,25). Jetzt streben sie wahrscheinlich aufgrund der Begegnung mit dem Prokonsul Sergius Paulus in Paphos zunächst das pisidische Antiochien an. Jedoch ist noch etwas anderes zu melden: Johannes Markus trennt sich in Perge von den Missionaren und reist nach Jerusalem. Dort ist er zu Hause (12,12.25). Lukas spricht von seinem Abgang so, daß er dem Leser eine harte Bewertung im Sinne von »desertieren« nahelegt (ἀποχωρέω). Einen Grund für die Trennung nennt Lukas nicht. Ging dem Johannes Markus die räumliche und zeitliche Ausdehnung der Missionsreise zu weit? Hatte er Heimweh? Spielten Differenzen in Fragen der Heidenmission eine Rolle? Wir wissen es nicht. Später kommt es zum Zerwürfnis zwischen Paulus und Barnabas des ehemaligen Gehilfen wegen. Dabei spielt die Beurteilung der Abreise in Perge eine entscheidende Rolle (15,37–38).

14a: *Von Perge nach Antiochien in Pisidien*: Es gab zwei Wege zum angestrebten Ziel. Eine kleine Straße folgte dem Krestos flußaufwärts durch das Taurus-Gebirge. Sie war wegen der Schluchten und Flüsse schwierig und gefährlich (Strabo, Geographica XII,7, 1–2).[583] Die Missionare konnten auch die leichtere und längere Route wählen, die auf einer von den Römern unter Augustus im Zusammenhang mit der Pazifizierung aufsässiger Gebirgsstämme angelegten und gepflasterten Straße von Perge zunächst nordwestwärts nach Comama führt und von dort ab dem Anava-See (Burdur) in nordöstlicher Richtung über Apollonia nach Antiochien.[584] Sie war die Hauptverbindungsstrecke zwischen Küste und Inland. Ob sie nun über die Hauptstraße gezogen sind oder die schwierigere und risikoreichere direkte Strecke gewählt haben,[585] sie gelan-

---

582   Vgl. *D. French*, Acts, 50–53; *A.H.M. Jones*, Cities, 123–146; *P. Weiß*, Art. Antiochia πρὸς Πισιδία, 765; *E. Olshausen*, Art. Perge, 631f.
583   Strabo, Geography V, 478–485.
584   Vgl. *D. French*, Acts, 52f; *St. Mitchell*, Anatolia I, 70; ebd. 78, Map 5: The Pisidian Taurus.
585   Vgl. *C. Breytenbach*, Paulus, 79f.

gen so oder so in den Südteil der Provinz Galatia. Damit kommen sie in ein Gebiet, in dem es seit der Eingliederung ins Römische Reich unter Augustus wegen der seither erfolgreichen Bekämpfung des Bandenunwesens, infolge der Steuererleichterung und anderer Förderungsmaßnahmen für geschädigte Städte, nicht zuletzt auch durch den konsequent betriebenen Straßenbau ökonomisch nachhaltig aufwärts ging. In Südgalatien gab es schon seit hellenistischer Zeit eine beachtliche jüdische Diaspora. Der Seleukidenherrscher Antiochus III. hatte zwischen 212 und 205/4 v. Chr. zweitausend jüdische Familien aus Mesopotamien und Babylonien in das damals unruhige Phrygien und Lydien umsiedeln lassen, um die innere Sicherheit der Region zu stabilisieren (Josephus, Ant XII,148. 153).[586] Jüdische Gemeinden erwiesen sich in kleinasiatischen Städten als lebenskräftig, stark und selbstbewußt. Sie waren ins städtische Leben einbezogen und für viele Nichtjuden attraktiv.[587]

Exkurs: Das pisidische Antiochien
Das pisidische Antiochien (Strabo, Geographica XII,6,4; 8,14)[588] war ebenso wie das syrische und etliche andere Städte gleichen Namens zwischen Mittelmeer und Indischem Ozean eine hellenistische Gründung aus dem 3. Jh. v.Chr. Die im Grenzgebiet zwischen Pisidien und Phrygien verkehrsgünstig gelegene und blühende Handelsstadt mit einem fruchtbaren Umland, seit 25 v.Chr. kaiserlich römische Kolonie (*colonia Caesarea Antiochia*), gehörte politisch zu Galatien und war zweifellos die bedeutendste unter den augusteischen Kolonien dieser Provinz.[589] Sie war ein regionales Zentrum, zu dem mehrere Statthalter von Kappadokien und Galatien enge Beziehungen unterhielten. Drei waren Patrone der Stadt.[590] Die römischen Bürger, in der Mehrzahl Kriegsveteranen des Augustus aus der siegreichen Seeschlacht gegen Antonius nahe beim Vorgebirge von Actium (31 v.Chr.) und deren Nachfahren, waren mit ihren Familien im Stamm der Sergier eingeschrieben.[591] Sie dominierten das gesellschaftliche und öffentliche Leben der in ihrer Selbstverwaltung weithin autonomen Stadt und des Umlandes, in dem sie über ausgedehnten Gutsbesitz verfügten. Im Laufe der Zeit vermischten sie sich mit der hellenistischen Aristokratie und der hellenisierten Oberschicht der einheimischen Bevölkerung. Diese bestand überwiegend aus Phrygiern und Pisidiern mit eigener Sprache und überkommenen Kulten. Einige ihrer Herkunft nach keltische Einwohner dürfte es ebenfalls gegeben haben. Hauptgott der Stadt war Mên Askaênos. Sein Symbol war der zunehmende Mond. Römische und italische Kolonisten stellten ihre Göttin Luna neben ihn. Mên hatte, wie sein Attribut τύραννος zeigt, unbedingte Macht über das gesamte Leben seiner Anbeter,

---

586   Josephus, Jüdische Altertümer I, 82f.
587   Vgl. *P.R. Trebilco*, Jewish Communities, 5–190.
588   Strabo, Geography V, 476f.506f; vgl. auch *C. Breytenbach*, Paulus, 160ff; *St. Mitchell / M. Waelkens*, Pisidian Antioch, 5–18 (St. Mitchell); *ders.*, Population, 1063f; *Th. Pekáry*, Kleinasien, 645ff; *J. Taylor*, St. Paul, 1200–1211.
589   Vgl. *R. Haensch*, Capita provinciarum, 278.
590   Vgl. *R. Haensch*, Capita provinciarum, 278f.
591   *St. Mitchell / M. Waelkens*, Pisidian Antioch, 8 (St. Mitchell).

wurde aber auch als Garant ihres Heils (σωτήρ) und als Spender von Reichtum (πλουτοδώτης) verehrt. Der römische *Juppiter Optimus Maximus* und *Augustus,* der Gründer der Kolonie, hatten eigene Tempel.[592] Im Kaiserkult lebte im gesamten Osten des Reiches die alte orientalische und hellenistische göttliche Verehrung des Herrschers fort.

14b–15: In der Handelsstadt gab es seit etwa 200 v.Chr. eine relativ zahl- und einflußreiche jüdische Gemeinde. Am Sabbat nach ihrer Ankunft besuchen die Missionare die Synagoge (14b; vgl. 13,5; 14,1; 17,2.10.17; 18,4.19) und nehmen am Gottesdienst teil. Auf die Lesungen aus der Tora, dem ›Gesetz‹ (*Seder*), und den Propheten (*Haftarah*) folgt eine erbauliche und ermahnende Ansprache, die an die Hauptlektion aus den Propheten anknüpft und Zusammenhänge zwischen Propheten- und Gesetzeslesung aufweist.[593] Grundsätzlich ist jeder erwachsene Jude berechtigt, die Predigt zu halten. Der Synagogenvorstand – ein Gremium aus sieben Männern – läßt die beiden Gäste um »ein Wort des Zuspruchs« (λόγος τῆς παρακλήσεως) für »das Volk« (ὁ λαός) bitten (15), d.h. um eine ermutigende und ermahnende Rede an die *jüdischen* Gottesdienstteilnehmer. Die Einladung schließt die im Gottesdienst anwesenden »Gottesfürchtigen« als Hörer nicht ohne weiteres mit ein. Ὁ λαός ist im Munde eines Juden »*das* Volk«, ist Israel.

16–41: *Die Predigt des Paulus*
16–25: *Einleitung, Anrede und heilsgeschichtlicher Rückblick:* Paulus erhebt sich von seinem Platz und verschafft sich mit einer Handbewegung Ruhe (16a). Seine Anrede (16b) zeigt, daß er sich nicht allein an die Israeliten wendet, sondern auch an ihre den Gottesdienst mitfeiernden nichtjüdischen Freunde, »die Gottesfürchtigen« (οἱ φοβούμενοι τὸν θεόν, 10,2.22.35; 13,26).[594] Der erste Teil seiner Predigt (17–25) ist eine Erinnerung an die Erwählung und Führung des Volkes und die ihm zuteilgewordene Verheißung.[595] Subjekt des Handelns ist »der Gott dieses Volkes Israel«. Zunächst erinnert der Prediger summarisch an die Erwählung der Väter (17a), ebenso kurz an das von Gott bewirkte Wachstum des

592 Vgl. *C. Breytenbach*, Paulus, 160ff.
593 Vgl. Bill. IV/1, 173f.177–188; *J.W. Bowker*, Speeches, 96–111: Die Toralesung (Seder) könnte in diesem Gottesdienst Dtn 4,25–46 gewesen sein, die Prophetenlesung (Haftarah) 2Sam 7,6–16 und die vom Prediger gewählte Schriftstelle zum Eingang (Proömium) 1Sam 13,14; vgl. *E.E. Ellis*, Midraschartige Züge, 94–104; *E. Nellessen*, Zeugnis, 199f.
594 Vgl. *G. Bertram*, Art. θεοσεβής, 124–128; *M. Simon*, Art. Gottesfürchtiger, 1060–1068; *P.R. Trebilco*, Jewish Communities, 145–166; *B. Wander*, Gottesfürchtige, 189–192.
595 Vgl. *T. Holtz*, Untersuchungen, 131–136.

Volkes in Ägypten (17b), an die »mit erhobenem Arm« (Ex 6,1.6;
32,11; Dtn 3,24; 5,15 u.ö.), also durch mächtige Taten bewirkte
Herausführung aus dem Land (17c) und sein vierzigjähriges ge-
duldig fürsorgliches Ertragen der Israeliten auf dem Weg durch
die Wüste (18). Anders als in der Rede des Stephanus, in der Mose
viel Raum gewidmet wird (7,20–44), ist von diesem hier im heilsgeschichtlichen Rückblick mit keiner Silbe die Rede. Sein Name
fällt erst, wenn es um das Ungenügen des Gesetzes geht (38–39).
Zeichen der Erwählung und Führung des Volkes durch Gott war
auch die Landgabe nach vorausgegangener Vernichtung von sieben Völkern, die dort gewohnt hatten (19; z.B. Dtn 4,38; 7,1). Worauf sich die in V. 20a genannten 450 Jahre beziehen, ist nicht
klar. Der »Westliche Text« hat die Zeitangabe wohl nach der Summe aller Daten im Richterbuch und den dem Priester Eli nach
1Sam 4,18 zugeschriebenen 40 Jahren, woraus sich insgesamt 450
Jahre ergeben, auf die Richterzeit bezogen und dementsprechend
umgestellt.[596] Man hat aber auch an den ganzen bisher angesprochenen Zeitraum von Abraham bis zur Landnahme gedacht,[597] sogar an den Zeitraum zwischen Landnahme und Exil.[598] Am ehesten leuchtet folgende Rechnung ein: 400 Jahre Ägypten (7,6), 40
Jahre Wüstenwanderung, 10 Jahre Einnahme des Landes.[599] Nach
diesen 450 Jahren folgte die Zeit der Richter bis hin zu Samuel
(20b). Auch die Richter und Samuel sind Gaben Gottes. Die Richterzeit wird in den Missionsreden nur hier erwähnt. Zur Zeit Sa-
muels verlangte das Volk einen König (21a), und bekam von Gott
den Saul (21b). Der wird in den Reden sonst nicht erwähnt. Die
Angaben zu Sauls Herkunft (1Sam 9,1; 10,21) lassen den Leser,
der weiß, daß der Prediger den Synagogennamen Saul trägt (9,4.
17; 22,7.13; 26,14), auch an Paulus denken, der sich nach seiner
Familientradition als Benjaminit sah (Röm 11,1; Phil 3,5). Sauls
Regierungszeit wird hier wie auch bei Josephus (Ant VI,378) mit
40 Jahren bemessen. Nach der Verwerfung Sauls (1Sam 15,11–
35; 2Sam 7,15) »erweckte« (ἤγειρεν, vgl. 30.37) Gott dem Volk
»den David zum König« (22a; 1Kön 16,12–13; 2Sam 7,8), den
Ahnherrn Jesu. Davids Bedeutung als ein Mann nach dem Herzen
Gottes, der nach Gottes Willen handelte, wird durch ein Gotteswort
hervorgehoben, ein sog. Mischzitat aus der Schrift. Darin klingen
an Ps 89,21 (»ich habe David, meinen Knecht, gefunden«), 2Sam

596 Vgl. z.B. *B.M. Metzger*, Textual Commentary, 406f, sowie die Kommentare von *O. Bauernfeind*, 173; *E. Haenchen*, 392f; *G. Schneider*, II, 132.
597 Z.B. die Kommentare von *G. Schneider*, II, 132; *J. Zmijewski*, 503.
598 *R. Pesch*, Apostelgeschichte II, 35.
599 Vgl. die Kommentare von *O. Bauernfeind*, 173; *J. Roloff*, 204.

23,1 (»David, den Sohn des Isai«), 1Sam 13,14 (»einen Mann nach
meinem Herzen«), Jes 44,28 (»er wird alle meine Willensbekundungen ausführen«). An die David zuteil gewordene Verheißung
(2Sam 7,12–16) anknüpfend, kommt der Prediger nun unter Anspielung auf das von Paulus Röm 1,3 zitierte Bekenntnis über die
Herkunft des Sohnes Gottes aus der Nachkommenschaft Davids
nach dem Fleisch gleich auf die Erfüllung dieser Zusage in Jesus
als Retter (σωτήρ) Israels zu sprechen (23). Ihm ging noch in der
Zeit der Verheißung Johannes mit seiner Umkehrtaufe voraus (24).
»Das Gesetz und die Propheten reichen bis Johannes« (Lk 16,16).
Dessen Botschaft und Taufe waren ganz auf den nach ihm kommenden Stärkeren ausgerichtet (25). Paulus referiert das Selbst-
zeugnis des Täufers, mit dem dieser sich nach Lk 3,15–16 von der
auf ihn gerichteten messianischen Erwartung distanzierte, frei.
(Vgl. Joh 1,19–20). Mit der Erinnerung an Johannes den Täufer
ist die Stelle erreicht, von der aus die Verkündigung Jesu Christi
erfolgen kann.

26: *Der Übergang zur Christus-Botschaft,* die im Zentrum der
Predigt steht, ist durch eine erneute Anrede der Hörer markiert
(26a). Die Israeliten werden jetzt als Nachfahren Abrahams angeredet. Der Prediger spricht sie und ihre Freunde wieder miteinander an, und zwar jetzt – über die Anrede von V. 16 hinausgehend –
vertraulich als »Brüder« (26a). Für Paulus sind alle Glaubenden
Abrahams Nachfahren (Röm 4,1–25). Juden und Gottesfürchtige
sind auch miteinander gemeint, wenn der Prediger thetisch formuliert: *»Uns* wurde das Wort von dieser Rettung gesandt« (26b).

27–31: *Jesu Tod und Auferstehung*
27–29: *Jesu Tod:* Die Verkündigung Jesu Christi beginnt mit
der kurzen und vereinfachenden Darstellung der Geschichte des
Leidens und Sterbens Jesu mit Akzenten der Lukas-Passion. Anders als bei den in Jerusalem gehaltenen Petrus-Predigten werden
hier nicht die Hörer auf ihre Verantwortung für Jesu Tod angesprochen (2,36; 3,13–15), sondern »die Bewohner Jerusalems und ihre
Oberen« haben den Retter nicht erkannt (27a). Sie haben auch die
auf ihn hinweisenden Verheißungen der Propheten verkannt (27b),
obgleich doch am Sabbat im Gottesdienst eine Lesung aus den
Prophetenbüchern erfolgt (27c). Da sie die Propheten mißdeute-
ten, haben sie Jesus falsch beurteilt und gerade so die prophetischen Ankündigungen seines Todes erfüllt (27d; 3,17–18). Obwohl sie (durch Pilatus) von Jesu Unschuld wußten (Lk 23,4.14.
15), »haben sie von Pilatus seine Hinrichtung verlangt« (28; Lk 23,
13–23; Apg 2,23). So haben sie, ohne es zu wissen, »alles, was über
ihn geschrieben steht, erfüllt (29a; Lk 24,25–27.44; vgl. Dtn 21,

22–23; Jes 53,9). Der die Passionsgeschichte abschließende pau-
schale und verkürzende Hinweis auf die Bestattung Jesu (29b; Lk
23,50–53) unterstreicht das Faktum seines Todes und bereitet das
dem Unheilshandeln der Menschen entgegengesetzte Heilshandeln
Gottes vor.

30–31: *Jesu Auferweckung und die Zeugen des Auferstandenen*:
Gottes Handeln an Jesus wird mit der Kurzformel ausgesprochen:
»Gott ... hat ihn von den Toten auferweckt« (30; 3,15; 4,10; Röm
10,9; 1Kor 6,14; 1Thess 1,10). Dem Bekenntnissatz folgt – wie
üblich – der Hinweis auf die Zeugen des Auferstandenen. Während einer Reihe von Tagen ist er denen erschienen, »die ihm von
Galiläa nach Jerusalem gefolgt waren« (31a; 1,21–22; 10,40–41).
Das sind in erster Linie die Apostel (1,3). Paulus selbst ist Zeuge
des erhöhten Jesus. Für die Bezeugung der irdischen Geschichte
Jesu bis Ostern und Himmelfahrt bleibt er ebenso wie Barnabas
auf das Zeugnis der Apostel angewiesen. Sie und weitere Wegge-
fährten nach Jerusalem hinauf »sind jetzt seine Zeugen vor dem
Volk« (... πρὸς τὸν λαόν), vor dem jüdischen Volk, vor Israel
(λαός). Den zwölf Aposteln und den übrigen Begleitern Jesu, die
Augen- und Ohrenzeugen des Wirkens Jesu in Galiläa und unterwegs nach Jerusalem waren, ist »jetzt« das Zeugnis für ihn vor den
Juden anbefohlen (10,42).

32–37: *Schriftzeugnisse*:[600] Barnabas und Paulus gehören nicht
zu den Zwölfen und den weiteren Zeugen des Erdenwirkens Jesu;
aber sie nehmen in ihrem missionarischen Wirken deren Zeugnis
auf und predigen dasselbe Evangelium wie jene, nämlich die mit
der Auferstehung Jesu von den Toten erfolgte Erfüllung der den
Vätern gegebenen Verheißungen (32–33a). Es geht um die Erfüllung an den Nachfahren der Väter, »an uns«. Die Hörer sind mit
gemeint. Der Prediger führt den Nachweis der Auferweckung mit
Ps 2,7: »Du bist mein Sohn, ich habe dich heute gezeugt« (33b).
Er kann die Stelle heranziehen und als erfüllte Verheißung betrachten, weil Jesu Auferstehung als Weg zur himmlischen Inthronisation verstanden wird (vgl. Hebr 1,5; 5,5). Jesu Auferweckung
bedeutet seinen Eingang ins ewige Leben und unvergängliche
Königtum (34a.b). Dafür wird Jes 55,3 LXX in Verbindung mit Ps
16,10 herangezogen (34c.35). Die Psalmstelle spielte schon in der
Pfingstpredigt des Petrus eine Rolle (2,25–28). Mit Jes 55,3 LXX
(34c) sichert der Prediger seinen Hörern die ihnen geltenden zuverlässigen und auf das unverwesliche Erbe gerichteten Heilszusagen zu, die ursprünglich dem David gegeben worden sind (δῶσω

---

600   Vgl. *T. Holtz*, Untersuchungen, 137–145; *M. Rese*, Motive, 80–93.135.

ὑμῖν τὰ ὅσια Δαυὶδ τὰ πιστά).⁶⁰¹ Sie behalten ihre Gültigkeit über
David hinaus, denn dessen Leben war vergänglich. Er diente zu
seiner Zeit seiner Generation und starb nach Gottes Ratschluß: »Er
wurde zu seinen Vätern versammelt«, d.h. begraben. Im Grab sah
er die Verwesung (36). Dementsprechend gilt Ps 16,10 einem anderen. Die Verheißung ist in Jesus erfüllt. Denn als der, den Gott
von den Toten auferweckt hat (30), sah er die Verwesung nicht
(37). Damit ist die Argumentation seit V. 32 am Ziel: Nicht allein
die Apostel (31), sondern auch die Propheten bezeugen den Eingang Jesu ins ewige Leben und himmlische Königtum als Heilszusage für die Hörer.

38–41: *Folgerung und Anwendung*
38–39: *Heilszusage*: Mit der proklamatorischen Wendung: »So
sei euch nun kundgetan« (4,10) und der nochmaligen Anrede der
Hörer als »Brüder« (38a) verkündet der Prediger seinen Hörern
Sündenvergebung durch den auferweckten und erhöhten Jesus
Christus (38b; Lk 1,77; 24,47; Apg 2,38; 5,31; 10,43; 26,18). Die
Zusage der Sündenvergebung entfaltet er mit der Zusage der Rechtfertigung des Sünders aus dem Glauben an Jesus Christus (38c–
39). Lukas läßt seinen Paulus hier eine Reminiszenz der Paulus-
Tradition aufgreifen; er gebraucht sie aber lukanisch. Rechtfertigung meint hier allein die Beseitigung der Sünden. Sie ist Folge
des Glaubens und damit der Hinkehr zu dem von Gott auferweckten und erhöhten Jesus Christus. Die Beachtung des Mosegesetzes
genügt nicht. An der Bedeutung der Rechtfertigung allein durch
den Glauben für Juden und Griechen hält Lukas fest.⁶⁰² Am Gesetz und seinen Forderungen werden Sünden als solche offenbar.
Das Gesetz ist aber selbst nicht die Instanz ihrer Anullierung. Diese kann nur übergesetzlich erfolgen. Die Instanz, die die Sünden
aus der Welt schafft, ist der ewig im Himmel thronende Christus.
In der Gemeinschaft mit ihm wird den Glaubenden die Gerechtigkeit zuteil, die niemand durch das Mosegesetz erlangen kann. Der
Prediger ruft also indirekt zur Umkehr und Taufe im Namen Jesu
auf (2,38; 3,19; 5,31; 10,43).
40–41: *Abschließende Mahnung und Warnung*: Mit der mahnen-
den Wendung »Seht nun zu, daß nicht« leitet der Prediger die Warnung ein, die er danach mit Hilfe von Hab 1,5 LXX entfaltet.⁶⁰³
Seine Hörer sollen, wenn sie die Botschaft von der Erfüllung der
Heilsverheißung in der Person Jesu nicht glauben wollen, acht dar-

601 Vgl. *H. Balz*, Art. ὅσιος, 1311.
602 Vgl. *A. Lindemann*, Paulus, 59.167.
603 Vgl. *T. Holtz*, Untersuchungen, 19ff.

auf geben, daß sie nicht das in den Prophetenbüchern angekündigte Unheil überkommt (40). Das Habakuk-Zitat (41) ist ein Gotteswort, das auf ein überraschendes und ungläubiges Staunen hervorrufendes Gotteshandeln vorbereitet. Im ursprünglichen Zusammenhang zielt es darauf, daß nach dem Willen des Herrn aller Völker eine neue Großmacht, die Chaldäer (Neubabylonier), als Schrecken verbreitende Eroberer und als Zuchtrute Gottes für die Völker, auch für das eigene Volk, heranstürmen und der Völkerwelt ihren Willen aufzwingen (Hab 1,5–11). Bei Lukas dient die Hab 1,5 entnommene Ansage einer unglaublich erscheinenden Aktion Gottes. Sie zielt auf die Annahme der Heiden und ihre Integration in das im Namen Jesu gesammelte Gottesvolk. Die Juden und ihre gottesfürchtigen Freunde werden vor der Verwerfung gewarnt, die ihnen droht, wenn sie die Botschaft vom Heil in Jesus Christus, der Rechtfertigung für jeden, der glaubt, ablehnen.

42–43: *Wirkungen der Predigt*: Nach dem Ende des Gottesdienstes, noch beim Hinausgehen aus der Synagoge, werden Paulus und Barnabas gebeten, am nächsten Sabbat ihre Evangeliumspredigt fortzusetzen (42). Vermutlich spricht der Synagogenvorstand diese Einladung aus. Man will dazu im Augenblick noch nicht Stellung nehmen und erwartet wohl vom zweiten Predigtvortrag weiteren Aufschluß, um sich ein Urteil bilden zu können. Aber diese Bekundung freundlich distanzierten Interesses ist nicht die einzige Reaktion. Als die Gottesdienstteilnehmer sich trennen und manche sich auf den Heimweg machen, gehen »viele Juden und gottesfürchtige Proselyten« (σεβόμενοι προσήλυτοι) sofort mit Paulus und Barnabas (43a). Die Predigt hat sie überzeugt. So brauchen sie nicht erst die Predigt am nächsten Sabbat abzuwarten. Es ist ein offenes Problem, wen Lukas mit den »gottesfürchtigen Proselyten« gemeint hat. Von Proselyten, also förmlichen Konvertiten zum Judentum, war in dem Erzählstück bisher nicht die Rede, wohl aber von Gottesfürchtigen (16.26), also von Nichtjuden, die sich zur Synagoge hielten, ohne sich beschneiden zu lassen. Es ist zwar denkbar, daß Lukas den Begriff »Proselyt« hier nicht im strengen Sinn verwendet, sondern eine Gruppe frommer Heiden meint, die sich der Synagoge in Gottesverehrung und Lebensführung dauerhaft eng verbunden wissen;[604] jedoch ist eher zu vermuten, daß Lukas »gottesfürchtig« hier nicht im terminologischen Sinn gebraucht, sondern tatsächlich gesetzesfromme Konvertiten meint. Am ersten Sabbat schließen sich demnach den Mis-

---

604 So z.B. *M. Klinghardt*, Gesetz, 184 sowie die Kommentare von *G. Lüdemann*, 161f; *R. Pesch*, II, 41; *J. Roloff*, 209; *J. Zmijewski*, 511.

sionaren etliche geborene Juden und zum Judentum Konvertierte an, die damit ihre Frömmigkeit unter Beweis stellen. Anders als in der Jerusalemer Anfangszeit der Evangeliumspredigt (2,41.47; 4, 4; 6,7) kommt es durch die Verkündigung des Paulus in der Diaspora nicht zu Massenbekehrungen von Juden. Eine vermutlich kleine judenchristliche Gemeinde entsteht. Sie versammelt sich gewiß im Haus des Gastgebers der Missionare (16,14–16; 17,5–7 usw.). Die Zeit der frommen Heiden kommt erst am nächsten Sabbat (46–48).[605] Paulus und Barnabas bestärken die Glieder der sich zunächst aus Judenchristen bildenden Gemeinde, »bei der Gnade Gottes zu bleiben« (43b), d.h. beim Evangelium, dem sie ihren Gnadenstand verdanken.[606] Sie sollen im christlichen Glauben beharren.

44–49: *Ausweisung der Missionare auf Veranlassung der Juden, Hinwendung zu den Heiden*

44: *Massenandrang*: Der Eindruck, den Paulus auf die Synagogenbesucher gemacht hat, bewirkt, daß sich die Kunde in der Stadt herumspricht, Paulus und Barnabas würden auch am nächsten Sabbat predigen. Die Nachricht weckt ein überraschend starkes Interesse, diese Prediger zu hören. An und in der Synagoge entsteht großes Gedränge. Denn über die bisherigen Hörer hinaus strömt jetzt fast die gesamte nichtjüdische Bevölkerung der Stadt herbei, um »das Wort des Herrn« zu hören. Die religiöse Zusammensetzung der Menge interessiert den Autor nicht. Man muß sich aber gegenwärtig halten, daß das, was man als Heidentum bezeichnet, eine Vielzahl von Kulten und Riten umfaßt.

45: *Eifersucht und Widerspruch von Juden*: Juden, die sich den Missionaren nicht angeschlossen haben, werden eifersüchtig (45a; 17,5). Ihre Sorge vor einer Zurücksetzung gründet nicht darin, daß die Leute in Scharen zur Synagoge kommen und einen Gastprediger hören wollen, der die nichtjüdische Stadtbevölkerung anzieht. Vielmehr sorgen sie sich vor einer Spaltung der örtlichen jüdischen Gemeinde. Sie befürchten Ansehens- und Geltungsverlust, weil durch die Evangeliumspredigt des Paulus eine konkurrierende Gemeinde entsteht, in der von der Verbundenheit im Christus Jesus her die Bindung an das mosaische Gesetz, speziell auch an seine rituellen Bestimmungen, nicht mehr als heilsentscheidend angesehen wird. Die reisenden Prediger haben darüber hinaus den gesell-

---

605 Vgl. die Kommentare von *G. Schneider*, II, 142, Anm. 141; *J. Jervell*, 362 sowie *B. Wander*, Gottesfürchtige, 191f.
606 Vgl. *H. Conzelmann*, Art. χάρις, 382f. χάρις ist ein zentraler Begriff des Paulus, den man im synoptischen Schrifttum allein bei Lukas findet.

schaftlichen Einflußbereich der Synagoge tangiert. Sie binden viele bisherige Freunde der jüdischen Gemeinde an ihre Botschaft. Damit gehen der Synagoge jedoch Sponsoren verloren. Das nimmt eine jüdische Gemeinde, deren prominente Mitglieder sich am städtischen Leben beteiligen, nicht widerstandslos hin (1Thess 2,16).[607] So schlägt die anfangs freundlich distanzierte Haltung in offenen Widerspruch gegen den Inhalt der Predigt des Paulus um (45b; 18, 6; 19,9). Man bestreitet wahrscheinlich, daß alle Verheißungen Gottes auf die Erfüllung in Jesus von Nazaret zulaufen, daß Gott in ihm, dem Gekreuzigten, zum Heil aller Menschen gehandelt habe und der Glaube an ihn allein heilsam sei. Denn diese Botschaft und ihr Erfolg bei den Gottesfürchtigen gefährden die religiöse und nationale Gruppenidentität der Diasporajuden. Wenn sie Jesus lästern, schmähen sie ihn und fluchen ihm. Man kann sich vorstellen, daß sie sich darauf berufen, ein am Holz Gehängter sei nach dem Gesetz ein von Gott Verfluchter (Dtn 21,22–23; Gal 3,13).[608] Mit der extrem intensiven Form der Ablehnung des Inhalts der christlichen Verkündigung tritt ein, wovor Paulus sie mit dem Gotteswort aus Prophetenmund gewarnt hatte (40–41). Die Schmähung des seit Pfingsten wirksamen Heiligen Geistes gilt als unvergebbare Sünde (Lk 12,10 // Mt 12,32; vgl. auch Mk 3,28–29).

46–47: *Reaktion der Missionare: Ausrufung der Heidenmission*: Paulus und Barnabas reagieren darauf mit einer feierlichen Deklaration. Sie erklären offen heraus, daß den Juden in der Stadt nach Gottes Ratschluß sein Wort, d.h. das Heilsangebot Gottes in Christus Jesus, unumgänglich (ἀναγκαῖον) zuerst gesagt werden mußte (46; Röm 1,16) und – so darf man ergänzen – auch in allen anderen Städten mit jüdischem Bevölkerungsanteil weiterhin primär auszurichten sein wird (14,1; 16,13; 17,1–3.10.17; 18,4; 19,8). Der Ort der Evangeliumspredigt ist überall zunächst die Synagoge. Dort findet Paulus immer wieder das Urteil bestätigt: »Nicht alle aus Israel sind Israel« (Röm 9,6b). D.h. die abstammungsmäßige Herkunft entscheidet nicht über die Zugehörigkeit zum wahren

---

607 Vgl. zum öffentlichen Engagement von Diasporajuden in kleinasiatischen Städten *P.R. Trebilco*, Jewish Communities, 173–183.
608 Die Konsequenz der Verfluchung ist ihre Ausdehnung auf die Anhänger Jesu. Vgl. Justin um die Mitte des 2. Jh.s im »Dialog mit dem Juden Tryphon« (Dial XVI,4): »Jetzt verstoßt ihr die, welche auf ihn und auf den allmächtigen Gott, den Weltschöpfer, der ihn gesandt hat, ihre Hoffnung setzen, und entehrt sie, soweit es bei euch möglich ist, indem ihr die Christusgläubigen in euren Synagogen verflucht« (Philosophen, 25). Jüdische Lehrer schreiben ihren Gemeindegliedern vor (Dial XXXVIII,1), »mit keinem von euch zu verkehren« (ebd., 56); vgl. zur Warnung, sich auf ein Gespräch mit Christen einzulassen, auch Dial CXII,4 (ebd., 181).

Gottesvolk. Damit, daß Juden im pisidischen Antiochien sich mehrheitlich dem Evangelium verweigern und es von sich stoßen, halten
sie sich selbst des ewigen Lebens in der Gemeinschaft Jesu Christi
nicht für wert (46c). So ist nun der Weg der Verkündigung des
Evangeliums an die Heidenvölker frei (46d). Die Wende in der
Mission wird mit dem Auftrag an den Knecht Gottes in Jes 49,6
gerechtfertigt (47).[609] Sie entspricht Gottes Willen, den er längst
kundgetan hat, ist also kein Verlegenheitseinfall nach der Ablehnung der Christusbotschaft in der Synagoge. Das Prophetenwort,
das bei ›Deuterojesaja‹ (Jes 40–55) die Rettung ($j^e schuah$) Israels
mit dem Heil auch für die anderen Völker verknüpft,[610] wurde
schon Lk 2,32 gebraucht, um die weltweite Wirkungskraft des von
Gott mit der Person Jesu für das ganze Volk Israel bereiteten Heils
zum Ausdruck zu bringen. Nachdem bereits in 1,8 programma-
tisch auf Jes 49,6 angespielt wurde, ist dieses Wort nun der aktuelle
Auftrag des Herrn an seine Zeugen, die das im Namen Jesu erneuerte Israel repräsentieren, mit ihrer Evangeliumspredigt »Licht der
Heidenvölker« und für sie zum Heil da zu sein »bis an das Ende
der Erde« (vgl. 26,23; 28,28).[611]

48–49: *Reaktion der Heiden: Freude, Lobpreis, Glaube*: Anders
als bei den Juden in der Stadt, die mit Eifersucht, Lästerung und
Selbstausschluß vom ewigen Leben auf die Evangeliumspredigt
antworteten, reagieren die gottesfürchtigen Heiden mit Freude darauf, daß ihnen das Evangelium gilt (48a; 8,8.39; 11,23).[612] Die
Freude artikuliert sich im Lobpreis. Dessen Gegenstand ist hier
»das Wort des Herrn« (48b), d.h. der in V. 47 zitierte Auftrag des
Herrn an seine Zeugen. So zeigt sich wieder, daß Gottes »Erbarmen von Geschlecht zu Geschlecht mit denen« ist, »die ihn fürchten« (Lk 1,50).[613] »In jedem Volk ist ihm der angenehm, der ihn
fürchtet und Gerechtigkeit übt« (10,35). Er »hat auch den Völkern
die Umkehr zum Leben geschenkt« (11,18). Freilich kommt nicht
die gesamte Einwohnerschaft der Stadt zum Glauben, sondern
»alle die, die zum ewigen Leben bestimmt waren« (48c). Auch die

---

609 Vgl. *T. Holtz*, Untersuchungen 32f; *W. Stegemann*, Licht, 84ff; *R.C. Tannehill*, Narrative Unity 2, 172ff.
610 Vgl. *K. Baltzer*, Deutero-Jesaja, 394.
611 Vgl. *J. Kremer*, Weltweites Zeugnis, 155–157; *R.C. Tannehill*, Rejection,
83–89; *St.G. Wilson*, Gentiles, 222–224.
612 Justin scheint um 150–155 n.Chr. auf diese Stelle anzuspielen, wenn er
schreibt (Apol I,49,5), die Heiden hätten sich auf die Christusbotschaft der Apostel und die mitgeteilten prophetischen Weissagungen hin voll Freude und Glauben dem einen ungeschaffenen Gott durch Christus hingegeben (Apologien I,
62). Vgl. die Kommentare von *C.K. Barrett*, I, 42; *E. Haenchen*, 23.
613 Vgl. *H.-J. Klauck*, Gottesfürchtige, 134–139.

Teilhabe an dem in Jesu Namen erneuerten Gottesvolk, das am unvergänglichen jenseitigen Heil teilhat, gründet im erwählenden Handeln Gottes. Der Glaube ist Gottes Werk.[614] Wie die Predigt des Evangeliums die Juden spaltet (Lk 2,34), so führt sie auch zu Trennungen unter den ›Gottesfürchtigen‹ (50–51). Doch durch die Neubekehrten breitet sich »das Wort des Herrn« im Umland der Stadt aus (49). Erzählungen der Christen von ihrer Lebenswende dienen der Verbreitung dieses Wortes.

50–51: *Die Vertreibung der Missionare*: Unter den ›Gottesfürchtigen‹ (σεβόμενοι) im Umfeld der Synagoge befinden sich Ehefrauen führender Persönlichkeiten in der Stadt (17,4.12). Die Zahl der Frauen, die den Gott Israels als alleinigen Gott verehrten und eine weitgehend jüdische Lebensweise übernahmen, war durchweg größer als diejenige der Männer. Angeblich waren zur Zeit Kaiser Neros die Ehefrauen der Bürger von Damaskus fast alle der jüdischen Gottesverehrung ergeben (Josephus, Bell II,560).[615] Für Frauen war auch der Übertritt zur jüdischen Religion durch das Proselytentauchbad leichter als für Männer, von denen darüber hinaus Beschneidung und Opfer im Jerusalemer Tempel verlangt wurden.[616] Über die Frauen aus der römischen Oberschicht, zu denen gewiß auch Verwandte des Prokonsuls Sergius Paul[l]us gehörten (13,6–12),[617] erreichen die Juden, daß Paulus und Barnabas von den städtischen Oberbeamten ausgewiesen werden. Man vertreibt sie nicht nur aus der Stadt, sondern auch aus deren Umland und Einflußbereich (50), das etwa 1400 qkm umfaßte.[618] Die Missionare verhalten sich beim erzwungenen Abzug nach der Regel, die Jesus seinen Boten für den Fall gegeben hat, daß sie in einer Stadt abgewiesen werden (Mk 6,7 // Lk 9,5; Lk 10,10–11 // Mt 10, 14): Sie schütteln in einer Zeichenhandlung den Staub von ihren Füßen und kündigen der Stadt damit ihrerseits die Gemeinschaft auf. Die Handlung gilt im Endgericht als Belastungszeugnis.

52: *Die Gemeinde am Ort*: Die Evangeliumspredigt im pisidischen Antiochien war trotz Vertreibung der Missionare aus der Stadt nicht vergeblich. Die Existenz der aus Juden- und Heidenchristen bestehenden Gemeinde Jesu am Ort ist nicht von der längerfristigen Anwesenheit der Missionare abhängig. Ihre Glieder werden »mit Freude und Heiligem Geist erfüllt« (2,4; 4,31; 9,31;

---

614 Vgl. *W. Schmithals*, Apostelgeschichte, 127.
615 Josephus, De Bello Judaico I, 294f.
616 Vgl. *K.G. Kuhn*, Art. προσήλυτος, 733f.
617 Vgl. *C. Breytenbach*, Paulus, 46ff.
618 Vgl. *C. Breytenbach*, Paulus, 50.

13,9). Der Heilige Geist ist die Voraussetzung dafür, im Glauben fest und in Bedrängnis oder Bedrückung standhaft zu bleiben. Die Lebensführung der Christen ist dadurch charakterisiert, daß sie *täg lich* das ihnen zugewiesenen Kreuz aufnehmen (Lk 9,23 diff. Mk 8,34) und Frucht bringen in *Geduld* (Lk 8,15 diff. Mk 4,20). Freude ist die Grundstimmung, in der sich der Halt in Gott zeigt. Sie erhellt auch dunkle und beschwerliche Tage. Freude trotz der Bedrängnis in der sozialen Isolierung wegen des in Verruf gebrachten Christennamens zeigt, daß das Erleiden dieser Schmach keine Schande, sondern eine Gnade auf dem Weg zur Vollendung der Gottes- und Christusgemeinschaft im Himmel ist (Lk 6,22–23; Apg 5,41).

Missionserfolg in Ikonium, Flucht der Missionare wegen der Gefahr für Leib und Leben 14,1–7

¹Es geschah aber in Ikonium, daß sie gleichfalls in die Synagoge der Juden gingen und ebenso redeten, daß eine große Anzahl von Juden und Griechen zum Glauben kamen. ²Die Juden aber, die ungehorsam blieben, erregten und erbitterten die Gemüter der Heiden gegen die Brüder.[619] ³Sie verweilten nun geraume Zeit und predigten freimütig im Vertrauen auf den Herrn, der für sein Gnadenwort Zeugnis ablegte, indem er Zeichen und Wunder durch ihre Hände geschehen ließ. ⁴Die Bevölkerung der Stadt aber spaltete sich, und die einen hielten es mit den Juden, die anderen mit den Aposteln. ⁵Als aber Heiden und Juden samt ihren Oberen danach trachteten, sie zu mißhandeln und zu steinigen, ⁶bemerkten sie es und flohen in die Städte von Lykaonien, Lystra und Derbe, und das Umland. ⁷Und dort predigten sie das Evangelium.[620]

Kontext und Aufbau: Der summarisch gehaltene Missionsbericht bildet die Brücke zwischen den szenisch ausgestalteten Erzählungen von Geschehnissen bei der Mission im pisidischen Antiochien (13,13–52) und im lykaonischen Lystra (14,8–20). Er ist nichtsdestoweniger eine literarische Einheit und umfaßt

619 ›Westliche‹ Textzeugen fügen zwecks Erleichterung des Übergangs zu Vers 3 ein:»Der Herr aber gab bald Frieden«. Vgl. *B.M. Metzger*, Textual Commentary, 419; *W.A. Strange*, Problem, 126–131 sowie die Kommentare von *C.K. Barrett*, I, 669; *E. Haenchen*, 403; *G. Schneider*, II, 148, Anm. c.
620 ›Westliche‹ Textzeugen ergänzen:»Und die ganze Menge wurde über die Lehre in Aufregung versetzt. Paulus aber und Barnabas verweilten in Lystra«. Vgl. *M. Dibelius*, Aufsätze, 77f; *P. Head*, Acts, 437; *B.M. Metzger*, Textual Commentary, 419ff sowie die Kommentare von *C.K. Barrett*, I, 673f; *E. Haenchen*, 405; *G. Schneider*, II, 149, Anm. f.

zwei Teile: 1. Bericht von einem trotz des Widerstandes seitens der Judenschaft erfolgreichen Wirken (1–3). 2. Erzwungener Abbruch der Mission in Ikonium und Aufnahme der Evangeliumspredigt in Lystra und Derbe (4–7).

Feingliederung
1. Missionarischer Erfolg trotz des Widerstands von jüdischer Seite (1–3): a) Predigt in der Synagoge (1a). b) Bekehrung einer größeren Anzahl von Juden und Heiden (1b). c) Aufwiegelung der Bevölkerung durch bekehrungsunwillige Juden (2). d) Längerer Aufenthalt in der Stadt mit einer von Wunderzeichen unterstützten Predigttätigkeit (3).
2. Erzwungener Abbruch der Mission am Ort und Fortsetzung in anderen Städten (4–7): a) Spaltung der Bevölkerung und drohender Anschlag auf das Leben der Apostel (4–5): α) Spaltung der Bevölkerung (4); β) Vorbereitung eines Anschlags auf die Apostel (5). c) Abschluß und Überleitung (6–7): α) Rechtzeitige Flucht der Apostel in Städte von Lykaonien (6); β) Dort erneut Evangeliumspredigt (7).

Exkurs: Ikonium
Vom pisidischen Antiochien aus sind es auf der *Via Sebaste* etwa 140 km bis Ikonium (heute Konja) in Lykaonien, der östlichsten Stadt des phrygischen Sprach- und Kulturgebietes.[621] Seit Augustus gab es dort eine römische Kolonie (*Colonia Iulia Augusta Iconium*). Die hellenisierte phrygische Stadt und die wahrscheinlich nur kleine Kolonie aus Veteranen der Reiterei des Augustus existierten lange nebeneinander. Verwaltungsmäßig gehörte Ikonium zur Provinz Galatia (CIG 3991; CIL 254). Als Verkehrsknotenpunkt hatte es für den Handel Bedeutung. Ikonium war vermutlich Konventsstadt, die der Statthalter zur Rechtsprechung für den Bezirk besuchte.[622] In der hellenisierten Bevölkerung wurden eine phrygische Erscheinungsform des Zeus, die phrygische Muttergöttin unter dem Namen der Athene und eine ebenfalls regionale Gestalt des Herakles verehrt. Mit zunehmender Romanisierung erfolgte eine Gleichsetzung des Zeus mit Juppiter und der Muttergöttin mit Minerva. Der Kaiserkult ist gleichfalls bezeugt.

Traditionshintergrund: Der Bericht über das Wirken der Apostel Barnabas und Paulus in Ikonium und ihre Gemeindegründung sowie über Flucht der Missionare wegen eines geplanten Anschlags auf ihr Leben beruht wohl auf Überlieferung, die im syrischen Antiochien aufgrund des Rechenschaftsberichts der beiden Missionare (14,27) gepflegt wurde.

1–3: *Missionarischer Erfolg trotz Widerstandes aus der Judenschaft*
1: *Missionserfolg*: Wie üblich begeben sich die Missionare in die Synagoge (1a, vgl. 13,5.14; 17,2.10.17; 18,4.19). Sie predigen dort ebenso wie zuvor in Antiochien (13,16–41) und haben großen Erfolg: Zahlreiche Juden und »Griechen«, d.h. Gottesfürchtige aus der

---

621   Vgl. *J. Weiß*, Art. Kleinasien, 556; *C. Breytenbach*, Paulus, 50ff.162ff; *St. Mitchell*, Iconivm, 407–438; *J. Taylor*, St. Paul, 1212f.
622   Vgl. *R. Haensch*, Capita provinciarum, 278 unter Hinweis auf die im 2. Jh. in Kleinasien entstandenen romanhaften »Taten des Paulus und der Thekla« (Neutestamentliche Apokryphen II, 216–224): Man kann erwarten, daß deren Autor, um Glaubhaftigkeit zu erzielen, möglichst viel Realität in seine Darstellung aufgenommen hat.

Griechisch sprechenden phrygischen Stadtbevölkerung, kommen
zum Glauben (1b; 11,21; 17,4; 18,10). Damit bildet sich eine aus
Juden- und Heidenchristen bestehende Gemeinde in der Stadt.
2: *Aufwiegelung der heidnischen Bevölkerung durch Juden, die
eine Bekehrung ablehnen*: Wie andernorts in der Diaspora gibt es
auch in Ikonium Juden, bei denen die Predigt des Evangeliums
Mißfallen erregt. Sie werden als »ungehorsam« bezeichnet (19,9;
Röm 10,21; 11,31; 15,31). Diese Juden agitieren unter der Bevölkerung wirksam gegen die »Brüder«, d.h. gegen Paulus und Barnabas, um sie in einer Front mit der Bürgerschaft der Stadt be-
kämpfen zu können. Während die Juden im pisidischen Antiochien
über die römische Führungselite Einfluß nahmen, wählen sie hier,
wo die Römer nur ihre eigene Kolonie regieren, den Weg über das
Volk und die Volksversammlung der phrygischen Stadt, um die
Boten des Evangeliums loszuwerden.
3: *Längeres erfolgreiches Wirken trotz wachsender Ablehnung*:
Obwohl jüdische Gegner unter der Bevölkerung zum Haß aufrei-
zen, können die Missionare »geraume Zeit« erfolgreich in der Stadt
wirken. Der Zeitraum wird nicht genau bemessen. Während der
gesamten Zeit predigen sie trotz zunehmender Feindschaft »freimütig im Vertrauen auf den Herrn«. Freimut ist eine Geistesgabe.
Der Herr, der das »Gnadenwort« (Lk 4,22), d.h. die Evangeliumsverkündigung seiner Boten trägt, unterstützt und bekräftigt ihre
Predigt mit Wunderzeichen, die er durch ihre Hand geschehen läßt
(vgl. 15,12; 19,11). Er ist der wahre Wundertäter. Lukas formuliert
hier wörtlich nach 2,43 und 5,12. So parallelisiert er die Verkündigung des Barnabas und Paulus derjenigen der »Zwölf«. Er stellt sie
speziell dem Wirken des Petrus gleich.

4–7: *Erzwungener Abbruch der Mission und Fortsetzung in anderen Städten*
4: *Geteilte öffentliche Meinung*: Die durch aufsehenerregende
Zeichen unterstützte Predigt der Missionare und die agressive Ge-
genpropaganda aus der Judenschaft führt zur Spaltung der Stadtbevölkerung. An dieser Stelle und in V. 14 werden Paulus und Barnabas »Apostel« (ἀπόστολοι) genannt.[623] Der Titel, den Lukas nur
im Plural gebraucht, ist bei ihm sonst den »Zwölfen« vorbehalten.
In 14,4.14 bezeichnet er wie auch andernorts in der urchristlichen
Tradition wandernde, charismatische Missionare als »Apostel« (Did
11,4–6). Paulus und Barnabas wurden im syrischen Antiochien

---

623   Vgl. *A. v. Harnack*, Mission, 340–344; *K.H. Rengstorf*, Art. ἀποστέλλω
κτλ., 424–444; *C.K. Barrett*, Acts I, 666f; *J.-A. Bühner*, Art. ἀπόστολος, 344–
348; *A. Lindemann*, Paulus, 61f.

vom Heiligen Geist zu ihrem missionarischen Wirken erwählt, berufen und danach von der Gemeinde ausgesandt (13,1–4). Sie sind
aber keine Boten der Gemeinde mit begrenzter Aufgabe und Vollmacht (2Kor 8,23; Phil 2,25).
5: *Geplanter Anschlag*: Es bleibt nicht bei der Agitation gegen
die Prediger des Evangeliums. Die »Oberen« (ἄρχοντες), d.h. die
Vorsteher der jüdischen Gemeinde und die Spitzen der phrygischen
Stadt, planen einen Anschlag auf Leib und Leben der Missionare.
Man will sie mißhandeln und lynchen.
6–7: *Flucht und Fortsetzung der Mission andernorts*: Paulus
und Barnabas erhalten rechtzeitig Kenntnis von dem Mordkomplott und können aus Ikonium fliehen, ehe es zu spät ist. Sie reisen
in Lykaonien wahrscheinlich auf der *Via Sebaste* etwa 36 km südwärts nach Lystra (heute *Zoldera*), einer römischen Kolonie, und
auf einer Landstraße in das weiter südöstlich gelegene Derbe (6).
Auch in diesen Städten und ihrem Umland predigen sie das Evangelium (7), setzen also die Mission fort.

Das Heilungswunder in Lystra und seine Folgen
14,8–20

**⁸Und in Lystra saß ein Mann ohne Kraft in den Füßen, lahm von
Mutterleib an, der noch nie hatte laufen können. ⁹Dieser hörte
Paulus reden. Der blickte ihn genau an, und als er sah, daß er
den Glauben hatte, gerettet zu werden, ¹⁰sprach er mit lauter
Stimme:[624] »Stelle dich aufrecht auf deine Füße!«[625] Und er
sprang auf und ging umher. ¹¹Und als die Massen sahen, was
Paulus getan hatte, erhoben sie ihre Stimme und sprachen auf
lykaonisch: »Die Götter sind Menschen gleich geworden und zu
uns herabgekommen.« ¹²Und sie nannten den Barnabas Zeus,
den Paulus aber Hermes, weil er das Wort führte. ¹³Und der
Priester des Zeus vor der Stadt brachte Stiere und Kränze an
die Tore und wollte mit den Massen opfern. ¹⁴Als das aber die
Apostel Barnabas und Paulus hörten, zerrissen sie ihre Kleider,
sprangen in die Masse, riefen und sprachen: ¹⁵»Ihr Männer, was
tut ihr da? Auch wir sind Menschen gleich wie ihr und verkün-**

---

624   Beim Hauptzeugen des ›westlichen‹ Textes, dem Codex Bezae, lautet der
Anfang des Machtwortes: »Ich sage dir im Namen des Herrn Jesus Christus ...« So
wird das heilende Wort des Paulus demjenigen des Petrus bei der Lahmenheilung
in 3,6 angenähert. Vgl. *P. Head*, Acts, 431; *B.M. Metzger*, Textual Commentary,
423 sowie die Kommentare von *C.K. Barrett*, I, 675; *E. Haenchen*, 408; *G. Schille*, 305; *G. Schneider*, II, 154, Anm. c.
625   Der Codex Bezae ergänzt gemäß 3,6: »und geh umher!«

den euch als Evangelium: Ihr sollt euch abwenden von diesen
Nichtsen zu dem lebendigen Gott, der den Himmel und die Erde
und das Meer gemacht hat und alles, was darin ist. [16]Er hat in
den vergangenen Generationen alle Völker ihre Wege gehen
lassen. [17]Und doch hat er sich durch Wohltaten nicht unbezeugt
gelassen: Regen hat er euch vom Himmel gegeben und fruchtbare Zeiten, hat eure Herzen mit Nahrung und Freude erfüllt.«
[18]Auch mit diesen Worten konnten sie die Massen kaum davon
abbringen, ihnen zu opfern.

[19]Von Antiochien und Ikonium aber kamen Juden herbei und
beschwatzten die Massen;[626] sie steinigten Paulus und schleiften
ihn zur Stadt hinaus in der Meinung, er sei tot. [20]Als aber die
Jünger ihn umringten, stand er auf und ging in die Stadt. Und
am folgenden Tag zog er mit Barnabas aus nach Derbe.

Kontext und Aufbau: Die packend erzählten Szenen von den Ereignissen in Lystra
gehören »zu den dramatischen Höhepunkten der Apostelgeschichte«.[627] Sie führen aus dem bisher immer noch prägenden jüdischen Umfeld der Mission heraus in
das Milieu antik polytheistischer Religion.[628] Die Szenenfolge beginnt mit einem Heilungswunder durch Paulus (8–10) und schließt mit einem Rettungswunder
an ihm (19–20). Aus der wunderbaren Heilung eines Gelähmten (8–10) entwickelt
sich alles Weitere: Die Reaktion der Massen und des Zeuspriesters (11–13) führt
zum Einschreiten der Apostel und zu einer Kurzpredigt vor Menschen, die in der
Welt des antiken Polytheismus leben, denken und handeln (14–18). Den Abschluß bildet ein summarischer Bericht über die von auswärtigen Juden betriebene
Steinigung des Paulus, der aber, umringt von Glaubensbrüdern, erstaunlicher-
weise den Tötungsversuch überlebt und am folgenden Tag mit Barnabas nach
Derbe weiterziehen kann (19–20).

Feingliederung
I. Auf die wunderbare Heilung eines von Geburt an Gelähmten (8–10) reagiert
die Bevölkerung Lystras mit einer Apotheose der Missionare (11–12):
1. Die Heilung eines Gelähmten (8–10): a) Exposition (8–9a): α) Vorstellung
des Schwerbehinderten (8a); β) Dreifache Kennzeichnung der Schwere seines Leidens (8b–9a); γ) Kontaktaufnahme des Wundertäters (9b.c). b) Zentrum (9b–10):
α) Vorbereitung des Wunders: Der Wundertäter erkennt den zur Rettung des Behin-

---

626   Zeugen des ›westlichen‹ Textes glätten den Übergang von V. 18 zu V. 19
und erweitern V. 19 erheblich:»Als sie sich dort aufhielten und lehrten, kamen
Juden aus Ikonium und Antiochien, und während sie (Paulus und Barnabas) öffentlich redeten, beschwatzten sie die Menge, von ihnen abzufallen, und sprachen:
›Sie sagen nichts Wahres, sondern lügen in allem.‹« Vgl. *M. Dibelius*, Aufsätze,
78; *B.M. Metzger*, Textual Commentary, 424f sowie die Kommentare von *C.K.
Barrett*, I, 585; *E. Haenchen*, 412; *G. Schneider*, II, 155, Anm. l–n.
627   *J. Roloff*, Konflikte, 114.
628   Vgl. zum folgenden *C. Breytenbach*, Paulus, 31–38.53–75; *M. Fournier*,
Episode; *M. Frenschkowski*, Offenbarung II, 125–140; *S.-Ch. Lin*, Wundertaten,
187–287; *L.H. Martin*, Gods, 152–156; *St. Schreiber*, Paulus, 75–83; *J. Taylor*,
St. Paul, 1216–1221.

derten erforderlichen Glauben (9b); β) Heilwort (10a); γ) Feststellung und Demonstration der Heilung (10b).
2. Schlußteil der Wundererzählung als Überleitung: Die Reaktion der Bevölkerung (11–12) und des Zeuspriesters (13): a) Beglaubigung des Wunders durch chorische Akklamation: Annahme eines Götterbesuchs (11). b) Identifizierung der Apostel mit Göttergestalten (12). c) Reaktion des Zeuspriesters: Vorbereitung eines Opfers (13).
II. Intervention der Apostel (14), Kurzpredigt (15–17) und Wirkung (18):
1. Gegenreaktion der Apostel auf die Apotheose (14): a) Kenntnisnahme vom Geschehen und Vorhaben (14a). b) Zeichenhandlung als Ausdruck des Entsetzens (14b.c): α) Zerreißen der Kleider (14b); β) Hineinspringen in die Massen (14c).
2. Kurzpredigt (15–17): a) Anknüpfung an die Situation (15a.b): α) Anrede und vorwurfsvolle Frage (15a); β) Begründung des Vorwurfs (15b). b) Zielangabe der Predigt (15c): Aufforderung α) zur Abkehr von den »Nichtsen« (15d) und β) zur Hinwendung zum lebendigen Gott (15e); γ) Kennzeichnung des lebendigen Gottes als Weltenschöpfer (15f). c) Entfaltung: α) Gottes Nachsicht mit den Völkern (16); β) Die Selbstbezeugung des Schöpfers durch Wohltaten (17).
3. Wirkung der Predigt (18): Die Apostel bringen die Massen kaum vom Opfervorhaben ab.
III. Paulus überlebt eine Steinigung durch eine von Juden gegen ihn aufgehetzte Menge (19–20):
1. Ein Akt von Lynchjustiz (19): a) Eintreffen von Juden aus Antiochien und Ikonium (19a). b) Überreden der Massen (19b). c) Steinewerfen gegen Paulus (19c). d) Hinausschleifen des Getroffenen aus der Stadt (19d). e) Begründung: Paulus scheint tot zu sein (19e).
2. Demonstration des göttlichen Schutzes (20): a) Die Jünger umringen Paulus (20a). b) Dieser erhebt sich und geht in die Stadt (20b). c) Paulus und Barnabas ziehen anderntags weiter nach Derbe (20c).

Traditionshintergrund: Paulus schreibt, daß der erhöhte Christus in der Evangeliumsverkündigung unter den Völkern durch ihn gewirkt hat »in der Kraft von Zeichen und Wundern, in der Kraft des Geistes Gottes« (Röm 15,19; vgl. 1Kor 2,4–5; 2Kor 12,12). Der Überlieferung zuzuschreiben sind wohl die Nachrichten über das Heilungswunder während des Wirkens der Missionare in Lystra, die erste Reaktion der Bevölkerung, die an eine Göttererscheinung denkt, die Weigerung der beiden Apostel, sich göttlich verehren zu lassen, und über den Versuch, Paulus zu lynchen. Grundlage der Überlieferung dürfte der Rechenschaftsbericht der Missionare nach ihrer Rückkehr ins syrische Antiochien sein (14,27). Auf Lukas geht gewiß die Gestaltung der Rede der Apostel (15–17) zurück.

8–10: *Heilung eines Gelähmten*: Die Erzählung spielt in einer ländlichen Kleinstadt der Provinz Galatia, die von der Landwirtschaft lebt und deren Erscheinungsbild durch die 25 v.Chr. von Augustus gegründete römische Kolonie (*colonia Iulia Felix Gemina Lustra*) geprägt wird. Die Römer bleiben ganz außer Betracht. Barnabas und Paulus missionieren in Lystra ohne Anknüpfung an eine örtliche Synagoge. Vermutlich gab es nur einige wenige Juden in der Stadt. Die Geschichte spielt unter der einheimischen Bevölkerung (vgl. V. 11). Parallelen des Therapiewunders sind die Heilungen Gelähmter durch Petrus (3,1–10; 9,32–35). Mit der Heilungserzählung in 3,1–10 gibt es nicht nur Strukturparallelen, sondern auch inhaltlich z.T. wörtliche Übereinstimmungen. Eingangs wird ein dasitzender namenloser Mann (vgl. 3,2) vorgestellt, dessen schwere Behinderung dreifach benannt wird: Er hat keine Kraft in den Beinen, ist »gelähmt von Mutterleib an« (vgl. 3,2) und hat noch nie laufen können (8). Es handelt sich also um einen medizinisch aussichtslosen Fall. Der Mann dürfte am Markt oder an einem Stadttor sitzen, wo es viel Publikumsverkehr gibt und das Betteln lohnt. Er hört Paulus predigen (9a). Eine Synagoge scheint es in Lystra nicht zu geben. Paulus evangelisiert auf einem Platz, wo viele Menschen ihn hören können. Er spricht in der griechischen Weltsprache (vgl. V. 12). Wie oft der Schwerbehinderte ihn da gehört hat, wird nicht gesagt. Der Mann wendet sich offenbar nicht von sich aus an Paulus. Vielmehr faßt dieser ihn seinerseits fest ins Auge (ἀτενίζω, 9b; vgl. 3,4). Als Träger des Gottesgeistes kann er dem Menschen ins Herz sehen. Mit prophetisch charismatischem Durchblick erkennt er, daß der Mann Glauben hat, wie er notwendig ist, um gerettet zu werden (9c). Daraufhin befiehlt Paulus ihm »mit lauter Stimme: ›Stelle dich aufrecht auf deine Füße!‹« (10a). Die kräftige Stimme ist Zeichen der dem Befehl innewohnenden Energie des Heiligen Geistes (7,60). Das Befehlswort selbst spielt auf die göttliche Weisung an Ezechiel an: »Menschensohn, stelle dich auf deine Füße ...!« (Ez 2,1; Apg 26,16a). Wie in Heilungserzählungen üblich, tritt die Aufhebung der Behinderung augenblicklich ein und wird demonstriert: Der von Geburt an Gelähmte springt erstmals in seinem Leben auf und zeigt durch Umhergehen, daß er laufen kann (10b; 3,8). Nach Jes 35,6 werden in der Heilszeit Lahme springen wie ein Hirsch. Die Heilung macht darauf aufmerksam, daß die Heilszeit auch den Nichtjuden wirksam verkündet wird. Doch diese verstehen in ihrem religiösen Horizont die Verkündigung nicht, wie der Fortgang der Geschichte zeigt.

11–12: *Die Reaktion der Bevölkerung auf die Heilung*: Wie oft in Heilungswundererzählungen, kommt es zu einer bewundernden Reaktion Außenstehender. Aber hier ist die sonst eine Wundergeschichte abschließende Akklamation die Eröffnung einer neuen Szene. Die in großen Scharen anwesende einheimische Bevölkerung sieht das Wunder und deutet es im Rahmen der eigenen Religion. Sie versteht zwar Griechisch, spricht aber Lykaonisch, einen Dialekt der spätestens um 2000 v.Chr. in Kleinasien eingewanderten und in Lykien sowie in Nordkilikien ansässig gewordenen Luwier, der in jener Gegend bis ins 5. Jh. n.Chr. hinein verbreitet war.[629] Die Einheimischen rufen in ihrer Volkssprache lobpreisend aus, wie

---

629 Vgl. *K. Holl*, Fortleben, 240–243; *R. Schmitt*, Sprachverhältnisse, 569f.

sie das Ereignis auffassen: »Die Götter sind Menschen gleich geworden und zu uns herabgekommen«, d.h. sie haben menschliche
Gestalt angenommen (11). Die Heilung wird als Indiz einer Epiphanie gewertet. Nun gibt es ein elementares Kommunikations-
problem: Paulus und Barnabas verstehen kein Lykaonisch.[630] So
wissen sie nicht, was die Leute rufen. Der Leser hat es besser, denn
Lukas bringt ihm die feierliche Akklamation auf Griechisch. Wegen der Sprachbarriere merken die Apostel auch noch nicht, was
hier geschieht, als die Leute den Barnabas mit Zeus und den Paulus als Wortführer mit Hermes identifizieren (12). Zeus ist die zu
hellenistischer und römischer Zeit in Kleinasien am meisten verehrte Himmelsgottheit. Hermes gilt als »Deuter und Verkünder
göttlicher Befehle« (Philo, LegGai 99).[631] Paulus hat gepredigt; er
hat auch das wunderwirkende Wort gesprochen. So liegt die Identifizierung mit Hermes nahe.

Exkurs: In Menschengestalt wandernde Götter
Nach griechischer Überlieferung erscheinen von Zeit zu Zeit Götter in Menschengestalt. Bei Homer heißt es:
    »Götter gehn ja doch auch durch die Städte, in manchen Gestalten
    kommen sie, sehen dann aus, als wären sie Fremde vom Ausland,
    Prüfen indes der Menschen Stolz und ihr rechtliches Wesen«
    (Odyssee XVII,485–487).[632]
Nach einer alten Volkssage, die auf Hügeln in Phrygien nahe bei einem Sumpfsee
spielt, erscheinen Zeus und Hermes als müde Wanderer, nachdem ihnen die Leute
ringsherum ihre Türen verschlossen hatten, schließlich an der ärmlichen Hütte
des alten Ehepaares Philemon und Baucis. Dort finden sie gastfreundliche Aufnahme. Während die anderen Leute in einer großen Wasserflut, die ihre Gegend heim-
sucht, umkommen, verwandeln die Götter die auf einem Hügel stehende Hütte der
beiden gastfreien Alten in einen herrlichen Tempel. Philemon und Baucis fungieren dort als Priester. Sie werden bei ihrem gleichzeitigen Tod in eine Eiche und
eine Linde verwandelt. Der Kult am Baumheiligtum auf dem Hügel hält ihr Gedächtnis lebendig. Der Römer Ovid hat die Sage in den »Metamorphosen« (VIII,
616–724) poetisch gestaltet und Zeus und Hermes mit den römischen Göttern
Juppiter und Merkur gleichgesetzt. – Im zentralanatolischen Raum und speziell in
Lykaonien hat man seit der hellenistischen Zeit den lokalen Wettergott mit Zeus
und den Sohn-Gott als dessen Helfer mit Hermes identifiziert. Im Umland von
Lystra ist der Kult des Fruchtbarkeitsgottes Zeus-Bronton, des Schutzherrn der
Bauern, nachgewiesen.[633] Zeus-Bronton hat Hermes als Helfer. Im nahen Ikonium

630 Da sich die Kirche in frühchristlicher und altkirchlicher Zeit auf die Kultursprachen stützte – im Osten des Römischen Reiches auf die griechische und
im Westen seit der 2. Hälfte des 2. Jh.s zunehmend auch auf die lateinische Sprache –, den regionalen Volkssprachen aber kaum Beachtung schenkte, hielten
sich auf dem Land, z.B. auch in Kleinasien und speziell in Lykaonien, pagane
Kulte bis weit in die byzantinische Zeit hinein. Vgl. *K. Holl*, Fortleben, 246.
631 Philo von Aleyandria, Werke VII, 200 (*F.W. Kohnke*).
632 Homer, Odyssee, 481.
633 Vgl. hierzu und zum Folgenden *C. Breytenbach*, Paulus, 69–73.

hat man einen Altar gefunden, an dem Zeus als »Retter« (Σωτήρ) verehrt wurde. Zeus Soter wurde als Schirmherr des Hauses und des Gemeinwesens, aber auch als Retter und Bewahrer einzelner Menschen in zahlreichen Kulten verehrt.[634]

13: *Der Zeuspriester bereitet eine Opferfeier vor*: Wenn nach Überzeugung der Leute in Lystra Zeus und Hermes in Menschengestalt zu ihnen gekommen sind, dann ist es nur folgerichtig, sie angemessen zu ehren und ihren Besuch zu feiern. Es gilt, den Pakt zu festigen, der die Stadt an ihre Götter bindet. Eine Opferfeier liegt im Interesse des Wohlstandes der Stadt. Es wäre aus der Sicht der Einwohner sträflicher Leichtsinn, den erschienenen Göttern keine Opfer zu weihen. So wird ein öffentliches Opferfest vorbereitet, ein Schlachtopfer mit anschließendem Festmahl, das die Bürger miteinander verbindet. Der Priester des Zeus-Heiligtums vor der Stadt bringt »Stiere und Kränze an die Tore«. Die Beziehung des Zeuskultes zum Stier ist in jener Gegend nachgewiesen. Zeus-Bronton war Schutzgott des für die Landwirtschaft unentbehrlichen Rindes. Kräftige Stiere sind hochwertige Opfertiere. Man opfert dem Zeus Stiere, damit er Fruchtbarkeit und kräftiges Wachstum schenken kann, trägt also zur Erhaltung und Steigerung seiner Kraft bei. Kränze und Girlanden gehören zum Opferfest, im Vegetationskult auch Fruchtgirlanden. Die Opfertiere werden bekränzt, der Priester ebenfalls. Teilnehmer an der Festprozession und am Opfermahl tragen Kränze. Man gewinnt den Eindruck, daß sich die Prozession, die zum Zeusheiligtum draußen ziehen will, am Stadttor schon formiert. Mit der Prozession ist das Opferfest eingeleitet.

14: *Gegenreaktion der Apostel*: Erst bei der Nachricht, daß die Bevölkerung begonnen hat, sie mit einem Opferfest zu ehren und die Vorbereitungen auf vollen Touren laufen, merken »die Apostel Barnabas und Paulus« (vgl. V. 4), was hier vorgeht. Sie reagieren augenblicklich und verhalten sich typisch jüdisch. Ihren Widerwillen bezeugen sie zuerst mit einer Zeichenhandlung. Entsetzt über das nach ihrem Glauben gotteslästerliche Tun, das da erfolgen soll, zerreißen sie ihre Kleider (Mk 14,63) und springen mitten unter das versammelte Volk. Mit ihrem Sprung unter die Leute zeigen sie an, daß sie keine höheren Wesen sind, sondern Menschen unter Mitmenschen. Dann geben sie ihrer entschiedenen Ablehnung der göttlichen Verehrung auch verbal Ausdruck. Sie rufen und reden unisono.

15–17: *Protest und Verkündigung Gottes, des Schöpfers*: Mit der vorwurfsvollen Frage: »Ihr Männer, was tut ihr da?« (15a) versuchen sie, das Opfervorhaben abzuwenden. Ihre Erklärung: »Auch

---

wir sind Menschen gleich wie ihr (ὁμοιοπαθεῖς)« (15b) wird auf der literarischen Ebene mit der Akklamation der Massen kontrastiert, die riefen,»die Götter« seien»Menschen gleich geworden« (οἱ θεοὶ ὁμοιωθέντες ἀνθρώποις, 11). Anders als zuweilen menschengestaltig zur Erde herabsteigende Götter teilen die in die Menschenmasse gesprungenen Apostel das allgemeine Menschengeschick. Auf den Protest und die Solidaritätsbekundung folgt die Bekanntgabe der wahren Absicht ihres Besuchs in der Stadt: Sie predigen den Bewohnern das Evangelium (15c). Der Inhalt ihrer Verkündigung (15d–17) ist jedoch eher eine Propädeutik zur Evangeliumspredigt. Sie entspricht der polemischen Abgrenzung des zeitgenössischen Diasporajudentums von seiner polytheistisch orientierten Umwelt mit einer Empfehlung der monotheistischen Gottesverehrung Israels. Die Boten des Evangeliums Jesu Christi sind Zeugen des einen und einzigen Gottes. Die Lykaonier in Lystra sollen sich »abwenden von diesen Nichtsen zu dem lebendigen Gott« (15d.e). Sie sollen sich von ihrer polytheistischen Götterwelt, für die hier Zeus und Hermes stehen, und dem »diesen Nichtsen« geweihten Kult abkehren. Zeus, dessen Kraft die Menschen den fruchtbringenden Regen und Sonnenschein, den Ertrag ihrer Felder, auch das Wachsen und Gedeihen ihrer Herden zuschreiben, und sein Helfer Hermes werden hier nach Jer 2,5 LXX als »Nichtse« (τὰ μάταια), als nichtige Götzen, abgetan (15d). Anstatt ihnen länger zu dienen, sollen die Lykaonier sich »dem lebendigen Gott« zuwenden (vgl. Ps 42,3; 84,3; Jer 10,10; 23,36; Dan 6,27 u.ö.), dem Gott, der allein Leben zu geben vermag, dem einzigen wahren Gott, dem Gott Israels (1Thess 1,9; Hebr 6,1). »Der lebendige Gott« (ὁ θεὸς ζῶν),[635] d.h. der Gott, der sich als »Quelle des Lebens« erzeigt (Ps 36,10; Jer 2,13) und Leben spendet (Ps 42,3.9; 84,3), wird in alttestamentlicher Sprache näher gekennzeichnet als Weltenschöpfer,»der den Himmel und die Erde und das Meer gemacht hat und alles, was darinnen ist« (15f; Ex 20,11; Jes 37,16–20 // 2Kön 19,15–19; Ps 146,6; Apg 4,24; 17,24). Himmel, Erde und Meer bezeichnen die Großräume des Kosmos. Kraft seiner einzigartigen Lebensfülle ist der Gott Israels der Schöpfer der drei Großräume und der Lebewesen darin. Durch seine Bekundung in der Schöpfung (vgl. z.B. Ps 33,6; Ps 104,29–30; Hiob 33,4; 34,1 3–15) fordert der Gott, der alles Leben gibt, dazu auf, als der einzig lebendige Gott anerkannt zu werden. Der Weltenschöpfer ist auch Herr der Zeiten. Als solcher hat er großmütig »in den vergangenen Generationen alle Völker ihre Wege gehen lassen« (16).

635 Vgl. *S. Kreuzer*, Gott, 376ff; *W. Stenger*, Gottesbezeichnung, 61–69; *C. Breytenbach*, Paulus, 60–66.

Daß die Völker während der Zeiten ohne geschichtliche Offenbarung mit ihren Kulten Irrwege beschritten (z.B. Röm 1,21–23), wird nicht ausgeführt. Mit dem Hinweis auf »die vergangenen Generationen« deutet der Redner an, daß die Zeit, während der die Völker sich mit ihrer aus Ignoranz entstandenen Verirrung selbst überlassen blieben, nun ein Ende gefunden hat (17,30). Auch bisher hat Gott sich ihnen bezeugt. Als Schöpfer hat er sie mit Wohltaten beschenkt (17). Vier Segensgaben werden in zwei Paaren genannt: Regen und fruchtbare Zeiten, Nahrung und Freude. Die alljährlich wiederkehrende Regenzeit ermöglicht die Fruchtbarkeit der Felder. So kommen die Menschen zu Speise und Trank. Mit den Lebensmitteln erlangen sie Lebensfreude. In alledem können sie den Schöpfer als Lebenserhalter erfahren. Dieser Schöpfer und Erhalter, dessen Segensgaben mit den landwirtschaftlichen Erzeugnissen auf dem Markt von Lystra feilgeboten werden, ist aber nicht Zeus Bronton, sondern »der lebendige Gott«, den Paulus und Barnabas predigen.

18:   *Die Wirkung der Rede*: Die Apostel haben auch mit dieser Rede Mühe, die Leute vom Opfern abzuhalten. Das ist verständlich. Denn damit, daß sie sich als Menschen wie alle anderen zu erkennen geben, bringen sie die Bevölkerung von Lystra um ein Ereignis, von dem noch die Enkel erzählen würden, das Erlebnis einer Göttererscheinung in ihrer Stadt. Sie enttäuschen die kultische Hingabebereitschaft der Leute und bringen sie um ein Opferfest, dessen Feier eben beginnen sollte. Sie nehmen der Stadt das Ereignis einer die Bewohner einenden, mit Essen und Trinken, Gesang, Instrumentenspiel und Tanz verbundenen Erhebung über den profanen Alltag. Wenn die enttäuschte Menge nun empört reagiert und mit Steinen nach Paulus und Barnabas geworfen hätte, wäre das nicht verwunderlich. Wir hören jedenfalls nichts davon, daß die Bezeugung des Gottes Israels als Weltenschöpfer und Segenspender die Massen beeindruckt und die Menschen sich daraufhin scharenweise vom Kult des lokalen Zeus abgewandt hätten, um von nun an dem einen, wahren Gott zu dienen.

19–20:   *Steinigung und Rettung des Paulus*: Die Missionsarbeit findet auf andere Weise ein jähes Ende. Juden aus den zuvor von den Missionaren besuchten Städten Antiochien und Ikonium sind ihnen nachgereist, um vor ihnen zu warnen (19a). Daß Barnabas und Paulus den Gott Israels als den einen und einzig lebendigen Gott bezeugen, hindert die Angereisten nicht, ihnen feind zu sein. Wann sie in Lystra eintreffen, bleibt offen. Wenn Lukas den Bericht über den neuen Vorgang auch direkt an die vorangegangene Szene anschließt, kann doch ein zeitlicher Abstand von einigen Tagen zwischen beiden Geschehnissen liegen. Im pisidischen Antiochien hatte die örtliche Judenschaft ja die Ausweisung von Paulus und Barnabas veranlaßt (13,50) und in Ikonium gar einen Anschlag auf ihr Leben geplant (14,2.4–5). Den von auswärts gekommenen Juden gelingt es, unter der nach ihrer anfänglichen Begeisterung enttäuschten Bevölkerung von Lystra Feindschaft gegen die Missionare zu schüren (19b). Man hat es vor allem auf Paulus, den Wortführer, abgesehen. Juden und vermutlich auch gegen ihn aufgehetzte Einwohner von Lystra werfen mit Steinen nach ihm (19c). Man will ihn lynchen. Er wird getroffen und stürzt ohnmächtig zu Boden. Man hält ihn für erledigt und schleppt den vermeintlich Toten aus der Stadt (19d.e), denn Leichen verunreinigen den Ort. Draußen umringen »Jünger« den daliegenden Paulus (20a). Die Mission in Lystra war also nicht vergeblich. Es gibt Christen in der Stadt. Einen von ihnen wird der Leser 16,1–3 kennenlernen, Timotheus, der aus einer griechisch-jüdischen Mischehe stammt. Der von seinen Verfolgern für tot gehaltene Paulus erwacht aus seiner Ohnmacht, steht auf (ἀναστάς) und geht in die Stadt zurück (20b). Das grenzt an ein Auferstehungswunder und ist Zeichen des über ihm waltenden besonderen göttlichen Schutzes (Ps 91). Der Leser assoziiert, was nach Jesu Predigt in Nazaret geschah: Die wütenden Nazarener wollten ihn den Abhang hinunter zu Tode stürzen (Lk 4,28–29). »Er aber schritt mitten durch sie hindurch und ging weg« (Lk 4,30). Wie Jesu Unantastbarkeit in Nazaret der Ausrichtung seiner Botschaft auf dem ihm bestimmten Weg diente, so erfolgt die wunderbare Rettung des Paulus zur Fortsetzung der ihm aufgetragenen Evangeliumspredigt an die Völker von einer Stadt zur anderen. Paulus berichtet 2Kor 11,25, daß er eine Steinigung überlebt hat. Damit spielt er wohl auf das Widerfahrnis in Lystra an. Am folgenden Tag verläßt er mit Barnabas zusammen die Stadt. Die beiden ziehen in südöstlicher Richtung weiter nach Derbe (20c). Die von den Makedoniern gegründete, auch von Strabo (Geographica, XII, 6.3) erwähnte und durch Augustus 20 v.Chr. dem König von Kappadokien übergebene Stadt fiel unter Claudius (41–54 n.Chr.) an die Römer zurück. Sie lag im südöstlichen Zipfel der Provinz Galatia.[636]

Besuch der Gemeinden, Rückkehr nach Antiochien in Syrien
14,21–28

[21]**Und als sie in jener Stadt das Evangelium gepredigt und zahlreiche Jünger gewonnen hatten, kehrten sie nach Lystra, Ikoni-**

---

636 Strabo, Geography V, 476f; vgl. auch *C. Breytenbach*, Paulus, 165f.

um und Antiochien zurück. ²²Sie stärkten die Seelen der Jünger und ermahnten sie, beim Glauben zu bleiben und sagten:»Wir müssen durch viele Drangsale in das Reich Gottes eingehen.« ²³Sie wählten aber für sie in jeder Gemeinde Älteste aus und befahlen sie unter Gebet und Fasten dem Herrn, an den sie zum Glauben gekommen waren. ²⁴Und als sie Pisidien durchzogen hatten, kamen sie nach Pamphylien. ²⁵Und nachdem sie in Perge das Wort gesagt hatten, zogen sie nach Attalia hinab. ²⁶Und von dort segelten sie nach Antiochien, von wo aus sie der Gnade Gottes zu dem Werk anbefohlen worden waren, das sie erfüllt hatten. ²⁷Als sie aber angekommen waren und die Gemeinde versammelt hatten, berichteten sie, was Gott mit ihnen getan hatte, und daß er den Heiden die Tür zum Glauben geöffnet habe. ²⁸Sie blieben aber geraume Zeit bei den Jüngern.

Feingliederung
Der summarische Bericht über den Abschluß der gemeinsamen Missionsreise des Barnabas und Paulus informiert kurz über 1. die erfolgreiche Mission in der Stadt Derbe (21a), 2. die auf der Rückreise erneut besuchten Städte Lystra, Ikonium und Antiochien (21b), 3. die Stärkung der dort zuvor gewonnenen Christen (22) durch a) seelsorglich ermahnenden Zuspruch (22a) und b) die Kundgabe einer Einlaßbedingung in das Reich Gottes (22b), 4. die Einsetzung von Gemeindeältesten (23), 5. Stationen der Weiterreise (24), 6. die Missionspredigt in Perge (25a), 7. die Weiterreise nach Attalia (25b), 8. die Reise per Schiff zum Ausgangspunkt der Missionsfahrt: Antiochien in Syrien (26), 9. den Rechenschaftsbericht der Missionare vor der Gemeindeversammlung (27), 10. einen längeren Antiochien-Aufenthalt (28).

Traditionshintergrund: Dem Bericht über die Gemeindegründung in Derbe, die Einsetzung örtlicher Gemeindeleitungen bei Besuchen auf der Rückreise und die Reiseroute liegt wohl ein Stationenverzeichnis gemäß dem Rechenschaftsbericht der Missionare (27) zugrunde.

21: *Gemeindegründung in Derbe*: Derbe wurde schon in V. 7 genannt. Die Stadt liegt ganz im Süden der Landschaft Lykaonien und der Provinz Galatia.[637] Dort findet die Evangeliumspredigt ein starkes Echo. Eine große Gemeinde entsteht (21a). Lukas berichtet nur pauschal vom Missionserfolg. Nach dieser Gemeindegründung machen sich Paulus und Barnabas auf den Rückweg. Sie nehmen dieselbe Route wie auf der Hinreise und besuchen die jungen Gemeinden in Lystra, Ikonium und im pisidischen Antiochien (21b). Daß sie sich mit der Reise in jene Städte in Lebensgefahr bringen, hindert sie nicht (2Tim 3,11). Es geht um seelsorgerliche Stärkung der auf Festigung im Glauben angewiesenen Neubekehrten in ihrem anders religiös geprägten gesellschaftli-

637 Vgl. *J. Taylor*, St. Paul, 1221-1224.

chen Umfeld (22) und um die Regelung der örtlichen Kirchenleitung (23).

22: *Stärkung der Christen*: Die Missionare stärken »die Seelen« (αἱ ψυχαί) ihrer Mitchristen. Es geht um eine Festigung ihrer Geistes- und Gemütsverfassung durch ermutigenden Zuspruch wie auch durch appellierende Ermahnung (παρακαλέω), »beim Glauben zu bleiben« (22a). Es gilt auch unter widrigen Umständen im christlichen Glauben zu verharren (Lk 8,15; 9,23). Der Glaubensabfall ist angesichts ihres gesellschaftlichen und religiösen Umfeldes eine ständig lauernde Versuchung. Nach Lk 21,19 führt beharrliche Standhaftigkeit (ὑπομονή) in Bedrängnis die Jünger Jesu zur ewigen Rettung ihrer Seelen. Die Ermutigung und Ermahnung wird mit einer Verfügung Gottes fundiert, die 1Thess 3,4 nahesteht. Dort erinnert Paulus die Christen in Thessalonich an seine Voraussssage während der Zeit, als er bei ihnen war, »daß wir bedrängt werden würden, wie es auch geschah und ihr wißt.« Bei Lukas lautet der Satz: »Wir müssen durch viele Drangsale in das Reich Gottes eingehen« (22b). Der Lebensweg der Christen verläuft unausweichlich (δεῖ) nach Gottes Ratschluß und Willen. Er führt durch »Drangsale« (θλίψεις) und damit durch Engpässe und Abgründe bis hin zum Martyrium. Die Leidenssituationen erwachsen denen, die an Jesus glauben, aus dem Unverständnis, den Verdächtigungen, der gesellschaftlichen Isolierung und Verfolgung seitens der durch ihre Existenz provozierten Judenschaft und der von dieser gegen sie aufgestachelten städtischen Führungseliten oder wie in Lystra der am Ort einheimischen Bevölkerung. Der Weg der Glaubenstreue führt durch das wegen der Zugehörigkeit zu Jesus durchgestandene Leiden ins Reich Gottes, d.h. in die jenseitige und ewige Herrlichkeit der vollendeten Gottesgemeinschaft.

23: *Einsetzung örtlicher Kirchenleitungen*: Der Besuch der Missionare gilt nicht allein der Stabilisierung der seelischen Verfassung der einzelnen Christen auf ihrem Lebensweg ins Reich Gottes, sondern zugleich der Festigung der Gemeindeordnung am jeweiligen Ort. Barnabas und Paulus wählen unter den Christen in der Stadt »Älteste« (πρεσβύτεροι) aus (23a). Gedacht ist an ein örtliches Leitungskollegium, das dem Gremium der Jerusalemer Gemeinde entspricht, wie es den Missionaren bei der Überbringung der Kollekte aus dem syrischen Antiochien begegnet ist (11,30; vgl. 15,2. 4.6.22–23; 16,4; 21,18). Die Ältesten werden hier von den Missionaren ausgesucht. Eine Beteiligung der Gemeinde ist damit nicht ausgeschlossen. Über Pflichten und Befugnisse der Ältesten ist an dieser Stelle nichts gesagt. In 20,28 wird ihr Aufgabenkreis als Hirtendienst beschrieben. An erster Stelle geht es um die Stärkung der Mitchristen und ihres Zusammenhaltes in der Gemeinde am Ort und in seiner Region. Diese Sendung nehmen die Apostel überregional wahr. Außerdem kommt dem Ältestenkollegium die Repräsentanz der Gemeinde nach außen und besonders auch in der Kommunikation mit anderen Ortsgemeinden zu. Die frühchristlichen Gemeinden hielten ähnlich wie die Diasporasynagogen untereinander briefliche und Besuchskontakte. Beim Abschied der Missionare werden die Ältesten mit der Gemeinde dem Herrn anbefohlen (23b), seiner Führung und seinem Schutz unterstellt. Das geschieht unter Beten und begleitendem Fasten (13,3).

Exkurs: Kirchliche Ämter bei Paulus und in der Apostelgeschichte
Paulus hat in seinen Briefen unter den Leitungsämtern keine »Ältesten« erwähnt. Er kennt aber Christen, die sich für andere abmühen, denen so Autorität in den Gemeinden zuwächst und die er »Vorsteher« (προϊστάμενοι) nennt (Röm 12,8; 1Thess 5,12). Paulus kennt auch »Episkopen« (ἐπίσκοποι), d.h. Aufseher oder Inspektoren, die in der Gemeinde wohl vor allem administrative Aufgaben wahrzunehmen hatten, und »Diakone« (διάκονοι) für Betreuungs- und Verwaltungsaufgaben (Phil 1,1). Für die Aufgaben der Predigt, Lehre und Seelsorge kennt Paulus »Apostel« (ἀπόστολοι), »Propheten« (προφῆται) und »Lehrer« (διδάσκαλοι, 1Kor 12,28). Bei Lukas kommen Apostel (Apg 14,4.14) Propheten und Lehrer (Apg 11,16.27; 13,1–2; 15,32.35; 21,10) ebenfalls vor. Die bei ihm aber dominierende patriarchalisch orientierte Ältestenverfassung christlicher Gemeinden ist durch die Übernahme eines jüdischen Organisationsmodells zustande gekommen, das von judenchristlichen Gemeinden aus auch in den von Paulus gegründeten Gemeinden Eingang fand, als es darum ging, den Zusammenhalt der Hausgemeinden am Ort in einer Gesamtgemeinde zu festigen, die Kontinuität der apostolischen Tradition und der spezifisch christlichen Lebensformen zu stabilisieren. Lukas hat wahrscheinlich eine Gemeindeordnung, die sich zu seiner Zeit so gut wie allgemein durchgesetzt hatte und danach auch die Verfassung des Gemeindelebens im 2. Jh. prägte, in die Frühzeit der paulinischen Mission rückdatiert.[638]

24–26: *Die weitere Rückreise*: Die Missionare reisen durch Pisidien nach Pamphylien (24). In Perge, wo sie auf der Hinreise nicht missioniert hatten (13,13), predigen sie jetzt »das Wort« (25a). Über Erfolg oder Scheitern der Evangelisation schreibt Lukas nichts. Die Missionare ziehen von Perge aus nach Attalia und schiffen sich dort, ohne Zypern noch einmal zu besuchen, direkt nach Antiochien in Syrien ein (26a). Der Orontes war in der frühen Kaiserzeit bis Antiochien schiffbar (Strabo, Geographica XVI 2,7.21–22; Pausanias, Reisen VIII 29,3.4–11).[639] Das Küstenschiff, das sie in Attalia besteigen, bringt sie bis ans Ziel, so daß sie (anders als nach 13,4 in umgekehrter Richtung) nicht von der Hafenstadt Seleukia auf dem Landweg nach Antiochien zu reisen brauchen. Die Gemeinde in Antiochien hatte die beiden Sendboten »der Gnade

---

638   Vgl. *C. Andresen*, Kirchen, 50ff; *H. Frhr. von Campenhausen*, Amt, 82–88; *J. Rohde*, Ämter, 69–72; *J. Roloff*, Art. Amt usw., 509–533.
639   Strabo, Geography VII,244f; *Pausanias*, Reisen in Griechenland III, 68.

Gottes«, dem göttlich väterlichen Wohlwollen (11,23), zu ihrem Missionswerk anbefohlen (26b). Die Missionare haben ihre Aufgabe jetzt erfüllt. Erweise göttlicher Gunst hat es während ihrer Reise reichlich gegeben.

27–28: *Rechenschaftsbericht*: Eine abschließende Aufgabe ist noch zu erfüllen: Die Missionare müssen einen Bericht vor der Gemeinde geben. Wie die von Jesus nach Lk 10,1–16 ausgesandten 72 (oder 70?) Jünger ihm nach ihrer Rückkehr voll Freude vom Erfolg ihrer Mission erzählten (Lk 10,17), so berichten Barnabas und Paulus der Gemeinde, die sie auf Weisung des Heiligen Geistes ausgesandt hatte (13,1–3). Eine Gemeindeversammlung wird einberufen (27a). Die Missionare berichten über das Wirken der Gnade Gottes, der sie gedient haben (27b). Sie rühmen sich nicht ihrer stattlichen Leistung. An ihrem Missionserfolg unter den nichtjüdischen Bewohnern Südgalatiens erkennen sie, daß Gott den Heiden den Zugang zum christlichen Glauben erschlossen hat: Er hat ihnen »die Tür zum Glauben geöffnet« (27c; 10, 45; 11,18). Nicht mehr nur die Bekehrung einzelner Gottesfürchtiger, ohne die Beschneidung von ihnen zu fordern, sondern die Bildung ganzer Gemeinden aus Gottesfürchtigen, die man überwiegend in den Freundeskreisen der Diasporasynagogen angetroffen hat, entspricht dem Willen Gottes. Paulus schreibt gelegentlich, daß sich ihm in der einen oder anderen Stadt eine Tür zur Verkündigung des Evangeliums von Christus aufgetan hat (1Kor 16,8; 2Kor 2,12). – Nach Abschluß ihrer Missionsreise bleiben Barnabas und Paulus einige Zeit in Antiochien (28). Sie werden wieder ihren Aufgaben als Lehrer nachgekommen sein (13,1). Zum erneuten Aufbruch aus Antiochien kommt es erst anläßlich eines durch Wanderlehrer aus Judäa ausgelösten Konflikts (15,1–2).

Das »Apostelkonzil«:
Eine Vereinbarung zwischen Jerusalem und Antiochien
über das Zusammenleben von Juden- und Heidenchristen
15,1–35

¹Und einige kamen von Judäa und lehrten die Brüder: »Wenn ihr nicht nach der Sitte des Mose beschnitten werdet, könnt ihr nicht gerettet werden.« ²Als aber ein nicht geringer Zwist und Disput zwischen Paulus und Barnabas und ihnen entstand,[640] be-

---

640 ›Westliche‹ Textzeugen erweitern und ändern: »... sagte Paulus, sie sollten so bleiben, wie sie zum Glauben kamen, und bestand fest darauf. Die aus Jerusalem Gekommenen befahlen ihnen, dem Paulus und Barnabas und einigen anderen,

schloß man, daß Paulus und Barnabas und einige andere von ihnen wegen dieses Streitfalles zu den Aposteln und Ältesten nach Jerusalem hinaufziehen sollten. ³Sie wurden nun von der Gemeinde geleitet und zogen durch Phönizien und Samarien und erzählten die Bekehrung der Heiden und machten allen Brüdern große Freude. ⁴Als sie aber in Jerusalem angekommen waren, wurden sie von der Gemeinde und den Aposteln und den Ältesten empfangen und berichteten, was Gott mit ihnen getan hatte. ⁵Einige aber von der Partei der Pharisäer, die zum Glauben gekommen waren,⁶⁴¹ traten auf und sprachen:»Man muß sie beschneiden und ihnen gebieten, das Gesetz des Mose zu halten.« ⁶Da traten die Apostel und die Ältesten zusammen, um diese Sache zu beraten. ⁷Als es aber zu einem heftigen Disput kam, stand Petrus auf und sprach:»Männer, Brüder, ihr wißt, daß Gott seit alters unter euch seine Wahl getroffen hat, daß durch meinen Mund die Völker das Evangelium hören und zum Glauben kommen. ⁸Und Gott, der Herzenskenner, hat für sie Zeugnis abgelegt, indem er ihnen den Heiligen Geist gab, wie auch uns. ⁹Und er hat keinen Unterschied zwischen uns und ihnen gemacht, da er durch den Glauben ihre Herzen reinigte. ¹⁰Nun also, was versucht ihr Gott damit, daß ihr ein Joch auf den Nacken der Jünger legen wollte, das weder unsere Väter noch wir selbst tragen konnten? ¹¹Sondern durch die Gnade des Herrn Jesus glauben wir gerettet zu werden, ebenso wie jene.« ¹²Die ganze Menge aber schwieg still und hörte Barnabas und Paulus zu, die erzählten, welche Zeichen und Wunder Gott durch sie unter den Heiden getan habe. ¹³Als sie aber stillschwiegen, antwortete Jakobus und sprach:»Männer, Brüder, hört mich an! ¹⁴Simeon hat erzählt, wie Gott zuerst darauf gesehen hat, aus Heidenvölkern ein Volk für seinen Namen zu gewinnen. ¹⁵Und damit stimmen die Worte der Propheten überein, wie geschrieben steht: ¹⁶›Da-

sie sollten wegen dieses Streitfalles zu den Aposteln und Ältesten nach Jerusalem hinaufziehen«. – Für die paulinische Positionsbehauptung wurde 1Kor 7,24 benutzt. Die Männer aus Jerusalem sind es jetzt, die Paulus, Barnabas und deren Gesinnungsgenossen dazu auffordern, bei der Leitung der Muttergemeinde eine Entscheidung in der Streitsache zu suchen. Vgl. *M. Dibelius*, Aufsätze, 84; *B.M. Metzger*, Textual Commentary, 426ff sowie die Kommentare von *E. Haenchen*, 425; *G. Schneider*, II, 171, Anm. c. *W.A. Strange*, Problem, 131–142 will aufgrund linguistischer Analysen die Möglichkeit offenhalten, daß die Lesart des westlichen Textes aus Notizen des Autors selbst erwachsen sein könnte.
641   Nach ›westlichen‹ Textzeugen lautet V. 5a:»Die aber, die ihnen befohlen hatten, zu den Ältesten hinaufzuziehen, traten auf«. Vgl. *B.M. Metzger*, Textual Commentary, 426ff sowie die Kommentare von *E. Haenchen*, 426f; *G. Schneider*, II, 172, Anm. c. Nach dieser Version treten in Jerusalem dieselben Männer auf wie zuvor in Antiochien.

nach werde ich mich umwenden und die zerfallene Hütte Davids wieder aufbauen, und ich werde ihre Trümmer wieder aufbauen und sie aufrichten, [17]damit die übrigen Menschen den Herrn suchen und alle Völker, über die mein Name ausgerufen ist, spricht der Herr, [18]der dieses von Ewigkeit her kundtut.‹ [19]Deshalb urteile ich, man solle den Heiden, die sich zu Gott bekehren, keine Schwierigkeiten machen, [20]sondern ihnen schreiben, sich zu enthalten von den Verunreinigungen der Götzen und von der Unzucht und vom Erstickten und vom Blut.[642] [21]Denn Mose hat seit alten Zeiten in jeder Stadt seine Prediger, da er in den Synagogen an jedem Sabbat verlesen wird.«

[22]Darauf beschlossen die Apostel und Ältesten mit der ganzen Gemeinde, Männer aus ihrer Mitte zu wählen, um sie mit Paulus und Barnabas nach Antiochien zu entsenden, Judas mit dem Beinamen Barsabbas, und Silas, führende Männer unter den Brüdern. Und sie ließen durch sie folgendes Schreiben überbringen: »Die Apostel und die Ältesten, eure Brüder, grüßen die Brüder aus den Heiden in Antiochien, Syrien und Kilikien. [24]Da wir gehört haben, daß einige von uns euch mit Worten beunruhigt und eure Gemüter verwirrt haben, obwohl wir ihnen keinen Auftrag erteilt hatten, [25]haben wir einmütig beschlossen, Männer zu wählen und sie zu euch zu senden mit unseren lieben Barnabas und Paulus, [26]Menschen, die ihr Leben für den Namen unseres Herrn Jesus Christus eingesetzt haben. [27]So haben wir Judas und Silas gesandt, die auch selbst mündlich dasselbe mitteilen werden. [28]Denn der Heilige Geist und wir haben beschlossen, euch keine weitere Last aufzuerlegen außer diesen notwendigen Stücken: [29]Enthaltung von Götzenopferfleisch, Blut, Ersticktem und Unzucht.[643] Wenn ihr euch davor in Acht nehmt, werdet ihr recht tun. Lebt wohl!«

---

642 Im ›westlichen‹ Text fehlt hier und in V. 29 »und von Ersticktem«. Angefügt ist aber hier wie dort eine negative Fassung der »Goldenen Regel«: »Und alles, von dem ihr nicht wollt, daß es euch widerfährt, fügt auch anderen nicht zu« (vgl. Lk 6,31 // Mt 7,12). Nach *W.A. Strange*, Problem, 104ff könnte die »Goldene Regel« in einem frühen Stadium der Textüberlieferung hier eine Randglosse gewesen sein. – Die Änderung und Ergänzung wird gewöhnlich als Umakzentuierung vom Kultisch-Rituellen hin zum Ethischen gedeutet. Vgl. z.B. *B.M. Metzger*, Commentary, 429–434 sowie die Kommentare von *H. Conzelmann*, 95; *E. Haenchen*, 432; *G. Schneider*, II, 173, Anm. m; 192. *W. Klinghardt*, Gesetz, 174ff vermutet eine eher apologetische Tendenz: Man wolle den aus der feindlichen gesellschaftlichen Umgebung erhobenen Vorwurf widerlegen, beim Abendmahl würden Kinder verspeist. Vgl. zu dieser Anschuldigung und ihrer Abwehr Euseb, HE V,1.126 (Kirchengeschichte, 237); Tertullian, Apol 9 (Tertullians Ausgewählte Schriften II, 63–69).
643 Vgl. Anm. 623 zu V. 20.

³⁰**Als sie nun verabschiedet waren, kamen sie nach Antiochien hinab. Und als sie die Menge versammelt hatten, übergaben sie den Brief.** ³¹**Als man ihn vorgelesen hatte, freute man sich über den Zuspruch.** ³²**Und Judas und Silas, die auch selbst Propheten waren, ermutigten die Brüder mit vielen Worten und stärkten sie.** ³³**Nach einiger Zeit aber wurden sie mit Frieden von den Brüdern zu denen entlassen, die sie entsandt hatten.**[644] ³⁵**Paulus und Barnabas aber blieben in Antiochien, lehrten und predigten mit vielen anderen das Wort des Herrn.**

Kontext: Die Darstellung des sog. Apostelkonzils mit der gesamtkirchlich bedeutsamen Vereinbarung über das Zusammenleben von Juden- und Heidenchristen in einer Ortsgemeinde steht in der Mitte der Apostelgeschichte. Sie steht zwischen zwei großen Missionsreisen, die von Antiochien ausgehen und wieder nach Antiochien zurückführen (13,1 – 14,28; 15,36 – 18,22).
Im *Zentrum* des Stückes stehen die Reden des Apostels Petrus (7c–11) und des Herrenbruders Jakobus (13–21). Paulus und Barnabas sind Delegierte der Gemeinde in Antiochien und spielen in der Jerusalemer Versammlung die Rolle von Zeugen, die aufgerufen und angehört werden.

Feingliederung
I.   Die Vorgeschichte des »Konzils« (1–5):
1.   Der Anlaß (1–2): a) Judenchristen aus Judäa treten in Antiochien mit der Forderung nach der Beschneidung der Heidenchristen als Vorbedingung ihrer Rettung auf (1). b) Darüber kommt es zu einem heftigen Disput mit Paulus und Barnabas (2a). c) Die Gemeinde in Antiochien beschließt die Entsendung von Paulus und Barnabas zusammen mit anderen Gemeindegliedern nach Jerusalem, um die Angelegenheit mit den Aposteln und Ältesten der Muttergemeinde zu klären (2b).
2.   Sendung und Reiseweg der Abordnung (3): a) Verabschiedung der Delegation (3a). b) Der Reiseweg führt durch Phönizien und Samaria (3b). c) Unterwegs besucht man Gemeinden (3c). d) Man bereitet mit dem Bericht von der Bekehrung der Heiden allen Christen große Freude (3d).
3.   Empfang in Jerusalem: a) Empfang der Abordnung in der Gemeindeversammlung bei Anwesenheit der Apostel und Ältesten (4a). b) Bericht über das, »was Gott mit ihnen getan hat« (4b). c) Auftreten von Judenchristen mit pharisäischem Hintergrund, die fordern, den Heidenchristen die Beschneidung und das Gesetz Moses aufzuerlegen (5).
II. Verlauf und Beschluß des »Konzils« (6–29)
1.   Beratung des Konflikts und Rede des Petrus (6–11):
a)   Die Situation in der Gemeindeleitung (6–7b): α) Beratung des Streits in einer Sitzung der Apostel und Ältesten (6). β) Heftiger Disput um die Forderung der Judenchristen mit pharisäischem Hintergrund (7a). γ) Stellungnahme des Petrus zum Konflikt (7b).

---

644   Bei etlichen Zeugen des ›westlichen‹ Textes findet sich noch Vers 34a: »Silas aber beschloß, bei ihnen zu bleiben.« In einigen ›westlichen‹ Handschriften steht auch V. 34b: »So aber reiste Judas allein.« Die Einfügung soll die Spannung zu dem in Vers 40 Gesagten beheben. Vgl. *M. Dibelius*, Aufsätze, 78f; *B.M. Metzger*, Textual Commentary, 439 sowie die Kommentare von *E. Haenchen*, 438; *G. Schneider*, II, 188.

b) Die Rede des Petrus: α) Erinnerung (7c–8): Gott hat die Sache schon zugunsten der Heiden damit entschieden, indem er sie durch Petrus das Evangelium hören und zum Glauben kommen ließ und ihnen den Heiligen Geist gab (10,1 – 11, 18). β) Erstes Fazit (9): Gott hat den Unterschied zwischen Juden- und Heidenchristen damit aufgehoben, daß er die Herzen der Heiden durch den Glauben an Jesus Christus reinigte. γ) Folgerung: Es hieße Gott zu versuchen, wollte man gegen seine klare Willensbekundung den Heidenchristen ein Joch aufhalsen, das auch die Juden und ihre Väter zu tragen unfähig waren (10). δ) Zweites Fazit 11): Juden- und Heidenchristen werden allein »durch die Gnade des Herrn Jesus gerettet« (13, 38–39).

c) Wirkung der Rede des Petrus auf die Versammlung und Berichterstattung durch Barnabas und Paulus (12): α) Allgemeines Schweigen (12a). β) Anhörung des Barnabas und Paulus (12b). γ) Bestätigung der Rede des Petrus durch deren Bericht von den Zeichen und Wundern, die Gott durch sie unter den Heiden getan hat (12c).

2. Rede und Beschlußvorschlag des Herrenbruders Jakobus (13b–21):
a) Jakobus ergreift das Wort (13a). b) Anrede und Bitte um Gehör (13b). c) Rückgriff auf das Argument des (biblisch) Simeon genannten Petrus, Gott selbst habe die Heidenmission eingeleitet (14). d) Einführung eines weiterführenden Gesichtspunktes anhand eines Schriftzeugnisses (15–18): α) In Jesus und seiner Gemeinde wird die verfallene Hütte Davids wieder aufgerichtet (16). β) Das geschieht dazu, daß auch »die übrigen Menschen« den Herrn suchen (17). γ) Damit wird der von Uranfang an kundgegebene Ratschluß Gottes erfüllt (18). d) Schlußfolgerung aus dem Schriftzeugnis in Form eines Beschlußvorschlags (19–20): α) Negativ: Man soll den sich zu Gott bekehrenden Heiden keine unnötigen Schwierigkeiten bereiten (19). β) Positiv: Sie sollen nur vier essentielle Forderungen erfüllen: Enthaltung von Götzenopferfleisch, Unzucht, Ersticktem, Blut (20). γ) Damit wird nur verlangt, was Mose von den unter Israeliten lebenden Fremden fordert und was von nichtjüdischen Synagogenbesuchern in allen Städten seit alters erwartet wird (21).

3. Beschluß eines Schreibens an die heidenchristlichen Gemeinden und dessen Erläuterung durch Jerusalemer Delegierte (22–29): a) Beschluß der Entsendung einer Jerusalemer Abordnung nach Antiochien, bestehend aus Judas Barsabbas und Silas zusammen mit Paulus und Barnabas (22–23a). b) Das nach dem hellenistischen Brieformular abgefaßte Schreiben (23b–29): α) Absender (Apostel und Älteste), Adressaten (die Heidenchristen in Antiochia, Syrien und Kilikien) und Eingangsgruß (23b). β) Distanzierung von den Judenchristen, die die Beschneidung forderten (24). γ) Mitteilung der Einmütigkeit des gefaßten Beschlusses (25a). δ) Anerkennende Worte für Barnabas und Paulus (25b–26): Sie haben für den Namen unseres Herrn Jesus Christus ihr Leben eingesetzt. ε) Die Namen der Jerusalemer Abgeordneten und ihr Auftrag (27). ζ) Mitteilung des Beschlusses als willensbekundung des Heiligen Geistes (28a). η) Kennzeichnung der vier Forderungen als Minimalauflagen (28b). ϑ) Mitteilung der vier Forderungen (29a). ι) Die Beachtung der Auflagen gilt als Wohlverhalten (29b). κ) Grußformel (29c).

III. Die Wirkung des Schreibens in Antiochien (30–33) und Überleitung (35).
1. Verabschiedung der Gesandten aus Antiochien und der Jerusalemer Delegierten (30a). 2. Übergabe des Schreibens an die Gemeindeversammlung in Antiochien (30b). 3. Kenntnisnahme und Reaktion: Man liest es und freut sich über den Zuspruch (31). 4. Judas und Silas erläutern den Bescheid und stärken die Christen in Antiochien durch ihren Zuspruch, zu dem sie als Propheten berufen sind (32). 5. Verabschiedung der Jerusalemer Delegierten mit dem Friedensgruß (33). 6. Schlußbemerkung und Überleitung (35): Paulus und Barnabas bleiben »zusammen mit vielen anderen« Lehrer und missionierende Prediger in Antiochien.

1–5: *Die Vorgeschichte*

1–2: *Der Anlaß*: »Einige« (τινες) Leute kommen aus Judäa während der Zeit nach Antiochien (1), als Paulus und Barnabas, die Repräsentanten einer Mission, in der die Schranken zwischen den Juden und den bekehrten Gottesfürchtigen aufgehoben werden, in der Stadt weilen (14,28). Die Zugereisten provozieren Unruhe in der Gemeinde und rufen Zwietracht hervor (2). Lukas redet betont distanziert und unbestimmt von diesen Leuten (1a). Er will den Abstand zwischen der Jerusalemer Muttergemeinde und ihnen von Anfang an hervorheben, obwohl sie dazugehören, wie ihm auch bekannt ist (vgl. V. 5.24). So läßt er sie von irgendwoher aus jüdisch bewohnten Gegenden Palästinas anreisen. Es handelt sich um einflußreiche Vertreter einer konsequent gesetzeskonformen Richtung der in das jüdische Volk und seine Religion eingebundenen Urgemeinde. Sonst hätten sie in Antiochien kaum Zwietracht hervorgerufen. Diese Männer beunruhigt, d†aß die Zahl der Heidenchristen immer größer wird, die zwar die monotheistische Forderung der Tora und ihre sittlichen Gebote ernst nehmen, aber die rituelle Dimension der jüdischen Religion in ihrer Komplexität nicht als für sich verbindlich ansehen und sich speziell auch nicht der Beschneidung unterziehen. Muß man nicht Heiden, die dem Judentum schon so nahestehen, daß sie an Jesus als Messias Israels glauben, dazu bewegen, nun auch förmlich Juden zu werden und konsequent jüdisch zu leben? Löst man nicht auf diese Weise auch Probleme, die Judenchristen mit torafrommen Gruppierungen im eigenen Volk wie den Pharisäern wegen der Heidenchristen bekommen? Macht man sich nicht einer unverzeihlichen Sünde schuldig, wenn man die Christen aus den Völkern der Gesetzlosigkeit überläßt? Wenn man die wachsende Menge der Heidenchristen nicht dafür gewinnen kann, Juden zu werden, besteht dann nicht die Gefahr, daß der Weg solcher Gruppen in einer paganen Religion und damit in der Heillosigkeit endet? So etwa mögen diese Judenchristen argumentiert haben. Sie machen sich nach Antiochien auf den Weg, wo man das Leben nach dem Ritualgesetz als eine für Nichtjuden nicht obligatorische jüdische Sitte betrachtet. Die Parole der aus Judäa gekommenen Judenchristen strenger Observanz lautet: »Rettung« oder »Heil« (σωτηρία) gibt es nur durch die Eingliederung in das jüdische Volk durch Beschneidung »nach der Sitte des Mose« (τῷ ἔθει τῷ Μωϋσέως, 1b; Gal 5,3). Müssen nicht alle Glieder des im Namen Jesu gesammelten Gottesvolkes unter das Ritualgesetz geführt werden? Wie können Heiden, die nicht Tag für Tag von früh bis spät nach jüdischen Riten leben, rituell »reine« und auch in der Gemeinschaft bei Tisch akzeptable Glieder des Volkes Gottes sein? Eine Spur dieser strikt judenchristli-

chen Richtung findet sich Lk 16,17 // Mt 5,18. Dort wird die immerwährende Geltung der Tora bis ins kleinste Detail behauptet
und die Befolgung des Gesetzes ohne die mindeste Abschwächung
verlangt: Nicht den kleinsten Buchstaben des Gesetzestextes darf
man für hinfällig erklären. Judenchristen, die diese Position vertreten, wehren sich dagegen, daß man das Judentum unter den Völkern unter Berufung auf den Christus Jesus wie den Restposten einer Ware zu herabgesetztem Preis anbietet. Die These der kompro-
mißlos gesetzeskonformen Christen führt zum heftigen Disput mit
den Völkermissionaren Paulus und Barnabas (2a). Wer den Status
der Heidenchristen in Frage stellt, verunsichert nicht nur diese und
diejenigen Judenchristen, die mit ihnen Gemeinschaft halten,
sondern greift damit auch die Mission des Paulus und Barnabas
an. Vor allem entwertet er die Begründung der Zugehörigkeit zum
Christus Jesus für Juden ebenso wie für Menschen nichtjüdischer
Herkunft durch den Glauben und die Taufe (Gal 3,26–29). Die
Gemeindeversammlung beschließt, eine Klärung der umstrittenen
Angelegenheit mit den Leitungsorganen der Jerusalemer Muttergemeinde,»den Aposteln und Ältesten«, herbeizuführen. Deren
Autorität ist unumstritten. Antiochien delegiert Paulus und Barnabas »und einige andere« (2b). Unter ihnen befindet sich in der Begleitung des Paulus der Heidenchrist Titus (Gal 2,3), einer seiner
wichtigen Mitarbeiter, den Lukas hier und auch später (19,21–22)
nicht für erwähnenswert hält. Wenn die beiden Lehrer und Heidenmissionare an der Spitze der Abordnung stehen, zeigt das ihre
Autorität und das Vertrauen, das die Gemeinde in sie setzt.
3: *Entsendung und Reiseweg der Delegation*: Die Abordnung
wird wahrscheinlich im Gottesdienst verabschiedet und noch ein
Wegstück weit geleitet (3a). Man reist auf dem Landweg. Unterwegs kehren die Delegierten bei Gemeinden ein, die von hellenistischen Judenchristen in Phönizien (11,19) und Samarien (8,4–25)
gegründet worden waren (3b.c). Die Missionare erzählen in den
gastgebenden Gemeinden von ihrer Völkermission (3c) und rufen
damit allseits ungeteilte Freude hervor (3d). Freude wird vom Heiligen Geist gewirkt und ist für die Aufnahme von Heilserweisen
charakteristisch (Lk 1,14.41.44.46–55; 2,10; 10,20; 11,23; 15,5.7.
10.24.32; 19,6–10; 24,41.52; Apg 2,46; 8,7–8.39; 11,23; 13,52;
15,31; 16,34). Die Teilhabe der Heiden am Heil wird als von Gott
gewirkt aufgefaßt. Die Delegierten aus Antiochien können gewiß
sein, daß ihre Position von diesen Gemeinden in Jerusalem unterstützt wird.
4–5: *Empfang in Jerusalem, Auftreten der Delegierten und ihrer
Widersacher in der Gemeindeversammlung*: Nach ihrer Ankunft
wird die Delegation aus Antiochien in der Jerusalemer Gemeinde-

versammlung empfangen (4a). Die gesamte Leitung der Gemeinde ist zu ihrem Empfang erschienen, die Apostel und neben ihnen
die Ältesten. Die Delegierten erhalten Gelegenheit, von ihrer Missionsarbeit zu berichten. Wie schon zuvor in Antiochien (14,27)
legen sie dar, »was Gott mit ihnen getan hatte« (4b). Ihr Missionserfolg unter den gottesfürchtigen Heiden ist Gottes Werk. Auch
ihre Widersacher treten in der Gemeindeversammlung auf (5; Gal
2,3–5). Jetzt beschreibt Lukas näher, aus welchem Umfeld sie
kommen: Es handelt sich um Pharisäer, die zum Glauben an Jesus
gekommen sind (5a), also Leute aus der Gruppe, zu der auch Paulus nach Herkunft, Erziehung und Bildung gehört (22,3; 23,6; 26,5;
Phil 3,5). Er bezeichnet diese Männer in der Rückschau polemisch
als Eindringlinge und »Pseudobrüder, die sich eingeschlichen hatten, um unsere Freiheit, die wir in Christus Jesus haben, auszuspio-
nieren, um uns zu knechten,« und betont, daß Barnabas und er sich
ihnen nicht einen Augenblick unterworfen hätten (Gal 2,4–5). Sie
fordern anzuerkennen, daß die Beschneidung der Heidenchristen
unumgänglich ist (δεῖ, 5b). Im Hintergrund ihrer nicht kompro-
mißfähigen Forderung steht der sakrale Rechtssatz aus Gen 17,14:
Wer die Übernahme des Bundeszeichens der Beschneidung verwei-
gert, hat keinen Anteil am Gottesbund mit Abraham und damit auch
nicht an der jüdischen Gemeinschaft. Für sie ist die Beschneidung
ein elementares Bekenntniszeichen, Bekundung der Treue zum
Gottesbund.[645] Im Zusammenhang mit der Beschneidungsforderung verlangen die christlichen Pharisäer, daß man den Heidenchristen das ganze Mose-Gesetz zu halten auferlegt (5c). Sie sollen
Juden werden und konsequent jüdisch leben, damit man sie als
Christen vorbehaltlos akzeptieren und z.B. mit ihnen zusammen
das Mahl des Herrn feiern kann.

6–7b: *Beratung des Konflikts in der Gemeindeleitung*: Nachdem
der Konflikt durch die Darlegung der beiden kontroversen Positionen offenkundig ist, muß die Leitung der Gemeinde sich mit
der »Sache« (λόγος) befassen (6). So treten die Apostel und die
Ältesten zur Beratung des Streitfalles zusammen. Ob das noch an
demselben Tag geschieht oder zu einem anderen Termin, wird
nicht gesagt. Offen ist auch, ob man eher an eine geschlossene Sitzung des Gremiums in Gegenwart der Delegierten aus Antiochien
und wohl auch ihrer Antipoden denken soll, oder an eine öffentliche Sitzung, bei der auch die Gemeinde anwesend ist. Jedenfalls
kommt es auch bei der Beratung der Angelegenheit in der Ge-

---

645 Vgl. *R. Meyer*, Art. περιτέμνω κτλ., 76–79; *O. Betz*, Art. Beschneidung II,
716–719.

meindeleitung zum heftigen Disput (7a). In den sich zuspitzenden Konflikt greift Petrus ein, der nach seinem Weggang aus Jerusalem »an einen anderen Ort« (12,17) jetzt überraschenderweise noch einmal in der Stadt weilt (7b). Woher er angereist ist, erfahren wir nicht.

7c–11: *Die Rede des Petrus*: Der Apostel, der hier zum letzten Mal zu Wort kommt und damit testamentarisch redet, setzt mit einer Erinnerung an die Cornelius-Geschichte ein, die dem Gremium und dem Leser ja bekannt ist (7c–9; 11,1–18). Gott hat Petrus schon längst aus dem Kreis der Jerusalemer Apostel und Ältesten zum Völkermissionar erwählt (7c.d): Durch seinen Mund sollen »die Völker das Evangelium (εὐαγγέλιον) hören und zum Glauben kommen« (7d). Hier beim letzten Auftritt des Petrus vor der Jerusalemer Gemeindeleitung taucht erstmals im lukanischen Gesamtwerk das Substantiv »Evangelium« auf, das der Autor nur noch einmal in der Abschiedsrede des Paulus vor den Presbytern aus Ephesus (20,24) gebraucht. Gott, der die Menschenherzen kennt (1,24), dem folglich auch die Frömmigkeit gottesfürchtiger Heiden nicht verborgen bleibt (10,2.4.22.35), hat selbst »für sie Zeugnis abgelegt, indem er ihnen den Heiligen Geist gab, wie auch uns« (8; 10, 44–47; 11,15.17; vgl. 2,4). Das bedeutet: Er hat keinen Unterschied zwischen Juden- und Heidenchristen gemacht (9a). Vielmehr hat er die frommen Heiden zuinnerst, nämlich »ihre Herzen«, durch den Glauben »gereinigt« (9b) und damit unbegrenzt kultfähig gemacht. Dementsprechend bedarf es keiner Reinigung durch Beschneidung und Tora-Observanz mehr. Der Heilige Geist ist ein zuverlässiger und nicht überbietbarer Zeuge für den Heilsstand der Gläubigen. Petrus vertritt mit der Betonung des Glaubens für das Heil eine paulinische Position (Röm 4,28; Gal 2,16). Wenn der Heilige Geist selbst die Heidenchristen ohne Gesetzesobservanz und äußere Beschneidung durch den Glauben zum Gottesdienst befähigt hat, dann hieße es, das Wirken des Geistes zu bestreiten und damit Gott zu provozieren, wollte man seine Entscheidung ignorieren und den Heidenchristen das »Joch« (ζυγός) des Gesetzes aufhalsen, unter dem faktisch weder »wir«, d.h. die jetzt lebende Generation der Juden, noch ihre Väter gegangen sind. Sie waren nicht imstande, dieses »Joch« zu tragen, das sie im Dienst Gottes zusammenspannen sollte (10). Das Wort »Joch« bezeichnet einen Querbalken vorn an der Wagendeichsel, den man den Zugtieren auf den Nacken legt. »Das Joch tragen« ist an unserer Stelle nicht im üblen Sinn als unerträgliche Belastung aufzufassen, sondern in positivem Sinn ähnlich wie in Sir 51,26 (Apokryphen der Lutherbibel Sir 51,34), wo es um die Empfehlung der Übernahme der Weisheit geht, oder in Mt 11,29, wo Jesus (ähnlich wie ›Frau Weisheit‹ im AT) darum wirbt, sein sanftes Joch und seine leichte Last zu übernehmen.[646] Das Gesetz ist nach jüdischem Verständnis weder unerfüllbar noch eine unerträgliche Last, sondern eine selbstverständliche Verpflichtung, die davor bewahrt, der Menschen Knecht zu werden.[647] Petrus spricht auch bei Lukas als geborener Jude zu geborenen Juden. Man muß sich davor hüten, unsere Stelle von Gal 5,1 her zu lesen,[648] wo Paulus eine eventuelle Annahme der Mose-Tora durch die heidenchristlichen (!) Galater als Rückkehr unter das Joch der Sklaverei und damit unter die schwere Bedrückung, die geknechtete Menschen zu tragen haben, bewertet. Für Lukas spielt das Gesetz nicht wie für Paulus im Galaterbrief die Rolle eines Aufsehers und Prügelknaben, der die ihm übergebenen unmündigen Schüler Christus zutreibt (παιδαγωγὸς εἰς Χριστόν, Gal 3,23–25; 4,8–10). Petrus meint hier auch keineswegs, das »Gesetzesjoch« sei »eine Vielzahl unerfüllbarer Vorschriften« und wegen der Undurchschaubarkeit seiner Forderungen zu schwer.[649] Er sagt nichts über das Wesen des Gesetzes aus, sondern bekennt die Schuld derer, denen dieses Gesetz anbefohlen ist und die es als ihre Lebensordnung (ἔθος, 6,14; 15,1; 16,21; 21,21; 26,13; 28,17; vgl. Lk 1,9; 2,42) übernommen haben. Die gegenwärtige Generation der Juden, mit der sich der Redner zusammenschließt, und die früheren Generationen haben allesamt das »Joch« ein ums andere Mal abgeworfen. Anders ausgedrückt: Väter und Söhne haben sich als unfähig erwiesen, den Forderungen des Gesetzes zu genügen (7,53).[650] Sie haben zu ihrem Heil die Bekehrung zum Herrn Jesus nicht minder nötig als die Heiden. Juden- und Heidenchristen glauben miteinander, daß sie »durch die Gnade des Herrn Jesus gerettet werden« (11). Petrus nimmt mit dem letzten Satz, den er in der Apostelgeschichte spricht, einen Gedanken des Paulus auf, den dieser im pisidischen Antiochien ausgesprochen hat (13,38–39), und bekräftigt ihn. Seine Aussage steht im übrigen Gal 2,15–16 relativ nahe. Dort betont Paulus, daß es für geborene Juden wie z.B. Petrus und Paulus trotz ihres Haltes am Gesetz, den sie Menschen nichtjüdischer Herkunft voraus haben, keinen anderen Weg zur Gerechtigkeit gibt als für »Heiden«, nämlich den Glauben an Jesus Christus. Das letzte Wort des Petrus in der Apostelgeschichte

---

646   So mit *J. Jervell*, Law, 21–36; *ders.*, Apostelgeschichte, 392f; *M. Klinghardt*, Gesetz, 109–114.

647   Vgl. Bill. I, 608ff.

648   So z.B. *K.H. Rengstorf*, Art. ζυγός, 901f.

649   So z.B. die Kommentare von *E. Haenchen*, 429; *J. Roloff*, 231; *G. Schille*, 320; *W. Schmithals*, 138; *G. Schneider*, II, 181; *A. Weiser*, II, 381; *J. Zmijewski*, 566.

650   Vgl. *J. Jervell*, Apostelgeschichte, 392f; *M. Klinghardt*, Gesetz, 111f.

stimmt in der Sache auch mit der antithetisch formulierten Aussage im Prolog des Johannesevangeliums überein, daß das Gesetz zwar Gottes durch Mose vermittelte Gabe an Israel ist, Gottes Heilsgaben der Gnade und Wahrheit aber durch Jesus Christus präsentiert und mitgeteilt worden sind (Joh 1,17). Die jüdische Lebensordnung ist eine Gottesgabe für Juden, aber als Sitte und Brauch dieses Volkes weder für sie noch gar für Glieder anderer Völker heilsentscheidend.

12: *Wirkung der Rede des Petrus und Anhörung von Barnabas und Paulus:* Mit seiner Rede hat Petrus alle Disputanten besänftigt. Sie schweigen (12a). Jetzt können die Apostel und Ältesten in Ruhe Barnabas und Paulus anhören (12b). Sie berichten über die Mission und erzählen,»welche Zeichen und Wunder Gott durch sie unter den Heiden getan habe« (12c; 14,3; 19,11).»Zeichen und Wunder« (2,19.22; 4,16.22.30; 5,12; 8,6.13; 14,3) bestätigen die Wortverkündigung. So bekräftigen beide die Aussage des Petrus, daß Gott als Herzenskenner selbst zugunsten der gottesfürchtigen Heiden Zeugnis abgelegt hat.

13–21: *Rede und Beschlußvorschlag des Jakobus*[651]
13–18: *Von der Aufrichtung der »verfallenen Hütte Davids« in Jesus und seiner Gemeinde:* Nach Abschluß des Zeugenberichts der beiden Missionare ergreift der Herrenbruder Jakobus als maßgebender Repräsentant der gesetzesstrengen judenchristlichen Gemeinde das Wort.Er ist der maßgebende Repräsentant der gesetzesstrengen judenchristlichen Gemeinde. Über ihn, der allgemein »der Gerechte« genannt wurde, schreibt der jüdische Christ Hegesipp (ca. 110–180 n.Chr.) in einem bei Euseb erhaltenen Fragment:

»Schon von Mutterleib an war er heilig. Wein und geistige Getränke nahm er nicht zu sich, auch aß er kein Fleisch. Eine Schere berührte nie sein Haupt, noch salbte er sich mit Öl oder nahm ein Bad. Jakobus allein war es gestattet, das Heiligtum zu betreten; denn er trug kein wollenes, sondern ein leinenes Gewand. Allein pflegte er in den Tempel zu gehen, und man fand ihn auf den Knien liegend und für das Volk um Verzeihung flehend. Seine Knie wurden hart wie die eines Kamels, da er ständig auf den Knien lag, um zu Gott zu beten und ihn um Verzeihung für sein Volk zu bitten. Wegen seiner hervorragenden Gerechtigkeit wurde er der Gerechte genannt; er war ein Oblia, was im Griechischen περιοχὴ τοῦ λαοῦ (Stütze und Halt des Volkes) heißt, und war die Gerechtigkeit, von welcher die Propheten sprechen« (vgl. Jes 3,10; Euseb, HE II,23,5–7).«[652]

Jakobus geht auf den Erfahrungsbericht der Delegierten aus Antiochien mit keiner Silbe ein, sondern greift nach der Anrede der

651   Vgl. *R. Bauckham*, James, 452–462; *W. Radl*, Rettung, 53–57.
652   Eusebius von Cäsarea, Kirchengeschichte, 142f.

Versammelten und der Bitte um Gehör (13a) auf den Geschichtsbericht des Petrus (7–9) zurück (14b). In Anlehnung an den hebräischen Namen *schim^{ec}ôn* nennt er den Apostel »Simeon« (14a).
Jakobus pflichtet Petrus darin bei, daß Heiden nach Gottes Willen
durch ihn das Evangelium hören und zum Glauben kommen sollten (7), knüpft allerdings nicht an dessen Aussage an, Gott habe
keinen Unterschied zwischen Juden und bekehrten Heiden gemacht
(9), sondern setzt in biblischer Sprache – Stellen wie Ex 19,5 und
Dtn 14,2 LXX klingen an – einen eigenen Akzent: Gott hat primär
darauf geachtet, »aus Heidenvölkern (ἐξ ἐθνῶν) ein Volk (λαόν)
für seinen Namen zu gewinnen« (14b). Im Sinne der Apostelgeschichte ist das die eine Kirche als erneuertes Gottesvolk aus den
zum Christus Jesus bekehrten Juden und Christen anderer ethnischer Herkunft (18,10).[653] Das bestätigt und erläutert das Zeugnis
der Propheten (15).[654] Jakobus zitiert eine Heilsankündigung (16–
18), die im wesentlichen auf Am 9,1–12 LXX beruht, in V. 16 auch
von Jer 12,15 LXX beeinflußt ist und am Schluß (17c.18) ein Ele-
ment aus Jes 45,21 LXX enthält. Die Heilsansage steht im Schlußabschnitt des Amosbuches, der wahrscheinlich aus vorgerückter
nachexilischer Zeit stammt, frühestens aus der Zeit um 400 v.Chr.
Das Heilswort in Am 9,11–12 sagt nach dem hebr. Text und den
darauf beruhenden Übersetzungen mit dem im AT einmaligen
Bild vom Wiederaufbau der »zerfallenen Hütte Davids« eine Erneuerung der politisch bedeutungslos gewordenen davidischen
Dynastie und eine Wiederherstellung des alten David-Reiches an;
es kündigt auch die Okkupation des (nach dem Eindringen ara-
bischer Stämme seit dem 5. Jh. v.Chr.) übrig gebliebenen »Rest
Edoms« an der Südgrenze Judäas und der anderen Völker an, auf
die JHWH durch Ausrufung seines Namens seinen Hoheits- und
Besitzanspruch geltend gemacht hat.[655] Die griech. LXX-Fassung
der Heilsansage, die Lukas dem Jakobus, der selbst zum Geschlecht
Davids gehört, in den Mund legt, ist an einer entscheidenden Stelle
anders als die hebräische. Es geht da nicht mehr um die Einnahme
Rest-Edoms und die Herrschaft über andere Völker; vielmehr wird
»die zerfallene Hütte Davids« wiederaufgerichtet, »damit die übrigen Menschen den Herrn suchen und alle Heiden, über die mein Name genannt ist ...« Die LXX-Fassung des Heilswortes hat es Christen ermöglicht, eine Beziehung der Heilsansage zur Geschichte
Jesu und dem in seinem Namen gesammelten Gottesvolk aus Juden und Menschen aus anderen Völkern zu knüpfen: Die Erneue-

653 Vgl. *N.A. Dahl*, Volk Gottes, 190f; *ders.*, People, 319–327.
654 Vgl. *T. Holtz*, Untersuchungen, 21–27.
655 Vgl. *Jörg Jeremias*, Amos, 133ff; *H.W. Wolff*, Dodekapropheton 2, 403ff.

rung der »zerfallenen Hütte Davids« geschah dadurch, daß Gott seinen Sohn Jesus in das Geschlecht Davids hineingegeben, ihm das ewige Königtum verheißen (Lk 1,32–33), diese Verheißung mit der Aufnahme des von den Toten auferweckten gekreuzigten Jesus in den Himmel erfüllt und durch den Erhöhten seiner Gemeinde den Heiligen Geist verliehen hat (Apg 2,29–36). Dadurch wurde die Predigt des Evangeliums in Gang gesetzt, die in Jerusalem und über die Stadtgrenzen hinaus zur Bekehrung zahlreicher Juden geführt hat. Sie hat dann seit der Gründung einer Gemeinde im Haus des frommen römischen Hauptmanns Cornelius (10,1 – 11,18) dazu geführt, daß »die übrigen Menschen«, zunächst vor allem solche im Umfeld der Synagogen, »den Herrn suchen« (17). Die Wiederaufrichtung oder Erneuerung Israels hat diese Suchbewegung ausgelöst. Die Heidenchristen, über denen in der Taufe der Name des Herrn Jesus ausgerufen wird, gehören zum Volk Gottes aus Juden und Angehörigen anderer Völker. Diese Aufnahme der Heiden ins erneuerte Gottesvolk hat Gott der Herr seit eh und je kundgetan (18).

19–21: *Der Beschlußvorschlag*: Aus dem Schriftzeugnis folgert Jakobus als erstes, daß man »den Heiden, die sich zu Gott bekehren« (vgl. Jes 45,22), »keine Schwierigkeiten machen«, ihnen also kein Hindernis in den Weg legen soll (19). Das bedeutet: Beschneidung und konsequente Toraobservanz (1.5) werden von Heidenchristen nicht verlangt. Der Herrenbruder als der jetzt nach Ansehen und Einfluß erste Mann in der Leitung der Jerusalemer Gemeinde kann nicht für eine radikal judenchristliche Richtung in Anspruch genommen werden, die eine konsequente Eingliederung der Heidenchristen in das jüdische Volk und die strenge Gesetzesbeachtung als heilsnotwendig hinstellt. Allerdings tritt er auch nicht für ein völlig gesetzesfreies Heidenchristentum ein. Vielmehr bringt er seine Autorität ins Spiel, den Heidenchristen einige Auflagen zu machen (20). Deren Übernahme ermöglicht es den an die Tora gebundenen jüdischen Christen, mit ihnen in einer Gemeinde zusammenzuleben und gemeinsame Mahlzeiten zu halten, ohne sich kultisch zu verunreinigen. Es geht auch darum, den Synagogen in den Städten der Diaspora keinen Anlaß zu der Beschuldigung zu bieten, die christliche Lehre verführe zum Abfall vom Gesetz (18, 13; 21,21). Vier rituelle Forderungen sollen Heidenchristen erfüllen. Die Auflagen haben ihre gesetzliche Grundlage in Lev 17–18. Es handelt sich um Bestimmungen, die nicht nur für Israeliten, sondern auch für bei ihnen lebende Schutzbürger (*gerîm*) gelten. Der Verstoß gegen die vier Bestimmungen wird nach Lev 17–18 mit der Ausrottung und also mit der Todesstrafe geahndet, weil die Heiligkeit des Gottesvolkes tangiert wird, die der Heiligkeit Gottes entspricht (Lev 19,2; 20,7–8). Die Heidenchristen sollen sich *erstens* »enthalten von den Verunreinigungen der Götzen (εἴδωλα)«, d.h. von Opferfleisch aus heidnischen Kulten (29; Lev 17,7–9). Damit wird von ihnen erwartet, daß sie sich nicht nur von Kultmahlzeiten, die immer auch gesellschaftliche Ereignisse waren, fernhalten, sondern auch von Festessen, zu denen ihre religiös anders gebundenen Verwandten, Freunde, Nachbarn und Standesgenossen sie einladen. Bei konsequenter Einhaltung der Forderung droht Heidenchristen die soziale Isolierung. Im Altertum wurde auf den Fleischbänken keine Ware angeboten, die nicht auf irgendeine Weise mit einem Kult in Kontakt gekommen war.[656] Jede Tierschlachtung erfolgte rituell. Die nicht für den menschlichen Verzehr geeigneten Innereien verbrannte man auf dem Altar. Der Metzger warf zumindest einige Stirnhaare des geschlachteten Tieres ins Feuer, damit die Götter einen symbolischen Anteil bekamen. In den Läden konnte man Fleisch von solchen Teilen der Opfertiere erstehen, die den Priestern zustanden, von diesen aber weiterverkauft worden waren. Judenchristen fürchteten, durch das Essen von Fleisch, das mit paganen Kulten in Berührung gekommen war, in den Bannkreis der Dämonen zu geraten und von ihnen infiziert zu werden. Paulus, der zwischen Götzendienst und dem Essen vom Fleisch heidnischer Opfertiere unterschied, hat 1Kor 8,1–13; 10,23 – 11,1 Heidenchristen in Korinth einen Weg taktvoller Rücksichtnahme aufgezeigt, der es ihnen ermöglicht, im dort aufgebrochenen Konflikt um das Götzenopferfleisch vor dem Nächsten und dem eigenen Gewissen zu bestehen. Auch unter Judenchristen in Rom gab es Sorgen vor Befleckung durch kultisch gebrauchte Speisen (Röm 14, 1–23). – *Zweitens* sollen Heidenchristen sich »von der Unzucht« fernhalten. Das Stichwort »Unzucht (πορνεία)« bezieht sich wohl vor allem auf Ehen unter nahen Verwandten, die nach jüdischem Recht verboten waren (Lev 18,6–18). In diesem Sinne hat Paulus in 1Kor 5,1–13 mit dem Bannfluch einen Mann aus der Gemeinde und damit zugleich aus der Heilssphäre verstoßen, der mit seiner Stiefmutter in einer eheähnlichen Verbindung lebte; er hat seine Mitchristen eindringlich an ihre Heiligung erinnert und sie vor der Tischgemeinschaft mit »Unzüchtigen« und anderen groben Sündern unter den Gemeindegliedern gewarnt. – *Drittens* sollen Heidenchristen nichts »Ersticktes« (πνικτόν) essen, d.h. kein Fleisch von Tieren, die anders als durch jüdisch rituelle Schächtung geschlachtet worden waren (Lev 17,13–14). Sie sollen also ihren Braten beim jüdischen oder gegebenenfalls beim judenchristlichen Metzger kaufen, der koscheres Fleisch feilbietet. – *Viertens* sollen Heidenchri-

656 Vgl. *H. Lietzmann*, Korinther, 49ff (Exkurs zu 1Kor 10,21).

sten »Blut« (αἷμα) meiden. Das bedeutet im Zusammenhang der Speisevorschriften, daß sie keine Nahrung zu sich nehmen, die Blut enthält (Lev 17,10). Darüber hinaus bedeutet es, daß sie kein Menschenblut vergießen sollen (Gen 9,6).[657] – Jakobus hält die vier Auflagen für zumutbar, weil sie als mosaische Weisungen allerwärts und seit alters bekannt sind. Durch die Verlesung und Auslegung der Mose-Tora, die in der Synagoge an jedem Sabbat erfolgt, kommen sie regelmäßig zur Sprache (21). Josephus äußert einmal: »Übrigens war unser Volk auch schon ganzen Gemeinwesen im Altertum nicht unbekannt, und bereits damals hatten viele unserer Sitten sich hierhin und dorthin verbreitet und bei einzelnen Nachahmung gefunden« (Ap 166).[658]

Exkurs: Jakobsklauseln und Noachitische Gebote[659]
Grundlage der Jakobsklauseln sind wohl Gebote aus dem »Heiligkeitsgesetz« (Lev 17–26), die auch für unter Israeliten lebende Fremde gelten. Die vier Klauseln bilden vermutlich eine frühe Form des Katalogs der sog. Noachitischen Gebote, die nach jüdischer Auffassung für die gesamte nichtjüdische Menschheit verbindlich sind. Sie ist nicht zum Leben nach der einzig dem Volk Israel gegebenen Tora verpflichtet. Rabbinen haben eine Liste mit sieben fundamentalen Forderungen aufgestellt, denen ihrer Überzeugung nach alle Nichtjuden auf Erden unterstehen: 1. Kein Götzendienst! 2. Keine Gotteslästerung! 3. Kein Vergießen von Menschenblut! 4. Keine Unzucht! 5. Kein Menschenraub und Vergehen am Eigentum anderer! 6. Geordnete Rechtsprechung! 7. Kein Stück von einem lebenden Tier essen! Der Siebenerkatalog ist seit der zweiten Hälfte des 2. Jh.s n.Chr. belegt. Das Halten der Noachitischen Gebote gilt als eine Grundbedingung für die Heilschance nichtjüdischer Menschen.

22–29: *Beschluß eines Schreibens an die heidenchristlichen Gemeinden und dessen Erläuterung durch Jerusalemer Delegierte*
22–23a: *Der Beschluß:* Der Kompromißvorschlag des Herrenbruders Jakobus erweist sich für alle als akzeptabel. »Die Apostel und Ältesten« beschließen »mit der ganzen Gemeinde« in Jerusalem, zwei ihrer angesehenen Männer aus dem Leitungskollegium zusammen mit Paulus und Barnabas nach Antiochien reisen zu lassen, Judas Barsabbas, über den wir keine nähere Kenntnis haben, und Silas (lat. Silvanus), der später Paulus begleiten und mit ihm zusammen Gemeinden in Philippi, Thessalonich, Beröa und Korinth gründen wird (40; 16,11–40; 17,1–15; 18,1–5; 2Kor 1, 19; 1Thess1,1; auch 2Thess 1,1).[660] Die beiden prophetisch be-

---

657   Vgl. *T. Boman*, Problem, 31f; *M. Klinghardt*, Gesetz, 171.
658   Josephus, Kleinere Schriften, 117.
659   Vgl. *D. Flusser*, Art. Noachitische Gebote I, 582ff; *R. Heiligenthal*, Art. Noachitische Gebote II, 585ff; *R. Bauckham*, James, 462ff.
660   Vgl. *W.-H. Ollrog*, Paulus, 17–20; *G. Schneider*, Art. Σιλᾶς/Σιλουανός, 580ff. Der gegen Ende des 1. Jh.s geschriebene 1. Petrusbrief hat Silvanus in der

gabten Männer (32) sollen ein gemäß dem Votum des Jakobus abgefaßtes Schreiben der Muttergemeinde an die Tochtergemeinden
überbringen und erläutern (27).

23b–29: *Das Dekret*[661]

23b.29c: *Briefkopf und Schlußgruß*: Das Schreiben ist nach
dem hellenistischen Briefformular abgefaßt. Der Briefkopf (das
Präskript) enthält, wie in der Antike üblich, in einem Satz Absender, Empfänger und die alltägliche Grußformel (χαίρειν, 23b; vgl.
23,26; Jk 1,1). Spezifisch christliche Elemente, wie sie im Kopf der
Paulus-Briefe selbstverständlich sind, fehlen. Auch der Briefschluß
mit dem schlichten »Lebt wohl!« (Ἔρρωσθε, 29c; vgl. 23,30) ohne einen religiösen oder spezifisch christlich geprägten Wunsch,
wie er zum Abschluß neutestamentlicher und speziell paulinischer
Briefe üblich ist, entspricht alltäglichem antikem Brauch. – Als
Absender (23b) sind genannt »die Apostel und die Ältesten«. Sie
bezeichnen sich als »Brüder« der heidenchristlichen Adressaten,
die sie damit als Glieder der einen *familia Dei,* des im Namen Jesu
gesammelten Gottesvolkes, anerkennen. Als Empfänger des Schreibens (23b) sind genannt »die Brüder aus den Heiden in Antiochi-
en, Syrien und Kilikien« (23b). Syrien gilt als Umfeld der Provinzhauptstadt Antiochien. Kilikien mit seiner Provinzhauptstadt Tarsus ist die Heimat des Paulus. Dorthin haben ihn die Jerusalemer
Christen einst geschickt (9,30), und von da hat Barnabas ihn nach
Antiochien geholt (11,25–26). Paulus selbst nennt Gal 1,21 Syrien
und Kilikien als Gebiete, in denen er tätig war. Lukas hat über
missionarische Aktivitäten des Paulus in Kilikien nicht berichtet.
Doch wird er bald seinen Pastoralbesuch dort erwähnen, der zur
Stärkung der Gemeinden in dieser Region dient (15,41). Es fällt
auf, daß unter den Adressaten des Schreibens die von Barnabas
und Paulus gegründeten Gemeinden (13,4 – 14,28) nicht genannt
werden. Nach Lukas gilt aber der Hauptinhalt des Schreibens, die
nach dem Vorschlag des Jakobus beschlossenen vier Empfehlungen (28–29a), *allen* Heidenchristen (16,4; 21,25).

24–29b: *Der Inhalt*: Eingangs wird der Anlaß genannt, den der
Leser kennt (1–2):»Einige von uns« haben durch ihre Forderung
nach Beschneidung und Gesetzesobservanz der Heidenchristen unter den Adressaten Unruhe und Verwirrung gestiftet. Sie handelten
ohne Auftrag der Jerusalemer Apostel und Ältesten, die sich so

---

Umgebung des Petrus in Rom und als Übermittler petrinischer Tradition gesehen
(1Petr 5,12).
661   Vgl. *O. Böcher*, Aposteldekret, 325–336; *F.F. Bruce*, Decree, 115–124;
M. Klinghardt, Gesetz, 158–180; *W.G. Kümmel*, Form, 278–288; *A. Strobel*,
Aposteldekret, 81–104; *A.J.M. Wedderburn*, Apostolic Decree, 362–389.

ausdrücklich von der Aktion dieser Leute distanzieren (24). Die
Absender haben trotz vorangegangener Auseinandersetzungen
auch in ihrem Kreis (7) doch »einmütig« (ὁμοθυμαδόν) beschlossen (25a). Sie senden zwei Männer ihrer Wahl zusammen »mit unseren lieben Barnabas und Paulus« (25b). Deren Einsatz »für den
Namen unseres Herrn Jesus Christus« wird ehrend hervorgehoben
(26). Erst nach dieser Würdigung werden die Namen (27a) und der
Auftrag der beiden Jerusalemer Delegierten (27b) genannt: Judas
und Silas sollen als autorisierte Zeugen den Inhalt des Schreibens
mündlich bestätigen und erläutern. Nun folgt die Hauptsache, der
Beschluß (28–29a). Dessen Rang wird durch eine feierliche Einleitung vorab herausgestellt: »Der Heilige Geist und wir haben beschlossen« (28a). D.h. der Beschluß der Apostel und Ältesten entspricht einem Urteil des Heiligen Geistes. Gottes Geist hat mit seiner längst getroffenen Entscheidung zugunsten der Heidenchristen
die Richtung des Beschlusses bestimmt. Dieser gilt in seiner Übereinstimmung mit der Erfahrung, die Simon Petrus gemacht hat
(7–11) und dem bekräftigenden Schriftzeugnis, das Jakobus bei-
brachte (14–18), als inspiriert. Entsprechend dem Vorschlag des
Jakobus (19) wird den Heidenchristen »keine weitere Last auferlegt« (28b). Nur die vier Maßgaben, für die Jakobus votiert hat
(20), sollen als unumgängliche (τὰ ἐπάναγκες) Anforderungen für
das Zusammenleben und besonders auch die Tischgemeinschaft
von Juden- und Heidenchristen beachtet werden. Die vier Forderungen werden in einem nominalen Katalog in leicht modifizierter
Form und Reihenfolge genannt: »Enthaltung von Götzenopferfleisch, Blut, Ersticktem und Unzucht« (29a). Abschließend wird
den Adressaten die Einhaltung freundlich nahegelegt: »Wenn ihr
euch davor in Acht nehmt, werdet ihr recht tun« (29b). Die Absender erwarten, daß die Heidenchristen der Empfehlung gern folgen, weil sie zur Rücksichtnahme auf ihre judenchristlichen Geschwister bereit sind und selbstverständlich auch den Synagogen
in ihrem Umfeld keine Gelegenheit zum Vorwurf bieten wollen,
Juden zum gesetzeswidrigen Verhalten (18,13), ja zum Abfall vom
mosaischen Ritualgesetz zu verführen (21,20–21).

30–33: *Die Wirkung des Schreibens in Antiochien*: Nach der
Verabschiedung der Delegierten aus Antiochien und der Jerusalemer Gesandten (30a), die wohl im Gottesdienst erfolgt, reisen
diese in die syrische Hauptstadt. Nach ihrer Ankunft wird dort eine Gemeindeversammlung einberufen (30b). Wie das geschieht,
berichtet Lukas nicht. Die ersten Leser kannten das übliche Verfahren. Der versammelten Gemeinde wird das Schreiben aus Jerusalem übergeben (30c). Es wird verlesen (31a). Die Gemeinde ver-

steht es als für sie ermutigenden und deshalb erfreulichen Zuspruch
(31b). Die Heidenchristen sind demnach ohne Beschneidung und
umfassende Gesetzesobservanz von der judenchristlichen Jerusalemer Muttergemeinde als Glieder des Volkes Gottes anerkannt. Die
vier Empfehlungen werden nicht als Belastung empfunden, sondern
als Hilfe zum gedeihlichen Miteinanderleben aufgefaßt. Dabei hat
die Mahlgemeinschaft selbstverständlich hohe Bedeutung. Die Jerusalemer Delegierten erläutern auftragsgemäß das Schreiben. Als
prophetisch begabte Männer tun sie das mit ermutigenden und
stärkenden Worten (32). Nach Erfüllung ihres Dienstes, der »einige Zeit« in Anspruch nimmt, werden sie von den Brüdern in Antiochien mit dem Abschiedssegen, dem Zuspruch des »Friedens«,
nach Jerusalem entlassen.

35: *Abschluß und Überleitung*: Paulus und Barnabas bleiben vorläufig in Antiochien. In der Gemeinde sind sie als Lehrer (διδάσκω)
und nach außen als ortsgebundene Missionare (εὐαγγελίζομαι) tätig. Sie erfüllen diesen Dienst zusammen »mit vielen anderen«, so
daß sie mit der Zeit durchaus abkömmlich sind (36). Antiochien
ist eine stark wachsende Gemeinde. Gegenstand der Lehre und missionarischen Predigt ist »das Wort des Herrn« (ὁ λόγος τοῦ κυρίου),
d.h. das Evangelium von Jesus Christus.

*Exkurs: Die Ergebnisse des »Apostelkonzils« nach Gal 2,1–10 und die histori-
sche Situation des »Aposteldekrets«*
Paulus schweigt im Galaterbrief, in dem er seine von Gegnern bestrittene Autorität als durch den auferstandenen Jesus Christus berufener Apostel verteidigen muß
(Gal 1,1), über seine langjährige enge Verbundenheit als Lehrer und Missionar
mit seinem Mentor Barnabas und der Gemeinde von Antiochien. Er berichtet folgende drei Ergebnisse der Jerusalemer Beratung zwischen der Leitung der Urgemeinde und der Delegation aus Antiochien:
1. Von Heidenchristen wird keine Beschneidung gefordert. Das zeigt sich am
Griechen Titus, dem die Beschneidung als förmliches Zeichen des Übertritts zum
Judentum nicht abverlangt wurde (Gal 2,3). Daß die Jerusalemer Autoritäten ihn
auch ohne Beschneidung als Glied der Kirche akzeptierten, war Paulus wichtig. –
Nach Lukas wird die Apg 15,1.5 erwähnte Forderung »einiger«, die Heidenchristen zu beschneiden und auf den Tora-Gehorsam zu verpflichten, mit der Rede des
Petrus (Apg 15,7–11) abgewiesen und danach nicht mehr erörtert (Apg 15,12). Es
geht vor allem um den Status der Heidenchristen in der Kirche.
2. Die Jerusalemer Gemeindeleiter, der Herrenbruder Jakobus und die Apostel
Petrus und Johannes (letzteren erwähnt Lukas in seiner Darstellung der Zusam-
menkunft nicht) haben mit den Missionaren aus Antiochien eine durch Hand-
schlag bekräftigte Abmachung über die Teilung der Arbeitsfelder getroffen: Barnabas und Paulus zu den Heiden, die Jerusalemer »Säulen« zu den Juden (Gal 2,9).
Damit wurde die Selbständigkeit der gesetzesfreien antiochenischen Heidenmission von der Leitung der Jerusalemer Muttergemeinde anerkannt. Das war Paulus
wichtig (Gal 2,6–8).
Doch die ethnische Aufteilung der Mission zwischen Jerusalem und Antiochien,
die wegen unterschiedlicher religiös-kultureller Voraussetzungen bei Juden, Grie-

chen und Menschen anderer Volkszugehörigkeit durchaus sinnvoll war, regelte
nicht das Zusammenleben in gemischten Gemeinden. Sie konnte leicht eine Entwicklung getrennter Gemeinden am selben Ort fördern, wenn Judenchristen, sei
es aus frommem Gesetzeseifer, sei es wegen des Ansehens unter den Juden ihrer
Umgebung, ihre rituellen Reinheit als Grundzug jüdischer Religion über die Lebensgemeinschaft mit Heidenchristen als Vollzug der Gemeinschaft in Christus
stellten. Dann gab es keine Tischgemeinschaft und damit auch kein gemeinsames
Herrenmahl mehr. Dieser Fall trat einige Zeit später in Antiochien ein, als Petrus,
der dort nach seiner Ankunft eine Zeitlang wie Barnabas und Paulus mit den Heidenchristen die Mahlgemeinschaft praktizierte, sich nach dem Eintreffen von Ja-
kobus-Anhängern, die das mißbilligten und ihm die Verpflichtung zur Tora-Observanz ins Gedächtnis riefen, daraus zurückzog und durch sein Beispiel auch andere Judenchristen, sogar den Barnabas, zu gleichem Verhalten veranlaßte (Gal 2,
11–14). Demgegenüber galt für Paulus gemäß der Praxis in Antiochien vor dem
Kommen der Jakobus-Leute in der Gemeinde Jesu Christi das Jude- oder Griechi-
sein nicht mehr (Gal 3,28).
3.   Barnabas und Paulus erklären sich zu einer Kollekte in den heidenchristlichen Gemeinden für die Armen der Jerusalemer Muttergemeinde bereit (Gal 2,10).

Das sog. Aposteldekret (Apg 15,19–21.29; 21,25), mit dem das Zusammenleben
von Juden- und Heidenchristen in gemischten Gemeinden geregelt wird, läßt sich
historisch am ehesten als Reaktion der Jerusalemer Muttergemeinde auf den von
Paulus aus seiner Sicht Gal 2,11–14 angesprochenen offenen Konflikt in Antiochien zwecks Aufrechterhaltung oder Wiedergewinnung der eucharistischen Mahlgemeinschaft von Juden- und Heidenchristen in *einer* Gemeinde verstehen. Lukas
hat den Zusammenstoß des Paulus mit Petrus nicht für berichtenswert gehalten.
Wann der Eklat stattfand, ist umstritten.
Wer Gal 2,1–10 Apg 11,27–30 zuordnet, kann annehmen, der Vorfall von Gal
2,11–14 habe sich nach der Mission des Barnabas und Paulus auf Zypern und in
Südgalatien (Apg 13–14) während der Apg 15,1–2 angesprochenen Streitsituati-
on zugetragen.[662] Dann hätte sich dieser Konflikt und damit der dabei auch zutage
getretene Dissens zwischen Paulus und Barnabas mit der zu Jerusalem als sog.
Aposteldekret erzielten Vereinbarung erledigt. Allerdings ist es schwer zu erklären, daß Paulus, wenn er bei der Verhandlung der Empfehlungen für Heidenchristen zugegen war, in seinen Briefen anläßlich der Erörterung von Fällen, auf die
sich die Abmachung bezieht, nirgendwo das Jerusalemer Dokument erwähnt.
Einige Forscher nehmen an, der Zusammenstoß zwischen Paulus und Petrus habe
sich wenige Monaten nach dem ›Apostelkonzil‹ zugetragen (49 n.Chr.).[663] Der
Aufbruch des Paulus aus Antiochien zur sog. zweiten Missionsreise (15,36 – 18,
22) wäre dann eine Konsequenz, die er aus dem Vorfall, in dem er auch seinen
Mentor Barnabas an der Seite des Petrus sah, gezogen hätte. Jedoch läßt sich der
Konflikt, in Folge dessen Paulus aus der Gemeinde Antiochien ausscheidet, histo-
risch am ehesten nach der sog. zweiten Missionsreise lokalisieren (ca. 52
n.Chr). Lukas berichtet nämlich auffällig kurz von der Rückkehr des Paulus nach
Antiochien und bemerkenswert unbestimmt vom dortigen Aufenthalt vor dem
Aufbruch zur nächsten Reise, der im übrigen formlos erfolgt (18,23).[664]

---

662   Vgl. *D. Wenham*, Acts, 241f.
663   Vgl. z.B. *J. Becker*, Paulus, 22.32.
664   Vgl. *M. Hengel / A.M. Schwemer*, Paulus, 329f. Zur Annahme eines mehr-
jährigen Abstandes zwischen dem »Apostelkonzil« und dem Antiochenischen
Zwischenfall vgl. schon *B. Reicke*, Hintergrund, 172–187.

Vermutlich haben Petrus und Barnabas nach der Auseinandersetzung mit Paulus, für den anders als für die Anhänger des Herrenbruders Jakobus die Verpflichtung auf die kultisch-rituelle Reinheit im Alltagsleben durch die Christusgemeinschaft entwertet war (Phil 3,7–11), in erneuten Beratungen mit der Jerusalemer Muttergemeinde einen Kompromiß in dieser Angelegenheit angestrebt, den das Einlenken des Jakobus auf die nach jüdischer Auffassung für alle Menschen verbindlichen ›Noachitischen Gebote‹ ermöglichte. Dadurch, daß die Jerusalemer den Heidenchristen ein Mindestmaß an rituellen Reinheitsvorschriften empfahlen, deren Beachtung durch Juden auch sonst von den unter ihnen wohnenden Nichtjuden gefordert wurde, erreichte man eine Übereinkunft, die es Judenchristen in der Lebensgemeinschaft mit Heidenchristen ermöglichte, Juden zu bleiben und von anderen Juden auch als solche angesehen zu werden. Lukas hat demnach Traditionen über zwei zeitlich aufeinander folgende Abkommen zwischen Antiochien und Jerusalem ineinandergeschoben.

Als die Abmachung über die ›Noachitischen Gebote‹ getroffen wurde, befand Paulus sich auf der sog. dritten Missionsreise unterwegs nach Ephesus oder in der Hauptstadt der Provinz Asien (18,23 – 19,20). Vielleicht hat er dort von der Vereinbarung gehört. Wenn Paulus den Galatern schreibt, ihm hätten die Jerusalemer Autoritäten bei der Abmachung über die Aufteilung der Arbeitsgebiete keine weiteren Auflagen gemacht (Gal 2,6), dann schließt das eine Kenntnis von Verpflichtungen, die Petrus und Barnabas danach für Antiochien und die Gemeinden seiner Missionsfelder eingegangen sind, keineswegs aus. Jedenfalls wurde Paulus nach seinem Eintreffen in Jerusalem vom Herrenbruder Jakobus mit der getroffenen Regelung konfrontiert (21,25). Sie dürfte ihn kaum beschwert haben, denn er hatte in Sachen »Unzucht« entschieden die Position jüdischer Tradition in christlicher Version vertreten (1Kor 5,1–13; 6,12–20) und in Fragen des Genusses von Fleisch, das pagan geweiht worden war oder eventuell noch Blut enthielt, dringend zur Rücksichtnahme auf diejenigen Gemeindeglieder aufgerufen, die sich vor einer rituellen Verunreinigung fürchteten (Röm 14,1–12; 1Kor 8,1–13; 10,23 – 11,1).

Der Kompromiß wurde nicht von allen christlichen Gruppen angenommen und befolgt. Das zeigt die Polemik des Sehers Johannes gegen die ›Nikolaiten‹ in Kleinasien, die unbedenklich pagan-kultisch gebrauchtes Fleisch aßen, an Kultmählern teilnahmen und sich auch in ihrer Sexualmoral nicht an die Jakobsklauseln hielten. Sie wurden von der Gemeinde in Ephesus abgewiesen, aber in Pergamon und Thyatira toleriert (Offb 2,6.14–15.20).